W. Michael Blumenthal

In achtzig Jahren um die Welt

W. Michael Blumenthal

In achtzig Jahren um die Welt

Mein Leben

Übersetzt
von Klaus-Dieter Schmidt

Propyläen

Propyläen ist ein Verlag der Ullstein Buchverlage GmbH
www.propylaeen-verlag.de

ISBN 978-3-549-07374-2

Lektorat: Rainer Wieland
Gesetzt aus der Janson
Satz: LVD GmbH, Berlin
Druck und Bindearbeiten: GGP Media, Pößneck
Printed in Germany

»Geschichte ist die Essenz
unzähliger Biographien.«
Thomas Carlyle

Für Barbara

INHALT

VORWORT

Das 20. Jahrhundert war eine Zeit enormen materiellen Fortschritts, aber auch des Rückfalls in die schlimmste Barbarei. Man findet in ihm das Beste und das Schlechteste, die Fähigkeit des Menschen zu grandiosen intellektuellen Leistungen im Dienst der Menschheit ebenso wie die Bereitschaft, furchtbare Grausamkeiten an seinen Mitmenschen zu begehen.

Während ihrer gesamten bekannten Geschichte befand sich die Menschheit stets im Krieg mit sich selbst, hin und her gerissen zwischen zwei entgegengesetzten Polen des menschlichen Wesens: glänzender Verstandeskraft, Mut, Erfindungsreichtum, kulturellen Leistungen sowie Sorge um das individuelle und das allgemeine Wohlergehen auf der einen Seite und Grausamkeit, Feigheit und Gleichgültigkeit gegenüber dem menschlichen Leben, Habgier und Machtstreben auf der anderen Seite. In keiner anderen Zeit war der Gegensatz zwischen Großmut und Grausamkeit, Fortschritt und Rückschritt derart offensichtlich wie im vergangenen Jahrhundert. In dem kurzen Zeitraum von hundert Jahren, einem bloßen Blinzeln der Geschichte, haben sich unser Leben und der Planet, auf dem wir leben, tiefgreifend verändert, häufig zum Besseren, manchmal zum Schlechteren, und niemand auf der Erde ist davon völlig unberührt geblieben.

Die Eiszeit hat die Erde grundlegend verändert, aber ihre Auswirkungen traten nur langsam über Jahrtausende hinweg zutage. Auch die Entdeckung der Neuen Welt war ein entscheidender Wendepunkt, aber es dauerte lange, bis die Folgen spürbar wurden. Die Industrielle Revolution brachte ebenfalls umwälzende Veränderungen der Lebensbedingungen mit sich, aber sie fand in einem geographisch begrenzten Raum statt, und ein großer Teil der Weltbevölkerung blieb von ihr weitgehend unberührt.

Das 20. Jahrhundert war anders. Nur wenige Menschen auf der Erde blieben von den Auswirkungen der folgenschweren Ereignisse, durch die es geprägt wurde, verschont, und sie mussten nicht nur mit den Veränderungen selbst zu Rande kommen, sondern auch mit ihrem atemberaubenden Tempo. Nicht einmal der kühnste Prognostiker hätte sich eine solch unglaubliche Ära vorgestellt, die neben phantastischen intellektuellen Leistungen und einer explosionsartigen Entwicklung des Wissens zugleich von so viel Blutvergießen und Barbarei erfüllt war.

Einerseits gab es großartige Entdeckungen der naturwissenschaftlichen Forschung, bahnbrechende neue Technologien und eine Vielzahl neuer Energiequellen. Der Mensch nutzte das Atom, setzte seinen Fuß auf den Mond und schickte Sonden ins fernere Weltall. Nur wenige Teile der Welt blieben von der raschen Verbreitung des Wissens ausgeschlossen. Eine elektronische Revolution ermöglichte uns die weltweite direkte Kommunikation, und das Düsentriebwerk machte die fernsten Winkel der Welt innerhalb von weniger als vierundzwanzig Stunden erreichbar. Viele Krankheiten, die lange Zeit Geißeln der Menschheit waren und über die man wenig wusste, wurden besiegt; innerhalb von nur drei Generationen wurden größere medizinische Fortschritte erzielt als in der gesamten bekannten Menschheitsgeschichte zuvor. In vielen Teilen der Welt stieg die Lebenserwartung enorm, und am Ende des Jahrhunderts begann die neue Wissenschaft der Genetik, die Geheimnisse von Leben und Tod selbst zu enträtseln.

Auch die politischen Verhältnisse und die Weltwirtschaft wurden durch weitreichende Entwicklungen umgestaltet. Der Kolonialismus, der am Anfang des Jahrhunderts noch eine bedeutende Kraft war, wurde buchstäblich über Nacht hinweggefegt, und in Asien und Afrika entstand eine Vielzahl neuer, unabhängiger Staaten. In Europa beäugten sich die Staaten um 1900 immer noch voller Misstrauen über ihre Grenzen hinweg und suchten in wechselnden Bündnissen Schutz, während sie gleichzeitig miteinander um Einfluss und Vorteile rangen. Mehr als hundert Jahre waren vergangen, seit in der Französischen Revolution der Schlachtruf »Freiheit, Gleichheit, Brüderlichkeit« erklungen war, doch am Beginn des 20. Jahrhunderts war eine wahrhaft demokratische Staatsform immer noch unüblich und existierte, außer in Amerika, fast nirgendwo auf der Welt. Tatsächlich stand die Demokratie in den ersten Jahrzehnten des Jahrhunderts unter Druck, während sich der Totalitarismus im Aufwind befand. Am Vorabend des Zweiten Weltkrieges waren verfassungsmäßige Regierungen in Europa eher die Ausnahme als die Regel. Fünfzig Jahre später indes, nach einer langen, gefährlichen Konfrontation zwischen diesen beiden politischen Philosophien, hatte nicht der Totalitarismus, sondern die Demokratie obsiegt. Als neue Technologien globale Märkte schufen und Wissen nicht mehr in nationalen Grenzen zurückgehalten werden konnte, scheiterte das Experiment mit Diktatur und Planwirtschaft; die Menschen ließen sich nicht mehr unterjochen, und ihr Verlangen nach Freiheit von Willkürherrschaft erwies sich in vielen Teilen der Welt als unwiderstehlich. Im Rückblick erscheint die Schnelligkeit der Auflösung der Sowjetunion – eine Folge dieser Entwicklung – als eines der verblüffendsten Ereignisse der neueren Geschichte.

Während die Integration des eigenen Kontinents ein unerfüllbarer Traum blieb, hatte Europa lange Zeit voller Bewunderung und Neid auf die wirtschaftlichen und politischen Vorteile geblickt, welche die Amerikaner aus ihrer Union zogen. Am Ende des Jahrhunderts war dieses lange unerreichbare Ideal jedoch auch in Europa in greifbare Nähe gerückt, und in den letzten Jahrzehnten bewegte man sich mit größeren Schritten auf die ökonomische und politische Einheit zu, als irgendjemand für möglich gehalten hätte. Obwohl noch viel zu tun blieb, hatten im Jahr 2000 die nationalen Grenzen in Europa viel von ihrer einstigen Bedeutung verloren. Sogar auf größerer internationaler Ebene erfüllte sich – nur zwanzig Jahre nach dem Scheitern des ersten Versuchs – der langgehegte Wunsch nach einer politischen Weltorganisation, die auf anerkannten Verhaltensnormen und der Herrschaft des Rechts beruhen sollte. Heute bilden die Vereinten Nationen mit ihren fast zweihundert Mitgliedsstaaten das fest etablierte Kernstück der internationalen Rechtsordnung.

Doch auch die andere Seite des 20. Jahrhunderts muss betrachtet werden – seine bedrückende Bilanz von Aggression, Kriegen und Menschenrechtsverletzungen. In zwei Weltkriegen und vielen kleineren Konflikten, in regionalen Auseinandersetzungen und in ethnischen, rassischen und religiösen Konfrontationen wurden Hunderte von Millionen Leben zerstört. Derart viele umwälzende Veränderungen, die althergebrachte soziopolitische Strukturen und Beziehungen erschütterten und sich zudem in solch kurzer Zeit vollzogen, waren nicht leicht zu verarbeiten. Die Auflösung der Kolonialreiche ging nicht reibungslos vonstatten, und nach dem Verschwinden der Kolonialherren entluden sich in den neu entstandenen Staaten seit langem bestehende ethnische und religiöse Spannungen in blutigen Rivalitäten.

Auch in der westlichen Welt führten tiefgreifende technologische und politische Veränderungen zu erheblicher sozialer Unruhe, und mit den neuen Unsicherheiten gingen neue Ängste einher. Während sich für einige große Chancen eröffneten, hatten die Veränderungen für andere einen realen oder vermeintlichen Statusverlust und Abstieg zur Folge. Zusätzlich angefacht wurde ihre Unsicherheit von jenen, die verführerisch einfache, aber mangelhafte Heilmittel gegen ihre Sorgen anboten.

Seit langem waren Juden, insbesondere in schwierigen Zeiten, bevorzugte Opfer von Vorurteilen und Anschuldigungen gewesen. Am Beginn des Jahrhunderts schien der Judenhass jedoch abzuklingen, bevor er sich nach dem Ersten Weltkrieg in großen Teilen der westlichen Welt wieder verstärkte und in der Mitte des Jahrhunderts in enormer Gewalt mit tragischen Folgen für das europäische Judentum kulminierte. Mit Hilfe einer emotionalen antijüdischen Propaganda, die vorhandene Ressentiments aufgriff und verstärkte, ergriffen radikale, fremdenfeindliche politische Führer gewaltsam oder durch Täuschung – indem sie den Menschen Freiheit versprachen, obwohl sie ihnen ihre bürgerlichen Rechte nehmen wollten – die Macht und machten sich daran, die Welt nach ihren Vorstellungen umzugestalten.

Die Folge waren zwei der zerstörerischsten Kriege der Geschichte, die mit beispielloser Heftigkeit und Grausamkeit sowohl gegen Soldaten als auch gegen Zivilisten geführt wurden, eine scheinbar endlose Kette von postkolonialen Auseinandersetzungen, gewalttätige Revolutionen und Regionalkonflikte sowie ein nahezu vier Jahrzehnte andauernder, ebenso intensiver wie gefährlicher Kalter Krieg. Und am Ende des 20. Jahrhunderts schufen Schurkenstaaten und über Grenzen hinweg operierende Terroristen neue Unsicherheit und eine völlig neue Gefahr für die herrschende Ordnung.

Kaum jemand hatte am Anfang des 20. Jahrhunderts die bevorstehenden Unruhen und Kriege vorausgesagt. Einige wenige Pessimisten des Fin de Siècle hatten frühe Vorzeichen der Auflösung der bestehenden Ordnung gesehen und vor den gravierenden Folgen gewarnt. Aber sie waren in der Minderheit, und man hatte sie als lästige Propheten des Untergangs abgetan. Die Mehrheit war voller Hoffnung und glaubte an die Unaufhaltsamkeit des friedlichen Fortschritts der Menschheit. Die Technik, so hieß es (lange vor dem Beginn des Atomzeitalters), habe derart wirkungsvolle neue Vernichtungswaffen entwickelt, dass lange Kriege zwischen Großmächten selbstzerstörerisch wären und daher undenkbar und immer unwahrscheinlicher seien.

Doch selbst die Voraussagen der pessimistischsten Schwarzseher erwiesen sich als zu positiv. Das Machtmonopol absoluter Herrscher und skrupelloser Diktatoren, denen schwache, feige und inkompetente Politiker gegenüberstanden – oder zynische und übermäßig ehrgeizige, die sich ihrer Macht zwar widersetzten, aber fatalen Fehlkalkulationen erlagen –, führte nicht nur zu zwei langen Kriegen und anderen Konflikten, sondern auch zu einem unbeschränkten Einsatz neuer tödlicher Waffen sowohl gegen Soldaten als auch gegen die Zivilbevölkerung, der die schlimmsten Befürchtungen und Vorahnungen übertraf.

Eine der Grundprämissen dieses Buchs lautet, dass die Geschichte von Menschen gemacht wird und stets den Unwägbarkeiten der Umstände und des Zufalls unterworfen ist, die bestimmen, welche Personen an kritischen Wendepunkten die Hebel der Macht in Händen halten, welche Optionen ihnen offenstehen und welche Beziehungen sie untereinander pflegen.[1]

Dies trifft auch auf das 20. Jahrhundert zu. Nichts in der Geschichte ist sicher, bis es geschieht, wie der Historiker Fritz Stern angemerkt hat. So waren nur wenige der großen Entwicklungen des Jahrhunderts unvermeidbar oder unausweichlich, und es gab viele Gelegenheiten, bei denen der Gang der Ereignisse eine andere Richtung hätte nehmen können.

Wäre der Erste Weltkrieg auch ausgebrochen, wenn der relativ gemäßigte deutsche Kaiser Friedrich III. 1888 nicht, nur 99 Tage nach seiner Thronbesteigung, an Krebs gestorben wäre und sein Sohn nicht seine Nachfolge angetreten hätte? Was wäre geschehen, wenn nach 1918 in Frankreich weisere und weniger auf Rache und Vergeltung fixierte und in England weniger schwache Politiker regiert hätten, die einen Versailler Vertrag mit anderem Inhalt geschlossen hätten, oder wenn sich Amerika in den zwanziger Jahren unter den wenig beeindruckenden Präsidenten Harding und Coolidge nicht nach innen gekehrt hätte? Oder was wäre gewesen, wenn das erste, schließlich gescheiterte Experiment mit der parlamentarischen Demokratie in Deutschland, die Weimarer Republik, in jenen kritischen Zwischenkriegsjahren (wie später nach 1945) mit stärkeren, kompetenteren politischen Führern gesegnet gewesen wäre? Wäre dann Hitlers Machtübernahme verhindert worden und hätte die Geschichte einen anderen Verlauf genommen? Und wenn 1939 ein Anschlag auf Hitlers Leben Erfolg gehabt hätte, wie es beinah der Fall gewesen war, hätte die Katastrophe des Weltkriegs dann noch verhindert werden können, und wäre die Geschichte des nachfolgenden halben Jahrhunderts anders verlaufen?

Wenn andererseits die Vereinigten Staaten nicht aus den Fehlern der Vergangenheit gelernt hätten und ihr – nach dem Tod Roosevelts – zufällig ins Amt gekommener, unerfahrener, aber resoluter

Präsident Harry Truman nicht den Mut gehabt hätte, nach dem Zweiten Weltkrieg massiv in den Aufbau Europas zu investieren, wenn Amerika der wirtschaftlichen Integration Europas die Unterstützung versagt und Westeuropa nicht gedrängt hätte, die Institutionen eines starken westlichen Bündnisses freier Nationen zu schaffen, wäre der Kalte Krieg dann anders ausgegangen? Was wäre geschehen, wenn 1962, als sowjetische Raketen nach Kuba verschifft wurden, nicht auf beiden Seiten die Vernunft gesiegt hätte?

Mit einem Wort, die Geschichte des vergangenen Jahrhunderts ist voller folgenschwerer Ereignisse, von denen einige dem Frieden dienten, den Zustand der Menschheit verbesserten und das Gute in uns stärkten. Andere hingegen waren das katastrophale Ergebnis menschlicher Entscheidungen voller Unmoral, Missachtung des Lebens und, ja, von enormer Dummheit.

Aufs Ganze gesehen, hatten wir noch Glück. Der Kalte Krieg endete friedlich, und die nukleare Katastrophe wurde vermieden. Die Diktatoren, die Kriege anzettelten und Millionen Menschen ihrer Freiheit und ihres Lebens beraubten, sind verschwunden. Doch am Beginn des 21. Jahrhunderts bedrohen neue Gefahren die Welt, neue Herausforderungen und Risiken für Freiheit und Demokratie sind zu bewältigen. Die Frage ist, ob wir die Lehren aus der Vergangenheit gezogen haben, der Aufgabe gewachsen sind und ebenso wie im vergangenen Jahrhundert das Glück haben werden zu überleben.

*

Mein Leben ist in vieler Hinsicht ein Spiegel der Höhen und Tiefen des 20. Jahrhunderts gewesen. Ich bin in jener kurzen Phase, als man auf beiden Seiten des Atlantiks einigermaßen zuversichtlich in die Zukunft schaute, in Deutschland geboren. Doch nur wenige Jahre später, während des Zweiten Weltkriegs, als Hitler die Welt in Brand steckte, saß ich in einer entlegenen Ecke Asiens fest und war so bettelarm, dass ich die Löcher in meinen Schuhen mit Zeitungspapier stopfen musste.

Ich bin als Deutscher geboren und seit sechzig Jahren Amerikaner, besaß aber in den schlimmen Zeiten von Diktatur und Krieg überhaupt keinen Pass, während einige Jahre später gleich vier Staaten bereit waren, mir den ihren auszustellen.[2] Zweieinhalb Jahre war ich Gefangener der Japaner, und später hatten nicht einmal die untersten amerikanischen Konsularbeamten Zeit für mich. In den sechziger Jahren, nachdem die Vereinigten Staaten als Führungsmacht des Westens aus dem Zweiten Weltkrieg hervorgegangen waren, sollte ich dann den US-Präsidenten als Botschafter im Ausland vertreten, und in den Siebzigern stand ich als Finanzminister nominell an fünfter Stelle in der Nachfolge des Präsidenten in einem Notfall.[3]

Einst hatte niemand mich anstellen wollen, und ich konnte keine Arbeit finden. Später, als der Lebensstandard gestiegen war und die Wirtschaft boomte, leitete ich zwei Multimilliarden-Dollar-Unternehmen, die Instrumente und Symbole des technischen und ökonomischen Fortschritts des Jahrhunderts waren. Und als in den achtziger Jahren die elektronische Revolution die Globalisierung vorantrieb und die Welt veränderte, stand ich an der Spitze einer der großen Computerfirmen der Welt und konnte diese folgenreiche Wendung in der Entwicklung der Menschheit aus nächster Nähe beobachten.

Dass mein Leben ebenso vielfältig wie das Jahrhundert war und ebenso viele Höhen und Tiefen bereithielt, ist nicht verwunderlich, denn es wurde von ihm geprägt. Dass ich ein privilegierter Beobachter einiger großer, umwälzender Ereignisse und gelegentlich sogar ein bescheidener Mitspieler werden würde, war indes nicht vorherbestimmt, sondern zum großen Teil eine Folge des Zufalls der Geburt und willkürlicher Umstände. Sie brachten mich an Orte und in Positionen, die mir einen Platz in der ersten Reihe sicherten, so dass ich einige der wichtigsten Entscheidungsträger kennenlernen und in Aktion beobachten konnte. So war es der Zufall, der mich abwechselnd zum Opfer, zum Zeugen und in entscheidenden Augenblicken des 20. Jahrhunderts zum Akteur an der Seite von Weltführern und Entscheidungsträgern machte.

Die meisten meiner Kindheitserinnerungen stammen aus dem Berlin unter Hitler in den dreißiger Jahren. Ich habe nie damit gerechnet, eines Tages dorthin zurückzukehren, doch durch eine Schicksalswendung bin ich in den neunziger Jahren, als ein völlig anderes, zutiefst demokratisches Deutschland entstanden war, doch wieder mit dieser Stadt in enge Berührung gekommen. Ich habe das alte China in seiner Endphase erlebt und es ohne großes Bedauern verlassen. Doch in den siebziger Jahren lernte ich die neue chinesische Führung kennen, spielte eine gewisse Rolle bei der Wiederaufnahme der Beziehungen zwischen Amerika und China und konnte als Insider die Veränderungen verfolgen, die das Reich der Mitte am Ende des Jahrhunderts zur Weltmacht aufsteigen ließen. Die dramatischen Entwicklungen im Nahen und Mittleren Osten und einige der Ereignisse, die sie bewirkten, konnte ich aus nächster Nähe beobachten. In entscheidenden Momenten, als der Friedensprozess hätte vorangebracht werden können, aber nicht wurde, traf ich den ideologisch unbeugsamen israelischen Ministerpräsidenten Menachem Begin. Und in einer schicksalhaften Zeit, als ein Volksaufstand ihn den Thron kostete und sein Land vom Freund zum Feind der Vereinigten Staaten machte, hatte ich mit dem Schah des Irans zu tun. Von den fünfziger bis zu den siebziger Jahren war ich als Wirtschaftsmanager und Staatsdiener an den bahnbrechenden Entwicklungen, die zur wirtschaftlichen Vereinigung Europas führten, beteiligt und arbeitete mit ihren wichtigsten Verfechtern in Schlüsselpositionen auf beiden Seiten des Atlantiks zusammen. Vor allem aber hatte ich das Glück, zu verschiedenen Zeiten in ihrer unmittelbaren Umgebung im Weißen Haus für drei Präsidenten der Vereinigten Staaten tätig sein zu dürfen.

Im Folgenden erzähle ich Jahrzehnt für Jahrzehnt von den Höhen und Tiefen des Jahrhunderts, wie ich sie in der Nähe bedeutender Entscheidungsträger erlebt habe. Es ist eine persönliche Geschichte der schicksalhaften Jahre aus der Perspektive eines Akteurs und Beobachters und keine objektive Geschichte des 20. Jahrhunderts, wie ein Historiker sie dargestellt hätte. Genauso wenig handelt es sich um eine gewöhnliche Autobiographie, vielmehr ist es ein Hybrid, etwas, das, wie Eric Hobsbawm solche Bemühungen beschrieben hat, »eine Zwielichtzone zwischen der Geschichte und der Erinnerung, zwischen der Vergangenheit als einem grob skizzierten Bericht … und der Vergangenheit als einem erinnerten Bestandteil oder Hintergrund des eigenen Lebens« ausmisst.[4] Es ist also notwendigerweise eine subjektive Darstellung, und mir ist bewusst, dass sie ihre Risiken hat.

Der Leser wird einige wiederkehrende Themen erkennen, die mich beim Nachdenken über die Ereignisse des vergangenen Jahrhunderts beeindruckt haben. Eines ist bereits erwähnt worden: die Einsicht, dass der Lauf der Geschichte nicht vorausgesagt werden kann, sondern von den Menschen abhängt, die die Entscheidungen treffen, und von den zufälligen Umständen, die sie in Machtpositionen gebracht haben. Ein anderes Thema folgt unmittelbar daraus: die Bedeutung der individuellen Entscheidungsträger bei der Gestaltung der historischen Ereignisse, insbesondere derjenigen an der Spitze, wo die richtige Mischung aus Temperament und Führungsqualitäten ausschlaggebend ist. Ein drittes Thema ist die Erkenntnis, dass gelegentlich unbeherrschbare äußere Ereignisse eintreten können, die den Lauf der Geschichte bestimmen und die Karten ebenso neu mischen können, wie es durch Entscheidungen von Führungsgruppen geschehen kann. Im 20. Jahrhundert war die elektronische Revolution, die in der gegenwärtigen Ära der Globalisierung mündete, ein solches Ereignis.

Das 20. Jahrhundert sollte uns lehren, dass Klugheit nicht immer über Dummheit triumphiert und Achtung für das menschliche Leben nicht immer den Sieg davonträgt. Aber es bietet auch Anlass für die Hoffnung, dass sie sich mit etwas Glück und gesundem Menschenverstand doch durchsetzen können.

Die Ära der Globalisierung stellt uns vor viele neue Gefahren und Risiken, eröffnet aber auch großartige Möglichkeiten des Fortschritts und der steten Verbesserung des menschlichen Daseins auf der Erde.

Was geschehen wird, kann niemand wissen. Die Frage ist nicht nur, ob uns das Glück hold sein wird, sondern auch, ob es Führungspersönlichkeiten geben wird, die die Lehren aus dem vergangenen Jahrhundert nutzen werden, um das neue auf positive Weise zu gestalten.

DIE DREISSIGER JAHRE

Deutschland im Aufruhr. Berlin unter den Nationalsozialisten

Wurzeln

Geboren wurde ich am 3. Januar 1926 in Oranienburg bei Berlin als Sohn einer wohlhabenden jüdischen Familie von Landbankiers, die seit Menschengedenken in Deutschland lebte. Wenige Jahre später sollte sich herausstellen, dass es ein schicksalhafter Zeitpunkt war, um auf die Welt zu kommen.

Am Beginn des neuen Jahrhunderts verlief das Leben noch in geordneten, vorhersehbaren Bahnen. Die europäischen Großmächte – Großbritannien, Frankreich und Deutschland – waren noch im unangefochtenen Besitz ihrer Kolonialreiche und standen im Mittelpunkt von Weltwirtschaft und internationaler Politik. Ein Krieg zwischen ihnen galt als unwahrscheinlich, und sei es nur aus dem Grund, weil die Militärtechnik so weit fortgeschritten war, wie manche hervorhoben, dass eine solche Dummheit selbstzerstörerisch und suizidal gewesen wäre. Auf der anderen Seite des Atlantiks erlebte Amerika einen Wirtschaftsaufschwung, der Welthandel wuchs, und vielerorts stieg der Lebensstandard. Man ging davon aus, dass die Zeiten gut bleiben würden und die Zukunftsaussichten rosig waren.

Die alteingesessenen deutschen Juden, unter ihnen die Blumenthals in Oranienburg, teilten diesen Optimismus. Einst hatten sie die Gefahren einer untergeordneten Stellung als rechtlose, beargwöhnte Minderheit, die Diskriminierung und regelmäßige Repressionswellen erdulden musste, erlebt. Doch diese Zeiten waren lange vorbei. Im vorangegangenen Jahrhundert hatten die deutschen Juden die vollen Bürgerrechte erhalten, und viele hatten in der Wirtschaft oder in freien Berufen ihren Weg gemacht. Obwohl der Antisemitismus keineswegs ausgerottet war, schien er an der Jahrhundertwende nachzulassen, und viele Juden glaubten, dass es nur noch eine Frage der Zeit sei, bis Fortschritt und Aufklärung die verbliebenen Einschränkungen ihres Lebens hinwegfegen würden.

In Oranienburg war mein Urgroßvater als einer der Ersten aus der kleinen jüdischen Gemeinde in den Stadtrat gewählt worden, und mein Großvater war als einer der angesehensten Bürger der Stadt in seine Fußstapfen getreten. An der Jahrhundertwende ging es den Blumenthals finanziell gut, und sie fühlten sich wohl und sicher. Viele Jahre später, in weniger glücklichen Zeiten, sollte mein Vater, der 1889 als preußischer Untertan geboren worden war, wehmütig auf die Anfangsjahre des Jahrhunderts zurückblicken – die »guten alten Zeiten« nannte er sie, oder manchmal einfach »Kaisers Zeiten«.

Der Ausbruch des Ersten Weltkriegs im Jahr 1914 bildete den Wendepunkt, an dem viele Illusionen für immer zerstoben und klar wurde, dass der Optimismus der vorangegangenen Jahre verfehlt gewesen war. Der Krieg, den niemand vorhergesehen und nur wenige gewollt hatten, dauerte vier Jahre und erwies sich als einer der verheerendsten der Geschichte. Danach folgte das 20. Jahrhundert einem völlig anderen Weg als dem einst erwarteten.

Eine ganze Generation junger europäischer Männer war auf den Schlachtfeldern dezimiert worden, und große Teile Europas, insbesondere Frankreichs, lagen in Trümmern. Der russische Zar und die Kaiser von Österreich-Ungarn und Deutschland waren von der Weltbühne verschwunden und politisch schwache und instabile neue Regierungen an ihre Stelle getreten. Für die Besiegten wie auch für die Sieger folgten wirtschaftlich und politisch unruhige Jahre. Besonders schwer traf es Deutschland, wo die in ihrem Ausmaß beispiellose Inflation der frühen Nachkriegszeit bewirkte, dass die Mittelschicht verarmte, Extremisten Zulauf erhielten, reaktionäre Ansichten breiten Anklang fanden und das soziopolitische Gefüge des Landes unter erheblichen Druck geriet.

Die Folgen des Krieges waren allein schon schädlich genug, aber in den zwanziger Jahren spürte man darüber hinaus auch Veränderungen, die sich unter der Oberfläche vorbereitet und deren Bedeutung vor dem Krieg nur wenige erkannt hatten. Viele dieser Entwicklungen waren inzwischen offensichtlich geworden: die wissenschaftlichen Entdeckungen und Fortschritte mit ihren häufig segensreichen, aber auch komplexen und manchmal verstörenden Auswirkungen auf das moderne Leben; die Internationalisierung der Wirtschaft und deren Rückwirkungen auf die einzelnen Länder; die Auflösung anachronistischer Reiche in Europa und die Konsequenzen des zu Ende gehenden Kolonialismus in Übersee; der Niedergang Europas als dominante Kraft auf der Welt und der Aufstieg Amerikas; schließlich die Folgen des zunehmenden politischen Bewusstseins der Massen und der Streit konkurrierender Ideologien darüber, wie das moderne Leben am besten zu organisieren sei.

Die Suche nach Antworten sollte während eines großen Teils des 20. Jahrhunderts die Weltpolitik bestimmen und Ursache vieler Aufstände und bewaffneter Konflikte sein. Die Herrschaft des Marxismus, die Sehnsucht nach dem Altvertrauten und radikale Versuche, die Uhr zurückzudrehen, der Aufstieg des Faschismus, ethnische Konflikte, große und kleine Kriege, der Missbrauch der Wissenschaft und die Popularität pseudowissenschaftlicher Lösungen für komplexe Probleme, Intoleranz, Rassismus und ein mörderischer Antisemitismus gehörten zu den Folgen. Letztlich mündete die Suche im langwierigen Kalten Krieg und in der nuklearen Pattsituation der Blöcke mit ihren vielen Gefahren und Rückschlägen, aber sie führte auch zu den phantastischen intellektuellen Leistungen und Fortschritten des Jahrhunderts.

In einigen Ländern, einschließlich Deutschland, hatte sich die Wirtschaftslage 1926 – in meinem Geburtsjahr – verbessert, und manche Deutsche sollten diese Zeit später ihre »goldenen Jahre« nennen. Nach einer schwierigen Anfangsphase, in welcher der Bestand des ersten Versuchs mit der parlamentarischen Demokratie in Deutschland in Frage stand, war dies die zweite, hoffnungsvollere, wenn auch flüchtige Periode der kurzen, vierzehnjährigen Existenz der Weimarer Republik.

Die harten Bedingungen des Versailler Vertrages und die niederdrückende Last, die sie einem traumatisierten Volk aufbürdeten, hatten in Deutschland auf Dauer tiefe innere Spannungen hervorgerufen, und die ruinösen Folgen der Inflation für die Mittelschicht hatten sie weiter verschärft. Die Regierungen wechselten in kurzer Folge; wiederholt versuchten linke und rechte Extremisten, die junge Republik zu stürzen; auf den Straßen herrschte ständig Aufruhr, und buchstäblich jeden Tag wurden politische Morde verübt. Als Mitte der zwanziger Jahre eine Konsolidierung und Beruhigung eintrat, empfand man es fast als Wunder. Die deutsche Wirtschaft hatte sich, von ausländischen, zumeist aus Amerika kommenden Krediten gestützt, etwas erholt. Die Arbeitslosigkeit war gering, die Preise waren relativ stabil und die Regale in den Geschäften voller Lebensmittel. Noch ahnte niemand, dass diese glücklichere Zeit nur kurz sein sollte und bald die letzten Jahre der Republik anbrechen würden, in denen sie sich, mit den Auswirkungen einer Weltwirtschaftskrise kämpfend, auflösen würde, um schließlich einer katastrophalen zwölfjährigen Diktatur zu weichen.

Kein Land wurde vom Zusammenbruch des Weltfinanzsystems schwerer getroffen als Deutschland, das sich bei seinen Aufbauanstrengungen nach dem Krieg weitgehend auf den Zustrom amerikanischen Geldes verlassen hatte. Als er 1928/29 ebenso plötzlich wie vollständig ausblieb, brach das gesamte System zusammen. Hunderte von Banken, einschließlich der Blumenthal-Bank in Oranienburg, gingen bankrott, und Deutschland stürzte in eine Wirtschaftskrise, die noch schlimmer war als diejenige in den Vereinigten Staaten. Zwischen 1928 und 1932 sank das deutsche Volkseinkommen um atemberaubende 62 Prozent, und die Exporte gingen auf die Hälfte zurück. Jeder dritte Arbeiter war arbeitslos; überall herrschten Armut und Verzweiflung, noch mehr als in den schrecklichen ersten Nachkriegsjahren. Das noch vorhandene Vertrauen in die Weimarer Republik wurde restlos zerstört und der Anfang vom Ende der deutschen Demokratie war eingeläutet.

1929, im Jahr des Bankrotts der Blumenthal-Bank, war ich noch keine vier Jahre alt. Um der Schande und der Schmach des Scheiterns zu entfliehen, packten meine Eltern ihre Siebensachen und zogen von Oranienburg nach Berlin um. Aus dieser Zeit stammen meine frühesten Kindheitserinnerungen.

Von Oranienburg nach Berlin

Wir trafen Ende 1929 in Berlin ein. Während Deutschland rasch in eine tiefe Depression abrutschte, versuchten sich meine Eltern in der Anonymität der Hauptstadt vor der Schande des Zusammenbruchs der Familienbank, die sowohl der Weltwirtschaftskrise als auch schlechtem Management zum Opfer gefallen war, zu verstecken. Ihre Ersparnisse waren verloren, sie waren buchstäblich mittellos, und keiner von ihnen besaß vermarktbare Fähigkeiten, mit denen man den Lebensunterhalt hätte verdienen können.

Der Zeitpunkt hätte nicht schlechter gewählt sein können. Über zwei Millionen Deutsche gingen bereits stempeln. In Berlin herrschte Chaos, und die Arbeitslosigkeit stieg sprunghaft an, von 300 000 Menschen im Januar 1929 auf mehr als die doppelte Zahl nach dem New Yorker Börsencrash im Oktober. 150 000 Berliner Metallarbeiter befanden sich in einem langen Streik gegen eine fünfzehnprozentige Lohnkürzung, und auf den Straßen lieferten sich Kommunisten und Hitlers Sturmabteilungen, die SA, blutige Kämpfe. Randalierende Nazibanden zogen durch Berlin, griffen ihre Gegner an, schlugen Juden zusammen und störten die Aufführung von Kinofilmen, die ihnen nicht passten. Als der Antikriegsfilm *Im Westen nichts Neues* nach Erich Maria Remarques gleichnamigem Roman aufgrund ihrer Drohungen vorübergehend aus den Kinos genommen werden musste, gingen die Kommunisten zur Vergeltung gegen einen von Hitlers Lieblingsfilmen vor, *Das Flötenkonzert von Sanssouci,* in dem Friedrich der Große verherrlicht wurde.

Währenddessen war die Berliner Stadtverordnetenversammlung

im Chaos versunken und kaum noch funktionsfähig. In der letzten Wahl hatte sich im November 1929 ein großer Teil der entmutigten Wählerschaft für die Extreme auf der Linken und Rechten entschieden; die Sozialdemokraten waren zwar mit knappem Vorsprung stärkste Partei geblieben, aber die Mehrheit der Sitze hatten offen antidemokratische Kräfte erobert. Als wäre dies nicht genug gewesen, hatte der langjährige Bürgermeister aufgrund eines sensationellen Korruptionsskandals zurücktreten müssen, an dem unter anderen einige zwielichtige Unternehmer beteiligt waren, die zufälligerweise Juden waren. Wie in Krisenzeiten zu erwarten, befand sich der Antisemitismus im Aufwind, und der Berliner Gauleiter der NS-Partei, der giftige Hetzredner Joseph Goebbels, ergriff mit Freude die Gelegenheit, das Feuer von antijüdischem Hass und Fanatismus zu schüren.

Die Situation in Berlin war unruhig und gefährlich, und meinen Eltern stand eine besonders schwierige, traumatische Zeit bevor. Das erste Problem war schon, dass sie sich keine eigene Wohnung leisten konnten und wir gezwungen waren, uns in der Wohnung meiner Großmutter mütterlicherseits zu drängen, was für alle Beteiligten kein sehr angenehmes Arrangement darstellte. Ich erinnere mich nur vage an eine altmodische, dunkle Wohnung mit hohen Decken. Sie lag im Westteil der Stadt in Charlottenburg in der Kantstraße 134 a.

Mein vierter Geburtstag stand kurz bevor, und aus den nächsten zwei Jahren in der Kantstraße stammen meine frühesten Erinnerungen, die freilich kaum mehr als ein vages Gefühl von gedrückter Stimmung, Anspannung und Fremdheit in der neuen Umgebung umfassen. Allerdings erinnere ich mich, dass ich rasch in einen »deutschen« Kindergarten abgeschoben wurde, wo ich in die Obhut einer ehrfurchtgebietenden »Tante« kam, die mich aus irgendwelchen kindlichen Gründen zu Tode ängstigte. Ihren Namen habe ich vergessen, aber ein noch vorhandenes Foto zeigt sie als ältere Frau mit dicken Brillengläsern und strenger Miene, die inmitten eines Dutzends ihrer kleinen Zöglinge steif auf einem Stück Rasen sitzt. Vermutlich waren es ihre Brille und ihre tiefe Stimme, die mir

Angst machten. Darüber hinaus ist sie mir als unnachgiebige Zuchtmeisterin in Erinnerung, die zwar fürsorglich und nicht unfreundlich war, aber die tiefe Überzeugung hegte, dass sie uns die grundlegenden Tugenden Ordnung, Disziplin und Gehorsam nahebringen müsse. Im damaligen Deutschland wurde die sprichwörtliche Regel, dass man Kinder zwar sehen, aber nicht hören sollte, immer noch weithin für richtig gehalten, und die meisten Erwachsenen behandelten Kinder dementsprechend. Die Atmosphäre, wie sie bei der »Tante« herrschte, war kaum zu vergleichen mit derjenigen der Kindergärten in Princeton, in die meine Frau und ich fünfundzwanzig Jahre später unsere Kinder gaben. Eine freundliche, anregende Umgebung, in der man uns Spielraum gelassen hätte, frei unsere Persönlichkeit zu entwickeln, bot meine »Kita« in Berlin sicherlich nicht.

Für meine Eltern müssen diese ersten Monate im Durcheinander der deutschen Hauptstadt eine furchtbare Erfahrung gewesen sein, zumal als Gnadenbrotempfänger meiner ein wenig misanthropischen Großmutter, die unter depressiven Schüben litt und gewiss nicht als Frohnatur gelten konnte oder zu großzügiger Gastfreundschaft neigte. Der Wechsel aus gutbürgerlichen, gesicherten Verhältnissen zum Leben von Beinaheobdachlosen war, buchstäblich ohne Vorwarnung, als unerwarteter Schock eingetreten. In ihrem kleinen Oranienburg waren meine Eltern angesehene Stützen der Gesellschaft gewesen und hatten zu den ersten Familien der jüdischen Gemeinde gehört. Sie hatten ein großes, repräsentatives Haus in einer guten Wohngegend besessen und – was damals nicht unüblich war – genügend Bedienstete gehabt, um von den ermüdenden Alltagsaufgaben entlastet zu sein: eine Vollzeitköchin, ein Hausmädchen, eine Waschfrau, die einmal wöchentlich kam, einen Chauffeur für das Familienauto und ein im Haus lebendes Kindermädchen. Auf den ebenso plötzlichen wie vollkommenen Umschwung in ihrem Leben, mit dem sie jetzt fertig werden mussten, waren sie weder dem Temperament noch der Erfahrung nach vorbereitet gewesen.

Mein Vater Ewald Blumenthal, der von seiner Mutter verwöhnte, unsichere älteste Sohn der Familie, war es ganz gewiss nicht. Die Iritiative zu ergreifen oder entschlossen auf plötzlich auftauchende Widrigkeiten zu reagieren passte nicht zu seinem Charakter. Was meine Mutter angeht, so war sie in wesentlich bescheideneren Verhältnissen aufgewachsen. Die Markts waren weniger als eine Generation vor ihrer Geburt aus der im Osten gelegenen Provinz Posen nach Berlin gekommen. Ihre Heirat mit einem Blumenthal war für sie ein Aufstieg zu mehr Wohlstand und Ansehen gewesen, an den sie sich freilich schnell gewöhnte. Im Gegensatz zu ihrem Ehemann besaß sie von Natur aus viel Elan und Kraft, die sie in den vor ihr liegenden Jahren bitternötig haben sollte. Aber auch sie benötigte einige Zeit, um sich auf die Veränderung einzustellen.

Erst viele Jahre später, als wir Kinder erwachsen waren, sollte meine ältere Schwester mir gegenüber den Schleier über dem tiefen Familiengeheimnis lüften, das meine Eltern vor allem belastet hatte – jenen skandalösen Fleck auf dem Namen der Blumenthals, der, solange mein Vater lebte, nie erwähnt werden durfte. Die Wahrheit war, dass der Zusammenbruch unserer Bank keine der normalen Insolvenzen gewesen war, wie sie damals in Deutschland zuhauf stattfanden. Die Verluste, die Freunde und Nachbarn erlitten, waren schon peinlich genug, aber die größte Demütigung bestand darin, dass man meinem Vater Missmanagement und sogar Unredlichkeit vorwarf. Diese Geschichte hing wie eine dunkle Wolke über dem Umzug nach Berlin und blieb für immer die unaussprechliche Leiche im Familienkeller.

Bis heute kenne ich nicht die ganze Geschichte. Doch ich vermute, dass die Vorwürfe nicht unberechtigt waren. Mein Vater war sicherlich kein schlechter Mensch und nicht von Natur aus unredlich, aber er muss ein ziemlich schlechter Geschäftsmann gewesen sein, dem die besonderen Fähigkeiten fehlten, die man brauchte, um mitten in den Schwierigkeiten des deutschen Finanzsektors die Krise seiner Bank zu bewältigen. Zeit seines Lebens wich er unangenehmen Dingen lieber aus und war ein Experte im Ignorieren schlechter Nachrichten. Es ist nicht unwahrscheinlich, dass er in der beängstigenden Situation von 1929 die Probleme zunächst instinktiv ignoriert und dann versucht hatte, den Liquiditätsengpass der

Bank zu verschleiern, indem er ein Loch aufriss, um ein anderes zu schließen, unkluge Kredite aufnahm und nach einem einfachen Ausweg suchte.

Als die Krise eintrat, war er gerade vierzig geworden. Sein Urgroßvater Israel, hundert Jahre zuvor, war noch ein gläubiger Jude gewesen, der eng mit den religiösen Wurzeln und der Synagoge verbunden war und relativ wenig mit der deutschen Umwelt um ihn herum zu tun hatte. Israels Sohn, mein Urgroßvater, hatte sich dann weitgehend kulturell assimiliert, indem er seinen Geburtsnamen Levin in Louis änderte und in die luftigen Höhen der guten Gesellschaft von Oranienburg aufstieg. Mit der Generation meines Großvaters war in der Mitte des 19. Jahrhunderts der Prozess der Assimilation der Blumenthals in die deutsche Gesellschaft abgeschlossen. Seine Kinder erhielten typisch deutsche Namen: Den kurz nach der Geburt verstorbenen erstgeborenen Sohn nannte er Hans, meinen Vater Ewald und die weiteren Geschwister Helmut, Edith und Theodor. Sie waren in erster Linie Deutsche, stolze Anhänger ihrer Nation und treue Untertanen des Kaisers. Sie wussten, dass sie Juden waren – zumal ihre Nachbarn dafür sorgten, dass sie es nicht vergaßen –, aber mit ihrer Religion und der jüdischen Kultur verband sie nur noch wenig. Mein Vater war ein durch und durch säkularer Jude, der weder Hebräisch konnte noch in die Synagoge ging, wie praktisch unsere gesamte Familie – außer bei gelegentlichen feierlichen Anlässen. Er war als preußischer Deutscher erzogen worden. Das Jüdischsein war für ihn nur noch eine Nebensache.

Seine beste Zeit, an die er sich gern erinnerte, waren die »süßen Jahre« der Vorkriegszeit. Damals lebte er, von den Eltern großzügig mit Mitteln ausgestattet, während seines einjährigen Militärdienstes und seiner Banklehre in komfortablen Junggesellenwohnungen in Berlin. In einer kleinen Privatbank in der Behrenstraße, unweit des Boulevards Unter den Linden und des Gendarmenmarkts, deren Besitzer ein Freund seines Vaters war, sollte er die Grundlagen eines Geschäfts erlernen, das er eines Tages im heimischen Oranienburg als Chef einer eigenen Bank ausüben sollte.

Auf zeitgenössischen Fotografien sieht man einen vorzeigbaren, mittelgroßen jungen Mann von Anfang zwanzig mit bereits schütter werdendem Haar und einem attraktiven Gesicht mit freundlichen braunen Augen. Der bemerkenswerteste Gesichtszug ist eine auffällige Knollennase, die er von seiner Mutter Ida geerbt hatte – die sogenannte Eloesser-Nase, die auch seine drei Geschwister hatten und die er wiederum seiner Tochter vererben sollte (nicht aber seinem Sohn). Meine Großmutter Ida Eloesser vergötterte ihn und hatte ihn seit dem frühen Tod ihres Ältesten mit ihrer Liebe überschüttet, umso mehr, als zwischen der Geburt meines Vaters und derjenigen seines jüngeren Bruders Helmut eine große Lücke klaffte. Ein greifbarer Beweis für die Hingabe und Nachsicht seiner Mutter war das finanzielle Arrangement für seine Berliner Zeit, von dem er gern und mit Behagen erzählte. Es sollte ihm, nach einer geheimen Absprache zwischen ihm und seiner Mutter, ein angenehmes Leben in der Hauptstadt ermöglichen, mit genügend Geld in der Tasche, um deren viele Attraktionen genießen zu können. Unter der Hand verdoppelte seine Mutter die bereits großzügig bemessene monatliche Zuwendung, die er von seinem Vater für seinen Unterhalt erhielt. Kein Wunder, dass er nur die freundlichsten Erinnerungen an die Jahre als sorgloser Mittzwanziger im Vorkriegsberlin hatte.

Mein Vater war intelligent, aber nicht brillant und auch nicht besonders hoch gebildet. Wie damals üblich, war er mit 16 Jahren mit lediglich durchschnittlicher formaler Bildung von der Schule abgegangen. Neben der Muttersprache Deutsch hatte er etwas Latein gelernt, Englisch und Französisch sprach er nur bruchstückhaft. Intellektuelle Anregungen hatte er zu Hause nur in begrenztem Umfang erhalten, und das Geistesleben interessierte ihn nicht besonders. Aber er war im Grunde ehrlich und gutmütig und von Natur aus freundlich und gelassen. Ich kann mich nicht erinnern, jemals große Gefühlsausbrüche, ob nun aus Freude oder Ärger, oder auch nur harte Worte gegenüber seiner Frau, seinen Kindern oder sonst irgendjemandem miterlebt zu haben. Vermutlich verspürte er eine tiefe Unsicherheit und war sich seiner Unzulänglichkeiten schmerzlich bewusst, was zu einer gewissen Passivität und zu der Neigung führte, wenn möglich den Weg des geringsten Widerstands zu gehen und die schweren Entscheidungen, vor denen er zurückscheute, anderen zu überlassen.

Am glücklichsten war er, wenn ihm Komplikationen jeder Art erspart blieben und er die kleinen Freuden des Leben genießen konnte – gutes Essen, persönliche Bequemlichkeit und seine gelegentlichen, diskreten außerehelichen Verabredungen. Frauen scheinen ihn zeit seines Lebens anziehend gefunden zu haben, und er war nie abgeneigt, davon Gebrauch zu machen, wenn sich die Gelegenheit dazu ergab.

In einer anderen Zeit hätte all dies wohl kaum eine Rolle gespielt, aber es hatte ihn, wie viele andere assimilierte Juden auch, nicht auf die Krise vorbereitet, mit der er es in Deutschland zu tun bekam, und noch weniger auf die schwierigen Jahre als Flüchtling in Schanghai. Am schwersten sollte ihn im Exil der Verlust seiner gewohnten Identität treffen. Ohne einen religiösen Glauben, auf den er sich hätte stützen können, und weitgehend ohne andere Trostquellen, wie berufliche oder andere Interessen, sollte er jenes Sicherheitsgefühl, das er als junger Mann empfunden hatte, nie wieder zurückgewinnen.

Meine Eltern heirateten nach relativ kurzer Bekanntschaft im Herbst 1920. Meine Mutter Valerie war gerade zweiundzwanzig Jahre alt, neun Jahre jünger als mein Vater, eine hübsche, intelligente junge Frau mit blonden Haaren, blauen Augen und attraktiver Figur. Sie war die jüngere von zwei Schwestern aus einer in bescheidenen Verhältnissen lebenden jüdischen Berliner Familie. Wenn die Blumenthals irgendwo zwischen wohlhabend und reich angesiedelt waren, befanden sich die Markts am unteren Ende der kleinbürgerlichen Skala. Weder die Eltern noch die beiden Töchter hatten eine besonders gute Schulbildung genossen. Die Ausbildung meiner Mutter hatte in ihrem siebzehnten Lebensjahr mit einer Sekretärinnenlehre geendet, und als sie ihren künftigen Ehemann kennenlernte, hatte sie eine kleine Büroanstellung. Aber sie war von Natur aus energisch und ehrgeizig und besaß eine hohe angeborene Intelligenz.

Die jungen Eheleute unterschieden sich offensichtlich deutlich voneinander und schienen nicht sehr gut zusammenzupassen. Doch es ist nicht schwer auszumachen, was sie zusammenführte. Mein Vater hatte etwas für attraktive Frauen übrig – was später zu einem Problem zwischen meinen Eltern werden sollte – und war wahrscheinlich auf das gute Aussehen meiner Mutter aufmerksam geworden. Vielleicht hatten ihn auch die Eigenschaften beeindruckt, die ihm am meisten fehlten – ihr Ehrgeiz, ihre Energie und ihre Tatkraft. Ihr andererseits dürfte es nicht schwergefallen sein, sich in diesen gutaussehenden, freundlichen Mann zu verlieben, der einige Jahre älter war als sie und zudem der älteste Sohn und Erbe einer der besten Familien der Stadt. Ich vermute, dass ihr der Gedanke, nach »oben« zu heiraten, und die daraus folgenden Möglichkeiten nicht entgangen waren. In einer Hinsicht unterschieden sie sich allerdings nicht: Beide stammten aus von Grund auf säkularen deutsch-jüdischen Familien; beide waren sozusagen unter dem Weihnachtsbaum anstelle der traditionellen Chanukka-Menora aufgewachsen, und keiner von beiden war praktizierender Jude.

Jedenfalls war es eine Ehe gegensätzlicher Partner. In ruhigeren Zeiten hätte sie möglicherweise trotzdem gehalten, aber unter den schwierigen Umständen, mit denen sie als zu Außenseitern gestempelte Emigranten zu Rande kommen mussten, brach sie nach zweiundzwanzig Jahren unter den einander verstärkenden Folgen der Schwäche meines Vaters für gelegentliche Seitensprünge, des langen Gedächtnisses meiner Mutter für vergangene Kränkungen und der schweren Last des Flüchtlingsdaseins im Fernen Osten schließlich zusammen. Lange Zeit beachteten sie eine unausgesprochene Regel, die es ihnen ermöglichte, den Frieden zu bewahren: Sie entschied, und er folgte. Die Führungsrolle entsprach ihrem Wesen, genauso wie er zufrieden war, in ihrem Kielwasser zu segeln. Das genügte für unausgesprochene Gefühle und eine flache Beziehung ohne offen ausgetragene Konflikte, und es hielt sie viele Jahre lang zusammen.

Als junge Frau von zweiundzwanzig Jahren hatte meine Mutter

als Erstes den Wechsel in die ihr nicht vertraute gutbürgerliche Welt der Blumenthals zu bewältigen. Es muss ein gewagter Sprung gewesen sein, aber sie lernte schnell, und schon vor meiner Geburt Ende 1926 hatte sie die Schwäche und Passivität meines Vaters erkannt und sich darangemacht, das Vakuum zu füllen. Bald nach ihrer Ankunft in Oranienburg war ihre Schwiegermutter Ida früh und unerwartet verstorben, und so war sie schon einige Zeit vor dem Zusammenbruch der Bank zur wichtigsten Autorität in Familienangelegenheiten geworden. In Berlin übernahm sie bald auch die Kontrolle über die Finanzen und wurde unter den drückendsten und schwierigsten Umständen zur einzigen Ernährerin.

Sie war in jeder Hinsicht eine bemerkenswerte Frau. Sie hielt in der dunkelsten Zeit die Familie zusammen, und es ist nicht übertrieben zu sagen, dass wir ihr unser Überleben verdanken. Aber sie war mir keine besonders warmherzige oder zärtliche Mutter. Sie sorgte für uns, und zweifellos liebte sie uns, aber ihre Art war es, Entscheidungen zu verkünden und zu erwarten, dass wir sie befolgten. Andere Ansichten zu tolerieren fiel ihr schwer, und Sensibilität für die Gefühle anderer gehörte nicht zu ihren Stärken. Viele Jahre später, in San Francisco, sagte sie einmal voller Bedauern zu mir, dass man in ihrer Jugend so etwas wie »human relations«, wie die Amerikaner sie nennen, nicht gekannt habe – »Zu meiner Zeit hat es das nicht gegeben«. Ich hatte zu ihr ebenso wenig eine enge Beziehung wie zu meinem Vater, und je mehr sie mich zu kontrollieren versuchte, desto mehr lehnte ich mich auf und desto heftiger wurden die Auseinandersetzungen. Aber als sie fort war, vermisste ich sie sehr, und ich tue es immer noch. Vielleicht waren wir uns ähnlicher, als mir bewusst war, und ihr Einfluss auf mich war größer, als ich mir selbst eingestand.

Die Jahre unter dem Nazijoch und im Exil waren für sie, wie für alle deutschen Juden, besonders schwer, aber sie ließ sich von keinem Hindernis abschrecken, sondern versuchte hartnäckig, es zu überwinden, und gab nie auf. Dafür bewundere ich sie sehr. Aber ich vermisste eine herzliche Atmosphäre, den offenen Ausdruck von Gefühlen und einen stärkeren familiären Zusammenhalt. In der dunkelsten Zeit gab es nicht viel, worauf wir zurückgreifen konnten – außer ihrer Charakterstärke und ihrem eisernen Willen.

Als wir nach Berlin umzogen, war sie gerade dreißig geworden. Die Hauptstadt steckte in der Krise, und meine Mutter stand, ohne Geld und große Aussichten, mit zwei kleinen Kindern und einem weitgehend hilflosen Ehemann da. Aber sie verlor keine Zeit und begab sich mit Verve und Ausdauer auf die Suche nach neuen Einkommensquellen, die es uns erlauben würden, die bedrückende Atmosphäre unseres beengten Notunterschlupfs in der Wohnung ihrer Mutter zu verlassen.

Zu ihren ersten Projekten gehörte ein rasch wieder aufgegebener Versuch, in der Filmindustrie Fuß zu fassen. Jemand hatte sie dem Freund eines Freundes vorgestellt, der mit den Filmstudios in Neubabelsberg außerhalb von Berlin zu tun hatte, wo eine beeindruckende Gruppe begabter junger Produzenten und Regisseure dafür gesorgt hatte, dass Deutschland als eines der innovativsten und erfolgreichsten Produktionszentren der neuen weltweiten Industrie der »laufenden« und mittlerweile auch »sprechenden Bilder« galt. Ernst Lubitsch, Billy Wilder, Fritz Lang, Erich Pommer und Robert Siodmak begannen dort ihre Laufbahn. Als Juden wurden sie nach 1933 von den Nationalsozialisten vertrieben. Die meisten gingen nach Hollywood, wo ihre Namen sogar noch berühmter wurden, während sich die deutsche Filmwirtschaft nie wieder von dem Aderlass erholen sollte.* Meine Mutter gelangte indessen nicht über einige wenige Komparseneinsätze und winzige Sprechrollen hinaus, ohne irgendeine Aussicht auf finanzielle oder künstlerische Anerkennung. Weitere Fehlschläge bei der Suche nach Möglichkei-

* Die vor der Kamera stehenden jüdischen Stars, wie Elisabeth Bergner, Max Pallenberg, der Tenor Richard Tauber, Grete Mosheim, Kurt Gerron und Peter Lorre, sollten es schwerer haben. Marlene Dietrich bildete eine bemerkenswerte Ausnahme. Sie war zwar keine Jüdin, aber eine entschiedene Gegnerin der Nationalsozialisten.

ten, genug Geld zu verdienen, um uns alle über Wasser zu halten, folgten.

Ironischerweise setzte der Erfolg nur wenige Monate vor dem Machtantritt der Nationalsozialisten ein, nachdem ein Freund der Familie, der ihren Kampf gegen die Widrigkeiten der allgegenwärtigen Wirtschaftskrise verfolgt hatte, ihr das nötige Kapital für die Eröffnung eines eigenen Geschäfts zur Verfügung gestellt hatte. Auf ihren täglichen Touren, versicherte sie ihm, habe sie genügend Läden gesehen, um sicher zu sein, dass sie ein Geschäft besser führen könne als die meisten. So kam es, dass wir im Sommer 1932 in eine enge eigene Wohnung umzogen, die hinter dem kleinen Geschäft für modische Damenartikel lag, das meine Mutter gegenüber einem kleinen Park, in dem es auch einen Kinderspielplatz und einen Springbrunnen gab, eröffnet hatte. Die Adresse am Olivaer Platz 10 befand sich in einem bürgerlichen Viertel, unweit des bekanntesten Berliner Boulevards, des Kurfürstendamms oder Ku'damms, wie er allgemein genannt wurde. Dort am Olivaer Platz verbrachte ich mehrere zufriedene Kindheitsjahre, in denen ich auf dem »Oli« gegenüber dem Geschäft mit meinem Roller fuhr und meine begrenzten Fähigkeiten in komplizierten Murmelspielen zu verbessern versuchte.

Mein Vater stand hinter der Kasse, wo er auf Kunden wartete, und meine Mutter erledigte den Rest. Später, als das Geschäft lebhafter wurde, kam noch Fräulein Dora Hahn, eine junge Frau von Mitte zwanzig, hinzu. Meine Mutter arbeitete schwer und hatte viel vor. Sie hatte ihren Laden nach der Koseform ihres Vornamens *Wallys* genannt.* Das Weihnachtsgeschäft übertraf alle Erwartungen, so dass meine Mutter schon im ersten Jahr einen Reingewinn von 8000 Reichsmark verbuchen konnte, ein respektables Ergebnis. Die Zukunft sah vielversprechend aus. Doch einen Monat später, am 30. Januar 1933, wurde Adolf Hitler zum Reichskanzler ernannt, und für die Besitzerin von *Wallys* sollte wie für alle anderen deutschen Juden nichts jemals wieder so sein wie bisher. Der neue Kanzler ver-

* Das Haus überstand wundersamerweise die Bombardierungen im Krieg. Heute befindet sich in den Ladenräumen ein Schokoladengeschäft.

lor keine Zeit, die angekündigte antijüdische Politik in die Tat umzusetzen, und verkündete einen landesweiten Boykott gegen Juden. So nahmen am 1. April 1933 SA-Männer vor dem Geschäft Aufstellung und hinderten Kunden am Zutritt. Es ist eine meiner frühesten und furchterregendsten Erinnerungen. Auf den Schildern, die die Männer trugen, war zu lesen: »Judengeschäft. Deutsche, kauft nicht bei Juden!«

Das Berlin meiner Kindheit

Nichts verdeutlicht die enormen Veränderungen des Lebensstils im 20. Jahrhundert besser als ein Blick zurück auf das Berlin meiner Kindheit. Mit mehr als vier Millionen Einwohnern und einer Ausdehnung von über neunhundert Quadratkilometern war Berlin die größte Metropole Europas, architektonisch zwar nicht die schönste, aber technologisch ebenso fortgeschritten wie Paris und London und weiter entwickelt als die meisten anderen. Vor dem Machtantritt der Nationalsozialisten hatte sich Berlin einen Namen gemacht als Zentrum von Industrie, Wissenschaft, Kultur und Lehre, als Sitz einer der großen Universitäten der Welt und einer Vielzahl von lebendigen Theatern, berühmten Museen und erstklassigen Opernhäusern und Konzertsälen, in denen die größten Künstler der Zeit auftraten.

Heutige Berliner würden Straßenszenen aus den frühen dreißiger Jahren, wie sie mir ins Gedächtnis gebrannt sind, kaum mit ihrer Stadt in Verbindung bringen. Pferde, um damit anzufangen, gehörten noch zum Straßenbild. Erst 1920 waren die letzten Pferdeomnibusse außer Dienst gestellt worden,[1] und alltägliche Dinge wie Kohle, Bier und Eis – Kühlschränke in Privatwohnungen waren noch ein seltener Luxus – wurden für gewöhnlich mit Pferdewagen in Geschäfte und Wohnhäuser geliefert. Aus irgendeinem Grund wurden auch die massigen Möbelwagen fast ausschließlich von großen, kräftigen Arbeitspferden gezogen, die für die Stadtreinigung ihre Visitenkarte, die Pferdeäpfel, auf den Straßen hinterließen. Automobile waren ein Luxus, den die Mittelschicht sich nicht leisten konnte. Der Verkehr nahm dennoch zu, auch wenn die Straßen, von ein paar Hauptdurchgangsstraßen abgesehen, nicht annähernd so verstopft waren wie heute. Im Freundeskreis meiner Eltern besaßen nur wenige ein Auto, und diejenigen, die eines hatten, waren entweder sehr wohlhabend oder Junggesellen, die die Damenwelt beeindrucken wollten. Automobile Taxis waren zwar üblich geworden, aber am Olivaer Platz gab es immer noch einen Stand für Pferdedroschken, und ich habe heute noch die Stimmen der Kutscher im Ohr, die von ihrem erhöhten Bock herab mit Passanten berlinerten.

Überall sah man Fahrräder, und das um die Jahrhundertwende herum gebaute beeindruckende U- und S-Bahnnetz gehörte zu den modernsten in Europa. Bevorzugtes öffentliches Verkehrsmittel war jedoch die heute weitgehend verdrängte Straßenbahn,* die »Elektrische«, deren Bimmeln und Rattern ein ständiges Hintergrundgeräusch des Verkehrs bildete. Berlin war übersät mit Grünflächen und von wunderschönen Seen umgeben, aber eine Million oder mehr seiner Einwohner mit niedrigen Einkommen lebten in öden Mietskasernen, die teilweise mehrere dunkle und enge Innenhöfe hatten. Die Telefonnummern bestanden aus sechs Ziffern, und viele ärmere Berliner kamen ohne Telefon aus.

Im Straßenbild spiegelten sich gesellschaftliche Konventionen wider, die heute längst nicht mehr gelten, und die Wunden des verlorenen Krieges waren noch überall zu sehen. An Straßenecken verkauften einbeinige Kriegsveteranen Bleistifte, Blumen und allerlei Tand. Man sah Kindermädchen in Uniform und Wanderburschen in der Kluft ihres Handwerks. Auch Schornsteinfeger mit rußschwarzen Gesichtern waren ein gewohnter Anblick; wenn man einen berührte, brachte es angeblich Glück. Witwen trugen ein ganzes Jahr lang Schwarz und waren an dem schwarzen Schleier, der

* Außer im Ostteil Berlins, wo sie unter kommunistischer Herrschaft weiterhin fuhr und nach dem Fall der Mauer eine Art Comeback erlebt hat.

ihren Kopf und ihr Gesicht teilweise verdeckte, leicht zu erkennen. Von Männern wurde erwartet, dass sie nach einem Todesfall in der Familie eine schwarze Armbinde trugen. Studenten trugen stolz die Schirmmützen ihrer Verbindung. Bald waren allerdings die weniger farbenfrohen braunen Uniformen der Hitlerjugend weit häufiger zu sehen. Uniformen, die in Deutschland traditionell beliebt und verbreitet waren, bildeten einen nicht wegzudenkenden Bestandteil des Straßenbildes. Im nationalsozialistischen Berlin nach 1933 gab es eine Unmenge von ihnen – die braune der SA, die schwarze der SS, die von Juden besonders gefürchtet wurde, sowie diejenigen der verschiedenen motorisierten Einheiten der NS-Partei, des Arbeitsdienstes, der Hitlerjugend, der Wehrmacht und zahlreicher anderer Organisationen.

Für Jungen, die noch zu klein für die nationalsozialistischen Organisationen waren, war der in der Kaiserzeit populär gewordene Matrosenanzug immer noch die bevorzugte erste »Uniform«. Bis weit ins Teenageralter trugen Jungen kurze Hosen und Kniestrümpfe, und Knickerbocker, die »fast« langen Hosen, die unter dem Knie zugebunden wurden, waren eine beliebte sportliche Alternative selbst für Erwachsene. Ich erinnere mich, dass meine Mutter mich mit mehreren ausstaffierte und sogar noch kurz vor unserer Abreise nach China – wo ich mich entschieden weigerte, sie zu tragen, da sie mir in meiner englischen Schule spöttisches Gelächter eintrugen – unsere letzten Reichsmark dafür ausgab. Amerikanische Jeans, das Einheitsbeinkleid des späten 20. Jahrhunderts, waren noch völlig unbekannt.

Der durchschnittliche Deutsche lebte ein relativ abgeschiedenes Leben und besaß weit weniger Wissen aus erster Hand über fremde Länder als heute. Für meine Eltern beispielsweise war die einzige Reise, die sie während ihrer gesamten Ehe ins Ausland unternommen hatten – ihre Hochzeitsreise nach Italien –, immer etwas Besonderes. Wir verbrachten die Sommer an den Stränden von Nord- oder Ostsee. Der Lieblingsort an der Ostsee war Heringsdorf auf Usedom, keine zweihundert Kilometer von Berlin entfernt.

Meine Eltern waren stolze Deutsche und tief verletzt und gekränkt, dass die Nationalsozialisten sie als fremd und minderwertig abstempelten. Doch sosehr sie auch darauf beharrten, Deutsche »wie alle anderen« zu sein, die Wahrheit war differenzierter und zweideutiger. Was ihre Werte und ihr Auftreten betraf, waren sie natürlich durch und durch Deutsche, doch die Unterscheidung zwischen deutschen Juden und Nichtjuden – eine Hinterlassenschaft von jahrhundertelanger Trennung und Vorherrschaft von Vorurteilen auf beiden Seiten – war nie ganz verschwunden, und meine Eltern wussten es. Lockere Kontakte mit nichtjüdischen Nachbarn und geschäftlichen Bekannten waren offen und freundlich, wurden es unter den Nationalsozialisten allerdings immer weniger. Herr Kettler und Herr Jehle, die beiden Besitzer des Friseurgeschäfts an der Ecke, kamen zu einem Plausch ins *Wallys,* oder um etwas für ihre Frauen einzukaufen; der Gemüsehändler an der Ecke und der Fleischer bei Hefter hoben »Spezialitäten«, die meine Mutter mochte, für sie auf, und mein Vater ging regelmäßig auf das eine oder andere Bier zu den Mehlgartens, die eine Kneipe am Olivaer Platz besaßen, und unterhielt sich mit den anderen Gästen über Familienprobleme und Kinder oder tauschte Geburtstagsglückwünsche mit ihnen aus. Nach dem Machtantritt der Nationalsozialisten traten einige Nachbarn in die NS-Partei ein, aber nur wenige waren tatsächlich antisemitisch und brachen den Kontakt zu Juden ganz ab oder verhielten sich ihnen gegenüber feindselig. Manche gingen jetzt auf der Straße mit starrem Blick grußlos an ihren jüdischen Nachbarn vorbei, doch sie waren die Minderheit. Die meisten, selbst diejenigen, die Gutes über »Adolf« zu sagen hatten – und von denen gab es entgegen späteren Beteuerungen nicht wenige –, waren von der bösartigen antijüdischen Propaganda der Partei eher peinlich berührt als überzeugt. »Sie meinen keine Leute wie euch«, war hinter vorgehaltener Hand häufig zu hören.

Dennoch drehte sich das gesellschaftliche Leben meiner Eltern schon lange vor Hitlers Aufstieg und ganz sicher danach vorwiegend um andere assimilierte Juden. Enge Freundschaften zwischen Juden und Nichtjuden gab es zwar, aber sie waren selten, und ich erinnere mich aus dem Kreis meiner Eltern nicht an eine einzige.

Vor Hitlers Machtantritt waren nur rund fünf Prozent der Berliner Bevölkerung Juden. Doch in Charlottenburg und Wilmersdorf – unserem Viertel – war ihr Anteil wesentlich größer. In manchen der beschaulichen alten Mietshäuser waren bis zu einem Drittel der Bewohner Juden. Es gab also reichlich Gelegenheit, mit Menschen mit ähnlichem Hintergrund zu verkehren – was nicht nur Nichtjuden ausschloss, sondern auch die in jüngerer Zeit eingetroffenen Glaubensgenossen aus Polen, die sogenannten Ostjuden, mit denen meine Eltern und ihre Freunde nach ihrem eigenen Verständnis wenig gemein hatten; in ihren Augen waren sie nicht deutsch genug, das heißt, offen gesagt, »zu jüdisch«. Dass sie am Judaismus festhielten und dies durch Kleidung und Sprache öffentlich zur Schau trugen, war meinen Eltern unangenehm; sie befürchteten, es könnte Antisemiten auf den Plan rufen. In Wirklichkeit hatten die assimilierten deutschen Juden, bewusst oder unbewusst, einige der Vorurteile der breiten, nichtjüdischen deutschen Gesellschaft, zu der sie gehören wollten, übernommen. Später, glaube ich, war es vielen von ihnen peinlich, und sie bedauerten ihre frühere Haltung. Meine Eltern mussten jedoch erst selbst von den Nationalsozialisten vertrieben werden und das Exil im Flüchtlingsghetto von Schanghai erleben, bevor sie es endlich begriffen.

Unsere Familie war weder groß noch besonders eng verbunden. Die älteste Schwester meiner Mutter, meine Tante Grete Levy, und ihr Ehemann, Onkel Siegfried, wohnten in der Nähe. Zwei Geschwister meines Vaters, Theo und Edith, wohnten etwas weiter entfernt; sie brachen 1937 ihre Zelte in Deutschland ab und emigrierten nach Brasilien. Onkel Helmut bewegte sich in seinen eigenen Kreisen und besuchte uns nicht oft. Die Tarlows, die beiden unverheirateten Schwestern meiner Großmutter Markt, wohnten in jenem Viertel im Ostteil Berlins, in dem es von den weniger assimilierten Juden, auf die meine Eltern herabsahen, nur so wimmelte, und wir besuchten sie nur selten.

Die bei weitem angesehensten und am meisten bewunderten Verwandten waren Arthur Eloesser, der Bruder meiner Großmutter väterlicherseits, und seine Frau Margarete. Arthur Eloesser war ein bekannter Literatur- und Theaterkritiker und Autor mehrerer gelehrter Bücher. In den zwanziger Jahren, als er unter anderem Vorsitzender des Schutzverbandes Deutscher Schriftsteller war, gehörte er zu den Größten seiner Zunft. Von Zeit zu Zeit wurden wir zum Tee in die geräumige Wohnung der Eloessers in der Nähe des Lietzensees eingeladen, wozu meine Schwester und ich, gründlich geschrubbt, unsere besten Sonntagskleider anziehen mussten. Ich erinnere mich, dass ich von dem Arbeitszimmer voller Bücherregale, in dem uns der berühmte Onkel Arthur empfing, tief beeindruckt war. Für meine Eltern waren diese Besuche immer etwas ganz Besonderes. Nach 1933 verlor Arthur Eloesser sämtliche Posten und konnte nur noch in der jüdischen Presse veröffentlichen. Er starb 1938. Seine Witwe blieb in Berlin und wurde von den Nationalsozialisten ermordet.[2]

Mein Lieblingsverwandter war Onkel Siegfried, ein fröhlicher Mann mit beachtlichem Leibesumfang und einem sonnigen Gemüt, der stets einen Witz auf Lager hatte. Ich mochte ihn sehr, ebenso wie meine Eltern. Bei ihnen war der Sympathie allerdings eine gewisse gutmütige Herablassung beigemischt. Onkel Siegfried war Gretes zweiter Ehemann, und nach ihrer Ansicht war er »gut für sie«, denn sie hatte Großmutter Markts Neigung zur Depression geerbt, und Siegfried, der sie anbetete, war der Einzige, der sie aufzuheitern vermochte. Er besaß in einem Arbeiterviertel im Osten Berlins einen Laden für preiswerte Kleidung, ein Geschäft, das meinen Eltern suspekt war. Sie waren rasch dabei, Menschen zu kategorisieren – als gebildet oder einfach –, und Onkel Siegfried war in ihren Augen nett, aber einfach.

Die Levys lebten unweit des Olivaer Platzes in der Duisburger Straße, einer der vielen ruhigen Nebenstraßen in unserem Viertel. In gewisser Hinsicht stand ich mit ihnen in engerer Verbindung als mit der übrigen Verwandtschaft. Als Junge übernahm ich – gegen ein Entgelt von jeweils fünf Pfennig – die Aufgabe, zweimal wöchentlich die Hintertreppe zu ihrer Wohnung hinaufzusteigen und Tante Gretes Müll in den Keller zu bringen. Durch dieses Arrangement hatte ich immer genügend Geld für Bonbons, Murmeln und

Bleisoldaten in der Tasche. Was Taschengeld anging, hielt mich meine Mutter nämlich an der kurzen Leine. Ihr die Erlaubnis – und das Geld – für einen Kinobesuch am Sonntagnachmittag zu entlocken erforderte für gewöhnlich eine längere, tränenreiche Bettelkampagne, die mir regelmäßig die wenig schmeichelhafte Bezeichnung »Nervtöter« einbrachte.

Die Tanten meiner Mutter, Tante Gustel Tarlow und ihre Schwester Johanna – sie starb, als ich noch klein war –, sahen wir selten. Wir nannten sie »die alten Tanten« und statteten ihnen in ihrer Pension in der Nähe des alten Bahnhofs Börse (heute Hackescher Markt) einmal im Jahr einen Besuch ab, um das Passahfest – das einzige wahrhaft jüdische Ritual, das ich in jener Zeit erlebte – bei ihnen zu feiern. Aus irgendeinem Grund fühlte meine Mutter sich dazu verpflichtet, obwohl weder sie noch mein Vater einen Hehl daraus machten, wie wenig es ihnen gefiel, wegen einer Zeremonie, die ihnen kaum etwas bedeutete, in dieses unerfreuliche Viertel zu fahren. Mir und meiner Schwester entging dies natürlich nicht, und ich erinnere mich an die Besuche als langweilige alljährliche Pflicht, der wir mit Unbehagen entgegensahen. Es wurde jedes Mal viel gebetet in einer Sprache, die ich nicht verstand, und was am schlimmsten war, es dauerte scheinbar ewig, bis man zu essen bekam.

Höchstens zweimal im Jahr wurde Vaters Bruder Helmut zum Abendessen zu uns eingeladen, eine Last, die meine Mutter mit stoischem, wenn auch kaum verschleiertem Missvergnügen trug. Ihr Schwager verletzte ihr Anstandsgefühl, und sie empfand eine tiefe Abneigung gegen ihn. Das Problem bestand darin, dass er offen und offensiv homosexuell war, und das in einer Zeit, in der man, soweit es meine Eltern anging, derlei Neigungen bestenfalls versteckt oder wenigstens mit größter Diskretion ausleben durfte. Helmut jedoch machte kein Geheimnis daraus und berichtete eingehend von seinen neuesten Eroberungen unter den schillernden, ständig wechselnden Mitgliedern seiner Gruppe gleichgesinnter Gefährten. Er war insgesamt ein völlig anderer Blumenthal, der als Schlagzeuger und Sänger einer Tanzkapelle einen bohemienhaften Lebensstil pflegte, mitsamt der dazugehörigen Sprache und dem entsprechenden Auftreten. Er muss gewusst haben, wie meine Mutter zu ihm stand, und machte sich möglicherweise einen Spaß daraus, sie zu reizen und ihr Unbehagen zu schüren.

Onkel Helmut hatte es alles andere als leicht, und ich fürchte, meine Mutter tat ihm bitter unrecht. Mit 18 Jahren war er in den letzten Tagen des Ersten Weltkriegs schwer verwundet worden; er verlor ein Bein und verbrachte mindestens ein Jahr in einem Militärkrankenhaus. Die Prothese, die er erhielt, war unbequem und bereitete ihm Schmerzen, so dass er nur mühsam laufen konnte. Da er lange Zeit unter schweren Schmerzen litt, gewöhnte er sich an starke Schmerzmittel, mit der Folge, dass er jahrelang mit einer Morphiumabhängigkeit zu kämpfen hatte. Ich erinnere mich, dass er in einem Café im Stadtzentrum mit einer Musikkapelle spielte, die in pseudomexikanischen Kostümen auftrat, was ich sehr faszinierend fand. Für meine Mutter war Onkel Helmut das schwarze Schaf der Familie; sie kam mit seinem »Anderssein« einfach nicht zurecht. Ironischerweise sollte ihm ausgerechnet sein musikalisches Talent das Leben retten. Als verwundeter Kriegsveteran in Deutschland zurückgeblieben, deportierten ihn die Nationalsozialisten nach Theresienstadt in ihr Lager für »Sonderfälle«, wo er als Schlagzeuger der Gefangenenkapelle das Dritte Reich überlebte.

Alles in allem wuchs ich wohl in einer leicht dysfunktionalen Familie auf. Meine starke, resolute Mutter hielt sie zusammen, aber von besonderer Nähe oder Herzlichkeit konnte keine Rede sein. Liebe und Zuneigung offen zu zeigen war nicht ihre Art, und zur distanzierten und in sich gekehrten Gleichgültigkeit meines Vaters passte es ebenso wenig. In den bedrückenden Jahren der NS-Herrschaft verwandte meine Mutter ihre ganze Kraft aufs Überleben und auf ihr Geschäft, in dem sie jeden Tag viele Stunden verbrachte. Zusammen mit dem Mangel an anderen geistigen Anregungen im Elternhaus waren dies wohl die besten Voraussetzungen für eine schwierige Kindheit.

Dass ich dennoch relativ unbeschadet zu einem halbwegs vernünftigen Erwachsenen heranwuchs, lag vermutlich an dem glücklichen Umstand, dass sich ein Kinderfräulein um mich kümmerte, das mir in reichem Maß die Wärme, Liebe und Aufmerksamkeit spendete, die mir von anderer Seite fehlte. Sie war 1922 in Oranienburg in den Haushalt der Blumenthals gekommen, als meine Schwester ein Jahr alt war; vier Jahre später war sie bei meiner Geburt zur Stelle, und sie blieb während aller Höhen und Tiefen der Berliner Zeit bei uns, bis zu jenem grauverhangenen, regnerischen Abend des 6. April 1939, an dem sie uns zusammen mit den Levys auf dem Bahnhof zu unserer Reise nach China verabschiedete. Meinen Onkel und meine Tante sah ich nicht wieder; sie wurden beide in Polen ermordet. Unser Kinderfräulein war jedoch keine Jüdin, und ich fand sie einige Jahre nach dem Krieg bei meinem ersten Besuch in Deutschland in Ostberlin wieder. Sie hatte die schwierigen Nachkriegsjahre nur knapp überlebt und war damals schon sehr krank. Aber bis zu ihrem Tod konnte ich ihre Lage noch mit Lebensmittelpaketen ein wenig erleichtern.

Für meine Eltern war sie Fräulein Else, das Musterbeispiel eines deutschen Kinderfräuleins, professionell, kompetent, zuverlässig und den Kindern zutiefst ergeben. Neben der liebevollen Aufmerksamkeit, die sie unseren Bedürfnissen schenkte, hatte sie auch die Pflicht verinnerlicht, uns anständiges Betragen beizubringen. So achtete sie, bei aller warmherzigen Zuneigung, zugleich auf Sauberkeit, Ordnung, Pünktlichkeit, Gehorsam und Respekt vor Älteren. Diese Tugenden hatte sie ihren Schützlingen zu vermitteln, so hatte man es sie gelehrt, und sie tat es mit freundlicher, aber unermüdlicher Beharrlichkeit. Solche Kinderfräuleins gibt es schon lange nicht mehr, aber in den zwanziger und dreißiger Jahren waren sie in Deutschland überall anzutreffen.

Unser emotionsgeladenes Wiedersehen fand 1953 statt, 14 Jahre nach dem tränenreichen Abschied bei unserer Flucht vor den Nationalsozialisten. Wie es der Zufall wollte, verschlief ich nach einem langen, ermüdenden Nachtflug unsere Verabredung und traf außer Atem eine halbe Stunde zu spät bei ihr ein. Sie stand nur da und schaute mich mit unverhüllter Missbilligung an. »Na, weißt du, Werner! Wirklich!«, waren ihre ersten Worte, begleitet von einem vorwurfsvollen Blick auf ihre Armbanduhr. Erst danach schloss sie mich, mit Tränen in den Augen, in die Arme. Unpünktlich zu sein hatte sie mir nicht beigebracht.

Ihr voller Name lautete Else von Willmans, Edle von Wildenkron, und er hatte meine Eltern zweifellos beeindruckt. Dass sich die Nachfahrin eines vor langer Zeit geadelten, aber verarmten Beamten im Osten Deutschlands als Kinderfräulein verdingte, war in den mageren frühen zwanziger Jahren aufgrund des Frauenüberschusses in der durch den Krieg ausgedünnten deutschen Bevölkerung nichts Ungewöhnliches. Und sie sollte wie viele andere auch zeit ihres Lebens unverheiratet bleiben.

Ich betete sie an, und ich glaube, sie erwiderte dieses Gefühl. Von ihr erfuhr ich viel Liebe und Aufmerksamkeit, und sie kannte meine Bedürfnisse und Eigenheiten besser als jeder andere. Gleichzeitig war sie eine unnachgiebige Erzieherin mit einer festen Vorstellung darüber, was richtig und falsch war, und wenig Verständnis fürs Regelbrechen. Aber im Gegensatz zu meiner Mutter, die gelegentlich »Backpfeifen« austeilte, griff sie, soweit ich mich erinnere, nie zum Mittel der körperlichen Züchtigung. Gleichwohl fürchtete ich mich weit weniger davor, die Vorschriften meiner Mutter zu übertreten, als davor, Fräulein Else gegenüber ungehorsam zu sein. Ein Stirnrunzeln oder ein strenger Blick des Missfallens von ihr genügte, um mich zur Räson zu bringen.

Schulzeit

Obwohl ich in bewegten Zeiten aufwuchs, kann ich nicht sagen, dass meine Kindheit besonders unglücklich war. Kleine Kinder leben in ihrer eigenen Welt; sie vertrauen den Älteren und besitzen noch nicht den politischen Verstand, um die volle Tragweite der Ereignisse in der Außenwelt zu begreifen. Auf mich jedenfalls traf dies in den ersten Jahren von Hitlers Herrschaft zu, so schwer es meinen Eltern auch fiel, mit den irrsinnigen Verhältnissen im nationalsozialistischen Deutschland zu Rande zu kommen. Etwas anderes als Hitlers braunes Berlin mit seinen Fahnen, Uniformen, Liedern und Parolen kannte ich nicht. Ich begriff, dass wir Juden nicht dazugehörten, fragte mich, warum, akzeptierte es aber als Tatsache des Lebens. Gleichzeitig war Berlin eine pulsierende, energiegeladene Metropole, in der es Aufregendes zu sehen und zu hören gab, und ich war ein ganz normales Kind mittendrin, das auf seine Weise sein Leben genoss. Als die Synagogen brannten, jüdische Geschäfte zertrümmert wurden und der Schrecken der Konzentrationslager auf uns lastete, spürten natürlich auch wir Kinder den Druck und die Angst. Doch das war später.

Mit sechs Jahren, wenige Monate vor dem Machtantritt der Nationalsozialisten, wurde ich in die Volksschule des Viertels eingeschult, ein hässliches ziegelrotes Gebäude in der Pfalzburger Straße, das den Krieg irgendwie überlebt hat und heute noch steht. Nach der Grundschule, also den ersten vier Jahren, musste eine schicksalhafte Entscheidung getroffen werden: ob man für eine höhere Schulbildung und später vielleicht den Universitätsbesuch geeignet war. Wurde es einem zugetraut, kam man als Junge für acht oder neun Jahre aufs Gymnasium; Mädchen kamen auf ein Lyzeum. Die Übrigen, in der Regel Arbeiterkinder, blieben vier weitere Jahre auf der Volksschule und begannen anschließend für gewöhnlich eine Lehrausbildung. Nach dem Übergang von der vierten zur fünften Klasse den Bildungsweg zu wechseln war nahezu unmöglich.

In meine Klasse gingen mehrere jüdische Kinder, und abgesehen davon, dass wir nicht als Kandidaten für das »Jungvolk« in Frage kamen, wurden wir wie alle anderen behandelt. Auch wenn meine Eltern zu Hause das Gesicht verzogen, lernten wir dieselben Nazilieder und lauschten denselben Geschichten über die nationalsozialistische Wiedergeburt Deutschlands. Die Propagandafilme für Kinder, die man uns gelegentlich zeigte, begeisterten uns genauso wie unsere nichtjüdischen Klassenkameraden. Ich war besonders von dem Film *Hitlerjunge Quex* hingerissen, in dem die Tapferkeit eines Jungen in meinem Alter gefeiert wurde, der in Straßenschlachten gegen die verhassten Roten Heldentaten vollbrachte.

Die Lehrer waren strenge Zuchtmeister alter Schule, aber dass jüdische Kinder diskriminiert wurden, war die Ausnahme. Die Strafen für Regelverstöße mögen nicht besonders subtil gewesen sein, doch sie waren einfach und verständlich und ergingen gegen Juden und Nichtjuden in gleichem Maße. Bei schwereren Vergehen war die körperliche Züchtigung die anerkannte rasche und direkte Form der Bestrafung; sie reichte von einem Schlag auf den Hinterkopf über schmerzhafte, mit einem Lineal ausgeführte Schläge auf die Finger bis – im Extremfall – zur öffentlichen Tracht Prügel vor der versammelten Klasse, ausgeführt mit einem eigens für diesen Zweck im Lehrerpult aufbewahrten und den schlimmsten Übeltätern vorbehaltenen Rohrstock. Diese höchste Strafe war nicht nur schmerzhaft, sondern auch demütigend. Ich musste sie in den vier Grundschuljahren in der Pfalzburger Straße ein einziges Mal über mich ergehen lassen, und ich werde nie vergessen, wie verlegen ich war, als beim abendlichen Bad die verräterischen Striemen auf meinem Hinterteil entdeckt wurden.

Gelegentlich wurden wir von Klassenkameraden gehänselt oder geschubst, manche zeigten mit Fingern auf uns oder riefen antijüdische Beleidigungen, doch all dies spiegelte im großen Ganzen nur wider, was sie im Radio, auf den Straßen und zu Hause hörten. Aus jenen frühen Jahren kann ich mich auch nur an wenige solcher Vorfälle erinnern; unsere Eltern hatten uns eingeschärft, Auseinandersetzungen aus dem Weg zu gehen und nie zurückzuschlagen, und die Lehrer missbilligten sie in der Regel als unerwünschte Disziplinverstöße.

Die meiste Zeit über verkehrten die jüdischen Kinder auf dem Schulhof unbekümmert mit ihren Klassenkameraden. Wir spielten leidenschaftlich Cowboy und Indianer, murmelten, bolzten Fußball, verfolgten die Spiele der Berliner Fußballmannschaften und stritten uns über unsere Lieblingsrennfahrer, wie Bernd Rosemeyer und Hans Stuck, die für Auto Union fuhren, und mein besonderes Idol, den glamourösen Rudolf Caracciola, der bei Mercedes unter Vertrag war. Im Winter fuhr man nach der Schule auf einer großen Eisbahn in der Nähe des Ku'damms Schlittschuh und freute sich schon lange vorher auf den alljährlichen Besuch auf dem Weihnachtsmarkt in der Stadtmitte mit seinen aufregenden Karussells und saisonalen Köstlichkeiten. Einmal im Jahr gingen wir auch in das wunderbare Varietétheater Scala, um über Grock zu lachen, den Lieblingsclown der Berliner, und mit offenem Mund den Kunststücken der Akrobaten und Jongleure zu folgen. Eine Weile reisten wir im Sommer weiterhin nach Heringsdorf in den Urlaub, bis Juden dort nicht mehr willkommen waren und die Reisen eingestellt wurden.

Im Ganzen gesehen, war es eine normale Berliner Kindheit. Doch sie ging 1936 mit dem Ende meiner Grundschulzeit abrupt zu Ende. Die Spirale des Ausschlusses der Juden aus immer mehr Bereichen des deutschen Alltagslebens drehte sich schneller und schneller. Jüdische Kinder mussten jetzt auf jüdische Schulen gehen und durften nur noch in Ausnahmefällen reguläre Gymnasien besuchen. Dasjenige, auf das ich geschickt wurde, erwies sich als ausgezeichnete Wahl und der Schulwechsel als ein bedeutender Wendepunkt meines Lebens.

Die Jüdische Waldschule Kaliski in Dahlem im Berliner Westen war ein ungewöhnliches Gymnasium und weitgehend ein Produkt ihrer Zeit: In einer Notsituation als koedukative Schule gegründet, war sie von Improvisationen geprägt, litt ewig unter Geldmangel, wurde von Nachbarn bedrängt, lag im ständigen Kampf mit den alltäglichen Schikanen einer feindseligen Umwelt und war mit unzähligen Beschränkungen und Herausforderungen konfrontiert. Dennoch war sie eine wahrhaft einzigartige und bemerkenswert effektive Einrichtung. Sie existierte nur sieben Jahre, bis sie 1939 von den Nationalsozialisten geschlossen wurde. In ihrer besten Zeit aber hatte sie rund vierhundert Schüler, um die sich ein Lehrerkollegium kümmerte, das leidenschaftlich bemüht war, seine Aufgabe zu erfüllen: nämlich eine anspruchsvolle fortschrittliche Bildung zu vermitteln, die den höchsten Maßstäben genügte, gleichzeitig aber auch auf die Zeit und die besonderen Bedürfnisse der Schüler zugeschnitten war.

In der Außenwelt wurde das Leben für die Erwachsenen immer schwerer, aber innerhalb der Schule wurden wir durch unser gemeinsames Schicksal zu einer engen Gemeinschaft von Schülern und Lehrern zusammengeschweißt, die entschlossen war, das Beste aus ihrer unsicheren Situation zu machen. Unsere Lehrer wollten uns, so gut sie konnten, auf eine inzwischen zur Gewissheit gewordene prekäre Zukunft als Flüchtlinge in fernen Weltgegenden vorbereiten, vielleicht in den Vereinigten Staaten, wenn man Glück hatte, oder anderswo in Europa, in Südamerika, Palästina, Afrika und sogar Schanghai, jener gefürchteten letzten Zuflucht für jene, die nirgendwo sonst aufgenommen wurden.

Die drei Jahre, die ich auf die Kaliski-Schule ging, waren fraglos das wichtigste, befriedigendste und tiefste Bildungserlebnis meines Lebens. »Lerne gut«, predigte mir meine Mutter oft. »Was du gelernt hast, kann dir niemand wieder wegnehmen – nicht einmal die Nazis.« Genau das erwarteten auch die Lehrer von uns; es war eine ernste Angelegenheit, und wir arbeiteten wahrscheinlich angestrengter und reiften schneller, als es Kinder in unserem Alter unter normalen Umständen taten. Wenn es zutrifft, dass schwere Zeiten zu guten Leistungen anspornen, dann waren die Lehrer und Schüler der Kaliski-Schule der lebende Beweis dafür.

Der Lehrplan bestand aus drei Komponenten. Das Pflichtlernprogramm war intensiv und betonte besonders Fremdsprachen, Mathematik und natürlich Geographie. Man brachte uns dazu, eifrig zu lesen, eine Gewohnheit, die ich mein Leben lang beibehalten habe. In drei Jahren lernte ich genug Französisch und Englisch, um mich, als wir Berlin verließen, in beiden Sprachen einigermaßen verständigen zu können – was mir in meiner britischen Schule und im Alltag im französischen Viertel von Schanghai sehr zupasskam. Ein zweiter Schwerpunkt war jeden Nachmittag die Ausbildung in »praktischen« Fertigkeiten, die man als nützlich für unsere Flüchtlingszukunft ansah, vom Kochen und sonstiger Küchenarbeit über die Gärtnerei für den Anbau von Nahrungsmitteln, Holzarbeiten und allgemein den Umgang mit Werkzeugen bis hin zu Nadelarbeiten, damit wir unsere Kleidung in Ordnung halten und unsere Strümpfe stopfen konnten.

Außerdem hatten wir Sport- und Musikunterricht und übten

Theateraufführungen ein, aber das wichtigste Element in der Kaliski-Schule war zweifellos das dritte: das bewusste Bemühen, dieser Gruppe säkularisierter und in der deutschen Kultur verankerter Kinder ein neues jüdisches Selbstbewusstsein einzuimpfen. Dort an der Kaliski-Schule begann ich Hebräisch zu lernen. Über die Jahre hinweg ist nicht viel davon haften geblieben, aber ich kann heute noch Hebräisch lesen – auch wenn ich den Sinn der Worte bedauerlicherweise nicht verstehe. Statt nationalsozialistischer Marschlieder wurden mir jetzt jüdische Hymnen und die Kibbuz-Volkslieder beigebracht. Wir lasen Geschichten aus dem Alten Testament, erfuhren etwas über die moderne jüdische Geschichte und lernten die jüdischen Feiertage und ihre Bedeutung kennen. In den Gottesdiensten am Freitagabend zündeten wir Kerzen an und sprachen der Reihe nach den traditionellen Segen über Brot und Wein.

Zum ersten Mal in meinem Leben war ich Teil einer vollkommen jüdischen Gemeinschaft, und ohne es zu verstehen und ganz zu erkennen, versank meine deutsche Identität in diesem Gefühl und Bewusstsein meines Jüdischseins, das für den Rest meines Lebens ein Teil von mir bleiben sollte. Es war eine erstaunliche Entwicklung, nicht zuletzt für meine Eltern. Ich weiß noch, wie amüsiert und zugleich befremdet sie waren, als ich stolz berichtete, dass man mich ausgewählt habe, den Gesang des Freitagssegens in der Schule anzuführen. Noch verwunderter waren sie, als ich darauf drängte, diesen Brauch auch bei uns zu Hause zu befolgen.

Auch heute noch erinnere ich mich an die Kaliski-Zeit als die Zeit meiner drei besten Schuljahre. Die Welt um uns herum wurde von Tag zu Tag bedrohlicher. Wir waren isolierte, ausgeschlossene und gefährdete Außenseiter geworden, bestenfalls Deutsche zweiter Klasse. Für die Erwachsenen war es eine Realität, die zu akzeptieren ihnen schwerfiel. Für uns Kinder war es bestimmt leichter zu ertragen, denn wir hatten ja seit frühesten Jahren nichts anderes erlebt. Auch wir fühlten den Druck von außen, doch die Kaliski-Schule war im wahrsten Sinne des Wortes unsere »Insel der Geborgenheit«[3], in der wir in einer engen Gemeinschaft von Gleichaltrigen ein gemeinsames Schicksal teilten und einer ungewissen Zukunft, in der Welt verstreut, entgegensahen. Hier wurde für uns ein Gemeinschaftsgefühl geprägt als Ersatz für den Verlust einer normalen Außenwelt, unsere Freundschaften wurden inniger und bildeten das emotionale Fundament unseres jungen Daseins.

Abgesehen von den ausgezeichneten Lehrern und davon, dass ich dort Wichtiges lernte und meine Aufgaben wohl ernster nahm als je zuvor – oder später in Schanghai –, ist dies bestimmt auch der Grund, warum meine lebenslangen Erinnerungen an die Kaliski-Schule so positiv blieben. Im Rückblick ist das umso bemerkenswerter, als doch der Druck von draußen und die Schmerzen, ein Jude in Nazi-Deutschland zu sein, auch uns unweigerlich zu schaffen machen mussten, ob es uns bewusst war oder nicht.

Jahrzehnte später – es muss Anfang der achtziger Jahre gewesen sein – kamen die in Amerika lebenden Ex-Kaliskianer mit Frau Kaliski in New York zusammen. Auch ich ließ es mir nicht nehmen, mit dabei zu sein. Bei dieser Gelegenheit überreichte sie mir folgenden Aufsatz, den sie irgendwie aufbewahrt hatte und der mein noch kindliches Gefühl des Verlusts und der Bedrängnis klar widerspiegelt. Ein halbes Jahrhundert später erweckte er eine Gemütsbewegung in mir, die lange versteckt geblieben war.

Das uns auferlegte Thema hieß: *Hans X … ausgewandert!* und löste folgenden schriftstellerischen Versuch aus – der älteste und einzige von mir aus dieser Zeit, der erhalten geblieben ist:

»Ich kann es immer noch nicht fassen. Hans X … ausgewandert! Hans X, mein bester Freund. Hans X, der Junge, mit dem ich vor einigen Tagen noch lachend in meiner Wohnung herumgetollt bin, fährt nun nach Argentinien. Vielleicht sehe ich ihn nie mehr wieder! Vielleicht auch in einigen Monaten. Und vielleicht in vielen Jahren. An etwas muss ich aber immer wieder denken! Wie ich vorhin schluchzend meiner Mutter erzählte, dass Hans X auswandert, sagte sie: ›Nimm es Dir nicht so zu Herzen, Werner, es haben schon viele auf dem Bahnhof gestanden und dem Zug nachgesehen, der ihre Verwandten oder Bekannten vielleicht auf

Nimmerwiedersehen in die weite Welt hinaustrug. Es ist nun einmal das Schicksal des Judentums, von einem Land ins andere zu wandern, ohne ein eigenes Land zu haben!‹ Ich hatte mich umgedreht, war in mein Zimmer gelaufen, hatte mich auf mein Bett geworfen und nachgedacht. Nachgedacht über die Frage: Wieso? Wieso hat denn das Judentum kein eigenes Land? Wieso gab es etwas, was die Juden von einem Land ins andere trieb? Wieso? Erst hatte ich meine Mutter fragen wollen, ob die Juden sich nicht ein eigenes Land aufbauen könnten, ein unbewohntes Land, was niemandem gehört! Vielleicht sogar eine riesige Wüste! Aber dann, ich weiß nicht wieso, hatte ich doch von der Frage abgelassen, denn auch da weiß ich nicht, wieso, ich kam mir zu klein, zu dumm, zu unwissend für das große ›Wieso‹ vor!
Werner Blumenthal«

Es gab damals für die Eltern und ihre deutsch-jüdischen Kinder jede Menge von »Wiesos«, die uns zu schaffen machten. Wieso wollte man uns ausstoßen? Wieso sollten Juden in einem Land, in dem sie seit Generationen lebten, keine vollgültigen Bürger sein? Wieso wollte kein anderes Land uns aufnehmen?

Aber wenigstens eines hatten unsere Unterdrücker erreicht: dass die Juden nach und nach mehr über ihr vergessenes Erbe erfuhren und, wenn auch widerstrebend, zu ihm zurückkehrten. Ihre Kinder, die auf die neueingerichteten jüdischen Schulen gingen, brachten es ihnen bei.

Hitlers Mission

Neben der Erkenntnis, was es bedeutete, ein Jude zu sein, bildeten die Nationalsozialisten – und Adolf Hitler, der »Führer«, der jeden Aspekt unseres Lebens beherrschte – das zweite Hauptelement meiner Kindheit im Berlin der dreißiger Jahre. Viele Deutsche hatten ihn nie leibhaftig gesehen, aber er war allgegenwärtig – in Wochenschauen, im Radio, als Porträt an allen Wänden. »Heil Hitler« war jetzt der offizielle Gruß, und immer mehr Menschen benutzten ihn.

Ich sah Hitler nur ein einziges Mal, und das auch nur flüchtig, als seine Autokolonne unerwartet vor mir auf dem Ku'damm erschien. Er saß in einem offenen Mercedes, dem größten Auto der Kolonne, die an uns vorbeiraste, um ich weiß nicht wohin zu fahren. Für einen Augenblick glaubte ich, er würde mich anschauen, doch das bildete ich mir zweifellos nur ein. Dann war er fort, obwohl die Menge um mich herum immer noch winkte und schrie. Ihr »Heil Hitler«-Gebrüll klingt mir heute noch in den Ohren.

Ich habe die zufällige Begegnung mit ihm nie vergessen. Selbst heute noch, mehr als siebzig Jahre später, ist sie mir gegenwärtig. Hitler wollte mich töten, nur weil ich Jude war und einem Volk angehörte, das er verschiedentlich als »Spaltpilz der Menschheit«, »Verkörperung der Blutschande« und »Spinne ..., [die] dem Volke langsam das Blut aus den Poren saugt« bezeichnete.[4] Ich war ein kleines Kind, als er an die Macht kam, und wäre, wenn der Zufall und ein gütiges Schicksal nicht dazwischengetreten wären, mit 15 oder 16 Jahren seinen Häschern in die Hände gefallen, die mich seinen Wünschen gemäß dem Hungertod überantwortet, erschossen oder vergast hätten. So ist es Helmut Strauch, meinem besten Freund aus der Kaliski-Schule, ergangen, der wahrscheinlich mit 16 Jahren in Auschwitz starb, und meine Tante und mein Onkel wurden im selben Jahr dort vergast oder anderswo erschossen. Es dürfte nachvollziehbar sein, dass ich Hitler nicht vergessen kann. Soweit ich weiß, ist er der Einzige, der mich jemals töten wollte – und es beinah geschafft hat.

Hitler war aber nicht nur ein entscheidender Faktor in meinem Leben, er prägte in weit umfassenderem Sinn und wie kein anderer das 20. Jahrhundert und veränderte weit über Deutschlands Grenzen hinaus das Leben von Abermillionen Menschen. Sein Aufstieg zur Macht war einer der verhängnisvollsten politischen Vorgänge des Jahrhunderts. Ohne ihn wäre alles anders gewesen. Weil es ihn gab, blieb nichts so, wie es war.

Es ist eine Ironie der Geschichte, dass das Jahrhundert, in dem die parlamentarische Demokratie triumphierte, nicht von den Staatsmännern der großen Demokratien, sondern von ihren vier fanatischsten und entschlossensten Feinden am tiefsten beeinflusst wurde – insbesondere von Hitler, dem skrupellosesten und unerbittlichsten unter ihnen. Von den großen politischen Figuren, die sich im 20. Jahrhundert der Demokratie entgegenstellten, hat Lenin seinen Platz in der Geschichte als Gründer des kommunistischen Staats, der das halbfeudale zaristische Russland umformte. Stalin steht für Terrorherrschaft im Innern und den Versuch kommunistischer Unterwanderung im Ausland, und Mao Zedong hat sich als der Revolutionsführer, der das bevölkerungsreichste Land der Erde geeint hat, in die Geschichtsbücher eingetragen. Aber Hitler – der Österreicher, der sich deutscher dünkte als die Deutschen – war derjenige, der die tiefsten Spuren auf der Welt hinterließ und am nachhaltigsten in den Lauf der Geschichte eingriff. Er ist, wie der Historiker Hugh Trevor-Roper angemerkt hat, als ein »einzigartiges, historisches Phänomen« des 20. Jahrhunderts anzusehen, das »dazu geboren [war], ... der Welt ein neues Gesicht zu verleihen«.[5]

Hitler stürzte die Menschheit in den größten Krieg der Geschichte, verursachte unsägliches Elend und maßlose Zerstörung, befahl die Ermordung von Millionen Juden und ist für den Tod von mindestens fünfzig bis sechzig Millionen Soldaten und Zivilisten verantwortlich. Es gibt keine genauen Zahlen, weil es einfach zu viele waren. Kein anderer Diktator ist ihm, was den Extremismus der Politik, die rassistische Gewalt und die Brutalität der Eroberungen anbelangt, gleichgekommen. Er kam der Unterwerfung Europas und eines großen Teils der übrigen Welt unter seinen Willen am nächsten und hinterließ unvorstellbare Verheerungen und Trümmer. Er herrschte nur zwölf Jahre, aber seine Hinterlassenschaft war noch Jahrzehnte später zu spüren und lastet weiterhin schwer auf Deutschlands Schultern. Allein von Hitler kann man sagen, er habe die Geschichte des 20. Jahrhunderts geprägt. Sollte man es deshalb das »Zeitalter Hitlers« nennen, wie der Historiker Ian Kershaw fragt?[6] Wahrscheinlich ja. Auf jeden Fall hat, soweit es mein Leben angeht, niemand größeren Einfluss auf die Zukunft genommen als er.

Ich muss gestehen, dass der Mensch Hitler über meinen Verstand geht und meine Vorstellungskraft übersteigt. Ich habe viel über ihn gelesen – in meiner Bibliothek in Princeton sind mehrere lange Regalbretter mit Hitleriana gefüllt –, und doch bleibt mir vieles an ihm unerklärlich. Wie war er? Was ist der Grund für seine monumentalen Hassgefühle und Verbrechen? Wie konnte dieser wenig gebildete und verkorkste Emporkömmling aus dem Nichts zur Herrschaft über ein *Kulturvolk* aufsteigen – ein Volk, das sich so viel auf seine Kultur zugutehielt – und es dazu bringen, ihm bis zum letzten Augenblick, als schon alles in Trümmern lag und er selbst nicht mehr lebte, Gefolgschaft zu leisten?[7] War dieser pervertierte, amoralische Mann psychisch gesund oder verrückt, war er bloß ein prinzipienloser Opportunist, ein Missgeschick, dem man über die Weltbühne hereinzubrechen und Unheil anzurichten erlaubte, oder war er ein teuflisch gerissener Manipulator von Menschen und Ereignissen mit einer klaren Weltanschauung und einem zusammenhängenden Plan?

Zwei Generationen von Historikern haben diese Frage zu beantworten versucht, und ihre Werke sind so umfangreich wie ihre Interpretationen vielfältig. Vor fünfundzwanzig Jahren erfasste eine Bibliographie ihrer Arbeiten mehr als 1500 Titel über Hitler und das Dritte Reich, in einer jüngeren Arbeit ist von 120 000 Studien die Rede, und Jahr für Jahr kommen neue hinzu.[8] Wir wissen viel über Hitler – über seine Herkunft und Familie, seine Kindheit und Jugend, seine Frauen, seine Vorlieben und Abneigungen, seinen Aufstieg zur Macht, darüber, wie er herrschte, Krieg führte, einen großen Teil Europas eroberte, grandios scheiterte und schließlich starb. Doch je mehr wir erfahren, desto unbegreiflicher wird er, desto schwerer ist er zu verstehen und zu erklären. Aber er hat die Welt der dreißiger und vierziger Jahre dominiert, und ohne ihn würde der Geschichte des 20. Jahrhunderts – und auch meiner eigenen – der Kern fehlen.

Hitler hielt sein Leben lang an der Überzeugung fest, dass es eine die Weltherrschaft anstrebende jüdische Verschwörung gebe, und machte die Juden für alle großen Probleme der Welt verantwortlich. Buchstäblich bis zum letzten Tag seines Lebens stand diese Auffassung sowohl öffentlich als auch privat im Zentrum seines Denkens. Bei der Suche nach einer Erklärung für seinen nicht nachlassenden Hass auf Juden haben Gelehrte lange darüber debattiert, wann und warum er begann und ob er ein zentrales Element seiner Weltsicht oder ein vorwiegend taktisches Mittel zur Mobilisierung der Massen war, oder vielleicht beides. Reichen seine Wurzeln bis in die Schulzeit in Linz zurück, oder liegen seine Ursprünge in den fünf Jahren zwischen 1908 und 1913, in denen Hitler als ein Niemand in Wien lebte und sich als abgelehnter Kunststudent und Berufsmaler durchschlug? Nach Ansicht mancher stammt der erste echte Beleg für seine antijüdische Besessenheit sogar aus noch späterer Zeit. Sie sehen ihn in einem Brief, den er 1919 in München schrieb.[9] Erst dort, so glauben sie, im Dunstkreis von Rechtsextremen und enttäuschten Militaristen, die Marxisten und Juden als Verräter betrachteten, die Deutschland einen Dolchstoß in den Rücken versetzt und den Versailler Vertrag unterschrieben hatten, sei der fanatische Soldat Hitler zum fanatischen Judenhasser geworden.

Wann immer es begonnen haben mag, klar ist, dass seine oft wiederholte Auffassung von einem verschwörerischen »Weltjudentum« ab 1919 voll ausgebildet war. Ob es sich lediglich um eine taktische Vorspiegelung handelte oder eine tiefe Überzeugung war, ist eine wichtigere Frage, und in dieser Hinsicht sind die Beweise eindeutig, auch wenn nicht alle Hitlerforscher mir zustimmen werden. Gewiss war Hitler ein ausgezeichneter Schauspieler, der sich etwas auf seine Fähigkeit, seine wahren Gefühle zu verbergen, zugutehielt, und sicherlich erkannte er die Nützlichkeit des Antisemitismus als taktisches Mittel und setzte ihn, der jeweiligen Situation angepasst, als solches ein.* Seine öffentlichen Äußerungen und Handlungen wa-

---

* 1938 stellte Hitler dies gegenüber Generalstabschef Franz Halder unmissverständlich klar: »Sie werden niemals erfahren, was ich denke; und

ren voller Wendungen, Widersprüche und Unklarheiten. Doch nach meiner Ansicht kann kein Zweifel daran bestehen, dass sein Judenhass nicht nur taktischer Art war, sondern den Mittelpunkt seiner Weltsicht, von dem er nie abwich, den Kern seiner Überzeugungen und einen Antriebsfaktor seines Handelns bildete. Sogar noch angesichts des bevorstehenden Todes, als er, eingekesselt und im Bunker unter der Reichskanzlei verschanzt, seiner Sekretärin Traudl Junge sein politisches Testament diktierte, stand der Gedanke an die Juden an erster Stelle. Als er in diesem finalen Moment seine letzten Gedanken aussprach, spielten taktische Erwägungen keine Rolle mehr. »Vor allem«, mahnte er die Nachwelt, »verpflichte ich die Führung der Nation und die Gefolgschaft zur peinlichen Einhaltung der Rassengesetze und zum unbarmherzigen Widerstand gegen den Weltvergifter aller Völker, das internationale Judentum.«[10]

Hitler hatte ein klares Weltbild. Wie er in *Mein Kampf* darlegte, betrachtete er sich selbst als vom Schicksal auserwählt, Deutschland und das deutsche Volk zu retten und zur Weltherrschaft zu führen, die Schande von Versailles auszulöschen, auf Kosten der Slawen im Osten »Lebensraum« zu erwerben und die Welt von Kommunismus, Liberalismus, Demokratie und – vor allem – der Verschwörung des »Weltjudentums« zu befreien, die, wie er glaubte, die Zerstörung von Gerechtigkeit und Anstand auf der Welt zum Ziel hatte.

All dies wurde miteinander verknüpft, und sein Judenhass rechtfertigte in Hitlers Augen alles, was er tat. Die Juden waren zu vernichten, weil sie angeblich »Ungeziefer« waren,[11] Deutschland im Ersten Weltkrieg einen Dolchstoß in den Rücken versetzt und sich verschworen hatten, um ihm den Versailler Vertrag aufzuzwingen. In der Weimarer Kultur sah Hitler eine Verschwörung mit dem Ziel, das Wesen der »arischen Rasse« zu verderben. Die Arbeit jüdischer

diejenigen, die sich laut brüsten, meine Gedanken zu kennen, die lüge ich umso mehr an« (zit. in Schall-Riaucour, *Aufstand und Gehorsam. Offizierstum und Generalstab im Umbruch. Leben und Wirken von Generaloberst Franz Halder, Generalstabschef 1938–1942*, Wiesbaden 1972, S. 44).

Intellektueller betrachtete er als jüdische »Pest«.[12] Juden galten ihm als minderwertig, doch teuflisch gerissen darin, sich mit verschiedenen Verkleidungen zu tarnen. Den Krieg zur Eroberung von »Lebensraum« in slawischen Ländern rechtfertigte er als Kreuzzug gegen den »jüdischen« Bolschewismus, andererseits unterstellte er den Juden, sie hätten die kapitalistischen westlichen Demokratien zum Kriegseintritt verleitet. Seine Erzfeinde Roosevelt und Churchill betrachtete er als Marionetten »jüdischer« Kapitalisten, während er im Bolschewismus eine jüdische Verschwörung zur Erlangung der Weltherrschaft mit anderen Mitteln witterte.

Hitler sah seine Mission darin, den manichäischen Kampf eines edlen germanischen Reichs gegen den jüdischen Antichristen im Osten und Westen zu führen, eine apokalyptische Konfrontation von Macht und Willenskraft, in der es um alles ging. Nach seiner Ansicht rechtfertigte dieser Kampf jedes Mittel – totale staatliche Repression und Kontrolle im Innern, zynische Manipulation und Täuschung in den Außenbeziehungen, Amoralität und Rücksichtslosigkeit im Innern und Äußern, die hemmungslose Opferung von Soldaten sowie gnadenlose Brutalität bei den Eroberungen. Hitler beschwor eine utopische Vision der nationalen Erlösung mit ihm als Führer einer idealisierten Superrasse, einer germanischen »Volksgemeinschaft«, die mehr mit der mythischen, fiktionalen Welt der Wagneropern, die er so liebte, als mit irgendeiner Realität zu tun hatte.

Diese verzerrte, illusionäre Weltsicht spiegelt die grundlegenden Züge von Hitlers Persönlichkeit wider, vor allem seine pathologische Egomanie und seinen unersättlichen Machthunger. Er hielt sich für ein von Schöpfer und Schicksal auserwähltes Genie, das immer recht hatte.* Aufgrund seiner Egomanie war er unfähig zu Selbstkritik, Zweifel und Objektivität. Für ihn war nur das wahr, was er glaubte. Meinungsverschiedenheiten hielt er nicht aus, und wer

---

* Laut Traudl Junge, einer seiner Sekretärinnen, erklärte Hitler einmal in einem Tischgespräch, dass er keine Kinder wolle, weil die Nachkommen von Genies es in der Welt sehr schwer hätten (Junge, *Bis zur letzten Stunde. Hitlers Sekretärin erzählt ihr Leben*, München 2002, S. 121).

ihm zu widersprechen wagte, wurde umgehend aus seiner Gegenwart verbannt. Sogar als alles verloren war, vermochte er keinerlei persönliche Verantwortung für die Katastrophe einzugestehen, die unter seiner Führung eingetreten war. Kurz vor seinem Tod sprach er sich gegenüber seinem Sekretär Martin Bormann von jeder Schuld an der Kriegsniederlage frei. Dafür seien andere verantwortlich: der Verrat Spaniens, die Schwäche Italiens, die Doppelzüngigkeit der Franzosen und die Dummheit der Engländer und Amerikaner, die – unter jüdischem Einfluss – die Klugheit seiner Politik nicht erkannt hätten. Auch das deutsche Volk trage eine Mitschuld, denn ein »schicksalhaftes Verhängnis« habe ihn ein Volk führen lassen, das »unbeständig und beeinflussbar wie kein zweites« sei.[13]

Mit dieser extremen Egozentrik verknüpft waren Narzissmus und Eitelkeit, die Verliebtheit in die eigene Stimme, das unbändige Bestreben, seine Umgebung zu beherrschen, und das ständige Verlangen nach Schmeichelei und Bewunderung. Je erfolgreicher Hitler wurde, desto grandioser und banaler wurden die speichelleckerischen Elogen, mit denen ihn sein Hofstaat und die von ihm Abhängigen bedachten, und desto unersättlicher verlangte es ihn nach mehr. Im Lauf der Zeit verfestigte sich das Lob seiner Großartigkeit und Unfehlbarkeit zu einer undurchdringlichen Mauer, hinter der er sich versteckte und die ihn von der Realität der Außenwelt und seinen eigenen Fehlern und Irrtümern abschirmte. In seinem militärischen Hauptquartier in Ostpreußen und seinem Rückzugsort, dem Adlerhorst in den bayerischen Alpen, traktierte er ein unfreiwilliges Publikum aus Ministern, Generälen, Sekretärinnen, Assistenten, Bediensteten und ausgewählten Speichelleckern mit endlosen Monologen und langweilte es mit Litaneien über jedes Thema unter der Sonne – Frauen, Ehe, Diät, Hunde, Aufstieg und Niedergang antiker Reiche, Karl den Großen, Architektur, Malerei, Musik, bis hin zu den Gewohnheiten von Bienen und Ameisen.[14]

Als ihn sein Kriegsglück im Stich ließ, zog sich Hitler immer tiefer in seine Traumwelt zurück und schottete sich von den unangenehmen Tatsachen der Außenwelt ab. In seinem Narzissmus verabscheute er schlechte Nachrichten. Er besuchte nie bombardierte

Städte, schloss sich immer mehr ab und vermied den Kontakt mit zivilen und militärischen Opfern und der immer größer werdenden Zahl von Obdachlosen und Verwundeten.

Hitler war ein politischer Romantiker, ein Gefangener seiner eigenen Phantasien und Märchen. Um sein unmäßiges Bedürfnis nach Selbstdramatisierung zu befriedigen, schuf er sich eine eigene Realität. In dieser fiktiven Welt kämpfte er als grandiose wagnerianische Figur für die deutsche Größe und Rassereinheit, indem er in apokalyptischen Kämpfen Heldentaten vollbrachte. »Wer das nationalsozialistische Deutschland verstehen will, muss Wagner kennen«, sagte er des Öfteren.[15] Er betete die Macht an und glaubte, die Welt würde den Stärksten gehören, denjenigen mit der größten Willenskraft. Und er idealisierte den Krieg zum Ausdruck eines »eisernen Gesetzes« der »ewigen Auslese« des Stärkeren, der »am Ende das Leben und das Recht zu leben behält«, während »der Schwächere fällt«. Der Krieg, erklärte er, sei »der Vater aller Dinge« und »Tapferkeit … wichtiger als Weisheit oder Einsicht«.[16] Er dachte und sprach in Extremen. In seiner darwinistischen Welt war Mäßigung keine Tugend und Freundlichkeit ein Zeichen von Schwäche. Im Vertrauen auf seine eigene Willensstärke und Listigkeit einerseits und die Überraschung, Leichtgläubigkeit und Schwäche seiner Gegner andererseits bluffte er und hasardierte. Unmittelbar vor dem Angriff auf Polen wagte es Hermann Göring einmal, zu taktischer Vorsicht zu raten, doch Hitler wischte das Ansinnen mit den Worten beiseite: »Ich habe in meinem Leben immer va banque gespielt.«[17]

Er zog seinen inneren Kreis mit sich, weil er auf eine seltsame Weise, die niemand ganz erklären konnte, eine dämonische Kraft ausstrahlte, die eine unwiderstehlich hypnotische Wirkung besaß. Zwei seiner engsten Vertrauten, sein designierter Nachfolger Hermann Göring und sein Protegé und Lieblingsarchitekt Albert Speer – beide intelligente und starke Persönlichkeiten –, erklärten später, dass er, sobald sie sich in seiner Gegenwart aufhielten, einen unwiderstehlichen Zauber auf sie ausübte. Deutsche scheinen dafür empfänglicher gewesen zu sein als Ausländer. Während Erstere regelmäßig von der hypnotischen Wirkung des bohrenden Blicks seiner blauen Augen berichteten, zeigte sich etwa der französische Botschafter in Berlin, André François-Poncet, wenig beeindruckt und notierte lediglich, Hitler habe ein »[b]lasses Gesicht, vorquellende Augen, den entrückten Blick eines Mediums oder Schlafwandlers«.[18] Auch der britische Außenminister Anthony Eden, der 1934 zum ersten Mal mit ihm zusammentraf, erinnerte sich an Hitlers fixierenden Blick aus »hellen, blaugrünen Augen«.[19] François-Poncet hielt den starren Blick, der seine Besucher verunsichern sollte, ebenso für einstudiert wie Hitlers Gewohnheit, im Gespräch von passivem Zuhören und schenkelklopfender Heiterkeit urplötzlich mit dem »Antlitz eines Wahnsinnigen« zu scharfen, leidenschaftlichen Monologen zu wechseln.[20]

Dennoch war Hitler sowohl öffentlich als auch privat eine fesselnde, aus dem Rahmen fallende Figur. Zugleich war er als Mensch aber auch außergewöhnlich flach, häufig träge und passiv, emotional unterentwickelt, da ihm viele der grundlegenden menschlichen Gefühle abgingen, geheimnistuerisch, ohne Freunde und unfähig zu normalen Beziehungen zu Frauen. Es ist spekuliert worden, dass er versteckt homosexuell gewesen sei, obwohl es dafür keinen Beweis gibt. Gewiss war er von Natur aus prüde und in Bezug auf die Sexualität wahrscheinlich bloß indifferent. Gegenüber seinen Mitarbeiterinnen, Ministerfrauen und den in ihn vernarrten »grandes dames«, die es hin und wieder in seinen Kreis zog, konnte er charmant, aufmerksam und höflich sein, und bisweilen konnte er sogar flirten. Doch seine Äußerungen über Frauen bei anderen Gelegenheiten waren alles andere als schmeichelhaft. So belehrte er einen gehorsam nickenden Kreis kriecherischer Zuhörer, dass eine dumme Frau einer klugen vorzuziehen sei, weil Letztere zu viel Zeit im Leben eines beschäftigten Mannes beanspruche. Am besten seien sehr junge Frauen, die man noch »formen« könne. Eva Braun, die er kurz vor ihrem gemeinsamen Selbstmord heiratete, scheint diese Kriterien erfüllt zu haben. Nach allem, was man weiß, war sie eine leichtlebige Frohnatur, die Hitler jahrelang in seiner Nähe behielt, ohne ihr mehr als eine untergeordnete Stellung zuzugestehen.

In jungen Jahren las er viel, und er verfügte über ein gutes Gedächtnis, aber aufs Ganze gesehen war er relativ ungebildet. Er behauptete, ein unfehlbares Ohr für Musik zu besitzen, doch sein Musikgeschmack war, abgesehen von Richard Wagner, ziemlich ordinär. Auf dem Berghof gehörten Léhar-Operetten, Strauß-Walzer und der Badenweiler-Marsch zu seinen Lieblingsstücken – zusammen übrigens mit einem großen amerikanischen Klassiker, der *Donkey Serenade*.

Sein persönliches Verhalten wurde von zahlreichen Ängsten und Ticks bestimmt, was für jemanden, der so sehr auf Stärke und Willenskraft pochte, ein nicht unerhebliches Problem gewesen sein muss. Aus neurotischer Furcht davor, lächerlich zu wirken, tanzte er nie, und er schwamm nie, weil er sich dafür hätte in der Öffentlichkeit ausziehen müssen; nicht einmal beim Spiel mit seinem Hund wollte er beobachtet werden, und nachts schloss er sich in seinem Schlafzimmer ein.[21] Er hatte eine starke Abneigung gegen Tabak und Alkohol und einen Sauberkeitstick, zu dem der Zwang gehörte, sich viele Male am Tag die Hände zu waschen. Die Magenschmerzen, über die er sich ständig beklagte, waren zwar eher nervöser Art, erschwerten seinem inneren Kreis aber das Leben und hatten Essgewohnheiten und Diätbesonderheiten zur Folge, die weit über diejenigen eines typischen Vegetariers hinausgingen.*

Es ist eine der traurigen Fragen an die Geschichte – und eine Tragödie –, wie dieser abnorme, abscheuliche Mann mit seiner verdrehten Weltsicht an die Macht kommen und wie er sie, obwohl er unsägliches Leid verursachte, so lange behalten konnte. Wie war es möglich, dass dieser seltsame, banale, langweilige, halbgebildete Außenseiter ohne Freunde jahrelang den sklavischen Gehorsam und die Anbetung seines Volkes genießen und in der ganzen Welt Furcht und Schrecken verbreiten konnte?

* Eine besondere Vorliebe hatte er für rohes Leinöl. Außerdem aß er Haferschleimsuppe, Leinsamenschleim und Müsli und trank Gemüsesäfte (Junge, *Bis zur letzten Stunde*, S. 76).

Zum Teil liegt die Antwort darin, dass Hitler ein schicksalhafter Zufall der Geschichte war. Er war das Produkt einer besonderen Zeit, und sein Weg an die Macht war von ungewöhnlichen Umständen, von der Schwäche und Unentschlossenheit seiner Gegner, von Zufällen sowie von einer kräftigen Dosis Pech – für Deutschland und die Welt – gekennzeichnet.

Das Deutschland der frühen dreißiger Jahre, in dem ich aufwuchs, war ein aufgewühltes Land, das sich in einer tiefen Wirtschaftskrise befand. Die Menschen waren von einem verlorenen Krieg, Hyperinflation und einem harten Friedensvertrag traumatisiert, sie hatten mit Massenarbeitslosigkeit zu kämpfen und waren wütend und mutlos. Die Weimarer Republik war ihre erste Erfahrung mit der parlamentarischen Demokratie, und sie hatte sie schon lange vor Hitlers Machtantritt enttäuscht. Es mangelte an überzeugenden und kompetenten Verfechtern der demokratischen Regierungsform; die Parteien links der Mitte waren untereinander verfeindet, und die breite Bevölkerung war des politischen Durcheinanders müde und verlangte nach Recht und Ordnung und einer starken Hand. Gemäß der Verfassung war der Reichspräsident, Paul von Hindenburg, die oberste Autorität; aber der ehemalige Generalfeldmarschall war alt und verfiel zusehends, und seine reaktionären, monarchistischen Berater, die in Wirklichkeit die Macht ausübten, intrigierten gegen die Republik, die zu bewahren sie geschworen hatten.

Die Geschichte, wie es Hitler gelang, diese Kamarilla zu überlisten, ist häufig erzählt worden.[22] Hier genügt es festzustellen, dass die Angehörigen der Machtelite ihn nicht ernst genug nahmen. Seine Anschauungen und Reden schienen auf groteske Weise ungeheuerlich und extrem zu sein, und da sie ihn als Person verachteten, unterschätzten sie ihn gewaltig und glaubten, ihn im Zaum halten und seine Kanzlerschaft als Fassade benutzen zu können, hinter der sie ihre eigenen Ziele verfolgen würden. Aber sie waren unfähig, feige und stümperhaft, während Hitler alles riskierte und sie in einer Phase ausmanövrierte, in der sein Stern eigentlich schon wieder im Sinken begriffen war. Einmal im Amt, bootete er seine Steigbügelhalter rasch aus, indem er kaum verschleierte Vorwände und pseudolegale Mittel anwandte, um »vorübergehend« die absolute Macht zu übernehmen, Bürgerrechte außer Kraft zu setzen, Oppositionelle zu verhaften und die Gewalt der Straße einzusetzen, um Angst und Schrecken zu verbreiten.

Dass man ihn stets unterschätzt hatte, kam ihm sehr zupass. Die meisten hatten nicht damit gerechnet, dass er jemals an die Macht kommen würde, und als es am 30. Januar 1933 so weit war, glaubte man weithin, dass er sich nicht lange halten würde. Deutschland hatte in dreizehn Jahren elf Kanzler und fast zweimal so viele Kabinette kommen und gehen sehen. Die innere Lage blieb höchst unsicher, und vieles sprach dafür, dass es diesem unmöglichen Rechtsaußen nicht besser ergehen würde als seinen Vorgängern. Nur zwei Mitglieder von Hitlers Regierung gehörten der NS-Partei an, und in Berichten aus Berlin wurde darüber spekuliert, dass die wirkliche Macht andere ausübten. So schrieb Emil Lengyel in der *New York Times*, der Mann, auf den man achten müsse, sei Alfred Hugenberg, der mächtige Konzernchef und Vorsitzende der Deutschnationalen Volkspartei, der als »riesiger Schatten« über Hitler liege. Andere hielten Hermann Göring, das berühmte Fliegerass, für die Schlüsselperson. Aus London wurde berichtet, mit vier Regierungsämtern sei er derjenige, der die Hebel der Macht in Händen halte, und in Berlin flüstere man »hinter vorgehaltener Hand, dass Hitler bloß eine Schaufensterpuppe« sei.[23]

Kaum jemand hatte *Mein Kampf* gelesen, und wer es getan hatte, tat das Buch als lächerliches Geschwafel ab. Im Februar 1933 erklärte der Schriftsteller Lion Feuchtwanger einem großen Publikum in New York abschätzig, dass »seine 140 000 Worte 140 000 Verstöße gegen den deutschen Sprachgeist«[24] seien. Feuchtwanger war Jude und verkündete unbekümmert, dass er die Absicht habe, am Ende des Monats nach Deutschland zurückzukehren. Man glaubte allgemein, dass Hitler entweder scheitern oder seine extremen Ansichten und Handlungen in der politischen Praxis rasch mäßigen würde und dass diejenigen, die ihn mit Zustimmung Hindenburgs an die Macht gebracht hatten, in der Lage seien, ihn im Zaum zu halten. Am Tag nach Hitlers Ernennung zum Reichskanzler lautete die Schlagzeile der *New York Times* aus Berlin zuversichtlich »Hitler gibt das Ziel auf, Diktator zu werden«, und in dem zugehörigen Bericht wurde den Lesern versichert, es gebe wirklich »keinen Anlass zur Sorge«.[25]

Dass diese Ansicht falsch war und Hitler durchaus jemand war, mit dem man rechnen musste, wurde bald deutlich, obwohl es eine Weile dauerte, bis man richtig begriff, was dies bedeutete. Wie sich zeigte, hatten seine Steigbügelhalter ihn keineswegs in der Hand; vielmehr erwies er sich als gerissener, stärker und skrupelloser als sie. Binnen weniger Monate war Hugenberg beiseitegeschoben, und seine Anhänger hatten sich hinter Hitler geschart, während Göring als einer seiner treuesten Vasallen hervortrat. Hitler, der »Führer«, hatte sich rasch zum unumstrittenen Diktator eines wirtschaftlich wiederauflebenden Deutschland aufgeschwungen, die Kommunisten verboten, die Sozialdemokraten und alle anderen Oppositionsparteien unterdrückt, einen brutalen Terror auf den Straßen entfacht, Tausende seiner Gegner in Konzentrationslager gesperrt und ermordet und begonnen, die hilflose jüdische Minderheit zum Entsetzen der Welt in einer mittelalterlichen Gewaltorgie mit Diskriminierungsgesetzen, Drohungen, Demütigungen und wirtschaftlichen Schikanen zu bedrängen.

Auf dem Opernplatz in der Mitte Berlins wurden im März 1933 unter großem Propagandagetöse in einer unheimlichen Feierstunde zwanzigtausend Bücher verbrannt, und im Juni 1934 organisierte Hitler persönlich die Ermordung seines alten Kameraden Ernst Röhm und seiner Gefolgsleute. Durch das Blutbad sollten potentielle Rivalen im Kampf um die absolute Macht ausgeschaltet werden, und mit vielen anderen, die sich ihm in der Vergangenheit entgegengestellt hatten, wurden alte Rechnungen beglichen. Gleichzeitig wurde die Verfolgung der deutschen Juden schrittweise intensiviert, und als erstes Abenteuer auf der internationalen Bühne unterstützte Hitler einen nationalsozialistischen Staatsstreichversuch in seinem Heimatland Österreich. Der schlug zwar fehl, aber erst nachdem der österreichische Kanzler Engelbert Dollfuß einem Attentat zum Opfer gefallen war. Ein halbes Jahr später, im Januar 1935, überraschte er die Franzosen durch einen Erdrutschsieg in der Volksabstimmung über die Wiedereingliederung des kohlereichen Saargebiets ins Deutsche Reich. Er kündigte den Versailler Vertrag auf, führte die Wehrpflicht wieder ein, gab den Aufbau einer Luftwaffe bekannt und begann, offen ein massives Rüstungsprogramm zu verwirklichen.

All dies war innerhalb von etwas mehr als zwei Jahren nach seinem Machtantritt geschehen, und nichts deutete darauf hin, dass sich das rasante Tempo, in dem sich Hitlers Diktatur als eklatant gesetzloses und verbrecherisches System offenbarte, verlangsamen würde. Doch das deutsche Volk sah nur die neuen Arbeitsplätze und Hitlers beeindruckende internationalen Erfolge und stand fester als je zuvor hinter ihm.

Hitler hatte erheblich von einer günstigen ökonomischen Entwicklung profitiert. Die Wirtschaftskrise hatte ihren Tiefpunkt nicht erst nach seinem Machtantritt, sondern schon ein Jahr zuvor erreicht. In der schlimmsten Phase, im Februar 1932, waren fast zwei Drittel der Arbeitnehmer arbeitslos. Im weiteren Verlauf des Jahres begannen sich die Weltmärkte jedoch langsam zu erholen, so dass die deutschen Exporte nach und nach wieder stiegen. Deshalb war die Arbeitslosigkeit bis Ende 1933, knapp ein Jahr nach dem Beginn der NS-Herrschaft, bereits zurückgegangen.

Hitler, der sich, ohne zu zögern, das Verdienst an dieser Entwicklung anheftete, unterstützte sie mit mehreren umfangreichen staatlichen Investitionsprogrammen, die seinen langfristigen militärischen und politischen Zielen dienten und sorgfältig darauf ausgerichtet waren, wichtige Bevölkerungsgruppen zufriedenzustellen. Dies führte dazu, dass die Arbeitslosigkeit in Deutschland innerhalb von drei Jahren völlig beseitigt wurde – wofür die Bevölkerung dem »Führer« unendlich dankbar war. Ausländische Beobachter, die nicht allzu genau hinsahen, waren ebenfalls beeindruckt. Sie bemerkten, dass Hitler binnen drei Jahren eine ganze Nation wieder in Brot und Arbeit gebracht hatte, während die Erholung in demokratischen Ländern wesentlich langsamer vonstattenging, und dass dem italienischen Diktator Mussolini das scheinbar Unmögliche gelungen war, die Eisenbahnen pünktlich fahren zu lassen. Konnte es sein, fragten manche, dass die geplanten, autarken Wirtschaften der autoritär-faschistischen Regime und des kommunistischen Russland dem Laissez-faire-Kapitalismus in Bezug auf Wirtschaftsmanagement und Leistungskraft wesensmäßig überlegen waren?

In Wirklichkeit hatte der rasche Aufschwung, der im ersten Jahr nach Hitlers Machtantritt in Deutschland einsetzte, wenig mit bedeutenden strukturellen Eingriffen oder der Verstaatlichung großer Teile der Wirtschaft zu tun. Hitler hatte es vielmehr tunlichst vermieden, an den Grundfesten zu rütteln, und sich stattdessen dafür entschieden, Arbeit und Kapital zur Zusammenarbeit zu bewegen, indem er ihnen als Anreize eine Reihe von kostspieligen Programmen anbot, die beiden Seiten nutzten. Die Wirtschaft profitierte von herabgesetzten Unternehmenssteuern, Subventionen für strategische Betriebsausgaben und Investitionen, umfangreichen öffentlichen Aufträgen, einschließlich des Autobahnbaus, und der Auflösung unabhängiger Gewerkschaften. Die Arbeiter andererseits erhielten zum Ausgleich für den Verlust der Gewerkschaften ein massives staatliches Beschäftigungsprogramm, das in einem einzigen Jahr eine Million neue Arbeitsplätze schuf, ferner vom Staat bezahlte »Kraft durch Freude«-Urlaubsreisen und andere von der NS-Partei finanzierte Sozialleistungen – alles vom unablässigen Sperrfeuer einer von Goebbels geschickt eingesetzten nationalistischen Propaganda begleitet. Die noch verbliebenen Arbeitslosen wurden durch die Zwangsmitgliedschaft im Reichsarbeitsdienst und die Wiedereinführung der Wehrpflicht im März 1935 von der Straße geholt.

Das Militär schließlich nahm Hitler durch die Aufkündigung des verhassten Versailler Vertrages und die zunächst im Geheimen und dann immer offener betriebene aggressive Aufrüstung für sich ein, wobei Letztere auch die Schaffung einer Luftwaffe und den Ausbau der Marine umfasste, die zuvor verboten beziehungsweise auf eine Rumpfstreitkraft beschränkt gewesen waren. Obwohl die Reichswehr gemäß dem Versailler Vertrag nur sieben Divisionen und hunderttausend Mann umfassen durfte, hatte Hitler schon 1933 den Geheimbefehl gegeben, diese Obergrenzen nicht zu beachten. Anderthalb Jahre später ordnete er die Aufstellung von sechsunddreißig Divisionen an, und bis Kriegsausbruch sollten atemberaubende sechzig Milliarden Reichsmark für die Rüstung ausgegeben werden.[26] Zu diesem Zeitpunkt sollte Deutschland mit über sechshunderttausend unter Waffen stehenden Männern und vielen anderen in halbmilitärischen Organisationen die bei weitem größte Militärmacht Europas sein.

Ohne die Aussicht auf einen Krieg wäre all dies untragbar und mit einem großen Risiko belastet gewesen, da Hitler es überwiegend durch Kreditaufnahmen und eine bedeutende Erhöhung der Staatsverschuldung finanzierte, während die Reserven an ausländischen Währungen rasch dahinschmolzen. Doch solche Dinge kümmerten ihn wenig, und die Bedenken seiner Wirtschaftsexperten wischte er mit dem Hinweis beiseite, durch den von ihm geplanten Erwerb neuen Lebensraums für das deutsche Volk würden all diese Fragen zur Zufriedenheit gelöst werden.

Der Aufbau einer Rüstungsinfrastruktur und eine der Kriegsvorbereitung dienende Personalpolitik hatten die Arbeitslosigkeit in Deutschland buchstäblich beendet, und nach der einseitigen Aufhebung des Versailler Vertrages erzielte Hitler in den ersten drei Jahren seiner Herrschaft auch international mit gewagten Schachzügen eine Reihe von beeindruckenden Erfolgen. Die Welt verfolgte all dies mit Erstaunen und wachsender Sorge, aber die Deutschen waren ihrem »Führer« dankbar, und seine Beliebtheit übertraf diejenige aller anderen deutschen Staatsmänner seit Bismarck. Doch nichts davon wäre möglich gewesen, wenn seine inneren Gegner bereit gewesen wären, gegen ihn vorzugehen, als er seine Terrorherrschaft errichtete, oder wenn die Welt die Gefahr, die von ihm ausging, eher erkannt und auf die von ihm begangenen Vertragsbrüche entschiedener reagiert hätte.

Dieses Unvermögen verlieh Hitler die Aura eines Mannes, der im Innern und Äußern unaufhaltsam von Erfolg zu Erfolg schritt, und es stärkte seine Egozentrik und Hybris, zementierte seinen Glauben an die eigene Unfehlbarkeit, ermutigte ihn, seine innen- und außenpolitischen Aggressionen zu intensivieren, und verschaffte ihm die Zeit, Deutschland zu der überragenden Militärmacht zu machen, die es bei Kriegsbeginn sein sollte. Da London und Paris auf den Bruch des Versailler Vertrages und die Aufrüstung so schwach reagiert hatten, fühlte er sich zu seinem bis dahin kühnsten und gefährlichsten Glücksspiel animiert, der überraschenden Wiederbesetzung des Rheinlandes im März 1936. Gemäß dem Versailler Vertrag war das Rheinland entmilitarisiert, und Deutschland durfte dort weder Truppen stationieren noch irgendwelche militärischen Aktivitäten entfalten. 1925 war diese Bestimmung im Vertrag von Locarno, den auch Deutschland unterzeichnet hatte, feierlich bekräftigt worden. Doch Hitler ignorierte beide Verträge und ließ seine Truppen – nur zwei Stunden, nachdem er diesen Schritt angekündigt hatte – ins Rheinland einmarschieren. Seine eigenen Generäle hatten ihn gewarnt, dass Frankreich militärisch stark genug sei, um zurückzuschlagen. Aber Hitler hatte darauf bestanden, das Risiko einzugehen. Und als Frankreich und England nichts unternahmen, um ihn aufzuhalten, wurde er im Inland noch beliebter als bisher, und sein Image als geschickter internationaler Taktiker, den man lieber beschwichtigen sollte, als ihm Widerstand zu leisten, wurde weiter gestärkt.

Das Rheinlandabenteuer war die vielleicht beste Chance, Hitler zu stoppen. Die deutsche Wiederaufrüstung befand sich noch in den Anfängen, und die Streitkräfte besaßen noch nicht die überwältigende Stärke wie einige Jahre später. Tatsächlich wurde die Operation mit nur vier Bataillonen unternommen, und Hitler selbst hatte den Befehl ausgegeben, sich im Fall eines militärischen Gegenschlags von Seiten der Franzosen sofort zurückzuziehen. Schon die Mobilisierung einiger weniger französischer Divisionen hätte genügt, wie Hitler später selbst hämisch eingestand.

Der Einmarsch der Wehrmacht ins Rheinland erwies sich als ein Wendepunkt. Obwohl die Franzosen zutiefst erschrocken waren und zwischen Paris und London dringliche Telefonate geführt wurden, unternahm man nichts. England scheute vor starken Aktionen zurück, ganz zu schweigen davon, dass es einen weiteren Krieg riskiert hätte, und Frankreich wollte nicht allein handeln. Man legte Protest ein und machte Vorhaltungen, redete von Blockade und Sanktionen, doch am Ende geschah nichts, und das von Deutschland remilitarisierte Rheinland wurde zu einem Fait accompli. Hitler konnte einen großen Sieg verbuchen, gab grünes Licht für den Bau des sogenannten Westwalls und wandte sein Augenmerk der Einverleibung Österreichs ins Deutsche Reich zu. Es folgten die Zerschlagung der Tschechoslowakei und schließlich der Angriff auf Polen. Die Würfel für den Zweiten Weltkrieg waren gefallen.

Appeasement

Die Welt beobachtete aufmerksam, was in Deutschland vor sich ging, und soweit man gehofft hatte, die Nationalsozialisten würden ihre Politik sowohl im Innern als auch auf der internationalen Bühne mäßigen, wich diese Hoffnung bald dem Abscheu vor ihren Angriffen auf die Freiheit und den Weltfrieden. Zu wirkungsvollem Handeln, um die drohende Katastrophe aufzuhalten, ließ man sich indes nicht hinreißen.

Bei in Deutschland tätigen amerikanischen Diplomaten dauerte dieser Wandel länger als nötig. Am Anfang nahmen sie eine abwartende Haltung ein und entschuldigten Hitlers Attacken gegen Juden als frühe Verirrungen und Ausdruck revolutionären Übereifers. Selbst der skandalöse antijüdische Boykott vom 1. April 1933 machte auf den Geschäftsträger der US-Botschaft in Berlin, George A. Gordon, keinen großen Eindruck. Er hielt es für angebracht, nach Washington zu berichten, dass der Boykott »jüdischen Geschäftsleuten kaum Schaden zugefügt« habe und »vielleicht ein nützliches Ventil für die enthusiastische Anhängerschaft« gewesen sei, »ohne allzu große Kosten zu verursachen«.[27] Aus Stuttgart meldete der amerikanische Konsul Leon Dominian, Exzesse seien »in diesem Konsularbezirk unbekannt« und man halte es »für unwahrscheinlich, dass die Verfolgung von Juden [hier] ein größeres Ausmaß erreichen« werde.[28] Im Mai hieß es in einem langen Botschaftsbericht an Außenminister Cordell Hull, ausländische Reisende in Deutschland hätten »nach ihrer Heimkehr erklärt, sie hätten keine Ausschreitungen gesehen«.[29]

Im Herbst 1933 hatten jedoch auch die naiveren US-Diplomaten ihre Illusionen verloren. Ende September konstatierte der amerikanische Generalkonsul in Berlin, George S. Messersmith, »einen völligen Mangel an jedwedem humanitären Prinzip und äußerste Brutalität« als die mittlerweile unübersehbaren Kennzeichen des NS-Systems und zitierte, was ein englischer Korrespondent über Hitlers Regierung gesagt hatte: »Das Motto der Französischen Revolution war Freiheit, Gleichheit, Brüderlichkeit; das Motto dieser Revolution müsste richtigerweise Brutalität, Verlogenheit, Geschwafel lauten.« Messersmith pflichtete dem bei, ergänzte jedoch: »... ich würde ›Doppelspiel‹ hinzufügen.« Die Deutschen, fuhr er fort, würden ihren »Führer« unterstützen, weil ihre Mägen voll seien. Sie würden ihn bewundern, weil er durch einen Personenkult buchstäblich vergöttlicht worden sei, weil man sie ständig anlüge und weil sie aufgrund der geschickten Propaganda und Fehlinformationen, die Goebbels verbreite, kaum etwas über die Außenwelt erführen. In der gesamten Sozialgeschichte, resümierte Messersmith, habe es noch nie etwas Herzloseres und Zerstörerischeres als die antijüdische Politik der Nationalsozialisten gegeben. Was die Außenpolitik der neuen deutschen Führung angehe, so wolle sie noch keinen Krieg, »aber sie bereitet sich auf den Krieg vor, und wir müssen uns im Klaren darüber sein, dass die Beteuerungen der Führer Deutschlands in Bezug auf ihre Friedensliebe und ihren Friedenswunsch nicht ernst gemeint sind«.[30] Sein Chef, US-Botschafter William S. Dodd, sah es genauso. In einem direkt an Präsident

Roosevelt gerichteten Brief erklärte er, Hitler und die anderen Spitzen des NS-Systems seien allesamt »mehr oder weniger in mörderische Unternehmungen verwickelt« gewesen. Hitler selbst habe eine halbkriminelle Vergangenheit, und Göring und Goebbels, die beiden wichtigsten NS-Führer nach ihm, seien »von einem Klassen- und Ausländerhass erfüllt und beide bereit, die rücksichtslosesten Willkürmaßnahmen zu ergreifen«.[31]

In den amerikanischen Medien und in der Öffentlichkeit hatte sich die Stimmung gegenüber den Nationalsozialisten schneller gewandelt. Anfangs hatte die *New York Times* ihre Leser noch beruhigt, sie bräuchten sich keine Sorgen zu machen; *Time* hatte Hitler auf dem Titelblatt abgebildet, und die *Chicago Tribune* hatte beifällig die »faschistische Feindschaft gegenüber dem Kommunismus« erwähnt und Hitlers überraschenden Aufstieg zur Macht mit dem »Stolz und dem leidenschaftlichen Willen« der deutschen Jugend erklärt, »Freiheit und Ehre der Vergangenheit wiederzuerlangen«.[32] Weniger als zwei Monate später, lange vor den Diplomaten, änderten die Medien ihren Ton jedoch grundlegend. So beklagte die *Tribune* jetzt den Terror und die Unterdrückung von Freiheit und Bürgerrechten und berichtete über die brutale Ermordung eines jüdischen Rechtsanwalts in Kiel sowie über das Entsetzen und die Demütigung von deutschen Juden, die vor der Hetzjagd, der sie ausgesetzt waren, die Flucht ergriffen – Geschehnisse, die der US-Botschaft und ihren Konsulaten offenbar entgangen waren. Und die *New York Times* beschwor gegen das »rohe Hochgefühl bloßer Kraft« das kollektive Moralgefühl der modernen Welt herauf.[33]

In New York appellierten der Gouverneur und führende Vertreter aller Konfessionen an Zehntausende Demonstranten, die sich im Madison Square Garden versammelt hatten, ihren Abscheu vor den Taten der Nationalsozialisten auszudrücken, und überall in den Vereinigten Staaten fanden Protestveranstaltungen gegen die Gräueltaten vom 1. April statt, an denen, laut *Chicago Tribune,* über eine Million Juden teilnahmen. Schon warnten einzelne Stimmen davor, dass Hitlers wahre Absichten eine klare Bedrohung des Weltfriedens darstellten. Im März sagte John Hibben, emeritierter Präsident der Princeton University, in einer von den Medien vielbeachteten Rede unumwunden voraus, dass Hitlers Politik auf einen Krieg hinauslaufe.[34] Wickham Steed, Korrespondent der *New York Times* in London, pflichtete ihm bei: Hitlers Ziel seien schlicht und einfach Eroberungen. Die amerikanischen Isolationisten und andere, die instinktiv einer neutralen Haltung zuneigten, mahnte er, dass es angesichts der Vorgänge in Deutschland ein schwerer Fehler wäre, die Kriegsgefahr herunterzuspielen, wie man es 1914 getan habe.[35]

Das waren prophetische Erkenntnisse, die man hätte beachten müssen. Aber sie blieben folgenlos. Am Anfang der dreißiger Jahre warnte eine ganze Reihe von Kommentatoren und führenden Politikern in vielen Hauptstädten vor den Gefahren eines wiedererstarkten, nationalistischen Deutschland unter Hitler. Sie drängten auf militärische Stärke und klare Maßnahmen, um die Gefahr abzuwenden. Doch sie blieben einsame Rufer in der Wüste.

Einer von ihnen war Winston Churchill, der damals jedoch kein politisches Amt innehatte und weder bei der britischen Regierung noch bei der Mehrheit der Unterhausabgeordneten Gehör fand. »Wir erhalten zahllose Nachrichten über den [in Deutschland] zunehmenden Militärgeist«, erklärte er im November 1933 im Unterhaus, »wir hören, dass der deutschen Jugend eine blutdurstige Philosophie beigebracht wird, wie man sie seit der Zeit des Barbarentums nicht mehr erlebt hat.«[36] Zwischen 1933 und 1935 wiederholte er ein ums andere Mal, dass man dem aggressiven deutschen Regime mit Entschlossenheit und nachdrücklichen Reaktionen entgegentreten müsse, dass England aufrüsten müsse und dass dies eine weit zuverlässigere Garantie für den Frieden sei als die Appeasementpolitik; bereits die bloße Tatsache der Aufrüstung würde die deutschen Begehrlichkeiten dämpfen.[37] Auch Anthony Eden, damals Lordsiegelbewahrer und Staatssekretär im Außenministerium, sprach sich für ein resoluteres Handeln aus, und zwei Besuche bei Hitler bestärkten ihn nur in seiner düsteren Ansicht über dessen Ehrlichkeit und die Beteuerungen friedlicher Absichten trotz aggressiver Reden und Taten.[38] Aber Eden war als Vertreter einer Minderheitenmeinung ebenso wenig wie Churchill in der Lage, die schwache britische Koalitionsregierung unter Ramsay MacDonald von ihrer Politik der Friedenssicherung durch allgemeine Abrüstung abzubringen. MacDonald verfolgte sie auch dann noch hartnäckig weiter, als Deutschland schon längst aus der Abrüstungskonferenz des Völkerbundes ausgeschieden war und offen einen entgegengesetzten Weg beschritten hatte.

So ging die Schussfahrt in die Katastrophe weiter, und niemand stand auf, um sie abzubrechen. Hitler schürte Unruhe, wo er nur konnte, und agitierte unter den deutschen Minderheiten in der Tschechoslowakei und in Polen. Die Besetzung des Ruhrgebiets durch die Wehrmacht hatte viel Aufregung und Missbilligung hervorgerufen und Deutschland eine offizielle Verurteilung durch den Völkerbund eingebracht; mehr war mangels der britischen Bereitschaft, sich mit Frankreich zusammenzutun und eine militärische Konfrontation zu riskieren, nicht zu erwarten. Tatsächlich fühlten britische Vertreter nur wenige Tage später bei den Deutschen vor, um zu sondieren, ob neue Verhandlungen über einen Friedensvertrag und andere Mittel zur Beilegung ihrer Beschwerden möglich waren. Selbst auf deutscher Seite war man über die Leichtigkeit von Hitlers Sieg und das Ausbleiben massiver Reaktionen erstaunt.[39]

Was den fortgesetzten Angriff auf die Freiheit im Innern und die zunehmende Verfolgung der jüdischen Minderheit betraf, so wurden sie in Europa und den Vereinigten Staaten eindeutig missbilligt, aber darüber hinaus geschah nichts. Entgegen den ersten Berichten der US-Botschaft wurden im ersten Jahr der NS-Herrschaft 45 Juden ermordet; in den ersten sechs Monaten wurden mehr als 26 000 (jüdische und nichtjüdische) Gegner in »Schutzhaft« genommen und bis zum Ende des Jahres schätzungsweise 100 000 angebliche »Feinde« in Konzentrationslager verschleppt.[40] Ein ständiger Strom jüdischer Flüchtlinge verließ Deutschland, doch die allgemeinen Sympathiebekundungen des Auslands bedeuteten nur selten, dass man ihnen die Tore öffnete oder Druck auf Hitler ausübte, seine Politik zu mäßigen. Was in Deutschland geschah, wurde als bedauerlich, aber gleichwohl als innere Angelegenheit betrachtet.

Churchill gab in seinen Memoiren dem Kapitel über diese Phase der dreißiger Jahre, in der offenkundig wurde, dass Woodrow Wilsons Vision einer Weltordnung auf der Grundlage der Nichtaggression, des Rechtsstaatsprinzips und der kollektiven Sicherheit gescheitert war, den passenden Titel »Die Szene verdunkelt sich«. Die Abrüstungskonferenz des Völkerbundes war ergebnislos geblieben, und Japan und Deutschland hatten nicht nur den Konferenztisch verlassen, sondern waren ganz aus dem Bund ausgetreten. Italiens faschistischer »Duce« brach 1935, unter Missachtung der Beschlüsse des Völkerbundes, einen Krieg zur Eroberung Abessiniens vom Zaun. In Spanien entfachte General Francisco Franco einen Bürgerkrieg gegen die republikanische Regierung, und in Portugal war in Gestalt des ehemaligen Wirtschaftsprofessors Antonio Salazar ebenfalls ein Diktator an der Macht. In der Sowjetunion hatte Stalin seine Terrorherrschaft errichtet, und in Asien rückten die Japaner, nachdem sie zuvor bereits die Mandschurei erobert hatten, im chinesischen Kernland vor. Überall befand sich die parlamentarische Demokratie im Rückzug und der Autoritarismus im Aufschwung.

So zogen im dritten Jahrzehnt des 20. Jahrhunderts Sturmwolken über der Welt auf. Die demokratische Regierungsform war in die Defensive gedrängt, die Zukunft sah düster aus, und die Gefahr eines zweiten großen Krieges, der noch schrecklicher sein würde als der erste, nahm stetig zu. Warum aber standen die drei größten Demokratien, England, Frankreich und die USA, beiseite und gingen nicht gegen die Bedrohung des Weltfriedens durch die Diktatoren vor?

Die Gründe liegen leider auf der Hand. In England diskutierte die Oxford Union 1933 über eine Resolution mit der Forderung, »dass dieses Haus es ablehnt, für König und Vaterland zu kämpfen«. Sie wurde mehrheitlich angenommen. In keinem anderen Land war der Pazifismus so stark wie in England. Zwei Jahre später stimmten elf Millionen Wähler für einen »Friedenswahlzettel«. Ein Ausbau der Verteidigung wurde selbst dann noch vehement abgelehnt, als Deutschland bereits offen in die entgegengesetzte Richtung marschierte, während Großbritannien seine Rüstungsausgaben tatsächlich senkte. Nach der Finanzkrise von 1931 sah man es als vorrangig an, den Staatshaushalt auszugleichen, und glaubte, dass Aufrüstung an sich für die andere Seite bereits ein Kriegsgrund wäre. Zudem war man von Europa enttäuscht. Man sträubte sich, Frankreich eine Sicherheitsgarantie gegen einen deutschen Angriff zu geben, wurde von den eigenen Kolonien in Anspruch genommen und hielt halsstarrig an dem illusorischen Ziel der allgemeinen Abrüstung durch Verhandlungen fest. Deshalb wurden alle Warnungen vor der von Deutschland ausgehenden Gefahr in den Wind geschlagen. Die britische Verteidigungsbereitschaft verschlechterte sich, die Waffen veralteten, der Marineschiffbau verlangsamte sich, und die Luftwaffe fiel auf den fünften Platz in der Welt zurück. Diese Mischung aus Versäumnissen und Illusionen führte zu einer tiefgreifenden Schwäche der internationalen Stellung Großbritanniens und verleitete dazu, dass man viel zu lange den vergeblichen Versuch unternahm, die Ansprüche des NS-Regimes zu beschwichtigen.

Was Frankreich angeht, so fühlte sich kein Land stärker durch Deutschland bedroht. Aber auch Frankreich war zu zögerlich und zu sehr gespalten, um allein zu handeln. Die dreißiger Jahre waren, um Eugen Webers Begriff zu verwenden, »hohle Jahre« der Grande Nation, in denen unfähige Politiker in einem Land, das von einem auf seinem Boden ausgefochtenen vierjährigen Krieg zerstört und von Skandalen gelähmt war und dessen Nationalgefühl vom Zynismus und der Dekadenz seiner Elite angefressen war, mit unlösbaren Problemen rangen.[41] Churchills Feststellung »Der Sieg musste so teuer erkauft werden, dass er fast nicht von der Niederlage zu unterscheiden war«,[42] traf auf kein Land mehr zu als auf Frankreich. Mit 1,4 Millionen Gefallenen und einer weiteren Million Verwundeter und bei Gasangriffen Verletzter hatte es größere Verluste erlitten als Deutschland – 23 Prozent der Mobilisierten und 27 Prozent der jungen Männer zwischen 18 und 27 Jahren. Die reichsten Regionen des Landes waren verwüstet und viele Tausend Kilometer von Straßen und Eisenbahnlinien zerstört.

Wie die Weimarer war auch die dritte französische Republik eine gescheiterte Demokratie, die von ständigen politischen Unruhen erschüttert wurde. In acht Jahren gab es 19 Regierungen und elf Ministerpräsidenten; Kommunisten kämpften gegen Sozialisten, und der Antimilitarismus und verbreitete Pazifismus besaß solch einflussreiche intellektuelle und literarische Leitfiguren wie André Gide, Louis Aragon und Romain Rolland. So sprachen sich die Studenten der elitären École Normale, die hinter ihren Oxforder Kommilitonen nicht zurückstehen wollten, Anfang 1935 – ausgerechnet kurz nachdem Deutschland diesen Schritt unternommen hatte – gegen die Wiedereinführung der Wehrpflicht aus. Hitler ist ihre Botschaft sicherlich nicht entgangen.

Im Wissen um diese Schwächen klammerte sich auch Frankreich viel zu lange an Illusionen. Eine von ihnen bestand in dem Glauben, dass man Deutschland dazu bewegen könne, seine Reparationsverpflichtungen in vollem Umfang zu erfüllen, eine andere in der Überzeugung, man könne sich auf die Hilfe der ehemaligen Kriegsalliierten verlassen. Beide Annahmen stellten sich als falsch heraus. Deutschland zahlte nicht, Amerika zog sich in die Isolation zurück, und Großbritannien war ein unzuverlässiger Verbündeter, der nicht bereit war, Frankreichs Sicherheit gegenüber den Deutschen zu garantieren. Die ausbleibende britische Unterstützung war einer der Hauptgründe für die französische Entscheidung, dem deutschen Einmarsch ins Rheinland nicht mit militärischen Mitteln entgegenzutreten. Aber die deutsche Provokation wirkte auch als – wenn auch verspäteter – Weckruf, und in den folgenden Jahren unternahm man die ersten ernsthaften Anstrengungen, die französische Verteidigung zu stärken, indem man enorme Mittel in den Aufbau eines statischen Festungswalls, der Maginotlinie, investierte. Unglücklicherweise war es ein ebenso verfehltes wie verspätetes Projekt, das von ideenlosen Militärs erdacht worden war, denen es mehr darum ging, den letzten Krieg noch einmal zu führen, als darum, die neuen Kriegstechniken zu meistern, die im nächsten den Ausschlag geben würden. Als der Krieg schließlich ausbrach, zeigte sich, dass die Maginotlinie für Hitler und seine Generäle kein Hindernis darstellte. Sobald die deutschen Panzer zu rollen begannen, war das Schicksal der dritten Republik besiegelt.

Hitlers Annahme, dass weder England noch Frankreich – aus jeweils eigenen innenpolitischen Gründen – die Fähigkeit und den Willen besaßen, ihm massiven Widerstand zu leisten, hatte sich als richtig erwiesen. Aber was war mit Amerika? Drohte seinem Vorhaben von jenseits des Atlantiks Gefahr? Ende 1937 hatte ihm der deutsche Botschafter in Washington, Hans Heinrich Dieckhoff, versichert, dass er von einem isolationistischen Amerika nichts zu befürchten habe. »Vom deutschen Standpunkt aus«, teilte Dieckhoff Berlin mit, »ist die Stellungnahme und Rührigkeit der Anhänger der Isolationisten zu begrüßen …«[43] Die Amerikaner würden vermutlich ihre Missbilligung ausdrücken, insbesondere in Bezug auf die nationalsozialistische Judenpolitik, aber direkte Aktionen seien unwahrscheinlich, da die Isolationisten sie mit Sicherheit verhindern würden. Auf lange Zeit hinaus sollte Dieckhoff recht behalten; es sollten noch Jahre vergehen, bis die amerikanische Politik den Kurs wechselte. Hitler jedenfalls war fürs Erste überzeugt, dass ihm aus Amerika keine Gefahr drohe. Er wusste nur sehr wenig über die Vereinigten Staaten, und seine verdrehten Rassentheorien verstellten ihm den Blick auf die Wirklichkeit ihrer riesigen menschlichen und materiellen Ressourcen. Von Roosevelt hielt er nicht viel; nach seiner Ansicht stand er unter jüdischem Einfluss und regierte eine Nation mit polyglotter Rassenzusammensetzung, die weich und unkämpferisch sei.

Ein sonderbarer historischer Zufall wollte es, dass Franklin Delano Roosevelt, der 32. Präsident der Vereinigten Staaten, und Adolf Hitler, der »Führer« des deutschen Dritten Reichs, einige Gemeinsamkeiten hatten. Sie traten praktisch zur gleichen Zeit an die Spitze ihrer Länder, hatten beide mit schweren Wirtschaftsproblemen zu kämpfen, die sie mit massiven Ankurbelungsmaßnahmen in den Griff bekamen, blieben beide zwölf Jahre an der Macht und starben im Abstand von wenigen Tagen in noch relativ jungen Jahren.* Ansonsten hätten ihre Rollen in der Geschichte kaum unterschiedlicher sein können. Der eine war der blutigste Diktator des Jahrhunderts, der andere der Führer des Bündnisses der Demokratien, das Ersteren schließlich stürzte. Die Frage, wie der von Hitlers Deutschland ausgehenden Gefahr zu begegnen war und wie er sein Land dazu bewegen konnte, ihm auf seinem Weg zu folgen, sollte zur wichtigsten außenpolitischen Herausforderung Roosevelts werden und bis zum Ende ein Hauptthema seiner Präsidentschaft bleiben. Am Anfang seiner Amtszeit bildete es jedoch kaum mehr als eine nebensächliche Ablenkung von den drängenden innenpolitischen Sorgen. Als Roosevelt in seiner Antrittsrede seinen Mitbürgern zurief, sie hätten nichts zu fürchten als die Furcht selbst, hatte er nicht Deutschland, sondern die tiefe Wirtschaftskrise in den Vereinigten Staaten im Sinn, und seine ganze Kraft und Aufmerksamkeit galt dem New-Deal-Programm, mit dem er sie überwinden wollte.

Diejenigen, die eine starke amerikanische Reaktion auf Hitler forderten, bildeten lange Zeit eine Minderheit. Die verbreitete isolationistische Einstellung hatte in den zwanziger Jahren tiefe Wurzeln geschlagen und blieb auch im nächsten Jahrzehnt fest verankert. Wie das Institut für Öffentliche Meinung 1935 feststellte, waren 95 Prozent der Amerikaner der Ansicht, dass die Vereinigten Staaten unter keinen Umständen jemals wieder in einen Krieg in Europa eingreifen sollten. Im Kongress wachten mächtige Ausschussvorsitzende mit Argusaugen darüber, dass auch nicht die kleinste Geste zugunsten einer internationalistischen Politik gemacht wurde, und errichteten zusätzliche Hindernisse für eine Intervention im Ausland.

Einige der unbeugsamsten Isolationisten waren zugleich erzreaktionäre Gegner des Präsidenten und seines innenpolitischen Programms, fanatische Antikommunisten und antijüdischen Vorurteilen nicht ganz unzugänglich. Ihnen gefiel Hitlers antikommunistische Stoßrichtung, während sie den Angriff auf die Juden und die bürgerlichen Freiheiten nur am Rande wahrnahmen. Den Inter-

* Roosevelt wurde 63 alt, und Hitler war 56, als er sich umbrachte.

nationalismus lehnten auch einige der liberalen Anhänger des Präsidenten und Fortschrittliche aus dem Mittelwesten ab, nach deren Auffassung Großindustrie und Waffenhändler jene Kräfte waren, die das Land in ausländische Angelegenheiten verstrickten und Kriege anzettelten, um sich an ihnen zu bereichern. In ihren Augen war eine Politik, die Abstand zu Europa hielt, eine Garantie dafür, dass Amerika nicht in einen weiteren Krieg hineingezogen werden konnte, und Roosevelt brauchte für seine innenpolitischen Programme ihre Unterstützung.

Judenverfolgung

Nach Hitlers Machtantritt beschäftigte meine Eltern zuerst und vor allem die ganz persönliche Sorge, den Alltag unter dem NS-Regime zu bewältigen. Wir zogen 1934 an den Kurfürstendamm 177 um, aber selbst im privaten Rahmen unserer Wohnung wurde nur selten über die großen Fragen von Krieg und Frieden gesprochen, auch wenn sie bald unser Leben völlig verändern sollten.

Meine Eltern waren tief erschüttert gewesen, als das Undenkbare geschah und der nationalsozialistische Judenhetzer tatsächlich zum Reichskanzler ernannt wurde. Was nun? Sie machten sich wenig Illusionen über die Aussichten von Juden unter seiner Herrschaft; doch wie die übrige Welt konnten sie sich nicht vorstellen, was wirklich passieren würde, und hofften wider alle Hoffnung, dass Hitler sich aufgrund der Sachzwänge der Regierungstätigkeit und der Notwendigkeit, seinen Koalitionspartnern entgegenzukommen, mäßigen und nicht so handeln würde, wie es seine extrem antisemitischen Äußerungen erwarten ließen. Die *C. V.-Zeitung*, das Organ des jüdischen Central-Vereins, empfahl, auf Präsident von Hindenburg zu vertrauen, riet zu unauffälligem, ruhigem und würdigem Verhalten und hob die Treue der Juden zum Vaterland im Krieg wie im Frieden hervor.

Es wurde jedoch sofort klar, dass solche Treuebekundungen auf taube Ohren trafen. Die Wirklichkeit übertraf die schlimmsten Erwartungen meiner Eltern. Bereits wenige Tage nach der Machtübernahme durch die Nationalsozialisten herrschte ein beängstigendes Klima von Rechtlosigkeit und ungezügelten Angriffen von SS-Männern auf einstige politische Gegner und einzelne Juden. Dutzende von Juden kamen ums Leben, und die Hoffnung auf Mäßigung wich einer hilflosen Verwirrung und dem Entsetzen über den antijüdischen Boykott am 1. April 1933. Mit ihm gingen zwar die willkürlichen Ausschreitungen der Anfangszeit erst einmal zu Ende, und der Tag selbst verlief im Allgemeinen friedlich, aber als offiziell unterstützte Initiative verstärkte der Boykott die Befürchtungen für die Zukunft. Ich war damals erst sieben Jahre alt, ein kleiner Junge in kurzen Hosen mit zerzausten blonden Haaren und ständig aufgeschlagenen Knien, der sich mehr Gedanken über seinen Roller als über den Boykott machte. Aber ich erinnere mich doch an die furchteinflößenden Gestalten der beiden SA-Männer, die in Schaftstiefeln und mit dem Mützengurt unter dem Kinn vor unserem Geschäft am Olivaer Platz Aufstellung nahmen. Meine Eltern kauerten im Innern, während die beiden Braunhemden draußen Schilder hochhielten, um Kunden vom Einkauf abzuhalten. Vermutlich spürte ich, dass es ein »schlechter« Tag war, aber nicht einmal die Erwachsenen begriffen damals seine Bedeutung in ganzem Umfang.

Tatsächlich war es ein böses Vorzeichen der kommenden Entwicklung, die erste einer wahren Flut von antijüdischen Maßnahmen, die immer umfassender und brutaler wurden, der Anfang einer sechsjährigen Kampagne, die Juden zu demütigen, in Armut zu stürzen, ihrer Bürgerrechte zu berauben, zu marginalisieren und zu isolieren, um ihnen ihre Besitztümer zu nehmen und sie aus dem Land zu vertreiben. Im Lauf der nächsten sechs Jahre hatten wir unter mehr als 140 diskriminierenden Gesetzen und Verordnungen zu leiden, die das Leben immer unerträglicher machten.[44] Viele dieser Vorschriften waren tief verletzend, manche bloß bösartige Nadelstiche. An einem Tag wurde durch ein weitgefasstes, pauschales Gesetz jüdischen Freiberuflern – Rechtsanwälten, Ärzten, Buchhaltern – die Existenzgrundlage entzogen, Juden wurden aus den Streitkräften, den Medien und dem öffentlichen Dienst entfernt, oder ihnen wurden Sondersteuern auferlegt. In der nächsten Woche richtete sich das Augenmerk der Behörden darauf, unser tägliches Leben durch so viele kleinere Unannehmlichkeiten wie möglich zu erschweren; so wurden die Führerscheine eingezogen, der Besitz von Haustieren und die Kennzeichnung jüdischer Feiertage in Taschenkalendern wurden verboten, und eine spezielle Verordnung untersagte Juden sogar das Halten von Brieftauben.

Perioden, in denen sich der Druck erhöhte, wechselten mit kurzen Phasen taktisch motivierter Entspannung ab. Wurden im ersten Jahr der NS-Herrschaft 31 antijüdische Gesetze und Verordnungen erlassen, so waren es 1934, als die Wirtschaft noch schwach und Hitler mit der Ausschaltung seiner Konkurrenten innerhalb der Partei beschäftigt war, nur acht neue Maßnahmen, und im Jahr der Olympischen Spiele, als man der Welt ein vorteilhaftes Bild von Deutschland vermitteln wollte, waren es elf. Danach stieg die Zahl neuer Maßnahmen wieder an und erreichte 1937 mit 37 Gesetzen und Verordnungen einen neuen Höchststand. Die bislang schrecklichsten und extremsten wurden jedoch 1938, im Jahr des Novemberpogroms, eingeführt. In jeder Entspannungsphase regte sich die Hoffnung, dass das Schlimmste vorüber sei, bis die nächste Angriffswelle sie schnell wieder zunichtemachte.

Hätten wir die geheimen Pläne der Nationalsozialisten gekannt, hätten selbst die größten Optimisten eingesehen, dass das letztendliche Ziel von Anfang an feststand. So aber glaubten viele, die antijüdische Diskriminierung habe Grenzen. Immerhin konnten Juden erst einmal ein eigenes kulturelles Leben entfalten und kleine Firmen und Geschäfte eine Zeitlang weiter bestehen, für Kriegsveteranen wurden Ausnahmen gemacht, und jüdische Kinder durften in den ersten Jahren auf den regulären Schulen bleiben. Dabei handelte es sich jedoch stets um trügerische Signale, vorübergehende Zugeständnisse, die aufgehoben wurden, wann immer es den Herrschenden passte. Das grundlegende Ziel war stets klar. Im Januar 1937, nach dem Ende der Olympischen Spiele, hieß es in einer geheimen Denkschrift des SD, des gefürchteten Geheimdiensts der SS, kurz und bündig: »Leitgedanke … ist die ›Entjudung Deutschlands‹. Eine solche kann nur erfolgen, wenn den Juden in Deutschland die Lebensbasis, d. h. die wirtschaftliche Betätigungsmöglichkeit, genommen wird.«[45]

Das Problem für die Nationalsozialisten bestand darin, dass meine Eltern wie die meisten der 520 000 deutschen Juden nicht schnell genug reagierten und Deutschland nicht verließen. In den ersten vier Jahren emigrierte weniger als ein Viertel von ihnen. Die meisten anderen blieben, zum Teil wegen der Schwierigkeit, einen Zufluchtsort zu finden, aber hauptsächlich, weil Deutschland immer ihre Heimat gewesen war und niemand sich vorstellen konnte, dass der Plan, es »judenfrei« zu machen, Hitlers wahre Politik war und dass er die brutalsten Mittel anwenden würde, um ihn zu verwirklichen. So gehörten meine Eltern vier Jahre lang zu den zahlreichen deutschen Juden, die sich in der stillen Hoffnung, es würde die letzte sein, auf jede neue Schikane einzustellen versuchten und auf bessere Tage warteten. Erst 1937 begannen auch sie ernsthaft darüber nachzudenken, wo wir hingehen könnten. Der aufrüttelnde Wendepunkt, an dem die letzten Illusionen verflogen, kam jedoch erst im nächsten Jahr.

Hitler hatte den Höhepunkt seiner Macht erreicht. Im März 1938 war Österreich ans Deutsche Reich angeschlossen und im Herbst durch das Münchener Abkommen die Tschechoslowakei aufgeteilt worden, und Hitler hatte einen großen Teil des Landes besetzt. Die Vorbereitungen der Wehrmacht auf einen Angriff im Osten waren bereits weit gediehen. Deutschland war zur stärksten Militärmacht der Welt aufgestiegen, und sein »Führer« war sich sicher, dass ihn jetzt niemand mehr aufhalten konnte. Nun sah er auch keinen Grund mehr, die verhassten Juden mit Vorsicht zu behandeln. Er fühlte sich gegenüber der Kritik der Außenwelt unverwundbar und hielt den Zeitpunkt für gekommen, den letzten Schritt zu tun und die noch in jüdischem Besitz befindlichen Firmen und Geschäfte zu »arisieren«, den Juden ihr verbliebenes Eigentum und die Existenzgrundlage zu nehmen, sie vollends von der Gesellschaft zu isolieren und ihnen das Leben unerträglich zu machen. Ihm fehlte nur noch ein passender Vorwand, und im November fiel er ihm in den Schoß. Augenzeugen berichteten später, dass Hitler, nachdem er am Abend des 9. November erfahren hatte, dass der von dem jungen jüdischen Emigranten Herschel Grynszpan in Paris angeschossene deutsche Botschaftssekretär Ernst vom Rath verstorben sei, eindringlich mit Goebbels sprach. Dabei hörte man ihn bemerken, dass die SA doch »ihren Spaß« haben solle. Goebbels, einer der fanatischsten Antisemiten unter seinen Handlangern, gehorchte ihm mit Freuden. In den nächsten 48 Stunden wütete in ganz Deutschland der zügelloseste, grausamste und tödlichste Pogrom der gesamten zwölf Jahre der NS-Herrschaft.

Später versicherte Goebbels einem ungläubigen Publikum und einer entsetzten Welt, es habe sich um einen spontanen Ausbruch öffentlicher Verärgerung über eine Provokation von Seiten des »Weltjudentums« gehandelt. Doch der Pogrom war keineswegs spontan gewesen. Vielmehr hatte Goebbels selbst in der Nacht SA-Männer angewiesen, ihre Uniformen zu Hause zu lassen und auf die Straßen zu gehen, um mutwillig jüdisches Eigentum und jüdische Einrichtungen zu zerstören, niederzubrennen und zu plündern. In jener Nacht wurde derartig viel Glas zerbrochen, dass der Pogrom vom 9./10. November 1938 als »Reichskristallnacht« bekannt wurde. Diese Bezeichnung gibt indes nicht wieder, wie tödlich und zerstörerisch die Ereignisse waren. Tausende von Geschäften und Wohnungen wurden zerschlagen und geplündert, 520 Synagogen in Brand gesteckt und geschändet und 91 Juden ermordet, deren Mörder nie vor Gericht kamen und bestraft wurden. Mehr als 30 000 Juden wurden festgenommen und in Konzentrationslagern schwer misshandelt, wo in den folgenden Wochen weitere Dutzende starben.[46]

Die Welt war starr vor Entsetzen. David Buffum, der US-Konsul in Leipzig, bezeichnete den Pogrom empört als »schändlichen, in der Geschichte der zivilisierten Welt wahrscheinlich beispiellosen Angriff auf eine hilflose Minderheit«.[47] Sein Kollege in Stuttgart schrieb, die Juden hätten »unter Gräueln gelitten, die dem Bewohner eines zivilisierten Landes im 20. Jahrhundert unwirklich erscheinen müssen«.[48] In Berlin, berichtete Hugh Carleton Greene, der Korrespondent des Londoner *Daily Telegraph*, habe eine Zeitlang der Mob geherrscht. »In den letzten fünf Jahren«, fügte er hinzu, »habe ich mehrere antijüdische Ausbrüche in Deutschland erlebt, aber etwas derart Abstoßendes noch nie.«[49] In England veröffentlichte der Erzbischof von Canterbury einen Brief im Namen aller englischen Christen, »um dem Gefühl der Entrüstung … über die grausamen und zerstörerischen Untaten Ausdruck zu verleihen«.[50] Die Vereinigten Staaten beriefen ihren Botschafter ab, und die *Washington Post* bemerkte, das letzte ähnlich hemmungslose und blutrünstige Massaker wie die Kristallnacht sei die Bartholomäusnacht im Jahr 1572 gewesen.[51]

Die Gewalt und Grausamkeit des Novemberpogroms entmutigten die deutschen Juden zutiefst. Niemand konnte mehr auf ein Ende der schlechten Zeiten hoffen; jetzt wollten alle nur noch weg.

Auch für uns war 1938 das Ende. Eines Morgens kurz vor sechs Uhr klingelten zwei Männer bei uns, die meinen Vater abholen wollten. Es waren Beamte des nächsten Polizeireviers, die einigermaßen höflich, aber schweigsam warteten, bis mein Vater sich angezogen hatte. Der Trubel hatte mich aufgeweckt; ich höre heute noch die wiederholte inständige Frage meiner Mutter, was das alles denn solle, und die Panik und ohnmächtige Frustration in ihrer Stimme, und ich sehe noch den letzten ängstlichen Blick, den mein Vater uns zuwarf, als er abgeführt wurde. Er überlebte das grässliche Konzentrationslager Buchenwald und kehrte sechs Wochen später mit geschorenem Kopf, fünfundzwanzig Kilo leichter und in jämmerlichem Zustand zurück. Er sprach nie über Buchenwald, aber die Haft hatte ein tiefes psychisches Trauma in ihm verursacht, von dem er sich nie wieder ganz erholen sollte.

Die von Angst und nervöser Anspannung geprägte Atmosphäre in den Wochen und Monaten zwischen der Freilassung meines Vaters und unserer Flucht lässt sich kaum beschreiben. Meine Mutter stand vor der enormen Aufgabe, die unzähligen Hindernisse für unsere Emigration zu bewältigen. Ihr Mann war verhaftet, ihr Geschäft während des Pogroms zertrümmert und sie selbst angewiesen worden, es zu »arisieren«. Es folgten anstrengende, bis spät in die Nacht dauernde Verhandlungen mit ihrer langjährigen Verkäuferin Dora Hahn, die plötzlich zur glücklichen »Käuferin« geworden war und das Geschäft zu einem Spottpreis erwerben konnte, von dem uns am Ende nichts blieb.

Einst hatte es in Deutschland 50 000 jüdische Einzelhandelsgeschäfte gegeben, und jetzt befahlen die Nationalsozialisten die »Arisierung« der letzten 9000. Es war ein häufig korrupter, quasilegaler Vorgang, durch den das Eigentum von Juden – bei lukrativen Beutestücken mit vielen Intrigen und Winkelzügen – an bevorzugte Parteimitglieder überging. Damit war meine Mutter nun konfrontiert. Für die Juden war die ganze Sache ziemlich einfach: Sie erhielten so gut wie nichts, und was immer ihnen blieb, wurde ihnen von einer anderen Amtsstelle abgeknöpft. Immer neue Gesetze wurden erlassen, um ja nichts zu vergessen. Verloren Juden ihre Arbeit, bekamen sie keine Pension oder Entschädigung mehr. Ihnen noch verbliebene Wertgegenstände – Gold, Silber, Juwelen, Kunstwerke – waren abzugeben; nur einen Ehering und eine Taschenuhr durften sie behalten. Sparbücher wurden mit einer »Sühneleistung« (als zynische Kompensation für die in der Kristallnacht entstandenen Schäden) belastet, und auf die restlichen Ersparnisse musste vor der Ausreise eine sogenannte Reichsfluchtsteuer von zwanzig Prozent gezahlt werden. Mit jeder neuen Vorschrift erhob sich eine zusätzliche Hürde auf dem Weg zur Ausreiseerlaubnis, denn nun musste in zeitaufwendiger Anstrengung ein weiteres Dokument beschafft werden, das ihre Erfüllung nachwies.

1939 wurde diese systematische Ausplünderung der Juden in eine Art Fließbandverfahren umgewandelt, das die stets einfallsreiche deutsche Bürokratie ersonnen hatte, um das »Schaf« effektiver zu scheren:

»[Wenn] der auswandernde Jude … den Saal betrat, sah er vor sich eine lange Tischreihe mit zehn oder zwölf Schaltern, hinter denen je ein Gestapobeamter saß. Im Augenblick des Eintritts war er noch ein deutscher Staatsbürger, im Besitze einer Wohnung, vielleicht auch eines Geschäftes, eines Bankkontos, einiger Ersparnisse. Sowie er von Schalter zu Schalter ging oder – besser gesagt – geschoben wurde, wurde ihm eines nach dem anderen abgenommen, und als er den Saal am anderen Ende verließ, war er ein staatenloser Bettler mit einem einzigen Besitzobjekt in der Hand: dem Auswanderungspass.«[52]

Diese ansonsten verabscheuungswürdige Prozedur* hatte zumindest den einen Vorteil, dass die Frauen von der zermürbenden Aufgabe entlastet wurden, sich in einer Vielzahl von Amtsstuben an eine Schlange anzustellen. In Berlin wurde sie erst nach unserer Abreise eingeführt, also zu spät, als dass meine Mutter in ihren »Genuss« gekommen wäre. Sie hatte es Tausenden von anderen Frauen, deren Ehemänner und erwachsene Söhne verhaftet worden waren, gleichtun müssen und wie sie ausländische Botschaften und Konsulate belagert, um Visa zu erbetteln, in Reisebüros mit gutem Zureden, Bestechung und Flehen versucht, Plätze auf überbuchten Schiffen zu ergattern, und mit deutschen Beamten um die unzähligen Dokumente gekämpft, die wir für unsere Ausreise benötigten. Das Gerangel um die kostbaren Papiere ging über jede Vorstellung: Nur durch eine Tür zu kommen war schon ein Sieg. Das Nachrichtenmagazin *Newsweek* berichtete aus Berlin, der Ansturm der jüdischen Frauen sei so groß, dass das US-Konsulat an einem einzigen Tag 2800 Visumsanträge entgegengenommen habe.[53]

Doch die meisten Türen auf der Welt blieben geschlossen. Es gab keine funktionierende Organisation, die sich um Flüchtlinge gekümmert hätte, keine Mittel, um ihr Elend zu verbessern, und nur

---

* Bei der im Übrigen ein »J« in die Pässe gestempelt wurde, um die Inhaber überall auf der Welt als Flüchtlinge zu brandmarken, die mit Vorsicht, wenn nicht Verachtung zu behandeln seien.

wenige Länder waren bereit, mehr als eine Handvoll Asylbewerber aufzunehmen, wenn sie überhaupt welche hereinließen. Der breiten Verurteilung der unmenschlichen Behandlung der Juden in Hitlers Deutschland folgten nur in den seltensten Fällen echte Hilfsaktionen. Dass so wenig getan wurde und dass so wenige Länder ihre Tore öffneten und diesen unglücklichen Juden Zuflucht gewährten, ist eine der großen Tragödien dieser unseligen Zeit.

Gründe und Vorwände dafür gab es viele. Die Erholung von der schweren Wirtschaftskrise der frühen dreißiger Jahre kam nur langsam voran, und die Arbeitslosigkeit war immer noch hoch. Dies war eine der Rechtfertigungen, insbesondere in den Vereinigten Staaten, obwohl bekannt war, dass viele der potentiellen Einwanderer Kinder und Alte waren, die den Arbeitsmarkt nicht belastet hätten, und dass die Einwanderer aus Europa im Allgemeinen die Wirtschaft stimulierten und Arbeitsplätze schufen, anstatt sie anderen wegzuschnappen. In Wirklichkeit bestand ein selten offen geäußerter, aber weitverbreiteter Grund für die Abschottung darin, dass in den dreißiger Jahren der Antisemitismus in vielen Teilen der Welt noch eine starke Kraft war. Als Präsident Roosevelt nach dem Novemberpogrom in Deutschland empört wissen wollte, welche Erfolge man bei der weltweiten Suche nach Zufluchtsorten für deutsche Juden erzielt habe, brachte es das State Department auf den Punkt: »Es ist leicht, das ganze Problem mit dem Satz abzutun: ›Kein Land will noch mehr Juden.‹ Das stimmt zweifellos …«[54]

Im Sommer 1938 wurde es überdeutlich, dass die deutschen Juden nicht mit wirksamer Hilfe rechnen durften. Auf einer internationalen Konferenz im französischen Kurort Évian wollte man beraten, was getan werden konnte. 32 Länder und 39 private Organisationen waren der Einladung gefolgt, und die deutschen Juden hatten voller Hoffnung nach Évian geschaut. Doch nach einer Woche heuchlerischer Reden und fruchtlosen Gefeilsches wurde die Konferenz ergebnislos abgebrochen. Während die Delegierten auf der Terrasse des schicken »Hotel Royal« mit Blick über den Genfer See stilvoll speisten, erläuterte ein Land nach dem anderen die Gründe, aus denen es keine Hilfe leisten wollte. Deutschlands Nachbarländer –

Frankreich, Belgien, die Niederlande und die Schweiz – erklärten, sie hätten mehr als genug Illegale im Land. Der Delegierte Kanadas mit seinen riesigen leeren Gebieten im Westen verwies auf die hohe Arbeitslosigkeit, und alle anderen englischsprachigen Länder des britischen Empires weigerten sich, ihre strengen Einwanderungsvorschriften zu lockern. Großbritannien verbot, um die Araber zu beschwichtigen, die Einreise nach Palästina. In Brasilien, Argentinien und Chile rührten nazifreundliche deutsche Minderheiten erfolgreich die Trommel gegen die Aufnahme deutscher Juden. Venezuela stellte als eines von wenigen Ländern unumwunden fest, dass es keine Juden haben wolle. Der Delegierte Trinidads drückte es etwas eleganter aus, indem er erklärte, Einwanderer aus »Nationen südlich von Belgien und östlich von Frankreich« kämen nicht in Betracht.[55]

Da kein Konferenzteilnehmer bereit war, Hilfe zuzusagen, wurde viel Zeit auf die Diskussion der ebenso absonderlichen wie undurchführbaren und rasch verworfenen Idee verwandt, die Flüchtlinge an irgendeinen exotischen Ort wie Britisch-Guyana, Madagaskar, Tanganjika, Alaska oder Mindanao zu bringen. Ein Delegierter witzelte daraufhin, solche Vorschläge erinnerten ihn daran, dass Évian rückwärts gelesen das Wort »naiv« enthalte. Die Juden selbst bemerkten später ironisch, nach dem in Évian vermittelten Bild bestehe die Welt offenbar aus zwei Arten von Ländern: solchen, in denen sie nicht leben und überleben könnten, und solchen, die sie nicht betreten dürften.

Auch in den Vereinigten Staaten, dem traditionellen Einwanderungsland, war die Situation nicht viel hoffnungsvoller. In den dreißiger Jahren hatten Kongress und State Department, die gleichermaßen ablehnend eingestellt waren, mit Ausflüchten, Verzögerungen und bürokratischen Tricks sogar die Einreise der begrenzten Zahl von Emigranten aus Deutschland verhindert, die nach der gesetzlich festgelegten Quote hätten ins Land kommen dürfen. Waren einst bis zu einer Million Menschen im Jahr in die Vereinigten Staaten eingewandert, so war ihre Zahl in den dreißiger Jahren stetig gesunken, von 242 000 im Jahr 1930 auf den Tiefststand von

23 000 drei Jahre später. In den folgenden vier Jahren verließen sogar mehr Menschen das Land, als Zuwanderer hereingelassen wurden. In der Periode von 1930 bis 1946 hätten gemäß der gültigen Gesetze insgesamt 2,6 Millionen Menschen einwandern können, aber aufgrund der verbreiteten ablehnenden Einstellung wurde nur einer halben Million, das heißt zwanzig Prozent, die Einreise gestattet.

Besonders die Gewerkschaften, die eine steigende Arbeitslosigkeit fürchteten, erhoben gegen die Zuwanderung von Juden Einspruch. Vielerorts war der Antisemitismus alltäglich, und er wurde von Nazisympathisanten, reaktionären Kongressabgeordneten und der kaum verschleierten antijüdischen Haltung des State Department gestärkt. Der für solche Fragen zuständige Assistant Secretary im State Department, Breckinridge Long, der als strikter Gegner der jüdischen Zuwanderung bekannt war, nutzte jeden denkbaren Vorwand, um die Zahl der Einwanderer zu beschränken. Manche seiner Mitarbeiter, unter anderen sein persönlicher Sekretär und sein Rechtsberater, waren offene Antisemiten, und auch in den Konsulaten in mehreren europäischen Städten, insbesondere in Zürich und Berlin, gab es Mitarbeiter mit ähnlichen Ansichten.[56]

Die traurige Folge war, dass nie etwas getan wurde, um die amerikanischen Einwanderungsbeschränkungen zu lockern, und während der entscheidenden dreißiger Jahre selbst die Quote von möglichen 27 370 Einwanderern aus Deutschland nur in einem einzigen Jahr erreicht wurde. Zwei Statistiken belegen diese Tragödie. Nach der einen entspricht die Zahl von annähernd 150 000 deutschen Juden, die von den Nationalsozialisten ermordet wurden, ziemlich genau dem Teil der vom Gesetz vorgesehenen Quote für deutsche Einwanderer, der nicht ausgeschöpft wurde. Die andere Statistik ist sogar noch dramatischer: In den zehn Jahren von 1921 bis 1930 ließen die Vereinigten Staaten 4,1 Millionen Einwanderer ins Land, während es in den entscheidenden nächsten zehn Jahren von 1931 bis 1940 nur 508 000 waren. In jüngster Zeit, in den zehn Jahren von 1991 bis 2000, kamen dagegen 7,6 Millionen Menschen, 800 000 allein 1996 – weit mehr als die halbe Million Juden, die in den dreißiger Jahren in Deutschland und Österreich verzweifelt nach einer

Auswanderungsmöglichkeit suchten. Wie viele von ihnen hätten gerettet werden können, wenn die amerikanische Politik liberaler gewesen wäre, werden wir nie wissen.

Auf der Flucht

Meine Familie gehörte zu denen, die noch in letzter Minute Glück hatten. Bis April 1939 war es meiner Mutter gelungen, auch die letzte der unzähligen Hürden zu überwinden, so dass wir endlich ausreisen konnten. Unser Ziel war die internationale Stadt Schanghai, ein berüchtigter, von Verbrechen, Armut und Krankheit geprägter Ort am anderen Ende der Welt, die letzte Zuflucht derjenigen, die kein anderes Asyl gefunden hatten.

Offiziell erkannten uns die Nationalsozialisten die Staatsbürgerschaft erst 1941 ab, doch in meiner Vorstellung hörte ich in dem Augenblick auf, ein Deutscher zu sein – oder einer sein zu wollen –, als wir die Grenze nach Italien überquerten. Dass ich mein Geburtsland verließ, rief bei mir kein Bedauern hervor, und ich war zu jung, um etwas von Wert zurückzulassen. Genauso wenig teilte ich die Furcht meiner Eltern vor Schanghai. Vielmehr freute ich mich auf eine aufregende Reise um die halbe Welt und auf das, was mich im geheimnisvollen Fernen Osten erwartete. Ich sprach zwar noch Deutsch, aber meine Kindheit in Berlin spielte in meinen Gedanken keine Rolle mehr. Insbesondere aufgrund all dessen, was geschehen war, traten meine frühen Jahre, die ich dort verlebt hatte, rasch in den Hintergrund. Sie wurden zu einem abgeschlossenen Kapitel, das man getrost vergessen konnte und das keine Bedeutung für die Zukunft besaß. Für mich blieben sie sozusagen nur ein Zufall der Geburt.

Erst viele Jahre später sollte mir dämmern, dass die Wirklichkeit komplexer war. Zwar trat das Deutschsein nie wieder in den Vordergrund, nicht in Schanghai und ganz sicher nicht in den sechs

Jahrzehnten als stolzer Bürger der Vereinigten Staaten. Doch mit den Jahren und aus dem Blickwinkel eines erfüllten, abwechslungsreichen Lebens begann ich zu begreifen, dass ich, während ich als Jude im Deutschland der dreißiger Jahre aufwuchs, Zeuge von Ereignissen wurde, die tiefen Einfluss auf meine Lebensauffassung ausgeübt haben. Bewusst oder unbewusst hatte ich einige Lektionen gelernt, die meine Einstellungen, mein Handeln und meinen Charakter auf Dauer geprägt haben.

Ein Erlebnis aus meiner Kindheit in Berlin veranschaulicht dies. Ich hatte immer Angst vor Wasser, und als ich sieben Jahre alt war, schickte mich meine Mutter in der Hoffnung, ich würde so meine Angst verlieren, zum Schwimmunterricht. Ich war, milde ausgedrückt, nicht gerade begeistert und ängstigte mich zu Tode. Doch wenn sie etwas beschlossen hatte, dann war es unumstößlich. Mein Kurs fand im Hallenschwimmbad des Berliner Polizeistadions statt, das auch für die Allgemeinheit geöffnet war. Unser Lehrer war ein strenger Polizist und wahrer Zuchtmeister. Nach einer Vorführung der Grundlagen des Brustschwimmens und einem kurzen Training am flachen Ende des Schwimmbads – einschließlich des Befehls, unsere Gesichter unter Wasser zu tauchen (was ich erfolgreich vortäuschte) – ließ er uns am tiefen Ende Aufstellung nehmen und befahl uns, ins Wasser zu springen. Eins, zwei, drei – einer nach dem anderen hüpfte hinein, nur ich blieb stehen. »Spring!«, wies er mich streng an. »Ich habe Angst«, jammerte ich. »Feigling! Ein deutscher Junge kennt keine Angst«, schimpfte er, kam zu mir herüber und stieß mich ohne viel Federlesens ins Wasser. Zweifellos hielt er dies für die rascheste Lösung meines undeutschen Problems, doch seine pädagogische Theorie erwies sich als grundfalsch. Bis heute habe ich das Gefühl der Hilflosigkeit nicht vergessen, als er mich ins Becken schubste, des Wassers, das mich umschloss, des Gefangenseins, während ich Wasser schluckte und nicht zu atmen vermochte, bis er mich herauszog. Eingeprägt hat sich mir aber vor allem das Gefühl des Würdeverlusts, des Ausgeliefertseins an eine fremde Gewalt, ohne mich verteidigen zu können, der Ohmacht gegenüber willkürlichem Handeln.

Wie beim gescheiterten Schwimmunterricht ist das stärkste Gefühl, an das ich mich aus dem Berlin der dreißiger Jahre und insbesondere des letzten halben Jahres nach dem Novemberpogrom erinnere, dasjenige von Hilflosigkeit, Ohnmacht und Empörung. Die Furcht vor diesem Gefühl und eine Abneigung gegen willkürliche und ungerechte Handlungen von Personen, die einem an Macht überlegen sind, haben mich in vielen Phasen meines Lebens stark beeinflusst. Sie bildeten, glaube ich, eine der grundlegenden Motivationen für meine Entscheidung, in den Staatsdienst zu treten, und den Wunsch, mich dort für gerechtere Verhältnisse einzusetzen, und später auch dafür, in den Unternehmen, an deren Spitze ich berufen wurde, für eine menschenwürdigere Firmenpolitik zu kämpfen.

Es begann mit der plötzlichen Verhaftung meines Vaters ohne jede Erklärung, mit dem Erlebnis, wie meine Mutter tagelang verzweifelt nach ihm suchte, und mit der unausgesprochenen Angst – ich wagte nicht danach zu fragen –, dass er womöglich nie wieder zurückkehren würde.

Mir war nach der Nacht des Novemberpogroms gesagt worden, ich sollte in der Wohnung bleiben, aber die Neugier war stärker gewesen und hatte mich auf die Straße getrieben. Ich wollte mir alles mit eigenen Augen ansehen – unser zerschlagenes Geschäft, die Zerstörung überall und die rauchende Ruine der Synagoge in der nahe gelegenen Fasanenstraße. Es folgten lange Monate voller Mühen und Ungewissheit, in denen ständig neue Vorschriften unser Leben erschwerten; das Wechselbad von Hoffnung und Enttäuschung bei der Suche nach einem Ort, an den wir gehen konnten; die Jagd nach einer Koje auf einem Schiff, die oftmals aussichtslos erschien, denn die Erteilung der erforderlichen Papiere verzögerte sich endlos, während sich an meiner Schule bei Lehrern und Schulfreunden, die unter der gleichen hilflosen Verwirrung und Angst litten, Endzeitstimmung breitmachte. Ich erinnere mich an die letzten beiden Sonntage in Berlin und das besondere Trauma, das meine Eltern erlitten, während eifrige Käufer auf Schnäppchensuche durch unsere Wohnung schlenderten und den Hausrat begutachteten, den wir zu

Spottpreisen anboten, um das restliche Geld zusammenzubekommen, das wir noch für die Ausreise brauchten. Viele Jahre später sollte meine Mutter in der Hoffnung auf eine Entschädigung eine Liste aufstellen, in der sie in unheimlicher Detailliertheit alles aufzählte: ihre Kombination aus Büfett und Likörschränkchen mit Marmorintarsien, einen großen runden Tisch mit acht Polsterstühlen, zwei Sessel, einen großen (modernen) Teppich, das Rosenthalservice für zwölf Personen, Kristallgläser, das von ihrer Mutter geerbte Silberbesteck, Bettwäsche, Bettdecken, Handtücher.[57] Heute wirkt die Aufzählung recht banal, aber es muss furchtbar schmerzlich für sie gewesen sein, alle diese Dinge auf diese Weise verschwinden zu sehen, weggeschleppt von den Nutznießern unserer Zwangslage in diesen letzten, qualvollen Tagen in Deutschland.

Dann war der Augenblick am Morgen des 7. April gekommen, in dem wir nach einer langen Zugfahrt die Grenze am Brennerpass überquerten und die Furcht, dass doch noch etwas schiefgehen könnte, endgültig verflog. Die Zeit, in der ich auf unsere Habseligkeiten aufpassen musste, während meine Eltern und meine Schwester eine Leibesvisitation der SS über sich ergehen lassen mussten, schien sich ewig hinzuziehen. Doch dann endlich, als der Zug sich in Bewegung setzte und über die Grenze fuhr, hob sich der Schleier aus Schrecken und Angst.

Die Gefühle dieser letzten Monate haben sich mir eingeprägt, aber ebenso die Lehren, die ich aus dieser Zeit am Ende der dreißiger Jahre im nationalsozialistischen Berlin zog und die mir im späteren Leben von Nutzen sein sollten. Ich hatte erfahren, dass moralischer Mut eine seltene Eigenschaft ist und öffentliche Feigheit und die Neigung, Ungerechtigkeit gegenüber anderen zu dulden, tief in uns verwurzelt sind. So war es bei meinen deutschen Landsleuten. Mir wurde eine wertvolle Lektion zuteil über die Vergänglichkeit der eigenen Existenz, die Kurzlebigkeit von gesellschaftlicher Stellung und materiellem Besitz und die Gefahr eines darauf gegründeten Stolzes.

Not kann ein großer Gleichmacher sein. Als Flüchtling im Exil war der in Deutschland einst Reiche nicht bessergestellt als sein

Diener, der Mann mit der bedeutenden Position galt nicht mehr als der kleine Angestellte vor seinem Büro, und in Deutschland verliehene Ehrungen und Titel waren nichts mehr wert. »Wie hättest du dich gehalten, wenn du den Brennerpass mit ganzen zehn Mark in der Tasche überquert hättest?«, fragte ich mich oft, wenn ich in meinem späteren Leben einem jener egozentrischen »großen Tiere« gegenüberstand, die vor Selbstzufriedenheit nur so strotzten.

Die wertvollste Lehre war die Erkenntnis, dass in einer Notlage nicht die Titel und Besitztümer zählen, sondern die innere Stärke, auf die man sich stützen kann, und der Mut, weiterzumachen, wenn alles gegen einen spricht, zuzeiten sogar mehr, als man selbst ahnt. Dies vor allem hat mich meine Mutter gelehrt.

In dem Jahrzehnt von 1930 bis 1939 drückte Hitler der Geschichte des 20. Jahrhunderts und dem Leben zahlloser Menschen, mich eingeschlossen, auf unauslöschliche Weise seinen Stempel auf. Doch weder sein Aufstieg zur Macht noch deren Festigung, noch die Vertragsbrüche, die er beging, noch die Angriffe auf Nachbarstaaten waren unausweichlich und unaufhaltbar. Vielmehr stellt all dies ein Paradebeispiel dafür dar, wie der Zufall, Glück oder Pech und die Stärke oder Schwäche einzelner Führungspersönlichkeiten – in diesem Fall ihre Fehleinschätzungen, ihre Unfähigkeit und Willensschwäche – die Geschichte gestalten können, und das mit lange nachwirkenden fatalen Folgen. Hätten in Frankreich und England stärkere und mutigere Persönlichkeiten das Sagen gehabt, hätten sie Hitlers expansionistischem Abenteurertum, angefangen mit der Besetzung des Ruhrgebiets, vielleicht Einhalt gebieten können, bevor es zu spät war, und möglicherweise die verbotene Aufrüstung, einschließlich des Ausbaus der Marine und der Schaffung einer Luftwaffe, unterbunden. Zum Unglück für die Welt traten solche weitsichtigen Politiker mit der Macht und Bereitschaft zu handeln im entscheidenden Moment nicht in Erscheinung.

Selbst innerhalb Deutschlands spielte das »Glückslos« eine bedeutende Rolle. Fast von Anfang an gab es Verschwörungen mit dem Ziel, Hitler auf legalem Weg oder mit Gewalt zu stürzen. Doch alle diese Versuche scheiterten, entweder aus Unentschlossenheit oder aus purem unglückseligen Zufall. Es hätte leicht auch anders kommen können. 1939 wäre es einem einfachen Zimmermann beinah gelungen, Hitler von der Weltbühne zu bomben. Hätte er Erfolg gehabt – es hing an ganzen dreißig Minuten –, wäre die Geschichte des 20. Jahrhunderts sicherlich anders verlaufen.

So aber stellen Hitlers Aufstieg und sein Wirken das wohl eindrücklichste Beispiel dafür dar, wie einzelne Staatsmänner und zufällige Ereignisse den Lauf der Weltgeschichte bestimmen können – und es tun. In meinem Leben habe ich ein ums andere Mal erlebt, wie dies geschah.

DIE VIERZIGER JAHRE

Die Kriegszeit. Schanghai

Das Ende der Beschwichtigungspolitik

In Berlin gab es einst mehrere beeindruckende Fernbahnhöfe. Besonders stolz waren die Berliner auf den Anhalter Bahnhof. Das während des Eisenbahnbooms in den siebziger Jahren des 19. Jahrhunderts errichtete Bauwerk des Architekten Franz Heinrich Schwechten galt als Meisterwerk der Neorenaissance und war für die Harmonie der riesigen Fassade des Empfangsgebäudes mit seinem beeindruckenden Portikus berühmt, der von jeweils sechs Rundbogenfenstern und einem großen Eckturm flankiert wurde. Die Bahnhofshalle, die sich dahinter erhob und Platz für sechs Bahnsteig- und zwei Zwischengleise bot, wurde als größte der Welt gepriesen, die »an Monumentalität ganz unbestritten die Erste ist«.[1] Die gesamte Anlage erstreckte sich, samt Fracht- und Reparaturhöfen, vom Eingang über etwa fünf Kilometer nach Süden.*

Heute ist kaum noch etwas vom Anhalter Bahnhof erhalten. Im Zweiten Weltkrieg bei einem alliierten Luftangriff in Schutt und Asche gelegt, stand seine Ruine 15 Jahre lang verloren da, bis die Behörden sie Ende der fünfziger Jahre, trotz des nostalgischen Protests der Bevölkerung, abreißen ließen. Nur ein kleines Fragment des Portikus ließ man als Mahnmal für die Katastrophe des Krieges stehen. Auf dem Gelände des einstigen Bahnhofs selbst befin-

* Bismarck, der neben dem Kaiser 1881 an der Einweihung teilnahm, war von all dem nicht beeindruckt. Er soll skeptisch bemerkt haben: »Diese Eisenbahnen, sie hemmen nur den Verkehr!« (zit. in *Die Chronik Berlins*, S.251).

det sich heute ein kleiner Park.[2] Als ich einmal dort vorbeikam, betrachteten einige Menschen eine Freiluftausstellung mit Fotografien, die das Schicksal von Berliner Opfern der nationalsozialistischen Verfolgung illustrierten, darunter erstaunlicherweise auch das von zwei oder drei Menschen, denen die Flucht nach Schanghai gelungen war. Ich weiß nicht, ob den Organisatoren der Ausstellung klar war, dass diese Flüchtlinge wahrscheinlich genau von dieser Stelle aus einen letzten Blick auf Berlin geworfen haben und dass sie im Anhalter Bahnhof den Zug bestiegen, der sie ins Exil brachte.

Siebzig Jahre später habe ich vieles vergessen oder bestenfalls noch vage Erinnerungen an diese lange vergangene Zeit. Von den wenigen Augenblicken, die sich mir tief ins Gedächtnis eingeprägt haben, ist mir besonders der Abend des 6. April 1939 gegenwärtig, an dem wir im Anhalter Bahnhof in einen Zug stiegen, um Berlin hinter uns zu lassen. Es war schon lange dunkel, als wir still auf dem Bahnsteig warteten und Abschied nahmen. Unsere kümmerlichen Habseligkeiten waren bereits im Waggon verstaut, und meine Eltern waren nervös und angespannt. In der Nähe warteten einige andere kleine Gruppen um abreisende Juden, denen es ähnlich erging und die so wenig Aufmerksamkeit wie möglich erregen wollten.

Obwohl ich die Angespanntheit meiner Eltern spürte, war ich vor allem aufgeregt über die bevorstehende Reise um die halbe Welt und die vor mir liegenden Abenteuer. Was sie dort inmitten der hektischen Menge gefühlt haben müssen, kann ich nur vermuten. Erschöpft von den vorangegangenen Wochen, in denen sie ihre ganze Kraft hatten aufwenden müssen, um die zahllosen Hürden und bürokratischen Schikanen der nationalsozialistischen Bürokratie zu überwinden, atmeten sie zweifellos auf, weil deren Fänge uns bald nicht mehr würden erreichen können. Doch die Erleichterung dürfte von der Trauer über die Endgültigkeit des Abschieds von dem einzigen Heim, das sie kannten, und der Furcht vor der ungewissen Zukunft gedämpft worden sein. Was uns am Ende unserer Reise in Schanghai erwartete, vermochten sie sich sicherlich nicht im Geringsten vorzustellen. Genauso wenig konnten sie ahnen, dass sie die zurückgelassenen Verwandten nie wiedersehen und dass alle zu Tode kommen würden.

An jenem Abend herrschte im Anhalter Bahnhof viel Betrieb, und unsere bedrückte Stimmung stand in krassem Gegensatz zu der festlichen Atmosphäre um uns herum. Es waren nur noch wenige Tage bis Ostern, und der Bahnhof war voller Urlauber, die in den Süden aufbrachen. Wie stets in Berlin waren viele Uniformen zu sehen, diesmal vor allem diejenigen von Wehrmachtsoldaten auf Osterurlaub oder auf der Fahrt zu ihren Einheiten in der Tschechoslowakei, die Hitler kurz zuvor unter klarem Bruch der feierlichen Versprechen, die er den Briten und Franzosen nur ein halbes Jahr vorher in München gegeben hatte, durch einen weiteren unblutigen Handstreich besetzt hatte.

Der »Führer« schwamm auf einer Erfolgswelle, und das Ansehen, das er bei seinem Volk genoss, war noch nie größer gewesen. Mit jedem seiner gewagten Schritte hatte er die Grenzen und die Macht des Deutschen Reichs ausgeweitet. Jede Krise hatte sich, unter stillschweigender Duldung oder lediglich papiernen Protesten der Außenwelt, zu seinen Gunsten gewendet. Die Zerschlagung der Tschechoslowakei schien keine Ausnahme zu machen. Als wir im April 1939 Deutschland für immer verließen, schien Hitler, der »größte Deutsche«, zu dem ihn Goebbels' Propagandamaschine hochjubelte, unaufhaltbar zu sein. Seine selbstbewussten Soldaten, die den Anhalter Bahnhof bevölkerten, befanden sich augenscheinlich in gehobener Stimmung und waren nur allzu bereit, ihm Glauben zu schenken.

Die Ironie ist, dass die Stimmungslage vermutlich genau umgekehrt gewesen wäre, wenn man an jenem Aprilabend die Zukunft gekannt hätte. Die freudig erregten Urlauber und jungen Soldaten hätten begriffen, dass ihr Vertrauen in den »Führer« und ihre Zuversicht in Bezug auf die Zukunft Deutschlands fehl am Platz waren und überaus schwere Zeiten vor ihnen lagen, und die in bedrückter Stimmung abreisenden Juden andererseits hätten verständlicherweise Erleichterung, wenn nicht sogar ein Hochgefühl empfunden. Auch wenn sie es nicht ahnten, aber der Krieg stand unmittelbar bevor, und sie verließen Deutschland, kurz bevor sich die Tore für die Ausreise für immer schlossen, so dass ihnen das traurige Schicksal der Zurückgebliebenen erspart blieb.

Im Lauf der Zeit stellte sich heraus, dass Hitlers brutale Besetzung der restlichen Tschechoslowakei, entgegen dem äußeren Anschein, keineswegs einfach ein weiteres Glied in der langen Kette seiner erfolgreichen territorialen Expansionen bildete, das von einem lethargischen Westen als Fait accompli hingenommen wurde. Von der Unfehlbarkeit seines Urteilsvermögens und der Schwäche Frankreichs und Englands überzeugt sowie unter Missachtung der Warnungen von Diplomaten und Militärs, hatte Hitler schließlich sein Blatt überreizt. Die Zerschlagung der Tschechoslowakei stellte einen wichtigen Wendepunkt dar, der dazu führte, dass fünf Monate später der Krieg mit dem Westen ausbrach, den er hatte vermeiden wollen.

Seit seinem Machtantritt war alles nach Hitlers Willen gegangen. Entweder völlig ohne oder mit wenig Gegenwehr hatte er das Saargebiet zurückgewonnen, das Rheinland remilitarisiert, die Beschränkungen des Versailler Vertrages aufgekündigt und mit dem Auf- beziehungsweise Ausbau der Luftwaffe und der Marine begonnen. Dann hatte er Anfang 1938 mit der Androhung von Gewalt und Erpressung den »Anschluss« Österreichs erreicht.

Aber er bekam den Hals nicht voll. Von Ungeduld getrieben, hatte er wenige Wochen nach dem Einmarsch der Wehrmacht in Österreich für die Annexion des Sudetenlandes zu agitieren begonnen und mit Hilfe Konrad Henleins, des unterwürfigen Anführers der sudetendeutschen Nationalsozialisten, dort so viel Probleme und Aufruhr wie möglich zu schaffen versucht. In der nachfolgenden Krise hatte er England und Frankreich feierlich versichert, es gehe ihm lediglich um die »Heimkehr« der Sudetendeutschen und ihres Landes, das Deutschland durch den ungerechten Versailler Vertrag verloren habe. Zum wiederholten Mal hatten die beiden Westmächte nachgegeben, und der britische Premierminister Neville Chamberlain war als Triumphator nach London zurückgekehrt und hatte einer dankbaren Nation »Frieden in unserer Zeit«

verkündet. Da die britische Öffentlichkeit jedes Kriegsrisiko zutiefst ablehnte, unterstützte sie weiterhin Chamberlains Politik, Hitler bei Laune zu halten. Dennoch war die Münchener Einigung in der Sudetenfrage ein großer Verrat an der letzten Demokratie in Mitteleuropa, und viele waren sich darüber im Klaren. Der Name Münchens sollte später zu einem Synonym von Prinzipienlosigkeit und politischem Ausverkauf werden.

Auf jeden Fall hielt die Hoffnung auf einen verlässlichen Frieden mit Hitler nicht lange vor. Die endgültige Desillusionierung kam bald. Zur selben Zeit, als er Chamberlain in München versicherte, die Sudetenfrage beinhalte seine letzte territoriale Forderung, wies er seine Generäle an, genau das zu planen, was er dort ausgeschlossen hatte – die Eroberung der gesamten Tschechoslowakei. Der Tarnname für diesen Betrug lautete »Unternehmen Grün«. Im März 1939, nur ein halbes Jahr später, marschierten deutsche Truppen überraschend und ohne jede Provokation in die restliche Tschechoslowakei ein, die anschließend in das sogenannte Reichsprotektorat Böhmen und Mähren sowie einen slowakischen Marionettenstaat geteilt wurde. Trotz der Einwände aus den eigenen Reihen hatte Hitler sein Wort gebrochen und ging anschließend sogar noch weiter, indem er die Rückkehr des vormals ostpreußischen und seit Anfang der zwanziger Jahre unter litauischer Hoheit stehenden Memelgebiets nach Deutschland forderte, die Agitation gegen den polnischen Nachbarn anheizte und, wiederum insgeheim, die Wehrmachtführung beauftragte, den »Fall Weiß« vorzubereiten, die Eroberung Polens.

Im Westen hatten schon immer, auch während man Hitler zu beschwichtigen versuchte, Abscheu und Bestürzung über die Grausamkeiten der Nationalsozialisten im Inland und über ihre Erpressungen in der internationalen Arena geherrscht. Diesmal jedoch war der Schock über den Betrug und den neuerlichen zynischen Bruch erst jüngst gegebener feierlicher Versprechen so tief und erschütternd, dass er dramatische und für Hitler völlig unerwartete Folgen hatte. Selbst diejenigen, die bisher bereit gewesen waren, Zweifel zu seinen Gunsten auszulegen, waren jetzt überzeugt, dass man seinem

Wort nie wieder trauen konnte, dass er sich durch nichts würde aufhalten lassen und durch Zugeständnisse nicht gezügelt werden konnte. Die pazifistische Einstellung verlor in Europa rapide an Boden, und England und Frankreich schwenkten scharf auf einen gegen NS-Deutschland gerichteten Kurs um. England führte die Wehrpflicht wieder ein, während zugleich die Zahl der freiwilligen Rekruten in die Höhe schoss.

Der Angriff auf die Tschechoslowakei bedeutete das Ende des britischen Versuchs, Hitler zu beschwichtigen, und an seine Stelle trat, trotz des mit ihr verbundenen Kriegsrisikos, eine Abschreckungspolitik. Chamberlain berief den britischen Botschafter aus Berlin ab und verkündete den dramatischen Kurswechsel am 17. März in einer kompromisslosen Rede, die, in William Shirers Worten, zeigte, »wie sehr ihm die Schuppen von den Augen gefallen waren«.[3] In Frankreich ordnete Ministerpräsident Edouard Daladier die Beschleunigung der Rüstungsanstrengungen an, und England unterzeichnete als unmissverständliches Zeichen dafür, dass es die Westalliierten jetzt ernst meinten, Verträge mit Polen, Griechenland und Rumänien, die diesen Ländern ihre territoriale Integrität garantierten. Hitler war verblüfft und wütend. Das hatte er nicht erwartet. Dennoch blieb er überzeugt, dass England und Frankreich, wenn es darauf ankäme, nichts unternehmen würden. Er wollte keinen Krieg mit ihnen, und schon die bloße Möglichkeit oder Androhung eines solchen Konflikts konterkarierte seine Pläne.

Gleichzeitig begann in den Vereinigten Staaten die isolationistische Stimmung, die sich im Neutralitätsgesetz widerspiegelte, zu bröckeln. Anstatt die Zerschlagung der Tschechoslowakei anzuerkennen, verurteilte das State Department diesen Vorgang in einer öffentlichen Erklärung als eine »vorläufige Aufhebung der Freiheitsrechte eines freien und unabhängigen Volkes«, und Präsident Roosevelt sagte dem deutschen Botschafter in scharfer Form seine Meinung.[4] Auf beiden Seiten des Atlantiks machte sich die Erkenntnis breit, dass Europa wahrscheinlich auf einen Krieg zusteuerte. »Es wäre falsch«, warnte der deutsche Botschafter in London, Herbert von Dirksen, in einem Schreiben nach Berlin eindringlich, »sich irgendwelchen Illusionen darüber hinzugeben, dass sich in der Einstellung Englands zu Deutschland ein grundlegender Wandel vollzogen hat.«[5]

Tatsächlich hatte Hitler durch die Besetzung der restlichen Tschechoslowakei den Krieg buchstäblich unvermeidlich gemacht. Im Rückblick ist offensichtlich, dass der Entschluss, sein Wort zu brechen und die Tschechoslowakei zu zerschlagen, dramatischer Ausdruck fataler Charaktermängel war, die im Lauf der Zeit immer deutlicher zutage traten und zu den wiederholten Fehleinschätzungen führen sollten, die ihn schließlich zu Fall brachten. Seine Weltsicht war klar genug. Er wollte das Deutsche Reich zum Herrn von Kontinentaleuropa machen, Lebensraum im Osten erobern und auf die eine oder andere Weise die verhassten Juden aus der deutschen Gesellschaft und letztlich aus ganz Europa entfernen. In den Anfangsjahren war er kalkulierten Taktiken gefolgt und hatte, obwohl er stets ein waghalsiger Glücksspieler blieb, mit einem Gespür für den richtigen Zeitpunkt und die im jeweiligen Augenblick gebotenen Grenzen gehandelt. Aber es lag tief in seinem Wesen, dass jeder Erfolg ihn skrupelloser machte und zu immer schnellerem Handeln antrieb, bis er, wie Joachim Fest feststellt, nur noch einem »neurasthenischen Bewegungsdrang« folgte.[6] Diese Ungeduld hatte ihn zu seinem ersten weitreichenden Fehler auf dem Weg zur Niederlage in einem Weltkrieg veranlasst.

Lektionen fürs Leben

Man hat mich oft gefragt, warum wir ausgerechnet nach Schanghai emigriert sind. Die Antwort ist erschreckend einfach: Wir flohen vor dem drohenden Tod, und kein anderes Land hätte uns hereingelassen. Deshalb gingen wir nach Schanghai, an den allgemein unbeliebtesten Zielort. Schanghai stand in einem beängstigenden Ruf als gesetzlose, wilde Stadt in einem vom Krieg erschütterten China, die sich zudem durch ein schlechtes Klima, grassierende Tropenkrankheiten und Arbeitsplatzmangel auszeichnete. Dennoch kämpften zwischen 1938 und 1941 rund 18 000 deutsche und österreichische Juden verzweifelt um eine Koje auf einem nach Schanghai fahrenden Schiff oder einen Platz in der transsibirischen Eisenbahn, und dafür hatten sie alle nur einen Grund: Um zu überleben, wollten sie an den einzigen Ort auf der Welt fliehen, der sie aufnahm.

Das Problem von Flüchtlingen, die durch den Krieg, religiöse Vorurteile, politische Verfolgung oder ethnische Konflikte aus ihrem Heimatland vertrieben wurden, war eines der herausragenden Phänomene des 20. Jahrhunderts. Der Schriftsteller Heinrich Böll hat es deshalb nicht zu Unrecht das »Jahrhundert der Flüchtlinge« genannt.[7] In den dreißiger Jahren gehörten wir zu den Vorläufern dieser Entwicklung, die später zu einem bedeutenden internationalen Problem und einer menschlichen Tragödie wurde, die seither stetig größer geworden ist.*

Nach dem Ersten Weltkrieg hatte es einen frühen Vorgeschmack darauf gegeben. Damals waren bis zu einer Million »weißer« Russen vor dem Kommunismus geflohen, die nicht wieder in ihre Heimat zurückkehren konnten, und Hunderttausende Angehörige griechischer, türkischer und armenischer Minderheiten sowie zahlreiche andere waren aus ihrer Heimat vertrieben worden. Einige von ihnen gingen schließlich in ihre ethnischen Heimatländer, und in den übrigen sah man ein beherrschbares vorübergehendes Problem, für das zunächst der Hochkommissar für Flüchtlingsfragen des Völkerbundes, Fridtjof Nansen, zuständig war und später nur

* Wenn ich von Flüchtlingen und/oder Displaced Persons spreche, dann im Sinne der international anerkannten Definition, die diese Gruppen von Migranten unterscheidet. Zu Ersteren gehören Menschen, die ihr Heimatland verlassen mussten, nicht dorthin zurückkehren können und nicht mehr unter dessen Schutz stehen. Migranten, die in der modernen Welt ebenfalls nach Millionen zählen, sind Menschen, die ihr Land auf der Suche nach einem besseren Leben zumindest teilweise aus eigenem Antrieb verlassen (vgl. Elizabeth Ferris, *Beyond Borders. Refugees, Migrants and Human Rights in the Post-Cold War Era*, Genf 1993, S. 10 f.).

eine relativ schwache internationale Organisation mit befristeter Existenzdauer geschaffen wurde. Der Völkerbund vergab internationale Darlehen, die meisten geflohenen Russen konnten sich anderswo in Europa oder in Übersee ansiedeln, und die sogenannte Nansen-Hilfe organisierte die Emigration der übrigen Flüchtlinge und gab internationale Pässe für staatenlos Gewordene aus, die von vielen Ländern anerkannt wurden.

Nach dem Zweiten Weltkrieg war das Problem ungleich größer und schwieriger. 1945/46 waren schätzungsweise 65 Millionen Menschen vorübergehend oder auf Dauer heimatlos, unter ihnen die Handvoll jüdischer Holocaustüberlebender, die wie andere auch keinen Ort hatten, an den sie zurückkehren konnten, und für die ein neues Land gefunden werden musste. Nachfolgende Konflikte, Kriege, politische Unruhen und ethnische Auseinandersetzungen in der zweiten Hälfte des Jahrhunderts haben das Flüchtlingsproblem zu einem dauerhaften Aspekt der internationalen Politik gemacht. So zählte der Hohe Flüchtlingskommissar der Vereinten Nationen (UNHCR) Anfang 2002 rund 15 Millionen Flüchtlinge und Asylsuchende aus 51 Ländern in allen Teilen der Welt. Während der neunziger Jahre des vergangenen Jahrhunderts waren es nie weniger als 13,5 Millionen,[8] und auch wenn einige von ihnen anderswo angesiedelt werden oder in ihre Heimat zurückkehren konnten, traten sofort andere an ihre Stelle. Allein im Jahr 2001 registrierte der UNHCR 5,5 Millionen neue Displaced Persons aus 20 Ländern. Viele von ihnen leben Jahre und Jahrzehnte in Flüchtlingslagern.[9]

Einen wesentlichen Unterschied zu unserer Situation in den dreißiger und vierziger Jahren gibt es allerdings: Damals existierte keine funktionierende internationale Flüchtlingshilfsorganisation, und nur wenige Länder, wenn überhaupt welche, waren bereit, Emigranten ihre Grenzen zu öffnen. Seither ist aufgrund der jahrzehntelang aufeinander folgenden Flüchtlingswellen ein riesiges Netzwerk privater und staatlicher Institutionen entstanden, die sich um das Wohlergehen und die Wiederansiedlung dieser Menschen kümmern. Zu unserer Zeit gab es dieses Netzwerk nicht. Heute sind Hunderte, vielleicht sogar Tausende von Regierungs- und Nichtregierungsorganisationen (NGO) in der Flüchtlingsarbeit tätig, vom UNHCR über das Internationale Rote Kreuz und CARE bis zu den Ärzten ohne Grenzen und vielen anderen religiösen und säkularen Gruppen, die allesamt großartige Arbeit leisten, wie etwa das International Rescue Committee (IRC), eine der bedeutendsten amerikanischen Organisationen auf diesem Gebiet.

Sie arbeiten eng miteinander zusammen, und weltweit wird jedes Jahr die beeindruckende Summe von rund 2,5 Milliarden Dollar für das Flüchtlingsproblem aufgewandt. In vielen Ländern – einschließlich der Vereinigten Staaten – sind inzwischen Gesetze in Kraft, die in gewissem Ausmaß die Ansiedlung von Menschen ermöglichen, die nirgendwo sonst hingehen können. Als wir 1939 nach China flohen, gab es all dies nicht.

Die an der Mündung des Jangtse gelegene, immer weiter ausufernde ostasiatische Metropole Schanghai verdankte damals ihren Ruhm dem seit langem bestehenden Ruf, eine Stadt der Verschwörungen, orientalischen Mysterien, undurchsichtigen Gesetze und unkonventionellen Lebensweisen zu sein – und grenzenloser, ausschweifender Laster. Die großen Schlachten wurden anderswo geschlagen, und kaum etwas, was in der Stadt geschah, war von allgemeiner Bedeutung. Am Morgen des 6. Dezember 1941, dem Tag vor Pearl Harbor, marschierten japanische Truppen einfach in Schanghai ein und hielten es ohne größere Vorkommnisse bis zum Ende des Krieges besetzt. Erst in den letzten Wochen des Pazifikkrieges nahmen die Alliierten Notiz davon und warfen bei zwei oder drei kurzen Luftangriffen bei Tageslicht einige Bomben auf die Kaimauern. Obwohl diese Überraschungsangriffe in der übervölkerten Stadt unvermeidlicherweise Menschenleben kosteten, waren es allenfalls flüchtige Ereignisse, eine bloße Nebenhandlung, die in Kriegsberichten kaum der Erwähnung wert waren.

Schanghai blieb bis zu den letzten Kriegstagen ein abgelegener Ort am Rande des Weltkonflikts. Für mich war es jedoch auf seine Weise ein ausgezeichneter Platz, um die Auswirkungen des Krieges auf normale Menschen mitzuerleben, deren Leben er unterbrach und für immer veränderte, und zu beobachten, wie sie mit der Belastung und der Not fertig wurden, auf die sie durch nichts vorbereitet waren. Die Kindheitsjahre in Hitlers Deutschland und das Erwachsenwerden in Schanghai waren die beiden prägenden Erfahrungen meiner Jugend, die meine Anschauungen und meine Grundwerte für die Zukunft bestimmten. In Berlin war ich zu jung für persönliches Leid, aber doch alt genug, um dessen Auswirkungen auf die Menschen in meiner Umgebung zu spüren. In Schanghai war es anders. Dort nahm ich alles auf viel persönlichere und direktere Weise wahr, und was ich dort erlebte und lernte, hat mich tief beeindruckt. Ich habe es nie vergessen oder versucht, es zu vergessen, weder als Manager in der Wirtschaft noch als Berater des Präsidenten der Vereinigten Staaten.

In Schanghai habe ich oft mein grausames Schicksal verflucht und mich darüber aufgeregt, dass ich im Grunde ein Gefangener war, der nirgendwo hingehen konnte und einer höchst ungewissen Zukunft entgegensah. Ich war bereits ein junger Erwachsener, ungeduldig, tatendurstig und wütend darüber, wie ein Aussätziger behandelt zu werden. Ich dachte, das Leben würde an mir vorbeigehen und es seien verlorene Jahre, die ich in Schanghai verbrachte. Inzwischen weiß ich, dass ich unrecht hatte. Die harten Kriegsjahre als Flüchtling hielten wertvolle Lehren für die Zukunft bereit. Ich erlebte sie intensiv, und sie lehrten mich vieles von Wert, was ich unter normalen Umständen und in ruhigeren Zeiten möglicherweise nie gelernt hätte. Heute bin ich dafür dankbar, ohne zu leugnen, dass es auch Erlebnisse gab, auf die ich gern verzichtet hätte.

In Schanghai lernte ich, was es heißt, ohne eigenes Verschulden hungrig, arm und alleingelassen zu sein, und wozu Menschen fähig sind, wenn sie mit dem Rücken an der Wand stehen. Ich erfuhr, dass das Leben ungerecht sein kann, dass Titel, Besitztümer und all das Gepränge von Stellung und Status vergänglich sind und man sie am besten nicht ernst nehmen sollte, dass sie in Notzeiten und bei persönlichen Rückschlägen und Niederlagen weniger wichtig sind als die inneren Ressourcen. In Schanghai konnte ich wie nirgendwo sonst die Auswirkungen willkürlichen staatlichen Handelns auf normale Menschen beobachten und war zum ersten Mal mit der Bösartigkeit von grobem Rassismus, Diskriminierung und ungeheuerer Intoleranz konfrontiert. Darüber hinaus war die Stadt ein ausgezeichneter Ort, um eine gründliche Lektion zu lernen über die Neigung von Mächtigen, über das Los der Schwachen und weniger Glücklichen mitleidlos und gleichgültig hinwegzusehen.

Aber ich erfuhr dort ebenfalls, dass die menschliche Natur auch eine hellere Seite besitzt, die selbst in den dunkelsten Zeiten offenbar werden kann, wie die Fähigkeit, trotz äußerem Druck große Widrigkeiten überwinden zu können und inmitten von Chaos bemerkenswerten Mut und viel Kreativität an den Tag zu legen. In Schanghai erlebte ich zum ersten Mal den Nutzen von gemeinschaftlichem Handeln und sah, wie viel Gutes entstehen kann, wenn sich die Menschen in Notzeiten zusammentun, und welchen Trost ein reiches kulturelles Leben, Literatur, Musik und darstellende Kunst bieten können. Ich traf auf Beispiele von selbstloser Hilfe, von Toleranz und Würde in bedrängter Lage, und erkannte, wie viel selbst in den schlimmsten Zeiten durch Selbsthilfe und Kooperation erreicht werden kann.

Als junger Erwachsener in Schanghai entdeckte ich mehr über das Wesen des Menschen, über seine Fähigkeit zum Bösen und sein Potential für das Gute als die meisten Menschen in ruhigeren Zeiten in ihrem ganzen Leben. In der Stadt lebten am Ende der dreißiger Jahre Menschen aller möglichen Rassen, Religionen, Kulturen und Sprachen, und auf ihren Straßen begegnete sich eine außerordentliche Vielzahl der unterschiedlichsten und ungewöhnlichsten Figuren. Geschäftsleute, Missionare, Flüchtlinge, Abenteurer, Spione und Agents provocateurs, Reiche und Arme, Heilige, Sünder, Snobs, Genies und Narren: In Schanghai konnte man sie alle treffen – und man tat es –, und wenn man Augen und Ohren offenhielt, konnte man von allen etwas lernen. Die Stadt am Jangtse war meine sprichwörtliche »Schule der Straße«. Ich schloss sie als eine Art optimistischer Zyniker ab, was ein Widerspruch in sich zu sein scheint, es aber nicht ist. Einerseits ließ sie meine jugendlichen Illusionen zerplatzen. »Wenn das Schlimmste möglich ist, glaub nicht, dass es nicht eintreten kann« – dies war eine der Lehren, die sich mir einprägten.

Andererseits wurde diese nüchterne Lebenssicht durch einen gewissen Optimismus abgemildert, der mir lebenslang erhalten geblieben ist und den ich aus der Erfahrung gewann, wie viel man, wenn es hart auf hart kommt, mit Liebe, Familiensinn, Charakter, Mut und Beharrlichkeit dennoch erreichen kann und dass auch dies ein stets vorhandenes Potential ist, das viele von uns besitzen. Schon als Teenager in Schanghai gelangte ich zu der Einsicht, dass es vor allem von mir abhängt, was ich im Leben erreichen kann – manchmal auch vom Glück, aber immer davon, dass ich selbst alles versuche und mich bemühe –, und dass niemand sich um mich kümmern wird, wenn ich es nicht tue.

Die Jahre in Schanghai prägten nicht nur meine Lebenseinstellung und meine grundlegenden Überzeugungen, sondern bilden auch das Fundament viele meiner späteren politischen Anschauungen und meines lebenslangen Interesses an öffentlichen Angelegenheiten. Nachdem ich von schlechten sowie von inkompetenten und gleichgültigen Regierungen zum Opfer gemacht worden war, drängte es mich danach, mich einzumischen und es besser zu machen und eine Politik mitzugestalten, die den Benachteiligten zugutekommen sollte. Die Erfahrung verbreiteter Armut weckte mein Interesse an den Sozialwissenschaften, insbesondere an der Ökonomie, und ist der Grund dafür, dass ich mein Leben lang ein überzeugter Sozialliberaler war. In den Vereinigten Staaten sollte dies direkt zur Wahl meines Berufs führen, in die Politik und zur Mitgliedschaft in der Demokratischen Partei Roosevelts, Trumans, Kennedys und Obamas. Doch dazu später.

Brennpunkt Schanghai

Die ersten europäischen Kaufleute hatten sich nach der gewaltsamen Einnahme der Stadt in den vierziger Jahren des 19. Jahrhunderts in Schanghai niedergelassen. Ihnen waren christliche Missionare und ein bunter Haufen von Abenteurern und Glückssuchern gefolgt. Von Anfang an hatten die ungebetenen ausländischen Gäste vor allem zwei Dinge anzubieten: westliche Religionen und Laster – insbesondere Opium –, und diejenigen, die mit Letzterem handelten, unter ihnen auch einige chinesische Zwischenhändler, waren damit außerordentlich reich geworden. Ein Jahrhundert später war das Laster immer noch ein Hauptartikel der Stadt. Nominell war Opium verboten, aber den Tausenden von Abhängigen in Schanghai fiel es nicht schwer, sich damit zu versorgen, und ich konnte ihre teilnahmslosen Gesichter, die ihre Umwelt nicht wahrzunehmen schienen, bald ohne Schwierigkeit erkennen, ob ich sie nun auf rohen Pritschen in elenden Hütten oder in bequemen Unterkünften in eleganteren Vierteln sah. Im modernen Schanghai besaß das Laster viele Facetten: Rauschgifte jeder Art, Glücksspiel, Prostitution, Kinderpornographie, Kidnapping, Auftragsmord und anderes mehr. Auch was Sünden betraf, herrschten das freie Unternehmertum und ein ungezügelter Kapitalismus, denen man in einer Atmosphäre von Gefühllosigkeit, Frivolität und schamloser Vergnügungssucht nachging.

Dabei war ein einzigartiges Kennzeichen Schanghais seine »Exterritorialität«, ein merkwürdiges Relikt aus dem Kolonialzeitalter, das den Europäern, die die Stadt regierten, Immunität gegenüber chinesischen Gesetzen garantierte und sie ermächtigte, weitgehend nach eigenem Belieben zu handeln, da sie nur den Gesetzen ihres eigenen Landes unterworfen waren, deren Einhaltung von ihren eigenen Beamten und ihren eigenen Gerichten überwacht wurde.* Verstieß ein Franzose gegen ein Gesetz, verantwortete er sich dafür vor einem französischen »juge«, ein Amerikaner erschien »genau wie zu Hause« vor einem US-Bezirksrichter, ein Engländer war Untertan Seiner Majestät und so weiter. Nur die Chinesen wurden von chinesischen Gerichten abgeurteilt.

---

* Ursprünglich hatte es fünf »Vertragshäfen« gegeben, in denen Ausländer exterritoriale Rechte genossen. Neben Schanghai waren dies Kanton, Amoy (Xiamen), Futschou und Ningbo. Doch nur in Schanghai hatte sich das System mit einigen Änderungen hundert Jahre lang erhalten.

»Extrality«, wie sie im Vertrag von Nanking, der den Chinesen 1842 von einer britischen Invasionsstreitmacht aufgezwungen worden war, bezeichnet wurde, war der Preis, den das besiegte China zahlen musste, weil es sich standhaft geweigert hatte, seine nördlichen Häfen für den Handel mit der Außenwelt zu öffnen. Da die Briten ein Nein nicht als Antwort akzeptierten, hatten sie schließlich die Initiative ergriffen und eine kleine Flottille mit viertausend Mann an Bord entsandt, die das unmoderne Heer und die altertümlichen Befestigungen der Chinesen überrannten. Tee und Seide waren kostbare Waren, nach denen in der Heimat eine große Nachfrage bestand, und die Briten ließen nicht zu, dass man sie ihnen vorenthielt. Auch das angeblich geringe Interesse der Chinesen an Industriegütern war kein Hindernis für profitable Geschäfte. Opium aus Indien war sogar ein besseres Quidproquo, und dafür konnte problemlos ein aufnahmebereiter chinesischer Markt entwickelt werden.

Durch den Vertrag von Nanking und andere, die nachfolgten und von den Chinesen hundert Jahre lang als »ungleiche Verträge« verdammt werden sollten, war China außerdem gezwungen worden, den Briten Hongkong zu übergeben, auf Importe einen vorteilhaft niedrigen Zoll zu erheben und in Schanghai anderen europäischen Vertragsunterzeichnern exterritoriale Rechte einzuräumen, um, wie es ein britischer Historiker ausdrückte, »die Früchte von Englands Siegen mit ihnen zu teilen«.[10] Zwei Jahre später nahmen Frankreich und die Vereinigten Staaten das Angebot in Anspruch, und in der Folgezeit wurden weitere Länder in diesen elitären Klub aufgenommen.

Gemäß den ursprünglichen Verträgen steckten die Briten ein kleines Gebiet von etwas mehr als neun Hektar zum Erwerb und zur Besiedlung ab, das sie später mit dem amerikanischen Territorium zum sogenannten International Settlement zusammenlegten. Die Franzosen hatten sich für die Eigenständigkeit entschieden und ein angrenzendes Gebiet übernommen, die Concession Française, von den deutschsprachigen Flüchtlingen meist »die French« genannt – ein Hinweis auf das wenige Englisch, das sie bereits gelernt hatten, und ein frühes Beispiel für das heute oft beklagte »Denglisch«. Im Lauf der Zeit war das exterritoriale Gebiet unter Ausnutzung späterer Perioden von Chaos und Krieg stetig ausgedehnt worden. Während des Ersten Weltkriegs nahm das International Settlement bereits eine Fläche von gut 22 Quadratkilometern ein, und die Concession Française war ungefähr halb so groß.[11]

In diesen Stadtteilen hatten die Ausländer eigene, von den chinesischen Behörden unabhängige Verwaltungen errichtet. Im International Settlement stand ein Stadtrat an der Spitze, der noch Ende der dreißiger Jahre mehrheitlich aus Nichtchinesen bestand und über die kommunalen Einrichtungen wie Polizei, Feuerwehr, Post und Zoll gebot. Nebenan bei den Franzosen hatte sich ein ähnliches System erhalten. In den ursprünglichen Verträgen hatte von all dem nichts gestanden; es war einfach »passiert«. Die Ausländer hatten die Verträge in ihrem Sinn interpretiert, um sich das Recht auf exterritoriale Herrschaft in den ihnen selbst vorbehaltenen Gebieten zu sichern, und die Chinesen hatten sich ihren Wünschen gebeugt. Auf diese Weise war ein ebenso einzigartiges wie merkwürdiges Gebilde entstanden – nicht ganz eine Kolonie, aber etwas Ähnliches. Ein britischer Offizier hat es einmal als »eine zufällige Ansammlung von sich selbst regierenden englischen Kaufleuten« beschrieben.[12]

Ende der dreißiger Jahre hatte sich das System zwar weiterentwickelt, aber im Wesentlichen war es unverändert geblieben. In der Concession Française hatten weiterhin die Franzosen das Sagen und unterstanden direkt Vorgesetzten in Französisch-Indochina. Im International Settlement saßen jetzt auch einige Japaner, Chinesen und Vertreter anderer Nationalitäten im Stadtrat, aber die Briten hatten weiterhin die Kontrolle. Doch die Exterritorialität befand sich in ihrer Endphase, und die Stadt lebte von geborgter Zeit und war von japanischen Truppen eingekreist, die 1937 Chiang Kaisheks Kuomintang (KMT) besiegt und in Nanking eine Marionettenregierung unter dem von der KMT abgefallenen Kollaborateur Wang Ching-wei installiert. Infolgedessen gab es in Schanghai eine verwirrende Vielzahl von unsicheren und miteinander konkurrierenden Jurisdiktionen – diejenige der Concession Française, des International Settlement, des Bezirks Honkou, in dem das japanische Militär herrschte; mehrere traditionell chinesische Bezirke wurden vom Wang-Regime verwaltet, und schließlich gab es noch, nicht zu vergessen, Huxi, ein wildes, chaotisches Niemandsland in einem umstrittenen westlichen Teil des Settlements, der allgemein »Badlands« genannt wurde, wo niemand regierte und die Settlement-Polizei ständig mit Wangs Leuten um die Vorherrschaft kämpfte.

In diesem verrückten Flickenteppich politisch gegensätzlicher Gebiete Recht und Ordnung aufrechtzuerhalten wäre selbst in normalen Zeiten schwierig gewesen. Aber die Zeit war bei unserer Ankunft alles andere als normal. Schanghai war bereits die fünftgrößte Stadt der Welt und platzte aufgrund des Ansturms von Millionen chinesischer Kriegsflüchtlinge, die unter ihrem internationalen Schirm Schutz suchten, aus allen Nähten. Die Mehrheit der Menschen war bettelarm, und jeden Tag starben viele an Hunger und Krankheiten. Einem Bericht zufolge hatte man allein 1938 hunderttausend Leichen in den Straßen aufgelesen.[13]

Vor dem Hintergrund des andauernden chinesisch-japanischen Konflikts und des bevorstehenden Ausbruchs des Krieges in Europa war die Stadt außerdem zu einem Tummelplatz von Spionen, Kollaborateuren und politischen Provokateuren jeder Art geworden, ein schattenhaftes Schlachtfeld, auf dem der KMT-Untergrund und die chinesische Marionettenregierung der Stadt gegeneinander kämpften, Mordanschläge und Entführungen alltäglich waren und rivalisierende Verbrecherbanden sich in wechselnden Bündnissen mit städtischen Beamten um die sprudelnden Gewinne aus illegalen Geschäften und Lasterwirtschaft stritten.

Schanghai war eine Stadt enormer Gegensätze, einer tiefen Kluft zwischen gewaltigem Reichtum und abgrundtiefer Armut, »eine Stadt von 48-stöckigen Wolkenkratzern, die auf 24 Höllenschichten erbaut sind«, wie ein Autor sie beschrieben hat.[14] Entgegen dem Anschein war es eine weitgehend chinesische Stadt mit einer nur dünnen westlichen Politur, die aber für beide Seiten ein Ort des guten Lebens inmitten großen menschlichen Elends war, eine Art chinesisch-westlicher Kapitalistenhimmel und Höllenkreis in einem.

Aus der Ferne gesehen, erweckte die Stadt den Eindruck einer großen europäischen Metropole. Der Bund, ihre berühmte Uferstraße am Fluss entlang, faszinierte mit hohen Häusern, schicken Hotels, Klubs und Banken, die abends in helles Neonlicht getaucht waren. Blickte man genauer hin, entdeckte man jedoch, dass die Stadt hinter dieser Fassade durch und durch chinesisch war, ein Gewirr schmaler Straßen und schmutziger, von orientalischen Gerüchen erfüllter Gassen, die von Karren, Rikschas, Fahrrädern und schwitzenden Kulis, die unter übermenschlichen Lasten ächzten, verstopft waren. Straßenhändler boten lautstark ihre Waren feil, unglaublich fingerfertige Taschendiebe lauerten ahnungslosen Passanten auf und zahllose Bettler gingen Ausländer und gutgekleidete chinesische Frauen, die ohne einen Blick für das Elend der weniger Glücklichen auf geschnürten Füßen vorübertippelten, aggressiv um Almosen an. Weit davon entfernt, am Stadtrand, standen hinter hohen Mauern die Villen der herrschenden Ausländer und reichen Chinesen, die extravagante Partys feierten und ein üppiges Leben führten, während ganze Armeen von Hausboys, Amahs (Kindermädchen), Köchen, Gärtnern, Wachleuten und einer Vielzahl anderer Diener für ein unvorstellbares Maß an Wohlleben und Bequemlichkeit sorgten. In Schanghai konnte man wirklich gut leben – sofern man zu den reichen Ausländern, Händlern, Glücksspielern und Abenteurern oder zu der Handvoll reicher Chinesen gehörte.

Schanghai war gleichsam Casablanca und Las Vegas in einem. Es zog die unterschiedlichsten Menschen an, ob nun für längere Zeit oder nur als Besucher, und sie alle trugen zu dem wahnwitzigen Durcheinander von Nationalitäten und Sprachen in der Stadt bei. Unter den Touristen aus Amerika und Europa waren Berühmtheiten ebenso wie bloß Neugierige, aber auch eine bunte Truppe von Schriftstellern, Schauspielern und Filmregisseuren, die wegen des Glücksspiels oder auf der Suche nach exotischem Material in die Stadt kamen, wie Noël Coward, Douglas Fairbanks, Charlie Chaplin, Vicki Baum und Josef von Sternberg. Andere blieben länger, auf der Suche nach Abenteuern oder schnellem Reichtum, wegen des Rauschgifts oder der Frauen. Und wieder andere waren auf der Suche nach einem Versteck, weil man hinter ihnen her war. Eine unwiderstehliche Anziehungskraft übte Schanghai auf christliche Missionare aus, die in der Stadt Schulen sowie Waisen- und Krankenhäuser betreiben und unter den westlich Gebildeten und den Armen Proselyten machen wollten. Schließlich gab es Flüchtlinge, wie unsere Gruppe europäischer Juden, die einfach deshalb kamen, weil kein anderes Land auf der Welt sie hereinlassen wollte.

Die Prominenten und Wohlhabenden stiegen im luxuriösen Cathay Hotel mit seinen extravaganten Lalique-Lampen, den Art-déco-Möbeln und einer Mischung aus westlichem und orientalischem Kitsch ab, nahmen an mondänen Partys teil, amüsierten sich in Casinos, Nachtklubs und Tanzsälen, probierten das eine oder andere der über siebenhundert Bordelle aus und kehrten in ruhigeren Momenten zum Mittagessen ins amerikanische Restaurant Jimmy's Kitchen oder zu Schokoladentorte und Nachmittagstee ins schicke russische DD's Café ein. Wer mit leeren Taschen kam, übernachtete in einer billigen Absteige oder, wenn er auf Ungeziefer etwas empfindlich reagierte, im Foreign YMCA. Aber viele blieben nicht lange. In Schanghai wurden Vermögen genauso schnell verloren wie gemacht.

Die Stadt war ein Spielerparadies, und die nach Dutzenden zählenden Casinos zogen eine eigene Klientel von Abenteurern, Gaunern und Falschspielern aus aller Welt an, Männer von dehnbarer Moral mit dunkler Vergangenheit, die im Nachtleben und in der Cafégesellschaft Furore machten. Einige Jahre gehörte der Amerikaner Jack Riley zu den Einwohnern der Stadt, über die man überall sprach. Sein Aufstieg und Fall sind es wert, hier als Beispiel des alten Schanghai erzählt zu werden.

Ich bin ihm ab und zu in der Stadt begegnet. Er war ein großer, gutaussehender Mann, gesellig, beliebt und leicht wiederzuerkennen. Man erzählte sich, dass er eines Tages wie aus dem Nichts aufgetaucht sei, unbekannt und ohne Geld, und am Bund ein Freiluftwürfelspiel um Pennyeinsätze betrieben habe. Er muss sehr viel

Glück gehabt haben – oder ein gewiefter Betrüger gewesen sein –, denn binnen kurzer Zeit besaß er eine eigene Bar. Kurz darauf hatte er die Kontrolle über Spielautomaten in der ganzen Stadt gewonnen, und schließlich betrieb er die Würfeltische im besten Casino in den Badlands, in Joe Farrens luxuriöser Spielhalle in der Yu Yuen Road. Darüber hinaus war Riley ein talentierter Sportler. Seine besondere Leidenschaft galt dem Baseball, der indes auch sein Verderben sein sollte. Eben noch eine berühmte Figur der Schanghaier Gesellschaft, die ein Leben in Saus und Braus führte, war der Spaß im nächsten Augenblick zu Ende, und Schanghai sah mitleidig mit an, wie der beliebte Amerikaner die Stadt weit weniger unauffällig, als er gekommen war, verließ – in Handschellen und in persönlicher Obhut des US-Marschalls Sam Teitelbaum, der ihn an Bord der *President Cleveland* nach Amerika bringen sollte, wo er den Rest einer langjährigen Haftstrafe abzusitzen hatte.

Wie sich herausstellte, hatte Riley sein sportliches Können nämlich weder am College noch in Baseballstadien erworben, sondern in der Insassenmannschaft des Zuchthauses von Oklahoma, in dem er eine zehn- oder zwanzigjährige Haftstrafe wegen bewaffneten Raubüberfalls verbüßen musste. Möglicherweise hatte er die Bedeutung der Begriffe »Heim-« und »Auswärtsspiel« etwas zu frei interpretiert, jedenfalls war er eines Tages einfach während eines Spiels gegen die Insassen einer anderen Strafanstalt verschwunden, um kurz darauf in Schanghai aufzutauchen und sich dort ein glänzendes, wenn auch kurzzeitiges neues Leben aufzubauen.

Rileys Freund, der Casinobesitzer Joe Farren, war ebenfalls ein typischer Freibeuter des Glücks und eine Stütze der Nachtklubszene mit einem ebenso dunklen Vorleben. Sein Glück sollte indes in noch größeres Unglück umschlagen. Arrogant und über die Maßen selbstsicher, wie er war, vertraute er auf sein Geschick darin, sich mit den richtigen Leuten in den Badlands zu arrangieren, und hielt seinen Schutz und seinen Erfolg deshalb für gesichert. Doch er hatte eine weniger glückliche Hand, als er glaubte. Da er nicht die richtigen Leute geschmiert hatte, verscherzte er es sich mit den japanischen Behörden und wurde kurz nach Ausbruch des Pazifikkrieges von deren Polizei festgenommen und ins gefürchtete Bridge House gebracht. Die Folter und Härte in diesem Gefängnis überlebten nur wenige, und Farren gehörte nicht zu ihnen.

Riley und Farren waren Prototypen der Schanghaier Gesellschaft, die in ihrer Zeit zu den bekanntesten und schillerndsten Figuren unter den Abenteurern gehörten, jenen verlorenen Seelen und ausgewiesenen Ganoven, die Schanghai als vorübergehende Zuflucht, Versteck oder dauerhaften Wohnort gewählt hatten. Die sonderbarste und rätselhafteste Gestalt war zugleich die unvergesslichste und am leichtesten wiederzuerkennende, ein wahrhafter Reklameheld für die besondere Atmosphäre des internationalen Schanghai in seiner letzten Phase.

Sein wirklicher Name war Ignácz Trebitsch. Er war ein ungarischer Jude und vermutlich einer der berüchtigtsten Hochstapler und Betrüger des 20. Jahrhunderts, die in Schanghai auftauchten, wo er 1944 verstarb. Im Lauf seines schillernden Lebens hatte er viele Namen benutzt, aber in die Geschichte ist er vor allem als Ignatius Trebitsch Lincoln eingegangen. In Schanghai war er der ehrenwerte Chao Kung, eine faszinierende Figur im wallenden Gewand eines buddhistischen Mönchs mit geschorenem Kopf und mit Brandmalen auf der Stirn, der, an seinen Gebetsperlen fingernd, majestätisch durch die Straßen schritt.* Ich sah ihn gelegentlich in der Stadt, und einmal setzte er sich im Café des YMCA an meinen Tisch und fragte mich, woher ich käme. »Ah, ja, ja«, erwiderte er auf meine Antwort, indem er in fließendes, wenn auch mit starkem Akzent gesprochenes Deutsch wechselte. »Berlin. Das kenne ich gut.« Damit hatte er ausnahmsweise die Wahrheit gesagt, denn er hatte 1920 eine kurze,

* Zu verschiedenen Zeiten seines Lebens benutzte Trebitsch die Namen Keelan, Tandler, ITT Lincoln, Tribich Lincoln, Reverend Ignatius Timotheus Lincoln und weitere Variationen dieser Bestandteile. Eine ausgezeichnete Darstellung seines außergewöhnlichen Lebens ist Bernard Wassersteins Buch *The Secret Lives of Trebitsch Lincoln* (New Haven, Connecticut, 1988), dem ich einige der hier wiedergegebenen Fakten entnommen habe.

aber zentrale Rolle im Kapp-Putsch gespielt, dem fehlgeschlagenen Versuch der extremen Rechten, die Weimarer Republik zu stürzen.

Im Lauf seines außergewöhnlichen Lebens war Trebitsch an vielen Orten aufgetaucht und wieder verschwunden und in vielen Rollen aufgetreten, als anglikanischer Vikar, christlicher Missionar, gescheiterter Ölmagnat, Journalist, Spion und kurzzeitig sogar als britischer Unterhausabgeordneter. Er war wegen Unterschlagung und Diebstahls verurteilt worden, hatte mit einer Firma Bankrott gemacht und in England drei Jahre wegen Betruges im Gefängnis gesessen. Trebitsch ist aus zwei Gründen erwähnenswert. Erstens war das Leben in Schanghai wie für ihn gemacht, und umgekehrt. Wenn ein Einzelner die unorthodoxe, von Betrug, Geheimnis und schillerndem Chaos geprägte Atmosphäre der Stadt verkörperte, dann er. Der zweite – uns damals nicht bekannte – Grund ist ominöser und bedeutsamer. Trebitsch, der die internationale Spionage und Intrigen liebte, stand, wie sich später herausstellte, selbst als auf den ersten Blick harmloser buddhistischer Mönch Chao Kung in Kontakt mit der Gestapo in Schanghai, der er anbot, die nationalsozialistische Sache unter den Buddhisten in Tibet voranzubringen, und fast hätte er sie auch davon überzeugt, dass er dazu in der Lage war. Es bedurfte eines scharfen Telegramms aus Berlin an Josef Meisinger, den berüchtigten Repräsentanten der SS im Fernen Osten, um dem Spuk ein Ende zu bereiten. Himmlers Stellvertreter Heydrich persönlich wies Meisinger darin an, das Vorhaben fallenzulassen: »In Angelegenheit Trebitsch-Lincoln ist daher nichts zu veranlassen. Dass es sich um einen Juden handelt, dürfte Ihnen ausreichend bekannt sein.«[15] *

* Zu Meisinger und der Präsenz der Nationalsozialisten in Schanghai siehe unten, S. 164–166.

Daniel Libeskinds ungewöhnlicher Entwurf für das heutige Jüdische Museum in Berlin enthält als ein zentrales Element eine »Achse des Exils«, welche die Besucher an das Schicksal jener deutschen Juden erinnern soll, die in ferne Weltgegenden vertrieben wurden und in ungewohnter Umgebung einen Neuanfang unternehmen mussten. Ein langer, aufwärts führender Weg bringt die Besucher zu einem einzigartigen Garten, der mit seinen auf unebenem Untergrund stehenden Betonstelen bei vielen den unheimlichen Eindruck physischen Gleichgewichtsverlusts und emotionaler Verwirrung hervorruft. Auf seine Weise vermittelt der Architekt hier die Erfahrung von Flüchtlingen, denen in einer fremden Umgebung fern der Heimat jeder Halt fehlt. Und es funktioniert: Die meisten Besucher fühlen sich deutlich desorientiert, manchen wird sogar schlecht.

Ich weiß nicht, ob Libeskind an Schanghai dachte, als er diesen steinernen Garten entwarf, aber es könnte durchaus sein. Denn den 18 000 verängstigten und mittellosen Flüchtlingen aus NS-Deutschland, die es im schlimmsten Jahrzehnt Schanghais in das fremdartige Chaos dieses Hexenkessels verschlagen hatte, wurde eine schmerzliche Neuorientierung abverlangt, die sie innerlich zu zerreißen drohte. Manche vermochten sich nie ganz auf die neue Situation einzustellen, und einige zerbrachen an ihr. Was die Flüchtlinge in Schanghai vorfanden, war in buchstäblich jeder Hinsicht das genaue Gegenteil dessen, was sie aus Europa gewohnt waren. Anstelle des gemäßigten Klimas von Berlin oder Wien traten tropische Temperaturen, denn Schanghai liegt annähernd auf dem gleichen Breitengrad wie Kairo und New Orleans. Die Sommer sind heiß und schwül, die Winter ungemütlich kalt und feucht. Die sanitären Einrichtungen waren rudimentär, das Abwassersystem war völlig unzureichend, das Leitungswasser ungenießbar, die Stromversorgung unsicher, und die Wohnbedingungen waren entsetzlich. Anstelle von Wassertoiletten waren »Kotkübel« üblich, und ständig drohten Krankheiten – Cholera, Pocken, Typhus, Amöbenruhr und jede Art von Darm- und Parasiteninfektionen.

Ebenso verstörend wie die physischen Gefahren war Schanghais sprichwörtliche Gesetzlosigkeit – das allgemeine rücksichtslose Gerangel jeder gegen jeden in einem von Korruption geprägten Chaos ohne verlässliche Regeln, das in krassem Gegensatz zu der Sicherheit einer auf Gesetzen beruhenden, regulierten Ordnung stand, wie sie die Zuwanderer aus Mitteleuropa bislang als selbstverständlich vorausgesetzt hatten. Das extraterritoriale Schanghai befand sich zwar in seiner Endphase, aber es war immer noch ein Sündenbabel, wo man Gesetze brechen und Regeln ignorieren konnte, wo alles möglich war und nichts so funktionierte wie überall sonst. Als die verwirrten Flüchtlinge von Bord gingen, war Schanghai nicht auf sie vorbereitet – und sie waren alles andere als bereit für das, was sie an Land vorfanden.

An Bord der *Haruna Maru,* des japanischen Schiffs, das uns nach China brachte, wurden zwei Bücher herumgereicht, die unsere Gruppe ängstlicher Passagiere für wichtig hielt, und ich erinnere mich, dass meine Eltern sie aufmerksam lasen. Das eine war eine kurze englische Sprachlehre mit dem Titel *Tausend Worte Englisch,* das andere eine Sammlung von Geschichten über Geschäftsverbindungen mit Chinesen mit dem Titel *Vierhundert Millionen Kunden.** Ihr Autor war Carl Crow, ein amerikanischer Journalist und Werbefachmann, der viele Jahre in Schanghai gelebt hatte.[16] Seine Hauptthese lautete, dass es in China unglaublich viele Menschen gebe, die allesamt potentielle Kunden seien, und dass die Chinesen zwar ein reizendes Volk seien, aber sonderbare Bräuche pflegten, die für Westler schwer zu verstehen seien.

---

* Die Zeiten haben sich verändert. In etwas mehr als sechzig Jahren hat sich die Bevölkerung Chinas auf 1,3 Milliarden Menschen mehr als verdreifacht. Außerdem waren die meisten der von Crow angenommenen 400 Millionen »Kunden« dies allenfalls in der Theorie, während seine Prophezeiung eines riesigen Marktes heute mit erstaunlichem Tempo Wirklichkeit wird.

Dass es wichtig war, Englisch zu lernen, die Lingua franca der rund fünfzig in Schanghai lebenden Nationalitäten, war unumstritten. Aber niemand an Bord der *Haruna Maru* kam auf den Gedanken, dass Chinesisch zu lernen – die Sprache von 99 Prozent der Einwohner Schanghais – ebenfalls eine wertvolle Vorbereitung auf sein neues Leben sein könnte. Wie sich herausstellte, lernten die meisten der Passagiere es auch später nicht. Damit hielten sie sich freilich nur an die vorherrschende Auffassung aller Europäer, dass die Anstrengung, eine tiefere Kenntnis der lokalen Sprache und Kultur zu erwerben, eine charmante Exzentrizität derjenigen sei, die sich dafür interessierten, als praktische Aufgabe aber eine unnötige Belastung darstelle.

Was Crows Geschichten über Geschäftskontakte zwischen Ausländern und Chinesen angeht, so hatte niemand auf dem Schiff die geringste Vorstellung davon, welche Kluft zwischen einem etablierten Auslandsamerikaner und einem mittellosen, mitten im Krieg ankommenden Flüchtling bestand und dass aufgrund dieses Unterschieds vieles von dem, was sie bei Crow lasen, für sie irrelevant war. In Schanghai gab es zwar nur wenige streng gehandhabte amtliche Vorschriften, aber die ausländischen Gemeinden der Stadt waren auf snobistische Weise hierarchisch gegliedert und exklusiv. Die Menschen bewegten sich in ihren eigenen Kreisen, und die feingezogenen sozialen und geschäftlichen Trennlinien wurden selten überquert. Engländer und Amerikaner saßen an den Hebeln der Macht und genossen die größten Privilegien und das höchste Ansehen. Crow, zum Beispiel, dürfte Mitglied des elitären Shanghai Club am Bund gewesen sein, wo bei gemütlichen Mittagessen oder bei Drinks an der legendären Long Bar Geschäfte mit anderen Ausländern abgeschlossen wurden.* Ein staatenloser Flüchtling konnte kaum hoffen, in diesen exklusiven Schrein der vornehmen Ausländergemeinde eingelassen zu werden.

---

* Diese einst elitäre Institution sah schweren Zeiten entgegen. Als ich Anfang der neunziger Jahre dort war, hatte den Barraum ein schmachvolles Schicksal ereilt: Man hatte ihn in eine Filiale von – ausgerechnet – Kentucky Fried Chicken verwandelt.

Hauptkunden von Crows Werbeagentur waren die großen amerikanischen und britischen Tabakunternehmen und Importfirmen, deren Produkte er großen chinesischen »Compradores«* oder anderen westlich gebildeten lokalen Großkaufleuten schmackhaft machte. Dafür wurde er in Dollars bezahlt, so dass er sich ein großes Haus im vornehmen Westteil der Stadt leisten konnte, wo eine kleine Armee von Bediensteten für sein Wohlergehen sorgte. Die Flüchtlinge würden sich an eine völlig andere Wirklichkeit anpassen müssen, in welcher der tägliche Umgang mit Chinesen kaum Ähnlichkeit mit demjenigen in Carl Crows Welt hatte. Ihnen würde kein Klub offenstehen, in dem wertvolle Kontakte geknüpft werden konnten, und die Wahrscheinlichkeit, dass ein amerikanisches oder britisches Unternehmen sie anstellen würde, und sei es auch nur auf unterster Ebene, war ebenso gering wie die Aussicht auf Kontakte mit den bedeutenden chinesischen Tycoons von Schanghai.

In Wirklichkeit erwarteten die Flüchtlinge völlig andere praktische und emotionale Herausforderungen, für die Daniel Libeskinds geneigter, unebener Garten des Exils ein weitaus passenderes Symbol ist. Doch selbst dieses *ex post* geschaffene Sinnbild vermittelt nur einen unvollkommenen Eindruck von der Tiefe der Existenzkrise, welche die Flüchtlingspassagiere der *Haruna Maru* in China vor sich hatten.

Neben dem brutalen Klima** mussten sie mit einer drastischen Absenkung ihres Lebensstandards fertig werden, die insbesondere die bürgerlichen Deutschen und Österreicher mit unerwarteter Plötzlichkeit und Härte traf. Wer über »echtes« Geld verfügte – Dol-

---

* Ein Comprador war ein chinesischer Zwischenhändler, wie ihn alle ausländischen Firmen als unverzichtbaren Mittler zur chinesischen Geschäftswelt einschalteten.

** Im Juli und August wird in Schanghai eine durchschnittliche Höchsttemperatur bei 36,3° C erreicht, bei einer durchschnittlichen Luftfeuchtigkeit von 82 Prozent. Die durchschnittlichen Tiefstwerte im Winter liegen bei 6° C und einer Luftfeuchtigkeit von 76 Prozent.

lar, Pfund Sterling oder Schweizer Franken –, für den war Schanghai, wo es weder Einkommens- noch Verbrauchssteuern gab, ein Schnäppchenparadies, in dem ein importiertes Päckchen Lucky Strikes oder Camel ein Drittel weniger kostete als auf dem Heimatmarkt. Auch die meisten anderen Importgüter waren um einiges billiger. Selbst mit einem bescheidenen Einkommen in harter Währung kam man in Schanghai wesentlich weiter als in der Heimat, und noch der am geringsten bezahlte Ausländer konnte von seinem Gehalt mehr als gut leben. Bei Flüchtlingen ohne Mittel, die weitgehend auf Wohltätigkeit angewiesen waren und kaum Aussichten auf einen Verdienst in harter Währung hatten, ging es dagegen darum, mit einem Monatsbudget von umgerechnet zehn US-Dollar oder weniger über die Runden zu kommen. Sobald sie den schützenden Kokon des Schiffs verlassen hatten, standen sie dieser schmerzlichen Realität gegenüber; sie mussten sich mit primitiven Unterkünften abfinden und zusehen, wie sie das Geld für die tägliche Grundversorgung verdienen konnten.

Anfangs übernahmen einige internationale Wohltätigkeitsorganisationen und die beiden jüdischen Gemeinden von Schanghai, so gut sie konnten, die Fürsorge für die Flüchtlinge. Der kleineren jüdischen Gemeinde gehörten ursprünglich aus dem Irak stammende sephardische Juden an, von denen viele nur über bescheidene Mittel verfügten, aber einige auch zu den Superreichen der Stadt zählten – die Sassoons, Kadoories, Hardoons, Ezras und eine Handvoll anderer. Die zweite, größere Gemeinde bestand aus in jüngerer Zeit aus Harbin und dem russischen Fernen Osten zugewanderten russischen Juden, die vor dem Kommunismus und dem endemischen Antisemitismus in ihrem Heimatland nach Schanghai geflohen waren.

Ihre neu eingetroffenen Glaubensgenossen unterzubringen und zu verpflegen war zunächst eine lösbare Aufgabe. Bis Ende 1938 waren nur etwa 1400 Flüchtlinge in Schanghai an Land gegangen. Doch was als Tröpfeln begonnen hatte, wurde bald zu einem steten Strom und schließlich zu einer wahren Flut, welche die Hilfsgruppen trotz aller Anstrengung zu überfordern drohte. Bis Mai

1939 trafen 7000 weitere Flüchtlinge ein; am Ende sollte die Flüchtlingsgemeinde noch einmal auf mehr als das Doppelte, nämlich auf dann 18 000 Menschen angewachsen sein.

Im Frühjahr 1939 waren bereits 2000 mittellose Flüchtlinge in von reichen Schanghaier Juden finanzierten Notlagern untergebracht, den sogenannten »Heimen«. In diesen primitiven Unterkünften lebten schließlich 4800 Menschen, die dort auch zusammen mit anderen für 33 Cent pro Tag durch Gemeindeküchen verpflegt wurden. Wer nicht in einem Heim wohnte, musste mit einer monatlichen Zuwendung von rund fünfzig chinesischen Dollar, dem Gegenwert von weniger als fünf US-Dollar, auskommen. »Kann irgendjemand davon leben?«, fragte Sir David Sassoon, einer der reichsten Juden Schanghais und ein bedeutender Wohltäter, in einem Interview der *North China Daily News* verwundert.*

Die Heime waren auf verlassenen Grundstücken in Honkou errichtet worden, dem japanisch besetzten Teil der Stadt und einem von Schanghais schlimmsten Bezirken unweit der Docks, der 1931 und 1937 während der chinesisch-japanischen Kämpfe stark zerstört worden war. Nur wenige Westler begaben sich freiwillig in diese wenig einladende Gegend, in der überwiegend arme Chinesen lebten, die Japaner das Sagen hatten und Exterritorialität nicht mehr anerkannt wurde. Die Japaner hatten allerdings die Unterbringung der Flüchtlinge in ihrem Gebiet genehmigt, und so wurden sie dort untergebracht. Zeitgenössische Fotos zeigen, wie die ankommenden Flüchtlinge, noch in Kleidern, die sie bald als ungeeignet für das Schanghaier Klima ablegen sollten, vom Schiff über eine Holzplanke auf einfache offene Lastwagen umsteigen, die sie zu ihrer

* Im August 1940 bewegten die Hilfskomitees die Schanghaier Behörden dazu, den ungehinderten Flüchtlingszustrom zu stoppen, indem von jedem Neuankömmling verlangt wurde, eine Summe von mindestens 400 Dollar vorzuweisen – für viele eine unüberwindliche Hürde. Das war eine große Tragödie, aber damals konnte niemand ahnen, dass diejenigen, denen die Flucht aus Deutschland dadurch unmöglich gemacht wurde, dafür würden mit ihrem Leben bezahlen müssen.

neuen Unterkunft fuhren. Dort wurde ihnen ein Schlafsaal zugewiesen, und sie erhielten Bettwäsche, eine Bettdecke, einen Zinnteller, Besteck und eine Tasse sowie einige wertvolle Ratschläge für das Überleben in Schanghai: »Trinken Sie kein Wasser aus der Leitung … Trinken Sie keine Milch und essen Sie kein frisches Obst oder Gemüse. Machen Sie einen weiten Bogen um japanische Wachen an den Checkpoints … und trauen Sie niemals der Polizei.«[17] Adieu, Carl Crow, und willkommen im Schanghai der Flüchtlinge!

Unsere persönliche Situation war nicht ganz so verzweifelt, doch obwohl uns die Unterbringung in einem Heim erspart blieb, waren die vielen auf uns einstürmenden Anforderungen unseres neuen Lebens anstrengend genug. Verwandte in Brasilien hatten etwas Geld für uns zusammengekratzt – rund hundert englische Pfund, glaube ich –, weshalb wir zu der Minderheit der Flüchtlinge mit »Mitteln« gehörten. Meine Eltern waren in Neapel zu einer Bank geeilt, um das Geld abzuholen, und hatten während der gesamten Reise ängstlich über unseren kostbaren Schatz gewacht und ihn ein ums andere Mal gezählt und nachgezählt, um ihn anschließend in einem immer wieder neuen Versteck zu verstauen. Er war das Einzige, was zwischen uns und der totalen Katastrophe stand, und nicht ein einziger Penny durfte während unserer einmonatigen Reise davon ausgegeben werden. Deshalb gehörten wir, als wir am 10. Mai 1939 in Schanghai eintrafen, zu den wenigen Glücklichen, die die Lastwagen links liegen lassen und stattdessen ein Zimmer in einer Absteige im weniger bedrückenden International Settlement nehmen konnten.

Wenige Tage später – meine siebzehnjährige Schwester war als Kindermädchen zu einer englischen Familie abgeschoben worden, so dass ein Mund weniger zu stopfen war – mieteten wir auf der anderen Seite der Grenze in der Concession Française unsere erste ständige Bleibe. Unser Heim war jetzt ein Zimmer in einem bescheidenen Reihenhaus in einer Anlage in der Route de Grouchy 51, die hochtrabend Erin Villas genannt wurde. Unsere Vermieter im Haus Nummer 8 waren arme »weiße« Russen, in Schanghai einfach »Weißrussen« genannt. Der Hausherr, »Oberst« Kichigin, war eine beeindruckende Erscheinung, allerdings ernsthaft von seiner Wodkaflasche abhängig und ohne sichtbare Beschäftigung. Er behauptete, als Offizier der Weißen gegen die Roten gekämpft zu haben. Mein Vater stellte jedoch aufgrund seiner Erfahrungen beim preußischen Militär und der Erinnerungen an Schlachten gegen die Russen in Galizien bald voller Verachtung fest, dass Kichigin nicht mehr als Feldwebel gewesen sein konnte. Flüchtlinge, fügte er hinzu, würden dazu neigen, ihre frühere gesellschaftliche Stellung zu übertreiben. Dies sei ihm schon bei unseren Mitreisenden an Bord aufgefallen, von denen viele lauthals behauptet hätten, in wohlhabenden Verhältnissen gelebt und in Berlin oder Wien bedeutende Posten mit beachtlichen Einkommen innegehabt und gutgefüllte Bankkonten besessen zu haben. Die Russen, da war er sich sicher, ergaben sich ähnlichen Illusionen. Es machte den sozialen Abstieg erträglicher und weniger erniedrigend.

Madame Kichigina, die Dame des Hauses, trug als Masseuse von Ausländern zum Lebensunterhalt der Familie bei, und die beiden jungen Töchter gingen, wie ich den gemurmelten Andeutungen meiner Eltern entnehmen konnte, einer »Nachtarbeit« nach – die eine übte offen den Beruf der Prostituierten aus, während die andere am Tag als Friseurin arbeitete und nachts ihren Lohn in einer kleinen russischen Bar aufbesserte, was, angesichts der endlosen Kette von »Herrenbesuchen«, wohl auf ungefähr das Gleiche hinauslief.

Das Haus war klein, überfüllt und primitiv, die Kichigins waren laut und impulsiv, lagen ständig im Streit miteinander und waren immer pleite, im Grunde aber gutherzig und großzügig. Bei den Festen zur russischen Weihnacht und zu Ostern floss der Wodka in Strömen, und der Tisch in ihrer Wohnung bog sich unter der Last russischer Köstlichkeiten, die »Grischa« gekonnt zubereitet hatte. Grischa war ein chinesischer »Koch-Boy«, der in gebrochenem Russisch wie ein Kosak fluchte und auf dem Küchenboden schlief, manchmal allein und manchmal in Gesellschaft einer der vielen Waschfrauen und Amahs der Erin Villas. Bis heute geht mein begrenztes russisches Vokabular überwiegend auf die drastischen Verwünschungen zurück, mit denen Grischa die Ziele seines Zorns und deren Mütter bedachte, insbesondere deren niedrige Moral, intime Anatomie und abwegigen Sexualpraktiken. Für einen Jungen, der gerade in die Pubertät kam, gab es bei den Kichigins viel zu lernen. Am faszinierendsten – und Gegenstand vieler heißer Träume – waren zweifellos die beiden Töchter und ihre aufreizende Gewohnheit, ungeniert mehr oder weniger unbekleidet durchs Haus zu wandern und nach Grischa zu rufen, weil sie etwas essen oder trinken wollten.

Sich an die primitiven Bedingungen im Haus der Kichigins zu gewöhnen – und sie unterschieden sich erheblich von denen in unserer Wohnung am Kurfürstendamm – war kaum weniger verwirrend als der Aufenthalt in den Heimen in Honkou. Meine Mutter hatte mich in unserem einzigen Zimmer auf eine klapprige Faltliege hinter einem großen Schiffskoffer verbannt. Sich die Küche im Erdgeschoss mit Madame Kichigina und Grischa zu teilen war für sie eine menschliche Herausforderung sondergleichen. Am schwersten war es jedoch, sich an das unwirtliche Klima von Schanghai zu gewöhnen – und an die in Schanghai üblichen vielen krabbelnden Mitbewohner, von Wanzen über riesige Küchenschaben bis zu der einen oder anderen Ratte, vor denen es kaum ein Entkommen gab.

Das Klima allein war schon schlimm genug. »Es scheint ein Gesetz zu sein, dass sich jeder Mensch nur in dem Klima wohl fühlt, in dem er geboren ist«, bemerkt einer der chinesischen Protagonisten in Vicki Baums Roman *Hotel Shanghai*, während er beobachtet, wie einer seiner ausländischen Freunde unter der Sommerhitze in der Stadt litt.[18] Wir lernten das Schanghaier Wetter schließlich stoisch hinzunehmen, litten aber ständig darunter. Selbst im Mai stieg die Temperatur regelmäßig auf weit über 30° C, und die Luftfeuchtigkeit sorgte dafür, dass man binnen Minuten in Schweiß gebadet war, sobald man das Haus verließ, und von lästigen Hitzeausschlägen auf der solche Bedingungen nicht gewohnten europäischen Haut gequält wurde. Im Juli konnte das Thermometer bis auf 40° C steigen, und auch nachts trat kaum eine Abkühlung ein.

Unterbrochen wurde die drückende Hitze nur von gelegentlichen sturzbachartigen Monsunregenfällen, deren Wassermassen die ungenügende Kanalisation überforderten, so dass die Straßen von einer über einen halben Meter hohen, verseuchten Brühe überschwemmt wurden.

Das Hauptproblem aller Flüchtlinge war, wie sie genügend Geld verdienen konnten, um am Leben zu bleiben. Arbeit war schwer zu finden und gering bezahlt. Handarbeit kam für Westler nicht in Frage, da Chinesen sie für einen Hungerlohn erledigten, und nur die wenigen, die über besondere Fähigkeiten verfügten – wie Chemiker mit speziellen Kenntnissen, frühere Mitglieder der Berliner oder Wiener Philharmoniker oder vielleicht ein berühmter Physiker –, hatten eine Chance. Fand jemand aus der großen Mehrheit eine Arbeit, dann war es ein seltener Glücksfall, der Aufsehen erregte und um den man ihn beneidete.

Den Juden blieb nur übrig, wozu sie jahrhundertelang gezwungen gewesen waren: zu verkaufen, zu handeln, sich umzutun und zu improvisieren. Dazu gehörte in Schanghai auch, ausgefallene Fähigkeiten und Hobbys zu nutzen, um Geld zu verdienen. Der Briefmarkensammler aus Berlin begann mit Briefmarken zu handeln, Hobbymusiker suchten Auftrittsmöglichkeiten in Klubs und Bars, Hausfrauen buken Wiener oder Berliner Spezialitäten, um sie zu verkaufen, und wer handwerklich begabt war, klopfte an Bürotüren und bot an, Schreibmaschinen und anderes zu reparieren. Der Erfindungsreichtum der Flüchtlinge war erstaunlich, und obwohl viele scheiterten, erwiesen sich einige doch als bemerkenswert erfolgreich. Herr Natowic »fabrizierte« Eierpunsch und eine spezielle Mixtur, die er »Oli Apple Drink« nannte, und bot beides Geschäften und Bars an, wo es sich als Überraschungserfolg herausstellte. Die Eisfelders öffneten ein kleines Café, das kaum mehr als ein Loch in der Wand war, aber rasch dafür berühmt wurde, dass es die besten Kuchen und Torten nach deutscher Art anbot, und das in einem in Schanghai bisher unbekannten Preis-Leistungs-Verhältnis. Ein anderer Flüchtling betrieb einen »Emigrant Thrift Shop«, in dem Ausländer in von Neuankömmlingen zum Verkauf angebotenen persönlichen Besitztümern wühlten und nach Schnäppchen suchten. Und Herr Tarrasch, der viel über deutsche Wurst und deutschen Schinken wusste, wurde zum Lieblingslieferanten ausländischer Haushalte in den besseren Vierteln der Stadt. In der ansässigen Gemeinde nationalsozialistischer Deutscher hatte er einen solchen Erfolg, dass sich der lokale Gauleiter bemüßigt fühlte, sie in einer offiziellen Mahnung darauf hinzuweisen, dass es für Deutsche auch in China verboten sei, bei Juden einzukaufen.

Aber ob die Geschäftsideen und Unternehmungen von Flüchtlingen nun funktionierten oder nicht, es dauerte nicht lange, bis die in Schanghai lebenden Westler auf sie aufmerksam wurden. Die Flüchtlinge machten Eindruck. Dahinter steckte harte, von vielen Fehlschlägen gekennzeichnete Arbeit. Die dehnbare Schanghaier Ethik, die Unehrlichkeit und Korruption stellten die Neuankömmlinge vor ungewohnte Aufgaben. Schanghai war ein Paradies für Schwindler und Betrüger, und viele Flüchtlinge fielen auf sie herein. Kunden zahlten nicht, Versprechen wurden gebrochen, und überall wurde die Hand aufgehalten; ohne Schmiergeld geschah nichts.

Auch meiner Mutter, die sich mit all ihrer Entschlossenheit und Energie in diese Szene stürzte, blieb die unvermeidliche Schanghaier Lektion nicht erspart. Wenige Tage nach unserem Einzug bei den Kichigins überredete sie den russischen Besitzer eines Stoffgeschäfts in der Avenue Joffre (heute Huai Huai Lu), der Hauptstraße der Concession Française, ihr zu erlauben, seine Waren direkt an die vielen schicken kleinen Modegeschäfte und Schneider in der Nähe des Französischen Klubs in der Rue Cardinal Mercier zu verkaufen,* von denen sich ausländische Frauen einkleiden ließen. Das Problem war nur, dass die Lasten, die sie von einem Geschäft zum anderen schleppen musste, zum Tragen zu schwer und die öffentlichen Rikschas zu unzuverlässig waren. Hinzu kam, dass sie

* Heute gehört dieser einst elegante Klub, das Zentrum des gesellschaftlichen Lebens im alten französischen Bezirk, zu einem der besten Hotels der Stadt, dem Fünfsternehaus Garden Hotel.

die Sprache der Kulis weder sprach noch verstand, so dass sie ihnen nur schwer Anweisungen geben konnte.

Deshalb wurde nach langer, erschöpfender Diskussion beschlossen, eine bedeutende Investition zu tätigen und ihr eine eigene Rikscha zu kaufen, ein elegantes, schwarzglänzendes Gefährt, das eine deutliche Verbesserung gegenüber den im Allgemeinen dreckigen und unbequemen öffentlichen Rikschas darstellte. Durch die Anschaffung dieses luxuriösen Transportmittels sollten ihr nicht nur die Fahrten mit den Stoffmustern erleichtert, sondern auch die Kunden beeindruckt werden. Zusammen mit der Rikscha wurde ein persönlicher »Fahrer« engagiert, ein älterer Mann namens Foo, von dem erwartet wurde, dass er meine Mutter, nachdem sie ihn mit einer sauberen Hose, einer Jacke im chinesischen Stil und Strohsandalen ausgestattet hatte, auf ihren täglichen Runden durch die Stadt fuhr. Foo verstand nur rudimentäre Anweisungen – im Schanghaier Pidginenglisch, versteht sich, einer nicht schwer zu meisternden Mundart, auf die sie die Lektüre der *Tausend Worte Englisch* freilich in keiner Weise vorbereitet hatte. »Wanchee go Fochilu chopchop« (Bring mich schnell zur Avenue Foch) – ein Satz wie dieser hatte definitiv nicht in ihrem Englischbuch gestanden.*

Es dauerte indes nicht lange, bis sie wieder auf öffentliche Rikschas angewiesen war, denn binnen höchstens zwei Wochen war Foo – samt Rikscha, Hose, Jacke, Sandalen und allem – auf Nimmerwiedersehen im chinesischen Schanghai verschwunden und die Investition in ein Stück Vornehmheit unwiederbringlich verloren. Mein Vater, der selbst in besseren Zeiten nicht gerade ein ausgebuffter Geschäftsmann war, musste die Schanghaier Lektion fast ebenso schnell lernen. Er hatte einen kleinen Teil unseres Kapitals von hun-

---

* Pidginenglisch, im alten Schanghai einst ein verbreitetes Kommunikationsmittel, ist heute fast vollständig ausgestorben. Als Relikt einer Epoche, in der Ausländer das Sagen hatten und es benutzten, um mit ihren Dienern und Lieferanten zu sprechen, wird es heute nur noch von einigen alten Chinesen mit Vergnügen gesprochen, in Erinnerung an die gute alte Zeit.

dert Pfund Sterling zusammen mit einem chinesischen Partner und einem anderen Flüchtling in ein rasch gescheitertes Produktionsunternehmen investiert, das ihn seine Investition kostete, während der chinesische Partner mit dem übriggebliebenen Geld im Straßengewirr von Schanghai untertauchte. Auf Fragen danach, wo er wohl sein mochte, bekam man nur die häufig gebrauchte Antwort zu hören, wenn es um einen nicht mehr aufzuspürenden Chinesen ging: »No savee, go country« – »weiß nicht, gehen Land«, und damit war die Sache erledigt.

Diese frühen Lektionen über das Schanghaier Geschäftsleben, die viele Flüchtlinge lernen mussten, wurzelten in der langen Tradition der Stadt als Ort, wo jeder käuflich war und die Verbrecherbanden, wie der amerikanische Journalist Edgar Snow nicht ohne Bewunderung bemerkt hat, »mit einer samtigen Weichheit vorgehen, die Chicagoer Gangster vergleichsweise wie lärmende Playboys erscheinen lässt«.[19] An der Spitze gab es ein seit langem bestehendes informelles Bündnis zwischen ausländischer und chinesischer Führung einerseits und den großen kriminellen Banden andererseits, das es Letzteren gestattete, ihre Territorien zu sichern und sich durch Rauschgift, Glücksspiel, Prostitution und andere Gaunereien zu bereichern, während es zugleich garantierte, dass ausländische und chinesische Tycoons in Frieden gelassen wurden und die Dinge nicht aus dem Ruder liefen.

In den zwanziger Jahren hatte dieses System solch schillernde Figuren wie den »großohrigen Tu« und den »pockennarbigen Huang« hervorgebracht, zwei Anführer der Grünen Bande und mit ihr verbündeter krimineller Triaden. Tu gehörte zu den Finanziers von Chiang Kai-sheks politischem Apparat, was ihm den Titel eines Generalmajors der nationalistischen Armee ehrenhalber eingebracht hatte. Huang war der unbestrittene Boss der Unterwelt in der Concession Française, während er praktischerweise gleichzeitig den Posten des Chefs der chinesischen Polizei in diesem Stadtteil innehatte. Mit einem dritten Unterweltboss, einem gewissen Chang Hsiao-lin, konnte er allerdings nicht mithalten, denn der war Chef der französischen Behörde zur Bekämpfung des Opiums, als der er den illegalen Handel kontrollieren und den Profit zwischen seiner Bande und seinen Partnern in der Stadtregierung aufteilen konnte. Im International Settlement genoss ein weiterer Boss der Grünen Bande namens Sheng Shin Lung als Chef einer Polizeieinheit ähnliche Vorteile, ebenso wie sein Nachfolger, ein gewisser Loh, der freilich 1938 umgebracht wurde, weil er eine politische Sünde begangen und mit den verhassten Japanern kollaboriert hatte.

Dass Chiang Kai-shek an der Spitze seines Staatsapparats solche Interessenkonflikte und ungeheuerliche Korruption zuließ, trug erheblich zum Abscheu der Öffentlichkeit gegenüber der Kuomintang bei und beschleunigte ihren Niedergang und Zusammenbruch, da er den Kommunisten unter dem puritanischen Mao Zedong damit eine wirkungsvolle Propagandawaffe an die Hand gegeben hatte. Chiangs Schwager, H. H. Kung und T. V. Soong, beide unermesslich reich und ebenso habgierig, wechselten sich über Jahre hinweg als Finanzminister der KMT-Regierung ab und bereicherten sich schamlos, während sie die Finanzen des Landes ins Chaos stürzten.

Die zersetzende Wirkung derartiger Korruption, Mauschelei und krimineller Energie an der Spitze erfasste zwangsläufig alle Ebenen, und die Anzeichen waren überall zu sehen. Streifenpolizisten erpressten in aller Öffentlichkeit glücklose Rikschakulis, Arbeiter und die gesamte Bevölkerung. Bauern, die in der Sommerhitze mit Fleisch zum Markt fuhren, wurden angehalten, und ihre Ware wurde so lange der Sonne und der Gefahr zu verderben ausgesetzt, bis sie das Verlangte zahlten. Aus Rikschas wurde beim kleinsten echten oder vermeintlichen Vergehen das Sitzkissen »beschlagnahmt« und nur gegen Zahlung des üblichen Schmiergelds wieder herausgegeben. Einen Teil ihrer täglichen Einnahmen reichten die Polizisten an ihren Vorgesetzten weiter, der wiederum seinen Chef bedachte und dieser seinen und so weiter, wobei jeder seinen Schnitt machte. Insbesondere unter den in den späten dreißiger Jahren herrschenden Bedingungen von Krieg und Aufruhr betrachteten manche der vielen arbeitslosen, unterbezahlten, ausgebeuteten und hungernden Menschen es fast schon als ihr Recht, sich ihren Teil abzuzwacken. Es war der einzige Weg, wie ein kleiner Arbeitnehmer seine Familie ernähren und über die Runden kommen konnte.

Wie ich entdecken sollte, lösen sich viele moralische Dilemmas unter den Bedingungen von Ausbeutung und Not von selbst auf. Als ich 16 Jahre alt war, beendete der Krieg meine Schulzeit, und ich ergatterte eine Arbeit als Laufbursche in einer Chemiefabrik, die einer Schweizer Firma gehörte, die hoffte, aus ihrer einzigartigen Position der Neutralität Profit schlagen zu können. Man schrieb das Jahr 1942, der Krieg zwischen Japan und den Vereinigten Staaten hatte gerade begonnen, die Japaner waren obenauf und die Zeiten schwer. Zu sagen, dass wir von unseren vom Krieg profitierenden Arbeitgebern unterbezahlt und ausgebeutet wurden, ist ausgesprochen milde ausgedrückt. Zu meinen Aufgaben gehörten gelegentliche Fahrradfahrten, um verschiedene Dinge zu besorgen – bestimmte Nägel oder Schrauben, Schmiermittel und so weiter. Ich erinnere mich noch, wie verwundert ich war, als mir in einem chinesischen Geschäft mit einer höflichen Verbeugung zum ersten Mal eine Quittung überreicht wurde, die einen um zwanzig Prozent höheren Betrag auswies, als ich bezahlt hatte. Es war einfach die Art, wie man in Schanghai Geschäfte machte, und der Geschäftsinhaber setzte voraus, dass ich es genau so verstand. Durch den für mich bestimmten Differenzbetrag sollte ich bewogen werden, das Geschäft bei künftigen Einkäufen zu bevorzugen und ein für beide Seiten profitables Arrangement zu zementieren. Ich gestehe ein, dass die moralischen Bedenken, die mir am Anfang durch den Kopf gegangen sein mögen, rasch verflogen. Bald nahm ich wie jeder in Schanghai Schmiergeld an, um meinen Hungerlohn aufzubessern, und bemühte mich aktiv um weitere Fahrradtouren zu den mir freundlich gesinnten Lieferanten in der Stadt.

So funktionierte es auf allen Ebenen, von ganz oben bis ganz unten. Grischa, Kichigins Koch, kassierte eine Provision vom Gemüsehändler an der Ecke; die Feuerwehr erschien nur, wenn sie geschmiert wurde; Krankenschwestern behandelten Patienten erst richtig, nachdem man ihnen die Hände versilbert hatte; und in »meiner« Chemiefabrik ließ Mr. Yik, der Comprador, keine Lieferung herein, ohne eine angemessene »Gebühr« erhalten zu haben. Ich spielte wie alle anderen mit, zog aber auch eine Lehre daraus, die sich mir lebenslang einprägte: Wenn eine Kultur der elementaren Ehrlichkeit und von Recht und Ordnung fehlt, korrumpiert das Leben alle und wird unerträglich, und keine Regierungsbehörde, ob in einem Polizeistaat oder einer Demokratie, kann auf Dauer funktionieren und bestehen bleiben.

Versuchungen

Ich kann behaupten, in China eine ausgezeichnete Bildung erhalten zu haben, wenn auch keine der formalen Art. Der Schulunterricht, den ich besuchte, war nicht besonders beeindruckend, und ich ging mit knapp 16 Jahren von der Schule ab. Danach lernte ich die wichtigsten Dinge auf der Straße.

Die Schanghaier Jüdische Schule, auf die meine Eltern mich im Herbst 1939 schickten, folgte britischen Lehrplänen, aber ihr Niveau lag eher am unteren Ende der Qualitätsskala. Die Lehrerschaft war gemischt. Auf der guten Seite standen einige hervorragende Englischlehrerinnen – zwei strenge Schottinnen und eine ebenso gute Holländerin –, die uns mit eiserner Entschlossenheit die richtige Grammatik und die korrekte Aussprache des Oxfordenglisch einbläuten und von uns deutlich mehr verlangten als die meisten amerikanischen Schulen von ihren Schülern. Ergänzt wurde dieser Sprachunterricht durch eine ernsthafte Beschäftigung mit englischer Literatur, von Shakespeare, Milton und Grey bis zu Swift, Dickens und einer breiten Auswahl anderer englischer Klassiker. Infolgedessen bin ich in Rekordzeit durch und durch zweisprachig geworden – mit Deutsch als erster und Englisch als zweiter Sprache –, und ich bin den Mesdames O'Dwyer, O'Connell und Hekking noch heute dankbar für ihre hohen Ansprüche.

Die übrigen Lehrer waren jedoch, von wenigen Ausnahmen abgesehen, nicht der Rede wert und im Allgemeinen unausgebildet und stümperhaft. Sie verlangten von uns vor allem stupides Auswendiglernen. In Geschichte – überwiegend jener des britischen Empire – erhielten diejenigen die besten Noten, die die Lehrbuchseiten Wort für Wort wiedergeben konnten. Interpretationen und Diskussionen riefen Stirnrunzeln hervor. Der Unterricht in Mathematik und Naturwissenschaft war ebenso armselig; Chinesisch wurde gar nicht gelehrt, Französisch nur weit unterhalb des Niveaus, das ich bereits erreicht hatte, und Hebräisch – ein Pflichtfach – so dürftig, dass ich kaum etwas lernte.

Draußen lag das übervölkerte Schanghai mit seiner bunten Vielfalt von Bildern, Klängen und Gerüchen. Es war chaotisch, manchmal gefährlich, voller Versuchungen und immer aufregend. Das Leben spielte sich auf den Straßen ab. Hier konnte man alles kaufen und verkaufen, die verschiedensten Gerichte kosten, sich die Zukunft voraussagen lassen, von Taschendieben bestohlen werden, sich rasieren, Krankheiten behandeln, Zähne ziehen und die Ohren säubern lassen. Hier auf den Straßen befriedigten Obdachlose und Arme ihre elementaren Bedürfnisse, wurden Babys geboren und starben die Bettelarmen.

Auf den Straßen stieß man mit Hausierern und Straßenhändlern zusammen, mit schottischen Soldaten in Kilts, italienischen Matrosen und US-Marines, mit annamitischen und Sikh-Polizisten mit Turban auf dem Kopf, die den Verkehr von Rikschas, Fahrradtaxis, Karren und Autos regelten, mit Geldwechslern, männlichen und weiblichen Prostituierten, Geschichtenerzählern, Bettlern, Zuhältern, kleinen Jungen und Mädchen, die man mieten oder kaufen konnte, mit Nonnen in schwarzer Tracht und buddhistischen Mönchen mit geschorenem Kopf in wallenden safrangelben Gewändern, mit Abenteurern jeder Art und Angehörigen aller Herren Länder. Auf den Straßen wurden unschuldige Vergnügungen angeboten, und solche, die weniger harmlos waren und von denen man sich besser fernhielt.

Fast vom ersten Tag an floh ich auf der Suche nach Abenteuern, sooft ich konnte, in die verschlungenen Gassen und belebten Nebenstraßen der Stadt. Ich wollte alles sehen, und es dauerte nicht lange, bis ich die aufregendsten Stellen gefunden hatte. Bald fluchte und handelte ich in Straßenchinesisch, als hätte ich mein Leben lang nichts anderes gesprochen, schnappte von unseren Nachbarn in der Route de Grouchy russische Brocken auf, plapperte wie alle anderen in Pidginenglisch, und da ich in der Concession Française wohnte, erwarb ich zudem ein ziemlich flüssiges Französisch. Vielsprachigkeit war weitverbreitet und galt unter der Jugend des polyglotten Schanghai nicht als etwas Besonderes.

Am besten war jedoch, dass ich zum ersten Mal in meinem Leben auf mich allein gestellt und praktisch von jeder elterlichen Kontrolle befreit war. Im nationalsozialistischen Berlin war mein Leben stark eingeschränkt gewesen; zu Hause hatte ich behütet und unter ständiger Beobachtung gelebt, und es hatte viele Vorschriften und Beschränkungen gegeben, die eingehalten werden mussten. In Schanghai war es anders. Ich war jetzt ein Teenager und wuchs schnell heran, und um uns herum pulsierte ein wildes und alles andere als geordnetes Leben, das nur wenige feste Regeln kannte. Ich entdeckte rasch, dass mir jetzt ungeahnte Möglichkeiten offenstanden, dieses Leben kennenzulernen, ohne dass mich jemand zurückhielt.

Meine Eltern waren angesichts der in Schanghai lauernden Versuchungen besorgt darüber, dass ich so unbeaufsichtigt und wild aufwuchs – »wie bei den Hottentotten«, sagte meine Mutter oft mit einem Seufzer. Von den täglichen Anforderungen belastet und obwohl sie selten zu Hause war, unternahm sie dennoch tapfere Anstrengungen, mich im Zaum zu halten. Aber sie kämpfte trotz aller Entschlossenheit auf verlorenem Posten. Nachdem sie von morgens bis abends in lähmender Sommerhitze oder feuchter Winterkälte unterwegs gewesen war und ihre Stoffballen von Geschäft zu Geschäft geschleppt hatte, kam sie abends erschöpft und völlig ausgelaugt nach Hause, so dass sie nur noch die Kraft zu ernsten Ermahnungen und düsteren Warnungen vor den Gefahren der Fleischtöpfe Schanghais mit ihrem Geruch von Ausschweifung und Unheil hatte.

Ich muss gestehen, dass ich kaum zuhörte. Stattdessen entwickelte ich einen Modus operandi, der darin bestand, den offiziellen und den verbotenen Teil meines Lebens sauber voneinander zu trennen. Ich wurde ziemlich geschickt darin, jenes Netz aus Vernebelung und Vortäuschung zu weben, das nötig war, damit die beiden Teile für sich blieben. Über den offiziellen Teil – Schule, Pfadfinder und all die anderen »gesunden« Aufgaben und Aktivitäten, die meine Mutter für mich ausgesucht hatte – erstattete ich abends vergnügt Bericht. Den Rest behielt ich für mich, und obwohl sie wahrscheinlich einiges vermutete, wusste weder sie noch sonst irgendjemand, in welchem Ausmaß ich die verbotenen Früchte kostete.

Häufig streunte ich nur durch die Straßen. Ich liebte es, die Lohnschreiber zu beobachten, alte Herren mit schütteren Bärten und gelehrten Mienen, deren Pinsel und Stempelkissen ordentlich vor ihnen aufgereiht waren. Daneben saß ein an eine Stange geketteter Hahn, der mit stolzgeschwellter Brust darüber wachte. Viele der vom Land Zugezogenen und der Armen waren Analphabeten, und die Schreiber erledigten die zweifache Aufgabe, ihnen die Briefe, die sie erhalten hatten, vorzulesen und eine Antwort zu verfassen. Gleichzeitig sagten sie ihnen die Zukunft voraus. Dafür pickte der entsprechend gedrillte Hahn aus einer Schale mit vielen winzigen Papierröllchen eine heraus, von welcher der Wahrsager mit großer Geste in singendem Tonfall ablas, welche Geheimnisse das Stück Papier über die Zukunft enthüllte.

Daneben stand vielleicht eine Wanderbibliothek mit Bilderbüchern, an der man sich für einen geringen Obolus hinhocken und in die Phantasiewelt einer chinesischen Geschichte voller Drachen, Krieger und Intrigen versenken konnte. Anderswo gab es Kinder mit Grillen, Vögel in Käfigen, junge Katzen an Leinen, Falschspieler, die zum gezinkten Glücksspiel einluden, und überall drängelten sich Menschen, die an Bambusstangen hängende Körbe trugen und sich, wenn sie nicht gerade etwas verkauften oder handelten, schreiend durch die Menge und zwischen den Tausenden von Imbissständen hindurchdrängelten, von denen jeder einen anderen Geruch verströmte. Da gab es teigartige Gerichte, heiße Sesamrollen, Sojakuchen, die in einer scheußlich braunen säuerlichen Sauce schwammen, Erdnüsse, Jamswurzeln, Fisch und Fleisch, Litschis, Melonen, billiges Eis im Sommer und geröstete Süßkartoffeln im Winter, und um die Stände herum saßen oder hockten Chinesen, die ständig aßen, rülpsten, spuckten, schrien, lachten oder stritten.

Eine größere – und riskantere – Versuchung war es, jene Orte zu erkunden, an denen ich überhaupt nicht hätte sein dürfen und wo aus guten Gründen im Allgemeinen kaum Ausländer zu sehen waren. An der Ecke Tibet Road und Avenue Edward VII betrat ich ab und zu das riesige, vielgeschossige Great World Center, einen faszinierenden Vergnügungstempel, in dem jedes Verlangen der Sinne und des Fleisches der breiten Masse der Chinesen bedient wurde. Wie der Filmregisseur Josef von Sternberg, der ihn früher in den dreißiger Jahren gesehen hatte, feststellte, gab es auf der Welt keinen Ort, der ihm ähnelte, mit »Spieltischen, Sängerinnen, Zauberern, Taschendieben, Verkaufsautomaten, Feuerwerkskörpern, Vogelkäfigen, Fächern, Weihrauchstäbchen, Akrobaten und Ingwer« in einem Stockwerk und »Restaurants, einem Dutzend verschiedener Schauspieltruppen, Grillen in Käfigen, Hebammen, Friseuren« in einem anderen.[20] 1937 im Chinesisch-Japanischen Krieg stark beschädigt, hatte das Great World Center seine beste Zeit hinter sich, aber die Angebote waren, obwohl stark reduziert, im Wesentlichen immer noch die gleichen: Es gab Stockwerke voller chinesischer Theater und dem Klang von Zimbeln und Trommeln, mehrere buddhistische Schreine, zahllose Essgelegenheiten, Betrüger aller Art – und Mädchen, eine Menge Mädchen jeden Alters und Typs. Die erotische Atmosphäre des Great World Center ist kaum zu beschreiben; meine Teenagerhormone spielten jedenfalls verrückt. Schlanke junge Chinesinnen in engen Kleidern, teils mit langen, enthüllenden Schlitzen, an denen sich meine Phantasie entzündete, waren überall in der Stadt zu sehen, aber in der Great World waren sie zu einem bestimmten Zweck. Da ich meistens blank war, konnte ich ihre Angebote jedoch nicht annehmen und musste mich aufs Beobachten und Träumen beschränken. Ein Glücksstern muss über mich gewacht haben, denn das horizontale Gewerbe war eng mit Kriminalität und Krankheiten verbunden. Irgendwie kam ich nie ernsthaft zu Schaden.

Das Leben auf der Straße und das Great World Center waren Orte harmloser Vergnügungen, aber Schanghai bot auch weniger unschuldige Zeitvertreibe an: In Tanzsälen und Nachtklubs wurde Opium geraucht, und in Casinos und Wettbüros konnte man auf jede nur denkbare Art sein Glück versuchen. Die Spielhöllen, die in ihrer Vielfalt jeden noch so ausgefallenen Wunsch erfüllten und häufig verführerische Lockangebote machten, wirkten wie ein unwiderstehlicher Magnet auf mich, auch wenn ich bald eine instinktive Abneigung gegen das Spielen selbst empfand (die mir mein Leben lang erhalten geblieben ist). Was mich anzog, war das ganze Drumherum – die Geschenke, die verteilt wurden, die Gesichter der Spieler, die Geldstapel, die gewonnen und verloren wurden, die Anspannung und die Atmosphäre von Gefahr, Geheimnis, Dekadenz und Ausschweifung.

Zu den Pferderennen auf der Rennbahn im Stadtzentrum, bei denen sich die bessergestellten Ausländer und Chinesen trafen, bekam man nur schwer Zutritt;* außerdem fand ich sie langweilig. Die Hunderennen auf der Hunderennbahn und Jai Alai in einem riesigen Frontón im Zentrum der Concession Française, wo die meisten Chinesen wetteten, gefielen mir besser. Ich verbrachte so viel Zeit, wie ich konnte, in diesen Arenen und genoss die Zigaretten und Softdrinks, die kostenlos herumgereicht wurden, während man baskischen Spielern – Jai Alai ist eine Variante des Pelotaspiels – dabei zusah, wie sie auf der Jagd nach dem Ball die Wände

---

* Ein großer Teil des riesigen Geländes der Rennbahn war für gewöhnliche Chinesen völlig gesperrt. Sie war daher das beste Symbol der kolonialen Ungerechtigkeit und des offenen Rassismus der Ausländer. Eine der ersten Maßnahmen nach der kommunistischen Machtübernahme war es, dies zu ändern. Heute befindet sich auf diesem wertvollen Grund und Boden ein »Volkspark« mit Grünanlagen, Restaurants und großartigen Museen.

hochkletterten und andere nahezu unmögliche akrobatische Kunststücke ausführten. Gerüchten zufolge lagen die Ergebnisse der meisten Spiele vorher fest, aber die Wetter schien das nicht zu kümmern, und für mich war das alles ein großer Spaß.

Bei weitem am aufregendsten waren jedoch die nach Dutzenden zählenden großen und kleinen Casinos in Huxi, in den »Badlands«, wo Wang Ching-weis Marionetten mit der Settlement-Polizei konkurrierten, während die Japaner hinter den Kulissen die Fäden zogen, Chiang Kai-sheks Agenten ihren Gegnern auflauerten und Entführungen und politische Mordanschläge an der Tagesordnung waren. Die Anziehungskraft der Lasterhöhlen in den Badlands – des Silver Palace, des Union an der Yu Yuen Road, des Six Nations nahe der Avenue Haig und vieler kleinerer Casinos – war unwiderstehlich. Dort herumzuhängen, wo Opium geraucht wurde und die stille Konzentration der Spieler gelegentlich durch eine Schießerei oder Polizeirazzia unterbrochen wurde, war nicht sehr klug. Niemand wusste genau, wer gerade das Sagen hatte und wer geschmiert wurde, aber für die Kunden war das Glücksspiel eine ernste Angelegenheit, und die meisten von ihnen kümmerten sich nicht weiter darum, und ich tat es ihnen gleich.

Der Krieg beginnt

Wir hatten uns, so gut es ging, in unserem Zimmer im ersten Stock des Hauses der Kichigins eingerichtet, beobachteten aber angespannt, wie das Europa, das wir hinter uns gelassen hatten, in Flammen aufging. Wenige Monate nach unserer Abreise hatte die Kette von Hitlers Aggressionen schließlich zum Krieg geführt, und obwohl meine Eltern und ihre Freunde Heimweh hatten und sich in unserem unbequemen Exil elend fühlten, war ihnen klar, wie viel Glück sie gehabt hatten, da sie gerade noch rechtzeitig fliehen konnten. Vorläufig war der Krieg in Europa jedoch nur ein fernes

Grummeln. Dringlicher war die Aufgabe des täglichen Überlebens in Schanghai.

Einige negative Auswirkungen hatte der Kriegsausbruch in Europa jedoch auch für uns. Während Schanghai bisher nur ein vorübergehender Zufluchtsort hatte sein sollen, bis ein besseres Land uns aufnehmen würde, war eine baldige Weiterreise nun unwahrscheinlich geworden. Außerdem wuchs die Sorge um in Deutschland zurückgebliebene Verwandte und Freunde, deren Briefe seltener wurden und voller dunkler Andeutungen waren. Das beunruhigte uns, aber andererseits begrüßten wir den Gang der Ereignisse in Europa und sahen die Entwicklung positiv. Einige unverbesserliche Optimisten träumten sogar schon von einer Heimkehr nach Deutschland. Sie hofften, dass England und Frankreich, die Deutschland schon einmal besiegt hatten, Hitlers sechsjähriger Tyrannei jetzt mit Waffengewalt ein Ende setzen würden. Da die Deutschen es nicht von innen getan hatten, so glaubten sie, würden jetzt die Briten und Franzosen es von außen tun. Gleichzeitig bejubelten wir die kleinen in Schanghai stationierten Truppenkontingente der Westalliierten – East Surreys und Seaforth Highlanders aus Großbritannien und ein Regiment der französischen Armee – und bewunderten die kleine Truppe freundlicher, strammer US-Marines. Wir hofften, Amerika würde sich unter Präsident Roosevelt bald dem Kampf gegen Deutschland anschließen. Die auf Seiten der Alliierten stehenden englischsprachigen Zeitungen wurden zur Pflichtlektüre.

Im Frühjahr und Sommer 1939 hatte Hitler ständig den Druck auf Polen erhöht und alle Warnungen ignoriert, dass eine weitere Aggression wahrscheinlich zu einem bewaffneten Konflikt mit dem Westen führen würde. Die eigentliche Überraschung war jedoch die Kehrtwende in den Beziehungen zu seinem Erzfeind, der Sowjetunion, die Mitte August in der Unterzeichnung des Nichtangriffspakts kulminierte. Für die NS-Ideologie war der Kommunismus der Hauptfeind, der angeblich eng mit den verhassten Juden verbunden war und auf einer Stufe mit ihnen stand; auch in den beliebten

Kampfliedern der Nationalsozialisten stand die Attacke gegen beide »Feinde« im Mittelpunkt. Jetzt hatte sich das alles plötzlich geändert, und selbst dem gewandten, zynischen Goebbels fiel es schwer, der deutschen Öffentlichkeit diese verblüffende Volte zu erklären. Er stellte sie als brillanten diplomatischen Schlag des »Führers« gegen Polens westliche Verbündete dar.

Polens historisches Unglück bestand in seiner geographischen Lage, eingezwängt zwischen zwei Großmächten, die Teile seines Territoriums beanspruchten, während sie miteinander um die beste Ausgangsposition rangelten. Als Russen und Deutsche sich plötzlich die Hand reichten, war das Schicksal Polens besiegelt, und alle hektischen Manöver der Polen in letzter Minute, die Aufspaltung ihres Landes doch noch zu verhindern, waren vergeblich. Die Tinte der Unterschriften unter dem Hitler-Stalin-Pakt war kaum getrocknet, als der ungeduldige deutsche »Führer« am 1. September 1939 unter dem Vorwand eines polnischen Übergriffs auf deutsches Territorium, der in Wirklichkeit eine auf Hitlers Befehl von SS und Geheimpolizei inszenierte Scharade gewesen war, das Nachbarland angriff. Zwei Tage darauf erklärten Großbritannien und Frankreich, obwohl sie immer noch beklagenswert schlecht auf einen großen Waffengang vorbereitet waren, Deutschland den Krieg. Damit war ein neuer weltweiter Konflikt in Gang gesetzt, der zweite im 20. Jahrhundert und zugleich der längste und opferreichste.

Hitlers Endziele lagen nicht im Westen, sondern im Osten. Nach der Zerschlagung der Tschechoslowakei erwies sich der Angriff auf Polen jedoch als seine zweite große Fehlkalkulation. Während er den Franzosen wenig Mitgefühl oder Achtung entgegenbrachte, hatte er England und sein Kolonialreich stets widerstrebend bewundert. In seinen Augen handelte es sich bei den Briten immerhin um rassisch akzeptable Angelsachsen, und er hatte bis zum letzten Augenblick fest daran geglaubt, dass, wenn es darauf ankam, weder Frankreich noch England das Polen gegebene Garantieversprechen einhalten würde. »Was nun?«, soll er Außenminister Ribbentrop, der ihm wiederholt versichert hatte, dass der Westen nicht den Mumm für einen Krieg habe, verärgert gefragt haben.[21] Die beiden saßen sich einen Augenblick schweigend gegenüber, doch die Würfel waren gefallen, die deutschen Panzer rollten bereits.

Die Absprache mit den Russen und die Schnelligkeit des Zusammenbruchs von Polen waren für uns in Schanghai ein Schock, aber als in den folgenden Monaten nichts weiter geschah, sagten wir uns, dass die wirklichen Schlachten noch bevorständen und, sobald sie begännen, dem Krieg gewiss eine andere Richtung geben würden. Wir irrten uns und mussten im nächsten Mai enttäuscht mitansehen, wie leicht die deutschen Truppen die französischen Verteidigungsanlagen umgingen. In wenigen Tagen rückten sie durch das neutrale Belgien und Holland nach Frankreich vor und zwangen Paris in weniger als einem Monat zur Kapitulation. Alles schien nach Hitlers Wünschen zu verlaufen. Im Sommer trat Italien auf der Seite Deutschlands in den Krieg ein, und Japan unterzeichnete einen Dreimächtepakt, der, wie Hitler hoffte, die Vereinigten Staaten veranlassen würde, sich aus dem Konflikt herauszuhalten. Im April 1941 wurde Jugoslawien besetzt, im Mai fiel Kreta, und Dänemark und Norwegen befanden sich in deutscher Hand. In Nordafrika jagte Hitlers bester General, Erwin Rommel, die Engländer quer durch die Wüste, und sogar Kairo war in Gefahr.

In Schanghai fiel es den Optimisten angesichts derart vieler schlechter Nachrichten immer schwerer, einen Silberstreif am Horizont zu entdecken, aber merkwürdigerweise kann ich mich nicht entsinnen, dass irgendjemand ernsthaft glaubte, Hitler könnte den Krieg tatsächlich gewinnen. Das war zu schrecklich, um in Erwägung gezogen zu werden. Vielleicht war unser inständiger Wunsch der Vater des Gedankens, aber wenn es irgendwo auf der Welt Menschen gab, die zutiefst und unerschütterlich an das bedrängte England glaubten, dann waren wir es. Als die britischen Soldaten auf wundersame Weise aus Dünkirchen entkamen, feierten wir es als bedeutenden Erfolg unserer Seite, und als der kämpferische Churchill Premierminister wurde und die Royal Air Force die Deutschen in der Luft abwehrten, waren die Optimisten wieder zur Stelle und sagten voraus, dass am Ende alles gut ausgehen würde.

Der deutsche Überfall auf die Sowjetunion im Juni 1941 löste für kurze Zeit die euphorische Hoffnung aus, dass sich das Blatt endlich wenden würde. Als sich die russischen Niederlagen an der Ostfront mehrten, wich sie jedoch wieder tiefer Enttäuschung und Beinaheverzweiflung. Das Bündnis mit der Sowjetunion hatte sich als temporäre taktische Ablenkung herausgestellt, und Hitler hatte schließlich seinen seit langem geplanten Kreuzzug begonnen, um »Lebensraum« im Osten zu gewinnen. Mit einem riesigen Heer von dreieinhalb Millionen Mann hatte er einen vermeintlichen Blitzkrieg begonnen. Mit raschen Schlägen und überlegener Militärmacht wollte er seine sowjetischen Vertragspartner besiegen. Deshalb rückten seine Truppen im Herbst 1941 immer tiefer in die Weiten Russlands vor, ohne auf Schnee und Eis vorbereitet zu sein, und mit immer länger und dünner werdenden Nachschublinien. Doch sie erzielten einen Sieg nach dem anderen über einen Gegner, der zwar heldenhaft kämpfte, aber der Wucht des Angriffs kaum etwas entgegenzusetzen hatte.

Das waren ebenso dramatische wie beängstigende Ereignisse, die sich schließlich auch tiefgreifend auf unseren entlegenen Teil der Welt auswirken sollten, und zwar nicht zum Guten. Beim Ausbruch des Krieges in Europa hatte die Schanghaier Wirtschaft geboomt, doch nun brachen Exportmärkte weg, Importe wurden teuer und selten, und die Preise schossen in die Höhe. Alle mussten sich einschränken, und Arbeit war noch schwerer zu finden als bisher. Am schlimmsten aber war, dass sich jetzt auch über dem Pazifik dunkle Kriegswolken zusammenzogen.

In den Vereinigten Staaten war Japan nie besonders beliebt gewesen, während man für die chinesischen Verteidigungsanstrengungen gegen die japanischen Invasoren viel Sympathie empfand. Als Japan, nachdem Frankreich in Europa kapituliert hatte, dessen indochinesische Kolonien besetzte, verhärtete sich die Haltung auf beiden Seiten deutlich, und das amerikanisch-japanische Verhältnis verschlechterte sich weiter. Japan war auf Importe angewiesen, um in China weiterkämpfen zu können, denn es bezog fast neunzig Prozent seines Erdölbedarfs und viele andere kriegswichtige

Rohstoffe aus dem Ausland. Aber Washington hatte ein Embargo gegen Japan verhängt und versuchte es mit einer Mischung aus Druck und Überredung zum Rückzug zu bewegen. Tokio gab jedoch nicht nach. Im Grunde bestand das Problem im Unterschied der Einstellung und der Weltsicht beider Länder. Amerika hing weiterhin den Wilson'schen Vorstellungen von territorialer Integrität, offenen Märkten, kommerziellen Chancen und der Beachtung des Völkerrechts an. Für ein aggressives, militaristisches und expansionistisches Japan, das im Fernen Osten eine dominante Rolle spielen wollte, hätte die Annahme dieser Prinzipien indes die Aufgabe seiner grundlegenden Ziele und die Erhaltung des für den Westen vorteilhaften Status quo bedeutet. Noch war keine von beiden Seiten für einen Krieg bereit, doch die angespannte Situation blieb das ganze Jahr 1941 bestehen. Im Herbst war das Gerücht, dass ein bewaffneter Konflikt unvermeidlich sei, nicht mehr zu überhören, und wir beobachteten sorgenvoll, wie die westlichen Konsulate – die wichtigsten Symbole unserer Sicherheit – ihre Mitarbeiterstäbe verringerten und Ausländer zur Rückkehr in ihre Heimatländer aufgefordert wurden. Im Oktober wurden sogar die kleinen alliierten Truppenkontingente abgezogen. Als symbolische Streitmacht blieben nur zwei winzige Kanonenboote zurück, ein britisches und ein amerikanisches.

Kurz nach unserer Ankunft hatten sich meine stets gesetzestreuen Eltern pflichtgemäß im deutschen Konsulat in Schanghai gemeldet und ihre mit dem roten »J« (für Jude) gebrandmarkten Pässe vorgelegt. Sie hielten sich weiterhin für deutsche Staatsbürger und glaubten das Richtige zu tun. Dankbar meldete das Konsulat diese ordnungsgemäße Initiative nach Berlin. »[D]er Jude Ewald Israel Blumenthal und seine Familie, vormals Kurfürstendamm 177«, teilte es der Gestapozentrale mit, seien in Schanghai eingetroffen. Zwei Jahre später waren wir immer noch im Besitz unserer längst abgelaufenen Pässe, freilich nur als Erinnerungsstücke an ein abgeschlossenes Kapitel. Inzwischen hatten die Nationalsozialisten offiziell dekretiert, dass wir keine Deutschen mehr seien. Damit waren wir staatenlos und, da sich unsere Beschützer in ihre

Heimatländer zurückzogen, auch isoliert, hilflos und ängstlich. Wie sollten wir überleben, wenn der Krieg in unseren Teil der Welt kam und China unter die Herrschaft von Deutschlands Verbündetem im Fernen Osten geriet?

Im Ghetto von Honkou

»*Shanghai Ghetto,* auf allgemeinen Wunsch wieder zu sehen«, wirbt die *Palm Springs Desert Sun* fast 65 Jahre später für die Neuaufführung eines »großen Films über ein Leben, von dem Sie noch nie gehört haben«. In den vorangegangenen ein oder zwei Jahren ist dieser anderthalbstündige Dokumentarfilm mit großer Publikumsresonanz überall in den Vereinigten Staaten gezeigt worden. Jetzt wird er zum zweiten oder dritten Mal in dieser kleinen kalifornischen Wüstenstadt, in der wir ein Ferienhaus haben, aufgeführt, und ich wundere mich erneut, dass so viele Menschen ihn sehen wollen, selbst an einem Nachmittag mitten in der Woche.

Ich habe mich oft gefragt, warum der relativ kurze Aufenthalt der Schanghaier Flüchtlingsgemeinde im Ghetto von Honkou – der nicht mehr als eine Fußnote in der Geschichte der nationalsozialistischen Verbrechen und des Überlebens des Holocausts darstellt – auf andere eine solche Faszination ausübt. Sicherlich hätte niemand von uns auch nur im Traum gedacht, dass wir für die Außenwelt eines Tages so interessant sein und zum Gegenstand so vieler Forschungen werden würden. Mit einer solchen Flut von Artikeln, Büchern, Ausstellungen und wissenschaftlichen Konferenzen über uns hat gewiss niemand gerechnet, von einem abendfüllenden Dokumentarfilm ganz zu schweigen. Ist dieses Interesse darin begründet, dass unsere Überlebensgeschichte an einem derart exotischen Ort spielt, oder gibt es eine andere Erklärung?

Auf der Leinwand erscheinen die vertrauten Bilder des alten Schanghai und die Gesichter von Siebzigjährigen, die ich vor sechzig Jahren kannte, als sie jung waren, und die jetzt einem gebannt lauschenden amerikanischen Publikum ihre Lebensgeschichten erzählen. Einer von ihnen ist Alfred Kohn. Als jungen Mann habe ich ihn wegen seiner Sportlichkeit bewundert. Er war einer der Boxer von Honkou und trug den Spitznamen »Lako«, warum, weiß ich nicht mehr. Eine andere Zeitzeugin ist Betty Grebenschikoff, eine meiner Nachbarinnen in der Chusan Road, dem »Broadway« des Ghettos und Zentrum des Viertels, das manche Klein-Wien nannten. Jetzt, in fortgeschrittenem Alter, führt sie uns auf eine persönliche Tour hinter die von glitzernden Wolkenkratzern beherrschte Fassade des Schanghai des 21. Jahrhunderts zu ihrem baufälligen alten Haus, das in all seiner verfallenden Herrlichkeit immer noch steht, und in das erbärmliche kleine Zimmer, in dem sie zusammen mit ihren Eltern während des Krieges hauste. Lako, Betty und die anderen, die auf der Leinwand erscheinen, sind in die Jahre gekommen, erzählen aber bemerkenswert lebendig und angeregt von Armut, schlechtem Essen und Hunger, Ungeziefer und Krankheiten, Staatenlosigkeit und dem Gefühl der Verlorenheit, von der Unberechenbarkeit der Japaner und der gelegentlichen Freundlichkeit unserer leiderfahrenen chinesischen Nachbarn. Man könnte es ihnen nachsehen, dass sie hauptsächlich von den Schwierigkeiten des Flüchtlingslebens erzählen, aber plötzlich fiel mir auf, dass in ihren Berichten über das Leben an einem sonderbaren, ungesunden und unwirtlichen Ort nicht nur die Entbehrungen zum Ausdruck kommen, sondern auch noch etwas Stärkeres und überraschend Positives, nämlich eine gewisse Wehmut, ein emotionaler Unterton voller Stolz auf die Schulen und den Sport, auf das religiöse Leben, die Suppenküchen, Cafés, Theater, Kabaretts und all die anderen improvisierten Institutionen der Selbsthilfe in unserer ungewöhnlichen Ghettogemeinschaft. Und ich frage mich, ob das Publikum dies auch spürt. Ob dies vielleicht der wahre Grund für die anhaltende Faszination ist, die von dieser Geschichte ausgeht.

Die schlimmste Phase unseres Schanghaier Exils, der Aufenthalt im Ghetto von Honkou, begann 1943, als das japanische Militär uns befahl, dorthin umzuziehen. Honkou hatte kaum Ähnlichkeit mit den Ghettos im alten Europa oder mit den Todeslagern der Nationalsozialisten in Polen. Vielmehr handelte es sich um eine gemäßigtere und einzigartige Erfindung der Japaner, die sie etwas verschwommen als »Designated Area« (ausgewiesenes Gebiet) bezeichneten. Für uns war es einfach »der Distrikt«. Er bestand nur 27 Monate, war weder von Mauern noch von Stacheldrahtverhauen oder sonstigen Barrieren umgeben, und man musste schon genau hinschauen, um seine Grenzen auf der Karte zu finden – obgleich wir »Insassen« ihren Verlauf natürlich kannten.

Im Distrikt waren wir auch nicht völlig vom übrigen Schanghai abgeschottet. Erstens gab es nur wenige japanische Wachen, und unsere eigenen Hilfspolizisten, die an verschiedenen Punkten der »Grenze« dafür sorgen sollten, dass niemand den Distrikt verließ, waren zwangsverpflichtet und nicht besonders diensteifrig. Ihnen auszuweichen war nicht schwer. Ferner lebten in Honkou weiterhin wesentlich mehr Chinesen als Juden; sie konnten sich frei bewegen, und wir hatten ungehinderten Umgang mit ihnen. Außerdem war es, zumindest theoretisch, möglich, eine Erlaubnis zu erhalten, den Bezirk zur Arbeit oder zu einem anderen, von unseren japanischen Herren als »berechtigt« angesehenen Zweck zu verlassen. In der Praxis war die Beantragung jedoch derart zeitraubend und die Genehmigung erfolgte so willkürlich, dass viele es gar nicht erst versuchten und die meisten anderen früher oder später das Handtuch warfen. Dennoch schlüpften nur überraschend wenige illegal hinaus. Als Mitteleuropäer blieben die Flüchtlinge, selbst unter ungerechten und erniedrigenden Umständen, lächerlich gesetzestreu. »Gesetz ist Gesetz«, wie mein Vater achselzuckend festzustellen pflegte. Zudem wurde man, wenn man erwischt wurde, zur Strafe in verseuchten Zellen eingesperrt, wo man sich leicht lebensgefährliche Krankheiten zuziehen konnte, und diese Gefahr wollten nur wenige eingehen. Alles in allem war es dennoch ein Ghetto und alles andere als amüsant.

Der japanische Befehl traf uns aus heiterem Himmel. Anfangs, unmittelbar nach Ausbruch des Pazifikkrieges im Dezember 1941, hatte sich nicht viel geändert, abgesehen davon, dass die wirtschaftliche Lage sich verschlechterte und der Alltag insgesamt schwieriger wurde. Internationale Firmen wurden geschlossen, und Arbeitsstellen fielen weg; Reis und Grundnahrungsmittel wurden knapp, und die Preise explodierten. 1942 konnten einige Briten, Amerikaner und Angehörige anderer feindlicher Staaten in ihre Heimat zurückkehren; die übrigen wurden interniert. Die Kriegsmeldungen waren alles andere als ermutigend. In Europa hatten die Deutschen an der gesamten russischen Front den Vormarsch fortgesetzt und waren tief in den Kaukasus vorgestoßen. In Asien hatte Japan kurz nach dem Angriff auf Pearl Harbor Hongkong und Singapur besetzt, die Amerikaner von den Philippinen vertrieben, Malaysia und Teile von Niederländisch-Ostindien eingenommen sowie in der Javasee in der ersten großen Seeschlacht allem Anschein nach einen Sieg über die US-Marine errungen. Insgesamt gab es für uns wenig Erfreuliches, abgesehen davon, dass wir uns relativ sicher fühlten, da unsere persönliche Situation unter japanischer Besatzung mehr oder weniger stabil zu sein schien und neutrale und staatenlose Westler wie wir selbst offenbar in Ruhe gelassen wurden.

Das erwies sich jedoch als Illusion. Gegen Ende des Jahres tauchten die ersten Gerüchte über unheilvolle Entwicklungen auf. Aber Schanghai brodelte während des Krieges von Gerüchten, und so schenkte man diesen Anzeichen kaum Aufmerksamkeit. Deshalb traf uns die kurze Proklamation über staatenlose Flüchtlinge, die uns am 18. Februar 1943 durch die Zeitungen und über das Radio mitgeteilt wurde, wie ein Blitz aus heiterem Himmel. Die von den Kommandeuren der japanischen Armee und Marine in Schanghai unterzeichnete Verordnung wies alle Flüchtlinge, die nach 1937 in die Stadt gekommen waren, an, ihre Wohnung und ihre Geschäfte innerhalb von neunzig Tagen in eine »Designated Area« in Honkou zu verlegen, die anschließend nur noch mit Erlaubnis der Behörden verlassen werden durfte.

Die Proklamation schlug ein wie eine Bombe, so kurz, kühl und emotionslos sie gehalten war und obwohl das Wort »Jude« nicht in ihr vorkam. Als Grund wurden nicht näher erläuterte »militärische Notwendigkeiten« angegeben. Verstöße gegen die neue Vorschrift sollten mit »harten Strafen« geahndet werden. Niemand glaubte, dass nicht mehr hinter diesem Schritt steckte, als uns gesagt wurde. Welche militärischen Notwendigkeiten hätten die Trennung der jüdischen Flüchtlinge vom Rest der Bevölkerung erforderlich machen sollen? Über die wirklichen Pläne und Motive der Japaner sowie über das, was uns erwartete, wurde viel spekuliert, aber niemand konnte plausible Antworten vorbringen.* Fürs Erste blieb uns nichts anderes übrig, als zu gehorchen. Manche gerieten in Panik, aber die meisten nahmen die Neuigkeit mit fatalistischer Ruhe auf, obgleich niemand daran zweifelte, dass sie ernste Folgen für uns haben würde.

Ungefähr die Hälfte der Flüchtlinge lebte bereits in den Grenzen Honkous. Für die anderen, wie uns, brachte die Proklamation ernste praktische und finanzielle Schwierigkeiten mit sich. Abgesehen vom Verlust von Geschäften und Arbeitsplätzen bestand das größte Problem im Umzug selbst. Das Gebiet, in das wir umsiedeln sollten, war mit etwa zweieinhalb Quadratkilometern, auf denen einige Dutzend heruntergekommene Wohnblocks standen, recht klein, und es lag in einem unattraktiven, tristen Stadtteil, der von chinesischen Einheimischen und jüdischen Flüchtlingen übervölkert war. Uns dort eine Unterkunft zu suchen blieb uns selbst überlassen, und alle beeilten sich, der Anweisung nachzukommen. Der Umzug bedeutete zumeist, dass man eine mehr oder weniger akzeptable Wohnung in einem anständigen Viertel gegen ein jämmerliches, weit schlechteres Zimmer in einem überbelegten primitiven Haus im Bezirk »eintauschte«. Manchmal bekam man selbst ein solches Loch nur mit Hilfe von Schmiergeld oder Wucherprovisionen für Makler und Mittelsmänner. Da wir mit dem Rücken an der

---

* Noch heute sind viele Fragen offen, obwohl im Lauf der Zeit genügend Indizien bekannt geworden sind, um mit einiger Sicherheit auf die Gründe schließen zu können, aus denen die japanischen Behörden gegen uns vorgingen (vgl. unten, S. 160–166).

Wand standen, blieb uns jedoch keine Wahl. Die Heime waren überfüllt, und auf der zerbrechlichen Infrastruktur der Flüchtlinge, die sich seit 1938 dort entwickelt hatte, lastete ein enormer Druck.

Für uns kam der Zwangsumzug höchst ungelegen, denn aus dem Stoffverkauf meiner Mutter war im Lauf der Zeit ein veritables kleines Handelsunternehmen geworden, und nach zwei Jahren in dem beengten Zimmer bei den Kichigins waren wir erst vor kurzem das Wagnis eingegangen, eine eigene kleine Wohnung zu mieten. Dann war der Krieg ausgebrochen und hatte das Geschäft meiner Mutter einbrechen lassen, was unter anderem zur Folge gehabt hatte, dass ich die Schule abbrechen und die Stelle als Laufbursche annehmen musste – zu dem großzügigen Wochenlohn von zwanzig chinesischen Dollar, was ungefähr zwei US-Dollar entsprach. Es war ein Hungerlohn, half uns aber, die Lebensmittelrechnungen zu bezahlen.

Im Frühjahr 1942 war dann die schwierige Ehe meiner Eltern auf dramatische Weise zerbrochen. Ohne jede Vorwarnung hatte meine Mutter eines Tages einfach verkündet, dass sie ausziehen werde, um mit einem anderen Mann zusammenzuleben – einem Freund der Familie zudem. Obwohl mein Vater seine diskreten Ausflüge in die Schlafzimmer williger Flüchtlingsdamen in der Nachbarschaft fortgesetzt hatte – was in der instabilen Flüchtlingswelt nichts Ungewöhnliches war –, war er überrascht und bestürzt. Er war ein Gewohnheitsmensch und der Frau, mit der er seit 22 Jahren verheiratet war, zutiefst zugeneigt. Sie zu verlieren war für ihn ein schwerer Schlag. Es war schmerzlich, seinen Kummer mit anzusehen, aber sosehr er sich auch bemühte, ihr Entschluss stand fest. Wenige Monate später war sie von ihm geschieden und wiederverheiratet. Auch für mich war es ein Schock. Gerade erst 16 Jahre alt geworden, war ich fortan gezwungen, für mich selbst zu sorgen und meinen Weg im großen Ganzen allein zu gehen.

In dieser aus den Fugen geratenen Situation mussten wir unseren Umzug ins Ghetto bewerkstelligen. Nach vielen Verhandlungen und bangen Momenten tauschten wir unsere Wohnung gegen ein winziges Zimmer für meinen Vater, meine Schwester und mich ein. Es war kaum mehr als eine Holzkiste auf der Rückseite eines wenig einladenden Hauses in der Chusan Road, in dem sich jetzt zehn Familien drängten. Es gab kein eigenes Bad und nur einen außerhalb befindlichen Wasserhahn, dafür aber – höchster Luxus – ein echtes Wasserklosett, das sich allerdings mehrere Familien teilen mussten, sowie eine kleine, dunkle Küche, wo wir nacheinander unser Essen kochten. Alles in allem war es eine elende Behausung; unser Lebensstandard war auf tiefstes Niveau gesunken, und doch ging es uns immer noch besser als anderen, die mit den Schlafsälen und Gemeinschaftsküchen der Heime vorliebnehmen mussten. Im Mai beantragte ich meinen ersten Pass, und eine Zeitlang pendelte ich weiterhin zu meiner Arbeitsstelle außerhalb des Ghettos, was einen einstündigen Hin- und Rückweg bedeutete, den ich überwiegend zu Fuß zurücklegte.

Die Proklamation der japanischen Besatzer stellte unsere verblüffte Gemeindeführung vor gewaltige Probleme, auf die sie nicht vorbereitet war. Das Protokoll einer Notfallsitzung von Flüchtlingen und Vertretern der russisch-jüdischen Gemeinde, die Anfang 1942 nach Ausbruch des Pazifikkrieges stattfand, ist eine traurige Lektüre.[22] Bis zum vorangegangenen Dezember waren annähernd 8000 Flüchtlinge ganz oder teilweise auf Unterstützung angewiesen, die überwiegend durch monatliche Überweisungen in Höhe von 30 000 US-Dollar des New Yorker Jewish Joint Distribution Committee finanziert wurde.* Dem Protokoll zufolge waren am 10. Januar, da kein Geld mehr hereinkam, nur noch genügend Mittel für vier Tage vorhanden. Die Tagesration sollte auf einen Teller Suppe und 250 Gramm Brot herabgesetzt und der Kreis der Empfänger auf 4000 der Bedürftigsten beschränkt werden; der Rest sollte leer ausgehen. Die Ärzte warnten davor, dass dies eine Hungerration sei und bin-

* Der Tagessatz von weniger als vier Dollar am Tag war kaum fürstlich zu nennen; aber Schanghai war vor dem Krieg zweifellos eines der preiswertesten und effektivsten Ziele für solche Hilfsaktionen.

nen eines Jahres viele Todesfälle zu erwarten seien, wenn man sie nicht aufbessere. 500 Mitarbeiter vor Ort konnten nicht mehr bezahlt werden und wurden gebeten, unentgeltlich weiterzuarbeiten.

In den Lagern wurden Seife und Kleidung knapp, weshalb manche Bewohner ihre Unterwäsche nicht mehr wuschen und sich Läuse ausbreiteten. Die Unglücklichen, deren Kleider zu stark befallen waren und verbrannt werden mussten, fielen auf den Straßen von Honkou sofort ins Auge, da sie aus Jutesäcken genähte Gewänder trugen. Manche, die keinerlei Selbstachtung mehr hatten, begannen sogar zu betteln. Und einige Kinder gingen nicht mehr zur Schule, weil sie keine passenden Schuhe und Kleider mehr besaßen.

Schließlich wurde die Situation etwas entschärft, als die Japaner einem temporären Notfallplan zustimmten, der vorsah, gegen die Garantie, dass das Geld nach Kriegsende aus New York zurückgezahlt werden würde, bei privaten Geldgebern Kredite aufzunehmen. Zusammen mit anderen Selbsthilfemaßnahmen und strengen Einsparungen konnte Honkou sich auf diese Weise von einem Monat zum nächsten über Wasser halten. Aber das grundlegende Problem des Mangels an Ressourcen und des Absinkens des Lebensstandards unter ein erträgliches Niveau blieb ungelöst.

Ein Jahr später drohte eine bereits ernste Situation aufgrund des bevorstehenden Zustroms von Tausenden zusätzlichen Bewohnern verzweifelt zu werden. Von den Flüchtlingen wurde erwartet, dass sie sich selbst versorgten, doch ohne Geld und die notwendigen Ressourcen in einem übervölkerten, ungesunden Viertel, zudem den Launen der Japaner ausgeliefert, nahmen die Probleme riesige Ausmaße an, und niemand wusste, wie sie zu bewältigen waren. Die 18 000 Flüchtlinge, die sich in dem kleinen Viertel drängten, bildeten keineswegs eine homogene Gruppe, sondern waren in sozialer, kultureller, bildungsmäßiger und religiöser Hinsicht höchst unterschiedlich. Die einen waren überzeugte Orthodoxe, andere nicht; wieder andere hatten sich weit von ihrer Religion auf dem Papier entfernt, und einige wenige waren nicht einmal jüdischen Glaubens. Sie kamen aus verschiedenen Ländern – Deutschland, Österreich, Polen, Ungarn und der Tschechoslowakei –, und von gutausgebildeten Akademikern bis zu Menschen mit niedrigem Bildungsabschluss und Arbeitern waren alle Schichten vertreten. Das Zusammenleben dieser komplexen sozialen Mischung auf engstem Raum wäre für jede Verwaltung eine erdrückende Aufgabe gewesen.

Da nur wenige Flüchtlinge über Ersparnisse verfügten und sich bessere Lebensmittel und elementare Annehmlichkeiten leisten konnten, die für die meisten einen unerreichbaren »Luxus« darstellten, entstanden von Neid, Eifersüchteleien und Schlimmerem gespeiste innere Spannungen. Es war zu erwarten, dass sich die internen Machtkämpfe und politischen Meinungsverschiedenheiten, an denen schon vor dem Zustrom der zusätzlichen Flüchtlinge in Honkou kein Mangel geherrscht hatte, in Zukunft wesentlich verschärfen würden.

Im Rückblick auf die folgenden zweieinhalb Ghettojahre ist es bemerkenswert, dass es einer derart gemischten Gruppe armer, abgerissener europäischer Juden, die unter schwierigen Umständen mitten im Krieg in China auf die Straße gesetzt worden waren, dennoch gelang, eine lebensfähige, sich selbst versorgende und halbwegs vernünftig funktionierende Gemeinde aufzubauen, deren Institutionen und Einrichtungen den Vergleich selbst mit größeren Städten in Europa und Amerika nicht zu scheuen brauchten. Als der Krieg zu Ende ging, betrieben die Flüchtlinge in Honkou anständige Schulen, es gab Sportstätten für die Jugend, religiöse Einrichtungen hatten viel Zulauf, Ärzte kümmerten sich um die Kranken, ein Krankenhaus erfüllte seine Aufgaben, und auch die Ärmsten bekamen genügend zu essen, um überleben zu können. Musik-, Theater- und Kabarettaufführungen fanden statt, Leihbibliotheken florierten, und Hunderte von kleinen Geschäften, Restaurants und Cafés machten das Leben erträglich und hielten die Gemeinde zusammen.

Es ging natürlich nicht immer alles reibungslos vonstatten, und nicht jeder kam mit der Situation gut zurecht. Neben Engagement, Pflichtgefühl und konstruktiver Arbeit für die Gemeinde waren auch Selbstsucht, Betrug, Käuflichkeit und Versagen zu beobachten. Aber es gab keine Massenselbstmorde, keinen Massenhunger, keine grassierende Kriminalität und keinen allgemeinen Zusammenbruch von Anstand und Moral. Die Würde der Gemeinde wurde gewahrt, und wir waren zwar dünn und unterernährt, blieben ansonsten aber frohgemut und physisch und emotional intakt.*

Diese erstaunlich erfolgreiche Reaktion auf die widrigen Umstände einer Notlage in feindseliger Umgebung ist vielfach erforscht und dargestellt worden.[23] Sie war das Ergebnis eines breiten Spektrums individuellen Handelns und persönlicher Überlebensstrategien, die der Schlüssel zum Überdauern unserer Gemeinde waren. Im Distrikt standen alle vor den gleichen Problemen: Jeder von uns musste mit den Löchern in seinem Magen, seinen Schuhen und seinem Leben zurechtkommen, mit den vielen kleinen Demütigungen einer marginalen Ghettoexistenz fertig werden und die stets gegenwärtige Angst und Unsicherheit bewältigen. Wir mussten Dinge tun, die wir uns im normalen Leben nie zugemutet hätten und für die viele weder vorbereitet noch befähigt waren. Bei der Bewältigung dieser Probleme war jeder zumeist auf sich allein gestellt, doch manchmal konnten sie nur mit Unterstützung der Gemeinde und in Zusammenarbeit mit anderen gelöst werden. Nichts davon war einfach, und stets musste man sich auf seine eigene innere Kraft verlassen und durfte nie den Durchhaltewillen verlieren.

Das Funktionieren einer lebensfähigen ökonomischen und sozialen Gemeindestruktur hing von jenen ab, die genügend Vorstellungskraft, Talent, Stärke und Gemeinschaftsgefühl besaßen, um die weniger Begabten an die Hand zu nehmen, und in Honkou gab

---

* Nur 16 Personen, darunter zehn Gewohnheitsverbrecher, wurden wegen krimineller Vergehen verurteilt, und nicht ein einziges Gewaltverbrechen wurde angezeigt. Während des gesamten Pazifikkrieges gab es 65 Scheidungen, und zwanzig Mütter wurden gemeldet, die ihre Babys »verkauft« und zur Adoption freigegeben hatten. Für eine Gemeinde von 18 000 Menschen sind dies, zumal in einer von Armut und Bedrängnis geprägten Zeit, sehr niedrige Zahlen (vgl. Felix Gruenberger, »The Jewish Refugees in Shanghai«, in: *Jewish Social Studies*, Bd. 12, Nr. 4 [Oktober 1950], S. 340).

es eine ausreichende Zahl von talentierten Menschen, die sich dieser Aufgabe gewachsen zeigten. Selbst eine rudimentäre Ghettowirtschaft brauchte eine gewisse Anzahl von Menschen, die Geld investierten, sowie Unternehmer, Risikofreudige und Händler, die dafür sorgten, dass es in Umlauf kam und neues Geld von außen anzog. Ohne ergänzende Maßnahmen von innen hätte die von außen finanzierte Unterstützung für die Bedürftigsten während des Krieges nicht ausgereicht, und ohne gemeinsame Anstrengungen hätten religiöse und kulturelle Einrichtungen nicht als emotionale Stützen in der Not funktionieren können.

In Honkou gab es einen gewissen Anteil von Schwachen und Hilflosen und auch von Menschen, die zu egoistisch waren, um eine Rolle im Gemeinwesen zu spielen. Aber besondere Zeiten können auch unerwarteterweise das Beste in den Menschen zutage fördern. Dass dies überall so ist, ob in der Wirtschaft oder der Politik, sollte ich in meinem späteren Leben immer wieder entdecken. Die erste und bemerkenswerteste Erfahrung damit hatte ich aber im Schanghaier Ghetto.

Um diese Erfahrung zu illustrieren, kann ich hier nur einen der vielen erinnernswerten Menschen herausgreifen, die ich dort kennenlernte. Sein Name war Eli Ruckenstein, und er hat mich, obwohl er nur wenige Jahre älter war als ich, besonders tief beeindruckt. Einen großen Teil der Zeit, die wir miteinander verbrachten, hielten wir uns in dem Schlafsaal in einem der Heime auf, das er sein Zuhause nannte. Der Raum war eng und trostlos und hatte gerade genug Platz für 36 Etagenbetten und einen großen Holztisch in der Mitte. Die Männer, die dort wohnten, unterschieden sich stark. Einige von ihnen waren in ihrem früheren Leben Freiberufler mit akademischem Abschluss gewesen, andere Geschäftsleute oder kleine Angestellte, und einige kamen aus der Arbeiterklasse, wie der aus Berlin stammende Eli, der mit 15 Jahren von der Schule abgegangen war und als Kellner gearbeitet hatte.

Eines hatten die Männer, die in dem schmuddeligen Heim in der Wayside Road lebten, allerdings gemeinsam: Sie alle waren alleinstehend, hatten keine Familie, besaßen keinen Penny und gehörten zu den am schlechtesten gestellten Flüchtlingen. Aber so unterschiedlich ihre Bildung und ihre Stellung in ihrem früheren Leben gewesen waren, so verschieden reagierten sie auf ihre jetzige Situation. Einige nahmen die Dinge selbst in die Hand und arbeiteten jeden Tag; andere wurden träge, ließen sich gehen und verbrachten ihre Zeit vor allem damit, Geld, Zigaretten und Lebensmittel zu schnorren. Einige schafften es kaum aus dem Bett. Schmutzig, ungepflegt und apathisch, lebten sie hauptsächlich von den Resten, die ihre Zimmerkameraden ihnen zukommen ließen.

Mein Freund Eli war einer der Jüngsten in dem Schlafsaal, aber de facto der unumstrittene Anführer seiner Bewohner, der ihnen Halt bot. Als er unerfahren, bettelarm und allein als Jugendlicher in Schanghai angekommen war, hatte er kein Wort Englisch gesprochen, sondern nur den unverkennbaren Dialekt der östlichen Bezirke von Berlin, versetzt mit einer kräftigen Dosis jiddischer Slangausdrücke. Seine Eltern hatten ihm folgen wollen, schafften es aber nicht. Eli konnte es damals noch nicht wissen, aber er sollte sie nie wiedersehen.

Ihm fehlten die äußerlichen Voraussetzungen mancher anderer, aber er besaß etwas wesentlich Kostbareres: Einfallsreichtum, physische und mentale Stärke, Disziplin und einen ausgeprägten Überlebens- und Erfolgswillen. Er war nassforsch, zynisch und manchmal rücksichtslos, aber meistens freundlich, heiter und gelegentlich sehr komisch, und ich hörte nie auf, darüber zu rätseln, wie er so viele Dinge gleichzeitig tun konnte. Wenn möglich, arbeitete er als Kellner, und wenn nicht, fand er andere Wege, seinen Lebensunterhalt zu verdienen. Indem er seine Fühler über den gesamten Bezirk ausstreckte, spürte er die billigste Quelle von Zigaretten, Toilettenartikeln und knappen Lebensmitteln auf und verkaufte sie »en detail« weiter – immer nur eine Zigarette oder zehn Gramm Wurst auf einmal.

Wir beide hätten kaum unterschiedlicher sein können, aber ich bewunderte ihn enorm für seinen Schneid, seine innere Härte, seine Stärke sowie dafür, dass er selbst unter den schwierigsten Bedingungen auf sein Äußeres achtete und damit den anderen Mut machte und ihnen ein Beispiel gab. Er beeindruckte mich umso mehr, als ich gleichzeitig diejenigen seiner Zimmerkameraden sah, die gebrochen waren und mit ihrer Situation nicht zurechtkamen. All ihre Bildung, ihre Stellung, ihre Titel und Auszeichnungen aus früheren Zeiten hatten, als es darauf ankam, keine Bedeutung – auch das eine Lehre, die ich nie vergessen sollte.

Männer und Frauen wie Eli waren es, die dafür sorgten, dass unser kleines Gemeinwesen funktionierte, Menschen, die ihre Würde und ihren Elan bewahrten, die etwas zu erreichen versuchten, anderen halfen und nie aufgaben. Sie hielten unsere Wirtschaft am Leben. Wenn man unsere Zeitung aus jenen Jahren, den *Shangai Jewish Chronicle,* heute liest, wundert man sich über die Vielfalt und den Erfindungsreichtum ihrer Unternehmungen. »Kaufe und repariere alte Reißverschlüsse«, verkündete einer von ihnen. »Repariere kaputte Feuerzeuge«, »Arbeite Krawatten auf«, »Kaufe und verkaufe alte Schuhe«, »Gebe Englischstunden«, »Lernen Sie Esperanto von mir für eine hellere Zukunft«, lauteten andere Angebote.

Wer etwas Kapital besaß, eröffnete ein Geschäft oder Café, in dem man den Nachmittag verbringen, sich im Winter aufwärmen und bei einem einzigen Glas Tee über den Krieg reden konnte. Sechzig Operetten und Theaterstücke wurden aufgeführt, zu verschiedenen Zeiten erschienen mindestens acht Zeitungen.* Es fanden Benefizveranstaltungen für den »Küchenfonds« statt, um den Ärmsten zu helfen, und es gab jene, die für geringen oder gar keinen Lohn im Krankenhaus arbeiteten oder Sportmöglichkeiten für die Jugend organisierten.

So lebten und überlebten die 18 000 Flüchtlinge die Ghettozeit. Zweieinhalb Jahre waren nicht lange, aber uns erschienen sie oft wie ein ganzes Leben, und ohne unsere Alltagshelden hätten sie weitaus schlimmer sein können.

---

* *Shanghai Echo, Shanghai Jewish Chronicle, Gelbe Post, Acht-Uhr-Abendblatt, Die Tribüne, Laterne, Jüdisches Nachrichtenblatt, Morgenpost.*

Wir waren isoliert und von zuverlässigen Informationen abgeschnitten, doch nach dem Sieg in Europa im Frühjahr 1945 war uns klar, dass die Niederlage Japans nur noch eine Frage der Zeit war. Das war jedoch der entscheidende Punkt: Wie lange würde es noch dauern bis zur unvermeidlichen Kapitulation, und wie viele Kämpfe waren noch nötig? Würden wir in den Endkampf hineingezogen werden, falls die weiterhin intakten japanischen Streitkräfte in China sich weigern sollten, dem Befehl aus Tokio, die Waffen niederzulegen, Folge zu leisten? Was würde geschehen, wenn Schanghai im letzten Augenblick zum Schlachtfeld würde oder wenn nach dem Abzug der Besatzungstruppen Unruhen ausbrechen würden?

Wir hatten im Frühsommer 1945 nur lückenhafte und vage Informationen, und die Anspannung im Ghetto wuchs. Im Juli hatten sich die militärischen Aktivitäten in der Umgebung Schanghais merklich verstärkt, und unsere Nervosität nahm zu, als bei einem amerikanischen Luftangriff auf Honkou neben vielen Japanern und ungezählten Chinesen auch 31 Flüchtlinge ums Leben kamen.

Niemand erkannte wirklich, wie hoffnungslos die Lage der Japaner war und wie nah wir vor dem Ende standen. Den von den Japanern kontrollierten Medien war kein Hinweis darauf zu entnehmen. Weder erwähnten sie, dass amerikanische Flugzeuge Tag für Tag ungehindert Luftangriffe auf Japan flogen, noch erfuhr man aus ihnen, dass achthundert Superfestungen an einem einzigen Tag, dem 2. August, enorme Schäden angerichtet hatten. Stattdessen meldeten sie einen Tag später immer noch, Japan bestehe als Bedingung für die Beendigung des Krieges weiterhin darauf, dass ganz Ostasien »von anglo-amerikanischer kolonialer Ausbeutung frei« sein müsse, und zitierten Ministerpräsident Suzukis Feststellung, das Land werde »von alliierten Kapitulationsbedingungen keine Notiz nehmen«.[24] Sogar den Abwurf von Atombomben auf Hiroshima und Nagasaki am 6. beziehungsweise 9. August verschwiegen die Zeitungen, und niemand begriff ihre enorme Bedeutung. Den ersten deutlichen Hinweis darauf, dass dramatische neue Entwicklungen im Gang waren, bildete die überraschende Meldung vom 8. August, dass auch die Sowjetunion in den Krieg gegen Japan eingetreten sei und eine riesige Zangenoperation von Osten, Norden und Westen gegen die kaiserlichen Truppen in der Mandschurei begonnen habe. Fürs Erste jedoch vergrößerte diese Neuigkeit nur unsere Ungewissheit über die Zukunft.

Das Ende kam daher unvermittelt und plötzlich. Wie ein Flächenbrand verbreitete sich am 15. August im Ghetto das erste Gerücht über eine japanische Kapitulation, doch noch erschien es vielen als zu schön, um wahr zu sein; vielleicht war es ja nur eine weitere »Honkou-Ente«. Am nächsten Tag verschwanden jedoch alle japanischen Soldaten und Zivilisten von den Straßen, die Medien verstummten, und eine unheimliche Stille trat ein. Als dann das Ende bestätigt wurde, spielten sich chaotische Szenen ab, und es wurde ausgelassen gefeiert.

Es stimmte: Japan hatte kapituliert, der Krieg war vorbei, und wir waren frei! Wenige Tage später landeten auf einem Militärflugplatz in der Nähe der Stadt die ersten alliierten Rettungsflugzeuge. Die starken, vor Gesundheit strotzenden amerikanischen Soldaten, die ihnen entstiegen, wurden geradezu angebetet und als Abgesandte jener anderen Welt aus unseren Träumen mit einer Ehrfurcht begrüßt, die kaum zu beschreiben ist.

Bald wandten sich unsere Gedanken dem Schicksal derjenigen zu, die in Deutschland zurückgeblieben waren, und zugleich begannen wir uns mit unseren eigenen Aussichten auf eine rasche Abreise aus Schanghai zu beschäftigen. Jetzt würden uns, wie wir glaubten, bestimmt alle Türen offenstehen. Aber die Realität war ernüchternd. Bald erfuhren wir vom großen Sterben in Europa, und ein Land zu finden, das uns einließ, sollte wesentlich länger dauern als erwartet.

Verständlicherweise haben sich die Schanghaier Überlebenden (und spätere Historiker) immer wieder gefragt, welche Gründe die Japaner wirklich dazu bewogen, die jüdischen Flüchtlinge aus Hitlers

Deutschland auf besondere Weise zu behandeln und in ein Quasi-Ghetto einzusperren. Aber bis heute hat noch niemand eine befriedigende Erklärung gefunden. Warum setzten sie ausgerechnet die 18 000 machtlosen Flüchtlinge aus Europa fest, obwohl unter ihrer Kontrolle in Schanghai noch so viele andere nichtfeindliche Nationalitäten lebten? Und warum überließen sie uns dann uns selbst und taten uns nichts weiter an, sondern behandelten uns mit relativer Gleichgültigkeit? Tokio, das vorgibt, heute nichts mehr darüber zu wissen, verweigert bisher den Zugang zu seinen Archiven und behauptet, in japanischen Akten seien keine relevanten Informationen enthalten. Es ist jedoch fraglich, ob das wirklich den Tatsachen entspricht. Ein Grund für das japanische Widerstreben, mit diesem Aspekt der Vergangenheit »ins Reine« zu kommen, mag eine verständliche Verlegenheit über im Rückblick als irrational erkennbare Entscheidungen sein, die im Umfeld einer verwirrenden Kriegszeit und wechselnden Kriegsglücks getroffen wurden.

Möglicherweise wird man die Gründe nie ganz aufklären können. Dennoch sind in den Erinnerungen und Nachkriegsaussagen einzelner Beteiligter genügend Hinweise auf die Hintergründe der Geschehnisse enthalten. Im Kern lassen sich die uns betreffenden Verordnungen der japanischen Militärs und ihr späteres Verhalten uns gegenüber auf das Zusammenspiel von mindestens drei Faktoren zurückführen: ein besonderes, wenn auch verzerrtes Bild der Juden im Allgemeinen, den Versuch, dem Druck aus Berlin zugleich nachzugeben und zu widerstehen, sowie die sich verändernde Kriegslage.

Die etwas komplizierte japanische Einstellung zu Juden erklärt vieles. Die meisten Japaner waren keine Antisemiten; bis zum Anfang des Jahrhunderts waren sie kaum Juden begegnet, und in ihrem Land lebten nur wenige. Aus japanischer Sicht waren Juden wie Nichtjuden Europäer, und man verstand nicht, worin sie sich unterscheiden sollten. Bei der ersten bedeutenden Konfrontation mit dem »jüdischen Thema« erhielten die Japaner, wenn überhaupt, dann einen günstigen Eindruck. Im Russisch-Japanischen Krieg von 1904/05 hatte allein Jacob Schiff, Mitinhaber der jüdischen New

Yorker Investmentbank Kuhn Loeb & Co. und selbst Jude, große Kredite zur Finanzierung der japanischen Kriegsschulden organisiert. Das vergaß ihm Tokio nie, und zugleich zog man den übertriebenen Schluss daraus, dass jüdische Finanzkreise allmächtig seien und dass es, auch wenn andere dies ablehnten, zu Japans Vorteil sei, Juden zu umwerben, statt sie zu verfolgen. Selbst während des Zweiten Weltkriegs hielten viele in Tokio am Mythos von der jüdischen Macht fest. Dies mag uns letzten Endes gerettet haben.

Aber es war nur eine Seite der Medaille. In der Mandschurei war in den zwanziger und dreißiger Jahren eine beträchtliche jüdische Bevölkerung unter japanische Militärherrschaft geraten, und dort trat eine kleine Zahl von fanatisch nationalistischen jungen Offizieren hervor, die sich von dem verbreiteten Antisemitismus der ansässigen Weißrussen zunächst beeindrucken und dann anstecken ließen und zu selbsternannten »Judenexperten« wurden. Sie lasen antisemitische Schriften und übersetzten sie ins Japanische, insbesondere die berüchtigten *Protokolle der Weisen von Zion*, jenes von der zaristischen Geheimpolizei gefälschte Traktat über eine angebliche jüdische Verschwörung mit dem Ziel, die Weltherrschaft zu erobern. Doch obwohl sie sich als »Antisemiten« verstanden, waren diese Offiziere, die erheblichen lokalen Einfluss besaßen, der Ansicht, dass die gefährlichen Juden beobachtet, kontrolliert und zum Nutzen Japans für die Entwicklung der Mandschurei eingesetzt werden sollten; außerdem konnten sie als Geiseln dienen, um das Weltjudentum auf die Seite Japans zu ziehen.

In Tokio nahm man zwar eine andere Haltung ein, aber mit ihrer Schlussfolgerung wichen diese Offiziere kaum von der politischen Linie der Regierung ab. Dass sie in China auf die großen sephardischen Finanziers aus Hongkong und Schanghai stießen, bestärkte sie nur noch in ihrer Auffassung von der jüdischen Finanzmacht. Die Folge war, zumindest eine Zeit lang, ein verwirrender Widerspruch zwischen der stärker werdenden antisemitischen Einstellung einiger in China dienender japanischer Offiziere einerseits und ihrer Politik, die uns die Einreise nach Schanghai und sogar die Ansiedlung im von ihnen kontrollierten Honkou erlaubte, andererseits.

Mit dem Ausbruch des Pazifikkrieges änderte sich all dies. Jetzt hatten Juden ihren Wert verloren, ob nun als Geiseln oder als Brückenbauer zu mächtigen jüdischen Finanziers – vielleicht sogar zum US-Finanzminister Henry Morgenthau persönlich. Darüber hinaus erreichte Japan, als es im Frühjahr und Sommer 1942 seine Haltung gegenüber den Juden überdachte, den Höhepunkt seines Vormarschs in Asien. In dieser Periode schienen die Deutschen unaufhaltbar zu sein, und von Tokio und Schanghai aus gewannen viele Japaner den Eindruck, dass die Achse dabei sei, den Krieg zu gewinnen. Was die japanischen Militärs in China anging, so überlegten sie nicht mehr, wie man die Juden nutzen, sondern, wie man sie am besten neutralisieren und kontrollieren konnte. Jetzt konnte man ohne Angst vor größeren Konsequenzen eine härtere Linie verfolgen. Und vor dem Hintergrund des Ansehens ihres deutschen Achsenpartners und des Respekts vor seiner Macht und seinen Erfolgen waren die sogenannten Judenexperten nun auch bereit, die Ratschläge von Gestapobeamten anzunehmen, die Himmler eigens zu diesem Zweck nach Schanghai geschickt hatte. Zeugenaussagen nach dem Krieg ist zu entnehmen, dass dies im Jahr 1942 ein weiterer wichtiger Faktor war, der die interne Debatte über unser Schicksal beeinflusste.[25]

Der deutsche Einfluss zählte. Seit der Mitte des 19. Jahrhunderts hatte es in Schanghai immer eine bedeutende deutsche Gemeinde gegeben; während des Krieges umfasste sie rund 2500 Menschen. Die meisten waren Unternehmer und Kaufleute, und ihre Ansichten unterschieden sich kaum von denjenigen der anderen Ausländergruppen. Obwohl schon vor Hitlers Machtantritt in Schanghai eine nationalsozialistische Partei gegründet worden war, blieb die Zahl der überzeugten und aktiven Mitglieder stets relativ gering.

Die Parteiführung bemühte sich angestrengt, Kontakte mit Juden zu unterbinden, und hatte die strikte Anweisung herausgegeben, sich von Honkou fernzuhalten und nicht bei Juden einzukaufen. Doch kaum jemand hielt sich daran. Sogar Parteimitglieder kauften in jüdischen Geschäften ein, wenn es ihnen passte, und einige Flüchtlinge, die außerhalb des Ghettos mit Waren handelten, zählten Deutsche zu ihren besten Kunden. Als der Frau eines führenden Nationalsozialisten vorgehalten wurde, man habe sie in Honkou einkaufen gesehen, entgegnete sie ebenso lakonisch wie vielsagend: »Soll ich Ihnen die Parteifrauen aufzählen, die da auch eingekauft haben?«[26]

Die Haltung der Schanghaier Deutschen gegenüber den Flüchtlingen war also zwiespältig. Für die führenden Nationalsozialisten und die Vielzahl von Gestapobeamten, Agenten, Spionen und Propagandisten, die während des Krieges nach Schanghai geschickt wurden, galt dies freilich nicht. Es spricht für Himmlers entschlossenen Fanatismus – und den langen Arm der Gestapo –, dass er mitten in dem Kampf auf Leben und Tod, den die Nationalsozialisten in Europa führten, bereit war, bedeutende Mittel aufzuwenden, um uns sogar in diesem entlegenen Teil der Welt zu verfolgen. Spätere Aussagen von Beteiligten belegen, dass die Vertreter des Dritten Reichs in China nicht nur die Verbindung zu den Japanern aufrechterhalten und sie ausspionieren sollten. Zu ihren Aufgaben gehörte es vielmehr auch, den Antisemitismus zu verbreiten, die Flüchtlinge im Auge zu behalten und Einfluss auf die japanische Politik ihnen gegenüber zu nehmen.

Die Schlüsselfiguren, die Himmler direkt unterstanden, waren zwei SS-Offiziere, zunächst Gerhard Kahner und später Franz Huber. In geringerem Ausmaß war auch Baron Jesco von Puttkamer beteiligt, ein weiterer hochrangiger Nationalsozialist. Eine besonders düstere Rolle spielte der berüchtigte Polizeioberst und SS-Standartenführer Josef Meisinger, ein Nationalsozialist der ersten Stunde, der im April 1941 an die deutsche Botschaft in Tokio entsandt worden war und 1941/42 offenbar in der Absicht, die japanischen Stellen zu drängen, die Juden in Honkou einer »Sonderbehandlung« zu unterziehen, mehrmals nach Schanghai reiste.[27]

Meisingers Aktivitäten in Schanghai sind bis heute nicht in ganzem Umfang aufgeklärt. Aber das Schicksal der Flüchtlinge scheint ihn besonders interessiert zu haben. Einige Monate vor der Honkou-Proklamation wurde die Führung der jüdischen Gemeinde von Schanghai unter der Hand davor gewarnt, dass gefährliche Schritte gegen die Flüchtlinge diskutiert würden, und ein mitfühlender japanischer Beamter, der an den entsprechenden Sitzungen teilgenommen hatte, bezeugte später, dass Meisinger unter anderem vorschlug, das Ghetto von Honkou am jüdischen Neujahrstag Rosch ha-Schana zu umstellen, die Bewohner en masse zu deportieren und auf Schiffe zu bringen, die im Chinesischen Meer versenkt werden sollten. Alternativ sollten sie in verlassenen Salzminen dem Hungertod überlassen oder in Konzentrationslager auf der Jangtse-Insel Chongming gebracht werden. Um die Details, soll Meisinger den Japanern angeboten haben, würden sich die Deutschen kümmern.[28] Ob die japanischen Stellen solche drastischen Maßnahmen ernsthaft in Erwägung zogen, ist nicht bekannt. Wahrscheinlicher ist, dass sie sich einfach nur höflich anhörten, was ihr deutscher Gast zu sagen hatte.

Tatsache ist, dass nichts dergleichen geschah; zudem wussten wir damals glücklicherweise nichts von alldem. Die Japaner waren keine abgrundtiefen Judenhasser wie ihre deutschen Verbündeten, und die Wahrscheinlichkeit, dass sie eingewilligt hätten, uns kaltblütig zu ermorden, dürfte stets gering gewesen sein. Der weniger einschneidende Entschluss, die Flüchtlinge aus Europa lediglich im Ghetto von Honkou abzusondern, scheint ihre Kompromisslösung gewesen zu sein – zweifellos zum Ärger der nationalsozialistischen Fanatiker.

Inzwischen hatte sich das Blatt im Krieg gewendet, und zwar sowohl gegen Deutschland als auch gegen Japan. In Stalingrad hatten die Deutschen eine schwere Niederlage erlitten. Weder Moskau noch Leningrad war gefallen, und an der gesamten russischen Front waren sie in die Defensive gedrängt worden. Rommels Vormarsch war bei El Alamein aufgehalten worden, und nach der Landung der Alliierten im damaligen Französisch-Nordafrika war die deutsche Niederlage in Nordafrika nur noch eine Frage der Zeit. Deutschland geriet überall in eine immer prekärer werdende Lage. Am 18. Februar 1943 – dem Tag, an dem die Honkou-Proklamation bekanntgegeben wurde – verkündete Goebbels im Berliner Sportpalast den »totalen Krieg« und gestand damit die Kriegswende ein.

Auch in Asien waren bereits Rückschläge zu verzeichnen. Japan hatte bei den Midway-Inseln und im Korallenmeer zwei große Seeschlachten verloren, und die Vereinigten Staaten waren mit der Landung auf der Salomon-Insel Guadalcanal und dem Angriff auf Neuguinea in die Offensive gegangen. Die Aussicht auf einen Sieg der Achse verblasste, und die Japaner wussten es. Wieder einmal schien es mit Blick auf die Nachkriegszeit klug zu sein, das Weltjudentum nicht zu verärgern. Aus Tokio, wo der Glaube an die jüdische Macht immer noch nachwirkte, erging daher die Anweisung an die Militärführung in China, sich bei eventuell gegen uns ergriffenen Kontrollmaßnahmen vorsichtig zu verhalten. »Sie sollten darauf achten«, wurde sie instruiert, »dass die Maßnahme nicht unnötig provokativ durchgeführt wird …«[29]

Eine Zeitlang hatten die »Judenexperten« in Schanghai weitgehend freie Hand gehabt. Die Weisung aus Tokio war gerade rechtzeitig gekommen, und man ordnete schließlich nur die Absonderung der Flüchtlinge an. Dass man uns anschließend mit einer gewissen Vorsicht behandelte, hing zweifellos ebenfalls damit zusammen.

Staatenlos

Nach dem Abzug der Japaner begann eine Zeit tiefer Trauer, aber auch großer Hoffnung auf einen raschen Neuanfang. Die Stadt, die voller amerikanischer Soldaten und Matrosen war, boomte wieder. Die Dollars flossen, in den Geschäften füllten sich die Regale wieder mit Lebensmitteln, die Vereinten Nationen und jüdische Hilfsorganisationen entsandten Mitarbeiter, die sich um uns kümmern sollten, und viele Flüchtlinge fanden bei den amerikanischen Streitkräften Arbeit.

Das Leben wurde wesentlich erträglicher, gleichzeitig aber löste die Neuigkeit, dass nur wenige Freunde und Verwandte den Holocaust in Europa überlebt hatten, unbeschreibliche Trauer aus. Mit einem solchen Ausmaß der Katastrophe, wie es die täglich neuen Meldungen über die Gaskammern und Hitlers Todesmaschinerie enthüllten, hatte niemand gerechnet. Tag für Tag versammelte sich eine bange Menschenmenge vor den von den Vereinten Nationen erstellten Aushängen mit den Namen der wenigen Überlebenden und suchte ängstlich nach den Namen von Eltern, Geschwistern und anderen geliebten Menschen. Fast alle waren tot, und die vorherrschende Stimmung war eine Mischung aus purem Hass, Wut und Verzweiflung. »Deutschland« und »Deutscher« wurden zu Schimpfworten. Buchstäblich niemand konnte sich vorstellen, nach Europa zurückzugehen. Jetzt wollte jeder, ob jung oder alt, anderswo einen Neuanfang machen – in Palästina, Amerika, Australien, Südafrika –, nur nicht dort. Vor dem Krieg waren die meisten Türen für uns verschlossen gewesen, aber jetzt hoffte man allgemein darauf, dass die Freie Welt die Lektion gelernt hatte und die schiere Zahl der Opfer sie veranlassen würde, uns zu helfen.

Doch die Erwartung raschen Handelns erwies sich als trügerisch, und für manche sollte das Exil in China noch weitere vier lange Jahre dauern. Selbst bei besten Absichten verhinderten das Widerstreben gegen Gesetzesänderungen und das bürokratische Beharrungsvermögen fast überall noch auf Jahre hinaus, wie schon vor dem Krieg, eine liberalere Einwanderungspolitik.

Ende 1945, ich glaube, es war im Dezember, vier Monate nach dem Sieg im Pazifik, wurde ich ganz persönlich mit diesem Problem konfrontiert. Ich arbeitete damals als Lagerarbeiter für 75 Dollar im Monat für die US-Luftwaffe, dachte aber ständig daran, China zu verlassen, um anderswo ein neues Leben zu beginnen. Eines Tages veröffentlichten die Zeitungen ein Interview mit einem kanadischen Konsularbeamten, der vor kurzem in Schanghai eingetroffen war, um ein Konsulat einzurichten. »Kanada«, erklärte er in dem Interview, »ist ein riesiges und reiches Land von der Größe der Vereinigten Staaten, aber mit einer Bevölkerung, die ungefähr so groß ist wie diejenige des Großraums von New York.« Man habe bedeutende Pläne für die Nachkriegszeit, fügte er hinzu, und gesunden jungen Einwanderern, die bei ihrer Verwirklichung helfen wollten, stehe die Tür offen.

Die Worte sprangen mir förmlich ins Auge und entflammten meine Phantasie. Das war meine Chance, dachte ich. Gleich am nächsten Tag zog ich ein sauberes Hemd und meine guten Schuhe an und sprach bei ihm im kanadischen Konsulat vor. Ich hatte mir eine regelrechte kleine Rede zurechtgelegt, und nun erklärte ich dem Konsul, wie sehr ich von Kanada beeindruckt sei, von seiner Größe, den weiten, kaum bevölkerten Landstrichen und den Zukunftsaussichten, und beteuerte meine Absicht und meinen Willen, als guter Kanadier die Ärmel hochzukrempeln. Ich sei gesund und ungebunden, versicherte ich, genau die Art von Einwanderer, die Kanada sich wünsche.

Das Gespräch verlief ausgezeichnet, und der Konsul schien beeindruckt zu sein. Als er wissen wollte, wann ich mir vorstellen könnte abzureisen, erwiderte ich, dass es mir gar nicht schnell genug gehen könne. Dann stellte er mir eine Frage, deren Wortlaut sich mir für den Rest meines Lebens eingeprägt hat: »Darf ich fragen, mit welchem Pass Sie zu reisen gedenken?« Daraufhin erklärte ich, dass ich ein staatenloser Flüchtling sei, ein Vertriebener aus Nazideutschland, und keinen Pass besäße. Aber die UNRRA, die Nothilfe- und Wiederaufbauorganisation der Vereinten Nationen, würde mir ein Reisedokument ausstellen, und mit einem kanadischen Visum, fügte ich zuversichtlich hinzu, sollte die Reise nach Kanada kein Problem darstellen.

Ich sprach damals ein praktisch fehlerfreies Englisch, immer noch mit dem leichten britischen Akzent, den ich mir in der Schule angewöhnt hatte. Das schien den Konsul anfangs verwirrt zu haben. Nun jedoch änderte sich seine Haltung merklich, auch wenn sie positiv blieb. Dass ich ein staatenloser Vertriebener sei, erschwere die Angelegenheit ein wenig, erklärte er. Aber ich dürfe die Hoffnung nicht aufgeben. Fragen dieser Art müssten der Botschaft in Chongqin vorgelegt werden. »Schreiben Sie einen Brief an die Botschaft«, riet er mir, »und erzählen Sie Ihre Geschichte, so, wie Sie sie mir erzählt haben. Ich bin sicher, da sie von einem jungen Burschen wie Ihnen kommt, wird man sie aufmerksam lesen.«

Wenige Tage und einige Entwürfe später schickte ich eine leidenschaftliche Bittschrift nach Chongqin, in der ich die Gründe aufzählte, warum ich für Kanada wie geschaffen war, und es dauerte nicht einmal eine Woche, bis ich eine kurze Antwort der Botschaft in Händen hielt. Sie war auf wundervollem blauen Papier geschrieben, auf dem oben das kanadische Wappen prangte. Mein Schreiben habe die Botschaft beeindruckt, wurde mir mitgeteilt, und sei – ich erinnere mich noch an die genauen Worte – »mit Kuriergepäck nach Ottawa weitergeleitet« worden. Eine Antwort sei binnen eines Monats zu erwarten. Mit nichts Geringerem als »Kuriergepäck«! Das war beeindruckend. Keine Frage, versicherte ich meinen Freunden, für mich würde Schanghai bald Geschichte sein. Ich war gewissermaßen schon auf der Reise nach Kanada.

Wie angekündigt, traf einen Monat später der gespannt erwartete Brief aus Chongqin ein. Darin stand unter dem gleichen beeindruckenden Briefkopf die kurze Mitteilung: »Wir bedauern, Ihnen mitteilen zu müssen, dass Sie nach geltendem Gesetz nicht zur Einreise nach Kanada berechtigt sind.« Hätte ich einen britischen Pass besessen, wäre die Antwort besser ausgefallen. Bei einem staatenlosen Vertriebenen sah die Sache indes auch Ende 1945 anders aus.

Jahre später, Anfang der sechziger Jahre, hatte ich das Vergnügen, mir für diese damals so enttäuschende Abfuhr eine gebührende Genugtuung verschaffen zu können. Ich führte als US-Botschafter bei den GATT-Verhandlungen in Genf gerade schwierige Verhandlungen mit den Kanadiern, und als sie sich eines Tages darüber beschwerten, dass ich ein harter Unterhändler sei, konnte ich nicht anders, ich musste meinem Gegenüber, dem kanadischen Handelsminister Mitchell Sharp, diese Geschichte erzählen. »Sehen Sie«, schloss ich mit einer freundlichen Spitze, »wenn Sie mich hereingelassen hätten, säße ich jetzt vielleicht auf Ihrer Seite.« Sein Lachen klang etwas hohl, aber für mich war es eine süße Rache.

Es sollten weitere zwanzig Monate voller Enttäuschung, Frustration und gespanntem Warten vergehen, bevor sich mir schließlich eine Tür öffnete. Sie führte mich in die Vereinigten Staaten.

Am 22. Dezember 1945 unterzeichnete Präsident Truman eine Verordnung über die Einreise von Flüchtlingen, um »nach geltendem Recht die volle Einwanderung (für berechtigte Displaced Persons) in die Vereinigten Staaten [zu] ermöglichen«. Der Staatsapparat wurde angewiesen, die alten Hindernisse umgehend aus dem Weg zu räumen und »die Visaausgabe zu beschleunigen und zu vereinfachen«. Aber selbst in den besten Zeiten mahlen die Mühlen der Bürokratie nur langsam, und so dauerte es noch ein ganzes Jahr, bis ein junger Vizekonsul der Vereinigten Staaten einen Stempel auf mein UNRRA-Reisedokument drückte. Es war ein aufregender Augenblick, den ich nie vergessen werde. Im September 1947 reiste ich dann endlich auf dem umgebauten amerikanischen Truppentransporter *Marine Adder* von Schanghai nach San Francisco.

DIE FÜNFZIGER JAHRE

Amerika nach dem Krieg. Lehrjahre

Ankunft in San Francisco

In den dreißiger Jahren hatte der Aufstieg Hitlers die Geschichte bestimmt, und in den vierziger Jahren war es der Zweite Weltkrieg gewesen. In den fünfziger Jahren bildeten der Kalte Krieg und das nukleare Patt zwischen Ost und West die entscheidenden Faktoren.

Die fünfziger Jahre waren eine Übergangsperiode von einer durch den Krieg geprägten zu einer von der Konfrontation zwischen zwei konkurrierenden Machtblöcken und Ideologien bestimmten Welt sowie vom kolonialen zum postkolonialen Zeitalter. Ebenso war es das Jahrzehnt der Testphase für die neugegründeten Vereinten Nationen und ihre Unterorganisationen und eine Zeit, in der die Westmächte ein Netz von institutionellen Arrangements knüpften, um ihr Bündnis zu festigen, den Wiederaufbau Europas zu organisieren und die ersten Schritte zur wirtschaftlichen Integration des alten Kontinents zu unternehmen. Die Fünfziger waren Jahre bedeutender Entdeckungen und großer Initiativen, wie dem Marshallplan, aber auch geprägt von vielen Krisen und Herausforderungen. Die Risiken und Unsicherheiten des Atomzeitalters und des Kalten Krieges nahmen zu, und durch einen kommunistischen Putsch in der Tschechoslowakei, die Schaffung zweier deutscher Staaten und die Niederschlagung eines Aufstands in Ungarn wurde die Teilung Europas zementiert. Der Frieden war nie vollkommen, sondern stets gefährdet. Bewaffnete Konflikte auf der Halbinsel Korea, in Südostasien und im Nahen Osten kosteten viele Menschenleben. In China übernahm ein kommunistisches Regime die Macht, mit den Sputniks begann die Raumfahrt, sowjetische Herausforderungen wurden mit westlichen Gegenmaßnahmen beantwortet, und in Afrika, Asien und Lateinamerika konkurrierten Ost und West um Einfluss.

Auch in den Vereinigten Staaten bildeten die fünfziger Jahre eine Übergangsphase. Der Krieg hatte das Leben der Menschen tiefgreifend verändert, und die Transformation setzte sich infolge der schnellen inneren und äußeren Entwicklungen in rasantem Tempo fort, in einer Zeit beispiellosen Wohlstands und steigenden Lebensstandards. Die Lebensweise der Amerikaner, ihre Beziehungen untereinander und ihre Erwartungen an das Leben sowie ihre Ansprüche an die Regierung wandelten sich grundlegend.

Perioden tiefgreifender Veränderungen, wie positiv sie auch sein mögen, lösen stets Unsicherheit und Befürchtungen aus und bringen häufig politische Auseinandersetzungen und Kontroversen mit sich, denn auch in Zeiten wirtschaftlichen Fortschritts und Aufschwungs gibt es immer Gewinner und Verlierer. Dies galt auch für das Amerika der fünfziger Jahre, als sich Liberale und Konservative, Norden und Süden sowie die beiden großen Parteien und einzelne Fraktionen in ihnen fast ununterbrochen über Wirtschaftsfragen, Sozialpolitik und Bürgerrechte in den Haaren lagen. Die Konfrontation mit dem Kommunismus im In- und Ausland entzündete politische Kämpfe und emotionale Debatten über den Schutz vor Subversion im Innern einerseits und die Wahrung der Bürgerrechte andererseits.

In den fünfziger Jahren wurde ich zum Amerikaner. Nachdem ich am 24. September 1947 in San Francisco angekommen war, stürzte ich mich ins amerikanische Leben, und so begann meine ganz persönliche Transformation. Ich hatte zwar nur rund 65 Dollar in der Tasche, war aber jung, selbstsicher und optimistisch. Meine weder von Furcht noch von Zweifeln belastete Gemütslage entsprach der Stimmung im Land. Ich war in einer besonders dynamischen und aufregenden Zeit nach Amerika gekommen, in der vieles im Fluss war, die Zeichen auf Fortschritt und Wohlstand standen und viele zurückkehrende Soldaten in meinem Alter genau wie ich einen Neuanfang machten.

Für mich waren diese ersten Jahre eine unvergessliche Zeit der Entdeckungen, des Lernens und des persönlichen Reifens, in der ich Bürger eines neuen Landes wurde, heiratete und eine Familie gründete. Um die Vereinigten Staaten kennenzulernen und zu verstehen, nahm ich jede sich bietende Gelegenheit wahr, durch das Land zu reisen und meine Wahlheimat zu erkunden. In den fünfziger Jahren lebte ich an der Ost- und Westküste, durchquerte mehrmals den Kontinent, studierte an drei Universitäten, trat in die Politik ein und machte meine ersten Erfahrungen mit dem amerikanischen Wirtschaftsleben.

Außerdem unternahm ich in dieser Periode die erste Reise zurück nach Deutschland. Die braunen Uniformen und die NS-Fahnen waren verschwunden, und das Land unterschied sich erheblich von demjenigen, das ich verlassen hatte, aber ich fühlte mich ihm jetzt fern und fremd. Deutschland war zum Ausland geworden. Obwohl es mir noch auf unheimliche Weise vertraut war, wurde mir vor allem bewusst, wie stark ich bereits in der Neuen Welt verwurzelt war.

Boomjahre

Mit den späten vierziger Jahren begann in den USA ein Jahrzehnt des rasanten Wachstums, zunehmenden Wohlstands und steigenden Lebensstandards. Nicht nur die Industrie, sondern auch die Politiker waren anfangs von der Stärke der Nachkriegswirtschaft überrascht. Bei Kriegsende hatte man vor der enormen Aufgabe gestanden, die Wirtschaft auf Friedensbedingungen umzustellen, und die beiden am heftigsten diskutierten Themen – die Schaffung von Arbeitsplätzen für die heimkehrenden Soldaten und die Ersetzung der weggefallenen Verteidigungsausgaben durch eine zivile Nachfrage – hatten beträchtliche Sorgen hervorgerufen. Viele fragten sich, ob die Vollbeschäftigung der Kriegszeit in die Friedenszeit hinübergerettet werden konnte.

Von den über 12 Millionen Männern und Frauen, die bei Kriegsende unter Waffen standen, wurden bis auf anderthalb Millionen alle in kurzer Zeit demobilisiert. Viele hielten einen Anstieg der Arbeitslosigkeit und eine baldige Rezession für wahrscheinlich. Der Staat hatte auf dem Höhepunkt des Krieges 89 Milliarden Dollar oder 42 Prozent des Bruttoinlandsprodukts (BIP) für Rüstungsgüter und Streitkräfte ausgegeben, aber die Kriegsaufträge wurden nach der Niederlage Japans buchstäblich über Nacht um 23 Milliarden gekürzt, und bis 1947 sank der Anteil der Verteidigungsausgaben am BIP auf weniger als zehn Prozent. Darum war es kaum abzusehen, wie ein so tiefer Einschnitt schnell und reibungslos absorbiert werden könnte, und die Erwartung einer längeren schmerzhaften Übergangsperiode war weitverbreitet. Nur einige wenige Querdenker waren anderer Meinung, unter ihnen der ehemalige Vizepräsident Henry Wallace, dessen Voraussage von 60 Millionen Jobs bis 1950 jedoch als weit übertriebener Optimismus abgetan wurde.

Wallace behielt jedoch recht. Seine intuitive Voraussage erfüllte sich schon 1948, zwei Jahre vor der Zeit. Anstatt einer Rezession setzte ein rasches Wachstum ein, denn private Investitionen traten viel schneller als erwartet an die Stelle der gestrichenen Staatsaufträge, und die Konsumentennachfrage war allenfalls insofern ein Thema, als sie sich als zu groß erwies. Das Problem bestand also nicht in einem Mangel an Arbeitsplätzen, sondern in steigenden Löhnen und Preisen. Obwohl Millionen von Soldaten auf den Arbeitsmarkt drängten, lag die Arbeitslosigkeit, außer im kurzen Rezessionsjahr 1958, unter vier Prozent und stieg während des gesamten Jahrzehnts nie über 5,5 Prozent.[1]

Die Prognostiker hatten mehrere Faktoren übersehen, die den anhaltenden Wirtschaftsaufschwung der Nachkriegsjahre verursachten: die während des Krieges angesammelten großen Ersparnisse, die nun ausgegeben werden wollten, das starke Bevölkerungswachstum, eine großzügige Kreditvergabe, Staatsausgaben für Kriegsveteranen, Autobahnen und Bildung sowie die stimulierende Wirkung des Marshallplans und des Wiederaufbaus in Europa. Die heimkehrenden Soldaten gründeten Familien und wollten das Leben genießen. Während des Krieges hatten die Menschen 37 Milliarden Dollar angespart, und jetzt leisteten sie sich von diesem Geld Häuser, Autos, Kühlschränke, Kleidung, neue technische Apparate, wie etwa Fernsehgeräte, gutes Essen und Reisen. Und wenn ihnen das Geld ausging, kauften sie auf Pump, und die Banken beeilten sich, ihnen mit großzügigen Krediten auszuhelfen.

Buchstäblich über Nacht entstanden völlig neue Wirtschaftszweige. Fertighäuser wurden zu einem gängigen Produkt, und in den Vorstädten schossen große Viertel mit neuen Häusern – die sogenannten Levittowns – aus dem Boden. Die Baufirmen verdienten hervorragend, vermochten die durch staatlich abgesicherte Kredite für Kriegsveteranen angeregte Nachfrage aber nicht zu decken. Hatte der Hausbau 1939 bereits mit 515 000 Einheiten einen historischen Höchststand erreicht, so stieg diese Zahl 1947 auf mehr als das Doppelte und lag in den fünfziger Jahren selten unter zwei Millionen.

Auch die Nachfrage nach neuen Autos überstieg im ersten Nachkriegsjahrzehnt das Angebot bei weitem. Während des Krieges hatte sich Detroit von der Produktion von Pkw auf die Herstellung von Lastwagen, Jeeps und Panzern umgestellt. Aber jetzt kam die traditionelle Liebe der Amerikaner zum Auto wieder zum Tragen. Die freie Straße lockte, und alle wollten einen neuen fahrbaren Untersatz haben, so dass die Verkaufszahlen dramatisch in die Höhe schossen. Im Boomjahr 1929, kurz vor dem großen Börsencrash, war die Rekordzahl von 4,4 Millionen Autos verkauft worden, eine Zahl, die in den dreißiger Jahren nie erreicht werden sollte, und manche hatten sogar vorausgesagt, dass sie nie wieder erreicht werden würde. Doch 1950 wurde der alte Rekord spielend überboten und auf 6,6 Millionen Autos geschraubt. Dies wiederum regte die Nachfrage nach neuen, besseren Straßen an, und als die Regierung Mitte der fünfziger Jahre nach mehreren Planungsjahren ein nationales Straßenbauprogramm von beispiellosem Umfang beschloss, setzte ein Bauboom sondergleichen ein.[2] Im Rahmen dieses auf zehn Jahre angelegten 100-Milliarden-Programms wurden im Lauf der Zeit Zehntausende von Straßen- und Autobahnkilometern gebaut. Viele neue Unternehmen wurden gegründet, zahllose Arbeitsplätze geschaffen und insgesamt ein erheblicher Beitrag zum Nachkriegswachstum geleistet.

Dieser enorme Nachkriegsaufschwung veränderte das Land. Nicht zuletzt kehrte sich der scheinbar langfristige Trend zum Bevölkerungsrückgang um. Gab es 1947, als ich in Amerika eintraf, noch 144 Millionen US-Bürger, so waren es am Ende der fünfziger Jahre 180 Millionen, was zum einen am beispiellosen »Babyboom« der Nachkriegszeit und zum anderen an einer liberalisierten Einwanderungspolitik lag, die allein 1960 über dreieinhalb Millionen Einwanderern den Zuzug erlaubte. Die andere große demographische Veränderung war die Urbanisierung: Hatten vor dem Krieg 56 Prozent der Amerikaner in Städten gelebt, waren es Ende der fünfziger Jahre fast 70 Prozent.

Das Wirtschaftswachstum und gutbezahlte Arbeitsstellen hatten eine ungeahnte Verbesserung des Lebensstandards zur Folge. Zwischen 1950 und 1960 wuchs die Industrieproduktion um nahezu 50 Prozent, während die Preise nur halb so schnell stiegen und der durchschnittliche reale Wochenlohn auf das Doppelte des Vorkriegsniveaus kletterte. Zudem arbeiteten zum ersten Mal in der Geschichte mehr Amerikaner im Dienstleistungssektor als in Fabriken, in denen die Automatisierung ungelernte Arbeitskräfte überflüssig machte und erhebliche Produktivitätssteigerungen ermöglichte.

Eine veritable Revolution vollzog sich auch im Bildungsbereich. Vor dem Krieg hatten viele Amerikaner nur die Grundschule besucht, aber jetzt besaßen die meisten mindestens einen Highschoolabschluss, und die Zahl der Studenten an Colleges und Universitäten verdreifachte sich gegenüber der Vorkriegszeit von 1,5 Millionen auf fast fünf Millionen im Jahr 1965. Stark gefördert wurde diese Entwicklung besonders durch das G. I. Bill of Rights genannte Gesetz zur Förderung der Wiedereingliederung von Kriegsheimkehrern.

Diese bemerkenswerten Entwicklungen wirkten sich tiefgreifend auf die amerikanische Lebensweise aus. Zum ersten Mal war die

Hauptsorge vieler Menschen nicht die Arbeitssuche, sondern, wie man den höheren Lebensstandard und seine Früchte genießen konnte. Arbeitslosigkeit und Armut stellten keine Bedrohung mehr dar wie in den dreißiger Jahren. Jetzt kreisten die Gedanken um den Konsum, und zwar in großem Stil. Die Amerikaner zogen in Massen in die in Serie gebauten Häuser in den sich ständig ausdehnenden Vorstädten, kauften in glitzernden neuen Shoppingmalls ein, aßen in Filialen von Restaurantketten, besuchten Autokinos und verbrachten die Wochenenden damit, die neuesten Haushaltsgeräte zu kaufen, den Rasen zu mähen, das jüngst erworbene Familienauto zu waschen und ihre Lieblingsfernsehsendungen anzuschauen.

Werte und Gewohnheiten änderten sich auf vielfältige Weise. Religion war immer noch wichtig, und die Quote der Kirchenmitgliedschaft war hoch, aber auch die Scheidungsrate stieg auf Rekordniveau. Sogar die amerikanische Sexualmoral – auch wenn sie nie so konservativ war, wie man geglaubt hatte – lockerte sich unter dem Einfluss der Konsumgesellschaft, wie dem Kinsey-Bericht zu entnehmen war, einer vieldiskutierten, bahnbrechenden Studie aus den fünfziger Jahren, die sich mit diesem damals gewagten Thema beschäftigte. Die Rolle der Frauen in der amerikanischen Gesellschaft wandelte sich ebenfalls, und am Ende des Jahrzehnts wurde dann die allgemeine Verfügbarkeit der Antibabypille der bei weitem wichtigste Faktor, der die Sexualmoral veränderte. Während des Krieges hatten Millionen von Frauen zum ersten Mal einen Job angenommen, und jetzt wollten sie sich nicht mehr in die beschränkte traditionelle Rolle als Hausfrau und Mutter zurückdrängen lassen. »›Rosie die Nieterin‹ – die Symbolfigur der arbeitenden Frau –, bemerkte ein Beobachter, werde nach der Arbeit auf einer Schiffswerft »nicht zum Ausleeren von Mülleimern zurückkehren.«[3]

Die Vereinigten Staaten der fünfziger Jahre waren das bei weitem reichste Land auf der Erde. Mit nur sechs Prozent der Weltbevölkerung produzierten sie ein Drittel der weltweit erzeugten Güter und Dienstleistungen, und um ihren Lebensstandard beneidete sie die ganze Welt. Amerika war eine reiche Nation, wenn auch nicht unbedingt eine in jeder Beziehung glückliche. Überschwang und Optimismus waren zu gleichen Teilen mit Ängsten, politischen Konflikten und Rassenunruhen vermischt. Der Krieg hatte viele Aspekte des Lebens der Amerikaner zum Besseren gewandelt, aber auch viele neue Probleme geschaffen, und das Tempo der Veränderung und Herausforderungen im Ausland lösten heftige Debatten über die angemessene Politik und die richtigen Prioritäten für die Zukunft aus.

Zwischen Arm und Reich bestand immer noch eine tiefe Kluft, und nicht alle profitierten in gleichem Maß vom neuen Wohlstand. In den Städten gab es weiterhin große Slums und minderwertige Unterkünfte, und in den Appalachen und den staubigen Ebenen des Mittelwestens herrschten mancherorts immer noch Armut und Unterentwicklung. Darüber hinaus blieb das soziale Sicherheitsnetz höchst unzulänglich, obwohl durch Präsident Roosevelts New Deal die schlimmsten Mängel behoben und ein Minimum an Schutz vor den Risiken von Arbeitslosigkeit, Krankheit und Alter gewährleistet worden waren. Da die Preise stiegen, forderten die Gewerkschaften höhere Löhne, während die Wirtschaft dies eisern ablehnte und mächtige konservative Kräfte die meisten Pläne zur Verbesserung der Lage derjenigen, die am wenigsten für sich selbst sorgen konnten, vereitelten.

Die schreiendste Ungerechtigkeit war jedoch die Fortdauer der allgegenwärtigen Rassendiskriminierung. Während des Krieges waren viele Schwarze* in die Nordstaaten gegangen, um in den Rüstungsfabriken in Pittsburgh, Detroit, Chicago und an der Westküste zu arbeiten. Viele andere hatten treu in der Armee gedient. Jetzt bestanden sie immer nachdrücklicher auf der Forderung nach Gleichbehandlung, und eine wachsende Zahl von Weißen unter-

* Damals nannte man die Angehörigen der nichtweißen Minderheit »Neger« (negroes) oder »Farbige« (coloreds). Heute sind diese Bezeichnungen politisch unkorrekt, und man spricht stattdessen von »Schwarzen« (Blacks) oder »Afroamerikanern« (African-Americans), worin sich deren gewachsener Stolz auf ihre Herkunft widerspiegelt. Ich halte mich in diesem Buch an diese Sprachregelung.

stützte sie darin. Aber noch lehnten mächtige Kräfte Veränderungen vehement ab.

Als ich in San Francisco eintraf, war Amerika immer noch ein Land des weißen Mannes, und Schwarze waren weitgehend rechtlos und unterdrückt. Nur eine kleine Zahl von ihnen ging wählen und konnte am politischen Leben teilhaben, während die meisten weiterhin keinen Zugang zu Institutionen mit Macht und Einfluss hatten, einschließlich der besseren Colleges und Universitäten. Viele Intellektuelle waren mit dem Zustand der amerikanischen Nachkriegsgesellschaft alles andere als zufrieden. Paradoxerweise bereiteten ihnen vor allem der Wohlstand und seine Nebenwirkungen Sorgen. Sie beklagten den blinden Konsumismus und die nach ihrer Ansicht vorhandene Tendenz zu einer Massenkultur, die sich der ungezügelten Jagd nach materiellen Gütern hingab und von Wurzellosigkeit, selbstzufriedener Konformität und mangelndem Gewissen hinsichtlich der Rassendiskriminierung und der Lage der Unterschicht gekennzeichnet war. Viele Amerikaner genossen den Wohlstand der fünfziger Jahre, aber manche Liberale und Gesellschaftskritiker sahen vor allem seine Banalität und Ungerechtigkeit. Für sie war diese Zeitspanne ein »düsteres Jahrzehnt«.

Die Stimmung in Amerika war also gemischt. Neben Überschwang und Wohlbehagen gab es Unzufriedenheit und Angst. Hinzu kamen die internationalen Gefahren und Probleme, die die Sorge über den Weg des Landes verstärkten und die Diskussionen über die richtige Politik gegenüber der gefährlichen neuen Welt außerhalb der Landesgrenzen anfachten.

Amerika hatte den Krieg mit unbeirrbarer Entschlossenheit geführt und gehofft, der Sieg über die Aggressoren in Europa und Asien würde zu einem Frieden führen, in dem die Alliierten harmonisch zusammenarbeiten würden. Bereits in der Atlantikcharta von 1941 und bei verschiedenen späteren Anlässen hatte Präsident Roosevelt die amerikanische Vision einer offenen Nachkriegswelt ohne Machtblöcke und konkurrierende Einflusssphären dargelegt, die auf internationaler Zusammenarbeit, dem Selbstbestimmungsrecht, dem Ende des Kolonialismus und der Beachtung des Völkerrechts unter der Ägide der Vereinten Nationen beruhen sollte.

Doch die Klärung der meisten Fragen war auf später verschoben worden. Unter dem Druck näher gelegener Kriegserfordernisse hatten die Briten Roosevelts Ideen widerstrebend zugestimmt, andere Kolonialmächte waren nicht gefragt worden, und der sowjetische Diktator Stalin hatte von Anfang an zu verstehen gegeben, dass er zu dem Thema eigene Vorstellungen hatte. Daher erwiesen sich Roosevelts Ideen nach dem Zweiten Weltkrieg ebenso rasch als illusorisch wie Woodrow Wilsons Pläne nach dem Ersten Weltkrieg. Im Jahr 1947 gab es kaum noch einen Zweifel daran, dass er seinem Nachfolger, anstelle von internationaler Zusammenarbeit und einer gemeinsamen Auffassung über die Gestaltung einer friedlichen Nachkriegswelt, eine von Konflikt und Konfrontation geprägte Realität sowie einen gefährlichen Kalten Krieg zwischen der Sowjetunion und dem Westen hinterlassen hatte. Stalin sah seine Prioritäten ganz und gar nicht in internationaler Zusammenarbeit in einer offenen Welt, in Selbstbestimmung, Demokratie und freier Wahl, sondern in der Ausdehnung der sowjetischen Einflusssphäre und der Schaffung eines großen Blocks kommunistischer Pufferstaaten rund um die Sowjetunion.

Ein Jahr nach dem Ende der Feindseligkeiten in Europa sah die Welt völlig anders aus, als Roosevelt es sich vorgestellt hatte. In seiner historischen Rede in Fulton in Missouri im Jahr 1946 hat Winston Churchill – in Anwesenheit von Roosevelts Nachfolger Truman – dies auf eindrückliche Weise konstatiert: Die Sowjetunion, erklärte er, verfolge »expansionistische und Bekehrungstendenzen« und etabliere in Osteuropa hinter dem »Eisernen Vorhang über dem Kontinent« undemokratische »Polizeiregierungen«.[4] 1947 war die sowjetische Herrschaft über Polen und Osteuropa Realität geworden. Die Sowjetunion und die Vereinigten Staaten waren sich buchstäblich in keiner Frage einig, und *»containment«* (Eindämmung) – die westliche Antwort auf die sowjetischen Ambitionen und ein Mittel, um zu verhindern, dass Westeuropa, China, Japan und der Nahe Osten in die sowjetische Sphäre abdrifteten – wurde zum zentralen Element der amerikanischen Außenpolitik. Um den sowjetischen Druck auf Griechenland und die Türkei zu verringern, hatte man ein Hilfsprogramm in Gang gesetzt, und kurz vor meiner Ankunft in Kalifornien war der weitaus ehrgeizigere Marshallplan für den Wiederaufbau Westeuropas verkündet worden.

In China weiteten Mao Zedongs Kommunisten ihr Herrschaftsgebiet stetig aus, und in Indochina und anderswo in Asien wurde der Antikolonialismus zu einem Faktor im Kalten Krieg. Für wenige Jahre besaßen die Vereinigten Staaten das Nuklearmonopol, doch die wenigsten glaubten, dass dies mehr als ein vorübergehender Vorteil sein würde. Spätestens als die Sowjetunion 1955 die erste Wasserstoffbombe testete, wurde auch dem Letzten klar, dass die Konfrontation des Kalten Krieges jederzeit in einen Atomkrieg umschlagen konnte.

In den Jahren vor und nach Stalins Tod reihte sich Krise an Krise, und mit der Gründung der NATO wurde die Teilung Europas in feindliche Lager zementiert. Ein westdeutscher Staat, in dem alliierte Truppen auf Dauer stationiert waren, und die aktive amerikanische Unterstützung der wirtschaftlichen Integration Europas bildeten ein weiteres Bollwerk gegen den sowjetischen Druck. Unterdessen entwickelten sich die Meinungsverschiedenheiten zwischen Ost und West häufig zu gefährlichen Konfrontationen, manchmal in Form von Bluffs und lautstarken Anschuldigungen, ein andermal in Gestalt von bewaffneten Stellvertreterkonflikten oder, wie auf der koreanischen Halbinsel, eines blutigen Krieges mit direkter amerikanischer Beteiligung. 1948 wurde mit der Berliner Luftbrücke der sowjetische Versuch, die Westalliierten aus der deutschen Hauptstadt zu verdrängen, abgewehrt, doch ein Jahr später fiel China den Kommunisten in die Hände, in Vietnam standen sich nach der Vertreibung der französischen Kolonialherren beide Seiten in einer heiklen Pattsituation gegenüber, und auf der ganzen Welt setzte sich der direkte oder indirekte Wettstreit zwischen Ost und West fort, während gleichzeitig ein pausenloser und immer kostspieligerer Rüstungswettlauf im Gang war.

Für die Vereinigten Staaten waren die fünfziger Jahre eine entscheidende Zeitspanne, in der sie endgültig ihre Unschuld in der Weltpolitik verloren. Der alte Gegensatz zwischen Internationalismus und Isolationismus, der so oft im Mittelpunkt innerer politischer Debatten gestanden hatte, trat in den Hintergrund. Um die Sowjetunion einzudämmen und der Ausbreitung des Kommunismus entgegenzutreten, waren Konfrontationen und Herausforderungen an vielen Orten gleichzeitig zu bewältigen, so dass die Vereinigten Staaten buchstäblich überall auf der Welt engagiert waren.

Gleichzeitig wirkte sich der neue amerikanische Internationalismus – vom Marshallplan und der Unterstützung der europäischen Integration über die Wirtschaftshilfe für die Entwicklungsländer in Afrika, Asien und Lateinamerika bis zu den Militärbündnissen und den Konfrontationen des Kalten Krieges – tiefgreifender auf die interne Diskussion und die innenpolitische Landschaft der fünfziger Jahre aus, als es der alte Streit zwischen Isolationisten und ihren Gegnern jemals getan hatte. Zu den Auseinandersetzungen über innere sozial- und wirtschaftspolitische Fragen kam eine scharfe Debatte über den Umgang mit Freund und Feind im Ausland hinzu, die zudem durch einen fanatischen antikommunistischen Kreuzzug, den rechtsgerichtete Radikale gegen wirkliche und vermeintliche Subversive, Spione und ihre angeblichen Sympathisanten führten, einen schrillen Beiklang erhielt. Durch die Ausbeutung des Vorwurfs ungenügender Wachsamkeit und den Streit darüber, wer sich Kommunisten gegenüber zu »weich« verhalte und wer ein echter Patriot sei, wurden die Fundamente der Gerechtigkeit und der bürgerlichen Freiheiten einer schweren Belastungsprobe ausgesetzt.

Truman und Eisenhower

In diesen Jahren kreiste die amerikanische Politik – unter zwei Präsidenten und Regierungsmannschaften – vor allem um drei heftig umstrittene Fragen: die Rolle des Staates bei der Lösung von ökonomischen und sozialen Problemen, die Bürgerrechte und den Schutz gegen Subversion im Innern. Harry S. Truman und Dwight D. »Ike« Eisenhower, der eine Demokrat, der andere Republikaner und beide in diesen ersten Nachkriegsjahren ungefähr gleich lang Hausherren im Weißen Haus, waren führend an diesen Debatten beteiligt. In Bezug auf Herkunft und Grundwerte waren sie sich bemerkenswert ähnlich, aber ihre Persönlichkeiten, ihre Anschauungen und die von ihnen bevorzugte und betriebene Politik unterschieden sich erheblich, und in der in den fünfziger Jahren in den Vereinigten Staaten herrschenden Atmosphäre spiegelten sich sowohl die Ähnlichkeiten als auch die Unterschiede wider.

Im Gegensatz zu Roosevelt, einem Ostküstenaristokraten aus reichem Haus mit berühmtem Namen, stammten sowohl Truman als auch Eisenhower aus dem Mittelwesten, wo sie nicht weit voneinander entfernt aufgewachsen waren, Ersterer in Missouri, Letzterer in Kansas. Beide waren Sprösslinge bescheidener Siedlerfamilien, denen finanzielle Engpässe nicht unbekannt waren,* und beide hatten jahrelang untergeordnete Stellungen im Staatsdienst innegehabt. Truman hatte sich nach mehreren unternehmerischen Fehlschlägen in der Politik hochgearbeitet und den Aufstieg von der Kreisebene – auf der er sich »allem, was es gab«, anschloss, von Sportvereinen über nicht weniger als drei Veteranenorganisationen bis zur Gesellschaft zur Erhaltung des Barbershop-Gesangs[5] – in die luftigen Höhen des Senats geschafft. Eisenhower hatte ein Vierteljahrhundert als unbekannter Armeeoffizier gedient, der 1941, im Alter von 51 Jahren, nach stetiger, aber langsamer Beförderung schließlich Brigadegeneral geworden war.

* Truman war schottisch-irischer Herkunft. Seine Vorfahren waren von Kentucky und Virginia als Siedler westwärts nach Missouri gezogen. Eisenhowers Vorfahren waren vorrevolutionäre »Pennsylvania Dutch« (das heißt Deutsche), die aus der Pfalz eingewandert waren und sich nach dem Bürgerkrieg im Westen angesiedelt hatten. Sein Großvater Jacob, ein Pfarrer der »River Brethren«, hatte noch Deutsch gesprochen und gepredigt, aber in Ikes Zeit hatte die Familie ihre deutschen Wurzeln schon lange gekappt.

Weder Truman noch Eisenhower waren Intellektuelle, noch hatten sie viel für solche übrig. Eisenhower definierte einen Intellektuellen einmal als jemanden, »der mehr Worte als nötig benutzt, um mehr zu sagen, als er weiß«,[6] und Truman – der letzte Präsident der Vereinigten Staaten ohne Collegeabschluss – fühlte sich unter seinen pokerspielenden Freunden wohler als unter den Absolventen von Eliteuniversitäten, mit denen sich Roosevelt umgab. Beide Präsidenten waren während des Krieges überraschend auf die große Bühne gelangt, Truman 1944 als Kompromisskandidat für den Posten des Vizepräsidenten und Eisenhower, als er an mehreren dienstälteren Generälen vorbei zum Oberbefehlshaber der alliierten Streitkräfte in Nordwesteuropa ernannt wurde. Keiner von beiden hatte erwartet oder sich danach gedrängt, an die Spitze zu treten, aber beide waren auch klug und ehrgeizig genug, um nicht zu zögern, als sich ihnen die Gelegenheit dazu bot, und bei ihrem Einzug ins Weiße Haus standen beide im gleichen Alter.

Wichtiger sind jedoch die Unterschiede zwischen ihnen. Obwohl Truman nur die Highschool besucht hatte, war er ein eifriger Leser mit starkem Interesse an amerikanischer Geschichte und betrachtete die Präsidentschaft als Chance für eine aktive Förderung des Wohlergehens des Landes und seiner Bürger. Als überzeugter Demokrat hegte er instinktiv Sympathie für die Benachteiligten, »für diejenigen, die ihr Leben lang herumgeschubst worden sind«, wie er es einmal ausdrückte. Eisenhower andererseits, ein Absolvent der Militärakademie in West Point, hatte außer militärischen Handbüchern und eskapistischen Cowboyromanen und Zeitschriften kaum etwas gelesen. Auch eine starke Parteibindung, wie Truman sie empfand, kannte er nicht. Da er, bevor er sich für die Republikaner entschied, lange Zeit nicht wusste, welcher Partei er sich zuwenden sollte, hatten die Demokraten sogar versucht, ihn als ihren Präsidentschaftskandidaten zu gewinnen. Und auch wenn er den Menschen am unteren Ende der sozialen Leiter nicht gefühllos gegenüberstand, spricht doch kaum etwas dafür, dass er ähnlich ernsthaft wie Truman danach strebte, ihr Los zu erleichtern. Bei der Wahl seiner Freunde hatte er jedenfalls eine Vorliebe für reiche Geschäftsleute, und das von ihm zusammengestellte Kabinett bestand, wie ein Kritiker bissig bemerkte, aus »acht Millionären und einem Klempner«.[7]

Truman war ein Macher, ein Progressiver aus dem Mittelwesten, dessen Verhalten Emotionen auslöste und seine Gegner provozierte. Er wusste, was er wollte, trieb mit der Kraft seiner Überzeugung die Verwirklichung der umstrittenen Vorhaben, an die er glaubte, voran, schreckte nicht vor harten Entscheidungen zurück und genoss die Auseinandersetzung mit seinen Opponenten. Er fällte klare, wenn auch manchmal impulsive und nicht immer kluge Entscheidungen und hielt an ihnen fest, ohne jemals eine Umkehr in Betracht zu ziehen. »The Buck Stops Here« – die letzte Verantwortung liegt hier – war auf einem Schild zu lesen, das auf seinem Schreibtisch stand.

Dagegen betrachtete Eisenhower das Präsidentenamt nicht als Chance, das Land zu führen und die Initiative zu ergreifen, sondern lediglich als eine von drei gleichberechtigten Säulen des Staates. Deshalb neigte er weniger als Truman zu Kraftproben mit dem Kongress und war mehr als dieser bereit, die Macht mit ihm zu teilen. Aus Instinkt konservativ gesinnt, prädestinierte ihn sein Temperament eher zur Rolle des Vermittlers und »Vorstandsvorsitzenden«. Nach seiner Ansicht sollten die Amerikaner ihr Leben führen können, ohne allzu viel Einmischung von außen zu erfahren, und die Aufgabe des Staates sah er vor allem darin, ihnen dies zu ermöglichen.

Truman kam unter wesentlich ungünstigeren Umständen ins Amt als Eisenhower, und er hatte in einer besonders kritischen Zeit schwierigere Entscheidungen zu treffen. Roosevelt war eine überragende Gestalt, ein ungemein beliebter politischer Führer und aufgrund seiner langen Amtszeit der einzige Präsident, den viele junge Amerikaner kannten. »Wer ist Truman?«, soll sein Stabschef, Admiral Leahy, 1944 gefragt haben, als der Name des relativ unbekannten Senators aus Missouri als Kandidat für das Amt des Vizepräsidenten ins Gespräch gebracht wurde, und diese Frage stellten sich damals viele Amerikaner. Als Truman wenige Monate später nach

Roosevelts Tod überraschend den Spitzenjob übernahm, bemerkte ein anderer Mitarbeiter des verschiedenen Präsidenten, wie klein er auf Roosevelts Stuhl wirke.

Dennoch fällte Truman, so unvorbereitet und uninformiert er sein neues Amt angetreten hatte, in den nächsten Jahren eine weitreichende Entscheidung nach der anderen, vom Einsatz der Atombombe zur Beendigung des Pazifikkrieges über die Schaffung des westlichen Bündnisses im Kalten Krieg – einschließlich der Hilfen für Griechenland und die Türkei, des Marshallplans, der Gründung der NATO, der Berliner Luftbrücke und des Koreakrieges – bis zur Förderung des Wiederaufbaus von Deutschland und Japan. Im Innern unterbreitete er dem Kongress ein umstrittenes 21-Punkte-Programm für den Übergang zum Frieden und wurde wider alle Erwartungen und obwohl im Süden eine Revolte der Befürworter der Rassentrennung drohte, mit knappem Vorsprung wiedergewählt.

Als Truman schließlich aus dem Amt schied, atmeten viele Amerikaner erleichtert auf. In einer Periode beispiellosen Wohlstands verlangten sie nach einer ruhigeren Atmosphäre. Sie sehnten sich nach Stabilität und einem Präsidenten, den sie bewundern konnten. In General »Ike« Eisenhower fanden sie ihn, und sie wählten ihn 1952 mit deutlicher Mehrheit und vier Jahre später noch einmal mit noch größerem Vorsprung. Die restlichen fünfziger Jahre wurden von diesem sehr anderen Präsidenten geprägt.

Er zog unter wesentlich günstigeren Umständen ins Weiße Haus ein als Truman, zumal er nicht als relativ Unbekannter, sondern als gefeierter Kriegsheld ins Amt kam. Truman war mit der Aggression in Korea konfrontiert gewesen und hatte amerikanische Soldaten in den Kampf schicken müssen. Der Waffenstillstand, der die Heimkehr vieler von ihnen ermöglichte, wurde drei Jahre später in Eisenhowers Amtszeit geschlossen. In Europa waren viele der schwierigsten Streitfragen des Kalten Krieges bereits erledigt, und mit der Sowjetunion hatte man de facto eine Pattsituation erreicht. Stalin war tot, seine Nachfolger waren mit internen Rivalitäten und drängenden innenpolitischen Problemen beschäftigt, und die Teilung Europas und Deutschlands war ein Fait accompli. Natürlich herrschte nicht überall Ruhe, und es gab einige Krisen und Wechselfälle. Doch jenseits der Rhetorik bestand das Ziel der Außenpolitik in Eisenhowers Augen weniger darin, neue Initiativen zu starten, als vielmehr darin, das Erreichte zu bewahren und die vorhandenen Institutionen und politischen Strategien zu verwalten und auszubauen.

Truman war wegen seines »Klüngels« kritisiert worden, während man Eisenhower wegen seiner Tugenden bewunderte. Mit reichen Freunden Golf zu spielen, hielt man für eine angemessenere Beschäftigung für einen Präsidenten, als bei einem Glas Bourbon in irgendwelchen Hinterzimmern Poker zu spielen. Truman hatte das Establishment mit neuen Initiativen gereizt. Eisenhower dagegen neigte weniger zu Wirtschaftsreformen und zur Bekämpfung sozialer Übel und beugte sich bereitwillig dem Kongress und den Gerichten. Er war weder besonders charismatisch noch anregend, sondern stand für Leutseligkeit, Mäßigung und gesunden Menschenverstand, und seine ruhige, unerschütterliche, onkelhafte Art passte hervorragend zur vorherrschenden Stimmung im Land.

Im Lauf der Zeit hat sich das Urteil über die beiden Nachkriegspräsidenten Truman und Eisenhower erheblich gewandelt. Truman war fast acht Jahre lang Präsident. Als Nachfolger der überlebensgroßen Gestalt Roosevelts hatte man ihn wegen seiner Politik, seines Auftretens und seiner Freunde angegriffen und ihn lächerlich gemacht, weil er für das Amt angeblich eine Nummer zu klein war. Außerdem warf man ihm vor, zu schwach auf die Gefahr der Subversion im Innern und des Kommunismus im Ausland zu reagieren. Sein »Fair Deal« genanntes innenpolitisches Programm wurde als Projekt sozialistischer staatlicher Einmischung zurückgewiesen, und sein Aktivismus und seine scharfe Zunge galten als rau und eines Präsidenten nicht würdig.

Während Trumans Amtszeit erhielten nicht viele der 21 Punkte seines Programms Gesetzeskraft. Erst viel später sollte ein beträchtlicher Teil seiner Vorhaben verwirklicht werden. Einige waren sicherlich nicht gut genug durchdacht, mit anderen war er einfach seiner

Zeit voraus gewesen. Doch die internationalen Institutionen, an deren Schaffung er beteiligt war, und seine außenpolitischen Initiativen überdauerten und bildeten das Fundament, auf dem der Kalte Krieg ausgefochten und gewonnen wurde. Sogar die vermeintlich schlechten Manieren, die man ihm einst vorwarf, gelten heute bei Rechten wie Linken als Ausdruck einer bewundernswert klaren Sprache und couragierten Haltung. Heute ist man sich darüber einig, dass er ein für seine Zeit sehr guter Präsident war und vielleicht sogar zu den großen amerikanischen Staatsführern zählt. Dagegen ist Eisenhowers Glanz ein wenig verblasst. Während er in seiner Amtszeit weithin geachtet und bewundert wurde, sieht man ihn heute als einen Präsidenten, der nicht viel erreicht hat, als passiven, besänftigenden Staatsmann, unter dessen Ägide die Lösung der Probleme des Landes weitgehend ausgesetzt wurde. Seine Amtszeit wird als Intermezzo zwischen dem »New« und dem »Fair Deal« einerseits und Kennedys »New Frontier« andererseits angesehen.

Alles in allem waren wohl beide Männer die Richtigen für ihre Zeit. Sie verhinderten soziale Kämpfe und Aufruhr und sorgten dafür, dass das Land stark und gesichert aus den fünfziger Jahren hervorging. Anstatt die Fehler der zwanziger Jahre zu wiederholen, achteten sie auf ein besonnenes Gleichgewicht zwischen Aktionen und notwendigen Erholungspausen. Die atomare Gefahr wurde im Zaum gehalten, und Amerika war am Beginn des nächsten Jahrzehnts gut positioniert, um den Westen bei der Durchsetzung gemeinsamer Werte und Ziele anzuführen.

Vom Tag meiner Ankunft in Amerika an fühlte ich mich zu der Partei von Roosevelt und Truman hingezogen, und meine politische Ausrichtung stand nie in Frage. Die Demokraten waren traditionell die Partei der Einwanderer, Benachteiligten und Minderheiten, doch in meinen Augen reichte schon die schlichte Tatsache, dass sie auch die Partei von FDR und seiner Führung im Krieg gegen die Nationalsozialisten war, völlig aus, um sich ihr anzuschließen. In Truman sah ich Roosevelts würdigen Nachfolger und in der von ihm vertretenen Politik die Fortsetzung der seines Vorgängers. Von Anfang an war klar, dass ich Demokrat werden würde.

Meine Amerikanisierung

In Honolulu, dem ersten amerikanischen Hafen, den die *Marine Adder* anlief, spendete der Trinkbrunnen im Royal Hawaiian Hotel kostenlosen Ananassaft, und in San Francisco konnte ich eimerweise frische Milch trinken; in China wäre ich damit das Risiko eingegangen, mir eine schwere Krankheit, wenn nicht Schlimmeres zuzuziehen. Ich konnte sogar von Straßenhändlern Früchte kaufen und sie auf der Stelle essen, ohne die Reaktion meiner Eingeweide fürchten zu müssen. Nach dem Elend von Schanghai bildeten diese kleinen Annehmlichkeiten einen Quell unglaublicher Freude.

In diesen ersten aufregenden Septembertagen in San Francisco streifte ich in einem dauerhaften traumähnlichen Zustand durch die Straßen und freute mich darüber, dass die Polizisten nicht die Hand aufhielten und die Menschen freundlich waren und wohlgenährt aussahen. Das Leben war nie besser gewesen, und selbst kleine, alltägliche Dinge bereiteten mir Freude: saubere Straßen, die Kakophonie erregender neuer Akzente und Klänge, Verkäufer, die lächelten und »Danke« und »Bitte« sagten und einem einen schönen Tag wünschten. Die berühmten »cable cars« fuhren kreischend den Nob Hill hinauf und hinab, Musik plärrte, das lächelnde Gesicht von Dr. »Painless« (Schmerzlos) Parker – einem Zahnarzt mit treffendem selbstgewählten Vornamen – forderte von riesigen Werbetafeln herab zum Besuch seiner Praxis in der Market Street auf, und vor den Autohändlern in der Van Ness Avenue zogen »Pfahlsitzer« auf Fahnenstangen – damals der letzte Schrei – große Menschenmengen an. Das war alles von Grund auf amerikanisch. Selbst die Tauben auf dem Union Square schienen einer überlegenen Art anzugehören, und es lag ein Zauber über allem, trotz des sprichwörtlichen Nebels von San Francisco.

Aber nichts übertraf das wunderbare Gefühl, dazuzugehören und das Recht zu besitzen, für immer in einem Land zu bleiben, das zu mögen ich mich entschlossen hatte, noch bevor ich es betrat. Auch heute noch, über sechzig Jahre später, versetzt mich die Erinnerung an diese ersten Tage in Amerika in eine besonders beflügelte Stimmung. Vielleicht kann nur ein Einwanderer, der unter ähnlichen Umständen nach Amerika kommt, dieses Gefühl in vollem Umfang nachvollziehen.

Nachdem ich mehrere Tage die Atmosphäre einer der zweifellos schönsten Städte der Vereinigten Staaten in mich aufgesogen hatte, warteten meine Schwester Stefanie und ich am ersten Samstagabend ungeduldig auf die Sonntagszeitungen und durchforsteten den ganzen nächsten Tag die Stellenanzeigen. Der Montag sollte der D-Day unseres Eintritts in die amerikanische Arbeitswelt werden. Mein überschäumender Enthusiasmus ließ keinen Platz für Zweifel daran, dass wir Erfolg haben würden, und darin wurde ich auch nicht enttäuscht. Gleich am ersten Tag fand meine Schwester eine Anstellung mit einem Wochenlohn von fünfzig Dollar, und auch ich konnte mit einer guten Nachricht aufwarten. Weniger als eine Woche nachdem wir an Land gegangen waren, hatten wir beide eine Arbeit, sie als Sekretärin und ich als Angestellter in der Rechnungsabteilung von National Biscuit Co., kurz Nabisco, einem der Unternehmensgiganten des Landes, dessen Namen in Amerika jedes Kind kennt. Obwohl ich nur eine vage Vorstellung von meinen Pflichten hatte und mein bescheidenes Wochensalär von vierzig Dollar nur knapp über dem gesetzlichen Mindestlohn lag, war ich stolz, in ein derart angesehenes Unternehmen einzutreten. In meinen Augen hatte ich die erste Stufe meiner persönlichen Erfolgsleiter genommen.

Vielleicht war es zu erwarten, dass ich als dankbarer Einwanderer meine neue Umgebung anfangs völlig unkritisch durch eine rosarote Brille sah. Aber nachdem ich begonnen hatte, jeden Morgen bei Nabisco die Stechuhr zu bedienen, um acht Stunden lang eine stupide, geisttötende Arbeit zu verrichten, dauerte es nicht lange, bis ich eine weniger glänzende Realität entdeckte. Dabei verlor ich nicht nur meine anfängliche Euphorie, sondern bald auch die kritiklose Bewunderung der Effizienz der amerikanischen Wirtschaft.

Als Angestellter in der Rechnungsabteilung hatte ich nämlich auf einem äußerst geschäftigen Schiff angeheuert, auf dem es weder besonders rationell noch besonders heiter zuging. Ich fand mich, schlicht gesagt, in einem Büro, das an einen Ausbeuterbetrieb des 19. Jahrhunderts erinnerte und aus einem Roman von Dickens zu stammen schien, unter einem bunten Haufen von gelangweilten, mürrischen Angestellten wieder, die an langen Holztischen saßen und sich ständig wiederholende Berechnungen anstellten, indem sie endlose Zahlenkolonnen im Kopf addierten und die Summen mit der Hand in Rechnungen für Lorna Doones, Animal Crackers, Oreo Cookies und andere beliebte Nabisco-Produkte eintrugen, die am nächsten Tag ausgeliefert werden sollten. Der Stapel von Rechnungen, der uns jeden Morgen erwartete, schien ständig höher zu werden, und häufig wurden Freiwillige gesucht, die bereit waren, Überstunden zu machen.

So führten wir Tag für Tag, nur unterbrochen von einer dreißigminütigen Mittagspause, unsere Galeerenarbeit aus, immer unter den strengen Blicken von Mr. Duff, unserem Chef, einem griesgrämigen, humorlosen älteren Herrn, der uns von seinem Schreibtisch in der Mitte des Raumes aus über eine altmodische randlose Brille hinweg im Auge behielt. Soweit ich feststellen konnte, hatte er zwei Aufgaben, nämlich erstens, auf eiserne Disziplin zu achten, die er vor allem mit lautem Räuspern und vorwurfsvollen Blicken durchsetzte, die er jenen zuwarf, deren Arbeitseifer nachließ oder die, schlimmer noch, die Sünde begingen, ihrem Nachbarn etwas zuzuflüstern. Seine zweite Aufgabe, die ihn praktisch ununterbrochen in Atem hielt, bestand darin, neue Angestellte zu suchen, um diejenigen zu ersetzen, die das Handtuch geworfen und sich auf grünere Weiden begeben hatten, was angesichts der Umstände häufig geschah. Eine Anstellung auf diesem dysfunktionalen Karussell zu bekommen war einfach; bedeutend schwerer war es, das Stehvermögen aufzubringen, um längere Zeit auf ihm auszuharren. Die Fluktuation war groß, und so mangelte es Mr. Duff nie an Arbeit.

Wie weite Teile von Nachkriegsamerika boomte auch Nabisco, womit jedoch niemand gerechnet zu haben schien. Die Folge war ein heilloses Durcheinander. Für die Millionen heimgekehrter Soldaten, die eine Familie gegründet hatten und nun den Frieden in vollen Zügen genießen wollten, schloss das gute Leben offenbar den Verzehr von großen Mengen von Nabisco-Keksen, -Crackern und -Kuchen ein, die zu liefern dem Unternehmen schwerfiel. Dabei hätten schon ein paar einfache Veränderungen des Büroalltags Wunder gewirkt, aber offenbar waren sie noch niemandem eingefallen. Heutzutage hätte wahrscheinlich ein einziger PC uns alle über Nacht überflüssig gemacht, aber selbst in der damaligen vorelektronischen Zeit hätte die Anschaffung einer genügend großen Zahl von elektromechanischen Rechenmaschinen, wie sie mein späterer Arbeitgeber Burroughs damals herstellte, viele von uns den Arbeitsplatz gekostet und Nabisco beträchtliche Einsparungen gebracht. Wenn ich mich recht erinnere, standen uns ganze zwei überalterte Klapperkisten zur Verfügung, aber man musste sich anstellen, um sie zu benutzen, und die ganze Prozedur war ebenso zeitraubend wie hoffnungslos.

Ich hielt es zwei Monate bei Nabisco aus, was ungefähr dem Durchschnitt entsprach, und kündigte, kurz bevor die Papierlawine der Weihnachtsbestellungen den armen Mr. Duff und seine unglücklichen Untergebenen unter sich zu begraben drohte. Rechnungen für Nabisco-Kekse auszustellen war zwar einer der drögeren Jobs, die ich hatte, aber er ist mir unvergesslich geblieben, und zwar nicht nur, weil ich hier mein erstes Geld in Amerika verdiente, sondern auch, weil er mich auf den Boden der Tatsachen zurückholte und mich zwang, mir Gedanken über meine Zukunft zu machen. Angesichts des Galgens, heißt es, bekommt man einen klaren Kopf. Für mich war Nabisco der Galgen.

Nach der Eintönigkeit des Addierens, Subtrahierens und Multiplizierens sagte ich mir, dass es aussichtsreichere Wege zur Verwirklichung meines amerikanischen Traums geben musste. Mir wurde bewusst, dass ich mit meinen 22 Jahren, zehn Jahren Schule und acht Jahren in China zwar reich war an ungewöhnlichen Erfahrungen, aber arm an substantiellem Wissen. Es hieß, in Amerika könne man jederzeit wieder zur Schule gehen, und fehlte es an Geld, lautete das Motto: »Kämpfe dich durch!« Unter dem Eindruck der geisttötenden Rechenübungen bei Nabisco kam ich zu dem Schluss, dass es an der Zeit war, die Latte höher zu hängen und andere Wege zum Glück auszuprobieren.

Das Weihnachtsgeschäft war bereits im Gang, als ich mich vor Mr. Duffs Schreibtisch aufbaute, um ihm mitzuteilen, dass ich eine andere Laufbahn einschlagen würde, und meine Kündigung zu überreichen. Danach arbeitete ich im Spätdienst in einem Krankenhaus. Finanziell bedeutete der Wechsel einen Rückschritt, da ich jetzt zehn Cent weniger in der Stunde verdiente, aber er hatte den Vorteil, dass ich die Vormittage frei hatte, um das örtliche City College zu besuchen. Dass ich am Rande des Verhungerns lebte, war nichts Neues für mich; das kannte ich aus Schanghai, und ich tröstete mich mit dem Gedanken, dass es eine Investition in meine Zukunft sei. Fortan besuchte ich den ganzen Vormittag über Seminare und Vorlesungen, hastete dann ins Stadtzentrum, um bis abends um zehn den Krankenhausfahrstuhl zu bedienen, und hielt mich anschließend mit Unmengen von Kaffee bis spät in die Nacht wach, um mich auf den nächsten Tag am College vorzubereiten.

Das Mitte der dreißiger Jahre gegründete, gebührenfreie City College von San Francisco, an dem ich meine ersten drei hektischen Semester absolvierte, war eine einzigartige Institution. An ihm studierten über 2000 Studenten aller Altersstufen, ungeachtet ihres Bildungsweges und ihrer Qualifikation. Ihre Kurse auf semiprofessionellem oder akademischem Niveau durfte jeder besuchen, und wer gute Leistungen zeigte, hatte die Chance, auf die andere Seite der Bucht an die Universität von Kalifornien in Berkeley zu wechseln, eine der besten staatlichen Universitäten des Landes. Das war von Anfang an mein Ziel, und da ich mich gut genug schlug, konnte ich mein Studium dort vollenden.

Mit meiner mangelhaften Bildung, zumal im fortgeschrittenen Alter von 22 Jahren, hätte mich keine andere Universität angenommen, und ich bin dem City College von San Francisco – einem wahren »Volkscollege« – immer dafür dankbar gewesen, dass es mir die Gelegenheit gab, dort mein Studium zu beginnen. Als man mir fast vierzig Jahre später als Absolvent, »der es geschafft hat«, eine besondere Ehrung antrug, konnte ich meinen Dank öffentlich ausdrücken. Dass Kabinettsmitglieder von zahlreichen Universitäten auf diese Weise geehrt werden, ist nicht ungewöhnlich, aber von dem runden Dutzend Ehrendoktoraten, die ich annahm, ist die Ehrung des City College von San Francisco für mich von besonderer Bedeutung. »Hier«, sagte ich den Studenten, »habe ich meine Fahrkarte in die Zukunft erhalten.«

Der Wechsel an die Universität von Kalifornien drei Semester später bedeutete einen weiteren großen Schritt vorwärts. 1949 platzte Berkeley, das Kronjuwel der weitverstreuten Campusanlagen und Fakultäten der Universität, mit über 30 000 Studenten jeden Alters und jeder ethnischen Herkunft, unter ihnen auch eine große Zahl von Ausländern und viele Kriegsheimkehrer, aus allen Nähten. Dort zu studieren war aufregend – und gewissermaßen ein Schnäppchen, denn außer einer formalen Semestergebühr von 35 Dollar, die sogar ich mir leisten konnte, fielen keine weiteren Kosten an.* Das intellektuelle Niveau war hoch und ihm gerecht zu werden nicht leicht, doch dort in Berkeley wurde mein Interesse an Weltwirtschaft, Politik und öffentlichen Angelegenheiten geweckt und durch eine Reihe herausragender Wissenschaftler und Lehrer gefördert: an erster Stelle durch zwei ausgezeichnete Ökonomen, Robert Aaron Gordon und Howard Ellis, die beide eine Zeitlang Präsident der American Economic Association waren, sowie durch John Lettiche, einen jüngeren Wissenschaftler, der mir die internationale Wirtschaftspolitik nahebrachte. Der kritisch-positivistische Rechtsgelehrte Hans Kelsen, der Völkerrecht lehrte, genoss weltweites Ansehen, unter anderem als Autor der österreichischen Verfassung von

* Die Zeiten haben sich geändert. Heute verlangt Berkeley eine Jahresgebühr von beachtlichen 10 000 Dollar. Das Ansehen der Universität von Kalifornien hat jedoch keinen Schaden genommen. Sie ist über die Jahre hinweg stetig gewachsen und zählt mit 220 000 Studenten, 121 000 Lehrkräften und Angestellten und zehn Standorten weiterhin zu den größten und beeindruckendsten staatlichen Universitäten des Landes.

1920. Der mit dem Pulitzerpreis geehrte Historiker Kenneth Stampp entfachte meine lebenslange Faszination für die amerikanische Bürgerkriegsepoche, und Andrew Jaszi, ein junger Deutsch-Professor ungarischer Herkunft, machte mich mit der Lyrik von Heine, Rilke, Hofmannsthal und der klassischen deutschen Literatur bekannt.

Die Studenten des City College wohnten zu Hause, doch in Berkeley bezog ich ein Zimmer im Internationalen Haus, einem Wohnheim für ältere amerikanische und ausländische Studenten. Geld blieb ein Problem. Ich war ständig pleite, und die unqualifizierten, schlechtbezahlten Jobs, die ich bekam – als Postausträger zu Weihnachten, Fabrikarbeiter, Hausmeister, Lieferant –, waren Notlösungen, während ich mich in der Universität nach Arbeitsstellen umhörte, die bei bestmöglicher Bezahlung den geringsten Zeitaufwand erforderten. Schließlich zog ich das große Los: eine Tellerwäscherstelle in meinem Wohnheim. Es war ein großartiges Arrangement, denn ich musste nur frühmorgens drei Stunden arbeiten, erhielt dafür freie Kost und Logis und hatte den Rest des Tages zur freien Verfügung. In der Küche traf sich ein bunter Haufen ebenso mittelloser Studenten wie ich, die, während sie die Reste von den Tellern wischten und die riesigen Spülmaschinen bedienten, über schwergewichtige geistige Fragen diskutierten und sich über die internationalen Probleme der Nachkriegszeit stritten. Am besten kam ich mit einem freundlichen jungen Pakistaner aus, mit dem ich mit Vorliebe anzügliche Lieder austauschte, wobei er solche in Urdu beisteuerte und ich mich mit deutschen oder chinesischen Gesängen revanchierte. Zulfikar Ali Bhutto wurde später Ministerpräsident von Pakistan und endete als Opfer eines Militärputschs vorzeitig am Galgen. Dass er in solche Höhen aufsteigen könnte, nur um ein derart unwürdiges Ende zu nehmen, kam mir, während wir uns die täglichen drei Stunden beim Frühstücksabwasch mit dem Singen von Liedern vertrieben, sicherlich nicht in den Sinn.

Meine Amerikanisierung innerhalb und außerhalb der Universität machte rasche Fortschritte, und es dauerte nicht lange, bis ich ehrgeizige Träume für meine Zukunft hegte und detaillierte Pläne schmiedete, wie ich sie verwirklichen würde. An der Universität konzentrierte ich mich auf Geschichte, Ökonomie und internationale Angelegenheiten sowie parallel dazu auf Management und Verwaltung. In Deutschland hatte ich eine schreckliche Regierung am Werk gesehen, und in China die korrupte und ineffektive Herrschaft von Chiang Kai-shek erlebt. Ich erinnerte mich noch deutlich an die auf spektakuläre Weise gescheiterte dortige Wirtschaftspolitik, die zur Folge hatte, dass Millionen Menschen unter einer Hyperinflation litten, während wenige Profiteure riesige Vermögen anhäuften. Oft war ich selbst auf die unüberwindlichen Mauern sinnloser Vorschriften und bürokratischen Durcheinanders gestoßen. All dies bestimmte nun meine intellektuellen Interessen. Ich wollte wissen, wie ein Wirtschaftssystem funktioniert, und fragte mich, was man aus der Vergangenheit lernen konnte. Der Vorgang der Politikformulierung faszinierte mich, und da ich selbst Bürokratien schlimmster Art erlebt hatte, war mir instinktiv klar, dass nicht nur das »Was«, sondern auch das »Wie« zählte – wie eine politische Initiative organisiert und geführt und in ein realisierbares Aktionsprogramm verwandelt werden kann.

Über ein halbes Jahrhundert später ist die Erinnerung daran verblasst, wie ich damals dazu kam, mir das verwegene Ziel einer höheren Position im Staatsdienst zu setzen. Die Selbstanalyse im Nachhinein hat ihre Grenzen und neigt dazu, klares Denken und Logik zu unterstellen, wo es sie möglicherweise nicht gab. Unter den gegebenen Umständen lag eine Position in Washington außerhalb jeder realen Vorstellung. Ich hatte noch nicht einmal meine Einbürgerungspapiere erhalten, und Freunde hatten mich darauf hingewiesen, dass die Aussichten auf einen Platz in den Washingtoner Korridoren der Macht für einen naturalisierten Einwanderer nur gering waren, insbesondere im Finanzministerium und im State Department, die ich im Auge hatte. Doch ich hielt, getrieben von einer Mischung aus jugendlicher Hybris und persönlichem Ehrgeiz, halsstarrig an meinem Ziel fest.

Ich denke, dieser grandiose Zukunftstraum hatte seine Wurzeln in meinen Erfahrungen als Flüchtling und Einwanderer. Als ein

Niemand, der ich einst gewesen war, wollte ich eine Laufbahn einschlagen, die mir die Chance bot, etwas darzustellen in der Welt. Über oft unsinnige und willkürliche Bestimmungen anderer frustriert, wollte ich die Macht gewinnen, mein Schicksal selbst zu bestimmen, und die Erinnerung an frühere Kränkungen und soziale Zurücksetzung machte den Gedanken an eine Position mit anerkanntem Prestige umso verlockender. Außerdem war ich eine kämpferische Natur – vielleicht ein Erbe meiner Mutter –, und mir gefiel die Vorstellung, etwas zu tun, was andere nicht wagten, und zu beweisen, dass ich fähig war, es mit Erfolg zu tun. Im Übrigen war ich noch ein jugendlicher Romantiker mit großen Ideen für eine bessere Welt, der von grenzenlosem Enthusiasmus und der Überzeugung erfüllt war, dass nichts unmöglich sei.

Zu meinem Plan gehörte es, ein Aufbaustudium zu absolvieren, das meine Chancen auf einen Staatsposten erhöhen würde. Die besten Programme für ein staatswissenschaftliches Studium gab es in Princeton, Harvard und an der Johns Hopkins University, und ein Studium dort, so dachte ich, könnte mir die Tür zu einer Anstellung in Washington öffnen. Die entscheidende Frage war jedoch, ob man mich überhaupt annehmen würde und wie ich das Studium finanzieren sollte. Stipendien waren damals schwerer zu bekommen als heute; für eines ausgewählt zu werden kam einem Lottogewinn gleich. Aber Amerika war das Land der unbegrenzten Möglichkeiten, oder nicht? Also sagte ich mir, dass es einen Versuch wert war.

Kampf um Bürgerrechte

Unterdessen verging Trumans erste Amtszeit mit ihren innenpolitischen Spannungen, geschah 1948 das Wunder seiner Wiederwahl und wurde im Kongress erbittert über die Wirtschaftspolitik, eine angebliche kommunistische Unterwanderung und die Bürgerrechte gestritten. Zu meiner Assimilation in Amerika gehörte es, all diese Vorgänge aufmerksam zu verfolgen, zu begreifen, wie die Dinge funktionierten, die Politik des Gebens und Nehmens zu analysieren und meinen politischen Standort zu finden.

Der Krieg hatte neue Realitäten geschaffen, und die gewandelte Einstellung der Amerikaner veränderte nach und nach auch die politische Landschaft. Der Süden industrialisierte sich und wurde dem Norden immer ähnlicher. Viele Schwarze aus den ländlichen Gebieten des Südens waren in die Großstädte im Norden und Westen gezogen und selbstbewusster geworden. Anderswo bildeten die Kinder früherer ethnischer Einwanderergruppen – von Polen, Iren, Italienern und osteuropäischen Juden – eine Mehrheit in den Vorstädten, die in Wahlen weniger als die Elterngeneration zur geschlossenen Stimmabgabe neigte und konservativer und bürgerlicher als diese war.

Durch die Kriegserfahrung der GIs und den Kalten Krieg war der Isolationismus als politische Kraft eliminiert worden. Vor dem Hintergrund eines erweiterten Horizonts und der Nachrichten über den Holocaust in Europa hatten viele Amerikaner eine tolerantere Haltung eingenommen und standen dem sozialen Wandel sowie der Beendigung der Diskriminierung der Minderheiten im eigenen Land nun positiver gegenüber. Tatsächlich war eine nachhaltige Veränderung der Beziehungen zwischen den verschiedenen rassischen und ethnischen Gruppen im Schmelztiegel Amerika im Gange, deren Ausmaß noch niemand ganz erfasste und die im Lauf der Zeit die sozialpolitische Landkarte völlig umgestaltete und Türen öffnete, die Afroamerikanern, nichtweißen Einwanderern und anderen Minderheiten bisher verschlossen waren. Im Zentrum dieser Entwicklung stand die Bürgerrechtsbewegung der fünfziger und sechziger Jahre: der Kampf für Rassengerechtigkeit und mehr Gleichberechtigung für Afroamerikaner, der nahezu zwei Jahrzehnte dauerte und mit Recht als zweite amerikanische Revolution bezeichnet worden ist.

Zuerst hatte ich nur ein perfektes Amerika sehen wollen, nach und nach nahm ich aber wahr, dass Rassismus und Vorurteile gegen Minderheiten in der amerikanischen Gesellschaft immer noch verbreitet waren. Bei weitem der auffälligste Fleck auf der weißen Weste der amerikanischen Demokratie war die Rassentrennung im Süden, aber obwohl ich darum wusste, hatte ich sie anfangs als ferne, unwirkliche Erscheinung beiseitegeschoben. In San Francisco fiel es leicht, nicht hinzuschauen, denn hier gab es keine gesetzlich legitimierte Rassentrennung, keine getrennten Trinkbrunnen, keine Restaurants, Theater und öffentlichen Einrichtungen, die Schwarze nicht besuchen durften, und keine getrennten Sitzplätze in Autobussen. Gleichwohl gab es seit langem bestehende Sitten und Traditionen und immer noch eine klare inoffizielle Diskriminierung von Afroamerikanern.

Zu meiner Amerikanisierung gehörte es, mit dieser Realität klarzukommen, ebenso wie mit dem Antisemitismus, der zwar infolge des Holocausts rasch abnahm, aber noch keineswegs ausgeschaltet war. Wie meine jüdischen Freunde mich erinnerten, hatte eine grobe amerikanische Spielart des Antisemitismus in den dreißiger Jahren einen regelrechten Aufschwung erlebt, und noch 1939 hatte es mindestens 800 unverhohlen antisemitische Organisationen mit zusammen drei Millionen Mitgliedern gegeben. Nach dem Krieg bekannten sich, einer Meinungsumfrage des Wirtschaftsmagazins *Fortune* zufolge, zwar nur acht Prozent der Amerikaner zu einer »stark antisemitischen« Einstellung, aber in einer anderen Umfrage erklärten 64 Prozent der Befragten, sie hätten gelegentlich antijüdische Äußerungen »gehört«.[8] Darüber hinaus waren feinere, aber nicht weniger schädliche Formen der Diskriminierung weiterhin üblich. Vor dem Krieg war es ein offenes Geheimnis, dass die Eliteuniversitäten Quoten anwandten, um die Zahl jüdischer Studenten zu beschränken, und selbst in den fünfziger Jahren konnte niemand sicher sein, dass diese Praxis der Vergangenheit angehörte. Die meisten Juden bezweifelten dies. Zuzugsbeschränkungen und Diskriminierung in Ferienorten und Klubs waren noch gang und gäbe; bedeutende Banken und Unternehmen beriefen Juden selten ins obere Management, und im State Department, im Kongress und in den Streitkräften waren antisemitische Ansichten weiterhin verbreitet. Noch nie war ein Jude – ebenso wenig wie ein Katholik – zum

Präsidenten gewählt worden, und man rechnete allgemein damit, dass dies auch nie geschehen würde.

Doch das alles war nichts im Vergleich zur Situation der Schwarzen, die zwar auf dem Papier amerikanische Bürger waren, denen aber ihre Bürgerrechte vorenthalten wurden, im Süden quasi-legal und durch Einschüchterung, anderswo wenn schon nicht durch Gesetze, dann gewohnheitsmäßig. In den Südstaaten gab es eine strenge Rassentrennung in Eisenbahnen und auf Schiffen, in Hotels, Restaurants und jeder Art von öffentlichen Einrichtungen. Schwarze Kinder besuchten getrennte, schlechtere Schulen; weiße Colleges und Universitäten weigerten sich, Schwarze zuzulassen, und die Chance der Schwarzen, bei Wahlen ihre Stimme abgeben zu können, war gering. Die rechtliche Grundlage dieser Ungerechtigkeit, eine Entscheidung des Obersten Gerichtshofs, der 1896 im Fall Plessy gegen Ferguson eine Doktrin unter dem Motto »getrennt, aber gleich« (»separate but equal«) abgesegnet hatte, war immer noch in Kraft, obwohl seit langem klar war, dass sie wahre Gleichheit unmöglich machte.

Truman hatte die Rassentrennung in den Streitkräften beendet, und sein 21-Punkte-Programm hatte einige bescheidene Maßnahmen enthalten, mit denen die Diskriminierung von Minderheiten, insbesondere der Schwarzen, in der Arbeitswelt bekämpft werden sollte. Aber obwohl viele im Land mittlerweile für solche Gedanken aufgeschlossen waren, wollten entscheidende Kongressmitglieder nichts davon hören. Das mächtige Bündnis von Befürwortern der Rassentrennung aus dem Süden und Konservativen aus dem Norden, das noch immer die wichtigen Ausschüsse beherrschte, war entschlossen, den Status quo mit allen möglichen parlamentarischen Manövern zu bewahren. Diese Männer gehörten einer anderen Zeit an. Manche waren bloß schrullig, viele zutiefst konservativ und jeder Veränderung abgeneigt, und nur wenige waren offen rassistische Fanatiker. Einer von ihnen, Senator John Overton aus Louisiana, war ein geschworener Gegner der Sommerzeit und weigerte sich, seine Uhr umzustellen. Ein anderer, Senator Hoey aus North Carolina, trug stets einen Schwalbenschwanz nach der Mode des 19. Jahrhunderts, komplett mit einer Rose im Knopfloch. Senator James Eastland aus Missouri, ein eingefleischter Rassist, wollte die Rassentrennung um jeden Preis aufrechterhalten, und im Repräsentantenhaus vertrat sein Landsmann John Rankin, ein demagogischer Kommunistenhasser und Antisemit, die Ansicht, Juden seien Subversive und Schwarze eine »Promenadenmischung«.

Der Bürgerrechtskampf war das beherrschende Thema der fünfziger Jahre, und ich erhielt meinen Crashkurs auf diesem Gebiet an einem höchst ungewöhnlichen Ort – in den Spielcasinos am Lake Tahoe – unter Bedingungen, die nicht weniger bizarr waren. Am Ende hatte ich Erfahrungen gemacht, die für ein Leben ausgereicht hätten, und war entschlossen, mich dem Kampf gegen das Übel der Rassentrennung anzuschließen.

Der in 1900 Meter Höhe auf der Grenze zwischen Nevada und Kalifornien liegende Lake Tahoe ist sicherlich einer der beeindruckendsten Gebirgsseen der Welt. Inmitten einer spektakulären Landschaft erstreckt er sich über knapp 500 Quadratkilometer, und das ganze Jahr über blendet der sich in seinem tiefblauen Wasser spiegelnde Sonnenschein den Besucher. Heute ist er eines der meistbesuchten Urlaubsziele im Westen der Vereinigten Staaten, denn die unglaubliche Schönheit seiner 115 Kilometer langen Küste ist glücklicherweise weitgehend erhalten geblieben. Ich habe dort 1950 und 1951 zwei außergewöhnliche Sommer lang gearbeitet und Erfahrungen gesammelt, die »nur in Amerika« möglich waren – ein passendes Kapitel meiner Amerikanisierung. Dazu gehörte eine Romanze mit einer jungen Indianerin aus dem Stamm der Schoschonen, die aus ihrem Reservat in Nevada zur Sommerarbeit an den See gekommen war. Allein schon die Erinnerung an diese exotische Affäre mit einer »echten Amerikanerin« hätte diesen ersten Aufenthalt am Lake Tahoe für mich unvergesslich gemacht. Aber es war nicht die einzige. Immerhin war ich weder der Liebe wegen noch als Urlauber an den See gekommen. Der wahre Grund – Geld – war weniger aufregend, wenn auch umso verlockender. Wie es in der Universität hieß, war Lake Tahoe der richtige Ort für einen Sommerjob, wenn man einen Spitzenverdienst haben wollte, und das reichte als Anreiz völlig aus. In der unwirklichen Atmosphäre eines Spielcasinos sitzt das Geld locker, und so brachte ich in beiden Sommern, indem ich mehrere Jobs gleichzeitig annahm, annähernd tausend Dollar zusammen, was damals ein wahrhaft fürstliches finanzielles Polster darstellte. Von der Aussicht auf solchen Reichtum und Abenteuer angezogen, folgte ich also im Sommer 1950 gemeinsam mit Isaiah Zimmerman, einem Kommilitonen und Freund aus Schanghai, der Spur des Geldes an den Lake Tahoe, wo wir Servierjobs im Cal-Neva Club und später im Cal-Vada ergatterten.

Abgesehen von Liebesaffären und Dollars, erwiesen sich die Sommer am Lake Tahoe als wilde Zeit voller Arbeit, Schlafentzug und ständiger Erregung. Abends räumten wir Geschirr ab und halfen als Bühnenarbeiter in Nachtklubs aus, vormittags fuhren wir Lastwagen, und nachmittags betätigten wir uns als »shills« (Lockvögel) für Casinos. Letzteres war in den Spielcasinos von Nevada – und ist es wahrscheinlich immer noch – ein vollgültiger Beruf, für den man eine Lizenz benötigte, samt Abnahme der Fingerabdrücke. (Meine vom Sheriffsbüro von Washoe County ausgestellte »shilling«-Lizenz hat bis heute einen Ehrenplatz in meinem Haus.) Einfach gesagt, besteht die Aufgabe von *shills* darin, mit hauseigenem Geld das Spiel an den Tischen anzuregen, so dass echte Gäste dazukommen und einen Wetteinsatz machen. Das Beste war, dass Spieler, die große Gewinne machten, indem sie beim »Craps«-Würfeln auf den Lockvogel setzten, diesem üblicherweise ein Trinkgeld gaben, das, je nach der Höhe des Gewinns, recht großzügig ausfallen konnte.

Der Modus operandi der Klubs war simpel genug und ist ihr bewährtes Erfolgsrezept geblieben. Für die Bühnen auf der kalifornischen Seite der Klubs wurden Spitzen-Entertainer engagiert, die die Besucher in Scharen anlocken und in die richtige Stimmung versetzen sollten, um ihr Geld an den Spieltischen zu lassen, der eigentlichen Einnahmequelle der Klubs. Zu den größten Attraktionen gehörten zwei berühmte Stripperinnen, damals euphemistisch

»Exotiktänzerinnen« genannt. Die eine, Sally Rand, war landesweit bekannt und tanzte mit Fächern; die andere, eine jüngere »Künstlerin« namens Lilly St. Cyr, räkelte sich sinnlich in einem Schaumbad, wobei sie sich unter dem frenetischen Beifall eines empfänglichen Publikums lasziv auf und ab bewegte und sich abwechselnd entblößte und verbarg. Sally Rand war in jener »unschuldigeren« Zeit, als Sexualität in Amerika noch ein Tabuthema war und in Spielfilmen selbst Eheleute in getrennten Betten schliefen, der berühmtere Massenmagnet. Sie war damals bereits über fünfzig und hatte ihre beste Zeit hinter sich, was sie mit provozierenden Kostümen und einem geschickten Versteckspiel, das von exakt eingesetzten Lichteffekten unterstützt wurde, kaschierte. Für Letztere hatten Isaiah und ich – wir hatten Jobs als Beleuchter angenommen – von ihrem Inspizienten genaue Anweisungen erhalten. Wenn alles gutging, bildete ein kurzer, abschließender Moment der völligen Enthüllung den Höhepunkt des Auftritts, in dem sie bei diskret abgedunkelter Bühne für zwei, drei Sekunden die Fächer öffnete.

Am deutlichsten erinnere ich mich im Zusammenhang mit Ms. Rand daran, dass es für uns »Insider« bald kein Geheimnis mehr gab. Nach dem Ende ihres Auftritts verließ sie unter donnerndem Applaus die Bühne und marschierte, so wie Gott sie geschaffen hatte, auf Pfennigabsätzen und mit herabhängenden Fächern den langen Flur zu ihrer neben der Küche gelegenen Garderobe entlang. In dem helleren Licht hinter der Bühne erschien sie, unter den Augen von Kellnern, Köchen, Tellerwäschern und Bedienungshilfen, als das, was sie war – eine alternde, verbrauchte und nicht übermäßig attraktive Frau. Für mich war es eine nächtliche Lektion über Illusion und Wirklichkeit, an die ich mich später häufig erinnern sollte, wenn ich den Reden von Washingtoner Politikern lauschte.*

* Isaiah Zimmerman, der ein bekannter Psychologe in Washington wurde, versichert, dass sich die Erkenntnis des Unterschieds von Illusion und Wirklichkeit bei der Behandlung von Politikern, ob Demokraten oder Republikaner, als ebenso nützliche Einsicht erwies.

Die bekanntesten Entertainer, die in den Klubs auftraten, waren der beliebte schwarze Sänger und Pianist Nat King Cole und die nicht weniger gefeierten Mills Brothers, eine schwarze A-cappella-Gesangsgruppe, die ihr Publikum mit Pop- und Swingklassikern verzauberte. Cole, der am meisten im Rampenlicht der Öffentlichkeit stehende schwarze Künstler der damaligen Zeit, verschmolz mit einschmeichelnder Stimme Jazz und Blues zu Balladen, für die er berühmt war. Abend für Abend setzte er sich zweimal vor überfülltem Saal in einem einzigen Scheinwerferkegel auf einer ansonsten dunklen Bühne ans Klavier und spielte seinen Nummer-Eins-Hit *Mona Lisa* und andere populäre Songs, wie *Route 66* und *Nature Boy*. John Mills und seine drei Söhne, die nur von einem Gitarristen begleitet wurden, brachten den Saal mit ihren bekannten Songs unweigerlich zum Kochen. *Paper Doll* verkaufte sich rund sechs Millionen Mal, *Glow Worm* war der Hit des Jahres 1952, und *Lazy River*, *Till Then* und ein Dutzend anderer Titel wurden regelmäßig mit begeistertem Applaus bedacht. Jeder kannte die Songs der Mills Brothers. Als erste schwarze Künstler überschritten sie die rigiden Rassenschranken und sangen in weißen Etablissements. In England traten sie in einer königlichen Galavorstellung auf, hatten eine eigene, landesweit ausgestrahlte Fernsehsendung und spielten in vielen Spielfilmen mit.

Nat King Cole und die Mills Brothers waren die ersten schwarzen Amerikaner, mit denen ich mehr als ein paar Worte wechselte. Cole war freundlich und stets höflich, aber zurückhaltend. Isaiah und ich hatten die Aufgabe, seinen Flügel auf beziehungsweise hinter die Bühne zu schieben, und erledigten gelegentlich Besorgungen für ihn, was uns ein Lächeln und ein Trinkgeld einbrachte. Zu den Mills Brothers entwickelte sich ein herzlicheres Verhältnis, und wir führten während der Pausen und nach der zweiten Vorstellung spätnachts lange Gespräche. Von ihnen erhielt ich im Lauf der Zeit den ersten wirklichen Eindruck davon, was es damals hieß, in Amerika ein Schwarzer zu sein.

Sie stammten aus einer Kleinstadt in Ohio, wo die Beziehungen zwischen den Rassen, wie sie erzählten, zwar relativ entspannt waren, Schwarze und Weiße aber genauso getrennt lebten wie in den Südstaaten. Die Mills Brothers waren gute Geschichtenerzähler, und ich glaube, sie genossen es, ihren beiden wohlmeinenden studentischen weißen Helfern die Illusionen zu rauben, indem sie ihnen von ihren extremeren Erlebnissen mit der Rassendiskriminierung berichteten. Unsere Ignoranz gegenüber den Schwarzen amüsierte sie eher, als dass sie sie verärgert hätte, und die Verbitterung, die sie verspürt haben müssen, verbargen sie hinter gutmütigem Galgenhumor und ironischer Resignation. Sie waren aus ganzem Herzen für Trumans Bürgerrechtsinitiativen und verfolgten aufmerksam die anhängigen Gerichtsverfahren, waren aber, was die Aussichten auf wirkliche Veränderungen anging, eher skeptisch als zuversichtlich.

Der Gitarrist – ich glaube, er hieß Cliff White – war anders. Er war jünger, hatte im Krieg in der Armee gedient, und die Zeit, die er als Nordstaatler in Armeestützpunkten im Süden stationiert gewesen war, hatte unverkennbare Spuren hinterlassen. Nach dem, was er dort erlebt hatte, kochte er vor Wut und Frustration, und es war zu spüren, dass er für die meisten Weißen und die weiße Gesellschaft nur noch Verachtung übrighatte. Ich glaube, er hatte alle Voraussetzungen, um ein echter Revolutionär zu werden, und an einem anderen Ort und zu einem anderen Zeitpunkt wäre er wahrscheinlich einer geworden. Jedenfalls war er der erste wirklich wütende amerikanische Schwarze, den ich kennenlernte, und er beeindruckte mich tief.

Die politische Atmosphäre um uns herum war erhitzt. Der erbitterte Streit über die Bürgerrechtsartikel im Programm der Demokraten für die Präsidentenwahl von 1948 hatte zur Gründung einer für die Rassentrennung eintretenden Splitterpartei geführt, der Dixiecrats. Trotzdem hatte Truman einen knappen Sieg erringen können, da er siebzig Prozent der wachsenden schwarzen Bevölkerung in den Städten des Nordens für sich gewonnen hatte. Im selben Jahr hatte er eine Verordnung erlassen, die der Diskriminierung von Schwarzen in den Streitkräften ein Ende setzte, und der Oberste Gerichtshof hatte das Recht von Schwarzen bestätigt, staatliche höhere

Bildungseinrichtungen zu besuchen. Dies waren die ersten Anzeichen eines Wandels, was die Mills Brothers jedoch anders sahen. In ihren Augen waren solche Maßnahmen zwar begrüßenswert, aber völlig unzureichend. Solange die Doktrin des »getrennt, aber gleich« in Kraft blieb – und sie glaubten nicht, dass sich daran etwas ändern würde –, würden sie ihrer Meinung nach keine grundlegende Veränderung herbeiführen.

In meiner Vorstellung war die Rassendiskriminierung in Amerika ein Überrest der Sklaverei und vorwiegend ein Problem des Südens. Als ich dies einmal äußerte, erwiderte Harry Mills mit einer einfachen Frage: Wie viele Schwarze wohnen in deiner Straße in San Francisco, wie viele haben bei Nabisco gearbeitet und wie viele in den Vorlesungen an der Universität von Kalifornien gesessen? Es ist bemerkenswert und im Rückblick peinlich, dass mir bis zu diesem Augenblick nicht aufgefallen war, dass ich in meiner kleinbürgerlichen Wohngegend in San Francisco nie einen Schwarzen gesehen hatte und dass ich kaum jemals über den Fillmore District nachgedacht hatte, der praktisch ein schwarzes Ghetto und eines der ungemütlichsten Viertel der Stadt war. Auch musste ich zugeben, dass unter den Rechnungsschreibern bei Nabisco kein einziger Schwarzer gewesen war und dass ich an der Universität nur wenige Schwarze gesehen hatte.

Durch ihre Erzählungen über ihre Erlebnisse zwangen mich die Mills Brothers, meine Wahlheimat zum ersten Mal so zu sehen, wie sie war. Sie waren privilegierte Künstler, denen ein weißes Publikum allabendlich zujubelte, doch Schwarze bekamen an ihren Auftrittsorten, wie sie uns erklärten, nur selten einen Tisch. Ihre Unterkünfte in den Klubs befanden sich stets am Rand des Geländes, so dass sich kein weißer Gast über ihre Nachbarschaft beklagen konnte; sie erzählten von Hotels und Restaurants, die ihnen den Zutritt verwehrt hatten, und davon, wie schwer es selbst ihnen gemacht wurde, ein anständiges Schlafwagenabteil zu bekommen.

Rassentrennung und Diskriminierung, wurde mir nun klar, waren sowohl im Süden als auch im Norden immer noch ein schlimmes Problem. Gewiss gab es die empörendsten Mechanismen zur

Niederhaltung der Schwarzen weiterhin im Süden, wo sie durch die Jim-Crow-Gesetze, rein weiße Vorwahlen, Kopfsteuern und ausgeklügelte Lese- und Schreibtests ihrer politischen Rechte beraubt und durch strikte Rassentrennung sowie minderwertige Wohn- und Bildungsangebote buchstäblich als Pariakaste behandelt wurden. Außerhalb des Südens war die Situation unterschiedlich, aber de facto wurden sie durch die Rassentrennung in den Bereichen Wohnen, Bildung und Arbeit nicht weniger benachteiligt.

Einer von Cliff Whites vielen Klagepunkten bezog sich auf die Tatsache, dass es während des Krieges in der Armee nur drei integrierte Regimenter gab, während die meisten Schwarzen in getrennte Einheiten gesteckt wurden und in der Marine Schwarze immer noch fast ausschließlich in der Messe eingesetzt wurden, wo sie Weiße bedienten. In den meisten Großstädten, insbesondere in Washington, fanden Schwarze nur in den Ghettos der ärmeren Stadtviertel eine Unterkunft und erhielten die am schlechtesten bezahlten Arbeitsstellen. Eine höhere Bildung zu erwerben war schwer für sie. Selbst an einer städtischen Einrichtung wie dem City College von San Francisco und obwohl es in der Stadt eine große schwarze Gemeinde gab, waren unter den 420 Absolventen von 1949 nur zwölf Schwarze. Als ich 1951 nach Princeton kam, gab es noch keinen einzigen schwarzen Absolventen der Universität.*

Während meiner Sommeraufenthalte am Lake Tahoe befand sich die Bürgerrechtsbewegung noch in den Kinderschuhen. Die großen Kämpfe, die sie in den folgenden 15 Jahren, häufig gegen erbitterten Widerstand und mit vielen Höhen und Tiefen, ausfocht, lagen noch vor ihr. Dass Mills senior und seine Söhne 1950/51 skeptisch waren, ist ebenso verständlich wie die Verbitterung und die

* Während des Krieges waren im Rahmen eines Programms der Marine vier Schwarze immatrikuliert worden. Der erste regulär zu Abschlussprüfungen zugelassene schwarze Student war Robert Rivers, der ein angesehener Medizinprofessor wurde und später mein Kollege im Kuratorium der Universität war.

Wut ihres Gitarristen. Aber dann trat schließlich ein wirklicher Wandel ein, und nachdem der Deich gebrochen war, ging es unerwartet schnell.

Der erste wichtige Meilenstein war die Entscheidung im Fall Brown gegen das Erziehungsministerium im Jahr 1954, mit der der Oberste Gerichtshof die fünfzig Jahre alte Doktrin des »getrennt, aber gleich« über den Haufen warf und die Rassentrennung in öffentlichen Schulen für unzulässig erklärte. Wie dessen Vorsitzender, Earl Warren, ausführte, verursachte die Trennung von Kindern nach ihrer Rasse »ein Minderwertigkeitsgefühl in Bezug auf ihre Stellung in der Gesellschaft, das sich in einer Weise auf ihre Herzen und Köpfe auswirken kann, die wahrscheinlich nie wiedergutzumachen ist«. Später erklärte der Oberste Gerichtshof auch die Rassentrennung in Autobussen und zwischen den Bundesstaaten verkehrenden Transportmitteln für ungesetzlich.

Bis diese Entscheidungen im Süden durchgesetzt wurden, sollte noch ein weiteres Jahrzehnt vergehen. Bemerkenswert ist indes, dass dies, als es in den späten fünfziger und den sechziger Jahren so weit war, ohne größeres Blutvergießen und ohne den gewalttätigen Aufruhr geschah, die ähnliche Veränderungen überlieferter Sitten und Gebräuche, die auf tiefen Überzeugungen beruhten, in anderen Gesellschaften begleitet hätten. Möglich wurde dies aufgrund der sich verändernden Einstellung der meisten Amerikaner, vor allem aber durch die kluge Führung der Bewegung durch Martin Luther King und andere, die auf eine Strategie des gewaltlosen Drucks setzten.

Truman war zu dieser Zeit nicht mehr im Amt, und die staatliche Durchsetzung der Gerichtsentscheidungen fiel seinem Nachfolger Eisenhower und in der letzten Phase John F. Kennedy und Lyndon Johnson zu. Da er gewalttätigen Widerstand im Süden befürchtete, hatte Eisenhower die Aufhebung der »getrennt, aber gleich«-Doktrin persönlich abgelehnt, und als er sie durchsetzen musste, kam es zu scharfen Auseinandersetzungen und angespannten Situationen. In Alabama wurden Busfahrer von aufgebrachten Menschenmengen geschlagen; auf Kirchen von schwarzen Gemeinden wurden Bombenanschläge verübt, und mehrere schwarze Aktivisten und weiße Sympathisanten verloren ihr Leben. Aber im großen Ganzen blieb die öffentliche Ordnung erhalten und wurde erstaunlich wenig Blut vergossen.

Die entscheidende Wegmarke, von der man später sagen sollte, an ihr habe die Bürgerrechtsrevolution wahrhaft gesiegt, wurde am 10. Juni 1964 erreicht. An diesem Tag geschah Beispielloses im Senat: Ein bereits 57 Tage andauernder Filibuster durch ein Bündnis aus Südstaatlern und Konservativen aus den westlichen Bundesstaaten, das heißt die Blockierung des parlamentarischen Ablaufs durch Marathonreden, wurde gebrochen, indem sich eine Mehrheit für den »Verschluss« aussprach, wodurch die Debatte beendet und der Weg für die Verabschiedung eines Bürgerrechtsgesetzes, das die Rassenbeziehungen in den Vereinigten Staaten von Grund auf veränderte, frei gemacht wurde. Es war ein Augenblick von historischer Bedeutung, den keiner der hundert Senatoren versäumen wollte. Sogar Clair Engle aus Kalifornien, der sich von einer Gehirnoperation erholte, hatte sich im Rollstuhl in den Senat bringen lassen, um seine Zustimmung zu Protokoll zu geben, was er, da er nicht sprechen konnte, durch ein Nicken tat.

Das Wahlrechtsgesetz von 1964 war erst das dritte Bürgerrechtsgesetz, das in mehr als hundert Jahren beschlossen wurde. Als es neun Tage später, am 19. Juni, dem dreiundachtzigsten Tag der Debatte, um 19.49 Uhr vom Senat angenommen wurde, endete die längste Gesetzesdebatte der Senatsgeschichte. Damit war der Höhepunkt eines intensiven Kampfs erreicht, der buchstäblich die gesamten beiden ersten Nachkriegsjahrzehnte gedauert hatte. Zum ersten Mal in der amerikanischen Geschichte war ein Gesetz verabschiedet worden, das den schwarzen Amerikanern das uneingeschränkte Recht auf volle Gleichheit in allen Lebensbereichen zusicherte.

Dass das Gesetz 1964 beschlossen wurde, war fast ein Wunder. Um es zu ermöglichen, hatten mehrere Faktoren zusammenkommen müssen: der Schock über die Ermordung eines Präsidenten, das unvergleichliche politische Geschick von Lyndon Johnson, einem Südstaatler, und nicht zuletzt die unermüdlichen Anstrengungen Hubert H. Humphreys, des populistischen Liberalen aus den Prärien im Herzen Amerikas und parlamentarischen Vorkämpfers der Gesetzesvorlage. Seine erste Marke als Verfechter der Rassengleichheit hatte der demokratische Whip, der »Einpeitscher«, auf dem turbulenten Parteitag der Demokraten im Jahr 1948 gesetzt, indem er einen scheinbar aussichtslosen – und dann doch gebilligten – Antrag auf Aufnahme von Bürgerrechtsforderungen in das Wahlprogramm der Partei einbrachte.

Damals hatte ich Humphreys leidenschaftliche Parteitagsrede aus der Ferne bewundert, ohne zu ahnen, dass wir 16 Jahre später Freunde werden sollten. Ich war US-Botschafter bei den GATT-Verhandlungen in Genf – ein weiteres Feld, das ihn stark interessierte – und an jenem geschichtsträchtigen Tag im Jahr 1964 zufällig in Washington. Also rief ich ihn an, um ihm zu dem Sieg zu gratulieren. Er war in Hochstimmung. »Wir haben es geschafft, wir haben es geschafft«, rief er aus. »Kommen Sie doch her. Heute wird gefeiert!« So wurde ich Zeuge eines denkwürdigen Ereignisses. Ich traf Humphrey im Zentrum von Washington, und wir nahmen ein Taxi, um an einem Empfang in der britischen Botschaft teilzunehmen. Der Fahrer war ein alter Schwarzer, und als er Humphrey erkannte, ergriff er seine Hand, drückte sie lange und ließ sie nur widerstrebend wieder los. »Danke, Senator«, stammelte er mit Tränen in den Augen, »danke für das Debattenende.« Humphrey strahlte, und ich dachte an die Mills Brothers und fragte mich, was sie an diesem Tag wohl empfanden.

Ich habe diesen Abend im Juni 1964 nie vergessen. Die Feiern dauerten, wie für den überschwänglichen Humphrey typisch, bis in die späte Nacht. Als »glücklicher Krieger« war er ein Mann mit einem großen Herzen, der die Politik aufrichtig als Berufung betrachtete. Er hatte seine Fehler: Er war auf nahezu enervierende Weise extrovertiert und häufig ein besserer Redner als Zuhörer. Aber er war auch überaus klug, warmherzig und freundlich, durch und durch ehrlich und in einer Stadt, in der dies eher eine Seltenheit war, fast ohne Arglist. Und er gab nie auf und brachte Dinge in Gang; nur wenige haben mehr getan als er, um die Bürgerrechte durchzusetzen.

Im Herbst 1951 begann ich an der Princeton University zu studieren. Die Fakultät galt als eine der besten im Land für den Studienbereich der Public Affairs, und ich war begeistert, als ich meine Zulassung erhielt. Trotz der Zweifel einiger pessimistischer Freunde hatte ich mein erstes Ziel erreicht. Ich erhielt zwar kein Stipendium, aber ich wollte unter allen Umständen weitermachen, in der Erwartung, wenn alles gutginge, an die Westküste zurückkehren und vielleicht eine Karriere im öffentlichen Dienst antreten zu können.

Doch letztlich kam dann alles anders als geplant. Erstens kehrte ich nur als gelegentlicher Besucher nach Kalifornien zurück. Zweitens wurden aus dem Master, den ich nach zwei Jahren ablegen wollte, mehrere Princeton-Abschlüsse sowie eine lebenslange Verbundenheit mit der Universität. Ferner waren nicht Behörden meine ersten Arbeitgeber, sondern Universitäten und Wirtschaftsunternehmen, und last but not least wurde Princeton mein ständiger Wohnsitz, an dem ich bis heute lebe. So viel zu sorgfältiger Planung.

Die größte Veränderung bestand jedoch darin, dass ich nicht allein nach Princeton ging. Im September 1951, kurz bevor ich Berkeley verließ, gaben Eileen Polley und ich uns in einer einfachen studentischen Zeremonie das Jawort. Kennengelernt hatten wir uns passenderweise in einem Seminar über Weltwirtschaft. Wir fühlten uns rasch zueinander hingezogen, und unsere Beziehung vertiefte sich vom ersten Rendezvous an stetig. Wir entdeckten das gemeinsame Interesse an der Innen- und Außenpolitik, aus Freundschaft entsprang Liebe, und als mein Umzug nach Princeton anstand, erschien es uns selbstverständlich, unsere Beziehung auf einen dauerhaften Boden zu stellen.

Wir waren beide noch sehr jung, auch wenn ich mir mit meinen 25 Jahren wesentlich erwachsener und erfahrener vorkam, als ich vermutlich war. Eileen war eine attraktive Kalifornierin, kaum 22 Jahre alt, intelligent, ausgeglichen und voller Interesse für die große, weite

Welt. Obwohl sie in einer typischen Mittelschichtfamilie behütet und, offen gesagt, in recht provinziellen Verhältnissen aufgewachsen war, beeindruckte sie mich mit ihrer Unabhängigkeit, ihrer Neugier auf die Welt und ihrem Abenteuergeist. Mir gefiel, dass sie klare eigene Ziele besaß und bereits einige unkonventionelle Schritte unternommen hatte, um sie zu erreichen, indem sie etwa ihren Auslandsaufenthalt selbst finanzierte und sich entschieden hatte, die Geborgenheit ihres kleinen Colleges gegen das anspruchsvollere Pflaster von Berkeley mit seinem weiteren Horizont und den größeren persönlichen Herausforderungen einzutauschen.

Das war aus meiner Sicht eine glückliche Kombination von Eigenschaften, die vielleicht auch ihren kühnen Entschluss erklärt, sich mit einem schlaksigen, mittellosen Einwanderer mit grandiosen Ideen zusammenzutun. Später gestand sie mir, dass ihre Schwäche für interessante, unkonventionelle Ausländer das Feuer entzündet hatte. Meine ereignisreiche Kindheit und Jugend und die Geschichten über meine Erlebnisse an fernen Orten hatten sie gefesselt, und die Liebe hatte das Übrige getan. Eileen war keine Jüdin; ihr Vater war aus England eingewandert, und ihre Mutter stammte aus einer Siedlerfamilie in Ohio, die schon seit Menschengedenken in Amerika ansässig war.

Wir hatten viele gute Jahre zusammen. Sie erwarb den Doktortitel in Psychologie und begann eine eigene Berufslaufbahn. Wir bekamen drei problemlose Töchter und haben mittlerweile acht Enkel, auf die wir sehr stolz sind. Was ihr Interesse an Politik, Reisen und Abenteuern angeht, so wurde es sicherlich befriedigt, vielleicht sogar mehr, als sie angestrebt hatte. Wir haben gemeinsam die Welt bereist, in drei Ländern gelebt und in der akademischen Welt ebenso wie in der internationalen Wirtschaft und während zweier Dienstzeiten in Washington aufregende Dinge unterschiedlichster Art erlebt.

So lebten wir zufrieden und ohne ernsthafte Probleme fast dreißig Jahre zusammen. Im Lauf der Zeit, als wir älter wurden, trieben wir jedoch auseinander, bis Charakter- und Persönlichkeitsunterschiede, die es stets gegeben hatte, deutlicher hervortraten und die

Scheidung unausweichlich wurde. Als das Feuer nachließ, reichten die Geborgenheit im Vertrauten und gemeinsame Erlebnisse nicht mehr aus. Ich gebe zu, dass ich einen großen Teil der Schuld trage, und ich bedaure dies. In den letzten Jahren, nach der Trennung von mir, hat sich Eileen ein völlig neues Leben aufgebaut und im Friedenscorps, als Freiwillige in Rumänien, Honduras, Nepal und Kenia, unter schwierigen Umständen großartige Arbeit geleistet. Ich bin froh, dass wir immer noch gute Freunde sind. Was uns bleibt, sind neben dem unvermeidlichen Bedauern viele gute Erinnerungen.

Es gibt in den Vereinigten Staaten mindestens zwei Dutzend Städte namens Princeton, aber die älteste und bekannteste ist diejenige in New Jersey, in der sich die berühmte Universität gleichen Namens befindet. 1746 als College of New Jersey gegründet und 150 Jahre lang unter diesem Namen bekannt, ist Princeton eine der ältesten höheren Bildungsanstalten des Landes, die vierte, die im britischen Nordamerika entstand. John Witherspoon, einer ihrer ersten Präsidenten, gehörte zu den Unterzeichnern der Unabhängigkeitserklärung. 1783 tagte der Kontinentalkongress in der Nassau Hall – noch heute das Hauptverwaltungsgebäude der Universität –, und zwei US-Präsidenten, Dutzende von Kabinettsmitgliedern und Gouverneuren sowie Tausende von Abgeordneten, Kulturschaffenden und Wirtschaftsführern waren Absolventen von Princeton. Princetonianer haben ihren Stolz auf den Platz ihrer Universität in der amerikanischen Geschichte nie verhehlt und sind stets überzeugt gewesen, dass sie zu den besten des Landes zählt, und sie sind es weiterhin.

Während des größten Teils seiner Geschichte vertrat Princeton einen unumwunden elitären Bildungsanspruch. Etwa bis zum Zweiten Weltkrieg blieb es eine kleine, rein männliche und weiße Institution für wenige Tausend Studenten und Doktoranden, denen sie ein Ambiente von Privilegiertheit, Exklusivität und Reichtum bot, dessen Atmosphäre von hohen Ansprüchen und dem snobistischen akademischen und soziopolitischen Grundsatz *noblesse* *oblige* geprägt wurde. Bis zum Krieg wurde kein schwarzer Student zugelassen, für Juden galten informelle Quoten, und Frauen werden erst seit 1969 aufgenommen. Heute sind über 7000 Studenten eingeschrieben, und mit einem Stiftungskapital von 16 Milliarden Dollar im Jahr 2008 – also über zwei Millionen pro Kopf – ist Princeton die reichste der großen amerikanischen Universitäten.*

Als im 18. Jahrhundert dort der Kontinentalkongress zusammentrat, bemerkte sein Sekretär Charles Thompson: »Ich kenne keinen angenehmeren Ort in Amerika.« Hundert Jahre später pflichtete ihm Mark Twain bei: »Princeton wäre mir als Himmel ganz recht«, und nachdem Albert Einstein sich in den dreißiger Jahren in Princeton niedergelassen hatte, da er wegen des Machtantritts der Nationalsozialisten nicht nach Deutschland zurückkehren konnte, gestand er ein, er schäme sich fast, an einem solchen Ort zu leben.[9] Die meisten heutigen Einwohner dürften Ähnliches empfinden. Princeton ist auch heute eine höchst angenehme Universitätsstadt mit rund 30 000 Einwohnern. Einer ihrer besonderen Vorzüge besteht darin, dass sie sich trotz der vielen Veränderungen um sie herum ihren freundlichen Charakter bewahrt hat.

Wir trafen Ende September dort ein, mitten in einer Periode von drückendheißem »Jersey-Wetter«. Unsere Flitterwochen hatten wir auf einer Trödelreise quer durch die Vereinigten Staaten verbracht. Das Auto, einen guterhaltenen, wenn auch etwas launenhaften Plymouth, Jahrgang 1940, auf den ich unmäßig stolz war, hatten wir mit dem Geld gekauft, das ich am Lake Tahoe verdient hatte. Nachdem wir uns von Kalifornien verabschiedet hatten, wurde Princeton unser erster Wohnort im Osten, und wir sollten später mehrmals dorthin zurückkehren; unsere drei Töchter wurden dort geboren, und ich lebe immer noch dort.

Es war jedoch keine Liebe auf den ersten Blick. An vieles in Princeton mussten wir uns erst gewöhnen, und das war nicht im-

---

* Obwohl sie, sieht man nur aufs Stiftungskapital, hinter Harvard, Yale und Stanford nur an vierter Stelle steht, aber dort sind mehr Studenten eingeschrieben.

mer leicht oder angenehm. Ungewohnt war für uns, die wir vom kalifornischen Sonnenschein verwöhnt waren, vor allem das feuchte Wetter in New Jersey. Außerdem war es nicht leicht, eine halbwegs angemessene und bezahlbare Unterkunft zu finden. Die Universität war ausschließlich auf alleinstehende Männer eingestellt und hatte für verheiratete Doktoranden nichts anzubieten. Das Beste, was wir fanden, waren zwei etwas klägliche möblierte Zimmer in dem bescheidenen Haus eines Klavierstimmers, das auf der »falschen« Seite der Eisenbahngleise, einige Kilometer vom Campus entfernt, lag.

Neben solchen kleinen Unannehmlichkeiten waren viele neue Eindrücke zu verarbeiten. Die Atmosphäre im Princeton der frühen fünfziger Jahre war auf gleichzeitig einschüchternde und erregende Weise intellektuell, und das Universitätsleben verwirrend und widersprüchlich. Gleichsam über Nacht hatte es uns aus dem Schmelztiegel des Campus von Berkeley, auf dem sich Zehntausende von Studenten verschiedenster Herkunft, Volkszugehörigkeit und politischer Einstellung begegneten, ins genaue Gegenteil verschlagen, an eine kleine, rein männliche Institution mit wenigen Tausend Studierenden, die sich in einer Umgebung befand, in der wir uns etwas fehl am Platz fühlten.

Doch wie ein großer Teil des Landes hatte sich auch Princeton während des Krieges erheblich gewandelt, und noch tiefergreifende Veränderungen standen bevor, welche die Universität schließlich so weit umgestalten sollten, dass sie heute kaum noch wiederzuerkennen ist. Anfang der fünfziger Jahre war dies indes noch nicht abzusehen, und das traditionelle Universitätsleben war noch weitgehend intakt. Obwohl die formelle Verbindung mit der presbyterianischen Kirche schon vor langer Zeit aufgelöst worden war, war Universitätspräsident Harold Dodds – wie alle seine Vorgänger – ein traditioneller Presbyterianer. Das College für *undergraduates* war immer noch blütenweiß, und hochnäsige, sozial hierarchische »eating clubs« – Princetons Burschenschaften – beherrschten das Leben der Studenten. Darüber hinaus war das mächtige Kuratorium, dessen Aufnahmekriterien sich allerdings ändern sollten, weiterhin ein sich selbst perpetuierender Alte-Herren-Klub und ein perfekter Spiegel der traditionell homogenen und diskriminierenden Zusammensetzung der Studentenschaft.

In Berkeley waren alle nur denkbaren politischen Richtungen vertreten, die ihre Ansichten häufig lautstark verkündeten, in der Regel in umgekehrtem Verhältnis zur Zahl ihrer Anhänger. Marxisten trafen auf rechtsgerichtete Studenten, Libertäre auf Anarchisten und traditionelle Demokraten auf »geborene« Republikaner. In Princeton mag es auch Marxisten gegeben haben, aber wenn, dann hielten sie sich bedeckt und wurden bestenfalls als exzentrische politische Abweichler geduldet. Frauen, zumal jüngere, waren in der weiterhin ausschließlich männlichen Bastion – außer in den Sekretariaten und der Bibliothek – nirgendwo zu sehen. Wie Eileen berichtete, war ein Gang über den Campus für sie stets ein Spießrutenlauf zwischen verdrehten Köpfen und hungrigen Blicken.

In letzter Minute hatte sich die Universität eines Besseren besonnen und mir ein kleines Stipendium gegönnt. Eileen nahm einen Bürojob an, um zu unserem Lebensunterhalt beizutragen, und ich stürzte mich auf die Bücher. Ich war einer von nur 15 Doktoranden, die an der Woodrow Wilson School of Public and International Affairs das Studium aufnahmen, wo wir intensiv gedrillt und häufig an unsere Pflicht erinnert wurden, eine lange Tradition von Princeton fortzusetzen und uns gemäß dem inoffiziellen Motto der Universität »Im Dienst der Nation und im Dienst aller Nationen« zu bewähren.

Auch in neuerer Zeit hatte Princeton viele hohe Staatsdiener hervorgebracht, und mehrere unserer Lehrer waren während des Krieges in Washington tätig gewesen. Sie vermittelten uns ein starkes Sendungsbewusstsein und ein Gefühl für die Bedeutung des öffentlichen Diensts. Nach und nach begann ich mich in der neuen Umgebung wohl zu fühlen. Wir kamen in kleinen Seminaren zusammen, in denen wir häufig von Vertretern der Fakultäten für Wirtschaft, Politik und Soziologie gleichzeitig unterrichtet wurden; wir lasen, diskutierten, schrieben zahllose »Politikpapiere«, übten uns in Rhetorik und verarbeiteten riesige Stoffmengen. Die Anforderungen an unser Selbststudium schienen grenzenlos zu sein, aber am anregendsten waren die Männer, die uns unterrichteten, sowie die ausgezeichnete Bibliothek und die anderen erstklassigen Forschungseinrichtungen, die wir nutzen konnten. Meine Kommilitonen waren meist begabte junge Leute, und mit einigen von ihnen bin ich mein Leben lang befreundet geblieben. Viele gingen in den diplomatischen Dienst oder in wichtige Ministerien in Washington und stiegen zum Botschafter oder in andere hohe Positionen auf.

Der Studiengang Public Affairs an der Woodrow Wilson School bot also alles, worauf ich gehofft hatte – und mehr. Angeregt von bekannten Wissenschaftlern wie dem überaus belesenen Jakob Viner, der Weltwirtschaft und Geschichte der Wirtschaftstheorie lehrte, dem brillanten jungen Theoretiker Will Baumol, dem Arbeitsökonomen Richard Lester, der es verstand, die Theorie mit der praktischen Arbeitspolitik zu verbinden, Lester Chandler, einer Autorität auf dem Gebiet des Bankwesens und der Geldtheorie, und dem Juristen Alpheus Mason, interessierte ich mich immer stärker für die Wirtschaftspolitik. Wann genau ich auf den Gedanken kam, dass ein Master auf dem Gebiet der Public Affairs nicht ausreichend sei und eine Promotion in Ökonomie einen umfassenderen Abschluss meiner akademischen Ausbildung darstelle, weiß ich nicht mehr. Jedenfalls entschied ich mich im Lauf des zweiten Studienjahres in Princeton dafür.

Als Dissertationsthema wählte ich ein Projekt, das einen fast einjährigen Aufenthalt in Deutschland erforderlich machte – für den ich glücklicherweise ein Reisestipendium erhielt –, denn es ging um die dortige Kohle- und Stahlindustrie. Ich war vor kurzem US-Bürger geworden, und es war 14 Jahre her, seit ich als deutscher Junge von 13 Jahren Berlin verlassen hatte. Jetzt würde ich als erwachsener Amerikaner in ein Land zurückkehren, das mir fremd geworden war und das ich mit erheblichem Widerwillen betrachtete. Die meisten Juden hatten sich geschworen, nie wieder einen Fuß auf deutschen Boden zu setzen, und manche konnten es nicht fassen, dass ich freiwillig für fast ein Jahr dorthin gehen wollte. Meine Erklärung dafür war, dass mein Thema – die Politik und Ökonomie der Mitbestimmung in der Kohle- und Stahlindustrie an der Ruhr nach dem Krieg – wichtig genug sei, um meine Entscheidung zu rechtfertigen. Die Alliierten hatten die großen, miteinander verflochtenen Konzerne in diesem Sektor, die einst 49 Prozent der europäischen Produktion kontrolliert hatten und ein entscheidender Teil von Hitlers Kriegsmaschine gewesen waren, zerbrochen, und das neue Verhältnis von Kapital und Arbeit in den Dutzenden von kleineren Unternehmen, die mit Billigung der Alliierten an ihre Stelle getreten waren, sollte die Wirtschaftsdemokratie im westlichen Teil von Nachkriegsdeutschland fördern. Doch die Mitbestimmung warf viele Fragen auf, die in der amerikanischen Literatur viel besprochen, aber selten verstanden wurden.

Dies war zumindest der vorgebliche Grund meines Vorhabens, denn in Wahrheit war ich überaus neugierig auf das besiegte Deutschland. Ich wollte es mit eigenen Augen sehen und zu verstehen versuchen, was in das deutsche Volk gefahren war, dass es Hitlers Diktatur bis in die Katastrophe hinein unterstützt oder geduldet hatte. Wahrscheinlich jedoch war ich, was die Gründe meiner Rückkehr anging, mir selbst gegenüber nicht ganz ehrlich; jedenfalls gestand ich mir erst viel später ein, dass sie tiefer lagen und komplexer waren, als ich damals wahrhaben wollte.

Wiederbegegnung mit Deutschland

Vor diesem Hintergrund fand meine erste Wiederbegegnung mit meinem Geburtsland statt. Ich traf Anfang August 1953 mit der Eisenbahn, aus Paris kommend, in Köln ein. Eileen und unsere Tochter Ann Margaret, die im selben Jahr auf die Welt gekommen war, folgten einen Monat später. Vor dem Hauptbahnhof erhob sich der grandiose, beschädigte und dringend reparaturbedürftige Dom wie ein einsames Mahnmal vergangener besserer Zeiten. Um den Dom herum war die Zerstörung allgegenwärtig. Im Stadtzentrum waren 90 bis 95 Prozent der Gebäude im Krieg zerstört worden; in der gesamten Stadt waren es fast 80 Prozent der Häuser. Die Trümmer hätten, Schätzungen zufolge, einen gewaltigen Berg von 30 Millionen Kubikmetern ergeben. Noch vier Jahre später, 1957, war erst die Hälfte der Trümmer beseitigt, und es sollte noch über ein Jahrzehnt dauern, bis man die letzten fortgeschafft hatte.

Mein Dissertationsthema betraf das nahe gelegene Industriegebiet an der Ruhr. Da der Deutsche Gewerkschaftsbund in Köln ein Forschungsinstitut unterhielt und dessen Direktor, Erich Potthoff, mir seine Unterstützung zugesagt hatte, wollte ich Köln zur Ausgangsbasis machen, mir dort eine Unterkunft suchen und dann mit der Arbeit beginnen. Das jedenfalls war mein Plan. Von Princeton aus gesehen, war er einfach genug, aber wie mir rasch klarwurde, hielt er den Bedingungen des Nachkriegslebens in Deutschland nicht stand. Die materiellen Zerstörungen in den deutschen Städten übertrafen meine Vorstellungen bei weitem. Um dies zu erkennen, genügte ein einziger Blick auf Köln. Auch wenn mein Dollarstipendium nach örtlichen Maßstäben großzügig bemessen war (der Dollar war über vier Mark wert), eine halbwegs annehmbare Wohnung war für kein Geld der Welt zu finden.

Auf ein solches Ausmaß der Zerstörung nicht gefasst, durchkämmte ich auf der Suche nach einer Unterkunft einen Monat lang die Stadt und stieß dabei auf Scharen von wohnungssuchenden Kölnern. Zwei Jahre später befanden sich nach Angaben der Stadt immer noch 60 000 Einwohner in dieser misslichen Lage, und einige von ihnen hatten überhaupt kein Dach über dem Kopf.[10] Da die Suche immer hoffnungsloser wurde und die Ankunft meiner Familie näher rückte, gab ich Köln schließlich widerstrebend als Wohnort auf und versuchte es in der westfälischen Hauptstadt Münster. Dort lachte mir endlich das Glück, denn ich fand zwei primitive Dachkammern in einer etwas heruntergekommenen Patriziervilla in der Wallgasse, unweit des Stadtzentrums.

In Münster war die Lage immerhin etwas besser als in Köln. Die

Stadt hatte über hundert alliierte Luftangriffe erlebt, den letzten und schwersten kurz vor dem Ende im März 1945, und 61 Prozent der Häuser – also deutlich weniger als in Köln – lagen in Trümmern. Von den 33 000 Hauseinheiten, die es vor dem Krieg gab, war nur rund ein Drittel bewohnbar geblieben, und Anfang der fünfziger Jahre war erst die Hälfte der übrigen Häuser repariert worden. Viele Menschen lebten weiterhin in Notunterkünften und Bunkern, und während sich einerseits die Lage auf dem Wohnungsmarkt verbesserte, wurde sie andererseits dadurch verschärft, dass ein Viertel der Bevölkerung neu hinzugekommene Flüchtlinge aus dem Osten waren.[11]

Auf manches in Deutschland mussten wir uns als verwöhnte Amerikaner erst einstellen. Unsere Unterkunft in der Wallgasse war winzig; das Baby musste auf dem einzigen vorhandenen Tisch gewickelt werden; gekocht wurde in einer Ecke auf einem Ofen mit einer einzigen Kochstelle, und das Bad teilten wir uns mit anderen Mietern. Die Eigentümer, eine ältere Frau und ihre verwitwete Tochter sowie deren zwei kleine Söhne, wohnten in einem der unteren Geschosse. Die einzigen erwachsenen männlichen Wesen in ihrer Wohnung waren einige junge Männer in Wehrmachtsuniform, die auf Fotografien an den Wänden zu sehen waren. Was unsere Wirtin über uns dachte, insbesondere über mich und meine deutsch-jüdische Herkunft, werde ich nie erfahren. Ihre finanzielle Lage war offensichtlich äußerst angespannt, und unsere Anwesenheit schien ihr Unbehagen zu bereiten. Während unseres gesamten Aufenthalts verhielt sie sich höflich, aber förmlich und distanziert; schon kleine Unregelmäßigkeiten versetzten sie in Aufregung, und die Beziehung zu ihr war nie einfach.

Nach und nach begriff ich, dass nicht nur die Opfer, sondern auch die Deutschen selbst einen hohen Preis für die NS-Herrschaft gezahlt hatten. Westdeutschland war im Vergleich zum Deutschen Reich ein Rumpfstaat mit einer überalterten Bevölkerung, in dem der Frauenanteil den der Männer bei weitem überwog; fast jede Familie hatte einen Vater, Bruder oder Sohn verloren.[12] Obwohl sich die Bedingungen langsam besserten, blieben die Löhne niedrig, die

Steuern waren hoch, und der Lebensstandard lag noch unter dem Vorkriegsniveau. Viele Menschen waren auf Sozialhilfe angewiesen, und ein volles Drittel des Haushalts der Bundesrepublik musste für Besatzungskosten ausgegeben werden.

Aber es gab auch Anzeichen für die allgemeine Entschlossenheit, die Dinge voranzubringen. Im Gegensatz zu heute, wo die Deutschen die Fünftagewoche mit 38 Arbeitsstunden buchstäblich als Geburtsrecht betrachten, waren damals mindestens 45 Wochenstunden an fünfeinhalb Tagen üblich. Der heute selbstverständliche freie Sonnabend war noch ein ferner Traum, und in der Industrie lag die tatsächliche Wochenarbeitszeit eher bei 50 Stunden.[13]

Die Wirtschaft, die sich wie Phönix aus der Asche erhob, befand sich an der Schwelle einer langen Periode raschen Wachstums. Mit erheblichen Mitteln aus der Marshallplanhilfe machte man seit der Währungsreform von 1948 große Fortschritte, die nicht zuletzt auch durch die unterbewertete Währung und die vom Koreakrieg angeregte starke Auslandsnachfrage ermöglicht wurden. Seit 1950 war die Industrieproduktion bereits um ein Drittel gewachsen; der erste Handelsbilanzüberschuss wurde 1951 erzielt, und zwischen 1955 und 1960 war der Anteil des Außenhandels am Bruttoinlandsprodukt größer als jemals zuvor in der deutschen Geschichte.[14] Gerade als ich in Köln eintraf, feierten die Zeitungen den fünfhunderttausendsten Käfer, der in Wolfsburg vom Band rollte. Das »deutsche Wirtschaftswunder« wurde schließlich weltweit zu einem Begriff, aber die nationale Debatte zwischen den Anhängern von Ludwig Erhards immens erfolgreicher marktorientierter Politik einerseits und den Sozialdemokraten und einem Minderheitsflügel der Unionsparteien andererseits, die für ein gewisses Maß an Planwirtschaft und staatlicher Kontrolle sowie das Staatseigentum an den Schlüsselindustrien eintraten, ging weiter.

Kurz nach meiner Ankunft in Westdeutschland erreichte der Wahlkampf für die zweite Bundestagswahl ihren Höhepunkt. Die Bundesrepublik bestand seit gerade einmal vier Jahren, und Bundeskanzler Adenauer hatte sich mit einer Politik, die die Aussöhnung zwischen Deutschland und Frankreich sowie die Integration der Bundesrepublik in Europa, die NATO und das westliche Bündnis anstrebte, als starker Mann des Landes etabliert. Diese Ziele warfen die schwierige Frage der deutschen Wiederbewaffnung auf, und seine Gegner von der SPD hielten ihm entgegen, dass die Chancen auf die Wiedervereinigung mit dem kommunistischen Osten größer seien, wenn die Bundesrepublik eine ungebundene, neutrale Position einnehme.

Hinzu kam, dass die Bundesrepublik de facto noch keine volle Souveränität besaß und die Besatzungsbehörden auf ihre Rechte pochten. So meldete der *Spiegel* im Juli 1953 mit indigniertem Unterton, die britischen Behörden hätten untersuchen lassen, ob eine »Traditions-Uniform« – wie sich herausstellte, handelte es sich um die Uniform eines Regiments, das in Waterloo auf britischer Seite gegen Napoleon gekämpft hatte – unter das alliierte Verbot von Militäruniformen falle.[15] Und in Berlin hatte sich die Alliierte Kommandantur einige Monate zuvor, zur Belustigung einer schicksalsergebenen Öffentlichkeit, bemüßigt gefühlt, über hundert Polizeifterngläser als »verbotenes Kriegsgerät« zu beschlagnahmen.[16] Sich über die alliierte Besatzungspolitik lustig zu machen war ein Vergnügen, bei dem sich die meisten Deutschen einig waren.

Es war eine faszinierende, wenn auch unruhige Zeit für einen Aufenthalt in Deutschland. Der Kalte Krieg erhitzte sich, in Washington war eine neue Regierung ins Amt gelangt, die Konfrontation mit dem kommunistischen Ostdeutschland war unwiderruflich, erste Schritte zur wirtschaftlichen Integration Europas wurden unternommen, und trotz der sich verbessernden Lebensverhältnisse in Westdeutschland gab es weiterhin viele ungelöste Probleme. Millionen von Flüchtlingen waren aus den verlorenen deutschen Gebieten im Osten vertrieben worden, und weitere Zehntausende flohen Monat für Monat vor dem ostdeutschen Kommunismus. Viele deutsche Soldaten befanden sich weiterhin in russischer Gefangenschaft, aber jede Woche trafen Züge mit entlassenen Kriegsgefangenen ein, deren Empfang stets eine aufwühlende, emotionale Angelegenheit war.

Das in den ersten Nachkriegsjahren mit Eifer umgesetzte Entnazifizierungsprogramm der Alliierten war mit gemischten Resultaten abgeschlossen worden, und abgesehen von einer kleinen Zahl der schlimmsten Nationalsozialisten besetzten ehemalige Anhänger oder Mitglieder der NS-Partei immer noch – oder wieder – führende Stellungen in Wirtschaft und öffentlichem Leben. Auf meinen Fahrten sollte ich ihnen bald begegnen, und ich musste mich ständig daran erinnern, dass ein Sozialwissenschaftler einen klinischen Blick auf die Wirklichkeit werfen und persönliche Gefühle unterdrücken muss. Dies gelang mir, wie ich gestehen muss, nur mühsam, und ich fühlte mich nicht immer besonders wohl dabei.

Nachdem wir in die Dachkammern in der Wallgasse eingezogen waren und ich Eileen mit einem englisch-deutschen Wörterbuch und einigen Ratschlägen für den Alltag in Deutschland ausgestattet hatte, begann ich mit meinen Besuchen der Mitbestimmungsunternehmen an der Ruhr. Um die Logistik zu erleichtern, hatte ich einen überschüssigen VW der britischen Armee erworben, der im Stil seiner Vorbesitzer in hässlichem schmutzigen Oliv gestrichen war. Der alte Käfer konnte in kritischen Augenblicken launisch sein, war aber billig und erwies sich ansonsten auf den holprigen Landstraßen des Ruhrgebiets – an deren Stelle seither zumeist das beeindruckende deutsche Autobahnnetz getreten ist – als unzerstörbar. Manchmal war ich tagelang unterwegs, wenn ich weit entfernte Orte erkundete. Mein »Hauptrevier« waren die Kohle- und Stahlstädte – Dortmund, Duisburg, Essen, Gelsenkirchen, Bochum, Wuppertal und ein halbes Dutzend kleinerer Orte. Tagsüber recherchierte ich in Archiven und sprach mit Managern, Gewerkschaftsführern sowie Angestellten und Arbeitern, und abends trank ich »inkognito« in örtlichen Kneipen ein Bier, um die Stimmung der Bevölkerung kennenzulernen.

In Münster wurden wir rasch in einen großen Kreis von Freiberuflern, Akademikern, Gewerkschaftsfunktionären und in der Gegend stationierten britischen Militärs aufgenommen, in dem Eileen und ich die verschiedenartigsten Fakten, Geschichten und Eindrücke über die Tagesereignisse und eine Reihe von Deutschen erhielten.

Viele unserer neuen Freunde und Bekannten waren aufgeschlossene Menschen, die ein demokratisches Deutschland aufbauen wollten. Unter ihnen ragte der DGB-Funktionär Erich Potthoff heraus, ein überzeugter Demokrat ohne Illusionen, mit dem ich lange Gespräche über Deutschland unter Hitler und die Aufbauaufgaben führte, vor denen die neue westdeutsche Republik stand. Auf dem Papier waren durch das Grundgesetz der Bundesrepublik der Rechtsstaat eingeführt und die Bürgerrechte garantiert worden, und es stand außer Frage, dass die Regierung unter Bundeskanzler Adenauer dabei war, die Grundlagen eines demokratischen Staates zu legen. Aber in manchen Parteien und in Teilen der Bevölkerung gab es auch eine andere, besorgniserregende Geisteshaltung, und auf meinen Fahrten und in den Gesprächen mit Industrievertretern sah und hörte ich vieles, das mich beunruhigte. Besonders deutlich erinnere ich mich an denkwürdige Diskussionen mir Hermann Reusch und Hans-Günther Sohl, zwei der bekanntesten deutschen Industriebosse. Ersterer war Vorstandsvorsitzender der Gutehoffnungshütte, einem der größten Ruhrunternehmen, das noch bestand, und Letzterer stand an der Spitze der Reste des alten Thyssen-Stahlimperiums.

Reusch empfing mich in seinem beeindruckenden, geräumigen Büro in Oberhausen. Ich wusste, dass er aus einer Familie stammte, die den Nationalsozialismus abgelehnt hatte, und während des Krieges aus dem Vorstand der Gutehoffnungshütte hatte ausscheiden müssen. Sohl andererseits, der in Duisburg residierte, hatte unter den Nationalsozialisten einen großen Stahlkonzern geleitet und war deswegen von den Alliierten anderthalb Jahre interniert worden, bevor er wieder eine Spitzenstellung in der Industrie einnehmen durfte. Reusch sprach lebhaft über seine Zeit in Amerika, wo er in den zwanziger Jahren Bergbau studiert hatte, und seine Wertschätzung für die amerikanische Demokratie. Sohl äußerte sich ähnlich, und beide drückten ihre Bewunderung für die Amerikaner aus, was, wie mir bald klarwurde, bei vielen Deutschen eine rituelle Bekundung war, wenn sie mit Amerikanern sprachen. Obwohl der eine nachgewiesenermaßen ein Kollaborateur der Nationalsozialisten gewesen war und der andere nicht, wichen ihre sozialen und politischen Ansichten kaum voneinander ab; ihre Einstellung blieb autokratisch, sie lehnten Gewerkschaften strikt ab, hatten kein Verständnis für das unvermeidliche politische Geben und Nehmen in einer Demokratie und übten kaum verschleierte Kritik an den Besatzungsbehörden, weil sie Deutschland aus ihrer Sicht unerwünschte neue Praktiken aufzwangen. Es war nicht schwer zu erkennen, dass sie vor allem eines beklagten, nämlich den Verlust ihrer unumstrittenen Autorität sowie die Mischung aus Ordnung, Gehorsam und Disziplin, die sie als wichtige deutsche Tugend betrachteten. Diese Klage sollte ich noch öfter hören.

Potthoff und andere neue Freunde machten mir nach und nach etwas bewusst, was ich vorher hätte wissen müssen – dass es viele junge und ältere Deutsche gab, die nie Nationalsozialisten waren und eine andere Einstellung und andere Überzeugungen besaßen, als es meinen vorgefertigten Ansichten über die »typisch deutschen« Eigenschaften, die ich instinktiv verabscheute, entsprach. Tatsächlich vertraten acht Jahre nach dem Krieg viele das Ziel eines in Europa und den Westen eingebundenen demokratischen Deutschlands. Für sie waren die Vereinigten Staaten nicht der frühere Feind, sondern ein Land, das sie wegen seiner demokratischen Traditionen und als Führungsmacht des westlichen Bündnisses, dem ihr Land nach ihren Vorstellungen eines Tages ebenfalls angehören sollte, bewunderten. Wie ich feststellte, genoss Amerika bei ihnen, nicht zuletzt wegen der Marshallplanhilfe, ein außerordentlich hohes Ansehen. Insbesondere bei jungen Leuten waren Amerikaner beliebt, und die Lesesäle der Amerikahäuser der US-Informationsbehörde (USIA) waren voller Menschen, die geradezu einen Hunger auf amerikanische Bücher, Zeitschriften, Musik und Filme hatten. Vorträge über amerikanische Themen, wie ich sie als Nebentätigkeit in vielen deutschen Städten hielt, waren stets gut besucht.

Ein Aufenthalt in Hamburg ist mir besonders deutlich in Erinnerung geblieben. Bei einem Vortrag dort lernte ich Eric Warburg kennen, der eine seltene Ausnahme war: ein US-Offizier, aber auch ein deutscher Jude, der zurückgekehrt war, um in Deutschland zu leben.

Seine Situation war recht ungewöhnlich, denn die Warburgs hatten für Generationen zu den bekanntesten Handelsbankiers von Hamburg gehört und waren geachtete Mitglieder der örtlichen Elite gewesen. Als die Nationalsozialisten ihnen ihre Bank nahmen, waren sie in die Vereinigten Staaten geflohen, und Eric, der älteste Sohn, war als Oberstleutnant und Vernehmungsleiter der 9th U. S. Air Force, als der er auch den berüchtigten Hermann Göring verhörte (der, laut Eric, seine wahre Identität nie erfuhr), zurückgekehrt. Nachdem er sich wieder in seiner Heimatstadt Hamburg niedergelassen hatte, wo sein Familienname immer noch einen guten Klang hatte und wo er sich um die Rückgabe der Reste der Familienbank bemühte, schloss er sich einer kleinen Gruppe anderer heimgekehrter Nazigegner an, zu denen der Erste Bürgermeister der Stadt gehörte, der Sozialdemokrat Max Brauer, der bis zum Machtantritt der Nationalsozialisten Oberbürgermeister von Altona gewesen war. Die Gruppe setzte sich für die Wiederherstellung eines anständigen Regierungssystems und den Wiederaufbau der größten deutschen Hafenstadt ein. Eric besaß erheblichen Charme, hatte viel Humor und hegte, obwohl von Natur aus Optimist, nicht allzu viele Illusionen. Wir kamen gut miteinander aus, und sein Blick auf die deutschen Verhältnisse aus amerikanischer Perspektive war stets hochinteressant. In späteren Jahren verlor ich ihn aus den Augen – er starb 1990 –, aber wie der Zufall es wollte, wurden seine amerikanische Tochter Marie und ihr Ehemann Michael Naumann (unter Gerhard Schröder Kulturstaatsminister) später meine engsten deutschen Freunde.

Das Deutschland der frühen fünfziger Jahre überraschte mich. Es befand sich noch in jeder Beziehung im Aufbau, war sich seiner Stellung in der Welt nicht sicher und bemüht, die Anerkennung des Westens zu gewinnen, während im Innern immer noch vieles an seine unrühmliche Vergangenheit erinnerte, aber auch Anzeichen zu erkennen waren, die auf eine bessere Zukunft hoffen ließen. Ich lernte viele Deutsche kennen, junge und alte, die für westliche Demokratie und Rechtsstaatlichkeit eintraten und damit die vorherrschende Mehrheitsmeinung wiedergaben. Aber ich sprach auch mit vielen, die voller Selbstmitleid und Unmut über die Kriegsniederlage waren und höchst widersprüchliche, rückwärtsgewandte Vorstellungen über die aktuellen Hauptprobleme äußerten, während andere im Umgang mit Ausländern und untereinander in eine Mischung aus Arroganz und Servilität zurückfielen, die mich stark irritierte.

Auf der äußersten Rechten des politischen Spektrums erzielten kleine, kaum verschleiert auftretende neonazistische Parteien begrenzte Erfolge in Kommunalwahlen, und die extremste von ihnen, die Sozialistische Reichspartei (SRP), ein Sammelbecken unverbesserlicher früherer Spitzen des NS-Regimes und ihrer Anhänger, musste sogar verboten werden. Doch es gab keinen Zweifel daran, dass Bundeskanzler Adenauer das Land in die richtige Richtung führte. In der Bundestagswahl von 1953, die kurz nach meiner Ankunft stattfand, hatten seine in der rechten Mitte angesiedelten Christdemokraten und die oppositionellen Sozialdemokraten zusammengenommen über drei Viertel der Mandate gewonnen. Doch in der Führung der kleineren Freien Demokratischen Partei, die vor allem von der Wirtschaft unterstützt wurde, gab es nicht wenige jüngst rehabilitierte Nationalsozialisten mit unklarem Hintergrund, die mich abstießen, und der sogenannte Gesamtdeutsche Block, in dem sich Flüchtlinge zusammengefunden hatten, die den Verlust ihrer Heimat im Osten nicht verwinden konnten und ebenfalls nicht als lupenreine Demokraten anzusehen waren, hatte knapp sechs Prozent der Stimmen erhalten.

In Meinungsumfragen drückten 57 Prozent der Deutschen ihre Zufriedenheit mit der Regierung Adenauer aus. Gleichwohl hätte es ein Drittel von ihnen gut gefunden, wenn der Kaiser zurückgekommen wäre, und ein volles Viertel der Bevölkerung hatte weiterhin eine »gute Meinung« von Hitler.[17] Nur eine Minderheit der Deutschen billigte das Attentat auf ihn vom 20. Juli 1944, und die meisten waren der Ansicht, dass Widerstand in Kriegszeiten falsch gewesen sei.[18] Andererseits gab eine Mehrheit allein Hitler und den Spitzen des NS-Regimes die Schuld an den Kriegsgräueln und den an Juden begangenen Verbrechen, aber auch die Meinung, dass die Kriegsverbrecherprozesse ein Fehler gewesen seien, wurde von einer Mehrheit vertreten, ebenso wie die Ansicht, dass die weitere Inhaftierung der Verurteilten ungerecht sei – obwohl viele von ihnen bereits einen Strafnachlass erhalten hatten oder freigelassen worden waren.

Der Holocaust war unverkennbar eines der heikelsten Themen, zumeist sogar ein Tabu. Nur wenige Deutsche waren bereit, sich dem Geschehenen offen zu stellen, auch wenn die Regierung Israel eine Entschädigung angeboten und – vorsichtig und langsam – begonnen hatte, einzelne frühere deutsche Juden für den Verlust von Eigentum und Angehörigen zu entschädigen. Bis 1953 hatten sich die Lager für Holocaustüberlebende geleert und ihre Insassen überwiegend Deutschland verlassen. Nur wenige Juden, höchstens 20 000 bis 30 000, waren geblieben.

Heute berichten die deutschen Medien fast täglich und ausführlich über alles, was mit jüdischen Angelegenheiten in Deutschland und der Welt zu tun hat, und der Holocaust ist in der Öffentlichkeit ein ständig präsentes Thema. Anfang der fünfziger Jahre war das Gegenteil der Fall, und nur wenige Deutsche vermochten über solche Fragen offen zu sprechen. Wahrscheinlich waren der Schrecken und die Verbrechen, die Juden angetan worden waren, einfach zu groß und die Verletzungen, Schuldgefühle und Traumata sowohl der Juden als auch der Nichtjuden zu frisch und zu tief. Beide Seiten schienen das Gefühl zu haben, dass es besser sei, in der Öffentlichkeit so wenig wie möglich darüber zu sprechen. Wenn das Thema angeschnitten wurde – was in Gesprächen mit mir regelmäßig geschah –, dann fast immer mit verlegenen Bekundungen von Bedauern und Schmerz, verbunden mit beinah rituell vorgebrachten herzlichen Erinnerungen an ehemalige jüdische Freunde und Nachbarn (»Sind Sie in New York zufällig meinem guten Freund Max Levi begegnet?«). Soweit ich mich erinnere, gab fast niemand zu, zur Zeit des Geschehens vom Schicksal der Juden unter den Nationalsozialisten gewusst zu haben, und die meisten Deutschen waren sich darin einig, dass die furchtbaren Verbrechen im Geheimen verübt worden seien und Hitler und sein engster Kreis allein die Schuld an ihnen trügen.

Antisemitische Bemerkungen hörte ich selten, und niemals in meiner Anwesenheit. Doch nachdem die Entnazifizierung abgeschlossen war und viele frühere Parteimitglieder und Mitläufer wieder in Amt und Würden waren, war niemand bereit oder willens, sich offen mit der Vergangenheit auseinanderzusetzen. Dies blieb, wie sich herausstellte, einer anderen, mehrere Jahrzehnte später lebenden Generation von Deutschen überlassen.

Im Sommer 1954 war meine Arbeit erledigt, und es war Zeit, an die Abreise zu denken. Ich hatte viel gelernt, und mein Deutschlandbild hatte sich in mancher Hinsicht zum Besseren gewandelt. Es gab ermutigende Anzeichen für eine langsame Entwicklung hin zu einem demokratischen Staat, die Hoffnung machten. Doch das Westdeutschland jener Zeit war ein Land voller Widersprüche, in dem ich mich nie ganz wohl gefühlt hatte. Viele der Menschen, die ich kennengelernt hatte, waren ehrlich bemüht, eine neue, tolerantere und offenere Gesellschaft aufzubauen, aber bei anderen hatte ich Sturheit, mangelnde Freude, Unterwürfigkeit und das Fehlen von Zivilcourage bemerkt, alles Eigenschaften, die man im Ausland schon immer als problematische Züge des deutschen Nationalcharakters angesehen hatte. Das damalige Deutschland war ein geschäftiges und hart arbeitendes, aber kein glückliches oder besonders attraktives Land, und die noch überall anzutreffenden Überreste der einst vorherrschenden Atmosphäre gingen mir auf die Nerven. Deshalb war ich zwar froh, Deutschland besucht zu haben, aber dem besseren Verständnis entsprach kein neues Gefühl der Nähe zu meinem Geburtsland. Wenn mein Aufenthalt in dieser Beziehung etwas bewirkt hatte, dann eine noch stärkere Bindung an die Vereinigten Staaten. Ich wünschte den Deutschen alles Gute, aber ihr Land war mir in vieler Hinsicht fremd geblieben.

Mission im Nahen Osten

Nach der Rückkehr nach Princeton kamen in den fünfziger Jahren zwei weitere Töchter zur Welt, und mit der Zeit schlugen wir Wurzeln in der Stadt. Nach meiner Promotion hatte ich eine Juniorprofessur an der Universität angenommen, weniger, weil es mich brennend nach einer akademischen Laufbahn verlangte, sondern überwiegend deshalb, weil wir das Geld brauchten und weil ich über den impliziten Vertrauensbeweis meiner Professoren erfreut war. Doch der Zufall wollte es, dass ich neben der üblichen Lehrtätigkeit unversehens gebeten wurde, mich einer hochkarätig besetzten Gruppe von Wissenschaftlern anzuschließen, die ein ehrgeiziges Projekt mit dem beeindruckenden Titel »Interuniversitäre Studie über die Arbeiterschaft in der industriellen Entwicklung« verfolgte. So wurde ich in unerwartete neue, ganz unakademische Abenteuer verwickelte.

Führender Kopf des Projekts war der bekannte Ökonom Fred »Fizz« Harbison, der zugleich ein gutes Beispiel jener besonderen Spezies der »akademischen Unternehmer« war, deren Vertreter einem gelegentlich an Universitäten begegnen. Ihnen bereitet die Organisation und Leitung ehrgeiziger Forschungsprojekte fast noch mehr Vergnügen als die wissenschaftliche Arbeit, und sie besitzen ein besonderes Talent dafür, die Mittel für ein weitgespanntes Netzwerk junger Universitätslehrer aufzutreiben, denen die eigentliche Arbeit übertragen wird. Fizz liebte insbesondere internationale Projekte, hauptsächlich, wie ich vermute, weil er leidenschaftlich gern reiste und mit wahrem Vergnügen zwischen seinen universitären Pflichten hektische Flugreisen einschob. Das Interuniversitäre Projekt war sein ambitioniertestes Vorhaben, dessen Leitung er sich mit Clark Kerr (dem späteren Präsidenten der Universität von Kalifornien), John Dunlop von der Harvard University (der unter Präsident Ford Arbeitsminister werden sollte) und Charles Myers, einem Arbeitsökonomen vom Massachusetts Institute of Technology (MIT), teilte.

Das von ihnen erdachte Projekt umspannte den ganzen Globus und bestand aus einer Reihe von Fallstudien in verschiedenen Ländern, in denen die Heranbildung einer Facharbeiterschaft im Lauf der industriellen Entwicklung untersucht werden sollte. Nach der zynischen Ansicht mancher außenstehenden Beobachter war es eine riesige Zeitverschwendung, doch Harbison und seinen Mitstreitern war es gelungen, die Ford Foundation dazu zu bewegen, ihr kostspieliges Vorhaben mit der damals fürstlichen Summe von einer Million Dollar zu unterstützen, so dass sie in der Lage waren, eine kleine Armee von Forschern anzustellen, die in fernen Ländern die Laufarbeit für sie erledigen sollten. Zufälligerweise wurde eines der interessanteren Projekte gerade zu diesem Zeitpunkt im Irak begonnen, und dafür hatte man mich angeheuert. Insgesamt brachte ich mehrere arbeitsintensive Monate, die sich auf drei getrennte Forschungsaufenthalte verteilten, damit zu, die Erfahrungen bei der Ausbildung von Irakern für die aufblühende Erdölindustrie des Landes, die sich in jener vorrevolutionären Zeit noch fest in der Hand der Briten befand, zu untersuchen.

Das war spannende Arbeit in einem für mich völlig neuen, unbekannten Teil der Welt. Ich hatte erwartet, in Princeton Wirtschaftsstudenten im ersten Studienjahr zu unterrichten, und nun befand ich mich auf abenteuerlicher Mission für Wochen im Nahen Osten und führte in Beirut, Damaskus und Bagdad Gespräche mit Wissenschaftlern, Politikern und Geschäftsleuten, streifte durch die Erdölanlagen von Basra, Mosul und Sulaimaniyya und traf mit britischen Beamten, texanischen Ölarbeitern und irakischen Angestellten der Zentrale der British Petroleum Company (BP) in Kirkuk zusammen. Hin und wieder bot ich der brutalen Sommerhitze die Stirn und versenkte mich in abgelegenen Pumpstationen, die nur mit einem Jeep oder einem einmotorigen Kleinflugzeug zu erreichen waren, in eingestaubte Personalakten.

In den frühen fünfziger Jahren befand sich der Irak an einem Scheideweg. Noch herrschte Ruhe, aber es war die Ruhe vor dem Sturm. Der Irak war ein rückständiges, unterentwickeltes und verschlafenes Land, das von Stammestraditionen geprägt wurde, ein im 20. Jahrhundert von den Briten geschaffener Staat, der von einem Zweig des Herrschergeschlechts der Haschimiten regiert wurde und für die Welt nur wegen seiner riesigen Erdölvorkommen von Bedeutung war. Obwohl disparate ethnische, religiöse und Stammesgruppen in diesem künstlichen Gebilde vereint worden waren, machte es nach außen den Eindruck relativer Stabilität, und ich erinnere mich an keine einzige Voraussage bevorstehender großer Veränderungen. Dass die Iraker Feinde Israels waren, versteht sich von selbst, aber das waren alle Araber, und der König und seine Regierung standen dem Westen grundsätzlich freundlich gegenüber und konnten – was dem Westen damals am wichtigsten war – die Kommunisten in Schach halten und eine Einmischung der Sowjetunion verhindern. Niemand maß dem Irak, über seine Rolle als Erdöllieferant hinaus, besondere geopolitische Bedeutung bei und wäre auf den Gedanken gekommen, dass er eines Tages einer der großen Konfliktherde der Welt werden könnte. Nichts deutete darauf hin, dass amerikanische Soldaten zweimal an den Persischen Golf geschickt werden sollten, um dort einen Krieg zu führen, dass ein amerikanischer Präsident das Land zu einem Schurkenstaat erklären würde, der die Sicherheit der Vereinigten Staaten und den Weltfrieden gefährde, und dass 150 000 US-Soldaten in seinen Städten und Wüsten ihr Leben riskieren würden.

Der Schein kann jedoch trügerisch sein, und die Ruhe im Irak erwies sich als genau das, als der König und sein Premierminister 1958 bei einem Militärputsch ermordet wurden. Es folgte ein Jahrzehnt inneren Aufruhrs, dem die irakische Baathpartei unter Saddam Hussein schließlich ein Ende setzte, indem sie ihre dreißigjährige blutige Herrschaft errichtete. Dies zeigt, dass die westlichen Geheimdienste in den fünfziger Jahren nicht besser als heute in der Lage waren, politische Gefahren zu erkennen und die Dynamik einer fremden politischen Landschaft zu verstehen. Doch es fällt Nationen schwer, aus Fehlern der Vergangenheit zu lernen. Nachdem man die innenpolitische Entwicklung im Irak damals nicht begriffen hatte, hätten wir vierzig Jahre später vielleicht vorsichtiger sein und der Vorstellung, als Außenstehende die dortigen Ereignisse unter Kontrolle halten und in einer Stammesgesellschaft einen demokratischen Staat aufbauen zu können, mit mehr Skepsis begegnen sollen.

Die irakische Erdölindustrie hatte ihre Ursprünge in den zwanziger Jahren, und dreißig Jahre später befand sie sich immer noch in der Hand ausländischer, vor allem britischer Unternehmen. Die Spitzenpositionen im technischen Bereich und im Management nahmen weiterhin ausschließlich Ausländer ein. Iraker waren lediglich als kleine oder mittlere Angestellte und Arbeiter tätig, und nur wenige Einheimische waren im Management über die unterste Stufe der Karriereleiter hinausgelangt. Die Ausländer führten in geschützten Enklaven ein gutes Leben, strichen großzügige Zulagen ein und machten ausgiebige Heimaturlaube, um sich von den Strapazen ihrer aufreibenden Arbeit zu erholen. Die Atmosphäre war entschieden anachronistisch und kolonial, und das Verhalten der Ausländer gegenüber einheimischen Arbeitskräften erinnerte mich auf unheimliche Weise an das Schanghai der Vorkriegszeit. Samstags dinierte man in Abendgarderobe im BP-Club in Kirkuk, und Gin und Whiskey flossen in Strömen. Außerhalb der bewachten Mauern solcher Enklaven hatte sich unterdessen Unruhe breitgemacht; die Schrift an der Wand besagte, dass das gute Leben der privilegierten Ausländer nicht auf ewig so weitergehen würde, und das Verlangen der Iraker, ihre Industrie selbst in die Hand zu nehmen, war kaum zu verkennen. Ich musste an meine Erlebnisse in China denken, an die chinesische Revolution und an das Narrenparadies für Ausländer, das Schanghai bis zum letzten Augenblick gewesen war, und wunderte mich schon bald, dass niemand in den Spitzenrängen von BP diese auf Veränderung drängende Stimmung wahrzunehmen oder ihr Beachtung zu schenken schien. Die Einstellung gegenüber den irakischen Arbeitern war im Allgemeinen nicht unfreundlich, wenn auch eigennützig und paternalistisch. Nach allgemeiner Ansicht war die Erdölindustrie technisch und administrativ anspruchsvoll, und es würde Jahrzehnte dauern, bis die Iraker selbst sie leiten könnten. Araber, wurde mir immer wieder versichert, seien im Herzen Beduinen und für disziplinierte Industriearbeit nicht geeignet. Außerdem vertrüge sich ihr Stammesdenken nicht mit einem rationalen Managemententscheidungsprozess.

Was ich in Gesprächen und aus Personalakten erfuhr, summierte sich jedoch zu einem anderen Bild. Es traf zu, dass die erste Generation einheimischer Arbeiter aufgrund ihrer beschränkten Bildung und Erfahrung nicht über ein bescheidenes Niveau hinausgelangt war. Aber einige ihrer Söhne studierten damals bereits an europäischen und amerikanischen Universitäten Ingenieur- oder Wirtschaftswissenschaften. Zugleich befand sich der Nationalismus im Aufwind, und es war abzusehen, dass sie früher oder später die Kontrolle übernehmen und sich als fähig erweisen würden, ihre Angelegenheiten selbst zu regeln.

Genau dies geschah dann auch bald. Mich hat immer wieder erstaunt, wie sehr man im Westen dazu neigt, die Fähigkeit fremder Kulturen zu unterschätzen, sich den Erfordernissen des modernen Wirtschaftslebens anzupassen. In der heutigen globalisierten Welt sollte daran kein Zweifel mehr bestehen. Das Tempo, mit dem Länder wie China, Indien, Taiwan und Brasilien sich entsprechend veränderten, hat viele überrascht. Für mich jedoch war der Irak ein frühes Lehrbeispiel dafür, dass es sich lohnt, die Wirklichkeit zu betrachten und eingefahrene Denkmuster und abgenutzte Klischees in Frage zu stellen, ungeachtet dessen, wie intensiv sie geglaubt und wie oft sie wiederholt werden.

Abschied vom Elfenbeinturm

Zurück in Princeton, genoss ich die Gesellschaft meiner Universitätsfreunde und den intellektuellen Diskurs, doch das akademische Leben genügte mir nicht. Ich wollte zu den Handelnden gehören, wenn möglich im öffentlichen Leben; im universitären Elfenbeinturm lebte man dafür etwas zu abgeschieden. Es zog mich nach wie vor in den Staatsdienst, aber in Washington hatten die Republikaner das Sagen, und nach Eisenhowers überwältigendem Wahlsieg im Jahr 1956 sollte es weitere vier Jahre dabei bleiben. An diesem Punkt griff, wie wiederholt in meinem Leben, das Schicksal ein, und die Ereignisse nahmen einen unerwarteten Verlauf. Dass ich auf der Suche nach Abenteuern in der »Außenwelt« den Campus verlassen würde, war vielleicht vorherbestimmt; aber dass mich mein Weg nicht in den Staatsapparat, sondern in die internationale Wirtschaft führen würde, war es sicherlich nicht.

Es begann, so unwahrscheinlich es klingt, beim Schachspiel auf dem Passagierdampfer *Queen Elizabeth.** Ich befand mich auf der Rückreise von einem Forschungsaufenthalt in Europa; Düsenflugzeuge standen noch nicht zur Verfügung, und es war immer noch üblich, den Atlantik auf die gemütlichere Art mit dem Schiff zu überqueren. Damals hatte ich im Rahmen meiner Forschungsarbeit – über die Frage, wie multinationale US-Konzerne sich im Ausland organisierten, um ihre Wettbewerbsstellung zu verbessern – eine Reihe von amerikanischen Spitzenmanagern an ihren Firmensitzen interviewt. Zu ihnen gehörte ein höchst ungewöhnlicher Mann mit entschieden unorthodoxen Ansichten, ein hochintelligenter und erfolgreicher Autodidakt, der ein Unternehmen leitete, das rund um die Welt in einem Dutzend Ländern Kronkorken herstellte, Crown Cork International. Wir waren uns im Zubringerzug von London wiederbegegnet – schon das ein reiner Zufall, denn ich hatte meinen Zug verpasst und war in den falschen eingestiegen –, und am ersten Tag auf See hatte ich eine Einladung zum Tee in seiner Erste-Klasse-Kabine erhalten, wo er mich zu einem Schachspiel herausforderte, dem in den nächsten Tagen eine praktisch ununterbrochene Kette weiterer Spiele folgen sollte.

Herman Ginsburg war ein viel besserer Schachspieler als ich, und es bereitete ihm ein beinah sadistisches Vergnügen, mich mit Bravour zu besiegen. Zugleich bemerkte ich, dass er wesentlich ge-

* Es war das erste Schiff dieses Namens, an dessen Stelle später die elegante *Queen Elizabeth II* trat, gefolgt von der noch größeren und luxuriöseren *Queen Mary II* und einer dritten *Queen Elizabeth*.

schickter darin war, mich nach meiner Vergangenheit auszuhorchen, als ich darin, ihm Äußerungen über seine Geschäftsphilosophie zu entlocken. Als gewiefter Unterhändler mit einem sechsten Sinn für die Absichten seines Gegenübers plante er seine Züge, im Geschäftsleben wie beim Schach, sorgfältig und überließ kaum etwas dem Zufall. Er genoss seine Siege, vermied jedoch Frontalangriffe und zog es vor, die Schwächen seines Gegenübers herauszufinden und sein Ziel auf indirektem Weg zu erreichen – wie eine Eisenhand im Samthandschuh, bildlich gesprochen. Auf diese Weise gelang es ihm auch, mich von Princeton in sein Unternehmen zu locken.

»Sagen Sie«, fragte er eines Tages beiläufig, als wäre es ihm gerade eingefallen, »warum zieht ein ehrgeiziger junger Mann wie Sie es vor, in einer Universität zu sitzen und zu studieren, was andere tun, anstatt zu zeigen, was in ihm steckt, indem er es selbst tut?« Damit hatte er, angesichts meiner Stimmungslage, genau den richtigen Punkt getroffen. Einem Forscher, der den Dingen in der wirklichen Welt auf den Grund gehe, mochte ein Kronkorkenhersteller banal erscheinen, fuhr er, auf meine vermutlichen Einwände antwortend, fort. Aber das Produkt sei weniger wichtig als die Herausforderung, ein profitables weltweites Unternehmen aufzubauen. Was verdiene übrigens ein Juniorprofessor in Princeton? Ob mir die in der Wirtschaft gezahlten Gehälter bekannt seien?

Später gestand er mir verschmitzt ein, dass meine anfängliche Lobeshymne auf das akademische Leben in seinen Ohren hohl geklungen habe. Deshalb sei die Angriffstaktik klar gewesen, nachdem er sich einmal entschieden habe, mich anzuheuern. So fügte sich eins zum andern, und binnen weniger Wochen beendete ich meine kurze Universitätslaufbahn und trat meine erste Stellung in einem internationalen Unternehmen an.

Meine Universitätsfreunde reagierten erstaunt und amüsiert, als ich ihnen mitteilte, dass ich Princeton gegen Crown Cork eintauschen würde. Die Chance einer akademischen Laufbahn zugunsten – ausgerechnet – der Herstellung von Flaschenverschlüssen aufzugeben, erschien ihnen als bizarre Donquichotterie. Für mich indes war es ein neues Abenteuer, und die Verdreifachung des bescheidenen Salärs, das ich in Princeton erhielt, war mir ebenfalls nicht unwillkommen.

Ich verbrachte vier angespannte, verrückte Jahre bei Crown Cork in einer Stellung, die keine Ähnlichkeit mit den üblichen Einstiegspositionen in der Wirtschaft hatte. Ginsburg hatte nicht viel darüber gesagt, was mich erwartete, aber in einem Punkt hatte er recht: So banal die Produktion von Kronkorken erscheinen mag, so wenig hat die Leitung eines Großunternehmens damit zu tun, welche Produkte es herstellt. Für mich bestand die Herausforderung darin, in einem höchst ungewöhnlichen Unternehmen, das vor allem die Persönlichkeit und den einzigartigen Stil seines alternden Tyrannen widerspiegelte, zu einem effektiven Manager zu werden. Einer solchen Firma anzugehören und erfolgreich in ihr zu arbeiten überstieg die Bedeutung dessen, was wir produzierten und verkauften.

Mein neuer Boss war ein Selfmademan, der mit 14 Jahren von der Schule abgegangen war, als Fabrikarbeiter angefangen und abends Jura und Buchhaltung studiert hatte, um sich mit Ausdauer, Verstand und harter Arbeit nach oben zu kämpfen. Kleingewachsen und von wenig einnehmender Erscheinung, hatte er in einer Zeit, in der antijüdische Vorurteile in der amerikanischen Wirtschaft noch gang und gäbe waren, als Jude in einem nichtjüdischen Unternehmen Karriere gemacht, nicht, weil man ihn liebte, sondern, weil man ihn brauchte und wegen seiner Leistungen achtete, obwohl man seinen überlegenen Verstand fürchtete. Er wusste all dies, und es hatte in nicht geringem Maß seinen Charakter und seine Anschauungen geprägt. Er war zu einem Zyniker geworden, der niemandem traute und die Motive von Freunden und Konkurrenten gleichermaßen beargwöhnte. Mit ihm auszukommen erwies sich als eine meiner schwersten und anspruchsvollsten Aufgaben.

Abgesehen von seinen vielen Talenten, steckte Ginsburg voll tiefer Widersprüche. Einerseits war er außerordentlich klug und besaß einen scharfen analytischen Verstand, wie ich selten einen kennengelernt habe; er achtete unermüdlich auf jedes Detail und war ein begnadeter Unternehmer mit einem Blick für Geschäftsgelegenheiten. Andererseits machte ihn sein Misstrauen zu einem miserablen Manager, der übertriebene Zweifel an den Motiven anderer hegte, einmal extrem vorsichtig und bedächtig vorging und ein andermal höchst emotional und impulsiv handelte. Da er niemandem traute, fiel es ihm schwer, auch nur die kleinsten Detailentscheidungen zu delegieren, und so hatte er Crown Corks kleine internationale Abteilung über viele Jahre hinweg praktisch im Alleingang zur Dachgesellschaft eines Netzes von profitablen Produktionsstätten in einem Dutzend Länder ausgebaut. Nur von einigen Buchhaltern und Büroangestellten unterstützt, ohne einen einzigen Manager an seiner Seite, der ihm einen Teil der Arbeitslast hätte abnehmen können, hatte er erst vor kurzem eingesehen, dass er an der Spitze eines riesigen organisatorischen Durcheinanders stand.

Länger, als vernünftig gewesen wäre, hatte er sich der Einstellung von zusätzlichen Managern widersetzt, bis er den sonderbaren Schritt unternahm, mich – einen 31-jährigen Akademiker ohne Managementerfahrung – als das Werkzeug seiner Version eines organisatorischen Wandels anzuheuern. Daraus ergab sich eine besondere, intensive und sehr persönliche Beziehung zwischen uns, die mehr der zwischen Vater und Sohn als der zwischen Vorgesetztem und Untergebenem in einer normalen Unternehmensorganisation ähnelte. Für ihn war es eine Beziehung, wie er sie nicht gewohnt und auf die er emotional nicht eingestellt war, und für mich waren die vier Jahre, die ich unter ihm tätig war, voll außerordentlich anspruchsvoller, häufig frustrierender und immer anstrengender Arbeit. Aber sie bildeten auch eine wertvolle Lehrzeit von ungewöhnlicher Intensität.

Weder eine Business School noch zehn Jahre »normale« Berufserfahrung hätten mich auf Ginsburg vorbereiten können. Von ihm übernahm ich den Anwaltsgrundsatz, seine Akten zu kennen, das heißt, ich lernte, wie wichtig es ist, bei Verhandlungen besser vorbereitet zu sein als die andere Seite. Wenn er ein Lebensmotto hatte, dann diesen Grundsatz, und in Washington sollte ich dankbar dafür sein, dass er ihn mir beigebracht hatte. Er war grob, schwierig und versetzte einen häufig in Wut, aber unter dem Strich habe ich viel von ihm gelernt. Er übertrug mir viele Aufgaben, die er selbst hätte erledigen sollen, und hetzte mich gnadenlos und häufig ohne nachvollziehbaren Grund, aber im Lauf der Zeit erwarb ich ein grundlegendes Wissen über die Abläufe im Welthandel und in den Weltfinanzen sowie über die Realität der Wirtschaften in der Dritten Welt und die dortigen Geschäftspraktiken. Bei Crown Cork lernte ich, wie man Mitarbeiter anheuert, organisiert, mit Zielen versorgt, motiviert und beurteilt – häufig, indem ich Ginsburgs Fehler beobachtete und mir einprägte, wie man es *nicht* macht. Alles in allem war es eine harte Schule, aber ich habe bei Crown Cork viel über internationale Angelegenheiten gelernt. Erst dort wurde mir klar, was man braucht, um eine Führungsposition auszufüllen und ein effektiver Manager und internationaler Unterhändler zu sein.

Fronten des Kalten Krieges

Eisenhower regierte in den fünfziger Jahren ein im Wohlstand lebendes Amerika, auch wenn die Gesellschaft durch bedeutende Entwicklungen verändert wurde und sich – trotz der guten Zeiten – gravierende soziale Defizite verschärften. Die Sozialleistungen waren unzureichend und die Sozialprogramme im Bereich des Gesundheits- und Bildungswesens sowie des Wohnungsbaus alles andere als angemessen. Die Rassendiskriminierung bildete weiterhin einen erheblichen Makel der amerikanischen Gesellschaft, und die Fortschritte in Richtung auf ihre Beendigung kamen empörend langsam voran. Skrupellose Politiker nutzten die Furcht vor Unterwanderung aus, um ihrerseits die Bürgerrechte zu untergraben. Die Fronten des Kalten Krieges zwischen Ost und West waren weitgehend eingefroren, und unter kriegerischem Wortgeklingel beider Seiten drohten die Ereignisse gelegentlich aus dem Ruder zu laufen.

1956 wurde in Ungarn ein antikommunistischer Aufstand blutig niedergeschlagen und damit zugleich die Hoffnung auf ein anhaltendes Tauwetter nach dem Tod Stalins zunichtegemacht. Frankreich erlitt in Indochina eine Niederlage, und in Nordvietnam ergriffen die Kommunisten die Macht, ebenso wie es Fidel Castro unter dem Beifall Moskaus in Kuba tat. Im Fernen Osten waren Taiwan und Korea weiterhin Krisenherde, und Eisenhowers selbstgerechter und starrsinniger Außenminister John Foster Dulles verkündete, in der amerikanischen Außenpolitik würden »agonizing reappraisal« (schmerzliche Überprüfung) und »Rollback« an die Stelle der Eindämmung treten.

Unterdessen stand die Zeit nicht still. In der Medizin wurden bedeutende Fortschritte erzielt, neue Technologien wurden entwickelt, und wichtige kulturelle Trends entstanden. Die Herzlungenmaschine ermöglichte Operationen am offenen Herzen, durch die seither ungezählte Menschenleben gerettet werden konnten. Mit Hilfe von Albert Sabins Impfmittel gegen die Kinderlähmung wurde diese schreckliche Krankheit ausgerottet, und die Einführung der Antibabypille hatte eine tiefgreifende Veränderung des Sexuallebens der Menschen zur Folge. In Naturwissenschaft und Technik wurde durch die Ersetzung der Vakuumröhre durch den Transistor die Computerrevolution eingeläutet, Xerox stellte das erste Kopiergerät vor, Transatlantikkabel wurden verlegt, 1958 begann der regelmäßige Düsenflugverkehr über den Atlantik, John Glenn stellte einen Geschwindigkeitsrekord in der Luft auf, die Russen starteten den ersten Sputnik, die ersten Atomkraftwerke wurden gebaut, und atomgetriebene U-Boote ergänzten das Arsenal der Trägersysteme von Massenvernichtungswaffen. In der Kulturszene übte der abstrakte Expressionismus großen Einfluss auf die bildende Kunst aus, Chuck Berry und vor allem Elvis Presley popularisierten den Rock and Roll und ebneten damit der Beatlemanie der frühen sechziger Jahre den Weg.

Neben wiederholten internationalen Krisen waren dies die Ereignisse und Trends von langfristiger Bedeutung, die allerdings in einer Zeit, in welcher der Kampf um Bürgerrechte und Kontroversen über bürgerliche Freiheiten die Schlagzeilen beherrschten und landesweit die Gemüter erhitzten, nicht immer richtig verstanden wurden. Der Süden widersetzte sich weiterhin mit allen Mitteln der vom Obersten Gerichtshof angeordneten Aufhebung der »getrennt, aber gleich«-Doktrin. Drei Jahre nach der wegweisenden Grundsatzentscheidung des Gerichts war die Integration erst in zwölf Prozent seiner Schulbezirke verwirklicht, und in nicht weniger als sieben Bundesstaaten war noch kein einziger schwarzer Schüler zu einer weißen Highschool zugelassen worden. In der gesamten Region war nur ein Viertel der berechtigten Schwarzen als Wähler registriert worden.[19]

Die Enttäuschung der Schwarzen und ihrer Mitkämpfer über derart begrenzte Fortschritte führte zu immer spektakuläreren friedlichen Protestaktionen, an deren Spitze Martin Luther King stand. Ein Boykott des Busverkehrs im rassisch getrennten Montgomery in Alabama im Jahr 1955, Massendemonstrationen in Washington und Sit-ins in Imbisslokalen im Süden lenkten landesweit die Aufmerksamkeit auf die Rassenfrage. Während Truman offen Verständnis für die Forderungen der Schwarzen geäußert und sich für sie eingesetzt hatte, sah sein Nachfolger die Angelegenheit in einem anderen Licht. Gegenüber dem Obersten Richter der Vereinigten Staaten, Earl Warren, hatte Eisenhower einmal Zweifel daran geäußert, ob es klug sei, weiße Mädchen und schwarze Jungen in derselben Schulklasse zusammenzubringen, und in der Armee, in der er sein Leben lang gedient hatte, bestand eine strenge Rassentrennung.[20] Darüber hinaus entsprach es seinem Charakter, zur Geduld aufzufordern und ein schrittweises Vorgehen vorzuziehen. Andererseits bewies er durch nachdrückliches Handeln, dass er fest auf dem Boden der Verfassung und des Rechtsstaats stand. So sah er sich, als sich der Gouverneur von Arkansas, Orville Faubus, offen der Gerichtsentscheidung widersetzte, trotz aller Kritik an seiner Langsamkeit genötigt, schwarze Schüler durch eine Militäreskorte in die weiße Highschool von Little Rock geleiten zu lassen, nachdem eine dramatische und hochemotionale Konfrontation das Land tagelang in Atem gehalten hatte. Wenigstens dies eine Mal erhielt er den Beifall der Liberalen.

Während die Bewegung für die Beendigung der Rassendiskriminierung dabei war, einer Gruppe von Amerikanern die Bürgerrechte zu sichern, löste die Furcht vor kommunistischer Unterwanderung – das andere große Thema der fünfziger Jahre – einen intensiven Kampf zur Verteidigung der Bürgerrechte aller Amerikaner aus. Beide Themen waren emotional aufgeladen, und beide drohten das Land zu spalten, doch während das erste schließlich einen positiven Abschluss fand, vergiftete die teilweise bösartig geführte Kontroverse darüber, wie eine kommunistische Unterwanderung ohne Abstriche an den Bürgerrechten bekämpft werden könne, die Atmosphäre im Land und hinterließ Verletzungen, die nur langsam verheilten.

Die Furcht vor dem Kommunismus hatte schon vor dem Krieg zur Schaffung eines Repräsentantenhausausschusses für unamerikanische Umtriebe geführt, und der Kalte Krieg, die Machtübernahme der Kommunisten in China und der Koreakrieg hatten den Verfolgungseifer dieses Ausschusses und ähnlicher Untersuchungsgremien verstärkt. Sie wurden zu Sammelbecken publizitätssüchtiger Politiker, die bei ihren Ermittlungen gegen Hollywood, die Medien, das Bildungswesen und mehrere Ministerien auch vor der Verunglimpfung und Einschüchterung von Zeugen nicht zurückschreckten. Bald war niemand und nichts mehr vor ihnen sicher. Spione, Kommunisten und echte Staatsfeinde zu entlarven war eine durchaus legitime Aufgabe, doch die bittere Ironie bestand darin, dass diese Politiker aufgrund der von ihnen angewandten Methoden und Prinzipien – der Annahme der Schuld, nur weil jemand aus dem Umfeld eines Verdächtigen stammte, und der Verletzung der verfassungsmäßigen Rechte von Zeugen – diejenigen waren, die sich »unamerikanisch« verhielten.

In Wahrheit war das Aufspüren von Staatsfeinden nur eines ihrer Ziele. In einem weiteren Sinn predigten sie einen bigotten Pseudokonservatismus und nutzten die Jagd auf »Rote« für einen Angriff auf das Establishment, indem sie gegen vage definierte »sozialistische« Strömungen in der amerikanischen Gesellschaft wetterten, die nach ihrer Ansicht von Absolventen der Eliteuniversitäten an der Ostküste in beiden großen Parteien gefördert wurden – von jungen Männern, die »mit einem goldenen Löffel im Mund« auf die Welt gekommen waren.[21] Ein ums andere Mal standen sich Konservative und Liberale unversöhnlich gegenüber, und lange Zeit wagten es nur wenige, sich den Eiferern offen entgegenzustellen. »Rote« zu entlarven entwickelte sich zu einer Hexenjagd, die das ganze Land erfasste, während eine verängstigte und verwirrte Öffentlichkeit sich aufspaltete in jene, die den »Jägern« glaubten, und jene, die sie sowohl fürchteten als auch verachteten, aber nicht wagten, den Mund aufzumachen. Sowohl unter Truman als auch unter Eisenhower unternommene Versuche, die Eiferer durch verschärfte Sicherheitsgesetze zu besänftigen, schlugen nicht nur fehl, sondern stachelten sie nur zu weiteren Exzessen an.

Hauptexponent der »Hexenjäger« war Joseph McCarthy, ein junger Senator aus Wisconsin, der das Land terrorisierte und das Thema kurzzeitig in den Mittelpunkt der Aufmerksamkeit rückte, bis er 1954 sein Blatt überreizte und, von der Öffentlichkeit diskreditiert, ebenso plötzlich, wie er gekommen war, wieder aus dem politischen Rampenlicht verschwand. Zu diesem Zeitpunkt hatte der »McCarthyismus« freilich schon immensen Schaden angerichtet und war zu einem Schimpfwort geworden. Als geschickter Demagoge hatte McCarthy mit seinen immer wilderen Anschuldigungen die Atmosphäre im Land verpestet, das State Department geschwächt und dem Ansehen der Vereinigten Staaten im Ausland geschadet. An Universitäten und Instituten herrschte wegen der Verpflichtung zum Treueid, die der akademischen Freiheit widersprach, Unruhe. Dass McCarthy so lange sein Unwesen treiben konnte, lag nicht zuletzt daran, dass wenigstens eine Zeitlang selbst angesehene Konservative ihn als nützlichen Verbündeten bei ihren Angriffen auf ihre liberalen Gegner betrachtet und ihn als willfähriges Instrument für ihre politischen Zwecke benutzt hatten. Obwohl die meisten der von McCarthy vorgebrachten Anschuldigungen nie bewiesen wurden, ruinierte er viele Karrieren und verursachte viele Ungerechtigkeiten. Nur selten wurde einmal ein echter Spion entlarvt, und wenn es doch geschah, dann nie von ihm.

DIE SECHZIGER JAHRE

Washington

Anruf vom Weißen Haus

Mit dem Sieg John F. Kennedys in der Präsidentenwahl im November 1960 änderte sich die politische Landschaft grundlegend. Die Demokraten kehrten an die Macht zurück, und dies unter Führung eines charismatischen Präsidenten, der mit 43 Jahren der jüngste in seinem Amt war und mit Eisenhower den bei seinem Amtsantritt ältesten Präsidenten ablöste.*

Ich hatte diese Geschehnisse gespannt verfolgt. Kennedys Eloquenz und die Aussicht auf eine Regierung mit einem Demokraten am Steuer hatten mich elektrisiert. Was mich und meine Freunde betraf, so waren unter Eisenhower zu viele Herausforderungen in der Innen- und Außenpolitik ungelöst und zu viele Gelegenheiten ungenutzt geblieben. Man hatte einfach zu lange auf der Stelle getreten.

In den fünfziger Jahren hatte sich in den Vereinigten Staaten eine wahre Bevölkerungsexplosion ereignet; die Zahl der Einwohner war um mehr als fünfzig Millionen gestiegen – mit weitreichenden Folgen für die amerikanische Gesellschaft. Die älteren Innenstädte und ländliche Gebiete befanden sich im Niedergang, während die Vorstädte aus allen Nähten platzten, da Weiße aus den Städten hinauszogen und Schwarze aus dem Süden ihren Platz einnahmen. In Washington stellten Schwarze mittlerweile über die Hälfte der Be-

* Theodore Roosevelt war zwar bei seinem Amtsantritt im Jahr 1901 einige Monate jünger, aber aufgrund der Ermordung von William McKinley ins Amt gekommen. Als er drei Jahre später wiedergewählt wurde, war er 45 Jahre alt.

völkerung, in Detroit und anderen Großstädten im Norden, wie Philadelphia, Chicago und St. Louis, ein Drittel.

Der Lebensstandard war erheblich gestiegen, doch nicht überall in gleichem Maß. In den Innenstädten, wo Schwarze mit schlechten Wohnungen vorliebnehmen mussten, Arbeitsplätze Mangelware waren und im Bildungsbereich und bei der Arbeitssuche Diskriminierung gang und gäbe war, herrschte vielerorts weiterhin Armut. Dagegen fehlte es in den boomenden Vorstädten an guten Straßen, Schulen und Maßnahmen zur Bewältigung von durch den technologischen Fortschritt bedingter Arbeitslosigkeit. Supermärkte und große Ladenketten dominierten den Einzelhandel und traten an die Stelle von Tante-Emma-Läden. Die Selbständigkeit – traditionell eines der Fundamente der amerikanischen Gesellschaft – ging zurück, und mehr Amerikaner als jemals zuvor arbeiteten in Großunternehmen.

So weit eine unvollständige Liste der innenpolitischen Probleme, die den neuen Präsidenten erwarteten, und die außenpolitischen Fragen waren nicht weniger dringlich. Die Frontlinien des Kalten Krieges hatten sich verfestigt. Der Start des ersten Sputniks durch die Sowjetunion hatte den Anschein verstärkt, dass die Vereinigten Staaten auf technischem Gebiet die Führung verloren hatten. Daneben erforderten der Aufstieg Japans zur Wirtschaftsmacht sowie die Herausbildung eines gemeinsamen Markts in Europa neue Initiativen, um den mächtigen protektionistischen Kräften den Wind aus den Segeln zu nehmen, die auf beiden Seiten des Atlantiks stets bereit waren, ihren Einfluss geltend zu machen. In Afrika und Asien liebäugelten viele jüngst unabhängig gewordene Staaten mit dem Marxismus und waren zu Arenen des ideologischen Kampfs zwischen Ost und West geworden. Unmittelbar vor der amerikanischen Haustür hatte Castro soeben in Kuba die Macht übernommen, und überall in Lateinamerika wurde die Forderung nach Wirtschaftshilfe und besseren Handelsbedingungen laut.

Vor diesem Hintergrund kam nun ein neuer, energiegeladener Präsident ins Amt, der Tatkraft, Enthusiasmus und Zuversicht ausstrahlte und das Weiße Haus zu einem »lebendigen Aktionszentrum« zu machen versprach, um die Fülle der inneren und äußeren Probleme zu bewältigen. Dafür stellte er das jüngste Kabinett zusammen, dessen Mitglieder allesamt, bis auf eines, im 20. Jahrhundert geboren und zumeist während des Krieges ins Erwachsenenalter eingetreten waren. Das war meine Generation, und die Medien berichteten über eine ambitionierte Talentsuche mit dem Ziel, für den Regierungsapparat, den Stab des Weißen Hauses und Positionen im Ausland die klügsten und besten Kräfte des Landes – »the brightest and the best« – anzuheuern. Kennedys Chefberater Theodore »Ted« Sorensen sollte später von einem »Ministerium des Talents« sprechen.[1] Die Liste bekannter, landesweit angesehener Persönlichkeiten aus Universitäten, Wirtschaft und öffentlichem Leben war atemberaubend: Adlai Stevenson, George Kennan, Ed Murrow, Chester Bowles, Ken Galbraith, Arthur Schlesinger, Eleanor Roosevelt, um nur diese Namen zu nennen. In den Washingtoner Ministerien und auf Auslandsposten waren nicht weniger als 15 Rhodes-Stipendiaten zu finden. Im State Department waren die hochkarätigen Mitarbeiter derart zahlreich, dass selbst Koryphäen wie Averell Harriman und G. Mennen »Soapy« Williams, beide ehemalige Gouverneure bedeutender Bundesstaaten und Harriman zudem langjähriger Berater von Roosevelt und Truman, bereit waren, drittrangige Posten anzunehmen. Offenbar drängte es jeden danach, Kennedys Ruf an die »New Frontier« Folge zu leisten.

Ich war Kennedy nie persönlich begegnet, hatte aber schon lange vor der Wahl beschlossen, ebenfalls, komme, was da wolle, zu seiner Mannschaft zu gehören. Als er sich in einer Wahlkampfrede an all jene gewandt hatte, »die sich an unserer Regierung beteiligen wollen … nicht wegen der Dinge, die wir für sie tun können, sondern wegen der Gelegenheit … dem Land zu dienen«, hatte ich es als persönlichen Ruf zur Pflicht verstanden, und meine Phantasie war weiter angefacht worden, als er in einer anderen Rede in Oklahoma sagte, die »New Frontier« sei »die Gelegenheit für uns alle, in schwierigen und gefährlichen Zeiten von Nutzen zu sein«. Dies eröffnete die Aussicht auf einen von idealistischen Ideen beseelten

Regierungsapparat gemäß dem Modell, das mir an der Woodrow Wilson School nahegebracht worden war. Ich konnte es kaum erwarten, mit dabei zu sein.

Es gab Tausende wie mich, denen Kennedy aus dem Herzen sprach und die begeistert auf seine von Idealismus und Opfergeist geprägten Reden reagierten. Ich verdiente bei Crown Cork gutes Geld, und ein Wechsel in den Staatsdienst würde mein Einkommen halbieren, doch im Hochgefühl des Augenblicks erschien es mir fast wie eine Ehrenmedaille. Der Wettbewerb um Jobs war groß, und die Wahrscheinlichkeit, ausgewählt zu werden, entsprechend gering. Dennoch hatte ich mich schon einige Zeit vor Kennedys Amtseinführung um einen Regierungsposten beworben, und es war mir fast egal, welchen man mir geben würde. Das Ergebnis jedoch sollte meine kühnsten Hoffnungen übertreffen.

»Das Weiße Haus ist am Apparat«, verkündete meine Sekretärin bei Crown Cork an einem Februarvormittag des Jahres 1961 aufgeregt.

Seit Wochen hatte ich auf diese magischen Worte gewartet und kaum noch gehofft, sie wirklich zu hören. Das Weiße Haus war in diesem Fall Ralph Dungan, ein Kommilitone aus Princeton, der jetzt als einer von Kennedys Assistenten in einem Büro unweit des Oval Office arbeitete. Es war mein Glück, dass dieser fröhliche, kluge und engagierte Ire die Auswahl der Kandidaten für jene mehrere Hundert untergeordneten Posten im Regierungsapparat leitete, die jede neue Administration mit ihren eigenen Leuten besetzt.*

Ich hatte Ralph von Anfang an klargemacht, dass ich fast jeden Posten akzeptieren würde, und nun erklärte er mir, dass es tatsächlich eine Stelle für mich geben könnte. »Ich kann nichts versprechen«, sagte er. »Aber schauen wir uns einmal an, was für dich pas-

* Ralph Dungan hat Präsident Kennedy ehrenvoll gedient. Nach dessen Ermordung ernannte Johnson ihn zum Botschafter in Chile, und in den Carter-Jahren war er unser Delegierter bei der Inter-American Development Bank und damit – eine kuriose Schicksalswende – formal mir in meiner Eigenschaft als Finanzminister unterstellt.

sen würde. Komm morgen Vormittag zu mir ins Büro. Man wird deinen Namen am Osttor kennen.«

So passierte ich nach einer schlaflosen Nacht am nächsten Tag zum ersten Mal den Eingang zum Weißen Haus, wo ich zunächst Ralph aufsuchte und anschließend zwei Tage lang Bewerbungsgespräche mit leitenden Mitgliedern von Kennedys Team führte, die ich bisher nur aus der Ferne kannte. Laut Ralph wollte Kennedy für die Ausarbeitung der außenwirtschaftlichen Initiativen der neuen Regierung »frisches Blut« engagieren. Das könnte etwas für mich sein, meinte Ralph. Eine der Initiativen war die Stärkung des westlichen Bündnisses durch eine energische Ausdehnung des Welthandels. Weitere Vorhaben, die Kennedy in seiner Amtseinführungsrede angekündigt hatte, waren eine Allianz des Fortschritts mit Lateinamerika sowie Hilfen und Handelsinitiativen zugunsten der kürzlich unabhängig gewordenen ehemaligen Kolonien in Afrika und Asien. Einen entscheidenden Aspekt dieses Programms sollte eine Neuausrichtung der Auslandshilfe bilden, mit tiefgreifenden politischen Folgen für die Dritte Welt, wo die alte Ordnung zusehends zerfiel und ein Kampf um Einfluss zwischen der Sowjetunion und dem Westen entbrannt war. Schließlich war da noch das chronische Zahlungsbilanzdefizit der Vereinigten Staaten; es flossen mehr Dollars ab, als hereinkamen. Der Präsident fürchtete, unsere Goldreserve könnte abschmelzen, und wollte frisches Denken und neue Ideen.

Chester Bowles war zum stellvertretenden Außenminister ernannt worden; Adlai Stevensons Freund und Partner in seiner Anwaltskanzlei, George Ball, hatte den ökonomischen Spitzenposten im State Department übernommen; und die Auslandshilfe wurde von Harry Labouisse mit Hilfe einer neuen Behörde für internationale Entwicklung reorganisiert. Laut Ralph Dungan sollten nun einige Außenstehende ein Gegengewicht zu den oftmals engstirnigen Berufsdiplomaten des State Department bilden, die in dem Ruf standen, sich weniger dem Präsidenten als ihrem Ministerium verpflichtet zu fühlen und bei jedem neuen Lösungsvorschlag ein Haar in der Suppe zu finden. Nachdem Ralph für mich Termine bei diesen drei Spitzen des neuen Außenwirtschaftsteams gemacht hatte, wünschte er mir Glück und schickte mich auf meinen Weg.

Noch war es nicht lange her, dass ich mir vor dem US-Konsulat in Schanghai die Beine in den Bauch gestanden hatte. Dort wäre es bereits ein großer Erfolg gewesen, auch nur vor den jungen Vizekonsul, der die Visa ausgab, vorgelassen zu werden, und jetzt wartete ich im siebenten Stock des State Department, dem Allerheiligsten der amerikanischen Außenpolitik, nervös und in größter Anspannung auf das dritte Bewerbungsgespräch innerhalb von zwei Tagen. Gleich würde mich George Ball empfangen, der dritthöchste Mann im Ministerium.

Am Tag zuvor hatten Labouisse und Bowles mit mir gesprochen. Ersterer war freundlich gewesen, hatte aber nichts Konkretes gesagt. Bowles dagegen hatte sich zu meiner Verwunderung über eine Stunde Zeit für mich genommen und nach einigen flüchtigen Fragen zu einem etwas abgehobenen Monolog ausgeholt, einer Tour d'horizon der Weltprobleme und der »Revolution der zunehmenden Erwartungen« in Asien und Afrika, wie er sie nannte. Mir würde ein passendes Angebot zur Mitarbeit an der Lösung dieser Probleme zugehen, versprach er mir.

Nach dem Treffen war ich zuversichtlich, was eine Stelle für mich im Regierungsapparat anging, aber auch ein wenig verwirrt. Bowles war der bedeutendste Politiker, den ich bis dahin persönlich kennengelernt hatte. Er hatte während des Krieges einen hohen Posten im Regierungsapparat innegehabt, war Gouverneur und Kongressabgeordneter gewesen und hatte als Botschafter in Indien gedient, und seine Ernennung zum stellvertretenden Außenminister war allgemein begrüßt worden. Vor dem Hintergrund der großen außenpolitischen Fragen, mit denen die Vereinigten Staaten in Europa und anderswo konfrontiert waren, hatte sein Vortrag über die Dritte Welt in meinen Ohren sonderbar geklungen.

Später sollte ich erkennen, dass Bowles im Gespräch mit mir nur seinem Ruf gerecht geworden war, denn von den zynischeren Mitgliedern von Kennedys innerem Kreis, die sich etwas auf ihren nüchternen Realitätssinn zugutehielten, wurde er als typischer versponnener Liberaler abgetan, der eher idealistisch als pragmatisch dachte, Klischees anhing und hochfliegenden Prinzipien mehr abgewann als Taten und Entscheidungen in der realen Welt. Später, als wir uns näher kennengelernt hatten, sollte George Ball, der Klischees hasste und einen scharfen Humor besaß, Bowles' Lieblingsthema der »zunehmenden Erwartungen« *(rising expectations)* als »Revolution der zunehmenden Expektorationen« verspotten und ihn als einen Mann bezeichnen, der »zu vornehm für ein Leben im Dschungel der Bürokratie« sei.[2]

Wie sich herausstellte, war es ein Glück für mich, dass ich keinen Job bei ihm angenommen hatte, denn seine Amtszeit als stellvertretender Außenminister war nur kurz. Noch vor Ende des Jahres trat Ball an seine Stelle.* Monate zuvor hatte ich ein Stellenangebot dieses außergewöhnlichen Mannes angenommen, der mein Chef und Mentor in Washington und schließlich viele Jahre mein Nachbar in Princeton und ein guter Freund wurde. Von niemandem habe ich mehr über den Staatsdienst gelernt, und niemand hat meine politische Einstellung und meine Berufsauffassung stärker beeinflusst als er.

George Wildman Ball war erst vor kurzem in das repräsentative Büro im siebenten Stock eingezogen, in das ich an jenem Februarvormittag bestellt worden war. Der neue stellvertretende Außenminister für Wirtschaftsfragen war eine stattliche Erscheinung, über 1,80 Meter groß, kräftig und elegant gekleidet. Sein Büro war eines der größten, das ich jemals gesehen habe, doch er füllte es mit seiner Präsenz aus, als sei es seine natürliche Umgebung und als habe er es sein Leben lang genutzt. Dass es ein Platz zum Arbeiten war, war nicht zu übersehen. Im Vorzimmer saßen drei Sekretärinnen an Schreibmaschinen und einer Batterie von Telefonen, und im Büro

---

* Bowles' Ablösung war das Ergebnis eines langen, qualvollen Kampfs hinter den Kulissen, von dem ich damals nichts wusste. Zu einer detaillierten Darstellung siehe Arthur M. Schlesinger, *Die tausend Tage Kennedys*, Bern/München/Wien 1966, S.415–424.

selbst stapelten sich auf einem massiven Schreibtisch Papiere, Bücher und Akten; weitere waren auf dem Fußboden verstreut. Mit der Ordnung nahm es Ball augenscheinlich nicht so genau. Und während unseres Gesprächs platzten ständig Assistenten herein – offenbar gab es eine kleine Armee von ihnen –, wenn Ball sich nicht gerade entschuldigte, um einen Anruf entgegenzunehmen oder zu tätigen.

An die Einzelheiten des Gesprächs erinnere ich mich nicht mehr. aber ich weiß noch, dass Ball seine Hausaufgaben gemacht und sich über mich informiert hatte. Wir verstanden uns auf Anhieb, und er bot mir auf der Stelle einen Posten an, genauer gesagt sogar zwei, zwischen denen ich mich entscheiden sollte: denjenigen eines ihm direkt unterstellten Assistenten und den zwei Ebenen tiefer angesiedelten eines Deputy Assistant Secretary (etwa einem deutschen Ministerialrat entsprechend) in der Abteilung für Wirtschaftsfragen, mit dem Arbeitsbereich Rohstoffpolitik. Das Problem, erläuterte er mir, bestehe darin, dass Lateinamerika und andere Entwicklungsländer stark vom Export von Rohstoffen abhingen, von denen es ein chronisches Überangebot gebe und deren Preis starken Schwankungen unterliege und ständig unter Druck stehe. Der Präsident wolle Lateinamerika mehr Hilfen zukommen lassen, doch wenn der Kaffeepreis auf dem Weltmarkt nur um ein paar Cent sinke, wären die positiven Auswirkungen dieser Hilfen rasch zunichtegemacht. Meine Aufgabe wäre es, mir Gedanken darüber zu machen, wie man dieses Problem lösen könne.

Wäre ich direkt von der Universität gekommen, wo jeder für sich selbst kämpft und es nur wenige unscharfe hierarchische Linien gibt, hätte ich mich vielleicht für den Posten in Balls Stab im siebenten Stock, mitten im Nervenzentrum des State Department, entschieden. Aber bei Crown Cork hatte ich den Unterschied zwischen Leitungsautorität, selbst auf unteren Ebenen, und einer Stabsanstellung in luftigeren Höhen zu schätzen gelernt. Darüber hinaus hatte ich bemerkt, dass Ball bereits eine recht große Anzahl von Assistenten besaß. Zudem hielt ich gern selbst die Fäden in der Hand. Damit stand meine Entscheidung fest.

So war mein Traum binnen zwei Monaten und auf dramatischere Weise, als ich mir vorgestellt hatte, wahr geworden. Ball und ich schüttelten uns die Hand, und am 3. April 1961 wurde ich als Deputy Assistant Secretary of State for Economic Affairs (Ministerialrat für Wirtschaftsfragen im State Department) vereidigt. Mit 35 Jahren war ich einer der Jüngsten auf dieser Hierarchieebene, und es war nur 13 Jahre her, seit ich als staatenloser Flüchtling amerikanischen Boden betreten hatte.

Kennedys »New Frontier«

In den zehn Jahren, die ich unter drei Präsidenten im Staatsdienst tätig war, lernte ich viele ungewöhnlich begabte Männer und Frauen kennen, doch George Ball ragte zweifellos unter ihnen heraus. Er zeigte mir, was Politikmachen bedeutet, und ist bis heute mein Vorbild in Bezug auf Integrität, pragmatischen Idealismus, Effektivität und Mut im Staatsdienst.

Von 1961 an war er den Präsidenten Kennedy und Johnson sieben Jahre lang ein weitsichtiger und couragierter Berater. Häufig konnte er sich durchsetzen, nur manchmal scheiterte er trotz aller Bemühungen. Gelegentlich hatte er unrecht, aber meistens traf das Gegenteil zu, und die nachfolgenden Ereignisse sollten ihm recht geben, auch wenn sein Rat nicht angenommen wurde. 1976 erwog Jimmy Carter, ihn zum Außenminister zu ernennen, tat es dann aber nicht. Das ist schade, zumal er ihn aus den falschen Gründen überging. Denn Ball wäre ein großartiger Außenminister gewesen und hätte dem Land und dem Präsidenten sicherlich ausgezeichnete Dienste geleistet.*

---

* Es gab mindestens zwei Gründe, warum Carter bei der Wahl seines Außenministers Cyrus Vance vorzog. Zum einen hatten ihm Vertreter des extrem israelfreundlichen Flügels des amerikanischen Judentums zu verstehen gegeben, dass Ball nach ihrer Ansicht die israelischen Interessen nicht

Balls Stärken waren sein scharfer analytischer Verstand, seine Belesenheit und sein tiefes Geschichtswissen, seine Fähigkeit, über den aktuellen Erkenntnisstand hinauszuschauen, und die seltene Gabe, voraussehen zu können, wohin bestimmte politische Entscheidungen führen würden und wie sie im Licht langfristiger amerikanischer Interessen zu bewerten waren. Das beste Beispiel dafür, das man am meisten mit seinem Namen verbindet, ist seine Ablehnung des militärischen Engagements in Vietnam. Am 7. November 1961, kurz bevor Kennedy die ersten Truppen entsandte, warnte ihn Ball, dass dies ein tragischer Fehler sei. Da er wusste, welche katastrophalen Erfahrungen das französische Militär in Indochina gemacht hatte, erklärte er Kennedy an jenem Tag – prophetisch, wie sich herausstellte –, dass es, wenn man erst einmal angefangen habe, kein Zurück mehr geben und man »binnen fünf Jahren 300 000 Mann in den Reisfeldern und Dschungeln« haben werde, ohne jede Chance auf einen Sieg. »George, Sie sind ja übergeschnappt«, hatte der Präsident schroff entgegnet. »Das wird nie geschehen.«[3]

---

deutlich genug unterstützen würde. Damit hatten sie unrecht. Allerdings befürwortete Ball einen Kurs, den sie ablehnten: eine Abkehr von der Shuttlediplomatie und eine faire Politik zur Beilegung des arabisch-israelischen Konflikts auf der Grundlage der UN-Resolution 242. Beide Punkte waren nach Balls Auffassung im Interesse sowohl Israels als auch der Vereinigten Staaten (vgl. James A. Bill, *George Ball*, New Haven, Connecticut/London 1997, S. 191f.; George W. Ball, »The Disenchantment with Kissinger«, in: *Saturday Review*, 12. Juni 1976; ders., »How to Save Israel in Spite of Herself«, in: *Foreign Affairs* 46, 3 [April 1977]). Im Rückblick auf ein Vierteljahrhundert weiteren Blutvergießens im Nahen Osten muss man Ball wohl überwiegend recht geben.

Ausschlaggebend für Carters Entscheidung, Ball zu übergehen, dürfte jedoch der zweite Grund gewesen sein. Es war klar, dass Ball ein starker und entschlossener Außenminister gewesen wäre, der nicht sehr freundlich auf die Konkurrenz von Carters Sicherheitsberater Zbigniew Brzeziński, die Vances Amtszeit so sehr belasten sollte, reagiert hätte. Ob der unerschütterlich von seinen eigenen Fähigkeiten überzeugte Carter mit einem starken Außenminister wie Ball ausgekommen wäre, ist eine offene Frage. Dass Brzeziński, der Ball fürchtete, es nicht getan hätte, liegt auf der Hand.

Leider geschah es dann doch, nur dass die Zahl der Soldaten, die Kennedys Nachfolger schließlich nach Vietnam schickte, Balls Voraussage bei weitem übertraf und 60 000 von ihnen dort starben. Es ist eine Ironie, dass Ball vor allem für seinen hartnäckigen Kampf gegen das Engagement in Vietnam bekannt ist. Immerhin war es ein Musterbeispiel von Vergeblichkeit und Versagen, und es gab so vieles von dauerhafter Bedeutung, bei dem Balls Beitrag und Rat ausschlaggebend waren und er sich durchsetzte. Beispielsweise hat kein Amerikaner die Schaffung des europäischen gemeinsamen Markts stärker gefördert als er.

Als Erster hatte er die immanente Logik einer der positivsten Entwicklungen der Nachkriegszeit gesehen und erkannt, dass der langfristige Gewinn von Wohlstand und Frieden auf der Grundlage einer starken atlantischen Partnerschaft die kurzfristigen Kosten, die den Vereinigten Staaten durch die wirtschaftliche Integration Europas entstehen würden, mehr als aufwog. Auch bei der Gestaltung einer ungemein erfolgreichen neuen Handelspolitik (an der ich ebenfalls beteiligt war), als Mitglied des Exekutivkomitees, das Kennedy bei der erfolgreichen Bewältigung der Kubakrise beriet, und bei der Entwicklung der US-Politik gegenüber dem Kongo und Zypern sowie in einer Vielzahl anderer außenpolitischer Fragen lag er in der Regel richtig und spielte im inneren Kreis der Macht in Washington eine bedeutende Rolle.

1972, als wir beide ins Privatleben zurückgekehrt waren, sagte ich einmal zu ihm: »George, du hast nie die Sowjetunion gesehen. Westeuropa kennst du gut, aber du bist nie östlich der Elbe gewesen. Du solltest dorthin reisen.« Er pflichtete mir bei, und so machten wir uns beide zusammen mit unseren Frauen auf die Reise. In Moskau trafen wir mit Ministern sowie Funktionären des Zentralkomitees und Gosplanern zusammen und kreuzten in einem langen privaten Gespräch mit dem sowjetischen Ministerpräsidenten Alexei Kossygin die Klingen. Es wurden klare Worte gewechselt, und George, der sein Bestes gab, wirkte sowohl amüsiert als auch ein wenig nachdenklich.

Ich fragte mich, was er wohl über seine erste Begegnung mit den

Herren des Sowjetsystems auf deren Heimatboden dachte. Sein Resümee verblüffte mich. »Weißt du, wir haben diese Leute gewaltig überschätzt«, eröffnete er mir eines Abends, nachdem wir mit etwas Schmiergeld einen Restauranttisch, etwas zu essen und eine Flasche Wodka ergattert hatten. »Sie werden es nicht schaffen. Früher oder später wird das Land hier in Fetzen fliegen oder einfach zusammenbrechen.« – »Wie meinst du das?«, erwiderte ich skeptisch. Daraufhin untermauerte George, der sich offenbar besser vorbereitet hatte, als mir klar gewesen war, mit Fakten und Zahlen, warum er glaubte, dass die Sowjetunion eines Tages zusammenbrechen würde. Von der demographischen Entwicklung über die ethnischen Spannungen, die inneren Systemmängel und die unerträgliche Belastung durch die Militärausgaben bis zum zunehmenden Einfluss der rasanten technischen Entwicklung – zu diesen und anderen Gründen zählte er die Ursachen alle auf. Das war fast zwei Jahrzehnte vor den Ereignissen, die ihm recht geben sollten. Niemand sonst, weder die Sowjetologen noch die CIA, erfasste diese Entwicklungen damals auch nur annähernd so deutlich wie George. Und er hatte nur wenige Tage gebraucht, um sie zu erkennen.

George gehörte, glaube ich, zu jener menschlichen Spezies, die Horaz *abnormis sapiens* genannt hat – abnorm kluge Menschen, die mit einer glücklichen Mischung außergewöhnlicher Begabungen gesegnet sind: einem rastlosen analytischen, unkonventionellen Verstand, einem besonderen Sinn für die englische Sprache, einem scharfen Humor, einer scheinbar grenzenlosen Reserve an Kraft und Stehvermögen sowie dem Mut und der moralischen Integrität, unverblümt ihre Meinung zu sagen.

Eine weitere von Georges Stärken war sein grundlegender Optimismus. Nach seiner eigenen Darstellung hatte er ihn von seinem guten Freund Jean Monnet, dem großen Wegbereiter der wirtschaftlichen Integration Europas, gelernt, der im Optimismus die »einzige zweckdienliche Hypothese des praktischen Menschen bei der Verfolgung großer Ziele« sah.

George war indes weder Narr noch Träumer. Er wusste, wie Bürokratien funktionieren und wie man etwas erreicht, und besaß eine für den Erfolg in Washington unabdingbare Fähigkeit: ein Gespür für die Macht. Ihm war klar, wer in den Entscheidungsprozessen zählte, und er hatte den »territorialen Imperativ« begriffen, wie er ihn nannte, das heißt das Bemühen, möglichst keinen Fingerbreit seiner Befugnisse preiszugeben.[4] Er konnte nüchtern und realistisch an außenpolitische Fragen herangehen und sah ein, dass man Kompromisse schließen und sich am politischen Geben und Nehmen beteiligen musste. Aber im Herzen war er ein Idealist und Patriot, der entschlossen war, in den großen Tagesfragen die vitalen Interessen der Vereinigten Staaten zu schützen. In seiner Weltsicht zutiefst amerikanisch, war er stets ein überzeugter Internationalist, der an die Bedeutung von Bündnissen und an Amerikas moralische Führungsrolle in der Weltpolitik glaubte und der amerikanischen Neigung zu Isolationismus und unilateralem Handeln kritisch gegenüberstand. Ihm war wie kaum einem anderen der Unterschied zwischen »harter« und »weicher« Macht bewusst, zwischen dem auf militärischer und ökonomischer Stärke beruhenden Druck einerseits und der Kraft der moralischen Führung andererseits, die aus den kulturellen und politischen Traditionen des Landes der Freiheit erwuchs.

»Was ist außergewöhnlich an Amerika?«, fragte George Ball seine Freunde, die sich im Januar 1990 an seinem achtzigsten Geburtstag eingefunden hatten, um ihn zu ehren. »An militärischer und ökonomischer Stärke ist kaum etwas außergewöhnlich«, antwortete er sich selbst. »Andere Länder sind in dieser Hinsicht ebenfalls weit gekommen. Wahrhaft außergewöhnlich ist die moralische Führung, die das strikte Beharren auf bestimmten Prinzipien erfordert, und die entschlossene Zurückweisung anmaßenden Verhaltens, die in unserem politischen Leben nahezu automatisch angewandt wird.«[5] Diese Worte fielen über ein Jahrzehnt vor George W. Bushs Präsidentschaft und unserem Engagement im Irak. Aber sie sind heute noch so klug und klar wie damals.

Ein halbes Jahrhundert später ist es schwer zu vermitteln, welche Erregung in jenen ersten Monaten von Kennedys »New Frontier«

in Washington herrschte. Die Stadt war voller neuer Gesichter und faszinierter Beobachter des charismatischen jungen Präsidenten und seiner eleganten Frau, und die Medien überschlugen sich mit bewundernden Berichten über jeden Schritt des Paars. Laut *New Republic* war ganze Washington »aus dem Häuschen«,[6] und zwei der einflussreichsten Journalisten der Stadt, Walter Lippmann und James Reston, bemerkten beifällig, der Stab sei zweifellos »an eine neuen Generation übergegangen«.[7]

In unserer Gruppe eifriger »New Frontiermen« herrschte Hochstimmung. Wir waren jung, optimistisch, wahre Gläubige und sicher, dass wir am größten historischen Abenteuer unserer Zeit teilnahmen. Kennedys Eloquenz hatte uns inspiriert, und niemand stellte die Realisierbarkeit seiner hohen Ziele in Frage. Wir lebten und arbeiteten in einer Atmosphäre ansteckender überschäumender Begeisterung und machten mit Freuden Überstunden bis spät in die Nacht. Der Präsident hatte uns versichert, dass wir – buchstäblich – zum Mond durchstarten konnten, und jeder war aufgefordert, auf seinem Gebiet genau dies zu tun.

Gewiss war die Welt draußen gefährlich und selbstsüchtig, im In- und Ausland gab es seit langem bestehende Probleme, und im Kongress waren reaktionäre Kennedygegner in der Mehrheit. Aber wir glaubten wie der Präsident, dass vieles möglich sei, wenn man es mit Mut, Kraft und nüchternem Realitätssinn anpackte. Viele Jahre später, in einer anderen Zeit, sollte einer seiner Nachfolger seinen Wahlkampf mit dem Slogan »Yes We Can« führen. Barack Obama wird häufig mit Kennedy verglichen, und auch wenn dies nur teilweise richtig sein mag, sind sich beide doch in dem Glauben an einen mit Realismus versetzten Optimismus und in ihrer Fähigkeit, ihn den Wählern zu vermitteln, bemerkenswert ähnlich.

Washington kann auf Neulinge, die dem besonderen Reiz erliegen, »dabei« und dem Sitz der Macht nahe zu sein, berauschend wirken. Im Weißen Haus fanden glamouröse Feiern statt, und obwohl wir zu weit unten auf der Leiter standen, um eingeladen zu werden, sahen wir doch aus der Ferne zu, tauschten Informationen darüber aus, wer sich auf dem auf- oder absteigenden Ast befand, und fühlten uns immens privilegiert, dort sein zu dürfen und zu den »Eingeweihten« zu gehören. Bei Botschaftsempfängen, Abendessen und privaten Partys, bei denen sich Insider, Journalisten und Diplomaten trafen, fühlten wir uns wichtig, tauschten Gerüchte aus, ließen Andeutungen über die Bedeutsamkeit unserer Arbeit fallen und äußerten uns vielsagend über das Programm des Präsidenten.

Es war ungeheuer aufregend, in dieser wunderbaren Zeit zu leben und zu den vielen talentierten Männern und Frauen zu gehören, die es an die »New Frontier« gezogen hatte. Wir gingen ganz in unserer Arbeit auf, denn sie betraf Themen, die, wie wir glaubten, wesentliche Punkte auf Kennedys Agenda waren – innenpolitische Programme für den Wohnungsbau, die Stadtentwicklung, die Gesundheitsversorgung oder die Erhöhung der Mindestlöhne, Vorhaben wie die faszinierende Idee eines Friedenskorps, eine »Allianz für den Fortschritt« in Lateinamerika, Verhandlungen mit dem Kongress über ein neues Handelsgesetz, die Eindämmung Castros und die Planung von Kalte-Kriegs-Scharmützeln mit der Sowjetunion in fernen Weltgegenden.

Ich werde mich stets gern an diese Anfangsphase von Kennedys Amtszeit erinnern und dankbar dafür sein, dass ich meine ersten Erfahrungen im Staatsdienst in dieser von Idealismus, Tatkraft und Hoffnung erfüllten Atmosphäre machen durfte. Es war ein wunderbarer Anfang, auch wenn ich im Lauf der Zeit ein nuancierteres Bild der Wirklichkeit gewann.

Wer in der Politik tätig ist, erfährt rasch, dass Wahlkampfreden und grandiose Ziele eine Sache sind, ihre Verwirklichung in der realen Welt aber eine ganz andere. In Demokratien sind Fortschritte bestenfalls in kleinen, langsamen Schritten zu erreichen und selten – außer in nationalen Notlagen – schnell, weitreichend und grundlegend. Alte Gewohnheiten und Praktiken sind tief verwurzelt, und widerstreitende Interessen können eine starke Bremse für Wandel und Reform sein. »Es gibt immer jemanden, dessen Stier aufgespießt werden soll«, wie mir Russell Long, der aus Louisiana stammende langjährige Vorsitzende des Finanzausschusses des Senats, wiederholt erklärte. Die hartnäckig vorgebrachten Einwände derjenigen, die sich auf der Verliererseite befinden, sind häufig furchtbar schwer zu überwinden, wie gerechtfertigt das jeweilige Vorhaben auch sein mag.

Wir überschätzten, was man mit Talent, Tatkraft, Mut und Hingabe erreichen kann, und übersahen, dass Kennedy mit seinen hochgesinnten Reden einige harte Realitäten verschleierte. Vor allem war sein Mandat für grundlegende Veränderungen ziemlich begrenzt. Die Demokraten hatten in beiden Häusern des Kongresses Sitze verloren und verfügten nur über knappe Mehrheiten; außerdem wurde der Kongress von der gleichen Koalition aus Südstaatendemokraten und konservativen Republikanern dominiert, die schon in der Vergangenheit viele der von Kennedy angestrebten Reformen abgelehnt hatte. Hinzu kam, dass sich die Hauptprobleme vor dem Hintergrund der Konfrontation mit der Sowjetunion weit schwieriger darstellten, als er in seinen Wahlkampfreden angenommen hatte.

Im Rückblick erscheint die Leistungsbilanz von Kennedys Administration gemischt. Er war in einer Zeit ins Weiße Haus eingezogen, als die Entschlossenheit Amerikas in Zweifel gezogen wurde, und es war ihm, zumindest am Anfang, glänzend gelungen, die Selbstsicherheit und den Glauben an die Vitalität und Fortschrittlichkeit Amerikas wiederherzustellen. Gelegentlich bewies er, wie in seiner »Ich bin ein Berliner«-Rede in Berlin, auf beeindruckende Weise ein Gespür für die Stimmung der Öffentlichkeit und das Talent, auf sie einzugehen, und er hat sicherlich einiges von Bedeutung erreicht.

Das Friedenskorps ist weiterhin eine bemerkenswerte Organisation. In Europa hielt man dem sowjetischen Druck stand, auch wenn der Bau der Berliner Mauer nicht verhindert wurde. Die Allianz für den Fortschritt sorgte anfangs für gute Stimmung in Lateinamerika. Durch Kennedys umsichtiges Verhalten in der Kubakrise von 1962 wurde die gefährlichste nukleare Konfrontation des Kalten Krieges entschärft. Im selben Jahr wurde durch die Verabschiedung des Trade Expansion Act, eines Gesetzes zur Ausweitung des Handels, der Weg geebnet für die weitreichendsten Handelsgespräche der Nachkriegszeit, und das von Kennedy initiierte Rennen ins Weltall wurde schließlich gewonnen, als ein amerikanischer Astronaut als erster Mensch den Mond betrat.

Andererseits gab es den spektakulären Fehlschlag der Landung in der kubanischen Schweinebucht. Die Hoffnungen, die man auf die Allianz für den Fortschritt gesetzt hatte, erfüllten sich nicht in vollem Umfang. Die Spannungen des Kalten Krieges und der Konfrontation mit der Sowjetunion und dem kommunistischen China nahmen nicht ab, sondern verstärkten sich während des größten Teils des Jahrzehnts. Und die Entsendung des ersten großen Kontingents von Kampftruppen nach Vietnam dürfte Kennedys schlimmster Fehler gewesen sein, der zu einer Verstrickung in den Dschungelkrieg in jenem unglücklichen Land führte, in dem Zehntausende von Amerikanern fallen sollten.

Auch in der Innenpolitik war die Bilanz der »New Frontier« durchwachsen. Von Kennedys Prioritätenliste – Mindestlohn, Bildung, Stadtentwicklung und Gesundheitsversorgung für alte Menschen – wurde nur ein Teil verwirklicht, und der auch nur in verwässerter Form. Auf dem Gebiet der Bürgerrechte, dem dringlichsten Problem der damaligen Zeit, geschah kaum etwas. Sogar die Betonung der politischen Courage – ein ständiges Thema von Kennedys Reden und Schriften – erwies sich eher als rhetorische Floskel denn als reale Haltung. Tatsächlich war Kennedy häufig übertrieben vorsichtig, wenn kühnes Handeln nötig gewesen wäre. Dies trat nirgendwo deutlicher zutage als in seinem zögerlichen Herangehen an das drängende Problem der Bürgerrechte. Zu entschlossenem Handeln war er erst bereit, nachdem 200 000 Schwarze schweigend nach Washington marschiert waren und Martin Luther King vor ihnen seine »Ich habe einen Traum«-Rede gehalten hatte, in der er entscheidende Schritte gefordert hatte. Kennedys Widerstreben, dieses politisch aufgeladene Thema anzupacken, war – in einer Situation, in der er dieser Eigenschaft am meisten bedurft hätte – ganz sicher kein Beispiel von politischem Mut.

Auf jeden Fall kam die berauschende Zeit mit Kennedys Ermordung in Dallas zu einem abrupten Ende. Die Magie war unter dem

Ansturm der Realität – der ständigen Kämpfe, der von Niederlagen begleiteten kleinen Fortschritte und der Unmenge harter Arbeit – bereits fadenscheinig geworden. Doch auch wenn nach dem 22. November 1963 unsere Unschuld unwiederbringlich verloren war, der Anfang war eine wundervolle Zeit gewesen.

Ich gehörte zur Abteilung für Wirtschaftsfragen, und der Tag meiner Vereidigung im State Department, der 3. April 1961, war einer der Wendepunkte in meinem Leben. An diesem Tag öffnete sich mir die Tür zur Welt der Politik und der internationalen Angelegenheiten, in der ich mich – mit Unterbrechungen – in den nächsten zwei Jahrzehnten bewegen sollte.

Als ich diese Welt betrat, war ich kaum auf sie vorbereitet. Ich wusste weder, wie der Staatsapparat funktioniert, noch kannte ich die verschlungenen Wege der ehrfurchtgebietenden Bürokratie des State Department. Ich hatte viel zu lernen, ich musste es rasch tun, und es gab keine Gnadenfrist, die mir den Übergang erleichtert hätte. Politische »Quereinsteiger« werden von den Karrierebeamten in abwartender Haltung empfangen und meist erst ernst genommen und als vertrauenswürdig angesehen, wenn sie sich bewiesen haben.

Ich erinnere mich an die ersten Tage und Wochen als durchaus einschüchternd und erdrückend. Anfangs neigte ich dazu, mich in Schweigen zu hüllen, um meine Unsicherheit durch die Vortäuschung gewichtiger Gedankenarbeit zu verbergen, während der Zustand in meinem Kopf eher durch klaffende geistige Lücken gekennzeichnet war. Doch bald ging mir auf, dass es besser war, den Stolz herunterzuschlucken, mein Unwissen einzugestehen und um elementare Erklärungen zu bitten – unter regem Gebrauch der Frage nach dem Warum. Wie sich herausstellte, wurde dieses Vorgehen, so erniedrigend es war, von meinen Untergebenen eher respektiert als verachtet, und es half mir, schneller zu lernen. Häufig nach dem Warum zu fragen hat zudem den Vorteil, dass es manchmal sogar dem selbstsichersten Experten schwerfällt, anerkannte Wahrheiten und Grundsätze vernünftig zu begründen; sie werden als derart selbstverständlich angesehen, dass es eines Außenstehenden bedarf, um sie in Frage zu stellen.*

Als ich in die Wirtschaftsabteilung eintrat, herrschte dort hektische Tätigkeit. An der »New Frontier« wurden viele etablierte politische Ansätze einer Prüfung unterzogen und eine Vielzahl neuer Initiativen angeregt. Zwölfstundentage waren die Regel, und das Arbeitstempo war enorm.

Der Kalte Krieg befand sich auf dem Höhepunkt, und im Sommer schufen der Bau der Berliner Mauer und Kennedys unerfreuliche erste Begegnung mit dem Kremlchef Nikita Chruschtschow in Wien eine von Feindseligkeit und Ruppigkeit geprägte Atmosphäre zwischen den Supermächten, in der kaum mit einer raschen Lockerung der Ost-West-Spannungen zu rechnen war. In Dutzenden von jüngst unabhängig gewordenen ehemaligen Kolonien in Afrika und Asien kämpften beide Seiten um Macht und Einfluss. Einige der neuen Staaten flirteten offen mit der anderen Seite, und die Wirtschaftsabteilung entwickelte eifrig ökonomische Strategien, um sie im westlichen Lager zu halten. In Lateinamerika sollte im Sommer die Allianz für den Fortschritt offiziell aus der Taufe gehoben werden, und die Vorbereitungen darauf zogen viel Aufmerksamkeit auf sich. Ferner würde die Vollmacht des Präsidenten für Handelsgespräche bald auslaufen, und vor dem Hintergrund des zunehmenden Gewichts des europäischen Gemeinsamen Markts und des Aufstiegs von Japan zu einer großen Handelsmacht musste der Kongress dringend dazu bewogen werden, dem Präsidenten neue Vollmachten für Handelsabsprachen zu gewähren, während Protek-

* George Ball, der sich öfter abschätzig über die Neigung von Bürokraten äußerte, instinktiv jede neue Idee oder Methode abzulehnen, nannte die Frage nach dem Warum die »Giraffenfrage«. Dazu erzählte er gern eine Geschichte über einen Vater, der mit seinem kleinen Sohn in den Zoo gegangen ist und dort vor dem Gehege eines langhalsigen Tieres mit merkwürdiger Gestalt zu ihm sagt: »Siehst du, das ist eine Giraffe.« Worauf der Sohn in aller Unschuld erwidert: »Warum?« (vgl. Ball, *The Past Has Another Pattern*, S. 205).

tionisten und Verfechter des Freihandels den Kongress jeweils in ihrem Sinn zu beeinflussen versuchten.

Meine Kollegen in der Wirtschaftsabteilung stellten eine bemerkenswerte Gruppe dar, die insgesamt klüger und kultivierter war als jede andere, mit der ich jemals zusammengearbeitet habe. Allerdings bildeten sie gleichsam eine eigene Spezies, an die man sich erst gewöhnen musste. Als Erstes war es wichtig, ihre Achtung zu gewinnen und von ihnen akzeptiert zu werden, und die Voraussetzung dafür war, ein Verständnis für ihre einzigartige Kultur zu entwickeln.

Das State Department ist das älteste bundesstaatliche Ministerium der USA, der Außenminister steht als oberstes Kabinettsmitglied an vierter Stelle der möglichen Nachfolger des Präsidenten, und das Ministerium wird um seinen Stab von Karrierebeamten, die prestigeträchtige Posten im Ausland besetzen, beneidet. Da sein Nachwuchs jedoch über viele Jahre nur aus einem kleinen Teil der amerikanischen Gesellschaft, der Ostküstenelite, rekrutiert wurde, standen die Angehörigen des auswärtigen Diensts insbesondere im Kongress auch in dem weniger schmeichelhaften Ruf, elitäre Snobs zu sein, die für die amerikanische Öffentlichkeit nicht repräsentativ und eher auf die Perspektive von Ausländern eingestellt seien als darauf, mit Nachdruck amerikanische Interessen zu vertreten.

Diese Einschätzung war in der Vergangenheit sicherlich nicht ganz verkehrt gewesen, aber in den sechziger Jahren hatte sich die Situation schon erheblich geändert. Viele Jahre lang hatte der auswärtige Dienst aus einer kleinen, homogenen Gruppe von Diplomaten mit ähnlicher Herkunft bestanden. Als Supermacht und führende Kraft im Kalten Krieg benötigten die Vereinigten Staaten nach dem Krieg jedoch einen wesentlich größeren auswärtigen Dienst mit breiter gefächerten Fähigkeiten. Obwohl seit langem überfällig, war es ein schmerzhafter Wandel, der vielen nicht willkommen war. Um ihre Haltung zu verstehen, muss man ein wenig in die Geschichte zurückschauen. Anfangs erlernten amerikanische Diplomaten ihr Handwerk von europäischen Kollegen, deren Gewohnheiten sie übernahmen. Ein gemeinsamer Verhaltenskodex bestimmte ihr Auftreten, der Rang und das Protokoll spielten eine große Rolle, und vieles wurde bei Abendessen, Empfängen und ähnlichen Anlässen erledigt. Das Schwergewicht lag auf »guten Manieren und Umgangsformen, Selbstsicherheit und – zuallererst – der richtigen Herkunft«.[8] Das Ideal war das eines Generalisten, der, wo immer man ihn hinschickte, in allen politischen Fragen tätig werden konnte. Spezialisierungen, wie besonderes Wissen auf dem Gebiet der Wirtschaft, von fachspezifischen oder Konsularfragen ganz zu schweigen, waren weniger angesehen, wurden mit snobistischer Verachtung geringgeschätzt und als sicheres Mittel zur Beschneidung der eigenen Karrierechancen betrachtet. Die Diplomatie wurde als spezielles Handwerk verstanden, das man am besten von ihresgleichen sorgfältig ausgewählten, unterrichteten und geprüften Personen überließ, die besaßen, was George Kennan einmal *»habitude du monde«* genannt hat.[9] *

Das Auswahlverfahren des Nachwuchses perpetuierte dieses System durch eine anachronistische Aufnahmeprüfung, die dazu diente, die Zahl der Neuzugänge niedrig zu halten und – was ebenso wichtig war – »Unerwünschte« auszusortieren. Noch 1947 hatten von fast 1300 Bewerbern weniger als zehn Prozent sowohl die schriftlichen als auch die mündlichen Tests bestanden. Der Ausschluss von Frauen beruhte auf ebenso kuriosen wie fest verwurzelten Ansichten wie jenen des Außenamtsjuristen Frederick Van Dyne, der am Anfang des 20. Jahrhunderts von der »wohlbekannten Unfähigkeit weiblicher Diplomaten, Geheimnisse zu bewahren«, sprach.[10] Die Folge war, dass noch Ende 1948 unter 1332 erfolgreichen Bewerbern nur 16 Frauen waren.[11]

Auch der Antisemitismus, ob nun von der groben, offenen oder der subtileren gesellschaftsfähigen Art, besaß im State Department Tradition. Da es bis mindestens in die dreißiger Jahre hinein nicht

---

* George Kennan, einer der fähigsten und angesehensten amerikanischen Diplomaten, war ein Produkt des auswärtigen Dienstes der zwanziger und dreißiger Jahre und bei meinem Eintritt ins Außenministerium noch dort tätig.

viele Juden auf die elitären Vorbereitungsschulen und Universitäten an der Ostküste schafften, hatten selbst wohlmeinende nichtjüdische Absolventen dieser Institutionen kaum Kontakt mit Juden und daher die vorherrschenden negativen Vorurteile über sie verinnerlicht. Schon aus diesem Grund – und vielleicht weniger wegen der kleineren Zahl von offenen Judenhassern – waren unter den Angehörigen des auswärtigen Diensts nur wenige Juden zu finden. Nach Ansicht des deutschen Kanzlers Otto von Bismarck fehlten Juden die angeborene Vornehmheit, das feine Benehmen und das Taktgefühl von Diplomaten.[12] Kennans viele Jahre später erhobene Forderung nach einer gewissen *»habitude du monde«* war vielleicht nicht ganz ohne Bezug zu diesem Urteil. Auf jeden Fall gehörte ethnische Vielfalt nicht zu den obersten Werten des Ostküstenestablishments. Dies mag zusammen mit dem einwandererfeindlichen Nativismus entscheidender Kongressabgeordneter, den viele Angehörige des auswärtigen Diensts der Zwischenkriegszeit teilten, erklären, warum der auswärtige Dienst Juden im Allgemeinen ablehnte, viele amerikanische Konsuln der Notlage deutscher Juden gleichgültig gegenüberstanden und in den dreißiger Jahren die Ausgabe von Einreisevisa an sie häufig regelrecht hintertrieben.

Afroamerikaner waren bis in die fünfziger Jahre im auswärtigen Dienst sogar noch seltener zu finden als Juden. Nur wenige machten sich überhaupt die Mühe, sich zu bewerben, und diejenigen, die gelegentlich als Alibischwarze aufgenommen wurden, besaßen kaum eine Aufstiegschance und wurden in der Regel an Orte wie Liberia und in andere Karrieresackgassen abgeschoben.

Als ich 1961 ins State Department kam, waren immer noch Spuren dieser exklusiven Kultur vorhanden. Aber insgesamt hatte sich der auswärtige Dienst bereits stark verändert. Waren einst generalistische politische Beamte obenauf gewesen, so stiegen jetzt auch Fachleute für Wirtschaft, Militär, Naturwissenschaft und Publizistik sowie Experten für die UNO und andere internationale Organisationen in führende Positionen auf. Mittlerweile beschäftigte das State Department weltweit insgesamt 20 000 Menschen.

Mit der Zeit lernte ich einige außerordentlich fähige höhere Beamte der alten Schule schätzen und respektieren, Männer wie Charles »Chip« Bohlen, Llewellyn Thompson, H. Freeman Matthews, Douglas McArthur III. und ein halbes Dutzend andere. Sie hatten viele der Schlüsselposten im Ministerium und im diplomatischen Dienst inne, und ohne ihr Wissen und ihre Erfahrung wäre der auswärtige Dienst wesentlich ärmer gewesen. Wir arbeiteten gut zusammen, obwohl ich bemerkte, dass sie mich mit einer gewissen ratlosen Distanziertheit musterten, da ich außerhalb ihrer Traditionen stand und mich mit Wirtschaftsfragen befasste, für die sie kaum Begeisterung aufzubringen vermochten.

Ich erinnere mich insbesondere an eine denkwürdige Begegnung mit Chip Bohlen in der Zeit, als er Botschafter in Frankreich war. Ich hatte ihn aufgesucht, um eine diplomatische Angelegenheit in Bezug auf – ausgerechnet – Hühner mit ihm zu besprechen. Die Europäische Gemeinschaft hatte für amerikanische Geflügelimporte buchstäblich ihre Grenzen geschlossen und damit einen transatlantischen »Hühnerkrieg« ausgelöst, wie ihn die Medien umgehend nannten. Bohlen zur Mithilfe in diesem »Krieg« zu gewinnen war, wie ich feststellte, keine leichte Aufgabe.

Vor dem Hintergrund der internationalen Beziehungen im Kalten Krieg hatte der »Hühnerkrieg« etwas Lächerliches und war kaum der Beachtung eines hohen Diplomaten wert, der es gewohnt war, mit Ministerpräsidenten Fragen von Krieg und Frieden zu diskutieren. Doch in den Beziehungen zwischen Staaten kommt es gelegentlich vor, dass scheinbar Frivoles eine Bedeutung erhält und die Aufmerksamkeit höchster Regierungskreise verdient. Dies war bei amerikanischen Hühnern der Fall, die zufälligerweise der Hauptexportartikel von Arkansas waren, dem Heimatstaat zweier mächtiger Kongressabgeordneter – von Wilbur Mills, der dem Haushaltsausschuss des Repräsentantenhauses vorsaß, und William Fulbright, dem Vorsitzenden des außenpolitischen Ausschusses des Senats. Deshalb war der Marktzugang für amerikanische Hühner zur Schlüsselfrage der Zoll- und Handelsgesetzgebung sowie der Ratifizierung internationaler Abkommen durch den Kongress geworden, und deshalb wurden bedeutende Botschafter angewiesen, hohen Ministern dringliche Aide-Mémoires zu überreichen, in denen dargelegt wurde, welch große Bedeutung die Vereinigten Staaten dem Export von Brathähnchen und zugeschnittenen »Rücken und Hälsen« beimaßen.*

Die trübselige Miene, mit der mich der elegante Bohlen ansah, als ich ihm die Aufforderung zu einer persönlichen Intervention »auf Ministerebene« in der Geflügelfrage vortrug, werde ich nie vergessen. Während er dort hinter seinem beeindruckenden Schreibtisch in der Botschaft an der Place de la Concorde saß und sich, durch eine lange Zigarettenspitze Rauch inhalierend, in entsetztem Schweigen anhörte, was ich zu sagen hatte, spiegelten sich auf seinem Gesicht gleichzeitig Amüsiertheit und tiefer Abscheu. Ob es wirklich die Auffassung des Weißen Hauses sei, dass ein vielbeschäftigter französischer Minister mit dieser Angelegenheit behelligt werden müsse, erkundigte er sich. Nachdem ich ihm versichert hatte, dass dies der Fall sei, ergab er sich in sein Schicksal und erfüllte als Profi sein Pflicht, wenn auch zweifellos mit einem sehnsüchtigen Blick zurück auf glücklichere Zeiten, in denen man solche Dinge untergeordneten Chargen überließ.

---

* In Bezug auf »Rücken und Hälse« (*backs and necks*), einer grundlegenden Kategorie des amerikanischen Geflügelexports, hatte der US-Botschafter in Italien Washington pflichtgemäß über seine Demarche bei der italienischen Regierung berichtet. Der Minister habe ihm aufmerksam, aber offenbar unbeeindruckt zugehört, telegrafierte der Botschafter, dem der Ruf vorauseilte, ein Witzbold zu sein. Eine mögliche Erklärung dafür sei, wie er als persönliche Anmerkung hinzufügte – die im Außenministerium, wo das Telegramm eifrig herumgereicht wurde, für viel Heiterkeit sorgte –, dass dem betreffenden Gentleman nachgesagt werde, er sei weit mehr an »Brüsten und Schenkeln« als an »Rücken und Hälsen« interessiert.

Im Wahlkampf hatte Kennedy die Hoffnung auf eine glanzvolle neue Ära von Frieden und Wohlstand unter der kühnen Führung der Vereinigten Staaten genährt. In Wirklichkeit indes war das Umfeld für die amerikanische Führung wesentlich komplexer, die Probleme waren schwieriger und der Widerstand gegen neue Ideen und tiefgreifende Veränderungen größer als angenommen.

Die Berliner Mauer rief nervöse Anspannung hervor. In Ostdeutschland und der Tschechoslowakei drohte Aufruhr, und der Vietnamkrieg wurde neben der Nuklearpolitik und dem amerikanischen Schutzschild in Europa zu einem Reizthema innerhalb des westlichen Bündnisses. Eine funktionierende transatlantische Partnerschaft aufzubauen erwies sich als nicht so einfach. Die Europäer stritten sich untereinander und waren in zwei Handelsblöcke mit konkurrierenden Vorstellungen über die beste Art der wirtschaftlichen Zusammenarbeit geteilt – die Europäische Freihandelszone (EFTA) aus sieben Ländern unter Führung Großbritanniens und die Europäische Wirtschaftsgemeinschaft aus sechs Ländern, die sich um Deutschland und Frankreich geschart hatten. Gleichzeitig widersetzte sich General de Gaulle mit seiner dünkelhaften Pose und der prahlerischen Hervorkehrung einer französischen *»grandeur«* der amerikanischen Führung in Militärfragen und erschwerte die Entwicklung einer gemeinsamen Verteidigungspolitik der NATO zusätzlich.

Andernorts brach das Kolonialsystem zusammen, und an seiner Stelle entstand eine Vielzahl kleiner, wirtschaftlich unterentwickelter und auf die politische Unabhängigkeit unvorbereiteter Staaten. In ihnen waren Militärdiktaturen und autoritäre Regime weitaus häufiger als funktionierende Demokratien. Etablierte Oligarchien verhinderten Veränderungen, und viele neue Staaten wurden zu Schlachtfeldern, auf denen Ost und West um Macht und Einfluss kämpften.

Darauf reagierten die Vereinigten Staaten unter Kennedy mit

einer doppelten strategischen Antwort. In Westeuropa stand die Stärkung des atlantischen Bündnisses als Gegengewicht zur Sowjetunion im Mittelpunkt. Dafür sollte einerseits der militärische Schild der NATO ausgebaut und andererseits die ökonomische Integration Europas gefördert werden. Anderswo, in den Ländern Lateinamerikas, Asiens und Afrikas, wollte man den Kommunismus abwehren, indem man durch vermehrte wirtschaftliche und technische Unterstützung, das Friedenskorps sowie neue Initiativen zur Verbesserung des Marktzugangs in den Vereinigten Staaten, Japan und Europa den demokratischen Wandel stärkte.

Dies war die Situation, in der ich in den folgenden sechs Jahren an verschiedenen Wirtschaftsthemen zu arbeiten hatte. Im Wesentlichen war ich für zwei Programme verantwortlich. Das erste war die Entwicklung und Umsetzung einer neuen Handelspolitik für Rohstoffe mit dem Ziel, die Exporterlöse von Entwicklungsländern zu stabilisieren, die stark von der Ausfuhr solcher Rohstoffe wie Kaffee, Kakao, Zucker, Gummi, Zinn, Blei und Zink abhingen. Dies zog schließlich meine zweite große Aufgabe nach sich, die Leitung der amerikanischen Delegation bei den größten Handelsgesprächen der Nachkriegszeit auf der Grundlage des Allgemeinen Zoll- und Handelsabkommens (GATT, später WTO), die mich volle vier Jahre von 1963 bis 1967 in Anspruch nahmen. Dies war die sogenannte Kennedyrunde, ein mehrjähriger Nonstop-Verhandlungsmarathon über die Zölle und den Handelsverkehr zwischen den größten Handelsnationen der Welt und Dutzenden von kleineren Ländern, der unter dem Dach der Vereinten Nationen in Genf stattfand.

Eine neue Rohstoffpolitik für weniger entwickelte Länder war eine der ökonomischen Strategien, die für die Allianz für den Fortschritt relevant war. Zugleich hatte sie aber auch politische Ziele. In Lateinamerika besaßen zwei Prozent der Bevölkerung fünfzig Prozent des Reichtums, während siebzig Prozent der Bevölkerung weiterhin in Armut lebten. Wie Kennedy es ausgedrückt hatte, würden verbesserte wirtschaftliche Chancen zu Veränderungen des politischen Status quo führen, da sich die Vereinigten Staaten mit den für demokratischen Wandel einstehenden Kräften verbünden würden. Mehr Handel und Hilfen würden den Lebensstandard erhöhen, allen ein besseres Leben ermöglichen und auf diese Weise den Bruch mit der feudalen Vergangenheit und der Vorherrschaft von Generälen und Oligarchen beschleunigen, demokratische Institutionen stärken sowie einen Damm gegen den Einfall des Kommunismus und die Anziehungskraft von Revolutionen im Stile Castros bilden.

Die Ziele der Kennedyrunde waren ebenso sehr politischer wie wirtschaftlicher Art. Der Grundgedanke war, dass niedrigere Handelsschranken für alle ökonomisch vorteilhaft wären, da sie das weltweite Wirtschaftswachstum anregen und den Lebensstandard erhöhen würden. Kennedy hatte von einer »steigenden Flut, die alle Boote anhebt«, gesprochen. Noch wichtiger war, dass ein Abbau der Handelsschranken die atlantische Partnerschaft stärker zusammenschweißen würde. Der bekannte Washingtoner Kolumnist Joseph Kraft sah in dieser doppelten Stoßrichtung der militärischen und wirtschaftlichen Initiativen der NATO den »Großen Entwurf« von Kennedys Administration für die Ausgestaltung der Macht der freien Welt.[13]

Der Präsident selbst sprach von einer »Interdependenzerklärung«. Die atlantische Partnerschaft eines starken Europa mit den Vereinigten Staaten sollte ein Bollwerk zur Verteidigung der westlichen Werte bilden. Europa war aufgrund eines gemeinsamen Erbes und gemeinsamer demokratischer Ideale der natürliche Partner Amerikas. Im Zuge seiner Stärkung würde sich das ökonomische Ungleichgewicht zwischen beiden Seiten des Atlantiks verringern. Eine Zusammenarbeit auf Augenhöhe erschien möglich, die ausgeschlossen war, solange Europa zersplittert war. Indem die Europäische Wirtschaftsgemeinschaft die inneren Barrieren abbaute, aber einen gemeinsamen Außenzoll beibehielt, verhielt sie sich jedoch per Definition gegenüber Außenstehenden, einschließlich den Vereinigten Staaten, diskriminierend. Dies sollte durch einen beiderseitigen Zollabbau geändert werden. Die politische Dimension dieses Vorhabens wurde auf beiden Seiten des Atlantiks begrüßt. Kennedy und seine Hauptberater hatten sie wiederholt betont, und in Europa hatte Walter Hallstein, der Präsident der EWG-Kommission, die Zollrunde als wesentliches Gestaltungselement beim Aufbau einer nicht nur wirtschaftlichen, sondern auch politischen atlantischen Partnerschaft bezeichnet.[14]

Da die wirtschaftliche Integration und die politische Einigung Europas uns ausschlossen, waren in den USA von Anfang an manche aus rein kurzfristigen Motiven gegen eine europäische Wirtschaftsgemeinschaft. Gleichzeitig gab es in Europa Zyniker, die unsere Ernsthaftigkeit in Frage stellten, und bekennende Protektionisten, die aus Prinzip jede Liberalisierung des Handels ablehnten. Während des Kalten Krieges hatte das Gegenargument, dass eine ökonomische und politische Einigung Europas im wohlverstandenen Interesse der Vereinigten Staaten sei, da sie das Bündnis gegen den Kommunismus stärke, einige Zweifler besänftigt. Nach seinem Ende wurden dieselben alten Argumente erneut vorgebracht. George W. Bushs Neigung zum Alleingang ist Beweis genug dafür.

Die Rohstofffrage

Jedes meiner Jahre im Staatsdienst hielt seine eigenen Herausforderungen und spannenden Ereignisse bereit, aber die beiden ersten zwischen 1961 und 1963, in denen ich mit der Rohstoffpolitik beschäftigt war, waren die befriedigendsten. Dessen wurde ich mir freilich erst bewusst, als ich in den späten siebziger Jahren nach zehnjähriger Unterbrechung erneut einen Regierungsposten annahm und überrascht feststellte, dass sich die Liste der großen Wirtschaftsfragen, mit denen man sich befasste, erstaunlich wenig geändert hatte. Ein ganzes Jahrzehnt war vergangen, drei Administrationen hatten sich abgewechselt, und doch standen viele der Handels- und Finanzthemen der sechziger Jahre immer noch auf der Tagesordnung, die alten Revierkämpfe waren weiterhin im Gang, und auch die Kongressanhörungen und Verhandlungen mit ausländischen Regierungen wirkten unheimlich bekannt. Sogar die Lobbyisten waren überwiegend dieselben. Der Grund dafür ist einfach, dass in Washington keine Frage jemals endgültig erledigt wird und die Bürokratie regelmäßig nach Möglichkeiten sucht, sie noch einmal zu behandeln. Die Steuerreform, zum Beispiel, war in den sechziger Jahren ein Thema, Jimmy Carter trieb sie in den siebziger Jahren voran, George W. Bush griff sie dreißig Jahre später wieder auf (wenn auch mit anderen Lösungsansätzen), und Barack Obama hat sie ebenfalls auf seine Agenda gesetzt. Die Rohstofffrage bildete dagegen eine seltene Ausnahme: eine Aufgabe mit einem Anfang und einem Ende, und genau darin bestand der besondere Reiz der ersten beiden Jahre meiner Tätigkeit im Staatsdienst.

So schwer es war, eine praktikable Lösung der Rohstofffrage zu finden, so leicht war das Problem zu verstehen. Dutzende von Ländern in Lateinamerika, Afrika und Asien hingen von ein oder zwei Grundstoffen ab, die den Großteil ihrer Exporte ausmachten. Viele waren bitterarm, und alle litten unter den gleichen Bedingungen von Überproduktion, unvorhersehbaren Preisschwankungen und einer langfristigen Verschlechterung der Austauschverhältnisse (zwischen dem für die exportierten Rohstoffe erzielten Preis und dem Preis der importierten Fertigprodukte). Der UN-Index war binnen weniger Jahre um zehn Prozent gefallen, mit der Folge einer stagnierenden Wirtschaftsentwicklung und weiterer Verarmung. Viele Rohstoffe exportierende Länder waren in einem Teufelskreis gefangen, der jede Hoffnung auf eine Erhöhung des Lebensstandards zunichte machte und den Wirtschaftshilfen, die sie erhielten, die Wirkung zu nehmen drohte.

Die meisten Beobachter stimmten darin überein, dass dies, kurz gesagt, ein großes Hindernis auf dem Weg zu wirtschaftlichem Wohlergehen darstellte (und in vielen Fällen bis heute geblieben ist), doch aus Washingtoner Sicht war es zugleich ein vordringliches politisches Problem. Nach Kennedys Auffassung bildeten die Linderung der wirtschaftlichen Not dieser Länder und die Stärkung ihrer demokratischen Institutionen unter amerikanischer Führung ein Schlüsselelement der Politik zur Verhinderung einer weiteren Ausbreitung des Kommunismus. Castros Machtübernahme in Kuba hatte vor Augen geführt, wie notwendig eine solche Politik in Lateinamerika war,* und sie stand denn auch hinter der Allianz für den Fortschritt. »Ständige gewaltige Änderungen der Rohstoffpreise«, hatte Kennedy vor lateinamerikanischen Diplomaten erklärt, »fügen den Wirtschaften vieler lateinamerikanischer Länder schweren Schaden zu, belasten ihre Ressourcen und lähmen ihr Wachstum. Wir müssen zusammen daran arbeiten …, praktische Methoden zu finden, um dieses Schema aufzubrechen.«[15]

Frühere Administrationen hatten stets viel Verständnis für die Notlage der Rohstoffproduzenten geäußert, aber wenig getan, um sie zu verbessern. Kennedys Erklärung deutete in eine andere Richtung, und wie George Ball mir erläuterte, war es meine Aufgabe, den Plan des Präsidenten zu konkretisieren und im State Department die Entwicklung von Maßnahmen zu leiten, mit denen er verwirklicht werden konnte. Praktisch bedeutete dies, jeden Einzelfall zu prüfen und spezielle Programme vorzuschlagen, um die Weltmärkte

* Das amerikanische Interesse an der wirtschaftlichen Entwicklung weniger entwickelter Länder ist bis heute ein wichtiges Thema, wenn auch aus unterschiedlichen Gründen. In den sechziger Jahren wurde es, neben kommerziellen und humanitären Überlegungen, politisch damit begründet, dass man Flirts mit dem Kommunismus verhindern wollte. Heute, nach dem Ende des Kalten Krieges, geht es darum, die Bedrohung durch Terroristen zu bekämpfen, die sich in rückständigen »gescheiterten Staaten« einnisten. Dabei spielen viele Faktoren eine Rolle, und das Fehlen einer Wirtschaftsbasis ist häufig, wenn auch nicht immer, einer von ihnen. Wo sie fehlt, wie etwa im Jemen, in Afghanistan und Somalia, sollte die Förderung der Wirtschaftsentwicklung einen wesentlichen Bestandteil einer umfassenden Strategie zur Verbesserung der Situation und des Regierungssystems dieser Staaten bilden. Auf diese Weise würde zugleich die Wahrscheinlichkeit verringert, dass sie zu sicheren Rückzugsorten von Terroristen werden, die unsere Sicherheit bedrohen (vgl. Stuart E. Eizenstat u.a., »Rebuilding Weak States«, in: *Foreign Affairs*, Bd. 84, Nr. 1 [Januar/Februar 2005], S. 134–146).

stärker zu ordnen und die Weltproduktion besser mit der Nachfrage in Einklang zu bringen, wozu in manchen Fällen auch die Bereitschaft gehörte, sich aktiv an Abkommen zwischen Produzenten und Konsumenten zu beteiligen.

Als Erstes war zu klären, wo und wie dieser neue politische Ansatz zuerst umgesetzt und auf die Probe gestellt werden konnte. Die Blei- und Zinkexporteure bemühten sich damals verzweifelt, einen verheerenden Preiskrieg abzuwenden, doch davon waren nur wenige Länder betroffen. Der Wirtschaftszweig der Kautschukproduktion wurde durch die Konkurrenz von billigem synthetischen Gummi ruiniert, während die afrikanischen Kakaoexporteure lautstark einen Kontrollmechanismus für Exporte und Importe forderten. Der offensichtlichste und behandlungsbedürftigste Kandidat war jedoch der Kaffee, der damals nach dem Erdöl bedeutendste Rohstoff im Welthandel. Kaffee wurde in rund siebzig Ländern angebaut und wirkte sich auf das Leben vieler Millionen Menschen aus. In mindestens einem Dutzend lateinamerikanischer Länder brachte Kaffee dreißig bis achtzig Prozent der Exporterlöse ein; in Kolumbien, Guatemala und El Salvador waren es siebzig Prozent, in Brasilien, wo die Hälfte der Weltkaffeeernte erzielt wurde, mindestens fünfzig Prozent.

Seit vielen Jahren kämpften die Produzenten in aller Welt gegeneinander, da sie häufig gegensätzliche Interessen hatten, und unter den importierenden Ländern herrschte keine Einigkeit darüber, was zu tun war. Auf dem Weltmarkt waren sämtliche klassischen Probleme vorhanden: ein unelastisches Angebot, ständige Überproduktion, geringe und instabile Preise sowie ein Mangel an finanziellen Mitteln, um Überschüsse einlagern und saisonale Absatzschwankungen ausgleichen zu können. Die Preise waren in zehn Jahren auf die Hälfte gesunken, so dass in Lateinamerika trotz gestiegener Exportmengen die Einnahmen gesunken waren. Hinzu kam, dass Deutschland, Italien und Frankreich auf lateinamerikanischen Kaffee beträchtliche Zölle und Steuern erhoben, um den soeben unabhängig gewordenen französischen Kolonien in Afrika einen bevorzugten Marktzugang und höhere Einkünfte zu sichern.

Bisherige Versuche der Kaffee produzierenden Länder, eine Exporteurvereinbarung abzuschließen, waren an ihrer Unfähigkeit, Exportquoten durchzusetzen, und an den fehlenden Mitteln für die Lagerhaltung gescheitert. Nach Kennedys Versprechen forderten die Lateinamerikaner nun die Unterstützung der USA, um die übrigen Importländer zu einem funktionierenden Abkommen zu bewegen. Eine solche Vereinbarung zwischen Produzenten und Konsumenten war noch nie erfolgreich gewesen. Die Experten waren durch die Bank skeptisch, ob sie ausgehandelt werden konnte, und bezweifelten noch stärker, dass sie funktionieren würde.

Manchmal hat es jedoch seinen Vorteil, nicht von der Erfahrung früheren Scheiterns belastet zu sein. Ich verstand die Skepsis der Wirtschaftsexperten gegenüber Rohstoffabkommen, denn ich kannte ihre in der Theorie begründeten Einwände: Solche Vereinbarungen widersprachen dem freien Spiel der Marktkräfte, und sie wurden, wie die von mir zu Rate gezogenen akademischen Experten versicherten, als nicht umsetzbar angesehen. Wäre ich älter und weiser gewesen, hätte ich möglicherweise gezögert, diesen Weg zu gehen. Doch so wischte ich schon nach wenigen Wochen, in denen ich die Einwände unter die Lupe genommen und die Meinung der wichtigsten Mitspieler eingeholt hatte, alle Mahnungen zur Vorsicht beiseite und schickte eine Empfehlung »nach oben«, dass die Vereinigten Staaten der Idee eines Internationalen Kaffeeabkommens eine Chance geben sollten. Die Anfangsphase einer neuen Administration, so mein Argument, sei die richtige Zeit dafür, und bei entschiedener amerikanischer Führung könne es, zumindest eine Zeitlang, funktionieren. Aber selbst wenn nicht, würde eine solche gutgemeinte Initiative den Vereinigten Staaten viel einbringen und ausgezeichnet ins Gesamtkonzept ihrer Lateinamerikapolitik passen.

Manchmal bekommt man, was man sich wünscht. In diesem Fall wurde das Projekt sowohl von der Spitze des State Department als auch vom Weißen Haus rasch abgesegnet und mir die Leitung seiner Verwirklichung übertragen.

In den nächsten beiden Jahren beschäftigte ich mich hauptsächlich damit, sowohl die Kaffeeproduzenten als auch die großen Importnationen davon zu überzeugen, dass ein weltweites Abkommen in ihrem Interesse sei, und eine Vereinbarung auszuhandeln. Dies alles ging weder glatt noch schnell vonstatten. Wenn sich Staaten entschließen, über solche ökonomischen Fragen zu verhandeln, heben sie am Anfang für gewöhnlich ihre guten Absichten hervor und sprechen in hohen Tönen von der gemeinsamen Zielstellung. In den Verhandlungen ist dann jedoch jedes Land bestrebt, etwas mehr für sich herauszuholen als die anderen, und fürchtet, den Kürzeren zu ziehen. Dabei spiegeln die Verhandlungspositionen der einzelnen Länder die jeweilige nationale Politik wider und versuchen, widersprüchliche innenpolitische Interessen zu versöhnen. Dies erschwert die Suche nach Kompromissen. Deshalb sind Verzögerungen, Verwirrung, Halsstarrigkeit, Zögerlichkeit und fadenscheinige Einwände in letzter Minute weitaus häufiger als rechtzeitige gegenseitige Zugeständnisse. Fortschritte sind in solchen Verhandlungen unweigerlich nur langsam und schwer zu erreichen, und der Ausgang ist nie gewiss.

Diplomatische Erfahrungen

Das Internationale Kaffeeabkommen bildete in dieser Hinsicht keine Ausnahme, und als Delegationsleiter wurde mir schnell klar, worum es bei solchen Verhandlungen wirklich geht und wie vorsichtig und veränderungsresistent Bürokraten von Natur aus sind. Grundlegende Änderungen gewohnter Politikansätze rufen widerstreitende Interessen auf den Plan, die in Einklang zu bringen nicht einfach ist und viel Zeit kostet. Auch der »Revierschutz« – das, was George Ball den »territorialen Imperativ« genannt hat – stellt ein großes Hindernis für Veränderungen dar. Neues, das in den diversen Behörden, Dienststellen und Ministerien als Bedrohung ihrer

Macht oder der Interessen ihrer »Klienten« wahrgenommen wird, löst unweigerlich einen Verteidigungsinstinkt aus.

Schließlich wurde die Internationale Kaffeekonferenz, trotz der Zweifel der Akademiker und des bürokratischen Widerstands, am 9. Juli 1962 am Sitz der UNO in New York eröffnet. Sie endete sieben Wochen später mit einem Abkommen zwischen produzierenden und importierenden Ländern »mit dem Ziel, die Kaufkraft der Kaffee produzierenden Nationen zu erhöhen, indem das Preisniveau gehalten und der Konsum gesteigert wird«.

46 Tage und Nächte hatten 350 Delegierte aus 71 Ländern pausenlos verhandelt, und mehr als einmal hatte die Konferenz vor dem Abbruch gestanden. Mehrere Endtermine waren bereits verstrichen, als im allerletzten Augenblick – um 5.30 Uhr am frühen Morgen des 24. August – nach einer Nachtsitzung, auf der endlich die letzten Verweigerer nachgegeben und ihre Zustimmung erklärt hatten, eine Einigung erzielt wurde.

Am Anfang hatte allgemein Skepsis geherrscht. In der *New York Times* war zu lesen, dass der Handel die Idee für »theoretisch tadellos, aber undurchführbar« hielt.[16] Noch wenige Tage vor der Einigung hatte Kathleen McLaughlin in der *New York Times* berichtet, die Konferenz würde von Zweifeln überschattet und es herrsche eine »Atmosphäre der Ungewissheit«.[17] Nach Ansicht des *Wall Street Journal* war sie auf jeden Fall »die schlechtestmögliche Art, das [Rohstoff-]Problem zu behandeln«.[18]

Als der Erfolg da war, schlug die Stimmung plötzlich um. Die Vereinbarung wurde als »bedeutendstes internationales Wirtschaftsabkommen der letzten Jahre«, das Millionen Menschen in vielen Ländern Vorteile bringe, gefeiert.[19] Bisherige Zweifler priesen es als »bemerkenswertes Ergebnis« und erfolgreichen Schritt bei der Umsetzung von Kennedys Politik und Baustein seiner Allianz für den Fortschritt. Ein Kommentator sah in ihm ein gutes Beispiel für »den komplexen, multinationalen Prozess der internationalen Problemlösung«.[20] Die *New York Times* befand jetzt, das Abkommen läute »eine neue Ära der wirtschaftlichen Zusammenarbeit« ein,[21] und empfahl in einem Leitartikel sogar, die Vereinigten Staaten sollten auf diesem Weg weitergehen und »eine internationale Konferenz einberufen, um über andere Rohstoffabkommen zu sprechen«.[22]

Das Abkommen war ein kleines Wunder, was auch die meisten Medien anmerkten.[23] Das zweite Wunder war, dass es so lange in Kraft blieb und über ein Jahrzehnt recht gut funktionierte, obwohl man es allgemein für ein vorübergehendes Arrangement gehalten hatte. Nachdem es von den meisten Ländern schnell ratifiziert worden war und buchstäblich niemand die Unterschrift unter das Abkommen verweigerte, wurde eine bemerkenswerte Marktstabilität erreicht; die Preise blieben mäßig, und internationale Organisationen stellten Mittel zur Verfügung, um saisonale Schwankungen auszugleichen. Aus amerikanischer Sicht erzielte das Kaffeeabkommen die erhofften politischen und wirtschaftlichen Nutzeffekte.

Da mein Name mit den Verhandlungen in Verbindung gebracht wurde, war ihr Erfolg in aller Bescheidenheit auch ein persönlicher Triumph. Ich war als Leiter der Planungs- und Entwurfsgruppe ein Jahr lang um die Welt gereist, um die Unterstützung der wichtigsten Mitspieler auf dem Kaffeemarkt zu gewinnen. An den Verhandlungen bei der UNO nahm ich als Leiter einer großen amerikanischen Delegation teil, die zur treibenden Kraft bei der Schlichtung von Streitigkeiten und politischen Manövern in der UNO, in Washington und in wichtigen Hauptstädten wurde. Es war meine erste Erfahrung mit solchen hochrangigen internationalen Verhandlungen und mein erster Test als Diplomat. Die meisten Delegationen wurden von Ministern oder erfahrenen Beamten geleitet, in deren Runde ich bei weitem der Jüngste war. Es war erregend, mein Land zu repräsentieren. Meine Vorgesetzten hatten ihr Vertrauen in mich gesetzt, und ich wollte sie nicht enttäuschen.

Darüber hinaus hatte ich in den Kaffeeverhandlungen eine wichtige Erkenntnis gewonnen: wie sehr nämlich entschlossene Einzelne in großen Bürokratien den Gang der Ereignisse lenken können und dass gelegentlich eine einzige Person das Ergebnis maßgeblich beeinflussen kann. Beispiele dafür sollte ich später immer wieder erleben. Sie zeigten, wie viel man erreichen kann, wenn man sich auf eine Sache oder Idee konzentriert, ein Gespür für den richtigen Zeitpunkt hat, hartnäckig am Ball bleibt sowie Mut zum Risiko und einen Blick dafür besitzt, wann man es eingehen muss. Mehrmals hatte es in den Verhandlungen den Anschein gehabt, als wäre ein Scheitern nicht mehr abzuwenden. In diesen Momenten lernte ich etwas über mich selbst: dass auch ich ausschlaggebend sein konnte. Die *New York Times* schrieb über einen dieser Augenblicke: »Ein Kollege erinnert sich voller Respekt an Blumenthals unermüdliche Anstrengungen, das Kaffeeabkommen zu erreichen. In einer Krise der Verhandlungen blieben sämtliche Vertreter der Kaffee produzierenden Länder halsstarrig in ihren jeweiligen Räumen. Den ganzen Abend und bis in die Nacht hinein eilte Blumenthal zwischen den Zimmern hin und her und versuchte, die unterschiedlichen Auffassungen der Kaffeeproduzenten miteinander in Einklang zu bringen.«[24]

In Wirklichkeit musste ich den Mangel an Erfahrung mit Tatkraft und Instinkt wettmachen. Manchmal war ich dabei zu ungeduldig und drängte zu sehr auf Fortschritte, ohne auf diplomatische Feinheiten zu achten oder Verständnis für die endlosen, vor allem an die Öffentlichkeit in den Herkunftsländern gerichteten Reden aufzubringen, die ein unvermeidlicher Teil internationaler Konferenzen sind. Deshalb trug ich meinen Teil an Fehlern bei und trat sicherlich zu fordernd und offensiv auf, wenn etwas mehr Geduld wahrscheinlich zum selben Ergebnis geführt hätte. In dieser Hinsicht lernte ich im Lauf der Zeit einiges dazu.

Alles in allem hatte ich Glück gehabt. Ich hatte in einer bedeutenden internationalen Verhandlungsrunde, die mir viel Selbstvertrauen gegeben hatte, Erfahrungen gesammelt und mir als Mitglied von Kennedys Weltwirtschaftsteam einen Namen gemacht sowie die Achtung der Berufsdiplomaten des State Department gewonnen. Es war ein großartiger Einstieg in Washington, der bald neue Herausforderungen nach sich ziehen sollte.

Der amerikanische Präsident besitzt eine größere Machtfülle als jeder andere Staats- oder Regierungschef einer westlichen Demokratie. Anders als in einem parlamentarischen System, in dem die Regierungsfunktionen unter mehreren Personen aufgeteilt sind, ist er zugleich Staatschef, Regierungschef, Oberbefehlshaber der Streitkräfte und Parteiführer. Das Kabinett und die leitenden Beamten sind ihm zu Diensten, und er kann sie nach Belieben ernennen und abberufen. Ferner kann er Gesetzesvorhaben vorschlagen oder durch sein Veto aufhalten und bestimmen, wie bestehende Gesetze und Verordnungen gehandhabt werden. Er gibt den Ton für die auswärtigen Beziehungen vor und kann direkt mit ausländischen Staatsmännern verhandeln, um die Macht und den Einfluss der Vereinigten Staaten in der Welt zum Tragen zu bringen. Und obwohl er wichtige Machtbefugnisse nur mit dem Kongress und den Gerichten gemeinsam ausüben kann, findet niemand sonst im In- und Ausland mehr Beachtung und beherrscht die Schlagzeilen mehr als er. Er wird daher nicht zu Unrecht häufig als mächtigster Mann der Welt bezeichnet.

Amerikaner bringen Staatsbediensteten keinen besonderen Respekt entgegen, und der Staatsdienst gilt nicht wie in anderen Ländern als etwas Besonderes. Doch beim Amt des Präsidenten ist es anders. Auch wenn es immer Menschen gibt, die die Politik eines Präsidenten ablehnen oder ihn persönlich nicht mögen, betrachten die meisten Bürger, ganz gleich, ob sie zu seinen Anhängern oder Gegnern zählen, ihn selbst und die Insignien seines Amtes mit nahezu heiliger Ehrfurcht, und wenn sie ihm persönlich begegnen, bezeigen sie ihm enorme Ehrerbietung und Hochachtung.

Ich war immer wieder überrascht und amüsiert, wenn ich sah, wie die Aura des Oval Office selbst die schärfsten Kritiker des Präsidenten einschüchterte. Später sollte ich erleben, wie Spitzenvertreter der amerikanischen Unternehmens- und Finanzwelt, solange sie in meinem Büro im Finanzministerium waren, auf Jimmy Carters Politik schimpften, ohne ein Blatt vor den Mund zu nehmen. »Sagen Sie es dem Präsidenten selbst«, empfahl ich ihnen und warnte den Präsidenten, sich auf Kritik und klare Worte gefasst zu machen. In seiner Gegenwart jedoch kniffen diese mächtigen Männer, die es ansonsten gewohnt waren, mit ihrer Meinung nicht hinterm Berg zu halten, und brachten lediglich mit größter Ehrerbietung vage Andeutungen und Anregungen heraus. »Ich weiß gar nicht, was Sie haben«, sagte Carter dann anschließend zu mir. »Ich fand diese Leute recht angenehm und auch nicht annähernd so negativ, wie Sie befürchtet haben.«

Kein Präsident der jüngeren Vergangenheit hatte jedoch in nur tausend Tagen eine ähnlich tiefe Wirkung wie John F. Kennedy in seiner vorzeitig zu Ende gegangenen Amtszeit. Dies galt auch für Deputy Assistant Secretaries, die nur selten zu ihm gerufen wurden. Daher versetzten mich meine gelegentlichen Begegnungen mit ihm stets in helle Aufregung. Das erste Mal sah ich ihn bei einem zeremoniellen Anlass, als ich gemeinsam mit der gesamten US-Delegation bei der Eröffnungssitzung der Allianz für den Fortschritt nach der Rückkehr aus Uruguay in den East Room geführt wurde, wo Kennedy uns zu unserem Erfolg gratulierte. Später wurde ich gelegentlich gebeten, einen der »Prinzipale« – Dean Rusk oder George Ball – zum Präsidenten zu begleiten, für den Fall, dass ich einige relevante Fakten zum jeweiligen Thema beisteuern sollte. Ich blieb vorher jedes Mal in nervöser Anspannung bis spät in die Nacht auf, um mir jedes nur denkbare Detail einzuprägen. Soweit ich mich entsinne, wurde ich bei diesen Zusammenkünften allerdings selten zum Reden aufgefordert, sondern saß zumeist still hinter dem »Prinzipal« und verfolgte die Diskussion als Zuschauer.

Dennoch waren es stets freudig erwartete Ereignisse, in der Erinnerung fortlebende Momente, die einen für vieles, was man im Staatsdienst erlebte, entschädigten. Der Entscheidungsfindung an der Spitze als stiller Zeuge zusehen zu müssen konnte jedoch auch frustrierend sein, wenn der Präsident und seine Spitzenberater einzelne Themen auf der Grundlage eines lediglich oberflächlichen und bruchstückhaften Wissens beinah nonchalant abhakten. Handelte es sich um Fragen, an denen ich wochenlang gearbeitet hatte, war es recht desillusionierend mitzuerleben, wie sie auf diese Weise erledigt wurden.

Ein solcher Fall von Anfang 1962 ist mir gut in Erinnerung geblieben. Es ging um das Zuckergesetz, ein heikles Thema mit erheblichen inneren und internationalen Verästelungen, über das ich mich wochenlang mit meinem Gegenüber im Landwirtschaftsministerium gestritten hatte. Die Vereinigten Staaten hielten den heimischen Zuckerpreis weit über dem Weltmarktniveau, vor allem um die amerikanischen Hersteller zu unterstützen. Gleichzeitig waren aber einige wertvolle Importquoten an lateinamerikanische Exporteure vergeben worden, die für die betreffenden Länder von lebenswichtiger Bedeutung waren. Da die kubanische Quote nach der Machtübernahme Castros aufgrund des Handelsembargos hinfällig geworden war, sah ein im Kongress eingebrachter Gesetzentwurf vor, sie nicht wieder an ausländische Lieferanten zu verteilen, sondern den einheimischen Produzenten zugutekommen zu lassen. Außenminister Rusk war nun beim Präsidenten, um ihn zu einem Veto gegen das Gesetz zu bewegen, während Landwirtschaftsminister Orville Freeman dort war, um seine Zustimmung zu verlangen.

Am Tag zuvor, einem Sonntag, war ich am Nachmittag ins State Department gerufen worden, um dem sichtlich erschöpften und abgelenkten Minister, für den das Thema offensichtlich keine hohe Priorität besaß, das Problem zu erläutern. »In Ordnung«, seufzte er, nachdem er mich schweigend angehört hatte. »Ich habe verstanden. Ich treffe den Präsidenten morgen Vormittag, und Sie kommen besser mit, für alle Fälle.«

Im Kabinettszimmer nahmen die beiden Minister auf beiden Seiten des Präsidenten Platz, und wir Mitarbeiter setzten uns hinter sie. »Worum geht es heute?«, erkundigte sich Kennedy gutgelaunt. Daraufhin holte Rusk zu meiner Bestürzung zu einer verworrenen Zusammenfassung der Fakten und der Gründe für ein präsidiales Veto aus, und anschließend erläuterte Freeman mit dröhnender Stimme, aber nicht weniger konfus den Standpunkt seines Ministeriums. Sein »Aktenträger« und ich hatten hartnäckig über das

Thema gestritten, und jetzt mitanzuhören, wie die Fakten in diesem entscheidenden Augenblick verdreht wurden, war für ihn offenbar genauso schmerzlich wie für mich. Dann hatte der Präsident einen eigentlich völlig vernünftigen Einfall: »Ich werde den Senatsfraktionsführer [der Demokraten] fragen«, verkündete er und wies einen Assistenten an, Hubert Humphrey ans Telefon zu holen. Damit war der Fall für uns verloren, denn Rübenzucker war, was Kennedy nicht wusste und Rusk vergessen hatte – sicherlich ganz im Gegensatz zu dem ebenfalls aus Minnesota stammenden Freeman –, ein wichtiges Produkt aus dem Red-River-Tal jenes Staates. Einen Senator aus Minnesota zu fragen, ob ein Gesetz blockiert werden solle, das den Zuckerfarmern in seinem Heimatstaat nutzen würde, war ungefähr so, als würde man ein Kind fragen, ob sein Lieblingssüßwarenladen geschlossen werden solle. Humphreys Antwort war von vornherein klar. »Nun«, sagte der Präsident, nachdem er sie sich angehört hatte, zum Ende des Gesprächs immer noch guter Laune, »ich denke, ich werde es passieren lassen.« Nicht alle Treffen im Weißen Haus verliefen derart enttäuschend; noch schmälerte dieses eine die Erregung darüber, an ihnen teilnehmen zu dürfen. Doch es führte mir vor Augen, dass nicht alles, was im Umkreis des Präsidenten geschah, notwendigerweise wohlüberlegt und lobenswert war.

Am tiefsten ins Gedächtnis eingeprägt hat sich mir meine letzte Begegnung mit Kennedy im Oval Office im Sommer 1963. Sie bleibt mir unvergesslich, weil ich ihn damals zum letzten Mal lebendig sah und weil er mich aus einem Grund, der mein Leben verändern sollte, persönlich zu sich bestellt hatte.

Ende 1962 hatte Kennedy im Kongress einen der wenigen klaren Siege seiner kurzen Amtszeit erzielt, die Verabschiedung des Gesetzes zur Ausweitung des Handels (Trade Expansion Act, TEA). Es war ein bahnbrechendes Gesetz, das dem Präsidenten beispiellose Vollmachten für die Herabsetzung der Zölle gab, die er im Gegenzug für entsprechende Zusagen anderer Länder um volle fünfzig Prozent reduzieren konnte. Manche Zölle durfte er sogar ganz aufheben, und die Vereinbarungen, die er darüber traf, konnten vom Kongress nur pauschal gebilligt oder abgelehnt werden. Derart weitreichende Vollmachten hatte noch kein Präsident zuvor erhalten, und sie waren von erheblicher politischer Bedeutung für den Aufbau eines starken Bündnisses mit Westeuropa. Am Sitz des Sekretariats des GATT (heute WTO) in Genf war soeben ein Ministertreffen zur Eröffnung der aktuellen Verhandlungsrunde des GATT – der Kennedyrunde, wie sie fortan genannt wurde – zu Ende gegangen. Damit war der Weg frei für ein langes, mühseliges Feilschen mit den Europäern und vielen anderen Ländern. Doch schon die Vorbereitungstreffen, auf denen der Boden für die Minister geebnet werden sollte, hatten deutlich gemacht, dass es ein steiniger Weg sein würde.

Das Ministertreffen war nicht gut verlaufen. Als Voraussetzung für die Gewährung der Zollvollmachten an den Präsidenten hatte der Kongress darauf bestanden, dass ihre Umsetzung einem direkt im Weißen Haus angesiedelten Sonderhandelsbeauftragten im Kabinettsrang unterstehen sollte, und Kennedy hatte Christian Herter, einen Republikaner und ehemaligen Gouverneur und Außenminister, überredet, sein Pensionärsdasein aufzugeben, um diesen Posten anzutreten. Herter, der bereits in den Siebzigern stand und nicht bei bester Gesundheit war, hatte einen ausgezeichneten Ruf, verfügte aber über keinerlei Erfahrungen in Handelsgesprächen. Zudem leitete er eine große, schwerfällige und zerstrittene Delegation. Ein halbes Dutzend Assistant Secretaries und nicht weniger als 17 Berater aus verschiedenen Ministerien und Behörden hatten ihm das Leben schwergemacht. Der Posten des Handelsbeauftragten war neu und unerprobt, und der Gouverneur – Herter bevorzugte diesen Titel – hatte alle Hände voll damit zu tun, für Ordnung zu sorgen. Zudem hatten die anderen Länder Schwierigkeiten gemacht, und die Gespräche hätten beinah im Chaos geendet, noch bevor die eigentlichen Verhandlungen beginnen konnten. Es war klar, dass etwas geschehen musste.

Dies war der Hintergrund meines Termins beim Präsidenten, und diesmal bereitete mir die Aussicht auf den Besuch im Weißen Haus Unbehagen, denn ich konnte mir denken, worum es ging. Ball und sein Stab waren zu dem Schluss gelangt, dass Herter ein erfahrener Stellvertreter an die Seite gestellt werden musste, um die täglichen Verhandlungen zu führen, während der Gouverneur sich vor allem um die Politik zu Hause kümmerte. Ihre Wahl war zu meinem Leidwesen auf mich gefallen, wogegen ich allerdings nachdrücklich Einspruch erhoben hatte, da ich unbedingt in Washington bleiben wollte. Einer von Balls Lieblingssprüchen lautete »Nichts ›näht‹ so gut wie Nähe«, und ich hatte ihn mir zu Herzen genommen. Mich in die ferne Schweiz zu begeben, um dort Anweisungen aus Washington entgegenzunehmen, auf die ich vermutlich kaum Einfluss haben würde, war für mich nicht sehr verlockend. Daher war klar, dass jetzt der Präsident selbst mir den nötigen Anstoß geben sollte. Doch ich war immer noch entschlossen, das ehrenhafte Angebot abzulehnen, und ging tagelang alle möglichen Gründe dafür durch, warum andere – ich hatte sogar eine Liste von Namen – besser für den Posten geeignet waren als ich.

Es sollte ein kurzes Treffen werden. Nachdem man mich ins Oval Office geführt hatte, saß ich nervös und angespannt vor dem Präsidenten, der mich, in seinem Schaukelstuhl sitzend, freundlich begrüßte. Zuerst gratulierte er mir zum Ergebnis der Kaffeeverhandlungen und dankte mir dafür, dass ich »ihm geholfen« hatte. Meine Entschlossenheit begann bereits nachzulassen. »Sagen Sie«, fragte er dann, »wieso nennt man es die Kennedyrunde?« Wegen seines erfolgreichen Eintretens für das TEA, das diese wichtige Verhandlungsrunde erst möglich gemacht habe, erklärte ich ihm. Dies habe man weltweit wahrgenommen. »Ich weiß nicht, ob es mir gefällt, dass mein Name damit verbunden wird«, sinnierte er. »Immerhin wird man mir die Schuld geben, wenn die Verhandlungen scheitern.« Dann fügte er, indem er sich vorbeugte und mich mit stechendem Blick ansah, hinzu: »Deshalb möchte ich, dass Sie hingehen und dafür sorgen, dass das nicht passiert.« Danach war meine Entschlossenheit dahin, und ich hörte mich sagen: »Ja, Sir, ich werde mein Bestes tun.«

So kam es, dass all meine triftigen Gründe für die Ablehnung des Angebots nicht zur Sprache kamen und ich bald darauf das State

Department verließ, um mich für die nächsten vier Jahre in Genf niederzulassen. Ich hatte weder mit der Aura des Präsidenten im Oval Office noch mit Kennedys Charme gerechnet. Wie die Wirtschaftsbosse, die ich später beobachten sollte, hatte auch ich der Atmosphäre des Orts und der Autorität des Präsidenten der Vereinigten Staaten nicht widerstehen können.

Später stellte sich heraus, dass mein Widerstreben in Bezug auf den neuen Posten fehl am Platz gewesen war. Als amerikanischer Verhandlungsführer bei der Kennedyrunde in Genf erlebte ich die bewegendsten und aufregendsten Jahre meiner Tätigkeit im Staatsdienst. Es war eine wunderbare Erfahrung, durch die ich vieles über die Welt der internationalen Diplomatie und über mich selbst erfahren sollte.

Nachdem jedes seiner Mitglieder die Gelegenheit genutzt hatte, sich für die Produkte seines Bundesstaats einzusetzen, beurteilte mich der Auswärtige Senatsausschuss als »hart genug«, um grundlegende Interessen der Vereinigten Staaten zu verteidigen, und bestätigte mich am 17. Juli 1963 als Stellvertretenden Sonderbeauftragten für Handelsgespräche im Botschafterrang. Für einen ehemals staatenlosen Einwanderer war es ein besonderer Augenblick.

In jener fernen Zeit vor dem allgemeinen Düsenflugverkehr nutzten Diplomaten im internationalen Einsatz noch eine überaus kultivierte Art des Reisens, nämlich die Schiffspassage nach Übersee. So begab auch ich mich im August zusammen mit meiner Frau und unseren drei Töchtern, die damals zehn, sieben und fünf Jahre alt waren, an Bord eines Ozeandampfers, der uns auf bequeme Weise nach Genua brachte. Von dort aus fuhren wir weiter in die Stadt, in der wir in den nächsten vier Jahren leben sollten.

Genf ist mittelgroß, ein etwas provinzielles Schweizer Juwel am Lac Léman, aber einer der angenehmsten Orte in Europa. Umgeben von der wunderschönen Landschaft des Schweizer und französischen Savoyen, hat man dessen Gebirgszüge stets im Blick, und im Winter findet man in der Nähe viele hervorragende Skipisten. Es gibt gute Restaurants, und bei einem Kurs von vier Schweizer Franken für einen Dollar waren die Preise akzeptabel. Nachdem unsere Töchter in einer Schweizer Schule angemeldet waren, in der sie bald perfekt Französisch lernten, und wir uns in einer Botschafterresidenz, mitsamt Koch, Butler und Zimmermädchen, eingerichtet hatten, genossen wir einen Lebensstil, den wir, wie Eileen mich regelmäßig erinnerte, weder verdient hatten noch gewohnt waren.

Was meine diplomatische Aufgabe anging, so war die Ausgangslage nicht sehr vielversprechend. Der »Große Entwurf«, zu dem die Kennedyrunde gehörte, und insbesondere die Hoffnung auf die europäische Einigung steckten in Schwierigkeiten. Einige europäische Staatsmänner – der britische Premierminister Harold Macmillan, Bundeskanzler Konrad Adenauer und der französische Präsident Charles de Gaulle – waren noch dem 19. Jahrhundert verhaftet und vermochten die amerikanischen Visionen für eine Nachkriegswelt im 20. Jahrhundert nicht richtig nachzuvollziehen. Die Briten hatten sich erst zurückgehalten, dann aber die Aufnahme in die EWG beantragt, ohne jedoch alle von ihr gestellten Bedingungen erfüllen zu wollen. De Gaulle, der die Führungsrolle in der EWG beanspruchte, misstraute den britisch-amerikanischen Beziehungen und argwöhnte, die Briten würden gewissermaßen als trojanisches Pferd der Amerikaner beitreten, um ihm diese Rolle zu verweigern.

Im atlantischen Bündnis herrschte also keineswegs eitel Sonnenschein, zumal de Gaulle nur wenige Monate zuvor auf dramatische Weise sein Veto gegen den britischen EWG-Beitritt eingelegt hatte. Die Medien sprachen von »atlantischen Zerwürfnissen«, und anstelle eines wirtschaftlich geeinten Europa bestand jetzt die Gefahr, dass es sich in zwei konkurrierende Handelsblöcke aufspaltete.

Im Februar hatte man in Washington auf hoher Ebene beschlossen, die Franzosen wegen ihres Vetos nicht direkt zu kritisieren, sondern einfach die eigenen Pläne weiter voranzutreiben. Der Kennedyrunde wurde jetzt eine noch größere Bedeutung beigemessen als zusätzliches Instrument, das es der von Großbritannien angeführten EFTA ermöglichen würde, die bestehenden Handelsschranken der EWG zu überwinden. Vielleicht, merkte die *New York Times* an, würde die Kennedyrunde den Klebstoff liefern, der nötig sei, »um

1 Die Eltern Ewald und Valerie Blumenthal mit Tochter Stefanie, 1921.

2 Mutter Rose-Valerie kurz vor der Ausreise nach Schanghai, 1939.

3 Das Familienhaus der Blumenthals in Oranienburg.

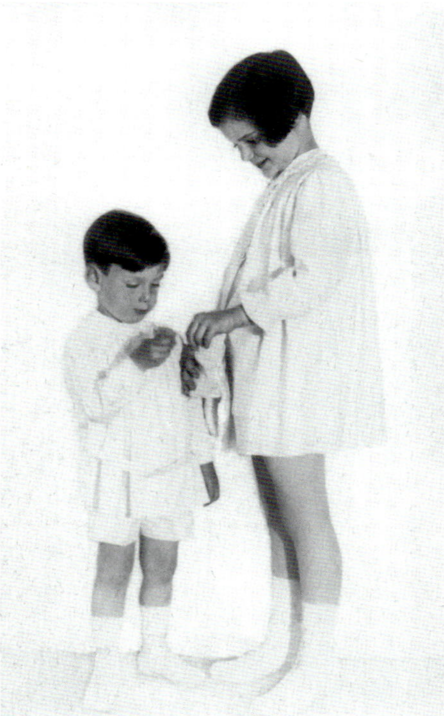

4 Mit Schwester Stefanie, um 1930.

5 Mit den Berliner Schulfreunden Rudi Breuer (links) und Hans Rosenthal (rechts), um 1934.

6 An Bord der »Haruna Maru« während der Überfahrt von Neapel nach Schanghai, April 1939.

7 Blumenthal (oben links) mit Sportsfreunden aus dem Heim in der Wayside Road, Schanghai, 1945.

8 Mit Schwester Stefanie in Schanghai, 1946.

9 Blumenthal (Mitte) mit Teilnehmern des American Friends International Service Seminar in Winterpark, Colorado, 1948.

10 Ernennung zum Handelsbotschafter der Genfer GATT-Gespräche durch Kennedy. Hier mit dem Handelsbeauftragten Christian Herter, 1963.

11 Skilaufen in den Schweizer Alpen bei Genf, 1964.

12 Blumenthal (links) während der Unterzeichnung des Genfer GATT-Abkommens, 14. Mai 1967.

13 Als Finanzminister im Gespräch mit Präsident Jimmy Carter, 27. April 1977.

14 Mit Bundeskanzler Helmut Schmidt in Bonn, 1978.

15 Mit dem Stabschef der britischen Truppen in Berlin, Oberst Critchley, vor dem Brandenburger Tor, November 1977.

16 Mit dem israelischen Ministerpräsidenten Menachem Begin in Jerusalem, 1977.

17 Mit Parteichef Leonid Breschnew in Moskau, 1978.

18 Mit dem chinesischen Ministerpräsidenten Zhou Enlai in Peking, Juni 1973.

19 Mit dem chinesischen Vizepremier Deng Xiaoping in Peking, Februar 1979.

20 Titelseite des *Time Magazine* vom 30. Januar 1978.

21 Ein-Dollar-Note mit der Signatur des Finanzministers W. M. Blumenthal (unten rechts).

BLUMENTHAL'S NEW JOB

After Jimmy Carter fired him last July as Secretary of the Treasury, Michael Blumenthal pounded nary a pavement in search of another job. Instead, the job offers found him—so persistently, in fact, that he never did get the time to travel or finish his memoirs about his tumultuous 30 months in Washington. "When you have the kind of high visibility that I had coming from Treasury, you just get showered with offers," says Blumenthal, 53. "A lot of things you can dismiss out of hand, but some are so attractive and so forcefully meant you have to seriously think about them." Last week, he finally picked the one he wanted: next March, Blumenthal will become vice chairman of Michigan-based Burroughs Corp., one of the nation's largest computer makers. Then, after ten months of on-the-job training, he will take over as chairman and chief executive officer.

At first glance, the Blumenthal-Burroughs marriage seems to be a mismat… The former Treasury chief… has a general man… with no exp…

Blumenthal: An offer from Burroughs he couldn't refuse

…nized personality with great stature overseas," says Mirabito, "and he's well-acquainted in the financial marketplace."

Burroughs could use a well-connected manager right now. The company recently reported record earnings for the third quarter, up 21 per cent over the previous year. But Burroughs has problems, too. Foreign business is not as strong as it might be, especially in Canada and parts of Europe. Leasing, rather than buying, of computers is on the increase as companies try to pare down iffy capital expenditures to face the recession. And by Mirabito's own admission, Burroughs has failed to grow its own chief-executive timber to replace him when he retires. "Several people were groomed, but they didn't work out," says Mirabito, who called on his old tennis buddy about a month ago to fill the gap.

BEHEMOTH: The biggest problem facing Burroughs is, of course, the International Business Machines Corp.—and not even Blumenthal is expected to make the behemoth budge. Burroughs may be second only to IBM in profitability, but that's a distant position indeed. Its share of the main-frame computer market is only 6.4 per cent, against IBM's 64 per cent, and as Blumenthal himself concedes, "Our sales are still less than IBM's profits." Partly because of IBM and partly because it believes the main-frame business is reaching maturity, Burroughs is placing relatively greater emphasis on smaller computers, terminals and software. Mirabito predicts that such areas, now roughly a fifth of total revenues, will grow at an annual rate of 25 to 40 per cent in the years ahead. But … are skeptical. "It's … roughs's …

22 Chef des Detroiter Computer-Konzerns Burroughs Corporation, 1980.

A SURPRISINGLY SEXY COMPUTER MARRIAGE

Computerdom's biggest merger ever, the $4.8-billion union of Burroughs and Sperry has been much disparaged. But matchmaker Michael Blumenthal is making it work with huge cost savings and deft handling of executive egos. The happy couple's only worry: IBM. ■ *by Bro Uttal*

23 Nach der Fusion von Burroughs mit dem Hersteller von Großrechnern Sperry Corporation zum neuen Computer-Giganten Unisys, 1986.

24 Als Direktor des Jüdischen Museums Berlin vor dem Museumsbau von Daniel Libeskind, Januar 1999.

25 Mit Bundeskanzler Gerhard Schröder und dessen Ehefrau Doris bei der Eröffnung des Jüdischen Museums in Berlin, 9. September 2001.

26 Als Zeitzeuge vor einer Schulklasse der Berliner Sophie-Charlotte-Schule.

27 Rückkehr zu den Wurzeln. Ernennung zum »Ehrenbürger von Oranienburg« am 25. Juni 2000.

28 Verleihung des »Museumspreises für Verständigung und Toleranz« an Bundesinnenminister Otto Schily, 2003. Links der damalige Staatsminister für Kultur Michael Naumann.

29 Verleihung des »Museumspreises für Verständigung und Toleranz« an die Verlegerin Friede Springer, 2003. Rechts Altbundespräsident Richard von Weizsäcker.

30 Mit Bundeskanzlerin Angela Merkel anlässlich eines Galadinners im Jüdischen Museum, 18. November 2006.

31 Gedankenaustausch mit Altbundeskanzler Helmut Schmidt im Jüdischen Museum Berlin, 4. Mai 2009.

das drohende atlantische Zerwürfnis zu überwinden«. Dieser Ansicht waren auch die einflussreichen Kolumnisten Walter Lippmann von der *Washington Post* und James Reston von der *New York Times.*[25] Doch die Kennedyrunde sah sich mit einer verstörenden Anzahl von institutionellen und substantiellen Hindernissen für produktive Verhandlungen konfrontiert, und auf jedem Wegabschnitt warteten neue potentielle Stolpersteine.

Zunächst einmal war da die schiere Größe des Vorhabens, an dem mehr als 75 Länder und nicht weniger als 1500 Delegierte und Beobachter aus aller Welt beteiligt waren.* Allein unsere Delegation umfasste mehr als sechzig Vertreter verschiedener Ministerien, ganz zu schweigen von dem ständigen Strom von vorübergehend abkommandierten Experten, Kongressabgeordneten, VIP-Besuchern und diversen Lobbyisten, die allesamt Aufmerksamkeit verlangten.

Das größte Hindernis für Fortschritte bestand aber darin, dass die EWG zum ersten Mal als Einheit verhandelte. Die *New York Times* sprach in diesem Zusammenhang von dem »Er und sie«-Problem.[26] Denn damit der Repräsentant der EWG – »er« – mit voller Verhandlungsvollmacht sprechen konnte, mussten sich ihre sechs Mitgliedsstaaten – »sie« – vorher auf Instruktionen einigen. Doch deren Interessen und Traditionen unterschieden sich erheblich, und gemeinsame Positionen waren in Brüssel allenfalls im Schneckentempo zu erreichen. Den EFTA-Ländern andererseits fehlte der politische Zusammenhalt, und die Franzosen taten ihr Bestes, um Fortschritte zu verhindern, denn sie neigten immer noch instinktiv zum Protektionismus und hatten für eine echte Liberalisierung des Handels wenig übrig. Außerdem vermuteten sie hinter der Kennedyrunde einen amerikanischen Plan mit dem Ziel, Europa zu dominieren. Zum Teil war die französische Haltung auch auf einen eingefleischten Widerspruchs-

* Heute erscheint diese Zahl bescheiden. An der gegenwärtigen »Doharunde« im Rahmen der WTO sind 142 Mitgliedsländer sowie 32 weitere Länder mit Beobachterstatus beteiligt. Das ist wahrscheinlich ein Grund dafür, dass Handelsgespräche jetzt ein ganzes Jahrzehnt dauern können – und dennoch möglicherweise scheitern.

geist zurückzuführen. Auf de Gaulle, hieß es in der *New York Times*, passe Shakespeares Wort – das er selbst seiner Schrift *Die Schneide des Schwertes* vorangestellt hatte – »Wahrhaft groß sein heißt, einen Kampf um Großes durchführen«.[27] Außerdem taten die Japaner wenig, hofften aber auf Vorteile für ihre bereits beachtliche Exportmaschine, während die großen Agrarexporteure Kanada, Australien und Neuseeland eine Liberalisierung für viele landwirtschaftliche Erzeugnisse forderten, die selbst den USA zu weit ging.

Dies waren nur einige der Anfangsprobleme. Zudem hatten sich die Minister nicht einmal auf die elementaren Grundregeln für die Zollreduzierung einigen können. Sollte sie linear erfolgen – etwa um die Hälfte für alles, bei nur wenigen Ausnahmen –, wie wir es vorgeschlagen hatten? Dies lehnten die Europäer vehement ab. Sie wandten ein, dass »Disparitäten« in der Gestaltung der Zolltarife zwischen den USA und Europa berücksichtigt werden müssten. Die Durchschnittszölle mochten ähnlich sein, erläuterten sie, doch Amerika erhebe einige sehr hohe Zölle, die eine überproportionale Kürzung erforderten (die vielen sehr niedrigen Zolltarife übersahen sie geflissentlich). Die Franzosen hatten sogar ein Wort dafür gefunden – *écretement*, das Köpfeabschneiden. Da dies für uns keine Verhandlungsgrundlage darstellte, blieben die Gespräche über diese Frage lange in der Sackgasse stecken.

Ferner wusste noch niemand, wie man die Entwicklungsländer angemessen beteiligen konnte, was mit der Vielzahl nicht mit dem Zoll zusammenhängender Handelshemmnisse geschehen sollte oder welche Regeln für den Abbau der Maßnahmen zum Schutz der Landwirtschaft gelten sollten. Schließlich gab es auch noch das leidige Problem der Amerikanischen Verkaufspreise (*American Selling-Price,* ASP), einer seit langem bestehenden und besonders protektionistischen Regelung für amerikanische Hersteller von Benzolprodukten, wonach die Zölle nicht an den Exportpreisen, sondern an dem geschützten hohen Verkaufspreis im Inland bemessen wurden, was ausländische Konkurrenz praktisch ausschloss. Die EWG hatte deutlich zu verstehen gegeben, dass es ohne die Aufhebung der ASP-Regelung kein Abkommen geben werde. Wir waren andererseits vom Kongress angewiesen, diesem Druck nicht nachzugeben. Die Folge war, dass das Thema bis zum letzten Augenblick wie ein Damoklesschwert über der Kennedyrunde hing.

Vier Jahre waren nötig, um die Kennedyrunde zu einem positiven Abschluss zu bringen. Es gab viele Höhen und Tiefen, und mehr als einmal schien es, als sei der Abbruch der Verhandlungen unvermeidlich oder als seien bestenfalls Scheinergebnisse möglich. Während all dieser Krisen mangelte es nicht an Kritik und Besserwisserei, doch nach dem Abschluss der Verhandlungen wurde die Kennedyrunde sofort und enthusiastisch als erfolgreichste Handelsgespräche der Geschichte gefeiert. Die Zölle wurden um durchschnittlich 33 Prozent gesenkt; für die schwierigen Fragen des ASP und der Zolldisparitäten waren Kompromisse gefunden worden, und sogar in Bezug auf die Landwirtschaft und den Handel der Entwicklungsländer waren einige Fortschritte erzielt worden. Politisch war die EWG gestärkt und die atlantische Partnerschaft untermauert worden.

Als am 14. Mai 1967 in einer Nachtsitzung die endgültige Vereinbarung festgezurrt wurde, war der Präsident, dessen Namen die Verhandlungsrunde trug, seit über drei Jahren tot. Sie hatte doppelt so lange gedauert, wie von ihm erwartet, doch seit seiner Ermordung war für mich eine Abreise aus Genf vor ihrem Ende nicht mehr in Frage gekommen. Seine Aufforderung im Oval Office, seinen Namen vom Makel des Scheiterns rein zu halten, war für mich zu einer persönlichen Angelegenheit geworden, die mir nach seinem Tod umso wichtiger war.*

---

* In den sechziger Jahren schien die Verhandlungsdauer der Kennedyrunde furchtbar lang. Von heute aus gesehen, war sie die erfolgreichste, aber auch eine der kürzesten Verhandlungsrunden im Rahmen des GATT beziehungsweise der WTO. Die nächste Runde in den siebziger Jahren wurde nach sechs Jahren abgeschlossen, die darauf folgende nach über zehn Jahren. Die gegenwärtige Doharunde ist seit einem Jahrzehnt im Gang, und ein Ende ist nicht abzusehen.

Darüber hinaus hatte ich in Genf weitere wichtige Erfahrungen mit internationalen Verhandlungen sammeln können. Wie ich festgestellt hatte, waren die interne Organisation einer nationalen Delegation und ihr Rückhalt in der Heimat von entscheidender Bedeutung. Ebenso wichtig war es, sein Team mit einem Gespür dafür, wann ein Kompromiss und wann Standhaftigkeit angebracht war, zusammenzuhalten. Meine Aufgabe bei der Kennedyrunde umfasste all dies. George Ball beschrieb sie später als »gewaltigen Auftrag, der Beharrlichkeit, Entschlossenheit und die Kraft, dem Druck von Wirtschaft und Gewerkschaften standzuhalten, erforderte …, während man mit anderen Unterhändlern rang, die gleichermaßen, wenn auch mit entgegengesetzter Zielsetzung, unter Druck standen«.[28]

Eine weitere wichtige Erfahrung war, dass harte Arbeit und gute Ideen nicht ausreichen. Man muss auch wissen, wo die Macht liegt, und die Entscheidungsträger persönlich und direkt einbeziehen. Deshalb wurde ich zu einem passionierten Reisenden und hielt mich selten längere Zeit in Genf auf. Alle sechs bis acht Wochen kehrte ich nach Washington zurück, um bei Mitarbeitern des State Department und des Weißen Hauses für realisierbare Instruktionen zu werben und einflussreiche Kongressabgeordnete auf dem Laufenden zu halten. Daneben reiste ich regelmäßig in die wichtigsten Hauptstädte, wo die Entscheidungen getroffen wurden, die hinter den Anweisungen an die anderen Unterhändler standen.

Schließlich war auch die grundlegende Tatsache zu beachten, dass große internationale Initiativen dieser Art für gewöhnlich Kämpfe an drei Fronten umfassen. Die erste sind die tatsächlichen Verhandlungen hinter geschlossenen Türen. An den anderen beiden versucht man, zum einen die Unterstützung in der Heimat zu gewinnen und zum anderen die Berichterstattung über die Vorgänge zu beeinflussen. Für die erste Aufgabe hätte es keinen Besseren geben können als William Matson Roth, Herters zweiten Stellvertreter, der für die Arbeit in Washington zuständig war. Roth stammte aus Kalifornien und war neu in Washington, arbeitete sich aber, kultiviert, sorgfältig und hochintelligent, wie er war, rasch ein.

Als mein Pendant in Washington hielt er die Wölfe zu Hause in Schach und verschaffte der Delegation in Genf Rückhalt. Wir wurden rasch ein gutes Team, und Bill und seine Ehefrau Joan sind bis heute enge Freunde geblieben.

Für die Außendarstellung schließlich kann ein guter PR-Berater Gold wert sein. Harold »Kappy« Kaplan, den ich für diese Arbeit ausgesucht hatte (und der bis zu seinem Lebensende ebenfalls ein guter Freund geblieben ist), erwies sich als ausgezeichnete Wahl. Große Handelsgespräche sind extrem heikel. Sie betreffen viele vitale Interessen, und es besteht ein ständiges Verlangen nach Insiderinformationen. Unweigerlich werden Gerüchte gestreut, um Halbwahrheiten oder völlige Fehlinformationen in Umlauf zu setzen und die eigene Position zu stärken und diejenige der Verhandlungspartner zu untergraben oder zu schwächen. In den vielen Höhen und Tiefen der Kennedyrunde spielte diese Ausweitung der Verhandlungsarena auf die Medien stets eine Rolle, und alle Seiten versuchten ihre Position ins bestmögliche Licht zu rücken. Wessen Position war die vernünftigste? Wer handelte mit gutem Willen, und wer bluffte? Standen bestimmte Unterhändler Fortschritten im Weg, möglicherweise sogar im »Alleinflug«, ohne Rückendeckung ihrer Regierung? »Kappy« löste alle solche Herausforderungen für unser Bild in den Medien über Jahre hinweg auf großartige Weise.

Bill Roth hielt sich an den letzten zehn Tagen vor dem definitiven Endtermin der Verhandlungen in Genf auf. Manchmal spielte er den »Bösen« und ich den Vermittler, ein andermal tauschten wir die Rollen, während die Zeitungen über eine »düstere Stimmung in Genf« berichteten und die »Zollverhandlungen kurz vor dem Zusammenbruch« sahen.[29] Nach dem erfolgreichen Abschluss der Verhandlungen verkündete die *New York Times* dann jedoch mit einer Balkenschlagzeile auf der Titelseite: »Kennedyrunde ein Erfolg«, und der Präsident übersandte uns seine Glückwünsche. Der Augenblick, in dem ich Lyndon B. Johnsons Vollmacht für die Unterschrift unter das Abkommen (das der Kongress umgehend ratifizierte) erhielt, war einer der stolzesten meines Lebens.

Die sechziger Jahre gingen zu Ende. Seit Kennedys Präsidentschaftswahlkampf und seiner Vision einer glänzenden neuen Ära des Fortschritts war viel geschehen. Nicht einmal drei Jahre später war er durch die Kugel eines Attentäters ums Leben gekommen, und erst seinem Nachfolger war es vergönnt gewesen, eine historische Umgestaltung der amerikanischen Gesellschaft zu bewirken.

Wäre der soziale Wandel der »Great Society« auch unter Kennedy zustande gekommen, oder hatte es der geschickten Manöver eines Lyndon B. Johnson, dieses versierten legislativen Taktikers, bedurft? Wäre der lange überfällige Durchbruch in der Bürgerrechtsfrage in den sechziger Jahren ohne Johnson und die unermüdlichen Anstrengungen Hubert Humphreys, vor allem aber ohne die rhetorische Brillanz Martin Luther Kings erreicht worden? Diese Fragen müssen offenbleiben, aber sie betreffen herausragende Ereignisse, die die amerikanische Geschichte veränderten und die geschahen, weil die richtigen Führungspersönlichkeiten zur richtigen Zeit in der richtigen Position waren.

In den sechziger Jahren verschwand die koloniale Welt auf immer. Dutzende neuer Staaten traten der UNO bei, und neue Institutionen, wie die 1965 in Genf gegründete Konferenz der Vereinten Nationen für Handel und Entwicklung (UNCTAD), wurden geschaffen, um auf ihre besonderen Bedürfnisse einzugehen, ähnlich, wie es Kennedys Allianz für den Fortschritt in der westlichen Hemisphäre tat. Doch der Abschied vom Kolonialismus vollzog sich nicht ohne Aufruhr und Elend, da vielerorts unfähige, korrupte Politiker die Macht von den Kolonialmächten übernahmen und die Vereinigten Staaten sich in einen Krieg in der ehemaligen französischen Kolonie Vietnam verstrickten.

In Europa machte die Verwirklichung von Jean Monnets Vision eines geeinten Europa Fortschritte – nicht zuletzt dank entschiedener amerikanischer Unterstützung und eines atlantischen Bündnisses, das die militärische und ökonomische Sicherheit des Westens stärkte und dem Druck des Kalten Krieges standhielt. Und die Kriegsverlierer Deutschland und Japan erlebten in den sechziger Jahren unter Führung und mit Hilfe der Vereinigten Staaten einen rasanten Aufschwung.

Einige dieser historischen Entwicklungen konnte ich aus der Perspektive eines Insiders, der sich in der Nähe der Entscheidungsträger aufhielt, verfolgen. Insbesondere zwei Erinnerungen ragen heraus.

Der 22. Oktober 1962 war ein entscheidender Tag im Verlauf der Kubakrise, zugleich aber auch der Eröffnungstag einer Konferenz der Allianz für den Fortschritt in Mexico City, an der ich als Mitglied einer großen Delegation unter Leitung von Finanzminister C. Douglas Dillon teilnahm. Dillon war eine elegante Erscheinung, die das Selbstvertrauen eines vornehmen Mitglieds des Establishments ausstrahlte. Seine Selbstsicherheit und die Aura eines Mannes, der stets alles unter Kontrolle hat, hatten mich stets beeindruckt. Wie wir erfahren sollten, hatte er dem Exekutivkomitee angehört, jener kleinen Gruppe von Präsidentenberatern, die tagelang unter strengster Geheimhaltung die möglichen amerikanischen Reaktionen auf die sowjetische Bedrohung gegeneinander abgewogen hatten, und war deshalb erst im letzten Augenblick nach Mexiko gekommen.

Ich werde nie vergessen, wie ein angespannter, blasser und offensichtlich unter Schlafmangel leidender Dillon die höheren Delegationsmitglieder an jenem Abend in der US-Botschaft zu sich bestellte, um uns über den Ernst der Lage und die bevorstehende Rede des Präsidenten an die Nation zu unterrichten. Man werde sowjetische Schiffe, die Raketen transportierten, auf hoher See stoppen, teilte er uns mit. Niemand könne sagen, wie die UdSSR reagieren werde. Dillon hatte seine Frau mitgebracht, und jetzt saßen sie Hand in Hand vor uns und versuchten, ihre Angespanntheit und Besorgnis zu verbergen. Unauslöschlich ins Gedächtnis eingeprägt hat sich mir jedoch der Augenblick, in dem wir hörten, wie der Präsident im Fernsehen erklärte, niemand könne »genau voraussehen, welchen Kurs die Ereignisse nehmen oder welche Kosten und Verluste entstehen werden«, und gleichzeitig das Gesicht eines Mannes vor uns hatten, der an dieser weitreichenden Entscheidung mitgewirkt hatte und jetzt die Hand seiner Frau drückte.

Der andere unvergessliche Tag ist der 22. November 1963, als Millionen von Amerikanern von der Ermordung Kennedys erfuhren. Für mich hatte dieser Augenblick eine besonders schmerzliche Note, da ich gerade zu diesem Zeitpunkt in persönlicher Mission für ihn in Bern weilte, um dem Schweizer Präsidenten Hans Schaffner einen Brief von ihm zu überbringen, den ich persönlich aushändigen sollte.

Das Thema des Schreibens – die Aufhebung amerikanischer Schutzzölle gegen Schweizer Uhren – erscheint heute geringfügig, aber damals war es für die Schweiz von großer Bedeutung und belastete seit langem die amerikanisch-schweizerischen Beziehungen. Der politische Druck in beiden Ländern war enorm, doch Kennedy hatte sich schließlich zum Handeln entschlossen, und Schaffner musste darüber informiert werden. Auf Seiten Kennedys war politischer Mut nötig gewesen, und da es für die Schweizer eine gute Nachricht sein würde, wollte er sie ihnen in angemessener Form mitteilen. Schaffner hatte mich zum Abendessen eingeladen, und von ihm erfuhr ich nach meiner Ankunft die schreckliche Neuigkeit, dass der Präsident, dessen Schreiben ich bei mir trug, tot war.

Kein Protokoll konnte verhindern, dass mir die Tränen in die Augen stiegen. Dann übergab ich den Brief und bat darum, mich zu entschuldigen. Kennedy hatte einst über politischen Mut geschrieben, und die Schweizer hatten am Tag seines Todes einen, wenn auch bescheidenen, Beweis dafür erhalten.

Meine Jahre im Staatsdienst hatten mir die einzigartige Stellung der Vereinigten Staaten auf der Weltbühne vor Augen geführt. Unsere Rolle ist derart groß, dass es kaum eine internationale Entwicklung gibt, sei es nun auf dem Gebiet der Sicherheit, der Wirtschaft oder der Finanzen, die nicht unsere vitalen Interessen berührt. Dies eröffnet uns Gelegenheiten, den Gang der Ereignisse zu beeinflussen, aber es erlegt uns auch die Verpflichtung zur Führung auf, die nicht immer bequem oder leicht zu tragen ist. Manchmal sind wir in der Hoffnung darauf, dass andere unseren Platz einnehmen werden, versucht, uns zurückzulehnen, doch das klappt nur selten. Wenn wir nicht die Führung übernehmen, wird es keiner tun. Wir werden wegen unserer Vormachtstellung und unseres Einflusses auf das Weltgeschehen häufig beneidet und beargwöhnt, aber unsere Führungsrolle wird im Allgemeinen akzeptiert, wenn auch mitunter widerwillig und mit Bedenken. Um zu führen, müssen wir die Verantwortung für unsere einzigartige Rolle auf uns nehmen und sie mit Geduld und im Wissen um unsere Grenzen ausüben. Allein zu handeln oder zu versuchen, unseren Willen mit Zwang durchzusetzen, wird selten zum Erfolg führen.

Es gibt große historische Kräfte und Ereignisse, die niemand steuern kann. Auch historische Zufälle spielen häufig eine Rolle, wie etwa der Auf- oder Abtritt einer Schlüsselperson auf der Weltbühne zu einem kritischen Zeitpunkt. Kennedys Ermordung ist ein Beispiel dafür. Doch weitreichende Entwicklungstrends und Zufälle bilden nur den Rahmen, in dem das politische Wechselspiel stattfindet und die Geschichte gestaltet wird. Politik, so meine Erfahrung, ist Ausübung von Macht, und sie wird von Menschen gemacht, die sowohl zu klugen Entscheidungen fähig als auch fehlbar sind. Wenn die richtige Person in der richtigen Position zum richtigen Zeitpunkt die Initiative ergreift und Führungskraft beweist, kann es erhebliche positive Auswirkungen haben. Das Gegenteil trifft ebenfalls zu.

Als Kennedy, trotz aller absehbaren Hindernisse, die visionäre Kraft und den Mut aufbrachte, ein bahnbrechendes neues Konzept der Liberalisierung des Welthandels durchzusetzen, machte er Geschichte. Als der visionäre Jean Monnet in Bezug auf die Idee der europäischen Integration die intellektuelle Führung übernahm, beeinflusste er die Zweifler und inspirierte seine Anhänger, wie etwa George Ball, die seiner Idee die notwendige amerikanische Unterstützung sicherten. Auch dies war ein Beispiel für die Führungskraft Einzelner, durch die sie Geschichte machten.

Es gibt natürlich auch Bespiele für das Gegenteil. Hätte Kennedy

George Balls vorausschauende Einschätzung der Entwicklung in Vietnam geteilt oder hätte Johnson mehr Mut gehabt und sich weniger halsstarrig gegen einen Kurswechsel gewehrt, wäre die Geschichte Vietnams – und nicht nur sie – vermutlich anders verlaufen. Und nirgendwo war die entscheidende Bedeutung der Führung durch diejenigen, die sich an den Schalthebeln der Macht befinden, deutlicher zutage getreten als in der Beinahekatastrophe der Kubakrise. Im Kreml hatte ein Einzelner – oder allenfalls eine kleine Gruppe – eine potentiell verheerende Fehleinschätzung getroffen, die zu einem Atomkrieg hätte führen können, und wenn man im Weißen Haus auf die Falken gehört hätte, wäre es wahrscheinlich tatsächlich zum Schlimmsten gekommen. Wie ich es an jenem Abend in Mexico City so unmittelbar miterlebt hatte, waren es Männer wie Douglas Dillon, denen eine schwere Verantwortung aufgebürdet worden war, die dem amerikanischen Präsidenten geholfen hatten, sich für die klügere Alternative zu entscheiden.

Die wichtigste Lehre aus meiner Tätigkeit im Staatsdienst in den sechziger Jahren war also die Einsicht, dass es Einzelne sind, die den Gang der Ereignisse bestimmen, und zwar nicht nur diejenigen an der Spitze, sondern auch manche auf den unteren Ebenen des Regierungsapparats. Ich hatte es bei anderen gesehen und auch ganz persönlich an mir selbst erfahren.

DIE SIEBZIGER JAHRE I

Führerschaft in Zeiten des Wandels

Jahre der Unruhe

Als Kennedy mich 1963 nach Genf schickte, hatte er mir versichert, ich würde nicht mehr als zwei Jahre fort sein und nach dem Ende der Kennedyrunde würde ein guter Posten in Washington auf mich warten. Doch es sollte anders kommen. Die Verhandlungen dauerten doppelt so lange, und als sie abgeschlossen waren, war der Präsident, dessen Namen sie trugen, seit über drei Jahren tot. Die »New Frontier« war Geschichte, und im Weißen Haus regierte ein neuer Präsident, der mit anderen inneren und äußeren Problemen konfrontiert war als denen von 1963. Und ich für meinen Teil sollte nicht nach Washington zurückkehren, sondern aus dem Staatsdienst ausscheiden und wieder zum Privatmann werden.

1961 war der Ruf ins State Department ein wahr gewordener Traum. An wirtschaftpolitischen Fragen zu arbeiten und die Vereinigten Staaten bei internationalen Verhandlungen zu vertreten war zutiefst befriedigend. Dass ich dies nicht allzu viele Jahre später für einen Job in einem Wirtschaftsunternehmen aufgeben würde, wäre mir nie in den Sinn gekommen. Tatsächlich hatte ich noch im Frühjahr 1965 mit Freuden die Einladung wahrgenommen, mit der Aussicht auf einen weiteren Botschafterposten in den regulären auswärtigen Dienst einzutreten.

Doch als Anfang 1967 das Angebot für einen bedeutenden Managerposten auf meinem Schreibtisch in Genf landete, griff ich zu und schied aus dem auswärtigen Dienst aus. Ein wesentlicher Grund dafür war Vietnam. Die Vereinigten Staaten waren tief in diesen unglückseligen Konflikt in Südostasien verstrickt, und ich gehörte seit langem zu denjenigen, die darin einen tragischen Fehler erblickten, die amerikanische Vietnampolitik für töricht hielten und überzeugt waren, dass kaum eine Chance bestand, unsere Ziele zu erreichen. Ich bewunderte Präsident Johnsons innenpolitische Leistungen, doch die Aussicht darauf, seine Vietnampolitik im Ausland verteidigen zu müssen, bereitete mir Unbehagen, und ich fragte mich, wie ich unter diesen Umständen loyal meine Aufgaben erfüllen sollte.

Das Angebot einer leitenden Position in einem der größten Unternehmen Amerikas stellte mich gerade zu dem Zeitpunkt vor die Wahl, als die Kennedyrunde in die letzte Phase eintrat. Die Bendix Corporation mit Sitz in Detroit – laut *Fortune 500* eines der siebzig größten amerikanischen Unternehmen – stellte hochentwickelte Maschinenteile für die Auto-, Elektronik- und Raumfahrtindustrie sowie den Anlagenbau her, beschäftigte weltweit über 70 000 Menschen und hatte einen Milliardenumsatz. Als Vizepräsident und Mitglied des Board of Directors sollte ich den New Yorker Unternehmenssitz übernehmen und die verzweigten internationalen Geschäfte von Bendix leiten. Da die Kennedyrunde in der Öffentlichkeit viel Beachtung fand, hatte ich eine gewisse Bekanntheit erlangt, die zu meinen Gunsten gewirkt hatte, und die Chance, die mir Bendix bot, war von ganz anderem Kaliber als diejenige, die ich einst bei Crown Cork erhalten hatte. Der Posten bei Bendix würde mich buchstäblich über Nacht in die oberen Ränge des amerikanischen Geschäftslebens katapultieren. So kam zu dem Anstoß durch meine Bedenken hinsichtlich der amerikanischen Vietnampolitik, der mich für den Gedanken, in die Wirtschaft zu wechseln, empfänglich gemacht hatte, die Gelegenheit des Angebots von Bendix hinzu.

Schon einige Wochen bevor die *New York Times* und die Weltpresse am 16. Mai 1967 mit großen Schlagzeilen auf den Titelseiten den erfolgreichen Abschluss der Verhandlungen in Genf meldeten, hatte ich Präsident Johnson und Außenminister Rusk in einem vertraulichen Brief von meinem Entschluss, nach dem Ende der Verhandlungsrunde aus dem Staatsdienst auszuscheiden, in Kenntnis gesetzt. Rusk antwortete mit einem herzerwärmenden Brief voller

Komplimente, in dem er meine Entscheidung »mit tiefem Bedauern« akzeptierte. »In den vergangenen sechs Jahren«, schrieb er weiter, »haben Sie mit Ihren fundierten Ratschlägen und Ihrem außerordentlichen Verhandlungsgeschick viel zur auswärtigen Politik beigetragen.«

Johnson sandte ein Glückwunschtelegramm zum Ende der Verhandlungen und dankte mir in einem persönlichen Brief, der einige Tage später eintraf, für meine »mit außerordentlichem Geschick, Tatkraft, Intelligenz und Hingabe« ausgeübte Tätigkeit. »Der enorme Nutzen der Kennedyrunde«, resümierte er, »wird als bleibende Erinnerung an ihre großartige Arbeit bestehen bleiben.« Beide Briefe bereiteten mir große Freude, aber ich musste auch daran denken, dass der ermordete Präsident derjenige gewesen war, der mich zu den Verhandlungen geschickt hatte. Die tiefere persönliche Genugtuung bezog ich aus dem Wissen, dass »seine« Verhandlungen erfolgreich gewesen waren und dass wir ihn nicht im Stich gelassen hatten.

In dieser Situation begab sich die Familie Blumenthal Ende Juni 1967 auf die Heimreise. Eines Tages, dachte ich bei mir, würde ich vielleicht wieder nach Washington gehen. Aber fürs Erste war meine Zeit im Staatsdienst beendet.

Wir kehrten in ein stark verändertes Land zurück. Die Welt durchlief einen tiefgreifenden Wandel, und die Vereinigten Staaten waren davon nicht ausgenommen. Die Anzeichen dafür waren überall zu sehen – darin, wie und wo die Menschen lebten, in ihrem Wohlstand und ihrer Arbeit und in einer neuen Vielfalt der Rassen und Gesichter. Es gehört zum amerikanischen Nationalcharakter, individualistischer zu sein als viele andere, sich flexibler an Veränderungen anpassen und pragmatischer auf neue Umstände einstellen zu können, wenn es notwendig wird oder eine Lebenschance es erfordert. All dies trat in den siebziger Jahren deutlich zutage.

Die amerikanische Wirtschaft florierte, aber auch andere Länder erlebten einen Aufschwung. Westeuropa wurde stärker, und die Konkurrenz auf dem Weltmarkt nahm zu. Die Entfernungen schrumpften, und neue Technologien veränderten das moderne Leben. Vielerorts stieg der Lebensstandard, das Finanz- und Handelssystem der Welt wuchs weiter zusammen, und immer mehr Menschen jetteten um die Welt.

Der 1969 ins Amt gekommene neue US-Präsident Richard Nixon hatte versprochen, den Vietnamkrieg zu beenden. Aber die Kämpfe gingen noch jahrelang weiter und kosteten viele amerikanische Soldaten das Leben. Bürgerrechtsproteste und der Zerfall der Innenstädte sorgten überall im Land für Unruhe. Die Selbstversorgung der USA auf dem Energiesektor endete, die Erölimporte verdoppelten sich, und zwei schmerzliche Ölkrisen stürzten die Wirtschaft in Turbulenzen, die eine beispiellose Inflation und Arbeitslosigkeit zur Folge hatten. Der »Sun Belt« im Süden der USA boomte allerdings, während der »Rust Belt« im Nordosten mit Schwierigkeiten zu kämpfen hatte. Die alten Industrien stagnierten oder schrumpften, während der Dienstleistungssektor und die neuen Technologiebranchen wuchsen. Die amerikanische Stahlproduktion ging in dem Jahrzehnt um zwanzig Prozent zurück, und durch eine enorm zunehmende Zahl von Firmenzusammenschlüssen wurden zwar manche Industriezweige rationalisiert, aber auch viele Arbeitsstellen abgebaut, was für zahlreiche Arbeiter Unsicherheit und Not bedeutete.

Eine wichtige Entwicklung der siebziger Jahre war ein Wandel der Bevölkerungsstruktur in den USA. Er war überall zu sehen – in den Straßen der Innenstädte wie in den Einkaufszentren der Vorstädte. Zunächst einmal gab es mehr Amerikaner, denn ihre Zahl war in den Nachkriegsjahren stetig gestiegen. 1968 hatte sie die Marke von 200 Millionen überschritten, und in den siebziger Jahren sollte sie um weitere 26 Millionen wachsen. Nach dem Krieg hatten die Babyboomer für einen Bevölkerungsbauch gesorgt, doch in den siebziger Jahren war es die erste Welle einer neuen Art von Einwanderern, die bis zum Ende des Jahrhunderts 23 Millionen neue Amerikaner ins Land bringen sollte, während weitere Millionen »Illegale« über die durchlässige Südgrenze hereinkamen.

Einwanderer waren nichts Neues in der amerikanischen Geschichte, aber diejenigen der siebziger und achtziger Jahre unterschieden sich von ihren Vorgängern in früheren Perioden, und die Auswirkungen waren unübersehbar. In den ersten Nachkriegsjahren war die Zahl der Einwanderer relativ bescheiden gewesen, und die meisten waren aus Europa gekommen, während Bewohner anderer Weltteile weitgehend ausgeschlossen blieben. 1965 hatte Johnson jedoch ein Gesetz unterzeichnet, das einen Kurswechsel der amerikanischen Politik bedeutete. Das Einwanderungsverfahren wurde vereinfacht, und die Zugangskriterien wurden zugunsten von politischen Flüchtlingen, Familienbeziehungen und beruflicher Qualifikation verändert. Während in den vorangegangenen drei Jahrzehnten insgesamt weniger als sieben Millionen Einwanderer aufgenommen worden waren, stieg ihre Zahl jetzt von 4,5 Millionen in den siebziger Jahren auf über sieben Millionen in den Achtzigern und neun Millionen in den Neunzigern.[1] Der wichtigste Aspekt des neuen Gesetzes war jedoch die Abschaffung des offen rassistischen Quotensystems, das die meisten Nichteuropäer ausgeschlossen hatte.

Die Folgen waren dramatisch. Fortan stammten nicht mehr als zehn bis 15 Prozent der Einwanderer aus Europa, während die übergroße Mehrheit aus Asien, Süd- und Mittelamerika sowie der Karibik und einige wenige auch aus Afrika kamen. Dies hatte unübersehbar eine neue, kaleidoskopische rassische und ethnische Mischung zur Folge, die der Dynamik und Vitalität des Landes zugutekam. Kubaner strömten nach Florida und belebten Miami neu. In New York und anderen Großstädten konnte man in den rund um die Uhr geöffneten Läden geschäftstüchtiger Koreaner einkaufen; überall in den Vereinigten Staaten erweiterten vietnamesische und thailändische Restaurants die Vielfalt des kulinarischen Angebots; in New Jersey bedienten turbantragende Sikhs an Tankstellen, und Latinos aus buchstäblich jedem Land der westlichen Hemisphäre traf man auf allen Ebenen von Wirtschaft und Gesellschaft an. Außerdem bildeten sie ein riesiges Reservoir an billigen Arbeitskräften und trugen, indem sie Einstiegsstellen annahmen, viel zum anhaltenden Wachstum der amerikanischen Wirtschaft bei und ermöglichten es, die Kosten auf einem Niveau zu halten, das auf dem Weltmarkt konkurrenzfähig war.

Viele Einwanderer schickten ihre Kinder auf Schulen und Colleges, wodurch sie in altehrwürdiger amerikanischer Tradition rasch die soziale Leiter hinaufsteigen konnten. Am City College von San Francisco waren Ende der vierziger Jahre, als ich dort als Einwanderer meinen Aufstieg begonnen hatte, die meisten meiner Kommilitonen Kaukasier gewesen, während heute sechzig Prozent der Studenten Asiaten und Hispanier sind. In den fünfziger Jahren waren weniger als sieben Prozent der Amerikaner außerhalb der Vereinigten Staaten geboren; heute ist es jeder zehnte.[2]

Aber die Amerikaner wurden nicht nur ethnisch vielfältiger, sie begannen auch, das Zentrum des Landes zu verschieben, indem sie in großer Zahl nach Süden und Westen gingen. Außerdem änderten sich ihr Bildungsstand und ihre Berufsstruktur erheblich. Die Bevölkerung von Florida wuchs allein in den siebziger Jahren um sechzig Prozent, diejenige von Texas um mehr als fünfzig und diejenige von Kalifornien um zwanzig Prozent, während die großen Bevölkerungszentren im Osten und Mittelwesten stagnierten oder schrumpften. Es war der Anfang eines langfristigen Trends: Während die alten Industriegebiete mit neuer ausländischer Konkurrenz zu kämpfen hatten, erwies sich der »Sun Belt« als Magnet für neue Arbeitsplätze, die auf der Grundlage neuer Technologien entstanden. Achtzig Prozent der Amerikaner besaßen jetzt einen Highschoolabschluss; jeder vierte hatte ein College besucht, und wesentlich mehr als früher waren Ingenieure, Ärzte oder Rechtsanwälte geworden.

»Amerikaner sind die am besten genährten, wohnenden und gebildeten Menschen auf der Welt«, hatte Johnson 1967 stolz verkündet. Obwohl sie nur sechs Prozent der Weltbevölkerung ausmachten, hatte er hinzugefügt, würden ihnen die Hälfte des Weltvermögens, zwei Drittel der Autos und die Hälfte der Radios gehören. Außerdem würden sie die Hälfte des weltweit bereitgestellten Stroms erzeugen.[3]

Mit seinem »Great Society«-Programm hatte Johnson einige Beinahewunder erreicht. Die Rassentrennung an den Schulen war für verfassungswidrig erklärt worden, mit dem neuen Medicare-System war eine bahnbrechende Gesundheitsversorgung für alte Menschen eingeführt worden, das umfassendste Wohnungsbaugesetz der amerikanischen Geschichte war verabschiedet worden, die Zahl der als arm registrierten Menschen war um ein Drittel zurückgegangen und die Arbeitslosenquote auf ein Fünfzehnjahrestief gesunken.

Johnson hatte mit einer Strategie von »Kanonen und Butter« versucht, den Unmut über einen immer unpopulärer werdenden Krieg zu beschwichtigen, eine Zeitlang mit Erfolg. Doch dann hatte sich das Blatt gewendet. Die gute Wirtschaftslage überdauerte seine Amtszeit nicht lange, und die Durchbrüche in der Sozial- und Bürgerrechtspolitik vermochten das Land nicht zu beruhigen. Die starke Antikriegsstimmung überwog die positiven Gefühle und führte zu innerem Aufruhr, einschließlich Brandbomben und Plünderungen in den Innenstädten. Eine Zeitschrift hat diese Zeit den »Winter der Unzufriedenheit« genannt.[4] Also hatte Johnson beschlossen, nicht noch einmal zu kandidieren; Vizepräsident Humphrey, sein Nachfolger im Amt des Vizepräsidenten, hatte die Wahl verloren, und die nächsten drei Präsidenten – Nixon, Ford und Carter – regierten ein Land, das weder friedlich noch zufrieden war.

Das Amerika der siebziger Jahre war kein glückliches Land. Da sich der Vietnamkrieg hinzog, prägten Proteste und Unruhen die Anfangsphase des Jahrzehnts. 1971 marschierten 200 000 Demonstranten nach Washington; in anderen Städten fanden ähnliche Versammlungen statt, und die Antikriegsagitation hielt die Universitäten in Aufruhr. Gleichzeitig führten Aktionen gegen die Rassentrennung einerseits und Widerstand gegen die Umsetzung der neuen Bürgerrechtsgesetze andererseits in Louisville und anderen Städten im Süden zu gewalttätigen Auseinandersetzungen, während im Norden der Zerfall der Innenstädte ein Anschwellen der Gesetzlosigkeit zur Folge hatte.

Auch der Wirtschaftsmotor geriet ins Stottern. 1973 rutschte das

Land in eine der tiefsten Rezessionen seit vierzig Jahren, und Präsident Ford schlug in seiner Rede zur Lage der Nation im Januar 1975 einen völlig anderen Ton an als einst Johnson in seiner überschwänglichen Lobrede auf den Wohlstand des Landes. »Millionen von Amerikanern sind ohne Arbeit«, erklärte Ford. »Das Geld von Millionen anderen wird durch Rezession und Inflation aufgefressen ... sowohl das Haushaltsdefizit als auch die Auslandsschulden wachsen ... wir hängen bei der Grundversorgung mit Energie von anderen ab ...«

Die Wirtschaft befand sich in der Krise und sollte es während der Amtszeiten von Ford und Carter und bis weit in die Reaganjahre hinein bleiben. Zwei große »Ölschocks« mit Benzinknappheit an den Zapfsäulen und beispiellosen Preissprüngen* erinnerten auf dramatische Weise an die Gefahren der amerikanischen Abhängigkeit von Erdölimporten, während Johnsons »Kanonen und Butter«-Politik zu steigenden Haushaltsdefiziten und einem starken Anstieg der Inflation führte. Der daraus folgende Druck auf den Dollar erhöhte die Kosten von Importen, und ein gleichzeitiger Abschwung in Europa verschlechterte die Lage zusätzlich. So erlebten die Vereinigten Staaten zum ersten Mal eine »Stagflation« – eine Inflationsrate von acht bis zehn Prozent bei stagnierendem Bruttoinlandsprodukt und zunehmender Arbeitslosigkeit. Am Ende von Fords Amtszeit lag die Arbeitslosigkeit bei fast sieben Prozent, und die Inflationsrate betrug knapp acht Prozent, nachdem sie kurzzeitig sogar zweistellig gewesen war.

Nach der Ermordung Kennedys und zweier anderer prominenter politischer Führungspersönlichkeiten sowie den durch Skandale erzwungenen Rücktritten von Vizepräsident Spiro Agnew und Präsident Nixon – gegen den einen hatte die Staatsanwaltschaft ermittelt, und dem anderen hatte die Amtsenthebung gedroht – befand sich das Vertrauen der Öffentlichkeit in die Regierung und ihre Spitzen auf einem Tiefpunkt. Die Folge war, dass Jimmy Carter, ein

---

* 1981 erreichte der Ölpreis einen Höchststand von 87 Dollar pro Barrel (nach heutigem Wert des Dollars).

relativ unbekannter Südstaatengouverneur ohne Erfahrungen in Washington, 1976 mit dem schlichten Versprechen »Ich werde euch nie belügen« mit großer Mehrheit zum Präsidenten gewählt wurde.

Die schlechte Wirtschaftslage war ein wichtiger Grund für die Niederlage seines Vorgängers, doch Carter sollte es nicht besser ergehen. Der zweite Ölschock in den späten siebziger Jahren war noch schlimmer als der erste. Der Erdölpreis stieg auf das Fünffache des Preises von 1973, der Dollar verlor die Hälfte seines Wertes, so dass die Stabilität des Weltfinanzsystems gefährdet war. Am Ende von Carters Amtszeit lag die Inflationsrate im zweistelligen Bereich, und die Arbeitslosigkeit von acht Prozent überstieg diejenige der Fordjahre.

Carter hatte sich die falsche Amtszeit ausgesucht. Er war ein aufrichtiger, ehrenwerter Präsident und konnte das Verdienst an einigen beachtlichen Erfolgen für sich in Anspruch nehmen. Doch die Energiekrise, die zweistellige Inflationsrate und die hohe Arbeitslosigkeit untergruben unweigerlich seine Popularität. Hinzu kamen politische Fehler und Missgriffe, die dazu führten, dass auch er vier Jahre später aus dem Amt gewählt wurde. Auch danach sollte das Land noch auf Jahre hinaus mit den Problemen und Herausforderungen einer komplexen Welt zu kämpfen haben.

Vorzeichen der Globalisierung

Die siebziger und achtziger Jahre waren eine Übergangsphase vom Kalten Krieg des 20. zur Globalisierung des 21. Jahrhunderts. Der Fall des Eisernen Vorhangs bildete das abschließende, prägende Ereignis, das überraschend eintrat, als man es am wenigsten erwartete. Doch schon lange vorher hatte vieles darauf hingedeutet, dass eine neue Geschichtsepoche heraufdämmerte.

Die Vorzeichen großer Wendepunkte der Geschichte werden selten wahrgenommen und häufig erst im Rückblick erkannt. Auch

Historiker sind besser im Erklären der Vergangenheit als im Voraussagen der Zukunft. Sie befinden sich damit in guter Gesellschaft der meisten Politiker, Akademiker, Kommentatoren und anderen Experten. Hätte man vor 1914 und 1989 die Vorzeichen klarer gesehen, wären herkömmliche politische Ansätze, die auf seit langem bestehenden, aber immer fragwürdiger werdenden Annahmen über die Lage im In- und Ausland beruhten, möglicherweise eher geändert worden. Dies geschah jedoch nicht, da es wesentlich einfacher ist, die Vergangenheit in die Zukunft zu projizieren, als über den Tellerrand hinauszuschauen. Alte Ideen verschwinden nicht einfach, und es gibt immer mächtige Interessengruppen, die den Status quo erhalten wollen.

In den siebziger Jahren läuteten tiefgreifende Entwicklungen das Ende einer Ära ein. Die Revolution in der Mikroelektronik hatte enorme Auswirkungen; die Einführung des Mikroprozessors durch Intel im Jahr 1971 war ein geradezu umwälzendes Ereignis. Mit dem Computerchip, dessen Geschwindigkeit und Leistungsfähigkeit in der Folgezeit exponentiell wuchsen, begann in den siebziger und frühen achtziger Jahren eine rasante Steigerung der Möglichkeiten zur Datenspeicherung und Kommunikation, die Alltag, Arbeit und Beziehungen der Menschen revolutionierte. Medizinforscher entwickelten das Glasfaserendoskop für die Untersuchung des menschlichen Körpers, synthetisierten erstmals ein menschliches Gen, verbesserten die Transplantationstechniken und machten große Fortschritte bei der Verbesserung der Herzchirurgie und der Früherkennung und Behandlung von Krebs.

All dies waren aufregende Fortschritte. Aber sie brachten auch erste Anzeichen für die Nebenwirkungen der Globalisierung mit sich. Die Energiekrisen der siebziger Jahre waren Warnsignale, die auf potentielle Belastungen der Weltenergiemärkte in einer stärker verflochtenen Welt hindeuteten. Dreißig Jahre später, als die Wirtschaften Chinas und Indiens weit schneller zu wachsen begannen als diejenigen der übrigen Welt und sich ihr Erdölverbrauch in etwas mehr als einem Jahrzehnt verdoppelte, sollten sie zu einem akuten Problem werden.[5] Darüber hinaus wurde man sich der zunehmenden Umweltgefährdung durch ein derart schnelles Wachstum bewusst. Auch dies war eine grundlegende Entwicklung der siebziger Jahre.

Auf der positiven Seite war zu verbuchen, dass die Spannungen zwischen dem kommunistischen Block und den Demokratien nachließen, die Wissenschaften große Fortschritte machten, bedeutende wirtschaftliche Leistungen erzielt wurden und erste Anzeichen dafür sprachen, dass China und Indien den Weg eines anhaltenden Industriewachstums betreten hatten. Die andere Seite der Medaille war, dass die sich herausbildende Globalisierung zum einen die Energie verknappte, was das Weltfinanzsystem belastete, und zum anderen zur Folge hatte, dass Rezessionen und Zahlungsbilanzkrisen über Landesgrenzen hinaus wirkten, was zu gefährlichen Wechselkursschwankungen führte.

Zudem war die Welt nicht unbedingt friedlicher geworden. Der Vietnamkrieg kostete fast 60 000 Amerikaner das Leben, viele mehr wurden verwundet, und unter der einheimischen Bevölkerung waren nicht weniger als eine Million Opfer zu beklagen. In Kambodscha wurden Millionen von Menschen ermordet, während in Afrika ethnische Konflikte viele Todesopfer forderten und die Zahl der heimatlosen Flüchtlinge um Millionen erhöhten. Am Ende der siebziger Jahre drängten sich mehr als zehn Millionen aus ihren traditionellen Wohngebieten vertriebene Menschen in Flüchtlingslagern.

Eine der wesentlichsten neuen Erscheinungen waren Anzeichen von Instabilität und Fehlentwicklungen im Sowjetblock. Neue Technologien durchlöcherten den Eisernen Vorhang, und die zugänglich gewordenen Informationen riefen in den Satellitenstaaten den kaum noch im Zaum zu haltenden Wunsch nach Unabhängigkeit und einem besseren Leben wach. Darüber hinaus wurde immer deutlicher, dass der Osten Schwierigkeiten hatte, in einer Hightechwelt Schritt zu halten.

In der Sowjetunion kam es zu Spannungen und gelegentlich auch zu Unruhen. Alexander Solschenizyn und andere Intellektuelle begannen ihre Werke im Ausland zu veröffentlichen, der literarische Untergrund, der Samisdat, florierte, sowjetische Juden forderten die Ausreise, und der hochangesehene Physiker Andrei Sacharow kritisierte offen das System. Sogar Stalins Tochter floh aus dem Land und suchte im Westen Asyl.

Auf beiden Seiten der Trennlinie zwischen Ost und West hätte der zunehmende Wunsch nach Annäherung durch Entspannung und nukleare Abrüstung zu einer Überprüfung alter Grundannahmen führen müssen, aber der Kalte Krieg war seit einem Vierteljahrhundert die beherrschende Realität, und die Führungen in Ost und West konnten sich nichts anderes vorstellen. Daher bestanden auf beiden Seiten mächtige Gruppen auf der Beibehaltung von Politikansätzen, die auf der Annahme beruhten, dass die Konfrontation auf ewig bestehen bleiben würde.

Ein gutes Beispiel für diese Art zu denken war ein Artikel von James R. Schlesinger, den die Zeitschrift *Fortune* im Februar 1976 als Titelgeschichte brachte, kurz nachdem er als Verteidigungsminister entlassen worden war. Darin beschwor er unter dem Titel »Eine harte Zeit für Amerika« ein »Gespenst der sowjetischen Hegemonie« herauf und zeichnete, indem er die vielschichtige Realität ignorierte, das beunruhigende Bild eines Landes, das seine Satelliten fest im Griff hatte, einem ungebremsten Expansionismus frönte und eine »ernste Gefahr für Japan, Korea und den Nahen Osten« darstellte.[6]

Schlesinger äußerte seine Ansichten, mit denen er die Forderung nach höheren Verteidigungsausgaben untermauerte, besonders unverblümt, aber er war – in West und Ost – nicht der Einzige, der so dachte, obwohl sich die entgegengesetzte Entwicklung bereits abzeichnete. Denn im Gegensatz zu den Zeiten, als die kommunistischen Diktaturen einen furchteinflößenden monolithischen Block von globalen Ausmaßen gebildet hatten, mehrten sich die Anzeichen dafür, dass der Weltkommunismus von ineffizienten Ökonomien, Nationalismus und inneren Konflikten gebeutelt wurde. Jedenfalls hatte der Kommunismus als Exportartikel bei neutralen und Dritte-Welt-Ländern unverkennbar an Attraktivität verloren.

Nach dem frühen Abfall Jugoslawiens und sowjetisch-chinesischen Grenzzusammenstößen waren die abweichende Politik Rumäniens in den siebziger Jahren, die Aktivitäten der Gewerkschaftsbewegung Solidarność und der katholischen Kirche in Polen sowie separatistische Töne aus Estland und Georgien weitere deutliche Vorzeichen. Schlesinger und den anderen Kalten Kriegern hätte klar sein müssen, dass sich die Sowjetunion, realistisch betrachtet, nicht in der Position befand, ernsthaft neue expansionistische Abenteuer zu unternehmen. Aber der frühere Verteidigungsminister und andere, die ähnlich dachten, waren einfach nicht fähig oder willens, zu erkennen, dass der Kommunismus von innen heraus verfaulte.

Damals begann die »Globalisierung«. Auch wenn der Begriff noch nicht in Gebrauch war, kamen die wesentlichen Elemente dieser Entwicklung zum ersten Mal zum Tragen. Europa reagierte darauf mit dem Entschluss, eine umfassendere politische Union mit erweiterter Mitgliedschaft aufzubauen. Anderswo bemühten sich einige der größten Länder der Welt angesichts des globalen Trends, ihren Rückstand aufzuholen. China befreite sich nach Maos Tod aus dem Chaos der Kulturrevolution und führte tiefgreifende ökonomische und politische Reformen durch, zu denen nicht zuletzt die Annäherung an die Vereinigten Staaten gehörte, womit die seit einem Vierteljahrhundert andauernde Entfremdung beendet wurde. 1971 ging der Sitz Taiwans in der UNO mit Zustimmung der USA an China über, und die ständigen informellen amerikanisch-chinesischen Kontakte und gegenseitigen Besuche mündeten 1979 schließlich in der Wiederaufnahme voller diplomatischer Beziehungen.

Unter der Führung einer Gruppe von Reformern mit dem Parteiveteranen Deng Xiaoping an der Spitze beendete China seine jahrelange Isolation und begann die Wirtschaft mit marktorientierten Reformen zu modernisieren, was eine rasante Entwicklung auslöste. Auch in Indien, der anderen großen asiatischen Nation, erwachte man aus den sozialistischen Träumen. Damals erkannte niemand die enorme Bedeutung dieser Veränderungen, noch sah jemand voraus, dass sie beiden Ländern bald zu einer völlig neuen Stellung in Asien und auf der Welt verhelfen sollten.

Anderswo kündigten der Sturz des Schahs und die Geiselnahme von Amerikanern im Iran in den Jahren 1978/79, der Zulauf, den der Islam im asiatischen Teil der UdSSR hatte, und die sowjetische Entscheidung, in Afghanistan einzumarschieren, den Aufstieg eines religiösen Fundamentalismus unter Moslems an, der im Lauf der Zeit auch erhebliche Auswirkungen auf die übrige Welt haben sollte.

In den siebziger und achtziger Jahren leitete ich zwei der größten amerikanischen Unternehmen und gehörte Jimmy Carters Kabinett an. Als Geschäftsmann und Regierungsmitglied konnte ich diese Entwicklungen bei meinen Reisen rund um die Welt aus privilegierter Perspektive beobachten, und gelegentlich spielte ich selbst eine, wenn auch kleine, Rolle in ihnen.

Die Frage, was die Geschichte vorantreibt, hat mich stets fasziniert. Schon viele Jahre zuvor in China hatte ich über das Wechselspiel von Zufall und Unvermeidlichkeit bei der Gestaltung der Geschichte einerseits und den Einfluss von guten oder schlechten Entscheidungen der Führenden andererseits nachgedacht. Diese Überlegungen hatte mich dazu gebracht, in Princeton Ökonomie und Public Affairs zu studieren, und der Wunsch, den Entscheidungszentren nahezukommen, hatte mich bewogen, aus den akademischen Gefilden in die Wirtschaft beziehungsweise Politik zu wechseln, wo ich direkt miterleben konnte, wie der Entscheidungsprozess funktioniert. In den siebziger und achtziger Jahren ging dieser Wunsch voll in Erfüllung.

An der Spitze eines multinationalen Unternehmens

Die Bendix Corporation war ein großes multinationales Unternehmen und ein bedeutender Rüstungslieferant mit Regierungsaufträgen, der mit der weltweiten Automobil- und Luftfahrtindustrie Geschäfte machte. Ihre weitgespannten internationalen Aktivitäten, für die ich zuständig war, umfassten Dutzende von Tochterunternehmen auf der ganzen Welt mit rund 26 000 Beschäftigten, unzähligen Joint Ventures und Hunderten von Lizenzverträgen. Derart umfangreiche Geschäftstätigkeiten zu leiten war etwas völlig Neues für mich. Meine Arbeit bei Crown Cork war eine Einmannschau gewesen, da ich eigentlich keine Untergebenen hatte, während ich jetzt großen Managementteams Ziele und Richtlinien setzen musste und in einer Vielzahl von Unternehmen in zahlreichen Ländern das letzte Wort hatte.

Es war eine außergewöhnlich große neue Herausforderung für mich, sollte jedoch nur der Anfang sein, denn drei Jahre später wählte mich der Board zum Präsidenten und Vorstandsvorsitzenden (CEO, Chief Executive Officer) des gesamten Unternehmens. Diesen Posten behielt ich, bis Jimmy Carter mich 1977 nach Washington rief.

Meine zehnjährige Tätigkeit bei Bendix in New York und Detroit fiel in die Jahre, in denen die Globalisierung die Geschäftswelt zu verändern begann. Sie eröffnete den Unternehmen immer neue Optionen und aufregende Möglichkeiten, vergrößerte aber auch die Komplexität und vermehrte die Risiken. Die Bandbreite der Investitions- und Finanzierungsmöglichkeiten wuchs, ebenso aber auch die Anfälligkeit für kostspielige Fehler, da man neben traditionellen ökonomischen Überlegungen auch ungewohnte politische Fragen beachten musste. Dies verlangte von Spitzenmanagern neue Fähigkeiten, für deren Ausübung nicht alle gleich gut geeignet waren. Was mich anging, so besaß ich zwar noch etwas bescheidene Geschäftserfahrung, aber das Gespür für die nationale und internationale Politik, das ich während meiner Tätigkeit im Staatsdienst erworben hatte, erwies sich jetzt als außerordentlich nützlich, da ich eine umfassendere Sicht auf die Dinge hatte als einige meiner Kollegen, was mir gelegentlich einen Vorsprung vor ihnen verschaffte.

Es gibt eine Vielzahl von Büchern, die sich mit der Frage beschäftigen, was einen erfolgreichen Unternehmer ausmacht. Aufgrund meiner Erfahrungen bei Bendix bin ich indes überzeugt, dass die Eigenschaften, die für gewöhnlich angeführt werden – wie überlegenes Fachwissen, Intelligenz, Härte, Entschlossenheit, Tatkraft und Erfolgswillen – zwar nützlich, aber weder ausreichend noch entscheidend sind. Mindestens ebenso wichtig sind das Wissen um seine eigenen Grenzen, ein klarer Sinn dafür, was richtig und falsch ist, und das, was man »emotionale Intelligenz« genannt hat.* Nach meinen Erfahrungen bei Bendix wahrscheinlich am wichtigsten ist jedoch der persönliche Mut – und der Instinkt dafür, wann und wie man ihn am wirkungsvollsten nutzt –, und der ist in der Wirtschaft wie in der Politik selten im Überfluss vorhanden. Man braucht Mut, Entscheidungen über Untergebene zu fällen, sich auf ihr Urteil zu verlassen und Autorität zu delegieren; und Mut ist nötig, um die eigenen Defizite zu erkennen, Fehler einzugestehen und seine Meinung zu ändern und einen anderen Kurs einzuschlagen.

Emotionale Intelligenz umfasst ein ganzes Bündel weiterer wichtiger Eigenschaften – ein gesundes Maß an Selbsterkenntnis und die Fähigkeit, persönlich zu wachsen, die Gabe des Zuhörens, Sensibilität und Mitgefühl sowie eine herausragende soziale Kompetenz. Nicht unwichtig ist es auch, die unvermeidlichen Schmeicheleien von Untergebenen als das zu erkennen, was sie sind, und sie zu ignorieren, Ratschläge anzunehmen, schlechte Neuigkeiten nicht dem Überbringer anzulasten und schließlich andere zu inspirieren und die Grenzen und die Verantwortung der Führungsmacht zu beachten. Macht kann auf offensichtliche wie auf subtile Weise korrumpieren, ob nun in Wirtschaft oder Politik.

Die schwierigen Bedingungen, mit denen die amerikanische Wirtschaft in den siebziger Jahren konfrontiert war, bildeten den Hin-

---

* Laut Daniel Goleman spielen Gefühle eine wesentlich größere Rolle im Denken, bei der Entscheidungsfindung und für den persönlichen Erfolg, als gemeinhin angenommen wird. Er definiert emotionale Intelligenz als eine Kombination von Eigenschaften, die durch den Intelligenzquotienten (IQ) nicht erfasst werden, wie Selbstbeherrschung, die Fähigkeit, sich selbst zu motivieren, Einfühlungsvermögen und soziale Kompetenz (*Emotionale Intelligenz*, München/Wien 1996, S.12, 54; vgl. auch ders., »What Makes a Leader?«, in: *Harvard Business Review*, Januar 2004).

tergrund meiner Einarbeitungsphase bei Bendix, in der ich eine Art Crashkurs bei laufender Arbeit durchlief. Die US-Industrie hatte viele Jahre lang die Weltwirtschaft dominiert, und als sich die Überseemärkte erholten, waren die direkten amerikanischen Investitionen explosionsartig gestiegen, von 12 Milliarden Dollar im Jahr 1950 auf 133 Milliarden Mitte der siebziger Jahre. Amerikanische Produktionsstätten in Westeuropa wuchsen in einem Tempo, dass viele dort befürchteten, die USA würden die Absicht verfolgen, sie mit Hilfe ihrer überlegenen Ressourcen ökonomisch zu beherrschen und zu versklaven.*

Ende der sechziger Jahre war es bei US-Unternehmen einfach »in«, nach Übersee zu gehen. Die meisten Firmenchefs hingen der verbreiteten Ansicht an, dies sei ein wesentliches Element der Erfolgsformel ehrgeiziger Unternehmen, und trieben aggressive internationale Expansionsprogramme voran. Das Streben nach schnellem, größtmöglichem Wachstum, unterfüttert von einem umfangreichen Akquisitionsprogramm und einer Diversifizierung, durch die häufig im Grunde nicht Zusammenpassendes unter einen Hut gepresst wurde, war ebenfalls eine modische Strategie, die von vielen angewandt wurde. Jeder ehrgeizige CEO wünschte sich als eine Art Selbstbestätigung und impliziten Beweis seines dynamischen Managementerfolgs, dass sein Unternehmen einen höheren Rang in der *Fortune*-Liste der 500 größten amerikanischen Konzerne erreichte. Als cleverste Methode, zu expandieren und gleichzeitig die Schwankungen in einzelnen Branchen zu kompensieren, galt die Diversifizierung durch Akquisitionen, und zwar möglichst auf Feldern, die anderen Konjunkturzyklen unterlagen.

Unter gewissen Umständen war dies durchaus sinnvoll. Aber nicht unter allen; in vielen Fällen erwiesen sich die tatsächlichen Ergebnisse als keineswegs nur positiv, und die Unternehmen hat-

---

* Hauptprotagonist dieser besorgten Stimmung war der französische Journalist und Politiker Jean-Jacques Servan-Schreiber, der in seinem vielbeachteten Buch *Le Défi Américain* (*Die amerikanische Herausforderung*) von 1967 Befürchtungen ausdrückte, die viele Europäer teilten.

ten kostspielige Enttäuschungen und Rückschläge zu verkraften. Doch es dauerte einige Zeit, bis dies zutage trat. Neue Geschäftsideen und Managementmoden kommen und gehen in der Wirtschaft, und solange sie herrschen, wie kurz auch immer, fällt es vielen Unternehmenschefs schwer, ihnen zu widerstehen, denn oft sind sie selbst eher Mitläufer als Anführer und fühlen sich wohler dabei, andere nachzuahmen, anstatt unbequeme Fragen zu stellen und gegen den Strom zu schwimmen.

Mein Vorgänger bei Bendix hatte das Management verjüngt und insgesamt viel erreicht. Aber auch er war auf eine aggressive Einkaufstour gegangen, die nicht immer glatt verlaufen war und neben einigen Erfolgen auch ein gerüttelt Maß an unvorhergesehenen Problemen und schmerzlichen Rückschlägen mit sich gebracht hatte. Er hatte großes Vertrauen in die Wunder der Technik gesetzt und das Motto ausgegeben: »Bendix – wo die Technologie die Zukunft erschließt«. Die Story, die er Investoren erzählte – die Wall Street liebt »Storys« –, lautete, dass er nur Unternehmen erwerbe, in denen die überlegene Bendix-Technologie versteckte Werte zutage fördern und einen positiven Beitrag zum Geschäftsergebnis leisten könne. Das klang großartig, wurde in der Praxis aber zur Tarngeschichte für den Erwerb eines weitgespannten Netzes von Unternehmen, von denen viele kaum etwas mit dem traditionellen Geschäftsbereich von Bendix zu tun hatten. So umfasste es etwa ein mittelgroßes Holzunternehmen, dessen Hauptvermögenswert 81 000 Hektar Wald im Westen waren; begründet wurde die Übernahme damit, dass in den Sägemühlen des Unternehmens Bendix-Elektronik eingesetzt werden könne.

Die Folge war ein stetig steigender Umsatz, bei ungleichmäßigen und enttäuschenden Gewinnen. Dies hatte meinen Vorgänger in seinem Glauben an Wachstum und Technologie indes nicht davon abgehalten, den einmal eingeschlagen Kurs beizubehalten, und mir war bewusst, dass er von mir erwartete, ich würde bei Bendix International demselben Kurs folgen. Deshalb bestand mein erstes Problem darin, zu entscheiden, ob ich dies tun sollte oder ob eine andere Vorgehensweise im internationalen Bereich unter dem Strich ein besseres Ergebnis erbringen würde.

Es dauerte nicht lange, um zu entdecken, dass die ständigen Akquisitionen auf für Bendix teils fremden Gebieten die Ursache der enttäuschenden Gewinne waren. Sie hatten Zeit und Aufmerksamkeit vom Kerngeschäft, in dem wir am besten waren, abgezogen, und die mangelnde Sachkenntnis über die Geschäfte der Neuerwerbungen hatte regelmäßig zu unerwarteten kostspieligen Rückschlägen geführt. Auf der Grundlage dieser Erkenntnis wurde ein neuer internationaler Geschäftsplan ausgearbeitet, der eine Umformulierung der Prioritäten der internationalen Aktivitäten von Bendix enthielt. Künftig sollte das intensive Management dessen, was wir bereits hatten und verstanden, an erster Stelle stehen, während neue Unternehmen nur zur Abrundung auf eng mit unseren Geschäften verbundenen Feldern erworben werden sollten. Dies widersprach zwar der heimischen Strategie von Bendix, aber nach meiner Ansicht war es einen Versuch wert, und wenn wir auf diesem Weg einen größeren Beitrag zum Konzerngewinn leisten sollten, würde es sicherlich auch Anerkennung finden.

Erfreulicherweise waren die Ergebnisse, die wir bald darauf nach Detroit zu melden begannen, sogar noch besser, als ich gehofft hatte. In den nächsten drei Jahren stiegen die internationalen Gewinne stetig, und der Umsatz wuchs um die Hälfte. So dauerte es nicht lange, bis unser Konzept eines auf den Endgewinn ausgerichteten mehrjährigen Geschäftsplans – ein Novum bei Bendix – als Modell für die heimischen Geschäfte übernommen wurde. Das war eine Auszeichnung für den internationalen Teil des Gesamtkonzerns, dessen Beitrag zum Konzerngewinn am schnellsten wuchs und der Jahr für Jahr neue Rekordmarken setzte.

Nichts ist so erfolgreich wie Erfolg. Diese Ergebnisse festigten meine Stellung im Unternehmen, und 1970 wurde ich aufgefordert, mit der Aussicht darauf, binnen 12 bis 18 Monaten zum CEO aufzusteigen, nach Detroit umzuziehen. Drei Monate später zogen wir in Princeton aus und ließen uns in Ann Arbor in Michigan nieder. Ein Jahr darauf wurde ich an die Spitze von Bendix berufen.

Nachdem ich in Detroit das Zepter übernommen hatte, änderten wir das Bendix-Motto in »People and Profits« (Menschen und Gewinne). Damit sollte betont werden, dass gute Geschäftsergebnisse mit Menschen zu tun haben und dass bei Bendix die Menschen immer an erster Stelle stehen.

Firmenmottos sind für gewöhnlich Plattitüden, die eher gut klingen als eine Richtlinie für die Managementpraxis darstellen. Wir versuchten jedoch, unser Motto mit Leben zu erfüllen und ihm eine reale Bedeutung zu geben. Wir wollten einen anderen, offeneren Managementstil einführen und beweisen, dass er dem Gewinn nicht abträglich ist, sondern zu guten Ergebnissen führt.

Um zu zeigen, dass wir es ernst meinten, begann ich an der Spitze. Wir schufen ein Büro des Chief Executive (OCE), in dem die drei Spitzenmanager und ich einen kollegialen Entscheidungsprozess institutionalisierten, in dem über wesentliche Aspekte der Unternehmenspolitik und Geschäftsvorgänge diskutiert und im Konsens entschieden wurde. Heutzutage ist ein solches Arrangement in amerikanischen Unternehmen recht verbreitet, doch in den siebziger Jahren war es noch selten, und für Bendix war es eine absolute Neuheit. Zu meiner großen Freude – und zur Überraschung mancher – funktionierte das Büro von Anfang an problemlos und erfüllte voll und ganz seinen Zweck.

Auch andere Maßnahmen, von denen manche nur klein und symbolischer Art waren, dienten der Einführung eines neuen, kollegialeren, offeneren und weniger abgehobenen Managementstils an der Spitze. Beispielsweise machte ich es mir zur Gewohnheit, in den Büros von Managern und Angestellten der unteren Ebenen vorbeizuschauen, etwa um ein Memo persönlich vorbeizubringen, oder auch bloß, um zu plaudern, Fragen zu beantworten und Beschwerden anzuhören. Die Tür zu meinem Büro stand demonstrativ offen, um zu zeigen, dass der große Chef in seinem Allerheiligsten nicht von der Welt abgeschnitten war. In meinem Vorzimmer wurde eine telefonische Hotline eingerichtet, über die jeder Mitarbeiter bei mir anrufen konnte, um Fragen zu stellen, Vorschläge zu machen oder sich zu beschweren. Schließlich zog diese neue »Menschenpolitik« die Aufmerksamkeit der Zeitschrift *Fortune* auf sich, die sie als erfolgreichen Ansatz der Mitarbeiterbeziehungen präsentierte und beifällig auf unsere Praxis einging, »hart und begeistert am Gespräch mit Angestellten auf allen Ebenen zu arbeiten«.[7]

Bei vielen Maßnahmen handelte es sich um kleine Schritte, die jedoch zusammengenommen bald die Atmosphäre im gesamten Unternehmen veränderten. Für mich hatte dies eine besondere Bedeutung. Ich hatte nicht vergessen, wie oft ich mich früher den Launen derjenigen, die die Macht hatten, ausgeliefert gefühlt hatte, ohne mir Gehör verschaffen zu können. Es freute mich, dass ich mich jetzt in einer Position befand, die es mir ermöglichte, es anders zu machen. »Ich habe großes Mitgefühl mit jedem, der nichts zu sagen hat«, erklärte ich der *Detroit Free Press* aus tiefstem Herzen, »denn ich habe es oft genug selbst erlebt.«[8]

Auch zwischen Arbeitnehmern und Management wollte ich ein anderes, positiveres Verhältnis schaffen. In Detroit war es üblich, gegenüber Gewerkschaften eine distanzierte, konfrontative Haltung einzunehmen. Dagegen machten wir uns daran, unsere Manager davon zu überzeugen, dass es sich auszahlt, die Gewerkschaften nicht als Feinde zu betrachten, sondern partnerschaftlich mit ihnen zusammenzuarbeiten. In der Detroiter Unternehmenslandschaft war dies ein ziemlich radikaler Ansatz, der von den meisten meiner Kollegen, einschließlich vieler Bendix-Manager, skeptisch aufgenommen wurde. Andererseits schuf er ein kooperativeres und vertrauensvolleres Verhältnis zwischen Bendix und örtlichen Gewerkschaftsführern, das uns vor vielen ebenso unnötigen wie kostspieligen Auseinandersetzungen bewahrte. Beispielsweise versprachen wir öffentlich, dass die Verlegung oder Schließung eines Unternehmensteils für uns lediglich als letzter Ausweg in Frage käme und dass wir in einem solchen Fall die Gewerkschaften konsultieren, die Gründe nennen und in Verhandlungen die am wenigsten schmerzliche Verfahrensweise festlegen würden. Darüber hinaus würden wir eine Fabrik nie weiter als nötig verlegen, um den Arbeitnehmern die Möglichkeit zu geben, zu dem neuen Standort zu pendeln und ihre Arbeitsstelle zu behalten.

Als wir gezwungen waren, eine hoffnungslos veraltete Fabrik in Ann Arbor zu schließen, erlebte dieser Ansatz seinen ersten Praxistest. Nach unserer internen Analyse wäre die kostengünstigste Alternative der Aufbau eines Werks in einem der Südstaaten gewesen, wodurch sämtliche Arbeitnehmer der Fabrik in Michigan ihre Arbeit verloren hätten. Stattdessen entschieden wir uns für einen Mittelweg und verlegten die Fabrik nur achtzig Kilometer weit an einen weniger belebten und vorteilhafteren Standort in Michigan. Die Kosten waren um einiges höher, aber das Wohlwollen von Arbeitnehmern und Gemeinde und die dankbare Reaktion unseres langjährigen, erfahrenen Mitarbeiterstamms wogen unser Opfer bei weitem auf. Es war also eine Win-win-Situation für alle.

Last but not least predigten wir, dass gewisse ethische Normen einen wesentlichen Bestandteil der neuen Bendix-Kultur ausmachten. Wir wollten nicht um jeden Preis gewinnen. Wir würden hart arbeiten, aber nicht um den Preis unseres guten Rufs oder unseres Gewissens. »Die meisten von uns«, erklärte ich, »haben klare Ansichten darüber, wie man sich im Privatleben redlich und gerecht verhält. Als Unternehmen wollen wir genau die gleichen Maßstäbe beachten und nichts weniger tun.« Im Lauf der Zeit sollte uns dieser Anspruch in der Öffentlichkeit am meisten zugutegehalten werden, und er war der Grund, weshalb die Medien mich schließlich mit einiger Übertreibung das »Gewissen der amerikanischen Industrie« nannten.

Die Jahre bei Bendix waren wichtig für mich. Dort erhielt ich Gelegenheit, einige seit langem gehegte Gedanken über einen verantwortlichen Umgang mit der Macht auf die Probe zu stellen, und ich konnte aus der Beobachtung meiner Managerkollegen sowie aus meinen eigenen Erfolgen und Fehlschlägen wertvolle Lehren ziehen.

Eine meiner wichtigsten Aufgaben war die Auswahl der richtigen Manager, und mir war klar, dass ich dabei vorsichtig vorgehen musste. In der Praxis hatte ich freilich nicht immer eine gute Hand.

Mehr als einmal beging ich den Fehler, mich von der Persönlichkeit und der Intelligenz eines Kandidaten zu sehr beeindrucken zu lassen und nicht auf Eigenschaften zu achten wie Mut und Moralgefühl, die nach meiner Ansicht genauso wichtig sind. Und wenn mein Fehler offensichtlich geworden war, habe ich die unangenehme Aufgabe, ihn zu korrigieren, zu oft auf die lange Bank geschoben.

Ferner lernte ich, dass Führen bedeutet, zu wählen, und dass dies schmerzlich sein kann und selten geradlinig und einfach ist. Ich erlebte, wie sich meine Entscheidungen auf das Leben von Menschen auswirkten, die keinerlei Verbindung zu mir hatten, dass man den Mut aufbringen musste, die herrschende Meinung in Frage zu stellen und sich gelegentlich für etwas anderes und Unkonventionelles zu entscheiden, und dass die gewünschten Ergebnisse stets von Unwägbarkeiten wie dem richtigen Zeitpunkt oder einfach von Glück oder Pech abhingen.

Am Ende wurde mir die immense Genugtuung zuteil, dass unser unkonventioneller Ansatz zu einer landesweit gewürdigten Erfolgsstory wurde, und zwar nicht nur menschlich, sondern auch geschäftlich. In meinen sechs Jahren in Detroit verdoppelten sich die Einnahmen von Bendix von 1,5 Milliarden Dollar auf über drei Milliarden im Jahr 1976, und der Ertrag pro Aktie verdreifachte sich von 1,92 auf 5,82 Dollar. Dreimal wurde die Dividende erhöht; unsere Aktien wurden geteilt, und ihr Kurs war erheblich gestiegen. Jedes Jahr hatten wir unsere Leistung verbessert, obwohl die Wirtschaft insgesamt einen Abschwung erlebte und die meisten Unternehmen in Detroit schwere Rückschläge erlitten.

Die Erfolge von Bendix waren nicht unbemerkt geblieben, und die Medien hatten beifällig und eingehend über sie berichtet. Im Wirtschaftsteil der *New York Times* war im Dezember 1976 ein bewundernder Artikel mit der Überschrift »Bendix – ein Gewinner« erschienen. Besonders stolz war ich auf die Bemerkung, wir seien nicht nur zu einem »Liebling der institutionellen Anleger« geworden, sondern »in der Geschäftswelt auch als führendes Unternehmen in Bezug auf die Arbeitnehmerbeziehungen bekannt«.[9] Die größte Detroiter Zeitung hob insbesondere unsere Philosophie, mit und durch Menschen zu arbeiten, hervor: »Es geht darum, dass zuerst der Mensch kommt und dann der Profit. Vor allem fühlen sich die Menschen hier nicht vergessen.«[10] Abgerundet wurde diese Anerkennung dadurch, dass der Nationale Managerverband mich wegen meiner »dynamischen Führung« zum »Manager des Jahres« erklärte und Bendix zu den fünf am besten gemanagten Unternehmen Amerikas zählte.[11]

Öffentliches Engagement

Nachdem ich Washington verlassen hatte, erwartete ich, die großen innenpolitischen und internationalen Entwicklungen fortan lediglich als interessierter Beobachter aus der Ferne zu verfolgen, und akzeptierte es als logische Folge meines Wechsels in die Privatwirtschaft.

Die Wirklichkeit sah anders aus, denn parallel zu meiner Arbeit bei Bendix war ich bald wieder in mindestens so vielfältigen öffentlichen Angelegenheiten engagiert wie in meiner Zeit im State Department und im Weißen Haus. Bald nach meinem Eintritt bei Bendix war ich eingeladen worden, in Aufsichtsräte und Gemeindegremien einzutreten und mich an einem breiten Spektrum geschäftlicher und öffentlicher Aktivitäten zu beteiligen, und nachdem ich an die Unternehmensspitze gelangt war, vermehrten sich die Anstrengungen, mich für diverse lokale Aktivitäten sowie wirtschaftliche und internationale Organisationen zu gewinnen. Den meisten CEOs werden solche außerberuflichen Tätigkeiten angetragen, doch als ehemaliger Regierungsmitarbeiter, dem viel öffentliche Aufmerksamkeit zuteilgeworden war, und als Demokrat war ich eine seltene Erscheinung in der Wirtschaftswelt, die man gern verpflichten wollte, und sei es auch nur als »Gegengewicht« zu der Überzahl von Republikanern. Daher dauerte es nicht lange, bis es schwierig wurde, die Arbeit bei Bendix mit dem Engagement in der

Detroiter Geschäftswelt und bei anderen Aktivitäten in Einklang zu bringen und beides verantwortlich zu handhaben. Nachdem der Gouverneur von Michigan mich 1974 überredet hatte, eine Expertengruppe zu leiten, die ihn bei Wirtschaftsproblemen des Bundesstaats beraten sollte, und ich anschließend mit dem Vorschlag an die Öffentlichkeit getreten war, ein Gremium zu bilden, das einen nationalen Ethikkodex für die Wirtschaft ausarbeiten sollte, zitierte die *New York Times* einen meiner Kollegen bei Bendix mit dem Stoßseufzer: »… was wir hier nicht brauchen, ist, dass Mike noch eine weitere Freizeittätigkeit übernimmt.«[12]

Ich lehnte weit mehr Einladungen ab, als ich annahm, aber neben Ausschüssen in Michigan schloss ich mich auch noch anderen Gremien an, um an wichtigen Themen der siebziger Jahre mitzuarbeiten, die eine besondere Bedeutung für mich besaßen. Zu ihnen gehörte das Komitee für amerikanisch-chinesische Beziehungen, in dem sich eine Gruppe von Chinakennern zusammenfand. Die Tätigkeit in diesem Komitee war eine der aufregendsten Erfahrungen meiner Jahre bei Bendix. Ein Wandel im Verhältnis zwischen China und den Vereinigten Staaten, durch den ein Vierteljahrhundert der Entfremdung beendet würde, lag mir verständlicherweise am Herzen, und ich hatte die Pekingbesuche von Nixon und Kissinger aufmerksam verfolgt. Ihre Initiative ebnete einigen nominell privaten, aber offiziell abgesegneten Kontakten den Weg, und das Komitee hatte sich zum Vorreiter dieser Entwicklung gemacht. Die Aufforderung, ihren Vorsitz zu übernehmen, war zu verlockend gewesen, um ihr widerstehen zu können.

Unterdessen führte die Entspannungspolitik auch im Verhältnis zur Sowjetunion zu solchen »privaten« Kontakten, um die beiderseitigen Ansichten auszutauschen und zu erkunden, auf welche Weise die Ost-West-Konfrontation abgebaut werden konnte. Ganz oben auf der Tagesordnung standen die Nuklearfrage, die Abrüstung, die Verteidigungspolitik und die Verbesserung der Handelsbeziehungen. Auf unserer Seite übernahm die inoffizielle, private amerikanische UN-Vereinigung die Führung bei diesem Austausch. Für die Gespräche in Moskau hatte sie eine Reihe ehemaliger hoher Regierungsmitarbeiter, Sowjetexperten und führender Manager gewonnen, wie den künftigen Außenminister Cyrus Vance, den Direktor des Princeton Institute for Advanced Studies Carl Kaysen, den Russlandexperten Marshall Shulman von der Columbia University sowie die CEOs von Exxon und Prudential Insurance. In den frühen siebziger Jahren leitete ich mehrere dieser Missionen nach Moskau zu zwar erhellenden, aber häufig genug frustrierenden Gesprächen mit hochrangigen Sowjetvertretern.

Aus meiner Heimat kam eine der erfreulichsten Einladungen vom Kuratorium der Universität von Princeton, dem ich vor und nach meiner Amtszeit als Finanzminister insgesamt zwölf Jahre angehörte, in einer Periode, in der die Universität große Veränderungen durchmachte. Als ich 1951 nach Princeton ging, war sie noch eine anachronistisch elitäre, ausschließlich männliche Einrichtung gewesen. Vor dem Krieg hatte Princeton Schwarze offen diskriminiert und den Zugang jüdischer Studenten durch ein informelles Quotensystem begrenzt. Dass eines Tages Frauen als Studenten oder Doktoranden aufgenommen werden könnten, war kaum vorstellbar. In dem Vierteljahrhundert seit Kriegsende waren bereits bedeutende Veränderungen vorgenommen worden, aber die größten Reformen wurden unter den beiden Präsidenten Robert F. Goheen und William G. Bowen durchgeführt, in deren Amtszeiten ich dem Kuratorium angehörte. Es war spannend mitzuerleben, wie die Rassenschranken fielen und weibliche Princetonianer zu einem alltäglichen Anblick auf dem Campus wurden. Meine Tochter Ann gehörte zu den ersten Jahrgängen von Frauen, die in Princeton ihren Abschluss machten, und ihre Schwester Jane folgte ihr vier Jahre später. Das hatte eine besondere Bedeutung für mich und machte mich sehr stolz.

Mein anhaltendes Interesse an der Außenpolitik war auch der Grund, weshalb ich den Ruf in den Vorstand des Council of Foreign Relations in New York annahm und mich an der Trilateralen Kommission und einem amerikanisch-japanischen Austauschprogramm beteiligte. Außerdem gehörte ich dem Vorstand der Rockefeller Foundation an, dessen Arbeit auf dem Gebiet von Gesundheit und Ernährung unter anderem Forschungsreisen in faszinierende ferne

Länder erforderte. Aber die bedeutendste und denkwürdigste meiner außerbetrieblichen Tätigkeiten in diesen Jahren war zweifellos meine Mitarbeit im Komitee für amerikanisch-chinesische Beziehungen, die mich in der Phase, in der China die ein Vierteljahrhundert lang herrschende kommunistische Orthodoxie und die selbstauferlegte Isolation aufbrach, erneut mit dem chinesischen Volk in Berührung brachte.

Besuche in China

Als ich 1947, mit den Gedanken schon halb in San Francisco, den Huangpu hinunterfuhr, hatte ich einen letzten Blick auf die langsam verschwindende Skyline von Schanghai geworfen. Ich war ein staatenloser 21-Jähriger mit einem einzigen, von der UNO ausgestellten Blatt Papier in der Tasche, mit dem ich mich ausweisen konnte. Niemanden kümmerte es, dass ich wegfuhr, und ich war, milde ausgedrückt, außer mir vor Freude darüber, dass ich China verließ, und entschlossen, nie wieder zurückzukehren.

Ein Vierteljahrhundert später, im Sommer 1973, reiste ich nun doch in dieses Land, das ich nie hatte wiedersehen wollen und das sich fast bis zur Unkenntlichkeit verändert hatte, und ich tat es unter Umständen, die ich mir nie hätte träumen lassen, als ich es verließ. 1947 wäre die Vorstellung, dass man eines Tages zu meiner Begrüßung einen roten Teppich ausrollen würde und dass ich zu Gesprächen mit der chinesischen Führung zurückkehren würde, grotesk gewesen. Tatsächlich war es erstaunlich, dass ich überhaupt zurückkehrte, und doch bin ich seither Dutzende Male in China gewesen, entweder als persönlicher Vertreter des Präsidenten der Vereinigten Staaten, in offiziellem Regierungsauftrag oder als Privatperson. Jedes Mal wurde ich mit der gleichen ausgesuchten Höflichkeit und Gastlichkeit aufgenommen, die von den Chinesen seit 2000 Jahren zu einer Kunstform entwickelt worden ist, in der ihnen auf der Welt nur wenige gleichkommen.

Bei diesen Besuchen habe ich China und das chinesische Volk besser kennengelernt als in der Zeit, in der ich dort lebte, und eine besondere Zuneigung zu Land und Leuten gefasst. Ich erfuhr mehr über die alte Kultur des Reichs der Mitte und wurde mir stärker bewusst, wie viel Leid und Elend das chinesische Volk im 20. Jahrhundert erlitten hat, erkannte aber auch deutlicher, mit wie viel Kraft und Durchhaltevermögen es alle Stürme überstanden hat.

In meinem Leben habe ich drei völlig verschiedene Chinas kennengelernt. Das erste war das China vor 1949, in dem ich aufwuchs, und nur jemand, der es gekannt hat, kann ganz ermessen, wie tiefgreifend die Umwandlung zum zweiten China, demjenigen unter Maos kommunistischem Regime, war. Das dritte China ist das von Grund auf neue Land von heute.

Welche Ironie, dass die beiden Länder, die einst am unerfreulichsten für mich waren, Deutschland und China, in späteren Jahren einen besonderen Platz in meinem Herzen eingenommen haben! Wie es dazu im Fall von Deutschland in den neunziger Jahren kam, werde ich in einem späteren Kapitel schildern. Meine gewandelte Einstellung zu China und zum chinesischen Volk hat ihre Wurzeln in den siebziger Jahren.

Am späten Vormittag des 3. Juni 1973 überquerte ich an der Spitze einer Delegation hochrangiger Amerikaner in Lo Wu bei Hongkong die chinesische Grenze. 26 Jahre war es her, seit ich China »für immer« verlassen hatte. Wir wurden von einer kleinen Gruppe von Regierungsvertretern in identischen Maojacken empfangen, die unsere Delegation des Komitees für amerikanisch-chinesische Beziehungen in sorgfältig einstudiertem Englisch mit einem herzlichen »Willkommen in der Volksrepublik China« begrüßten. Im Bahnhof von Kanton, wo wir nach kurzer Zugfahrt eintrafen, war ein roter Teppich für uns ausgerollt worden, über den wir zu einer Kolonne altertümlicher Autos geleitet wurden, mit einer russischen Limousine an der Spitze, die eine verdächtige Ähnlichkeit mit einem alten Cadillac-Modell aufwies. Unser Ziel war das Hotel Dung Fang mit seinem bescheidenen Komfort, der es zum damals einzigen der Stadt machte, das halbwegs für die Beherbergung ausländischer Gäste geeignet war.*

Die Regierung, als deren Gäste wir gekommen waren, hatte eine Rundreise in verschiedene Großstädte, aber auch in ländliche Gebiete für uns organisiert, auf der wir mit Universitätslehrern, Studenten, Fabrikdirektoren, Mitgliedern von Revolutionskomitees und Produktionsbrigaden, Bauern sowie Funktionären sprachen. Hinzu kamen lange Diskussionen mit Außenminister Chiao Kwan-Hua und Ministerpräsident Zhou Enlai. Unsere Aufgabe war es, einen kulturellen und wissenschaftlichen Austausch in Gang zu setzen, der schließlich zu einem ständigen Strom von Besuchern in beiden Richtungen werden sollte. Obwohl es sich vordergründig lediglich um private menschliche Begegnungen handelte, war dieser Neuanfang im amerikanisch-chinesischen Verhältnis nach einem Bruch von einem Vierteljahrhundert in Wirklichkeit von beiden Regierungen sorgfältig geplant worden.

Unsere Delegation gehörte zu den ersten Gruppen amerikanischer Privatleute, die nach China eingeladen wurden, und ich teilte die Aufregung der Chinaexperten unter uns, für die mit dieser Reise ein Lebenstraum in Erfüllung ging.** Bisher hatten amerikanische Sinologen nie einen Fuß auf chinesischen Boden gesetzt und waren

---

* Die Zeiten haben sich geändert. Heute gibt es in Kanton einige der besten Hotels von China, unter ihnen das von mir besonders geschätzte White Swan, das keinerlei Ähnlichkeit mit dem heruntergekommenen, zwielichtigen Dung Fang hat, wo ich in der Nacht von einem sonderbaren Lärm geweckt wurde. Wie sich herausstellte, hatten Ratten eine Schale mit Äpfeln vom Couchtisch gestoßen.

** Ich teilte mir die Delegationsleitung mit Charles Yost, einem pensionierten hohen Diplomaten und ehemaligen US-Botschafter bei der UNO. Ein weiteres wichtiges Mitglied der Delegation war Michel Oksenberg, der später Präsident Carter in der China- und Ostasienpolitik beriet und an der Universität von Michigan und in Stanford Sinologie lehrte. Jan Berris, eine junge Frau, für die China eine lebenslange Leidenschaft wurde und die immer noch eine gehobene Position im Komitee bekleidet, war unsere ebenso begeisterte wie fähige Delegationssekretärin.

darauf angewiesen, China aus der Ferne zu beobachten, indem sie die kommunistische Presse lasen und gelegentlich in Hongkong oder Taiwan Flüchtlinge befragten. Als Experten für ein Land und eine Kultur, die sie nie mit eigenen Augen gesehen hatten, ähnelten sie Ärzten mit verbundenen Augen, die, da sie ihre Patienten nur abtasten und ihre Körpertemperatur schätzen konnten, bestenfalls begründete Vermutungen über deren Gesundheitszustand äußern konnten.

Unser Besuch war der erste Schritt einer langsamen, sorgfältig gemanagten Wiederannäherung zwischen China und den Vereinigten Staaten, die in den frühen siebziger Jahren mit vielen Unterbrechungen stockend begann und neun Jahre später in der Wiederaufnahme voller diplomatischer Beziehungen (bei der ich eine offizielle Rolle spielen sollte) kulminierte. Viele Jahre lang hatten in Polen regelmäßige Botschaftertreffen zwischen beiden Ländern stattgefunden – insgesamt 134 –, doch es waren überwiegend kühle Begegnungen gewesen, bei denen man sich politisch in Pose warf und endlos entgegengesetzte Positionen wiederholte. Bis 1970 jedoch waren Entwicklungen eingetreten, welche die geopolitische Gleichung verändert hatten. Das chinesisch-sowjetische Verhältnis hatte sich erheblich verschlechtert, an der 6500 Kilometer langen Grenze zwischen der Sowjetunion und China waren russische Truppen aufmarschiert, und am Grenzfluss Ussuri war es zu schweren Gefechten gekommen. Außerdem fürchteten die Chinesen, die Entspannung in Europa könnte dazu führen, dass sich Moskau und Washington gegen sie verbündeten. Die Vereinigten Staaten andererseits sahen eine Gelegenheit, den Bruch zwischen Moskau und Peking auszunutzen, und hofften, eine Verbesserung der Beziehungen zu China würde eine Lösung des Vietnamdilemmas erleichtern. Daher waren beide Seiten bereit, die Ideologie beiseitezulassen, und diese veränderte geopolitische Lage bewog sie schließlich, ein neues Kapitel zu beginnen.[13]

Nach einem Begrüßungsbankett in Kanton erlebten wir am nächsten Tag, als wir in einem Flugzeug sowjetischer Bauart einen Flug nach Peking unternahmen, die nervenaufreibenden Freuden der chinesischen Luftfahrt in jener frühen Zeit. Sitzgurte fielen durch ihr Fehlen auf, die Passagiere wanderten in den Gängen herum, und an den unmöglichsten Orten war Gepäck verstaut, während die Stewardess unzählige Tassen Tee servierte, aber kaum einen Gedanken an die elementare Sicherheit der Fluggäste verschwendete. Nach einer Woche voller Gespräche in Peking reisten wir weiter in den Norden und Westen des Landes und anschließend nach Hangzhou und Schanghai in der Küstenprovinz Jiangsu. Zuletzt bereisten wir den Süden, bevor wir nach Hongkong zurückkehrten.

Dem Bankett in Kanton folgten während unserer Rundreise zahlreiche weitere, allesamt sorgfältig inszeniert, um die bedeutenden »ausländische Freunde« bei Laune zu halten, und in ihrer Opulenz – und der Anzahl der Gänge – exakt auf die hierarchische Stellung von Gästen und Gastgebern abgestimmt. Wir hatten uns bald daran gewöhnt und schickten uns in das Unvermeidliche. Mit etwas Glück ließ ein Tischnachbar einen nützlichen Hinweis fallen oder machte eine enthüllende private Bemerkung. Andererseits hatten wir ebenso langwierige wie langweilige Trinksprüche zu ertragen, deren Stumpfsinn, wie kaum anders zu erwarten, die bedrückende Atmosphäre des maoistischen China während der Kulturrevolution widerspiegelte.

Auch die Eindrücke auf den Straßen waren gemischt. In früheren Villen von Reichen waren jetzt Büros der riesigen kommunistischen Bürokratie untergebracht. Hier und dort hatte man enorme Vorzeigebauten im sowjetischen Stil errichtet, und in Schanghai befand sich auf dem Gelände der einstigen, allein Ausländern vorbehaltenen Pferderennbahn ein Volkspark. Die Tausenden von Rikschas, die mit ihrer menschlichen Last von unterernährten Kulis mühsam durch die Straßen gezogen worden waren, einst ein nicht wegzudenkender Bestandteil des Stadtbildes, waren verschwunden. Wie ich als alter Schanghaier sofort überrascht bemerkte – und zu schätzen wusste –, fehlten auch die einst allgegenwärtigen Legionen des Rinnsteinvölkchens – Betrüger, Taschendiebe, Bettler und Prostituierte.

Weniger behagten mir freilich die Methoden, mit denen dies erreicht worden war. Eines der sogenannten Straßenkomitees der Stadt erklärte sie uns voller Stolz. Von 58 Häusern in einer einzigen Seitengasse seiner Straße, berichtete ein Sprecher des Komitees, seien nicht weniger als 24 Bordelle gewesen, in denen 101 Frauen ihr Gewerbe ausgeübt hätten; zwei weitere Häuser seien Spielhöllen und zwei seien Opiumhöhlen gewesen, und fünf Familien seien »abergläubischen Beschäftigungen« nachgegangen. Kurz nach der Revolution seien alle diese Etablissements unverzüglich geschlossen worden. Was mit den Bewohnern geschehen sei, wollten wir wissen. Einige »Hooligans«, Madams und »giftige Kräuter« (ein beliebter maoistischer Ausdruck), wurde uns geantwortet, seien umgehend öffentlich hingerichtet worden. Die Frauen seien für längere Zeit aufs Land geschickt worden, wo man sie durch schwere, aber »ehrliche« Arbeit umerzogen habe. Wie man uns versicherte, hätten sie alle große Begeisterung und Dankbarkeit für den Vorsitzenden Mao an den Tag gelegt.

Manches davon stellte gegenüber der Vergangenheit eindeutig eine Verbesserung dar, doch in anderer Hinsicht schien die Zeit stehengeblieben zu sein. Die meisten Häuser sahen kaum anders aus als in den vierziger Jahren, nur noch heruntergekommener, grauer und vernachlässigter. Die Menschen lebten wie eh und je in übervölkerten Gassen und Nebenstraßen und mit ebenso wenig Komfort und Annehmlichkeiten wie früher. Die Straßen waren sauberer und ordentlicher, aber das Verschwinden aller Vielfalt, der offensichtliche Mangel an Privatsphäre und Spontaneität und die niederdrückende, von Reglementierung und Uniformität geprägte allgemeine Stimmung wirkten zutiefst beklemmend. Alle trugen den gleichen grauen, schwarzen oder dunkelblauen Maoanzug. Die Straßenbeleuchtung war dürftig, aber an jeder Mauer und auf jeder freien Fläche prangte ein Maoporträt, mitsamt seiner monoton wiederholten Parolen, kalligraphischen Aphorismen und platten Aussprüche.

Mit der Zeit gewöhnten wir uns an das rituelle Zitieren dieser Perlen der Weisheit, mit denen man offenbar uns und den eigenen Leuten politische Korrektheit beweisen wollte. Feinde und in Ungnade Gefallene waren stets »giftige Kräuter« und »rennende Hunde«, und jeder fühlte sich neben anderem verpflichtet, »tiefe Tunnel zu graben«, »mit beiden Beinen zu gehen«, »die Hegemonie abzulehnen«, »den Imperialismus zu bekämpfen« und »die Wahrheit in den Tatsachen zu suchen«. Sogar Zhou Enlai flocht im Gespräch mit uns einige dieser Phrasen ein.

Wie ernst dies alles genommen wurde, war nicht immer klar. Laut Kissinger brach Mao selbst bei der Begegnung mit Nixon und ihm über die Vorstellung, dass jemand die überall an den Mauern zu lesenden Slogans ernst nehmen könnte, in »schallendes Gelächter« aus.[14] Das, wofür sie standen, war freilich keineswegs zum Lachen, denn sie dienten als ständige Erinnerungen an die schattenhafte Präsenz des Großen Vorsitzenden und die Kontrolle, die er über das minutiös durchorganisierte Leben der Menschen ausübte. Wie wir feststellten, standen die Menschen ihm mit einer Mischung aus Ehrfurcht und Angst gegenüber. Einerseits war man ihm dankbar dafür, dass er die ein Jahrhundert währende Demütigung des Landes beendet, es von Kriegsherren und ausländischer Vorherrschaft befreit und die Exzesse der korrupten Bürokratie ausgemerzt hatte. Andererseits war überall die Furcht zu spüren, gegen das rigide Kontrollsystem zu verstoßen und mit den Wendungen und Haken von Maos politischen Direktiven nicht Schritt zu halten.

Die Kulturrevolution, die China vorgeblich von einer neuen bürokratischen Elite befreien sollte, Mao aber auch dazu diente, politische Konkurrenten auszuschalten, war völlig aus dem Ruder gelaufen, hatte ungezählte Menschen das Leben gekostet und riesige Schäden verursacht. Hohe Beamte, Freiberufler, Gebildetete, Lehrer und Studenten waren zwangsweise aufs Land geschickt worden, um »von den Bauern zu lernen«, und Universitäten und Oberschulen blieben jahrelang geschlossen. In »ideologischem Übereifer«, wie es Zhou Enlai gegenüber Kissinger vorsichtig umschrieb,[15] hatten konkurrierende Fraktionen erbitterte Kämpfe um unterschiedliche Interpretationen von Maos Wünschen ausgefochten, und eine gedankenlose Verfolgung der gebildeten Schichten hatte China um Jahre zurückgeworfen.

An der Beida, wie die Peking-Universität allgemein genannt wird, und der Tsinghua-Universität erhielten wir einen Eindruck von den Nachwirkungen der Kulturrevolution. Beide Bildungseinrichtungen waren nach 1970 wiedereröffnet worden, aber unter der Kontrolle junger Funktionäre geblieben, die das Wort führten, während die Professoren still danebensaßen. Die Komiteemitglieder Li und Tseng, beide kaum dreißig Jahre alte Dozenten, priesen in höchsten Tönen, welche Vorteile es hat, wenn Akademiker von Bauern lernen, und versicherten uns, die Bildung habe ihre Grenzen und die Praxis sei besser als jede Theorie. Wie China modernisiert werden könne, wenn die Universitäten geschlossen seien, fragten wir. Es habe zu viele »giftige Kräuter« gegeben, antworteten sie. Im Übrigen sei es sowieso falsch, eigene Ansichten zu lehren. Neben ihnen saß ein älterer Professor, der in Amerika studiert hatte und nur sprach, wenn er von ihnen aufgefordert wurde. »Ich wurde während der Revolution scharf kritisiert«, teilte er uns tapfer mit. »Aber auf dem Land habe ich viel gelernt.«

Die chinesische Bürokratie hat eine zweitausendjährige Geschichte, und vieles sprach dafür, dass Mao, falls er wirklich versucht haben sollte, ihre kommunistische Inkarnation zu zerschlagen, schmählich gescheitert war, denn die bürokratische Kontrolle war strenger als je zuvor. In Schanghai erhielten wir einen unmittelbaren Eindruck davon, was dies in einer der größten Städte Chinas bedeutete. An der Spitze stand der Revolutionsrat der Partei, dem zehn Bezirke unterstanden, in denen wiederum mehrere Hundert Straßenkomitees das Sagen hatten, die ihrerseits jeweils in Dutzende von Gassenräten und diese in mehrere sogenannte Haushaltsgruppen aufgeteilt waren, deren Aufgabe es war, die Reinheit der Lehre sicherzustellen, Arbeiten zuzuteilen, Reisen zu genehmigen, die Schulen zu kontrollieren und sämtliche Aspekte des Familienlebens, bis hin zur persönlichen Hygiene, zu überwachen.

Am 15. Juni, einen Tag vor unserer Abreise aus Peking, verkündeten unsere Reiseführer aufgeregt, Ministerpräsident Zhou Enlai werde uns an diesem Abend um 18 Uhr empfangen. Als Ort nannten sie die riesige Halle des Volkes, die Mao als Symbol der kommunistischen Macht am ebenso weitläufigen Platz des Himmlischen Friedens, außerhalb der Verbotenen Stadt, hatte errichten lassen. Zhou wollte offenbar unterstreichen, welche Bedeutung China dem neuen Verhältnis zu Amerika beimaß. Als unsere Autokolonne zum Platz des Himmlischen Friedens fuhr, fragte ich mich, ob der langjährige Ministerpräsident und nach Mao zweite Mann im Staat in der Lage sein würde, die erstaunlichen Dinge, die wir in den letzten Tage erlebt hatten, in eine verständliche Perspektive zu rücken.[16]

Bei unseren Begegnungen mit zahllosen Funktionären aller Ebenen hatten uns ihr steifes Verhalten und die Monotonie ihres revolutionären Jargons überrascht. Zhou wirkte auf den ersten Blick völlig anders. Er begrüßte uns herzlich und machte in seinem maßgeschneiderten Maoanzug eine gute Figur, zugleich ging von ihm auf unaufdringliche Weise eine Aura von selbstbewusster Autorität aus. Er hatte stechende dunkle Augen, mit denen er jeden von uns lächelnd musterte, und obwohl er Chinesisch sprach, gab er uns rasch zu verstehen, dass er das Englische gut verstand und sich über jeden von uns unterrichtet hatte. »Willkommen zurück, Dr. Blumenthal«, begrüßte er mich. »Sie haben lange Zeit in unserem Land gelebt, und wir freuen uns, dass Sie zurückgekehrt sind.«

Henry Kissinger, der Zhou Enlai als einen der beeindruckendsten Staatsmänner bezeichnet, die er kennengelernt hat, hebt dessen Weltläufigkeit und Charme hervor. In unserem zweistündigen Gespräch ging es zwar nicht wie zwischen den beiden um höchste Staatsangelegenheiten, aber Zhou beeindruckte uns ebenfalls rasch als hochintelligenter und beredsamer Mann, der sich mit einer gewissen Freundlichkeit und Wärme auszudrücken wusste. In Bezug auf die alltäglicheren Dinge, über die wir mit ihm sprechen wollten – menschliche Kontakte zwischen Amerika und China, Industrieentwicklung, Handel und das vergangene und aktuelle Umfeld für all dies –, bewies er aber kaum etwas von der Scharfsichtigkeit, die Kissinger so bemerkenswert gefunden hatte. Bei der Diskussion der Situation in China gab er in keiner Weise zu erkennen, dass er die krasse Ineffektivität und die Probleme, die die Entwicklung des Landes behinderten, in vollem Umfang begriffen hatte, noch deutete er in irgendeiner Weise an, dass er verstand, welches Potential eine weniger reglementierende und pragmatischere Innenpolitik hätte. Nach seiner Darstellung war China ein armes Land mit einer großen Bevölkerung, was ihm enge dauerhafte Grenzen auferlege, obwohl Maos Revolution bereits Wunder gewirkt habe. Die Industrialisierung, versicherte er uns, komme langsam, aber stetig voran, und die Menschen müssten lernen, »mit beiden Beinen zu gehen«. Außerdem gebe es immer das Problem der Umweltverschmutzung, das ihm in Erinnerung an seine Jugend in London, wo »man tagelang keine Sonne sehen konnte«, große Sorgen zu bereiten schien.

Seine Vorstellung von der Integration Chinas in die Weltwirtschaft war überraschend beschränkt, ebenso wie seine Erwartungen in Bezug auf die Zukunft der chinesisch-amerikanischen Wirtschaftsbeziehungen. Nach seiner Ansicht sollte es einen Studentenaustausch und technologische Zusammenarbeit geben, außerdem war China an Boeing-Flugzeugen interessiert, er fügte aber hinzu: »Ihr Handel mit Taiwan wird auf geraume Zeit wesentlich größer sein.« Im Hinblick auf eine schwere Dürre, von der China kurz zuvor heimgesucht worden war, erkundigte ich mich, ob man an Getreideimporten aus den Vereinigten Staaten interessiert sei. Doch Zhou sah dafür kaum eine Chance und erwiderte abweisend: »Wir Chinesen müssen uns auf unsere eigenen Kräfte verlassen und unsere Probleme, wie die Dürre, selbst lösen.«

Bei größeren politischen Themen befand sich Zhou offenbar auf festerem Boden, obwohl das, was er uns vermitteln wollte, nicht besonders subtil war, wie etwa das Bild eines armen, aber friedlichen China, das jegliche Hegemonie ablehne, sei es die sowjetische oder die amerikanische. »Sie kennen uns gut, Dr. Blumenthal«, wandte er sich einmal direkt an mich. »Sie wissen, dass wir kämpfen müssen, um jeden Tag wenigstens eine Schale Reis in die Bäuche der eine Milliarde Menschen in unserem Land [womit er eine bis dahin geheim gehaltene Zahl verriet] zu bekommen. Wie könnten wir da aggressiv sein?« Die lange Unterbrechung der chinesisch-amerikanischen Beziehungen sei überwiegend unsere Schuld, fuhr er fort. Antikommunistische Halsstarrigkeit auf Seiten der USA habe zu Missverständnissen, versäumten Gelegenheiten und Kränkungen geführt. Offenbar hatte er immer noch nicht vergessen, dass John Foster Dulles sich 1954 in Genf geweigert hatte, ihm die Hand zu geben. »Dafür bestand kein Grund«, beklagte sich Zhou, und es habe lange gedauert, den Schaden wiedergutzumachen, weil man bei den Botschaftertreffen in Polen nicht habe offen reden können, »da sie [die Sowjets] alles, was wir sagten, mitgehört« hätten.

Zhou sprach zwei Stunden mit uns. Dann entließ er uns mit einer vertrauten Plattitüde, die wir fast täglich von unseren chinesischen Gastgebern gehört hatten. Wie ernst sie gemeint war, stand allerdings in den Sternen. »Auf der Reise durch unser Land«, sagte er zum Abschied, »werden Sie sehen, wie viel sich seit der Befreiung getan hat und wie viel noch nötig ist. Ihr Rat ist uns willkommen. Wir wollen von Ihnen lernen.«

Wir verließen China mit gemischten Gefühlen. Wir hatten viel Beeindruckendes gesehen, aber auch viel Verstörendes, und es gab keinen unter uns, der nicht erleichtert aufgeatmet hätte, als wir die bedrückende Atmosphäre des Landes hinter uns ließen. Mao hatte das Land geeint, die Reste des vorrevolutionären Feudalismus beseitigt, die Kriegsherren getötet oder in die eigenen Reihen aufgenommen, in den Städten und auf dem Land für öffentliche Ordnung gesorgt, das allgemeine Bildungsniveau angehoben und bemerkenswerte Fortschritte auf dem Gebiet von Gesundheit und Hygiene erzielt. Das waren große und sogar historische Leistungen. Gleichwohl waren sie durch die Errichtung eines furchterregend repressiven und zutiefst dysfunktionalen Systems staatlicher Kontrolle erzielt worden, das für große politische Fehlschläge verantwortlich war und letztlich zu den tödlichen Exzessen der Kulturrevolution geführt hatte, ohne dem chinesischen Volk ein besseres Leben zu ermöglichen.

Der Maoismus verlangte die totale persönliche Konformität und Unterwerfung. Er bestimmte alles und gestattete keinerlei Individualität und Selbstentfaltung. Das Denken des abgeschieden lebenden Großen Steuermanns, das »Mao-Zedong-Denken«, verlief auf willkürlichen, gewundenen Pfaden und grenzte gelegentlich an platte Hirnlosigkeit. Seinen Untertanen wurde es in Form von genauen Anweisungen und Slogans übermittelt, denen jeder blindlings zu folgen hatte. »Die Wahrheit in den Tatsachen suchen« gehörte zu Maos Lieblingssprüchen, obwohl er selbst genau dies nicht tat. Paradoxerweise scheint die Führung ebenso ein Gefangener des Systems gewesen zu sein wie das Volk, denn es verdammte jeden gleichermaßen dazu, dessen kostspielige Fehler klaglos hinzunehmen. Mao war ein Meister darin, die Ideologie zur Manipulation der Massen zu nutzen und seine Anhänger gegeneinander auszuspielen. Die Strafen konnten hart sein. Von der Spitze bis zur untersten Stufe hatten die Funktionäre und Bürokraten verinnerlicht, dass sie ihre Stellung und Sicherheit nur durch Gehorsam, Vorsicht und begeisterte Konformität, ob sie nun echt oder vorgetäuscht war, gewährleisten konnten. Wir hatten ein in seiner eigenen Propaganda befangenes und auf der Stelle tretendes China erlebt, in dem die Menschen die Slogans im Mund führten, während sie irgendwie den Alltag zu bewältigen versuchten.

Wir fragten uns häufig, ob die Chinesen, die uns gegenüber pflichtschuldig Maosprüche wiedergekäut hatten, tatsächlich an sie glaubten oder bloß ein Lippenbekenntnis abgegeben hatten. War ihnen bewusst, dass ihr System nicht funktionierte, und wie empfanden sie den Mangel an Freiheit in ihrem Land? Vielen von ihnen muss klar gewesen sein, dass die Kulturrevolution außerordentlich schädlich und kostspielig war. Glaubten die jungen Funktionäre in der Beida wirklich, dass es klug war, die Oberschulen und Universitäten jahrelang zu schließen und Professoren und Studenten aufs Land zu schicken, damit sie »von den Bauern lernen« konnten? Oder wollten sie nur öffentlich ihre Strenggläubigkeit und Regimetreue demonstrieren?

Ich gehörte zu den Skeptikern in unserer Delegation, da ich aus meiner Zeit in China wusste, dass Schein und Wirklichkeit in China mehr als in anderen Kulturen auseinanderklaffen konnten und man insbesondere Außenstehenden die wahren Tatsachen selten offenbart. Manchmal waren aus den Untertönen der Äußerungen unserer chinesischen Gesprächspartner vage Hinweise auf ihre versteckte Bedeutung herauszuhören gewesen. Den Namen des älteren Professors der Beida, der bei unserem Besuch in der Universität still dagesessen und uns dann versichert hatte, die Kritik gegen ihn sei gerechtfertigt gewesen und er habe viel von den Bauern gelernt, weiß ich nicht mehr, aber mir ist deutlich im Gedächtnis haften geblieben, dass er, als wir zu unseren Autos gingen, plötzlich neben mir auftauchte und mir zuraunte: »Danke, dass Sie so offen mit uns gesprochen haben. Bitte grüßen Sie meinen alten Freund, Professor Levy in Princeton, von mir.«* Mit diesen Worten verschwand er ebenso schnell wieder, wie er gekommen war.

Bei einer anderen Gelegenheit hatte ein Maosprüche zitierender Funktionär den Geist der Gleichheit in der Volksbefreiungsarmee gepriesen und als Beweis angeführt, dass Offiziere und Soldaten die gleichen Uniformen ohne Rangabzeichen trugen. »Aber woher wissen die Soldaten dann, wer den Befehl hat?«, wollte ich wissen. »Führt das nicht zu Verwirrung im Feld?« Das sei kein Problem, lautete die wenig überzeugende Antwort. Der Abbau der Klassenschranken in den Streitkräften funktioniere ausgezeichnet. Aber offenbar nicht ganz, denn beim Essen am Abend nahm mich derselbe Funktionär mit einem verschwörerischen Lächeln beiseite. »Was die Uniformen der Volksbefreiungsarmee angeht«, vertraute er mir – außer Hörweite der anderen – mit nervösem Lachen an, »so sind Offiziere leicht zu erkennen. Ihre Uniformen passen besser, und ihre Jacken haben Taschen.«

Ein weiteres Beispiel war die Idee, motorisierte Fahrräder zu entwickeln, die ich gegenüber Zhou Enlai erwähnt und die er rundweg abgelehnt hatte. Als ich den Direktor einer Schanghaier Fahrradfabrik danach fragte, ohne die Ansicht des Ministerpräsidenten zu erwähnen, antwortete er vage und ausweichend, doch nach dem Ende

* Er meinte den Soziologen Marion J. Levy, der eine bekannte Studie über die chinesische Familie verfasst hatte.

der formellen Begegnung führte er mich zu einem kleinen Schuppen auf dem Fabrikhof – der voller motorisierter Fahrräder war. »Das ist unsere eigene Planung für die Zukunft«, erklärte er stolz.

In China war also auch Anfang der siebziger Jahre nicht alles so, wie es schien. Orthodoxe Äußerungen waren das eine, doch wenn man genau hinhörte, nahm man flüchtige Hinweise darauf wahr, dass die Realität an der Basis anders aussah. Man spürte ein Rumoren unter der Oberfläche und sah momentweise Individualität und Unternehmergeist aufblitzen. So kannte ich es aus dem alten China, und es machte mir Hoffnung.

Von Zhou Enlai zu Deng Xiaoping

In den späten siebziger Jahren kehrte ich als Finanzminister mehrmals nach China zurück, um die finanziellen und kommerziellen Vereinbarungen im Zusammenhang mit der Wiederaufnahme der diplomatischen Beziehungen zwischen China und den Vereinigten Staaten auszuhandeln. Mao und Zhou waren beide 1976 gestorben, Hua Guofeng, den Mao vor seinem Tod als Nachfolger aufgebaut hatte, hatte sich als Übergangsführer erwiesen und war verdrängt worden, und Deng Xiaoping war 1978 der tatsächliche Führer des Landes.

Mao war kaum verschwunden, als China wieder einmal eine erstaunlich schnelle Veränderung durchmachte. Sein Porträt hing weiterhin überall, aber die Slogans waren wie weggefegt, und immer mehr Menschen handelten, als hätte es sie nie gegeben. Was die hitzköpfigen jungen Revolutionskader anging, die 1973 das Sagen gehabt hatten, so schienen sie sich in Luft aufgelöst zu haben, und wenn man sich nach ihnen erkundigte, erhielt man für gewöhnlich nur ein Lächeln und ein Achselzucken zur Antwort.

Deng hatte die Kulturrevolution in aller Form beendet und China eine andere, gangbare Richtung gewiesen. Sein neues Entwicklungsmodell nannte sich »sozialistische Marktwirtschaft«. In der Praxis bedeutete dies, dass die Rolle der Ideologie in der Wirtschaft reduziert, der Vorrang des Staatseigentums verringert und den Marktkräften mehr Spielraum gelassen wurde. Nachdem China sich jahrzehntelang von der Weltwirtschaft abgekapselt hatte, öffneten Deng und seine Anhänger die Tore und verbanden das Land mit der Weltwirtschaft und dem internationalen Handel, während sie die innere Entwicklung mit einer marktorientierten Politik vorantrieben. Das war eine dramatische Abkehr von der Vergangenheit, und die Menschen gingen offenbar bereitwillig darauf ein. Wahrscheinlich hätte ein derart radikaler Wandel in keinem anderen Land mit solchem Tempo erreicht werden können, denn darin spiegelten sich zwei einzigartige, wenn auch etwas widersprüchliche Züge des chinesischen Nationalcharakters wider: einerseits ein jahrhundertealter Respekt vor der Autorität und die Bereitschaft, sich jedweder Anordnung von oben zu beugen und anzupassen – wie unter Mao –, und andererseits ein tiefverwurzelter Individualismus und Unternehmergeist sowie das Talent, geschäftliche Gelegenheiten aufzuspüren und zu nutzen.

Vor dem Hintergrund dieser Entwicklung traf ich mit Deng, Hua und anderen Vertretern der chinesischen Führung zu mehreren Verhandlungsrunden zusammen, um über die Wiederaufnahme der diplomatischen und wirtschaftlichen Beziehungen zu sprechen. Für gewöhnlich fanden die Sitzungen in der Großen Halle am Platz des Himmlischen Friedens statt, wo ich einige Jahre zuvor zusammen mit meiner Delegation von Zhou empfangen worden war. Doch nur der Ort war derselbe, die Stimmung hätte kaum unterschiedlicher sein können.

Dabei hatten Zhou und Deng einiges gemeinsam. Beide waren ihr Leben lang Kommunisten gewesen, die auf dem Machtmonopol der Partei bestanden und bereit waren, es mit allen Mitteln zu verteidigen (wie Deng später demonstrieren sollte, als es von auf dem Platz des Himmlischen Friedens demonstrierenden Studenten in Frage gestellt wurde). Beide waren in jungen Jahren ins Ausland gereist, um ihren Horizont zu erweitern und in Europa zu studieren, und hatten sich nach ihrer Heimkehr Mao angeschlossen. Beide hatten am Langen Marsch teilgenommen, jahrelang gegen die Japaner und Chiang Kai-sheks Kuomintang gekämpft und waren bei der Machtübernahme der Kommunisten an Maos Seite gewesen.

Doch die Unterschiede in Erscheinung, Auftreten und Persönlichkeit waren umso bemerkenswerter. Der gutaussehende, weltläufige Zhou war mittelgroß und hatte die weichen Gesichtszüge der Han-Chinesen. Deng dagegen war ungewöhnlich klein und gedrungen und hatte die kantigeren, raueren Gesichtszüge der westchinesischen Minderheit der Hakka. Zhou hatte eine geschliffene Ausdrucksweise, sprach allerdings häufig indirekt und mit wolkigen Andeutungen, so dass man rätselte, was er wirklich meinte. Deng, obwohl klein von Wuchs, trat nicht weniger selbstbewusst auf als Zhou, strahlte aber auf wesentlich direktere Weise Entschlossenheit und persönliche Stärke aus; zudem zeichnete er sich durch eine Freimütigkeit und Klarheit aus, die Zhou fehlten.

Beide hatten unter Mao viele Jahre lang der Führungsspitze angehört, unterschieden sich aber charakterlich stark voneinander. Zhou war immer Maos treuer Gefolgsmann gewesen und hatte als einer von wenigen alle internen Rivalitäten, Säuberungen und sogar Maos Schikanen gegen ihn persönlich überstanden. Manche behaupten, er hätte hinter den Kulissen versucht, die Folgen von Maos schlimmsten Exzessen abzumildern, doch wenn dies zutreffen sollte, hatte er offenbar nicht viel erreicht und es auch nie mit letztem Einsatz getan, das heißt auf die Gefahr hin, seine Position zu verlieren. Andere meinen, dass sich hinter der glatten, weltläufigen Fassade als Hauptcharakterzug ein fein justierter Selbsterhaltungstrieb verbarg und dass er, wenn nötig, bereit war, »einem die Kehle durchzuschneiden«.[17]

Im Gegensatz zu Zhou hatte Deng mehrmals die persönliche Stärke und den Mut bewiesen, für seine Überzeugungen einzutreten, und sich gegen Mao gestellt. Insbesondere für mehr Pragmatismus in Wirtschaftsfragen hatte er sich stets eingesetzt. Dafür musste er einen hohen Preis bezahlen, denn er wurde zweimal als »Wegbereiter des Kapitals« – ein Vorwurf, der in Maos Zeit tödlich sein konnte – gemaßregelt. Nachdem er in der Kulturrevolution seiner Ämter enthoben worden war, wurde er zusammen mit seiner Familie verbannt und hatte viel zu leiden. Doch er blieb standhaft und kam knapp mit dem Leben davon, während sein Sohn so schwer geschlagen wurde, dass er lebenslang an den Rollstuhl gefesselt blieb.

Meine denkwürdigste Begegnung mit Deng fand während eines neuntägigen Aufenthalts in China im Februar 1979 statt, in einem historischen Augenblick der chinesisch-amerikanischen Beziehungen. Die Vereinigten Staaten und China hatten vereinbart, am 1. März gleichzeitig ihre Botschaften in Peking beziehungsweise Washington zu eröffnen, und Präsident Carter hatte mich nach China entsandt, um ihn bei den aus diesem geschichtsträchtigen Anlass stattfindenden Feierlichkeiten zu vertreten. Mehrere kritische offene Fragen waren noch zu klären, darunter insbesondere eine abschließende Regelung der Entschädigung für amerikanische Vermögenswerte in China, die 1949 von den Kommunisten enteignet worden waren, und ein Rahmenabkommen über die Normalisierung der künftigen Handels- und Wirtschaftsbeziehungen.

Meinem Besuch waren wochenlange Planungen und Vorbereitungen in Washington und Peking vorangegangen, und ich reiste in Begleitung einer großen Delegation. Das öffentliche Interesse an der Reise war ungewöhnlich stark, und die Botschaftseröffnung sowie die noch zu verhandelnden Wirtschaftsfragen besaßen einen solchen Nachrichtenwert, dass an Bord des Flugzeugs, mit dem wir am 24. Februar 1979 in Peking landeten, auch über zwanzig Journalisten waren.

Meine bevorstehende Chinareise wurde von allen führenden Zeitungen auf der Titelseite gemeldet. Sie fand freilich unter unerwarteten Umständen statt, denn China war kurz zuvor in Vietnam einmarschiert, was die Vereinigten Staaten unumwunden verurteilt hatten und »Blumenthals Mission erheblich erschwert[e]«, wie Richard J. Levine vom *Wall Street Journal*, einer der mitgereisten Journalisten, in seinem ersten Bericht aus Peking anmerkte.[18] Als guter Journalist hatte Levine den Nagel auf den Kopf getroffen. Eine weitere »Komplikation« bestand darin, dass ich schon Wochen zuvor beschlossen hatte, meinen Trinkspruch bei dem Festbankett auf Chinesisch auszubringen, eine »Nachrichtenperle«, die ich wohlweislich für mich behalten hatte. Das Problem war nur, dass ich zwar in China gelebt hatte, aber kaum mehr als eine bescheidene Version des »Straßenchinesisch« im Schanghaier Dialekt sprach, die für Sprecher des Pekinger Hochchinesisch praktisch eine Fremdsprache darstellte. Um den Toast – in Wirklichkeit eine kleine Rede – in Mandarin ausbringen zu können, hatte ich ihn buchstäblich auswendig lernen und proben müssen, bis die Sprachlehrerin in Washington, die mir mit professioneller Geduld geholfen hatte, meine Aussprache des Pekinger Dialekts für »verständlich« erklärt hatte. Jetzt war die Version, die ich mir eingeprägt hatte, um einige scharfe Worte über die Geschehnisse in Vietnam erweitert worden, und um mich darauf einzustellen, reichten die wenigen verbliebenen Tage nicht aus.

Zuerst dachte ich daran, meinen sprachlichen Ausflug in fremde Gefilde ganz aufzugeben, doch dann entschied ich mich für eine bessere Lösung: Ich würde Anfang und Ende, wie geplant, in meinem mühsam eingeübten Chinesisch sprechen und mich in der Mitte unterbrechen, um jene offiziellen warnenden Worte der US-Regierung in klarem Englisch wiederzugeben: »Unsere beiderseitigen Beziehungen werden nur in einer Welt des Friedens und der Stabilität gedeihen. Achtung für die Unabhängigkeit und territoriale Integrität aller Nationen und der Einsatz friedlicher Mittel für die Lösung von Streitigkeiten sind grundlegende Prinzipien des internationalen Verhaltens. Jede Aushöhlung dieser Prinzipien schadet allen Nationen. Selbst begrenzte Invasionen bedeuten das Risiko eines größeren Krieges.«

Nachdem die Chinesen ihre Verblüffung darüber, dass ich mich ihrer Sprache bediente, überwunden hatten, reagierten sie mit anhaltendem Applaus. »Blumenthal entzückt seine Gastgeber«, meldete die *Los Angeles Times* und fügte hinzu, sie hätten mein Chinesisch »als ›verständlich‹, mit einem schwachen Schanghaier Akzent, ›leicht‹ [sic!] gelobt«.[19] Meine Sprachlehrerin hatte ihre Arbeit wohl gut gemacht. Was den auf Englisch vorgebrachten offiziellen Tadel in Bezug auf den Einmarsch in Vietnam anging, so hatte man ihn mit höflichem Schweigen hingenommen. Diese Meinungsverschiedenheit, erklärten die Chinesen der Presse, habe keine Auswirkung auf die Botschaftseröffnungen, und soweit es von ihnen abhänge, würden die Wirtschaftsverhandlungen ebenso wenig darunter leiden. Dies war natürlich auch in unserem Sinn, und so hatte meine Sprachakrobatik anscheinend geholfen, das richtige Klima für das Folgende herzustellen.

Am nächsten Nachmittag um 16 Uhr kam ich im großen Südsaal der Großen Halle mit Deng zusammen und sprach mit ihm zwei Stunden lang über die Zukunft der chinesisch-amerikanischen Beziehungen und ihr politisches Umfeld. Es war eine bemerkenswerte Begegnung. Zunächst einmal war das einleitende Geplauder mit dem Austausch von höflichen Leerformeln auf ein Minimum beschränkt, und dann sah Deng offenbar keinen Grund, seine ökonomischen Anschauungen in jene maoistisch-marxistische Sprache zu kleiden, die ich von anderen zu hören gewohnt war. Chinas De-facto-Herrscher hatte klare Ansichten, die er ebenso klar ausdrückte. Er wusste, was er wollte, und hatte vor, Nägel mit Köpfen zu machen.

Deng ging rasch dazu über, darzulegen, wie er sich die wirtschaftliche Entwicklung Chinas vorstellte, die sich weniger auf staatliche Kontrollen als auf die Privatinitiative stützen sollte. Mit diesem Pragmatismus gab er deutlich zu erkennen, dass er wusste, welche Schritte als nächste getan werden mussten, und sich über ihre langfristigen Implikationen im Klaren war. All dies äußerte er mit einer Direktheit, die zuvor in China selten anzutreffen war. Um erfolgreich zu sein, erklärte er, müsse China sich mit der Weltwirtschaft verbinden. Dazu gehörten normalisierte chinesisch-amerikanische Wirtschaftsbeziehungen. In Bezug auf die Fragen, über die ich verhandeln wollte – die Entschädigung amerikanischer Ansprüche, ein Handelsabkommen und die Bildung eines gemeinsamen amerikanisch-chinesischen Wirtschaftsrats –, versicherte er mir unumwunden, dass China zu raschem Handeln bereit sei. Er erwarte, dass mein Besuch erfolgreich verlaufe. »Sie haben westliche Konkurrenten, mit denen wir Handel treiben wollen«, fügte er hinzu, »und wir werden nichts verschenken. Aber unsere Seite ist zu einer Vereinbarung bereit.«

Wie geschickt er als Politiker war und dass er begriffen hatte, wie wichtig die westliche Presse und die öffentliche Meinung waren, hatte Deng schon vor unserem Treffen bewiesen. Offenbar war ihm klar, dass ich als Erstes Präsident Carters Forderung nach dem sofortigen Rückzug der chinesischen Truppen aus Vietnam überbringen würde und dass dies den Hauptpunkt der Berichte bilden würde, welche die vor dem Sitzungssaal wartenden US-Journalisten nach Hause kabeln würden. Die ebenso unkonventionelle wie wirkungsvolle Art, wie er diese Angelegenheit mit einem einfachen Trick löste, nötigte mir Bewunderung ab. Unter Missachtung des üblichen Protokolls – wie man sie von einem chinesischen Führer nicht erwartet hätte – war er, wie ich überrascht feststellte, eine Viertelstunde vor mir auf dem Platz des Himmlischen Friedens erschienen und hatte die versammelten amerikanischen Journalisten zu einem kleinen improvisierten »Briefing« um sich geschart und ihnen Nachrichtenstoff geliefert, der den Amerikanern gefallen musste. Vietnam, erklärte er, sei das »Kuba des Orients«. Beide »Kubas«, dasjenige Castros und das fernöstliche, seien aggressive, von der Sowjetunion unterstützte Staaten. Nach dem Eindringen Vietnams in Kambodscha habe man dem Land »eine Lehre erteilen« müssen. Aber keine Sorge, China beanspruche »keinen Quadratzentimeter vietnamesischen Territoriums«. Soweit es China angehe, solle all dies keinen Einfluss auf die Lösung der Wirtschaftsfragen haben, über die man während meines Besuchs sprechen werde.

Dengs geschickter Schachzug verfehlte seine Wirkung nicht. Wie von ihm erwartet, beherrschten seine Äußerungen die an diesem Tag verschickten Berichte und schwächten, wie gehofft, die Wirkung von Carters Botschaft ab, noch bevor ich sie übermittelt hatte. Gleichzeitig hatte Deng einen positiven Ton für die Stimmung und den weiteren Verlauf meines Besuchs vorgegeben. In der Begegnung mit mir hörte er sich Carters Botschaft höflich an und antwortete dann mit denselben Argumenten, die er in seiner improvisierten Pressekonferenz vorgebracht hatte. Er sprach leichthin von einem »temporären Problem« und unterstrich anschließend seine Hoffnung, dass wir während meines Aufenthalts in Peking gute Fortschritte machen würden.

In Bezug auf die konkreten Fragen drückte er sich wiederum mit einer Klarheit und Direktheit aus, die Zhou Enlais vorsichtigen und begrenzten Äußerungen über Wirtschaftsfragen gefehlt hatte. Sicherlich hatte Zhou, solange Mao noch lebte, nicht offen reden können, doch ich hatte bislang auch von Dengs Mitarbeitern keine derart klaren Worte gehört, und auch seine Beherrschung der Fakten war beeindruckend. China, erklärte er, stehe einer wesentlichen Ausweitung seines internationalen Handels wohlwollend gegenüber und freue sich auf vertiefte chinesisch-amerikanische Wirtschaftsbeziehungen. Es wolle landwirtschaftliche Produkte und Ausrüstungen erwerben, um seine eigene Landwirtschaft zu modernisieren. Um sie zu bezahlen, könne China Erze und andere Rohstoffe verkaufen sowie vorsichtig Kredite aufnehmen. Deng deutete sogar an, dass China in Zukunft der Weltbank und dem Internationalen Währungsfonds beitreten könnte. Was meine speziellen Anliegen betraf, so versicherte er, dass die Frage der amerikanischen Entschädigungsansprüche schnell gelöst werden könne; auch einer Vereinbarung über die Schaffung eines gemeinsamen Wirtschaftsrats stehe nichts im Wege, und bei der Ausarbeitung des Rahmens für ein Wirtschaftsabkommen könnten zumindest wesentliche Fortschritte erzielt werden.

Es war ein bemerkenswerter Auftritt, und ich konnte nach Washington berichten, dass Deng augenscheinlich seiner selbst sicher sei und das Heft fest in der Hand habe. In weniger als zwei Stunden hatte er die Weichen dafür gestellt, dass meine Mission zu einem Erfolg werden konnte, und genau dies bestätigte sich in den folgenden Tagen. Nachdem wir monatelang über die Entschädigung amerikanischer Ansprüche gestritten hatten, wurde jetzt, zwei

Tage nach meinem Treffen mit Deng, unser letztes Angebot angenommen. Auch über die Gründung des amerikanisch-chinesischen Wirtschaftsrats, dem der stellvertretende Vorsitzende Yu und ich vorstehen sollten, und über das Rahmenwerk für ein bilaterales Wirtschaftsabkommen einigten wir uns.

Meine Mission war erfolgreicher verlaufen, als wir hatten hoffen können, und Washington nahm es erfreut zur Kenntnis. Aber auch auf einer sehr persönlichen Ebene war es eine denkwürdige Reise gewesen. Bevor wir China verließen, legte unsere Delegation einen kurzen Zwischenstopp in Schanghai ein, wo ich meine Kollegen und die Journalisten auf einen nostalgischen Spaziergang durch das alte Schanghai meiner Jugend mitnahm. Mit besonderem Stolz hatte mich der Augenblick erfüllt, als ich persönlich die Stars and Stripes in Peking über der wiedereröffneten Botschaft hisste. Mir entging nicht, auf welch außergewöhnliche Weise sich mein Leben – und meine Beziehung zu China – zu einem Kreis geschlossen hatte. 32 Jahre zuvor hatte ich China als Staatenloser verlassen. Jetzt war ich zurückgekehrt, um den Präsidenten der Vereinigten Staaten bei der Wiedereröffnung der US-Botschaft zu repräsentieren und meinen Teil zum Aufbau einer neuen Beziehung zwischen meiner zeitweiligen Zuflucht China und meiner Wahlheimat Amerika zu leisten!

Wie in der Wirtschaft sind auch in der Politik drei Komponenten effektiver Führung von grundlegender Relevanz: eine klare Vision, das Talent, sie auf überzeugende Weise zu vertreten, sowie der Mut und die Fähigkeit, die Umstände in ihrem Sinne zu gestalten und zum richtigen Zeitpunkt die Gelegenheit zu ihrer Verwirklichung zu ergreifen. Deng Xiaoping besaß diese Eigenschaften. Ich schätze ihn als einen der wahrscheinlich bedeutendsten politischen Führer der zweiten Hälfte des 20. Jahrhunderts ein, der in seiner Wirkung auf die Welt keinem anderen nachsteht.

Wie Mao und die anderen kommunistischen Revolutionäre hatte er sich schon früh zum orthodoxen Marxismus und dessen ökonomischer Lehre von Planwirtschaft, kollektivierter Landwirtschaft und totaler staatlicher Kontrolle sämtlicher Aspekte des Wirtschaftslebens bekehrt. Doch als Einziger besaß er genügend Scharfblick, um die Folgen der Veränderungen auf der Welt – und vor allem diejenigen der chinesischen Abschottung von der aufkommenden Globalisierung – wahrzunehmen. Er verfügte über die Einsicht, den Charakter und den Mut, die es brauchte, um die in China nötigen Veränderungen zu erkennen, sowie über die politische Stärke und Cleverness, sie in Gang zu setzen, sobald er die Macht dazu hatte. Manches von dem, was unter seiner Führung in China geschehen ist, mag unaufhaltbar gewesen sein und wäre früher oder später sowieso eingetreten. Doch der rasante und nachhaltige Aufstieg Chinas zu einer bedeutenden Wirtschaftsmacht gehörten nicht dazu. Er war nicht das Ergebnis von glücklichen Umständen oder zufälligen Ereignissen, sondern einer klugen Führung, und er wäre sicherlich nicht erreicht worden, wenn Mao und Zhou an der Macht geblieben wären. Die beiden großen Diktatoren Hitler und Stalin einerseits und Roosevelt und Churchill, die den Westen gegen sie mobilisierten, andererseits sind überragende historische Gestalten, die im Guten oder Bösen großen Einfluss auf die Geschichte des 20. Jahrhunderts hatten. Zu dieser Liste muss man gerechterweise Deng Xiaoping, unter dessen Führung China am Ende des Jahrhunderts zu einer großen Wirtschaftsmacht aufgestiegen ist, hinzufügen.

Aber wie sieht die Zukunft aus? Kann China sein schnelles Wachstum fortsetzen? Kann es trotz weiterhin eingeschränkter politischer Freiheit weitermachen wie bisher? Wie wird China seine gewachsene Macht in nächster Zeit auf der internationalen Bühne einsetzen? Der Erfolg hat viele innere und äußere Herausforderungen mit sich gebracht, die selbst Deng nicht voraussehen konnte. Die Frage ist, wie erfolgreich Chinas gegenwärtige und künftige Führer die Vielzahl von Problemen bewältigen werden, vor denen sie in den kommenden Jahren stehen werden.

Heute leben 1,3 Milliarden Menschen in China, und die Bevölkerung altert rasch. Das Wachstum ist ziemlich ungleichmäßig verlaufen, und die Kluft zwischen Reich und Arm hat sich gefährlich vertieft. Während die Großstädte boomen, leben mindestens zwei Drittel der Chinesen weiterhin in unterschiedlichem Maß in ländlicher Armut. Millionen Menschen müssen mit gerade einmal einem Dollar am Tag auskommen, und bis zu 150 Millionen sind vom Land in die urbanen Zentren und ihre Umgebung gezogen, wo sie eine mehr oder weniger ärmliche Existenz fristen.

Die grassierende Korruption, die ich einst kennengelernt hatte, befindet sich wieder auf dem Vormarsch, und die 80 000 öffentlichen Proteste, die nach Angaben der Behörden allein im Jahr 2005 stattfanden, beweisen, wie viel Unmut korrupte Beamte und protzige Neureiche bei armen Landbewohnern, Rentnern, Arbeitslosen und den Opfern der Ausdehnung der Städte hervorrufen. Noch ist die jahrzehntelange kommunistische Misswirtschaft nicht vollends überwunden, und je länger das rasche Wachstum anhält, desto problematischer dürften die von einer unzureichenden Infrastruktur geschaffenen Engpässe, die zunehmende Umweltverschmutzung und das Überleben der übriggebliebenen ineffizienten Staatsunternehmen neben einer freien Marktwirtschaft werden.

Chinas wachsende Wirtschaft und zunehmender politischer Einfluss haben die globale geopolitische Lage tiefgreifend verändert. Das Land ist ein bedeutender Exporteur und ein unersättlicher Konsument von Energie und Rohstoffen, was eine beträchtliche Belastung für die Weltwirtschaft darstellt. Eine umsichtige Förderung der heimischen Wirtschaft wird daher auch darauf achten müssen, dass die Weltmärkte für deren Produkte offen bleiben, und dies wirft wiederum die Frage auf, wie sich Chinas Handels- und Devisenpolitik entwickeln und wie sich das unvermeidliche Auf und Ab auf den entsprechenden Märkten auf sie auswirken wird. Es bleibt abzuwarten, ob Peking klug agieren wird, als verantwortungsbewusster Teilnehmer am internationalen System, mit genügend Transparenz und der Bereitschaft, internationale Lasten mitzutragen. Der alternative Weg – mit einer auf Dauer unterbewerteten Währung, Protektionismus, Rücksichtslosigkeit gegenüber den internationalen Auswirkungen der von China verursachten starken Umweltverschmutzung und Duldung von Markenpiraterie und Urheberrechtsverletzungen – würde sicherlich negative Reaktionen des Auslands heraufbeschwören. Aufmerksam verfolgen wird man außerdem, was China mit seinen umfangreichen Streitkräften unternimmt.

Eine realistische Sicht des heutigen China sollte also nicht nur von Bewunderung, sondern auch von Vorsicht geprägt sein. Dies sollten all die begeisterten ausländischen Geschäftsleute und Chinafreunde, die nur die glänzende Entwicklung der letzten Jahre sehen, nicht vergessen.

DIE SIEBZIGER JAHRE II

Die Carter-Ära

Carters Präsidentschaft

In seinen Memoiren beschreibt Jimmy Carter den 20. Januar 1977, an dem er als 39. Präsident der Vereinigten Staaten vereidigt wurde, als »perfekten Tag, an dem alles zu stimmen schien«. Alles hatte sich zu seinen Gunsten gefügt. Nach seinem knappen Wahlsieg war seine Popularität erheblich gestiegen, und fürs Erste verhielten sich auch die wetterwendischen Medien freundlich und standen auf seiner Seite. Die Auswahl seiner Kabinettsmitglieder, von denen die Mehrzahl über viel Erfahrung in Washington verfügte, war allgemein begrüßt worden. Der neue Stab des Weißen Hauses bestand überwiegend aus Carters Landsleuten aus Georgia und jungen Wahlkampfhelfern, die kaum jemand in der Hauptstadt kannte, doch das war bei neugewählten Präsidenten nicht ungewöhnlich. Immerhin hatte Kennedy seine »irische Mafia« gehabt, und Johnson seine Texaner.

Nachdem er als Kandidat eine ebenso lange wie ehrgeizige Aufgabenliste vorgelegt hatte, drängte es Carter jetzt, die vielen während des Wahlkampfs gegebenen Versprechen einzulösen. Das Land schien hinter ihm zu stehen, und die Aussichten für seine Präsidentschaft sahen gut aus. »In Washington scheint ein neuer Geist geboren zu werden«, meldete *Newsweek.*[1]

Obwohl Carter als Erdnussfarmer lediglich eine Amtszeit als Gouverneur von Georgia aufzuweisen hatte und über keinerlei Erfahrungen in der nationalen Politik verfügte, hatte er zur allgemeinen Überraschung das alle vier Jahre ausgetragene Rennen um die Präsidentschaft gewonnen. Niemand hatte ihm eine Chance eingeräumt; noch ein Jahr vor der Wahl hatte man ihn nicht einmal als ernstzunehmenden Kandidaten betrachtet. Doch »seine Unbekanntheit war Teil seiner Anziehungskraft«, wie sein Redenschreiber Rick Hertzberg bemerkt hat. »Und er brachte einfache Wahrheiten in den Wahlkampf ein: das Versprechen, das amerikanische Volk nicht zu belügen; das Versprechen, gut zu sein; das Versprechen, mit dem Herzen dabei zu sein. Das genügte, um die ersten Vorwahlen zu überstehen.«

Mit eiserner Entschlossenheit, unermüdlicher Anstrengung und einem unerschütterlichen Selbstvertrauen hatte er die Parteiführung häufig umgangen, sich direkt an die Bürger gewandt und zur Verblüffung der Experten seine Mitbewerber ausmanövriert, die Nominierung gewonnen und in der Wahl im Herbst 1976 über den amtierenden Präsidenten Ford gesiegt. Das sorgfältig kultivierte Image eines ehrlichen, moralisch starken Außenseiters, der einer neuen Art von Politikern mit engerem Kontakt zum einfachen Volk angehörte, war bei den Wählern gut angekommen. Gleichwohl war die Wahl äußerst knapp ausgegangen. Nur eine Handvoll Stimmen in gerade einmal zwei Staaten hätten ein anderes Ergebnis bewirken können, und noch Stunden nach der Schließung der Wahllokale war das Ergebnis unsicher. Aber am Ende hatte Carter die Nase vorn. Jetzt, bei der Vereidigung auf den Stufen des Kapitols, hatte er sein großes Ziel erreicht und fieberte dem Einzug ins Weiße Haus und dem Beginn seiner Arbeit entgegen.

Ich hatte bei der Nominierung einen anderen demokratischen Bewerber vorgezogen. Doch als Carter mich nach der Kandidatenkür einlud, mich einer kleinen Gruppe von wirtschaftspolitischen Beratern anzuschließen, die im Pond House, einem seiner Mutter gehörenden, bescheidenen Cottage unweit des Familiensitzes in dem kleinen Dorf Plains in Georgia, zusammenkommen sollte, nahm ich das Angebot gern an. Dieser Ausflug in die mir unbekannten ländlichen Gebiete des tiefen Südens war eine faszinierende neue Erfahrung. Für mich stand bald fest, dass Carter eine herausragende Figur war, und als ich erlebte, wie er, einen gelben Block auf den Knien, bohrende Fragen stellte und sich detaillierte Notizen machte, flößte es mir einen gehörigen Respekt vor seinem beeindruckenden Intellekt, seiner ungewöhnlich genauen Sachkenntnis, seiner Zielstrebigkeit und seiner Arbeitskraft ein.

Er war anders als alle anderen Politiker, die ich kennengelernt hatte. Obwohl er oft freundlich lächelte, gehörte er nicht zu den vielen Schulterklopfern in seiner Zunft, die eine Atmosphäre vermeintlicher Vertrautheit zu schaffen versuchen. Seine physische Erscheinung und sein Auftreten wirkten im Vergleich zu Kennedy und Johnson, den beiden Präsidenten, für die ich in den sechziger Jahren gearbeitet hatte, nüchterner und eher unauffällig. Ihm fehlte sowohl Johnsons körperliche Präsenz als auch Kennedys Charme. Er war weder besonders groß noch besonders attraktiv, noch verströmte er viel Herzlichkeit oder großen Charme. Obwohl stets höflich, schien er innerlich angespannt und beherrscht zu sein und machte den Eindruck eines schüchternen, zurückhaltenden Menschen, der immer auf der Hut ist. Mich beeindruckten insbesondere seine Zielstrebigkeit und der äußere Eindruck von gelassenem Gleichmut auch in bedrängter Lage. Nach außen bezeigte er vor allem einen festen Glauben an sich selbst und die Fähigkeit, stets die Fassung zu bewahren. Ich hielt dies für den Ausdruck einer inneren Gelassenheit, die ihm nach meiner Ansicht im Oval Office sehr zupasskommen würde.

Am Tag der Amtseinführung war es eisig kalt, und die Solarheizung, die Carter auf der VIP-Tribüne vor dem Weißen Haus hatte installieren lassen – als symbolischen Hinweis auf die Energieprobleme des Landes –, erfüllte trotz des strahlenden Sonnenscheins nicht wirklich ihren Zweck. Neben mir beobachteten der frühere, vom Kampf mit dem Krebs ausgezehrte Vizepräsident Hubert Humphrey und seine Frau Muriel, wie der neue Präsident, Hand in Hand mit seiner Frau Rosalynn und seiner Tochter Amy, mit breitem Lächeln und freundlichem Winken für die Zuschauer an uns vorbeiging. Obwohl uns die bittere Kälte zu schaffen machte, befanden wir uns in gehobener Stimmung. Sogar der gesundheitlich angeschlagene Humphrey war guten Mutes, und wir stimmten darin überein, dass es Grund zu Optimismus und Hoffnung gebe.

Ich hatte Humphrey während der Kennedyrunde kennengelernt, lange bevor er Vizepräsident wurde, und wir waren uns persönlich nähergekommen. Jetzt, nach seiner Rückkehr in den Senat, war er in meinen Augen eines der sympathischsten und interessantesten Kongressmitglieder. Politiker sind, ungeachtet ihres Abstimmungsverhaltens, nicht immer liebenswerte Menschen. Viele kreisen vor allem um sich selbst und sind bestenfalls »Gutwetterfreunde«. Vielleicht ist es eine Folge ihrer Arbeit, aber wenn sie eine Gefahr für ihre Stellung spüren, können frühere Freundschaftsbekundungen und Bündniszusagen rasch vergessen sein. Jemanden öffentlich herunterzuputzen, während man ihn unter vier Augen seiner Unterstützung versichert, ist durchaus nicht ungewöhnlich. »Ist doch nur Politik, Mike«, beruhigte mich Senator Abe Ribicoff aus Connecticut einmal, als ich ihm vorhielt, dass die vernichtende Kritik unserer Delegation bei der Kennedyrunde, die er im Senat geäußert habe, nicht mit dem Lob zusammenpasse, das er uns bei einem Besuch in Genf für unsere Arbeit gezollt habe.

Humphrey, ein unerschütterlicher Liberaler mit vielfältigen Interessen und gründlichen Kenntnissen auf vielen Politikgebieten, war anders. Wenn wir unter vier Augen einer Meinung waren, dann konnte ich sicher sein, dass er auch in der Öffentlichkeit zu mir halten würde. Als guter Bürger von Minnesota (auch wenn er als Apothekerssohn in einer Kleinstadt im benachbarten Süddakota geboren war) interessierte er sich insbesondere für den Agrarhandel und war mehrmals nach Genf gereist, um sich über den Stand der Verhandlungen zu informieren. Besonders nett war er bei seinen Besuchen zu unseren drei kleinen Töchtern gewesen, und so hatten wir uns bei diesen Gelegenheiten angefreundet.

Damals hatten Hubert und ich häufig gemeinsam die Runde durch die europäischen Hauptstädte gemacht, wobei er mich als unermüdlicher Arbeiter immer wieder in Erstaunen versetzte. Im Ausland ein eifriger Verfechter amerikanischer Interessen, setzte er sich zu Hause für die kleinen Leute ein, und es bereitete ihm echte Freude, das Los von Minderheiten und Benachteiligten zu verbessern. Von unserer gemeinsamen Taxifahrt in Washington, nachdem er Johnsons historisches Bürgerrechtsgesetz im Kongress durchgeboxt hatte, und der Dankesäußerung des Taxifahrers habe ich bereits berichtet. Damals sagte Hubert mit strahlendem Lächeln zu mir: »Sehen Sie? Darum geht es. Ist die Politik, ist die Chance, etwas für den normalen Bürger tun zu können, nicht etwas Wunderbares?« Es mochte sentimental klingen, aber Hubert war es ernst damit.

1968 hatte ich ihm in der gegen Nixon verlorengegangenen Präsidentenwahl die Daumen gedrückt. Aus Loyalität gegenüber Johnson hatte er zu lange abgewartet, ehe er seiner Überzeugung folgte und gegen den Vietnamkrieg Stellung bezog. Als er es schließlich tat, war es zu spät. Wie wäre die Geschichte verlaufen, wenn er seine Position zwei Wochen früher klargemacht hätte? Es hätte sicherlich kein Watergate gegeben. So können Zufälle die Geschichte bestimmen.

Einen Tag nach der Amtseinführung, am 21. Januar, stand ich zusammen mit den anderen Mitgliedern von Carters Kabinett im East Room des Weißen Hauses, wo uns der Oberste Richter *en bloc* vereidigte. Jimmy und Rosalynn Carter lächelten stolz, und unsere Familien und Freunde schauten der Zeremonie zu.

Die Sterne schienen günstig zu stehen, als der neue Präsident das Oval Office übernahm und seine Regierung mit der Arbeit begann. Die meisten Präsidenten können in ihren »Flitterwochen« mit günstigen Umfragewerten rechnen. Die ersten Monate einer Präsidentschaft sind häufig die produktivsten, da in dieser Zeit die Erfolgschancen ihrer Gesetzesvorschläge am größten sind. Bei Kennedy und Johnson hatte diese Phase ein volles Jahr gedauert, und auch Carter hatte in der ersten Gallup-Umfrage nach der Amtseinführung eine Zustimmung von 75 Prozent erhalten. Man durfte also annehmen, dass dem neuen Präsidenten ebenso erfreuliche »Flitterwochen« bevorstanden wie seinen Vorgängern.

Die Wirklichkeit sollte jedoch anders aussehen. Vier Jahre später wurde Carter nicht wiedergewählt, und bis heute gilt er als einer der weniger erfolgreichen Präsidenten des 20. Jahrhunderts. Zwar konnte er auf außenpolitischem Gebiet neben einigen schmerzlichen Rückschlägen auch mehrere bedeutende Erfolge verbuchen, aber in der Innenpolitik hatte er beträchtliche Schwierigkeiten und erlitt seine größten Niederlagen. Nur ein kleiner Teil seines Programms wurde verwirklicht, und viele seiner wichtigen Gesetzesvorhaben schlugen entweder völlig fehl oder konnten nur in beschnittener und verwässerter Form durchgesetzt werden.

Sein politischer Honeymoon war überaus kurz – Carter selbst spricht von »einwöchigen Flitterwochen« mit dem Kongress und übertreibt damit nicht allzu sehr.[2] Seine Administration geriet schon lange vor dem Ende des ersten Amtsjahrs in ein schlechtes Licht. Die Öffentlichkeit entzog ihm rasch ihre Gunst, und daran vermochten anschließend auch gute Nachrichten nichts mehr zu ändern. Ganz egal, was er tat, irgendwie wurde Carter den Ruf, als Präsident ungeeignet zu sein, nicht wieder los.

Nach dem Höhepunkt von 75 Prozent kurz nach seinem Amtsantritt ging die Zustimmungsquote in den nachfolgenden Gallup-Umfragen stetig zurück. Ende 1977 fand nur noch jeder Zweite seine Amtsführung gut, im April 1978 standen lediglich 40 Prozent hinter ihm, und im Sommer des folgenden Jahres sahen nur noch klägliche 26 Prozent seine Präsidentschaft in einem positiven Licht. Schlechtere Werte hatten nur Truman (vorübergehend) und Nixon zur Zeit der Watergate-Affäre erreicht. Während des Wahlkampfs im Jahr 1980, als Carter in dem Versuch, das Blatt noch zu wenden, alle Register zog, bewertete nur jeder dritte von Gallup Befragte seine Präsidentschaft positiv. Als Ronald Reagan die Wahl im November mit deutlichem Vorsprung gewann, wurde Carter zu einem von nur zwei Nachkriegspräsidenten, die nicht wiedergewählt wurden.

Meinungsumfragen über die Leistung eines amtierenden Präsidenten können problematisch sein, und ein Vierteljahrhundert später sieht man Jimmy Carter mit freundlicherem Blick. In einer Umfrage der Quinnipiac University aus jüngster Zeit, in der eine Querschnittsstichprobe der amerikanischen Bevölkerung gebeten wurde, eine Rangfolge der Nachkriegspräsidenten aufzustellen, landete er vor Bush senior und junior, Johnson, Nixon und Ford auf dem sechsten Platz.[3] Vorläufig jedoch betrachten ihn die meisten Amerikaner, die sich an die Carter-Jahre erinnern, wie die meisten Historiker weiterhin als gescheiterten Präsidenten. 1999 rangierte er bei einer Querschnittsgruppe von Gelehrten hinsichtlich der Führungsstärke unter den 15 Präsidenten des 20. Jahrhunderts auf dem 13. Platz.[4] Im Durchschnitt von zehn derartigen Umfragen, die seit 1982 durchgeführt worden sind, teilt er sich mit Ford die zweifelhafte Ehre, als schlechtester Präsident des 20. Jahrhunderts eingestuft zu werden; unter allen 43 Präsidenten der amerikanischen Geschichte nimmt er den bescheidenen 27. Platz ein. Bedauerlicherweise hat sich also bis heute nichts an der allgemein negativen Meinung über Carters Präsidentschaft geändert.

Dafür ist eine ganze Reihe von Faktoren verantwortlich, die zu verschiedenen Zeiten ins Spiel kamen. Sicherlich hatte er zu einem guten Teil einfach Pech. Er war mit einer äußerst schwierigen Situation konfrontiert, zu der die schwerste Energiekrise der Nachkriegszeit mit einem in die Höhe schießenden Benzinpreis und Energieengpässen sowie eine beispiellose Inflation und die Revolution im Iran beitrugen. In den fünfziger und sechziger Jahren hatte das Land eine lange Wachstumsperiode erlebt, in der Johnson im Zuge seiner »Great Society«-Politik viele Wohltaten hatte verteilen können, wodurch sich eine Vielzahl von Interessengruppen daran gewöhnt hatte, einen stetig wachsenden Anteil am Kuchen des Sozialprodukts zu erhalten. In den Carter-Jahren ging die Produktivität jedoch deutlich zurück, und die staatlichen Ressourcen waren wesentlich knapper bemessen. Tatsächlich verringerte sich zwischen 1977 und 1984 das Prokopfeinkommen, die Arbeitslosigkeit nahm zu, und Carter stand vor der Frage, wie man den Gürtel enger schnallen konnte, womit er sich in der Öffentlichkeit gewiss nicht beliebt machte. Ein Sparhans und Pfennigfuchser ist nie ein großzügiger Geber und selten populär.

Außerdem muss man Carters Präsidentschaft vor dem Hintergrund eines Zeitgeists sehen, der nach Vietnam und Watergate von Zynismus und Misstrauen gegenüber dem Staat geprägt war. In einer Periode, in der nach Ansicht mancher Soziologen »kulturelle Verzweiflung« vorherrschte, Rassenspannungen und Unruhen in den Innenstädten an der Tagesordnung waren und die Frauen- und die Schwulenbewegung Zulauf hatten, waren aggressive, überkritische Medien mehr an Fehltritten und am Scheitern interessiert als daran, neuen Programmen und Entwicklungen Beifall zu zollen. Zudem war Carter infolge einiger Reformen nach dem Watergateskandal mit dem Zusammenbruch des Senioritätssystems im Kongress konfrontiert, der zur Folge hatte, dass er es, ungeachtet einer demokratischen Mehrheit, mit einem weniger verlässlichen und stärker gespaltenen Kongress als seine Vorgänger zu tun hatte.

Doch Pech und eine schwierige wirtschaftliche und politische Situation bildeten nur einen Teil der Ursachen von Carters Problemen. Gewiss zog er ein kompliziertes Blatt, doch er spielte es häufig genug auch falsch aus. Einige der spektakulären Reinfälle seiner Amtszeit waren hausgemacht, die Folge von selbstbeigebrachten Verletzungen und getroffenen oder nicht getroffenen Entscheidungen in Fragen, in denen ein politisch geschickterer Präsident möglicherweise anders vorgegangen wäre. Während ich ihn bei der Arbeit beobachtete, erkannte ich schließlich, dass die Hauptursache seiner Probleme darin lag, dass er nach Herkunft, Charakter und Erfahrung nicht für die präsidiale Führungsrolle prädestiniert war. Insbesondere wurden seine bemerkenswerten Verstandeskräfte nicht durch ein ähnliches Maß an emotionaler Intelligenz und politischem Fingerspitzengefühl ergänzt, die für jeden, der die enormen Herausforderungen der Präsidentschaft bewältigen will, eine Conditio sine qua non sind.

Carter ist klug, anständig, arbeitsam und ehrenhaft. Er besitzt einen ausgezeichneten, allerdings unflexiblen Verstand, und so dauerte es nicht lange, bis diejenigen, die regelmäßig direkt mit ihm zu tun hatten, erkannten, dass bestimmte Seiten seines Charakters seiner Effektivität im Wege standen, dass einige seiner größten Stärken zugleich die Ursache von blinden Flecken und bedeutenden Schwächen waren. Der Mangel an Erfahrungen und Kenntnissen über Washington schadete ihm sehr, und er verschärfte seine Probleme durch eine falsche Auswahl seines Stabes im Weißen Haus, denn die jungen Helfer, die ihm in Georgia und im Wahlkampf gute Dienste geleistet hatten, waren, was das Washingtoner »Treibhaus« anging, anfangs ebenso unbedarft wie er.

Um effektiv führen zu können, muss ein Präsident klare Prioritäten haben, seine Zeit gut einteilen und darf sich nicht in Details verlieren, die er anderen überlassen kann. Dies setzt die Fähigkeit voraus, starke und kompetente Berater auszuwählen, sowie die Bereitschaft, ihnen zu vertrauen, Aufgaben an sie zu delegieren und sie mit den nötigen Vollmachten auszustatten, damit sie im Namen des Präsidenten handeln können. Dafür wiederum ist es hilfreich, wenn man über ein gewisses Organisationstalent verfügt sowie über ein angeborenes Gespür für Menschen und dafür, was sie antreibt. Um als präsidialer Führer zu reüssieren, muss man außerdem in der Lage sein, der Öffentlichkeit seine fundamentalen Ziele und übergreifenden Konzepte und Vorstellungen zu vermitteln – »the vision thing«, wie der erste Präsident Bush es einmal genannt hat.

Carter bemühte sich nach Kräften, sämtliche Fakten und Zahlen aller Fragen, die auf seinem Schreibtisch landeten, zu ergründen, aber er ging wie ein Ingenieur an sie heran, um zu erreichen, was er gern »umfassende« Lösungen für komplexe politische Probleme nannte – eine nach der anderen. Sich mit halben Sachen zufriedenzugeben widerstrebte ihm. Es bereitete ihm Vergnügen, jedes Thema bis in alle Details zu beherrschen. Weniger gut war er darin, die Verbindungen und Widersprüche zwischen den einzelnen Themen herauszufinden. Zweideutigkeiten und Kompromisse bereiteten ihm Schwierigkeiten; Überraschungen zu verkraften gehörte nicht zu seinen Stärken, und da er häufig vor lauter Bäumen den Wald nicht sah, fiel es ihm schwer, für sich selbst und seine Administration Prioritäten zu setzen, seine Zeit effektiv zu nutzen und weitergefasste Konzepte auszuarbeiten, die die Gesamtheit der erreichbaren Ziele vereint hätten. Zudem war er weder eine charismatische Persönlichkeit noch ein begnadeter Redner.

Er war als Außenseiter nach Washington gekommen und hatte nicht davor zurückgeschreckt, gegen die Führer seiner eigenen Partei anzutreten. Doch als er im Amt war, begriff er nicht, dass er sich auf deren Gebiet befand und ihre Hilfe brauchte. Von seinen Vorgängern hatten Truman, Kennedy, Johnson, Nixon und Ford allesamt dem Kongress angehört, bevor sie ins Weiße Haus gewählt wurden. Eisenhower hatte zwar kein Wahlamt innegehabt, sich aber jahrelang in Washington und seinem Dunstkreis bewegt. Carter kannte sich weder in der Stadt noch im Kongress aus, was ein Problem war, aber kein großes Hindernis hätte sein müssen. Bill Clinton und George W. Bush standen vor der gleichen Herausforderung, bewältigten sie jedoch dadurch, dass sie sich mit erfahrenen Washingtoner Kämpen umgaben; Clinton verfügte zudem über eine große politische Sensibilität und lernte rasch.

Carter tat dies nicht und beging zwei entscheidende Fehler: Der erste bestand darin, dass er erst im dritten Amtsjahr einen Stabschef des Weißen Hauses ernannte. Mit enormem Selbstvertrauen versuchte er zu viele Entscheidungen selbst zu treffen und die Arbeit im Weißen Haus nach dem Vorbild von »Radnabe und Speichen« zu organisieren: Er selbst befand sich – als Nabe – im Zentrum, während seine Assistenten die Speichen darstellten und daher gleichberechtigten und unbeschränkten Zugang zu ihm hatten. Die Folge waren häufig Verzögerungen, Stockungen und Verwirrung.

Der zweite Fehler verstärkte das Problem noch. Die meisten Präsidenten berufen einige vertraute Bekannte und Freunde in den inneren Kreis, Menschen, auf deren Loyalität sie sich absolut verlassen können. Den meisten ist aber auch klar, dass sie Mitarbeiter brauchen, die über spezielle Kenntnisse und Erfahrungen verfügen, die ihnen selbst fehlen, und die wissen, wie das System funktioniert. Da Carter von außerhalb kam, wäre dies in seinem Fall besonders wichtig gewesen. Doch er besetzte die meisten Schlüsselposten im Weißen Haus mit unerfahrenen Landsleuten aus Georgia, die sich in Washington ebenso wenig auskannten wie er. Einige arbeiteten sich schließlich ein, aber nicht alle. Darin – in der unzureichenden Organisation und Besetzung des Stabes des Weißen Hauses – lag von Anfang an die Hauptursache vieler vermeidbarer Fehler, die Carters Ruf schweren Schaden zufügten.

Ich war Carters erster Finanzminister und diente ihm über zweieinhalb Jahre lang, so gut ich konnte. Im Juli 1979, als sich sein Ansehen auf dem Tiefpunkt befand, bildete er das Kabinett um, und ich gehörte zu denjenigen, deren Rücktrittsgesuch er annahm. Einfach gesagt: Er feuerte mich. Aber zu diesem Zeitpunkt war ich, trauriger, aber auch klüger geworden, mehr als bereit, zu gehen.

Ich hege keinen Groll gegen ihn. Von Anfang an habe ich ihn als wohlmeinenden und ehrlichen Mann geachtet. Ich war stolz, seiner Regierung anzugehören, zollte ihm Beifall, wenn er Erfolg hatte, und teilte den Schmerz über seine Niederlagen. Er behandelte mich stets mit vollendeter Höflichkeit und Hochachtung, und soweit ich mich erinnere, kam bei unseren vielen persönlichen Begegnungen nie ein scharfes oder wütendes Wort über seine Lippen. In seinen Memos konnte er gelegentlich barsch und ungeduldig sein, und in meinen eigenen Akten finden sich zwei oder drei verdrossene und tadelnde Anmerkungen, aber sie bilden seltene Ausnahmen unter der Vielzahl schmeichelhafter Äußerungen.

Ich stand hinter den meisten seiner politischen Ziele. Als Friedensstifter im Nahen Osten sowie für den erfolgreichen Kampf für die Verträge über den Panamakanal, das Abkommen der Tokiorunde des GATT, seine Chinapolitik, das mutige Eintreten für die Menschenrechte und seine auf hehren Prinzipien beruhenden Bemühungen zugunsten von Minderheiten und Benachteiligten in der amerikanischen Gesellschaft und auf der ganzen Welt hatte er meine volle Anerkennung. Außerdem halte ich es für falsch, in Bezug auf die Innenpolitik nur auf den gescheiterten Vorhaben herumzureiten, ohne die beachtlichen Erfolge auch auf diesem Gebiet zu würdigen. Beispielsweise gelang es Carter, eine große Reform des öffentlichen Diensts durchzusetzen, die lange überfällige Fortschritte auf einem schwierigen Feld brachte, auf das sich kein anderer Präsident vor und nach ihm gewagt hat. Ferner erreichte er schließlich die Verabschiedung eines Energiegesetzes, das zwar weit von seinem ehrgeizigen Vorschlag entfernt war, aber gleichwohl den heimischen Markt reformierte und eine effizientere Energienutzung förderte. Keiner seiner Nachfolger in den nächsten dreißig Jahren tat mehr auf diesem Gebiet. Das Gleiche gilt für das bescheidene Steuerreformpaket, das in seiner Amtszeit verabschiedet wurde, die dringend nötige Erhöhung des Mindestlohns und die weitgehende Deregulierung der Luftfahrtindustrie, die dem Konsumenten beträchtliche Preisminderungen brachte. Auch für die Umwelt engagierte sich Carter; im Licht dessen, was seither auf dem Gebiet des Umweltschutzes geschehen beziehungsweise nicht geschehen ist, sind sein Superfonds für die Beseitigung toxischer Abfälle und das bahnbrechende Alaska Lands Bill zum Schutz von Jagd, Fischerei und begrenzter Forstwirtschaft in einem Gebiet von 600 000 Quadratkilometern – das damit größer ist als Kalifornien – besonders erwähnenswert.

Last but not least gab es in Carters Amtszeit keine von ihm verschuldeten internationalen Krisen. Die Vereinigten Staaten lebten in Frieden, er verstrickte uns nicht in Kriege, und das internationale Ansehen des Landes als Leuchtturm von Freiheit, Demokratie und Rechtsstaatlichkeit blieb unversehrt. Vor dem Hintergrund der nachfolgenden Entwicklungen sind auch dies bedeutende Punkte auf der Habenseite von Carters Bilanz.

Da ich an Carters Triumphen und Niederlagen teilhatte, erlebte ich in diesen Jahren einerseits einige der schwierigsten und frustrierendsten, andererseits aber auch einige der befriedigendsten Momente meines Berufslebens. Wie er beging auch ich Fehler, und manches würde ich heute anders machen. Tagtäglich aus nächster Nähe zu beobachten, welch enormem Druck ein Präsident ausgesetzt ist und welch schwierige Entscheidungen von ihm verlangt werden, war ein besserer Anschauungsunterricht darüber, was Führung an der Spitze bedeutet, als ich ihn auf einem Posten in der Wirtschaft hätte erhalten können. Ich sah, dass Geschichte tatsächlich von Menschen gemacht wird, aber auch, dass sie von Ereignissen, über die sie keine Kontrolle haben, vom Zufall, von Persönlichkeiten und von ihren eigenen charakterlichen Stärken und Schwächen abhängen und beeinflusst werden.

Meine Erfahrungen in der Carter-Ära sind in vieler Hinsicht erhellend, aber ich kann ihr in einem einzigen Buchkapitel nie und nimmer in vollem Umfang gerecht werden, und noch viel weniger meiner eigenen Rolle. Was ich tun kann, ist, die Hintergründe einiger Höhepunkte und Ereignisse zu schildern, um zu illustrieren und zu erklären, was in einigen entscheidenden Augenblicken geschehen ist und wie es zum Gesamtbild der Carter-Jahre beigetragen hat.

Berufung zum Finanzminister

Ich lernte Carter eine Woche, nachdem die Demokraten ihn zum Präsidentschaftskandidaten gekürt hatten, bei einem Mittagessen in dem eleganten privaten Speiseraum im dritten Stock des 21 Club in New York kennen. Der »21« war (und ist) der Prototyp eines luxuriösen Treffpunkts für Spesenritter in Manhattan. Nur wenige Monate später sollte ich mich im Kongress in Carters Namen dafür aussprechen, die Steuerabzugsfähigkeit von Geschäftsessen in solchen Etablissements – die »Zwei-Martini-Essen«, wie er sie nannte – abzuschaffen. Es lag also eine gewisse Ironie darin, dass Carter und ich uns ausgerechnet an diesem Ort zum ersten Mal persönlich trafen.

An diesem Tag, dem 22. Juli 1976, hatte Henry Ford II mich und mehrere Dutzend andere Manager sowie einige seiner Freunde zum Mittagessen mit dem soeben ernannten demokratischen Präsidentschaftskandidaten eingeladen. Die Gäste waren zum überwiegenden Teil streng konservative Republikaner – Umfragen zufolge favorisierten 85 Prozent der Manager von Großunternehmen den amtierenden Präsidenten Ford –, aber sie wollten sich ein Bild von Carter machen, und er seinerseits war gekommen, um ihnen ihre schlimmsten Befürchtungen in Bezug auf seine mögliche Präsidentschaft zu nehmen. Nach meiner Erinnerung schüttelte er Hände, lächelte viel, sprach kurz und beschritt insgesamt keine neuen Wege, bemühte sich aber beherzt, dieser ausgewählten Gruppe amerikanischer Unternehmensführer zu versichern, dass er – trotz aller populistischen Wahlkampfrhetorik – nicht gegen die Wirtschaft eingestellt sei und in Bezug auf Arbeitsplätze, Steuern und die Behandlung multinationaler Konzerne nichts Übereiltes oder Schädliches tun werde.

Es ist kaum anzunehmen, dass Carter an diesem Tag viele neue Stimmen gewann, aber als einer der wenigen anwesenden Demokraten freute ich mich darüber, dass er einen gemäßigten und vernünftigen Eindruck vermittelte und mehr Gäste als erwartet offenbar von ihm beeindruckt waren. Ich selbst gab ihm nur kurz die Hand und stellte ihm eine einfache Frage, auf die er eine voraussehbare Antwort gab, aber ich war für ihn an diesem Tag zweifellos nur ein Gesicht in der Menge.[5] Keiner von uns beiden konnte ahnen, dass diese Begegnung der Anfang einer dreijährigen intensiven Beziehung war.

Wenige Wochen später, am 18. August, saß ich zu meiner eigenen Überraschung auf einem Metallklappstuhl neben dem neugekürten Hoffnungsträger der Demokraten im Pond House von Carters Mutter in den Kiefernwäldern Südgeorgias. In Kansas City kämpfte Präsident Ford gegen den Gouverneur von Kalifornien, Ronald Reagan, um die republikanische Nominierung, und Carter nutzte die Woche, in der die Medien ihre Aufmerksamkeit nach Westen verlagert hatten, für Informationssitzungen über innen-, energie- und wirtschaftspolitische Themen. Ich habe keine Ahnung, wie mein Name auf die Liste der rund 15 eingeladenen Wirtschaftsexperten gekommen war, bei denen es sich überwiegend um die üblichen Verdächtigen aus früheren demokratischen Regierungen handelte. Aber es freute mich, dort zu sein und Carter in Aktion erleben zu können.

Er nahm sich eine Auszeit, um über seine Position in wirtschaftlichen Schlüsselfragen nachzudenken, die nach allgemeiner Ansicht im bevorstehenden Wahlkampf eine große Rolle spielen würden. Die Lage war nicht sehr gut, und im Mittelpunkt standen Maßnahmen zur Ankurbelung der heimischen Wirtschaft sowie der Außenhandel und finanzpolitische Optionen. Die Erholung von der scharfen Rezession von 1975 schien zu stagnieren, und manches deutete auf eine »Stagflation« hin. Das Wachstum des Bruttoinlandsprodukts hatte sich verlangsamt, die Produktivität war niedrig, die Konsumentenverschuldung hoch, und die Arbeitslosigkeit hatte mit einer Rate von 7,8 Prozent den höchsten Stand seit Januar erreicht. Gleichzeitig war der Großhandelspreisindex gegenüber dem vorherigen Jahr um 6,6 Prozent gestiegen, was Fords Regierungssprecher als »besorgniserregend« bezeichnete. Die Wirtschaft in Europa wuchs nur langsam, die Tendenz beim Erdölpreis zeigte nach oben, die Tokiorunde machte kaum Fortschritte, und die Frage war, wie die wirtschaftspolitische Koordination und Kooperation zwischen den wichtigsten Mächten verbessert werden konnte.

Carter steckte mitten im Wahlkampf, und ich hatte erwartet, dass er sich vor allem für ökonomische Vorschläge interessieren würde, mit denen er auf dem platten Land Punkte sammeln könnte. Deshalb fand ich es bemerkenswert, dass er nicht nur darüber nachdachte, wie die Öffentlichkeit die verschiedenen Politikansätze aufnehmen würde, sondern sich darüber hinaus bemühte, die beim jeweiligen Thema relevanten Fakten und Zahlen auszuloten und zu verstehen. Er leitete unser Treffen weniger wie eine politische Strategiesitzung, sondern eher wie ein Doktorandenseminar. Aber so locker er in Jeans und kariertem Hemd auftrat, so konzentriert und alles andere als lässig war er bei der Sache. Er stellte zielsichere, eindringliche Fragen, erkundigte sich nach Einzelheiten, machte sich viele Notizen und hielt uns volle vier Stunden ohne Unterbrechung und mit nur wenig Smalltalk auf Zack. Ich war beeindruckt. Als ich während des Rückflugs nach Michigan im Bendix-Flugzeug über diese erste längere Begegnung mit Carter nachdachte, kristallisierte sich vor allem das Bild eines ungewöhnlichen Politikers mit einem überragenden, forschenden Verstand heraus, und ich gelangte zu dem Schluss, dass das Land, sollte er Präsident werden, in guten Händen wäre.

Die zweistellige Führung, die Carter im August in den Meinungsumfragen hatte, hatte Ford bis zum Wahltermin praktisch aufgeholt, und Carters Wahlsieg fiel denkbar knapp aus. Nach seinem Überraschungssieg in den Vorwahlen hatte die Öffentlichkeit ihn als einen geschickten Politiker mit einem effektiv organisierten und gut funktionierenden Wahlkampfstab wahrgenommen. Doch mehrere Fauxpas und Stolperer im Wettstreit mit Ford hatten dieses Image getrübt, und in der Partei schimpften manche darüber, dass Carters Führung durch Chaos und Missmanagement in seinem eigenen Lager verlorengegangen sei und dies die Demokraten den Sieg kosten könnte. Als in den ersten Monaten seiner Amtszeit ähnliche Klagen laut wurden, hieß es – im Rückblick –, die Schnitzer im Wahlkampf seien erste Vorzeichen der Probleme gewesen, die Carter jetzt im Weißen Haus habe.

Was mich anging, so hatte ich erst Ende November wieder Kontakt mit dem Wahlkampfteam, als ich einen Telefonanruf erhielt, in dem ich zu meiner Überraschung zu einer weiteren Sitzung im Pond House eingeladen wurde. Sie fand unter völlig anderen Umständen als das Treffen im August statt. Carter war jetzt der gewählte Präsident, der bald sein Kabinett bekanntgeben würde, und die Öffentlichkeit verfolgte aufmerksam jeden seiner Schritte. Veteranen aus früheren demokratischen Regierungen und Legionen ehrgeiziger Wahlkampfhelfer kämpften offen um Posten in Carters Administration. Die Luft schwirrte von Gerüchten darüber, wer dabei sein würde und wer nicht, und die Medien brachten unzählige angebliche »Insiderinformationen« über Namen, die vermeintlich weit oben auf Carters Liste standen.

So wurde nach Bekanntwerden des bevorstehenden Treffens mit Carter sofort allgemein darüber spekuliert, dass die diesmal Eingeladenen, zu denen mehrere CEOs und Spitzenleute von der Wall Street gehörten, als Kandidaten für sein Wirtschaftskabinett in die engere Wahl kamen. *Time* veröffentlichte eine »Talentakte«, der zufolge ich einer der aussichtsreichsten Anwärter auf den Posten des Finanz- oder des Verteidigungsministers war. Andere glaubten, ich sei genau das, was Carter suche: ein in sozialen Fragen liberaler, aber in wirtschaftlichen Belangen konservativer Demokrat. *U. S. News and World Report* charakterisierte das Treffen als »Sounding

Board« (wörtlich: Resonanzboden), das Carter dazu diente, uns im Hinblick auf eine Kabinettsmitgliedschaft genauer zu mustern, und *Time* schmückte dies weiter durch die Vermutung aus, dass es für die eingeladenen Schwergewichte ein »potentiell irritierendes Erlebnis gewesen sein muss«, ihre Ansichten darzustellen, während Carter sie beobachtete, »um seine endgültige Auswahl zu treffen«.[6]

Ich hatte eine befriedigende und lukrative Arbeit bei Bendix, die mich genügend forderte. Bis zur Wahl hatte die Möglichkeit, sie für einen hohen Posten in Washington aufzugeben, eher in nebelhafter Ferne gelegen, und ich hatte kaum einen Gedanken auf sie verschwendet. Als sich die Meldungen verdichteten und das Telefon nicht mehr aufhörte zu klingeln, weil Freunde und Kollegen auf den Busch klopfen wollten und mich ermutigten oder mir ihren Rat anboten, dauerte es indes nicht lange, bis mein Ehrgeiz entzündet war. Am Ende der Kennedyrunde hatte ich mir gesagt, dass ich eines Tages wieder eine Gelegenheit bekommen würde, dem Staat zu dienen, und der Reiz war immer noch groß. Einen Kabinettsposten hielt ich freilich für einen Traum, wenn auch für einen verlockenden, aber wenn er greifbar werden sollte, wäre es eine unglaubliche Chance, wie es sie nicht noch einmal geben würde. Plötzlich wollte ich gefragt werden und begann darauf zu hoffen.

In der Sitzung am 1. Dezember wurden weitgehend die gleichen Themen besprochen wie im August, allerdings vor dem Hintergrund einer deutlich verschlechterten Wirtschaftslage. Außerdem lag der Schwerpunkt diesmal auf Carters konkreten Gesetzesvorhaben. Die Teilnehmer waren sich einig, dass ein Maßnahmenpaket zur Ankurbelung der Wirtschaft vonnöten war, und nach dem Treffen deutete Carters Pressesprecher Joseph L. »Jody« Powell darauf hin, indem er den gewählten Präsidenten mit den Worten zitierte: »Was [während des Wahlkampfs] schlecht aussah, sieht jetzt noch schlechter aus.«[7]

Ich wollte mich gerade verabschieden, als Carter mich beiseitenahm und mir die Frage stellte, auf die ich gewartet hatte: »Wollen Sie mir helfen – ich meine, auf dauerhafter Basis?« Ich hatte mir für alle Fälle eine vorsichtig positive Antwort zurechtgelegt, in der ich meine Verpflichtungen bei Bendix hervorhob und mich erkundigte, was er meinte. »Ich werde Sie anrufen«, versprach er, und dann wünschte er mir mit dem breiten Lächeln, das bis heute sein Markenzeichen ist, eine gute Heimreise.

Sein Anruf kam schon am nächsten Tag, und er nahm mich sofort für sich ein, indem er mich fragte, welcher Kabinettsposten nach meiner Meinung am besten zu mir passe. Dann forderte er mich nach einem kurzen Gespräch auf, ihn in der folgenden Woche in Atlanta zu treffen. Dort eröffnete er mir in einem kurzen Gespräch unter vier Augen, dass ich mir ernsthaft Hoffnungen auf den Posten des Finanzministers machen könne. Ich hatte die Pressemeldungen mit Skepsis aufgenommen, und dass Carter sie jetzt bestätigte, verblüffte mich. Das Finanzministerium gehört zu den ältesten Ministerien der Vereinigten Staaten, und sein Chef rangiert im Kabinett hinter dem Außenminister an zweiter Stelle. Ihm untersteht ein Apparat von 125 000 Mitarbeitern,* er leitet traditionell das Wirtschaftsteam des Präsidenten und ist sowohl der Verwalter der Staatsfinanzen als auch der erste Mann in internationalen Finanzangelegenheiten. Sein Verantwortungsbereich ist weitgesteckt, und für einen derart bedeutenden Posten in Carters Team im Gespräch zu sein war, ehrlich gesagt, überwältigend.

Carter hatte zu verstehen gegeben, dass er bei der Vergabe der Posten im Kabinett und auf den Ebenen darunter besonders überlegt und gründlich vorgehen wolle. Zusammen mit dem gewählten Vizepräsidenten Walter Mondale würde er mit den Spitzenkandidaten intensive Gespräche führen, um die endgültige Auswahl zu treffen. Vielleicht war ich eine Ausnahme, obwohl ich es bezweifle, denn in meinem Fall sah die Realität, das heißt mein einziges »Bewerbungsgespräch«, völlig anders aus. Ich habe mir darüber aus-

---

* Jedenfalls waren es 1976 so viele. Damals gehörten die Behörde für Alkohol, Tabak und Feuerwaffen, der Secret Service sowie die Zollbehörde, die inzwischen Teil des neuen Heimatschutzministeriums sind, noch zum Finanzministerium.

führliche Notizen gemacht, die angesichts der nachfolgenden Ereignisse recht erhellend sind.

Insgesamt dauerte unser Gespräch an jenem Tag vierzig Minuten, wobei wir uns nur knapp die Hälfte der Zeit allein miteinander unterhielten, und zwar eher im Plauderton. Zweifellos stand Carter ein recht genaues Dossier über mich zur Verfügung, das aus staatlichen Akten zusammengestellt und durch die übliche Überprüfung durch das FBI sowie Erkundigungen bei früheren Kollegen ergänzt worden war. Gleichwohl wusste ich zu diesem Zeitpunkt wahrscheinlich mehr über ihn als er über mich, und dies war seine erste Gelegenheit, mich besser kennenzulernen und sich meine Grundansichten erläutern zu lassen. Doch in den wenigen Minuten unseres Gesprächs grub er nicht allzu tief, noch legte er dar, was er von seinem Finanzminister erwartete, oder befragte mich nach meiner Meinung dazu. Er erkundigte sich lediglich, ob ich irgendwelche Leichen im Keller hätte, von denen er wissen müsste, und als ich ihm versicherte, dass ich »sauber« sei, forderte er mich auf, ihm kurz meinen Lebensweg zu schildern – vom Immigranten zum CEO –, wobei er mich gelegentlich unterbrach, um eine Frage zu stellen oder eine Bemerkung einzuflechten. Darüber hinaus wurde kaum etwas Wesentliches gesagt. Nach zwanzig Minuten gesellten sich der gewählte Vizepräsident Mondale und Carters Hauptassistent Hamilton Jordan zu uns, aber auch der Rest des Gesprächs war sehr allgemein gehalten.

Die Begegnung war daher vor allem in Bezug auf das bedeutsam, was *nicht* gesagt wurde. So wurde die Frage, wie sich Carter die Gestaltung der Wirtschaftspolitik in seiner Administration vorstellte und welche Rolle der Finanzminister dabei spielen sollte, nicht einmal gestreift. Doch sie hätte besprochen werden müssen. Genauso wenig kamen sein Wirtschaftsprogramm und meine Ansichten darüber zur Sprache. Wir klärten nicht, ob wir in diesen Fragen übereinstimmten, und ich sprach diese Fragen ebenso wenig an wie er, noch erkundigte ich mich, wie ich nach seiner Ansicht meine Arbeit machen sollte und wie er sich meine Beziehung zum Stab des Weißen Hauses vorstellte. Es wäre besser gewesen, wenn wir uns die Zeit genommen hätten, diese grundlegenden Fragen zu erörtern, aber wir taten es nicht. Möglicherweise hätte es nichts geändert, aber angesichts der späteren Ereignisse war es ein ernstes Versäumnis, an dem ich genauso schuld war wie er.

Um 13.34 Uhr am nächsten Tag, Montag, dem 13. Dezember, erhielt ich erneut einen Anruf von Carter. »Ich habe mich entschieden, Sie zum Finanzminister zu berufen«, verkündete er. »Ich bin stolz auf Sie.« – »Danke«, erwiderte ich, »ich fühle mich geehrt und werde versuchen, meine Aufgabe nach besten Kräften zu erfüllen.« Am folgenden Tag war ich wieder in Atlanta und stand neben dem künftigen Präsidenten, als er bekanntgab, dass ich der 64. Finanzminister der Vereinigten Staaten sein würde.

»Wütende Kongressmitglieder, unerwartete Patzer, fehlende qualifizierte Hilfe, irritierte ausländische Staatsmänner – dies alles hat Carters Versuch eines Schnellstarts zunichtegemacht. Die Lehre: Machtpolitik in Washington ist ein schwieriges Spiel.«[8] So fasste *U. S. News & World Report* die Bilanz der ersten hundert Tage von Carters Amtszeit zusammen. Im Juni stellte *Fortune* fest, die Administration agiere aufgrund von Carters Führungsstil, seiner mangelnden Genauigkeit und der Verfolgung gegensätzlicher politischer Ziele unbeholfen,[9] und *Business Week* beklagte, ihr »schlechter Start« habe die Wirtschaft aus dem Tritt gebracht. Im Spätsommer lagen die Börsenkurse um zwanzig Prozent unter dem Vorjahresniveau. Liberale murrten, Konservative waren schadenfroh, und der Kongress war unruhig.

Es war unübersehbar: Die Carter-Administration befand sich nach nur halbjähriger Amtszeit in Unordnung. Rückschläge im Kongress, unerwartete Probleme und die schlechte Presse hatten den Präsidenten augenscheinlich schwer getroffen. Er wirkte müde und abgespannt. Je öfter er uns im Kabinett versicherte, dass er sich »vollkommen wohl« fühle – was er regelmäßig tat –, desto stärker vermutete ich, dass das Gegenteil zutraf. Unterdessen verfestigte sich zu unser aller Ärger das Image einer vom Pech verfolgten, ungeschickten Administration.

Wir hatten uns mit einem wahren Wirbelwind von Initiativen in die Arbeit gestürzt. Binnen einer Woche war ein Paket von Maßnahmen zur Ankurbelung der Wirtschaft bekanntgegeben worden. Innerhalb von neunzig Tagen waren Carters energiepolitische Projekte, ein Haushalt sowie Vorschläge für eine Haushaltsreform und eine Neuorganisation der Regierung vorgelegt worden, und zu allem Überfluss hatte Carter verkündet, dass er gegen 19 wasserwirtschaftliche Vorhaben, die in seinen Augen Verschwendung waren, sein Veto einlegen werde. Außerdem waren große Sozialfürsorge- und Steuerreformen angestossen worden. Außenminister Vance war nach Moskau entsandt worden, um die Möglichkeit eines weiteren SALT-Abkommens zu sondieren, und der Präsident hatte in Pressekonferenzen und »Kamingesprächen« den Kampf für sein Energieprogramm zum »moralischen Äquivalent des Krieges« erklärt und sich für Menschenrechte und vieles mehr eingesetzt

Die Ergebnisse waren gemischt. Das Programm zur Ankurbelung der Wirtschaft war im Kongress auf nicht allzu viel Gegenliebe gestoßen, aber bis auf eines seiner Kernstücke, eine Zahlung für Niedrigverdiener, die wegen des Widerstands im Senat und einer besseren Wirtschaftsentwicklung als erwartet fallengelassen wurde, verabschiedet worden. Im April gewährte der Kongress dem Präsidenten außerdem die von ihm verlangte Reorganisationsvollmacht (für die Administration) – was einen großen Sieg darstellte – und billigte ein Arbeitsbeschaffungsgesetz.

Problematisch war jedoch, dass diese Erfolge von erheblichem Unmut im Kongress begleitet waren, wo man über ein Übermaß an Initiativen und zu viele Schnitzer klagte und über den Stab des Weißen Hauses verärgert war, der unterschiedliche Signale aussandte und widersprüchliche Verlautbarungen herausgab. Auch Carters Einstellung zu den Wasserbauprojekten löste Kopfschütteln und Unmut aus. Carter, so grollte ein führender Demokrat später, habe »derart viele Ballons über dem Capitol Hill aufsteigen lassen, dass man meinen konnte, er wollte ihn in einen Zirkus verwandeln«.[10]

Manche Rückschläge waren Umständen geschuldet, auf die Carter keinen Einfluss hatte, sowie einem Kongress, der widerspenstiger und eigenwilliger auftrat, als irgendjemand erwartet hätte. Aber die meisten Probleme waren vorhersehbare Folgen der Amtsführung des Präsidenten. In Schwierigkeiten war er insbesondere dadurch geraten, dass er sich mit unerfahrenen Mitarbeitern umgeben hatte, die mächtige Kongressmitglieder vor den Kopf stießen, Telefonanrufe unbeantwortet ließen und die Beziehungen zu wichtigen Wählergruppen vernachlässigten. Das Fehlen eines starken Stabschefs, der sich in Washington auskannte, der Mangel klarer Verantwortungs- und Befehlsketten, das Vorhandensein zu vieler Berater, die gegensätzliche Berichte vorlegten, und die Tatsache, dass Carter derart viele wichtige Entscheidungen sich selbst vorbehielt, führten zu Verzögerungen, Durcheinander, Widersprüchlichkeiten und vielen internen Meinungsverschiedenheiten. Schließlich hatte man durch die schiere Menge komplexer und umstrittener Gesetzesvorhaben, die ohne ausreichende Rücksprache mit dem Kongress vorgelegt wurden, dessen Ausschüsse überfordert und verärgert. Zudem hatte Carters Angewohnheit, Entscheidungen zu treffen, ohne Prioritäten zu setzen, ihre Wechselwirkung zu beachten und einen klaren allgemeinen Rahmen zu definieren, zu Widersprüchen geführt und die Stoßkraft seines Gesamtprogramms geschwächt.

Schaden richteten insbesondere die Mankos in der Personalpolitik und der Organisation an. Im Wahlkampf hatte Carter versprochen, den Stab des Weißen Hauses um ein Drittel zu verkleinern, und als er sein Versprechen einlöste, hatte die Öffentlichkeit positiv darauf reagiert. Doch die Unterbesetzung des Dokumentenmanagements und der Verbindungsstellen nach außen verursachten große Probleme. Tatsächlich wären, anstatt weniger, mehr Mitarbeiter besser gewesen.

Darüber hinaus waren die unerfahrenen Freunde aus Georgia, die Carter in hohe Stellungen gehievt hatte, augenscheinlich überfordert. Robert Lipschutz, der den wichtigen Posten des Rechtsberaters des Weißen Hauses bekleidete, war ein netter Mann, hatte aber nie in Washington gearbeitet und musste in dieser heiklen Position einfach ins Schwimmen geraten, und Frank Moore, den Carter an die

Spitze des Verbindungsstabes zum Kongress berufen hatte, erwies sich als ein weiteres Riesenproblem. Bald erzählte man sich in der Stadt unzählige Geschichten über ihn – von versäumten Sitzungen, nicht erwiderten Telefonaten von wichtigen Ausschussvorsitzenden und Kränkungen ihres Egos. Ich selbst hatte häufig solche Geschichten gehört. »Ich komme einfach nicht zu ihm durch«, beklagte sich der Vorsitzende des Haushaltsausschusses, Albert C. »Al« Ullman, einmal bei mir. Andere, wie Dan Rostenkowski, ein wichtiges Mitglied dieses Ausschusses, auf dessen Wohlwollen Carter angewiesen war, äußerten sich weniger zurückhaltend. »Was, zum Teufel, ist hier los?«, fluchte er mir gegenüber und ließ eine Reihe von Kraftausdrücken folgen, bevor er resümierte: »Diese Kerle sind Amateure.«

Auch Carters vielgepriesene »Kabinettsregierung«, ein Begriff, der tiefschürfende Kabinettsdiskussionen im kleinen Rahmen evozierte, war eher Form als Inhalt. Das Protokoll der Sitzung am 13. Juni, zum Beispiel, belegt, dass wir solch weltbewegenden Dingen lauschten wie der Ankündigung einer Kalifornienreise des Innenministers, der stolzen Mitteilung des Gesundheitsministers, dass er als erster demokratischer Minister auf einem Kongress der American Medical Association eine Rede halten werde, den Ausführungen des Handelsministers über das Problem des Beifangs von Tümmlern beim Fischen von Thunfischen und dem Hinweis des Verkehrsministers an den Präsidenten, dass er mit ihm über Sicherheitsgurte sprechen müsse. Freilich war nicht alles so banal, aber selbst der Präsident beschäftigte sich in seinen Äußerungen nur selten mit ernsten politischen Fragen. Weit häufiger handelte es sich eher um Anfeuerungsreden, unter die er gelegentliche Komplimente für den einen oder anderen Minister mischte. Im amerikanischen Regierungssystem bedeuten Kabinettsdiskussionen eben nicht viel, und Carters Bemühungen, dies zu ändern, blieben erfolglos.

Die zumeist bedeutungslosen Kabinettssitzungen waren indes bloß eine lästige Pflicht und Zeitverschwendung, während eine weitere Maßnahme, auf die Carter stolz war, nämlich die Zurückhaltung des Weißen Hauses bei der Ernennung der Spitzenbeamten der Ministerien, bei der es traditionell ein gewichtiges Wort mitgesprochen hatte, unbeabsichtigte schwerwiegende Folgen hatte. Da der Stab des Weißen Hauses an der Auswahl der Beamten nicht beteiligt war, neigte er dazu, sie als »Ministerleute« zu betrachten, und argwöhnte, dass sie eher den Interessen ihres Ministers als denen des Präsidenten dienten. Deshalb missdeutete er die unvermeidlich auftretenden Meinungsverschiedenheiten über politische Fragen als Ausdruck von Illoyalität, und die daraus folgenden Verleumdungen und der Presse zugespielten Informationen verstärkten den in der Öffentlichkeit vorhandenen Eindruck der inneren Zerrissenheit der Administration.

Während Zbigniew »Zbig« Brzeziński, der Nationale Sicherheitsberater des Präsidenten, ein kluger und geschickter Bürokrat, auf dem Gebiet der Außenpolitik die Rolle eines starken, einflussreichen Koordinators spielte, stellte es ein erhebliches Problem dar, dass niemand im Stab mit einer ähnlichen Funktion in Bezug auf die Wirtschaftspolitik betraut worden war. Formal oblag es mir, die Wirtschaftspolitische Gruppe des Kabinetts (Economic Policy Group, EPG) zu leiten, und der hart arbeitende Stu Eizenstat im Weißen Haus war dem Titel nach innenpolitischer Berater des Präsidenten. Doch Carters Gewohnheit, sich bis in die Details mit allem zu befassen, und sein Beharren darauf, viele Entscheidungen selbst zu treffen, führten häufig zu konfusen, widersprüchlichen politischen Verlautbarungen.

Viele von Carters erklärten Vorhaben – wie die Absicht, den Haushalt auszugleichen, die Ausgaben zu beschränken und die Inflation zu bekämpfen – standen im Widerspruch zu der beabsichtigen Reform der Energiepolitik und der Sozialfürsorge, die beide Geld kosten würden. Dennoch wollte er alles gleichzeitig erreichen, und da er jedes Thema einzeln betrachtete, übersah er häufig die Verbindungen zu anderen Fragen. Die Entstehung seines Energieprogramms – innerhalb von neunzig Tagen – ist ein gutes Beispiel dafür. Da die Steuer- und Ausgabenaspekte des Programms erhebliche Auswirkungen auf die Wirtschaft haben mussten, hätten sie sorgfältig durchdacht werden müssen. Doch der Präsident hatte sich entschlossen, das Programm zusammen mit dem Energieminister auszuarbeiten und andere nicht zu beteiligen, was zu großer Verwirrung führte.

Bis Anfang April wurden Charles L. Schultze, der Vorsitzende des Rats der Wirtschaftsberater des Präsidenten, und ich völlig im Dunkeln gelassen. Abgesehen von Gerüchten über eine besondere Gassteuer, höhere Erdöl- und Gaspreise und strengere Energieeffizienzmaßstäbe für die Industrie, erfuhren wir kaum etwas. Das Ziel war, die Effizienz zu erhöhen und den Verbrauch zu senken, doch dem standen zwei große Hindernisse entgegen: Zum einen waren die im Geheimen ersonnenen Maßnahmen so weitreichend, komplex und umstritten, dass sie für den Kongress absolut unannehmbar waren. Zum anderen hatten sie gravierende makroökonomische Implikationen, die den grundlegenden wirtschaftspolitischen Zielen der Administration zuwiderliefen. Schultze und ich waren beunruhigt genug, um, wenn auch widerstrebend, zu dem Schluss zu kommen, dass es nötig war, Carter mit offenen Worten auf die Probleme hinzuweisen. Der erste Schritt war ein gemeinsamer Anruf beim Präsidenten, in dem wir uns beklagten, dass man uns in keiner Weise informiert habe, und verlangten, über das Vorhaben im Einzelnen ins Bild gesetzt zu werden. Carter war offenbar verblüfft und irritiert. »Nun«, erwiderte er mit mürrischem Sarkasmus, »ich dachte, Sie und Charlie wüssten alles. Aber wenn Sie beide es so sehen, dann ist es wohl so.«

Unbeirrt ließen wir am 5. April ein gemeinsames Memorandum folgen, in dem wir kein Blatt vor den Mund nahmen. »Nach unserem derzeitigen Kenntnisstand«, schrieben wir gleich am Anfang, »wird das Energieprogramm sehr weitreichend sein und große Auswirkungen auf die Wirtschaft als Ganze, auf einzelne Industriezweige und auf unsere internationalen Beziehungen haben. Um die bestmöglichen Entscheidungen zu treffen, ist es nötig, die Konsequenzen dieser Auswirkungen in ausreichender Klarheit zu erkennen. Wir glauben nicht, dass dies derzeit der Fall ist.« Wahrscheinlich war sich der Präsident dieser Besorgnisse nicht bewusst gewesen. Auf jeden Fall veranlassten sie ihn zum Handeln, indem er uns – zwei Wochen vor der Bekanntgabe des Programms – durch Energieminister Jim Schlesinger ins Bild setzen ließ. So waren wir kurz vor

Toresschluss noch in der Lage, den Schaden in gewissen Grenzen zu halten, indem wir manche Vorschläge strichen und andere umformulierten.

Nachdem das Programm am 20. April verkündet worden war, wurde es vom Kongress erwartungsgemäß stark zurechtgestutzt, so dass schließlich nur eine verwässerte Fassung Gesetzeskraft erlangte. Selbst unter den besten Bedingungen wäre es schwer gewesen, das Programm als Ganzes durchzusetzen, aber wenn man es von Anfang an mit mehr Sorgfalt und in Absprache mit dem Kongress ausgearbeitet hätte, wäre zumindest ein Teil der negativen Reaktion der Öffentlichkeit ausgeblieben, und die Konflikte mit anderen Teilen von Carters Wirtschaftsprogramm wären vermieden oder überzeugender gelöst worden.

Das Vorhaben des Präsidenten war aller Ehren wert. Immerhin hatte er den Mut, sich dem Energieproblem der USA zu stellen, was nur wenige Präsidenten vor und nach ihm getan haben. Bis heute ist das Problem unserer Energieverschwendung ungelöst, und die Notwendigkeit, von ausländischen Quellen unabhängiger zu werden, ist nicht geringer geworden. Auch darf man Carter nicht allein die Schuld daran geben, dass vieles von dem, was er vorschlug, letztlich abgelehnt oder stark verwässert wurde. Sein Hauptfehler lag jedoch in der Art und Weise, wie er dieses schwierige, komplexe Thema behandelte, und darin, dass er die Implikationen – politische wie ökonomische – seiner Vorschläge nicht in vollem Umfang erkannte. Bedauerlicherweise ist die Geschichte von Carters Energieprogramm typisch für seinen Führungsstil und dessen Mängel.

Ohne einen Stabschef und volles Vertrauen in starke, erfahrene Berater, die ihm hätten helfen können, die Wirtschafts- und Innenpolitik zu leiten, arbeitete er immer mehr, las Unmengen von Papieren – er und seine Frau Rosalynn absolvierten schließlich einen Lehrgang im Schnelllesen – und kämpfte mit Bergen von Aktennotizen, die er mit Randbemerkungen versah und auf denen er seine Entscheidungen festhielt. Er meinte es gut, aber dass unter diesen Umständen nur allzu oft Versehen und Fehler auftraten, dürfte kaum überraschen.

Manchmal war die Hartnäckigkeit, mit der er sich in Details verbiss, geradezu unglaublich. So landete einmal eine kurze Entscheidungsnotiz über das Dauerthema einer Alaskapipeline, in der die Ergebnisse eines mehr als hundert Seiten umfassenden Berichts einer technischen Arbeitsgruppe zusammengefasst wurden, auf seinem Schreibtisch. Den Bericht hatte man der wesentlich kürzeren Aktennotiz beigelegt, doch als er zurückgegeben wurde, stellte der Assistant Secretary im Finanzministerium, der ihn beiläufig durchblätterte, verblüfft fest, dass sich nicht nur in der Zusammenfassung, sondern auch in dem langen Bericht selbst handschriftliche Randbemerkungen des Präsidenten befanden – bis hin zu dessen Ansicht über den richtigen Durchmesser der Rohre. Carter hatte den gesamten Bericht gelesen! Ein solches Aktenstudium musste selbst bei seinen Lesefertigkeiten eine enorme Belastung darstellen.

Bei einer anderen Gelegenheit, als ich ihm die Vorschläge des Finanzministeriums für die geplante Steuerreform vorlegte, war ich ebenfalls erstaunt, wie weit er sich auf technische Details einließ. Das amerikanische Steuersystem ist höchst kompliziert – zu kompliziert, würden die meisten sagen –, und außerhalb der Bundessteuerbehörde (IRS) und den Steuerexperten des Finanzministeriums gibt es nur wenige, die es vollständig überblicken. Carter jedoch verbrachte viele Stunden damit, es zu studieren, um sich ein möglichst umfassendes Bild von ihm zu machen. In einer Sitzung wies er mich und die anderen Finanzexperten auf eine relativ obskure Vorschrift hin – eine Steuervergünstigung für Bergmänner –, die nicht auf der Liste unserer Streichvorschläge stand. »Sie betrifft nur einen geringen Steuerbetrag«, wandte Assistant Secretary Larry Woodward, ein anerkannter Fachmann, ein, »und der Kongress würde nie zustimmen. Sie gehört da zum heiligen Gral.« Woodward war jahrelang Stabsleiter des gemeinsamen Steuerausschusses des Kongresses gewesen, doch Carter ließ seinen Einwand nicht gelten. »Setzen Sie es wieder auf die Liste«, wies er ihn an. Wie kaum anders zu erwarten, wurde ich später rundweg ausgelacht, als ich vor dem Kongress für die Streichung dieser Steuervergünstigung plädierte.

Die Lance-Affäre

Das erste halbe Jahr von Carters Amtszeit war holprig verlaufen, doch darin sah man zum Teil immer noch die üblichen Kinderkrankheiten einer neuen Administration, und es war noch viel Zeit, den Eindruck der frühen Missgriffe und Schnitzer auszulöschen. Leider vertiefte Carter durch die Art, wie er sich im Sommer 1977 in der Affäre um seinen guten Freund Bertram »Bert« Lance verhielt, die Bedenken der Öffentlichkeit gegen ihn als politischen Führer. Letztlich sollte dies entscheidend dazu beitragen, dass sich das negative Image verfestigte, das er nie wieder ganz loswerden sollte.

Die Lance-Affäre war die größte politische Story in Carters erstem Amtsjahr. Im Sommer beherrschte sie über zwei Monate lang die Schlagzeilen, brachte Washington zum Stillstand, beanspruchte die Aufmerksamkeit des Präsidenten und seines Stabes und lenkte sie von ihren Gesetzgebungsplänen ab. Es war der erste Härtetest für Carters Fähigkeiten als Krisenmanager. Als er vorüber war, lautete das allgemeine Urteil, dass er sich nicht gut geschlagen habe und dass die Affäre viel über den Stab des Weißen Hauses und seinen eigenen Charakter sowie seinen persönlichen und präsidialen Stil offenbart habe.

Früher oder später haben die meisten Administrationen mit realem oder vermeintlichem politischen »Gegenwind« zu kämpfen, den ihre Gegner auszunutzen versuchen, aber an anderen Washingtoner Krisen gemessen, war der Anlass dieses Skandals – Enthüllungen über die verworrene finanzielle Situation von Budgetdirektor Bert Lance und seine angeblichen Verstöße gegen Bank- und Wahlkampffinanzierungsgesetze – zwar peinlich, aber nicht gerade welterschütternd. Im Vergleich mit Nixons Watergate- und Clintons Lewinsky-Affäre handelte es sich allenfalls um ein Skandälchen. Weder wurde der Präsident der Vereinigten Staaten einer persönlichen Verfehlung beschuldigt, noch hatten die Vorwürfe gegen Lance irgendetwas mit seiner Tätigkeit als Direktor des Office of Management and Budget (OMB) zu tun, und ob seine angeblichen Missetaten in Georgia lediglich formale oder tatsächlich kriminelle Regelverstöße waren, blieb eine offene Frage. Der wahre Schaden rührte daher nicht von den Anschuldigungen selbst her, sondern davon, wie Carter auf sie reagierte.

Dies hatte zur Folge, dass sich der Schwerpunkt der Affäre unnötigerweise von Lance auf den Präsidenten verlagerte, wodurch dessen Image letztlich stark beschädigt wurde. »Wie sich herausgestellt hat«, bemerkte ein angesehener und vielgelesener Kolumnist, »ist der Präsident ein einsamer, von einem unerfahrenen Stab umgebener Mann, der gegen moralische Blindheit und Fehlurteile nicht gefeit ist.«[11] In einem Leitartikel der *New York Times* hieß es, Carter neige dazu, sich selbst zu schaden, so vor allem durch die Ernennung von Lance zum OMB-Direktor, und sein Verhalten während der Krise sei von Anfang an von »dubiosen Einschätzungen und Fehlurteilen« geprägt gewesen.[12] Das Nachrichtenmagazin *Time* fasste die vorherrschende Meinung zusammen, indem es erklärte, Carters Verhalten in der Affäre sei besorgniserregend gewesen, er habe »wiederholt einen Hang zur Sentimentalität und moralische Blindheit« an den Tag gelegt und dadurch, dass er die Krise nicht früher beendete, »beunruhigende Fragen in Bezug auf seine Instinkte als Präsident und Politiker« ausgelöst.[13]

Die Zustimmungsquote zu Carters allgemeiner Amtsführung sank weiter und fiel bald auf Dauer unter fünfzig Prozent. Indem er es versäumte, die Krise durch entschlossenes Handeln zu beenden, und sich hinter Lance stellte, obwohl die Tatsachen gegen den OMB-Direktor sprachen, hatte er die Affäre in ein Referendum über sich selbst verwandelt. So war eine zweitrangige Krise zu einer erstrangigen Katastrophe geworden, die das Bild, das man sich von Carter machte, auf Dauer beeinflussen sollte.

Die Hauptvorwürfe gegen Lance betrafen seine Tätigkeit für zwei Banken in Georgia, von denen die eine der Familie seiner Frau gehörte und die andere früher unter seiner Leitung gestanden hatte. Die Untersuchung oblag der zum Finanzministerium gehörenden

Bankenaufsicht (Office of Controller of the Currency, OCC), so dass ich direkt mit der Affäre zu tun hatte. Mir war sofort klar, dass sie ein großes Problem für mich darstellte, das womöglich schwierigste, das ich bis zu diesem Zeitpunkt als Finanzminister bewältigen musste. Obwohl die Bankenaufsicht mit Hilfe eines Stabes von Wirtschaftsprüfern weitgehend unabhängig handelt, war ich mir bewusst, dass man mich unweigerlich mit deren Arbeit und ihren Ergebnissen identifizieren würde. Und an Ermittlungen gegen einen Kabinettskollegen und engen Freund des Präsidenten, wenn auch nur indirekt, beteiligt zu sein war sicherlich keine einfache und angenehme Rolle.

Von Anfang an wies ich den Leiter der Bankenaufsicht, John Heiman, an, so fair wie möglich vorzugehen und die Untersuchung wie jede andere durchzuführen. Jeder Verdacht einer Sonderbehandlung oder Vertuschung hätte eine sowieso schon schlimme Situation für den Präsidenten und alle anderen Beteiligten weiter verschlechtert. Als ich Carter am 15. Juli unter vier Augen Bericht erstattete, stimmte er mir, was diese Vorgehensweise betraf, sofort zu. Da er Lance jedoch weiterhin sehr nahestand, befand ich mich in den folgenden Wochen wiederholt in einer unangenehmen Lage, wenn ich ihm schlechte Neuigkeiten über seinen Freund überbringen musste. Es war offensichtlich, dass ihm die Affäre sehr zu schaffen machte, aber er schien meine Position zu verstehen, und es sprach für ihn, dass er sich nie beklagte.

Auf Lance' Freunde im Stab des Weißen Hauses traf dies nicht zu. Sie verdächtigten mich des Übereifers, absichtlich zugelassener Presselecks und des Intrigenschmiedens gegen ihn. Fortan erschienen in der Presse regelmäßig anonyme Kritiken an meiner Amtsführung als Finanzminister und für gewöhnlich »gutunterrichteten Kreisen« zugeschriebene Gerüchte über mein schlechtes Ansehen in der Administration – bis Carter dem Spuk ein Ende setzte.

Die Bankenaufsicht ist eine eher unauffällige Washingtoner Behörde, die selten in den Nachrichten auftaucht, und Heiman war ironischerweise nur wenige Tage vor dem Beginn der Lance-Affäre an ihre Spitze berufen worden. So war er, sehr zu seinem Missvergnügen, buchstäblich über Nacht zu einer Hauptfigur in einem das ganze Land erschütternden Skandal geworden, in dem viel politischer Sprengstoff steckte. Während Carters politische Gegner in den folgenden Wochen unablässig das Feuer anfachten und die Medien genüsslich reißerische, freilich zumeist spekulative Meldungen über Lance' angebliche Verfehlungen verbreiteten, führte Heiman seine Ermittlungen durch. Nach 35 Tagen veröffentlichte er den ersten von zwei langen Berichten über seine Erkenntnisse. Das ehrfurchtgebietende, 395 Seiten umfassende und fast dreieinhalb Kilogramm schwere Dokument enthielt zwar keinen Beweis für eindeutige Gesetzesverletzungen, enthüllte aber eine Vielzahl von peinlichen Details über Lance' Tätigkeit als Bankier, die keine sehr erfreuliche Lektüre darstellten.

Auch abgesehen davon, dass ein zweiter Bericht angekündigt war und niemand wissen konnte, was darin stehen würde, wäre einem im Umgang mit der Öffentlichkeit gewiefteren Präsidenten und einem erfahrenen Mitarbeiterstab klar gewesen, dass bei Äußerungen über diese Ermittlungsergebnisse höchste Vorsicht geboten war. Immerhin passte das Bild, das der Bericht von dem engsten Vertrauten des Präsidenten und seinem lockeren Geschäftsgebaren zeichnete, ganz und gar nicht zu einer Administration, die sich mit ihrer Rechtschaffenheit und moralischen Integrität gebrüstet hatte.

In der Hoffnung auf höchste Vorsicht hatten mein Stellvertreter im Finanzministerium, Robert Carswell, und ich den Präsidenten nach bestem Wissen über die wahrscheinlichen Ergebnisse der OCC-Untersuchung auf dem Laufenden gehalten. Dabei hoben wir hervor, dass der Eindruck selbst dann ungünstig sein würde, wenn keine strafbaren Handlungen entdeckt werden sollten. Zudem könne der zweite Teil von Heimans Bericht weitere betrübliche Erkenntnisse enthalten. Wir waren uns zwar nicht sicher, ob unsere Warnung in vollem Umfang verstanden worden war, aber auf einen derartigen Mangel an politischem Urteilsvermögen, wie ihn Carter an den Tag legte, als er die bis dahin lediglich peinliche Lance-Affäre durch seine Reaktion auf den OCC-Bericht in eine ausgewachsene Katastrophe verwandelte, waren wir nicht gefasst.

Anstatt mit gemäßigter Erleichterung darauf hinzuweisen, dass Lance fürs Erste von Straftatvorwürfen entlastet worden sei, schlug er alle Mahnungen zur Vorsicht in den Wind und erklärte, sämtliche negativen Ermittlungsergebnisse ignorierend, der OMB-Direktor sei durch Heimans Bericht in vollem Umfang rehabilitiert. Er unterbrach einen Urlaub in Camp David und flog mit dem Hubschrauber nach Washington, um dort eine improvisierte Pressekonferenz zu geben, auf der er betonte, der OCC-Bericht sei »sehr günstig« und stelle »eine klare Rehabilitierung« dar. Sein »Vertrauen in den Charakter und die Kompetenz von Bert Lance sei bestätigt worden«. Lance könne und solle weiter dem Land dienen. Und dann wandte er sich direkt an seinen Freund und versicherte ihm: »Bert, ich bin stolz auf dich.«

Der Bericht der Bankenaufsicht hatte gravierende Fragen in Bezug auf Lance' Verhalten bei der Kreditbeschaffung aufgeworfen, etwa die, ob es, wenn schon nicht strafbar, akzeptabel war, Privatkredite bei Banken aufzunehmen, mit denen die eigene Bank Geschäftsbeziehungen unterhielt. Ferner wurde eine massive Inanspruchnahme von Überziehungskrediten kritisiert und auf zahlreiche Regelverstöße während Lance' (gescheiterter) Bewerbung um das Amt des Gouverneurs von Georgia hingewiesen. Ein zweiter OCC-Bericht war angekündigt, die Börsenaufsicht war aufmerksam geworden, und mehrere Kongressausschüsse hatten Untersuchungen eingeleitet. Sogar der Amerikanische Bankiersverband fühlte sich bemüßigt, öffentlich festzustellen, dass Lance' Geschäftsgebaren keineswegs der Norm entsprach. All dies hatte Carter in der vergeblichen Hoffnung, mit einer kühnen Siegeserklärung Lance retten und die Affäre beenden zu können, beiseitegeschoben. »Diese Angelegenheit wird nicht mehr lange dauern«, wurde Ham Jordan zitiert. Der OMB-Direktor werde »den Sturm jetzt heil überstehen«.[14]

Wunschdenken hatte das politische Urteilsvermögen getrübt. »Präsident Carter stürzte sich auf den Bericht, ... wie sich die in der Wüste gestrandete Comicfigur auf einen Eimer Wasser stürzt, nur um zu entdecken, dass es ein Trugbild ist«, bemerkte die *Baltimore Sun*, und das *Wall Street Journal* urteilte: »Wir finden [in dem Bericht] wenig, das die Bemerkung des Präsidenten ›Bert, ich bin stolz auf dich‹ rechtfertigen würde.« Stattdessen hob die Zeitung Lance' »ständigen Impuls, Abkürzungen zu nehmen« hervor.[15] Solche Äußerungen gaben die jetzt buchstäblich einhellige Ansicht wieder, dass Lance niemals Budgetdirektor hätte werden dürfen und dass die unerklärliche Reaktion des Präsidenten auf den Skandal Zweifel an dessen politischem Urteilsvermögen und an der Kompetenz seines Stabes aufkommen lasse.

Am 7. September veröffentlichte Heiman den zweiten Bericht, der den umstrittenen OMB-Direktor ebenfalls von Straftatvorwürfen entlastete, zugleich aber auch weitere Verfehlungen offenlegte. Damit war klar, dass Lance Washington würde verlassen müssen. Am 21. September, zwei Monate nach Ausbruch der Krise, stand der Präsident neben seinem Freund und nahm mit Tränen in den Augen sowie »dem größten Bedauern und Gram« dessen Rücktrittsgesuch an. Die Krise war endlich vorüber, und Carter konnte sich wieder seinen eigentlichen Aufgaben widmen.*

Für Carter war die Lance-Affäre eine Katastrophe. Er hatte erst spät begriffen, wie gefährlich sie war, und es versäumt, rasch zu handeln, um den absehbaren Schaden für sich selbst abzuwenden. Zudem hatte er, indem er das Problem durch die rückhaltlose Verteidigung der alles andere als grandiosen Leistungen seines Freundes vergrößerte, sich selbst auf eine Weise exponiert, die »kein günstiges Licht auf sein Gespür für die politische Realität« warf.[16] Vor allem hatte er sein größtes politisches Kapital in Frage gestellt: seinen Ruf als Musterknabe in ethischen Fragen.

---

* Im Sommer 1978 wurde Lance vor einem Bundesgericht im Zusammenhang mit seiner Kreditvergabe bei der National Bank of Georgia (NBG) in 33 Punkten angeklagt. In einem weiteren Gerichtsverfahren im Jahr 1980 wurde er in einigen Anklagepunkten freigesprochen, und da die Geschworenen in den restlichen Punkten keine Einigkeit erzielen konnten, wurde der Prozess für gescheitert erklärt, und die Staatsanwaltschaft ließ die Anklage fallen. 1981 kehrte Lance an die Spitze der Bank zurück.

Als Kandidat hatte Carter hart und erfolgreich daran gearbeitet, die Aura eines starken, moralisch untadeligen politischen Führers zu schaffen. Dieses Image hatte bereits in den ersten Monaten seiner Amtszeit Schaden erlitten, und jetzt hatte das Debakel der Lance-Affäre neue Zweifel geweckt. In den nächsten drei Jahren sollten noch viele Höhen und Tiefen folgen, aber das anfängliche öffentliche Vertrauen in ihn als eine starke, effiziente Führungspersönlichkeit vermochte er nie mehr ganz zurückzugewinnen.

Auch für mich markierte die Affäre einen Wendepunkt, nach dem nichts mehr so war wie vorher. Nach einem halben Jahr recht enger Zusammenarbeit mit Carter hatte ich immer noch das Gefühl, ihn im Grunde nicht zu kennen und nicht zu verstehen. Mehr als einmal hatte ich mich beim Verlassen des Oval Office gefragt, was ihn antrieb. Ich schätzte seine unfehlbare Höflichkeit, bewunderte seine hohe Intelligenz und staunte über seine Detailversessenheit. Dennoch spürte ich immer eine gewisse Schüchternheit, ein Misstrauen, einen offensichtlichen Unwillen, sich den Dingen zu stellen, zu kritisieren oder zu vertrauen, sowie eine irritierende Neigung, sich zu verschließen und vieles mit sich selbst abzumachen. Dies tun in gewissem Ausmaß alle Präsidenten, vielleicht ist es eine notwendige Form des Selbstschutzes. Doch Carter übertrieb es in meinen Augen. Im Gespräch mit Außenminister Vance, mit dem ich befreundet war, erwähnte ich einmal, dass sich der Präsident mir gegenüber auf persönlicher Ebene merkwürdig verschlossen verhalte und kaum aus sich herausgehe. Ob dies bedeute, dass es eine persönliche Animosität zwischen uns gebe, dass wir vielleicht einfach nicht miteinander »könnten«? »Vergiss es«, erwiderte Cy. »Du bist nicht der Einzige. Wir alle haben dieses Problem.«

Mir wurde klar, dass Carter bestimmte entscheidende Führungseigenschaften fehlten. Sich mit einem Stab aus jungen Leuten zu umgeben, die sich mehr durch Loyalität als durch Kompetenz und Erfahrung empfohlen hatten, war ein großer Fehler gewesen; dazu kam das Versäumnis, umgehend einen starken Stabschef zu ernennen. Besonders durch die Ernennung eines ungeeigneten Rechtsberaters hatte Carter sich selbst schweren Schaden zugefügt, und die schlecht gemanagten Beziehungen zum Kongress hatten in der Lance-Krise die Spannungen zwischen ihm und führenden Kongressmitgliedern verschärft. Zudem wurde sein politisches Wahrnehmungsvermögen durch blinde Flecken eingeschränkt, die dazu beigetragen hatten, dass sich die Lance-Affäre zur Krise auswuchs. Diese Schwächen sollten Carter nicht zum letzten Mal in Schwierigkeiten gebracht haben.

Krisenjahre

Als der britische Premierminister James Callaghan am 23. März 1978 das Weiße Haus besuchte, standen die sich verschlechternde Energiesituation und die zunehmende Inflation in den Vereinigten Staaten sowie deren Auswirkungen auf das globale Finanzsystem für ihn im Vordergrund. Die aktuellen Nachrichten waren schlecht, die Aussichten düster, und wie viele europäische Staatsmänner war sich Callaghan nicht sicher, welchen Kurs die amerikanische Politik verfolgte, und darüber hinaus durch Gerüchte über Konflikte und Chaos in Washington beunruhigt. Im Sommer war ein weiteres Gipfeltreffen der Gruppe der Sieben, der sieben führenden Industrieländer der Welt (G7), in Bonn geplant, und Callaghan wollte in Vorbereitung auf den Gipfel Carters Absichten sondieren und die Chance für wirkungsvolle amerikanische Maßnahmen auf dem Energiesektor und im Kampf gegen die Inflation ausloten.

Seit Mitte 1977 war die wirtschaftliche Lage in den USA immer prekärer geworden. Erdölimporte in Rekordhöhe hatten das Zahlungsbilanzdefizit innerhalb eines Jahres auf das Vierfache steigen lassen, Carters Energiegesetz steckte im Kongress fest, und die Inflation lag bei fast acht Prozent, mit steigender Tendenz. Der Dollar hatte gegenüber den Hauptwährungen bereits über 15 Prozent an Wert verloren, was die nur langsam wachsenden europäischen Wirtschaften zusätzlich in Bedrängnis brachte, da sich ihre Exporte verteuerten. Eine Sorge bestand darin, dass die nervösen Devisenmärkte außer Kontrolle geraten und eine Finanzkrise auslösen könnten. Doch es gab transatlantische Meinungsverschiedenheiten darüber, wer die Hauptlast der Korrekturmaßnahmen tragen sollte. Nach amerikanischer Auffassung sollten Europa und Japan ihre Wirtschaften stimulieren, um die Devisenmärkte zu festigen und den Druck auf den Dollar zu verringern. Die Europäer lehnten dies vehement ab und zeigten ihrerseits auf Amerika, das nach ihrer Ansicht zuerst und vor allem die Bürde zu schultern und schmerzliche finanzielle Einschnitte vorzunehmen hatte.

Der britische Premierminister hatte jene nichtkonfrontative, freundliche Art, die Carter am meisten behagte, und für gewöhnlich kamen sie gut miteinander aus. Doch vor dem Hintergrund der schwierigen globalen Wirtschaftslage und der zwischen uns und Europa herrschenden Meinungsverschiedenheit über die nötigen Maßnahmen bereitete die amerikanische Politik Callaghan – und nicht nur ihm – Sorgen. Mehrere der Staats- und Regierungschefs, mit denen Carter in Bonn zusammentreffen würde, beklagten sich seit Monaten über das hohe Handelsbilanzdefizit der USA, unseren Energieverbrauch und den schwächelnden Dollar. Sie hatten dies zumeist hinter verschlossenen Türen getan, aber ich hatte diese Klagen von europäischen Finanzministern häufig genug gehört, und in der ausländischen Presse wurden »amtliche Quellen« zitiert, die einerseits Washington eine widersprüchliche und ineffiziente Innenpolitik vorwarfen und andererseits die ablehnende Haltung der Europäer gegen amerikanische Vorschläge für Maßnahmen, die sie zur Verbesserung der internationalen Lage ergreifen könnten, bedauerten. Ein beliebter Vorwurf aus Europa war die eigennützige Unterstellung, wir würden vorsätzlich »den Dollar kleinreden«, um einen Exportvorteil zu erlangen – wobei man mich als einen der Hauptschuldigen ausmachte.

Uneinigkeit und öffentlicher Streit zwischen den führenden Industrieländern in Bonn hätten die Situation sicherlich weiter verschlimmert. Es war also dringend nötig, ein Fundament für eine gemeinsame Strategie zu finden. Innenpolitisch geschwächt und im Dauerfeuer der Kritik stehend, musste Carter damit rechnen, auf einem für ihn sicherlich schwierigen Gipfeltreffen auch von unseren Partnern unter Druck gesetzt zu werden, zumal es auf dem Territorium von Bundeskanzler Helmut Schmidt stattfinden würde, dem schärfsten Kritiker der amerikanischen Politik und einem beachtlichen Gegenspieler.

Im Lauf des vorangegangenen Jahres war ich mehrmals im Kanzlerbungalow in Bonn mit Schmidt zusammengetroffen und hatte seinen beeindruckenden Verstand und seine entschiedenen Ansichten kennengelernt. Wir kannten uns damals noch nicht näher, so dass unsere Gespräche zwar höflich verliefen, aber ohne jene persönliche Herzlichkeit und den gegenseitigen Respekt, die sich in späteren Jahren zwischen uns entwickelten. Obwohl es, soweit ich mich erinnere, nicht erwähnt wurde, bin ich mir sicher, dass Schmidt über meine Herkunft Bescheid wusste, und ich fragte mich manchmal, was er darüber dachte und ob es eine Bedeutung für ihn hatte. Für gewöhnlich sprach er deutsch, während ich beim Englischen blieb, wie es das Protokoll bei offiziellen Begegnungen wie der unseren mehr oder weniger vorschrieb. Wir kamen jedoch rasch überein, auf die Zwischenschaltung eines Dolmetschers zu verzichten, so dass unser temperamentvoller Meinungsaustausch von Anfang an recht persönlich und direkt war.

Ein richtig freundschaftliches Verhältnis entwickelte sich zwischen uns allerdings erst, als wir wieder Privatpersonen waren, besonders in den letzten Jahren. Heute treffen wir uns, wenn er nach Berlin kommt oder in seinem Haus in Hamburg-Langenhorn, wo wir in seiner »Kellerkneipe« sitzen und die Probleme der Welt »lösen«.

Die Bundesrepublik hatte das Glück, eine ganze Reihe beeindruckender Staatsmänner zu besitzen, und Helmut Schmidt gehört unbedingt in die Spitzengruppe. Deutschland konnte und kann froh sein, ihn zu haben. Noch heute, mit über neunzig Jahren, verfolgt er mit seinem scharfen, bohrenden analytischen Verstand erstaunlich vielfältige Interessen. Wenn wir uns treffen, hat er jedes Mal eine bestimmte Tagesordnung. »Erklären Sie mir die Derivate«, verlangte er eines Tages, lange vor dem Ausbruch der gegenwärtigen Finanzkrise, mit großer Voraussicht, »und sagen Sie mir, ob sie uns nicht alle in große Schwierigkeiten bringen werden, wenn man sie nicht besser reguliert.« Und bei einer Begegnung in Hamburg fragte er mich – mit kritischem Unterton, versteht sich – Monate vor der Wahl nach Barack Obamas innen- und außenpolitischen Auffassungen aus. Für gewöhnlich stelle ich fest, dass er viel weiß und sich eingehend mit den jeweiligen Themen beschäftigt hat, allerdings nicht so wie Jimmy Carter, sondern mit mehr Gespür für ihre grundsätzlichere Bedeutung und Ausrichtung. Sowohl in dem von ihm gegründeten Interaktionsrat ehemaliger Staats- und Regierungschefs als auch in seinem Freitagsklub mit Hamburger Freunden, zu deren Treffen er mich einlud, hört er aufmerksam zu, ist aber stets die stärkste Persönlichkeit.

Wie die meisten von uns hat er natürlich auch seine Widersprüche. Einerseits ist er ein Mann mit vielen Talenten, die weit über die Politik hinausgehen, und kann warmherzig und charmant sein. Als ich jüngst in Hamburg bei ihm hereinplatzte, saß er in sich versunken am Klavier, und ich stand minutenlang nur da und lauschte einem bemerkenswert begabten Pianisten. Andererseits hat auch er seine blinden Flecken, die zutage treten, wenn hinter seinen entschiedenen Ansichten gelegentlich das eine oder andere Vorurteil sichtbar wird. Zum Beispiel hegt er, denke ich, eine Art Hassliebe für die Vereinigten Staaten, ein Land, das er gut zu kennen glaubt, allerdings nicht ganz so gut, wie er denkt – worauf ich ihn vorsichtig hinzuweisen versucht habe. Seine Bewunderung für Amerikas Standhaftigkeit und Kraft ist echt, aber, wie ich vermute, auch mit einer Dosis Neid vermischt, der am deutlichsten in häufig unwirschen, einseitigen kritischen Äußerungen über unsere wirklichen oder vermeintlichen Mängel zutage tritt, die der Komplexität des jeweiligen Themas nicht immer genügend Beachtung schenken.

In meinen Augen ist Helmut Schmidt vor allem ein deutscher Patriot und ein Verfechter der Interessen seines Landes. Er ist fest im Ideal der Demokratie verankert, aber auch Realist sowie Europäer und Internationalist. Er hat viel für Nachkriegsdeutschland getan, und dafür schuldet ihm sein Volk Dank. Deutschland – und der

Rest der Welt – könnte heute mehr Menschen von seiner Sorte brauchen.

Die Beziehung zwischen Carter und Schmidt war fast von Anfang an schwierig, und in dieser frühen Phase unserer Bekanntschaft hatte auch ich einen gemischten Eindruck von ihm. Einerseits beeindruckte er mich als tatkräftiger und ungewöhnlich gutinformierter Staatsmann und formidabler Vertreter der Interessen seines Landes. Unter den anderen internationalen Staatsmännern, die ich kennenlernte, ragte er klar heraus. Viele seiner Fragen und Bemerkungen zu Carters Innenpolitik trafen den Nagel auf den Kopf, und insgeheim teilte ich viele seiner Bedenken, auch wenn ich, wie es meiner Rolle entsprach, die Politik meines Präsidenten verteidigte. Andererseits überraschte er mich gelegentlich mit unnötig deutlichen und streitlustigen Äußerungen, wenn er mit etwas mehr Zurückhaltung dasselbe erreicht hätte. Er besaß offensichtlich einen bohrenden Verstand, und manchmal schien er den Streit um seiner selbst willen zu genießen. Er hörte stets aufmerksam zu, doch seine Toleranz für andere als seine eigenen Ansichten war begrenzt, insbesondere, wenn sie in seinen Augen nicht präzise oder realistisch genug waren.

Während Schmidt Vorbehalte gegen Carter und seine Politik andeutete, fühlte sich dieser, wie ich wusste, seinerseits nicht besonders zu dem deutschen Bundeskanzler hingezogen; ihm war in seiner Gegenwart nie ganz wohl zumute. Sosehr er sich auch bemühte, kam er mit dessen direkter Art nicht zurecht. Schmidt wiederum zollte Carters Idealismus und seinen guten Absichten Respekt, betrachtete ihn aber offensichtlich als schwachen Führer, der im Innern eine widersprüchliche Wirtschaftspolitik betrieb und auf außenpolitischem Gebiet naiv und unerfahren war und sich allzu sehr von seinem Sicherheitsberater Brzeziński beeinflussen ließ, dessen antisowjetische Haltung Schmidt für zu kämpferisch und kontraproduktiv hielt. Dabei hatten beide Männer einiges gemeinsam. Beide waren aufrichtig, geradlinig und demokratischen Prinzipien verpflichtet, beide hatten ein starkes Ego und besaßen ein großes Maß an Selbstbewusstsein und Zutrauen in ihre Fähigkeiten, auch wenn sie es sehr unterschiedlich ausdrückten. Carter hasste Konfrontationen, war höflich bis zum Übermaß und fühlte sich unwohl, wenn er direkt herausgefordert wurde. Als wiedergeborener Christ, dem es ein tiefes Anliegen war, den Frieden zu fördern und das Los der Armen auf der Welt zu verbessern, glaubte er unerschütterlich daran, dass mit Appellen an die Vernunft und geduldigem guten Zureden selbst auf den schwierigsten Gebieten Fortschritte zu erreichen seien. Sein Einsatz für die Menschenrechte und der Stellenwert, den er ihnen in seiner Außenpolitik einräumte, waren Belege dafür.

Schmidts Denken verlief in anderen Bahnen. Er schätzte offene Worte und schreckte keineswegs vor Konfrontation und Streit zurück; vielmehr genoss er sie sogar. Auf seine Art war dieser nüchterne Norddeutsche so unumwunden und geradeheraus, wie der wiedergeborene Südstaatler höflich, liebenswürdig und indirekt war. Doch Carters Moralpredigten irritierten ihn. Nach seiner Ansicht ging es in der internationalen Politik nicht um Moral und guten Willen, sondern um die hartnäckige Suche nach einem gemeinsamen Boden, auf dem entgegengesetzte nationale Interessen versöhnt werden konnten. Politik erforderte nach seinem Verständnis, dass man sich klare Ziele setzte und dann an ihnen festhielt, während Carter – ob nun in der Wirtschafts- oder der Außenpolitik – dazu neigte, sich auf unterschiedliche Ziele zu versteifen, selbst wenn sie einander mehr oder weniger widersprachen.

Die Probleme im Verhältnis zwischen Carter und Schmidt spiegelten häufig legitime reale Meinungsverschiedenheiten aufgrund unterschiedlicher nationaler Interessen wider. Wie mir im Lauf der Zeit klarwurde, beruhten sie jedoch ebenso sehr auf den enormen Unterschieden in Herkunft, Stil und Weltsicht. Hätten ihre Persönlichkeiten besser harmoniert, hätten viele Meinungsverschiedenheiten zwischen ihnen vermutlich leichter gelöst werden können, als es der Fall war. Wenn es in meinen Augen noch eines Beweises dafür bedurft hätte, wie wichtig persönliche Beziehungen in der internationalen Politik waren, dann war das Verhältnis zwischen Carter und Schmidt ein solcher.

Bei dem Gipfeltreffen in Bonn, auf dem über komplizierte und umstrittene Wirtschaftsfragen gesprochen werden sollte, würden Carter und Schmidt eine bedeutende Rolle spielen, und ihre schwierige Beziehung zueinander konnte – zumindest hinter den Kulissen – die Atmosphäre belasten. Premierminister Callaghan war sich dessen zweifellos bewusst, und eines der Ziele seines Besuchs im Weißen Haus war es offenbar, vor dem Gipfel eine grundsätzliche Einigung über eine gemeinsame Haltung zu erreichen. Zur Zeit seines Besuchs in Washington lautete die Hauptfrage, wie eine solche Einigung aussehen sollte.

Carter hatte mich gebeten, bei seinem Treffen mit Callaghan an jenem Vormittag anwesend zu sein. Nachdem sich Präsident und Premier formelhaft gegenseitig ihrer Freundschaft und ihres Wohlwollens versichert hatten, begann Callaghan das Gespräch mit typisch britischem Understatement, indem er erklärte, die amerikanische Inflation, der fallende Dollarkurs und die internationale Lage im Allgemeinen würden ihn mit »gewisser Sorge« erfüllen. Ob der Präsident ihm darin beipflichte, dass dies ein reales Problem darstelle? »Das tue ich, das tue ich«, antwortete Carter mit einigem Nachdruck. »Mike sorgt dafür, dass ich mir ständig Sorgen darüber mache.« Dann gab er mir das Wort, damit ich unseren Standpunkt erläuterte.

Seit dem vorangegangenen Herbst hatte ich Carter wiederholt darauf hingewiesen, dass die Inflation weit deutlicher zunehme als vorausgesagt und die damit zusammenhängende Verschlechterung von Zahlungsbilanz und Dollarkurs zur womöglich gefährlichsten Herausforderung für uns werde. Deshalb, so meine Schlussfolgerung, sei eine Verlagerung unserer politischen Prioritäten von Reformen und Ausgaben zur Inflationsbekämpfung und Krisenvorsorge vonnöten.* Daher war ich erfreut über Carters Bemerkung.

* Meinen Unterlagen entnehme ich, dass mein erstes Memorandum über das Thema am 10. September 1977 an Carter geschickt wurde und am 18. und 20. Oktober sowie am 14. Dezember weitere Denkschriften folgten; Letztere nach einer hitzigen, aber ergebnislosen Diskussion der Wirtschaftspolitischen Gruppe des Kabinetts. Wahrscheinlich gab es noch einige mehr.

Immerhin war sie das erste greifbare, wenn auch indirekte Anzeichen dafür, dass meine immer dringlicher geäußerte Aufforderung zum Handeln etwas bewirkt haben könnte.

Obwohl Callaghan es nicht gesagt hatte, dürfte er gewusst haben, dass zwischen Carters wichtigsten Beratern tiefe Uneinigkeit darüber bestand, wie die ökonomischen Indikatoren zu bewerten waren und welche Maßnahmen ergriffen werden sollten. Weniger klar dürfte ihm gewesen sein, dass die Unfähigkeit, sich auf eine politische Linie zu einigen, mindestens ebenso sehr wie in inhaltlichem Dissens in der bunten Zusammensetzung von Carters Beratergruppe und in der Art seiner Entscheidungsfindung begründet war.

Der Präsident hingegen kannte das Problem – oder hätte es kennen müssen. Nur zwei Tage zuvor, am 21. März, hatte ich dafür gesorgt, dass nicht weniger als drei Memoranden über das Thema auf seinem Schreibtisch lagen. In zweien hatte ich als EPG-Vorsitzender die unterschiedlichen Auffassungen seiner Berater dargelegt und ihm alternative Handlungswege präsentiert. Das dritte Schriftstück war ein persönliches Schreiben, in dem ich in offenen Worten erneut nachdrücklich dafür eintrat, der Inflationsbekämpfung und der Stützung des Dollars die höchste Priorität einzuräumen:

> »Sie haben ein Entscheidungsmemorandum angefordert … Es spiegelt die grundsätzliche Uneinigkeit Ihrer Berater in den entscheidenden Punkten wider … Ich bin überaus besorgt … Der Stand des Dollars ist höchst gefährlich, und die Inflation ist jetzt das wichtigste innenpolitische Thema. Diese Ansicht wird von Miller [Notenbank], Schultze [Rat der Wirtschaftsberater], Vance [State Department] und Kreps [Handelsministerium] geteilt … Die gegenteilige Ansicht, die von Ihren innenpolitischen Beratern vertreten wird, lautet, dass Inflation und Dollar nicht die oberste Priorität zukommt, sondern andere Aufgaben (Städtebauprogramme, Landwirtschaft, Verkehr, Beamtenbezüge etc.) ebenso wichtig sind … Sie empfehlen Ihnen, abzuwarten, sich zu beraten, nachzudenken und Ihren Standpunkt zu buchstäblich jedem wichtigen Element eines Programms zur Stützung des Dollars

und zur Inflationsbekämpfung abzusichern ... Es geht jedoch nicht darum, die Inflation über die Arbeitslosigkeit zu stellen, denn (nach meiner Ansicht) wird Erstere unweigerlich zu Letzterer führen ... Wenn Sie nicht vorangehen, werden geldmarktpolitische Maßnahmen der Fed [Notenbank] und weitere Turbulenzen des Dollars Sie zum Handeln zwingen. Jetzt zu handeln, um gegen Energieimporte vorzugehen, die Inflation zu bekämpfen und den Dollar zu stützen, ist die Voraussetzung für alles andere, was Sie tun möchten. Ich möchte Sie eindringlich bitten, uns eindeutig in diese Richtung zu schicken ...«[17]

Das Problem bestand darin, dass Carter, während er mit gegensätzlichen Ratschlägen überhäuft wurde, sich meine Warnungen zwar aufmerksam anhörte und mir nur selten widersprach, sich aber nie in der Lage sah, eine unzweideutige Position einzunehmen, und stattdessen zu öffentlichen Mahnungen und überwiegend symbolischen Gesten Zuflucht nahm, die wenig bewirkten und niemanden täuschen konnten. Ich weiß nicht, ob der britische Premierminister beruhigt aus Washington abreiste oder immer noch besorgt war. Carter jedenfalls schwankte weiterhin, wie es der scharfsichtige Richard Levine vom *Wall Street Journal* schon Monate zuvor vorausgesagt hatte, »zwischen dem Kampf gegen die Arbeitslosigkeit und dem Kampf gegen die Inflation hin und her«.[18]

In diesem Fall reagierte Carter, vielleicht von der Begegnung mit Callaghan und meinen eindringlichen Memoranden angeregt, indes umgehend, allerdings wiederum mit einem eher kleinen Schritt. Einige Tage nach Callaghans Abreise gab er eine Verlautbarung heraus, in der er die Inflation als das größte wirtschaftliche Problem des Landes bezeichnete. Den Worten folgten jedoch immer noch keine entschlossenen Taten. Er billigte einige der am wenigsten umstrittenen Empfehlungen der EPG, ließ aber diejenigen, die wirklich etwas bewirkt hätten, außer Acht. Die Empfehlung, sich öffentlich auf eine deutliche Verringerung des Haushaltsdefizits festzulegen, schränkte er mit dem Zusatz »wenn sich die Gelegenheit dazu ergibt« ein, und die Bekanntgabe einer Deckelung des Anstiegs der Beamtenbezüge wurde aufgeschoben, bis »weitere Beratungen« stattgefunden hatten. Als ein Bergarbeiterstreik mit einer Einigung beendet wurde, die einen eindeutig inflationären Lohnsprung von 38 Prozent in drei Jahren vorsah, löste dies nur milde Missbilligung aus, während die Idee eines potentiell wirkungsvollen antiinflationären Steueranreizplans abgelehnt wurde zugunsten eines im großen Ganzen erfolglosen freiwilligen Programms zur Verlangsamung des Lohn-Preis-Anstiegs.

Der Präsident fuhr also in einer entscheidenden Phase im Frühjahr 1978 fort, zu improvisieren, der politische Apparat arbeitete nur stockend, seine Berater waren weiterhin untereinander zerstritten, und in der Öffentlichkeit hielt sich das Bild einer unsicheren, chaotischen Administration.

In den restlichen Monaten von 1978 und bis ins nächste Jahr hinein verschlechterte sich die Wirtschaftslage stetig. Die Erdölimporte stiegen von 32 Milliarden Barrel im Jahr 1978 auf 46 Milliarden Barrel im Jahr 1979, und die heimische Inflationsrate, die 1978 im Durchschnitt 7,6 Prozent betragen hatte, stieg im folgenden Jahr auf 11,3 Prozent (und sollte 1980 kurzzeitig 13,5 Prozent erreichen). Die Folge war, dass in der Endphase von Carters Amtszeit Stagflation herrschte, mit bedrohlichen Folgen: Das reale Wachstum des Bruttoinlandsprodukts ging 1979 auf 3,2 Prozent zurück und erreichte 1980 leicht negative Werte; der Dollar verlor gegenüber den anderen großen Währungen weitere zehn Prozent an Wert, und Ende 1978 konnte nur mit Mühe eine internationale Währungskrise verhindert werden – ironischerweise durch noch strengere Sparmaßnahmen, als wir ein halbes Jahr zuvor vorgeschlagen hatten.

Da wachsende Inflation, langsames Wachstum und der neuerliche Druck auf den Dollar im Jahr 1978 zunehmend als Symptome einer sich vertiefenden Wirtschaftskrise erkennbar wurden, war in den Medien immer häufiger von einer widersprüchlichen Reaktion der Regierung und Uneinigkeit unter Carters Beratern die Rede. Im Weißen Haus herrschte eine nervöse und bedrückte Stimmung, und in den Umfragen sank die Zustimmungsquote des Präsidenten auf neue Tiefstwerte.

In den zurückliegenden Monaten hatte ich zahlreiche Gespräche mit Carter geführt und ihm diverse Memoranden geschickt, um ihm zwei dringend erforderliche Korrekturen der Wirtschaftspolitik nahezubringen. Zum einen erklärte ich ihm, das Inflations- und Dollarproblem sei zu ernst, um weiterhin nur halbherzig darauf zu reagieren. Er müsse deutlich machen, dass die Inflationsbekämpfung die oberste Priorität für ihn darstelle, und seine Verlautbarungen mit einem Programm untermauern, das tatsächlich greife und keine Zweifel über seine Absichten lasse. Zum anderen plädierte ich, um ein größeres Maß an Disziplin im wirtschaftspolitischen Entscheidungsprozess zu erreichen, für die Ernennung eines Wirtschaftskoordinators in seinem Stab, der – allein oder gemeinsam mit dem EPG-Vorsitzenden – die politischen Optionen für ihn prüfen sollte.

Doch Carter behielt seine Gewohnheit bei, außerhalb eines klaren Rahmens Ad-hoc-Entscheidungen zu treffen und sich, je nach der Tendenz widersprüchlicher Ratschläge, zur einen oder anderen Seite zu neigen, und dies bildete weiterhin auch den Kern der Unstimmigkeiten seiner Wirtschaftspolitik. Im Mai 1979 schließlich, gewissermaßen fünf vor zwölf, als sich die Situation noch einmal verschlechtert hatte, hielt ich die Zeit für gekommen, einen letzten Versuch zu unternehmen, Carter zum Handeln zu bewegen. In dem Memorandum, das ich ihm am 8. Mai 1979 schickte, legte ich, so offen und direkt wie noch nie, erneut das Problem dar und umriss die notwendigen Veränderungen:

»Wir haben offensichtlich große Schwierigkeiten bei der Formulierung, Vermittlung und effektiven Umsetzung unserer Wirtschaftspolitik. Entscheidungen werden spät getroffen und sickern durch; außerdem widersprechen sie sich häufig oder spiegeln keine klar definierte Prioritätenliste wider, und sie werden von Vertretern der Administration allzu oft unterschiedlich erläutert. Eine Hauptursache für all dies besteht darin, dass es dem wirtschaftspolitischen Entscheidungsprozess der Administration an Disziplin und Einheitlichkeit fehlt.

Es gibt niemanden, der die Leitung dieses Prozesses innehat, der als Ihr ausschließlicher Beauftragter darauf achten würde, dass die Wirtschaftspolitik auf effiziente und kohärente Weise formuliert, umgesetzt und präsentiert wird. Folglich haben Sie auch kein Mittel in der Hand, um Prioritäten zu setzen und die Gesamtleitung und Oberaufsicht auszuüben, ohne Ihre Zeit mit Details und Nebensächlichkeiten zu vergeuden.

Unser Problem besteht darin, dass die Lenkungsgruppe [EPG] kein Mandat von Ihnen besitzt, die ausschließliche und notwendige Aufsicht über die Formulierung der Wirtschaftspolitik auszuüben, und ich selbst habe von Ihnen kein Führungsmandat als Vorsitzender der EPG erhalten.

Derzeit werden die Sachfragen entweder vom NSC [Nationaler Sicherheitsrat] oder (häufiger) vom DPS koordiniert und an Sie weitergeleitet, wobei gelegentlich auch der OMB [Budgetdirektor] eine Rolle spielt. Es ist oftmals reiner Zufall, wenn der EPG-Lenkungsgruppe auch nur *bekannt* ist, wer eine bestimmte Frage bearbeitet und wo sie sich auf dem Dienstweg innerhalb des Stabes befindet. Die meisten Fragen werden Ihnen in Papieren vorgelegt, die von der EPG nie kollektiv geprüft worden sind und die ich als EPG-Vorsitzender nie zu Gesicht bekommen habe.

Dies hat zu einer verwirrenden Fragmentierung der Wirtschaftspolitik geführt, die für *alle* Beteiligten frustrierend ist. Außerdem hat es gelegentlich zu ungenügender wirtschaftspolitischer Stabsarbeit geführt, da die Mitarbeiter von DPS und NSC hauptsächlich mit politischen und programmatischen Belangen beschäftigt sind und kaum über ökonomisches Fachwissen verfügen oder eine ökonomische Perspektive anlegen.«[19]

Diesmal schien mein Furor zu wirken, denn eine Woche später schickte uns Carter eine handschriftliche Notiz, in der er Veränderungen »im Allgemeinen auf der Grundlage von Mikes Memo« ankündigte.[20] Am 1. Juni wurde eine Presseerklärung mit ähnlichem Tenor herausgegeben.[21] Doch wieder versäumte es Carter, einen wirtschaftspolitischen Koordinator des Weißen Hauses zu bestimmen, noch hob er ausdrücklich das Primat der Inflationsbekämpfung hervor. Gleichwohl fühlte ich mich für einen kurzen Moment ermutigt. Vielleicht, dachte ich, bestand selbst zu diesem späten Zeitpunkt noch Hoffnung für einen wirkungsvollen neuen Ansatz.

Rücktritt

Ich irrte mich – es war bereits zu spät.

Mitte 1979 hatte sich die Wirtschaft weiter erhitzt und drohte außer Kontrolle zu geraten. Der OPEC-Erdölpreis kletterte unaufhörlich nach oben – im ersten Halbjahr um 42 Prozent –, und die in die Höhe schießenden Energie- und Wohnkosten hatten die Inflationsrate auf 13 Prozent hochgeschraubt – auf den höchsten Stand seit dreißig Jahren. Infolge der Liberalisierung unserer eigenen Erdölförderung – die einen Eckstein von Carters Energieprogramm bildete – waren die Energiepreise zwar gestiegen, aber der Verbrauch nicht, wie prognostiziert, zurückgegangen. Stattdessen hatte ein Teufelskreis von zunehmenden Inflationserwartungen zu erhöhten Ausgaben von Wirtschaft und Konsumenten geführt, die der Entwicklung vorauszueilen versuchten. Der Goldpreis stieg auf 300 Dollar pro Unze – ein Jahr später sollte er doppelt so hoch sein –, und angesichts eines real schrumpfenden Bruttoinlandsprodukts sah sich die Regierung zu dem Eingeständnis genötigt, dass eine Rezession mittlerweile so gut wie sicher sei.

Ende Juni kehrte Carter von einem schwierigen G7-Gipfel in Tokio, bei dem es zu einer besonders hitzigen Auseinandersetzung mit Helmut Schmidt – für ihn immer ein schwieriger Partner – über ihre Korrespondenz zur Frage der Atomstreitkräfte in Europa (TNF)[22] gekommen war, in ein missmutig gestimmtes Land zurück. Die Lehrer streikten, Benzin war knapp, und in manchen Gegenden bildeten sich an den Tankstellen lange Schlangen verärgerter Autofahrer. Der Benzinpreis war in sechs Monaten um über die

Hälfte gestiegen, und die Inflationsrate hielt sich im zweistelligen Bereich. In Tokio war Carter gedrängt worden, entschiedene Maßnahmen zu ergreifen, um den unmäßigen amerikanischen Energieverbrauch zu senken, und eine Rede an die Nation über die Energiefrage (seine fünfte) war in Vorbereitung. Wann er sie halten und welche neuen Maßnahmen er verkünden würde, war jedoch, wie üblich, unter seinen Beratern umstritten.

Ich flog an Bord der Air Force One von Tokio mit ihm nach Amerika zurück, und die Neuigkeiten, die mich während des Fluges aus Washington erreichten, wo der Redeentwurf fertiggestellt werden sollte, waren alles andere als ermutigend. Carters Berater waren, was die Hauptelemente des neuen Programms anging, heillos zerstritten, Informationen sickerten zur Presse durch, und niemand im Weißen Haus hatte die Zügel in der Hand und brachte Ordnung in das Durcheinander.

Bevor wir auf dem Luftwaffenstützpunkt Andrews landeten, hatte ich den Präsidenten in seiner Privatkabine aufgesucht, um die Situation mit ihm zu besprechen und seine Optionen auszuloten. Carter wirkte müde und mutloser, als ich ihn je zuvor erlebt hatte. Das war nicht mehr der zuversichtliche, optimistische Macher von früher, und er war unverkennbar besorgt und unsicher, was er als Nächstes tun sollte. Ich bemühte mich nach Kräften, ihn davon zu überzeugen, dass immer noch Zeit war, etwas zu bewirken, und dass dies der richtige Moment war – und vielleicht seine letzte Chance –, mit einem positiven kühnen Szenario die Initiative zu ergreifen.

Ich hatte eine Liste von möglichen Maßnahmen zusammengestellt, die er in Erwägung ziehen sollte. Sie enthielt unter anderem ein umfassendes Milliardenprogramm zur Entwicklung synthetischer Kraftstoffe, einen Bereitschaftsplan für die Benzinrationierung, die Vereinfachung oder Ausschaltung des bürokratischen Prozedere bei der Benzinzuteilung und der Preiskontrolle, ein Crashprogramm zur Exportförderung, eine Reihe von Maßnahmen zur Erhöhung der Produktivität, ein strenges staatliches Sparprogramm mit der erneuerten Verpflichtung auf das Ziel eines ausgeglichenen Haushalts sowie eine Zusatzsteuer für Zufallsgewinne, mit deren

Einnahmen die Auswirkungen des Sparprogramms auf die unteren Einkommensgruppen gelindert werden sollten. Ferner riet ich ihm, im Weißen Haus eine kleine Gruppe von zuverlässigen Beratern zu bilden, die speziell dieses Maßnahmenpaket managen sollte. Damit würde man, wie ich Carter erläuterte, der Öffentlichkeit deutlich machen, dass er es ernst meine und über die Organisation verfüge, um sein Vorhaben umzusetzen.

In meinem Tagebuch notierte ich: »… wir besprachen die Liste, und er schien von ihr angetan zu sein. Er bat mich, ihm in Washington eine Reinfassung zukommen zu lassen, und erwähnte, dass seine Rede für den Abend des 5. Juli angesetzt sei. Ich erwiderte, das sei großartig.« Damit trennten wir uns, denn die Landung stand kurz bevor. Es sollte das vorletzte Mal gewesen sein, dass wir unter vier Augen miteinander sprachen.

Die Rede wurde nie gehalten. Nach der Rückkehr nach Washington beraumte Carter als Erstes eine große Versammlung seiner Berater im Kabinettssaal an, die vor allem als Fototermin diente, um die Bedeutung der angekündigten Rede zu unterstreichen, auf die die Öffentlichkeit inzwischen schon gespannt wartete. Es folgten Nonstopsitzungen seiner Beratergruppe, einige in Anwesenheit des Präsidenten, in denen ich konsterniert feststellte, dass der alte Streit über den Vorrang von Energiepolitik und Inflationsbekämpfung einerseits oder Wachstumsförderung und Bekämpfung der Arbeitslosigkeit andererseits keineswegs beigelegt war. Sogar der Termin der Rede war umstritten, wobei Carters politische Berater, die für eine sofortige klare Stellungnahme eintraten, schließlich obsiegten.

Ich hatte Carter meine in der Air Force One vorgelegte Liste zukommen lassen, und bis Mitte der Woche war eine nahezu endgültige Redefassung zustande gekommen und an den Präsidenten weitergeleitet worden, der sich nach Camp David zurückgezogen hatte. Meiner Empfehlung lag der Gedanke zugrunde, dass er mit etwas Spektakulärem aufwarten müsse, und offenbar hatte er sich wenigstens diesen Aspekt meines Ratschlags zu Herzen genommen – wenn auch nicht so, wie ich es beabsichtigt hatte. Denn was jetzt folgte –

kaum mehr als 24 Stunden vor dem Termin seiner Rede an die Nation –, war eines der verblüffendsten Ereignisse der jüngeren Präsidentschaftsgeschichte. Zwei Stunden, nachdem Carter den Redeentwurf erhalten hatte, änderte er seinen Kurs und überraschte seine Berater und die Öffentlichkeit mit der abrupten Absage der groß angekündigten Rede, ohne irgendwelche Gründe für seine Entscheidung anzugeben.

Die Neuigkeit schlug wie eine Bombe ein. Der Präsident, so wurde bekannt, habe eine Videokonferenz mit dem Vizepräsidenten Mondale, Ham Jordan, seinem Hauptberater, und Gerald Rafshoon, seinem Medienberater, abgehalten, die Rede einfach abgesagt – und sei dann angeln gegangen. Mehr war nicht zu erfahren.

Keiner von uns in Washington war vorgewarnt worden oder wusste, was vor sich ging. In den Medien hieß es recht zutreffend, die Hauptstadt habe einen Tag lang »im Dunkel des Geheimnisses« gelegen und die Reaktion hoher Regierungsvertreter bestehe aus »einer Mischung von Bestürzung, Kopfschütteln, Verärgerung und Lachen unter Tränen«. Die Erwartungen der Öffentlichkeit an die vermeintlich bedeutende Rede waren hoch gewesen, und bei seinen Mitarbeitern herrschte den Medien zufolge die Ansicht vor, dass Carter sich durch die rätselhafte und nicht begründete plötzliche Absage selbst weiteren politischen Schaden zugefügt und den Ruf der Administration als chaotisch und inkompetent bestätigt habe.[23] Am folgenden Tag wurde das geheimnisvolle Dunkel durch die sonderbare Mitteilung des Weißen Hauses verstärkt, dass über die Rückkehr des Präsidenten nach Washington nichts bekannt sei, dass er aber über »weitreichende innenpolitische Themen« nachdenke und sich mit acht Gouverneuren und anderen führenden Politikern beraten werde.

Das ungewöhnliche Schweigen der Presseabteilung des Weißen Hauses war auch nicht hilfreich. Mich beunruhigten vor allem die fast sofort einsetzenden negativen internationalen Folgen, die darin zutage traten, dass der Dollar auf den ausländischen Geldmärkten erneut unter Druck geriet. Nachdem man mich am Telefon zunächst damit abgespeist hatte, dass Carter nicht erreichbar sei – er unternehme einen Spaziergang, und man könne keine Verbindung zu ihm herstellen –, gelang es mir einige Stunden später unter Einsatz einiger recht unfreundlicher Worte, ihn an den Apparat zu bekommen und mit ihm die Beruhigungserklärung abzusprechen, dass er »massive Maßnahmen zur Begrenzung der US-Nachfrage nach Erdölimporten vorzuschlagen« beabsichtige. Damit konnten die Gemüter fürs Erste besänftigt werden.

In den folgenden Tagen wurde ein ständiger Strom von Besuchern – Politiker, Unternehmer, Akademiker und mehrere Elderstatesmen – zu Carters Rückzugsort im Catoctin-Mountain-Erholungsgebiet gefahren, um ihm als Ratgeber zu dienen, während eine amtliche Erklärung weiterhin ausblieb, so dass zahllose, nur von gelegentlichen Indiskretionen gespeiste Gerüchte die Runde machten. Den Präsidenten bewege die Frage, wie in einem Zeitalter des Zynismus noch Führung ausgeübt werden könne, enthüllten einige seiner Besucher. Andere deuteten an, dass er mit seinem Kabinett und seinem Stab unzufrieden sei und eine große Umbildung beider Gruppen vorhabe. In manchen Artikeln wurde neben den Ministern für Energie, Gesundheit, Bildung und Soziales auch ich als wahrscheinlicher Kandidat für eine Auswechselung genannt.

Die Öffentlichkeit reagierte einhellig negativ auf Carters plötzliche Absage seiner Rede, und anscheinend hatte man ihn genau vor dieser Reaktion gewarnt. Später erzählte er selbst, dass Vizepräsident Mondale ebenso verzweifelt wie beharrlich versucht habe, ihm seine Entscheidung auszureden. Doch er habe die Warnungen beiseitegeschoben.[24] Mondale war ein erfahrener Washingtoner Veteran und hatte offenbar einen realistischeren Sinn für die wahrscheinliche politische Kehrseite von Carters Entscheidung. Der Präsident hätte auf ihn hören sollen. Tom Wicker bemerkte in der *New York Times,* Carter habe den »Tiefpunkt nicht nur seiner Administration, sondern vermutlich aller Nachkriegspräsidentschaften« erreicht. Die Absage der Rede sei »der schlimmste PR-Schnitzer seit Nixons ›Sonnabendnachtmassaker‹« (bei dem dieser den Rücktritt des Justizministers und seines Stellvertreters erzwang). Diese Einschätzung wurde weithin geteilt. Für den *Boston Globe* war Carter eine »Katastrophe als Führer in der Energiepolitik«, und William Safire, der nie ein Freund von Carters Regierung war, widmete seine Kolumne hämisch »Carters 4.-Juli-Panik«.[25]

Eine Umfrage von *New York Times* und CBS in der folgenden Woche ergab eine düstere Momentaufnahme: Carters Zustimmungsquote war auf 26 Prozent gesunken; mehr als die Hälfte der Wähler der Demokraten favorisierte Edward Kennedy als ihren Kandidaten für die Präsidentschaftswahl von 1980, während nur 16 Prozent für Carter waren; Reagan hätte ihn, wenn zu diesem Zeitpunkt gewählt worden wäre, besiegt, und sogar der Süden – Carters stärkste Bastion – stand nicht mehr hinter ihm. Sowohl nach politischen als auch nach PR-Maßstäben waren die Absage der Rede und das anschließende einwöchige Spektakel der Konsultationen in Camp David in der Tat eine Katastrophe.

Am 11. Juli beendete Carter endlich seine Klausur in Camp David. Er hatte nicht weniger als 130 Gäste empfangen. Allein am letzten Tag waren vierzig Besucher in zwei Gruppen mit dem Hubschrauber ein- und ausgeflogen worden. Niemand wusste genau, worüber er in seiner erneut angesetzten Rede sprechen wollte, ob nun über die Energieproblematik, die Inflation oder anderes. Nach einigen Berichten hatte man ihm rundheraus erklärt, dass ihm sein Stab keine guten Dienste geleistet habe, weshalb mit einer weitreichenden Umbesetzung von Stab und Kabinett zu rechnen sei. Alles hing jetzt von der Rede ab, mit der er sich an das erwartungsvolle amerikanische Volk wandte. Er war ein großes Risiko eingegangen, und nun sollte er die wichtigste Rede seiner gesamten Amtszeit halten.

Das langerwartete Ereignis fand am 15. Juli statt, einem Sonntag. Carter hielt an diesem Abend die wohl stärkste Rede seiner Amtszeit, aber auch eine der ungewöhnlichsten. Das Energieprogramm, das er in sechs Punkten darlegte, war ein Schritt in die richtige Richtung, aber trotz aller zündenden Worte forderte er nichts wirklich Revolutionäres und verlangte seinen Mitbürgern lediglich bescheidene Opfer ab. In gewissem Maß hielt er seinen politischen Einsatz immer noch in Grenzen.

Allerdings war nur ein geringer Teil der 33-minütigen Ansprache der Energiefrage gewidmet, und heute erinnert man sich an sie als die »Malaisen«- oder, genauer gesagt, »Vertrauenskrisen«-Rede (das Wort »Malaise« kam in der Rede nicht vor). Denn der bemerkenswertere Teil von Carters Ausführungen beschäftigte sich weder mit der Energie noch mit der Inflation, sondern enthielt seine Selbstkritik als politischer Führer und das Versprechen, sich zu bessern, sowie einen ungewöhnlichen Exkurs über eine nationale »Vertrauenskrise«. Es gebe eine »moralische und geistige Krise, die das Zukunftsvertrauen der Nation untergräbt«, verbreiteten Pessimismus und Egoismus sowie »einen Verlust der Einmütigkeit in den Zielvorstellungen, der das soziale und politische Gewebe Amerikas zu zerstören droht«.[26] Als Beweise zitierte er jüngste Meinungsumfragen, denen zufolge zum ersten Mal eine Mehrheit der Amerikaner glaubte, dass die nächsten fünf Jahre schlechter sein würden als die vergangenen fünf.

Die Reaktion auf die Rede fiel gemischt aus. Demokraten begrüßten sie, manche waren sogar begeistert. Republikaner waren es erwartungsgemäß weniger; sie wandten ein, dass die Krise überwiegend vom Präsidenten selbst verschuldet sei. Die aus Carters Sicht beste Nachricht war, dass seine Rede, laut ersten Meinungsumfragen, bei der breiten Bevölkerung gut angekommen und seine Zustimmungsquote wieder auf über dreißig Prozent gestiegen war.

Meine persönliche Reaktion war ebenfalls gemischt. Einerseits war Carter diesmal selbstbewusst aufgetreten und hatte stark und präsidial geklungen. Außerdem gefiel mir sein Energieprogramm, auch wenn ich gehofft hatte, dass er noch weiter gehen würde. Andererseits hatte ich, was seine Diagnose der Stimmungslage in Amerika betraf, meine Zweifel, und der Gedanke, die gedrückte Stimmung weise auf ein tiefe Bruchlinie in der Volksseele hin, erschien mir ausgesprochen fragwürdig. Vor dem Hintergrund von grassierender Inflation, Schlangen an den Tankstellen und drohender Arbeitslosigkeit war eine pessimistische Sicht der Zukunft kaum verwunderlich, aber nicht notwendigerweise ein dauerhaftes Phänomen.

Später erzählte mir mein Freund und einstiger Kollege bei der

Kennedyrunde, Bill Roth, eine interessante Geschichte. Er hatte 1975 bei seiner Bewerbung um die demokratische Kandidatur für die Gouverneurswahl in Kalifornien – er belegte unter acht Bewerbern den vierten Platz – Pat Caddell, den Meinungsforscher des Präsidenten, für ähnliche Aufgaben beschäftigt. Damals hatte Caddell ihm das gleiche Ergebnis gemeldet: dass die Amerikaner zum ersten Mal »die Zukunft dunkler sahen als die Vergangenheit«. Carters Äußerung beruhte offenbar darauf, dass Caddell diese interessante Tatsache vier Jahre später erneut herausgefunden hatte – wieder »zum ersten Mal«. Ich sah darin einen Beweis für etwas, das ich schon lange vermutet hatte: Meinungsforscher sind nicht dagegen gefeit, dass ihre Vorurteile und Lieblingsideen in ihre Interpretation der Umfrageergebnisse einfließen.

Als Carter im Zuge seines Eingeständnisses von Versäumnissen der Administration beiläufig einen Mangel an Loyalität und Disziplin im Kabinett erwähnte, nahm ich dies als Bestätigung, dass Veränderungen bevorstanden. Aus Carters Perspektive gesehen, war dies weder überraschend noch falsch; es würde seinen Neuanfang mit einem dramatischen Akzent versehen. Außerdem entsprach es dem, was Präsidenten in solchen Situationen tun. Was mich selbst betraf, so war ich bereit, meinen Hut zu nehmen. Schon einige Monate zuvor war ich von mir aus zu dem Schluss gelangt, dass ich dem Präsidenten nicht mehr nützlich sein konnte und aus seiner Mannschaft ausscheiden sollte.

Insofern waren die Ereignisse in Camp David der letzte Anstoß, der mich in dem Entschluss bestärkte, zurückzutreten, selbst wenn Carter mich behalten wollte. Da es mir nicht gelang, ihn persönlich zu sprechen, bat ich Cyrus Vance und Stu Eizenstat, die beide nach Camp David gerufen worden waren, Carter meine Entscheidung mitzuteilen. Beide versprachen mir, es zu tun, versuchten aber auch, mich zum Bleiben zu überreden. Wie ich später erfuhr, riet Stu dem Präsidenten nachdrücklich davon ab, mich gehen zu lassen.

Nach der Rede hatte Carter für den Vormittag des 17. Juli, einen

Dienstag, eine Kabinettssitzung nur für Kabinettsmitglieder einberufen. Als ich meinen gewohnten Platz am Tisch gegenüber dem Präsidenten einnahm, war ich nicht sicher, ob meine Mitteilung ihn erreicht hatte, aber für mich stand fest, dass ich zurücktreten und dass diese Kabinettssitzung meine letzte sein würde. Es sollte auch die ungewöhnlichste werden, an der ich jemals teilgenommen hatte.

Als der Präsident um 10.30 Uhr, aus dem Oval Office kommend, den Kabinettssaal betrat, war Ham Jordan, der zu diesem Anlass einen für ihn ungewöhnlich förmlichen blauen Anzug mit Schlips und Kragen trug, der Einzige im Raum, der nicht dem Kabinett angehörte. Offenbar stand etwas Besonderes bevor. Die Stimmung am Tisch war ernst und feierlich. Niemand wusste, was der Präsident vorhatte; immerhin hatte er öffentlich erklärt, dass er manche von uns für illoyal hielt. Niemand fühlte sich zu dem leichtherzigen Geplauder aufgelegt, das den Kabinettssitzungen häufig vorausging, und so warteten wir schweigend ab, bis Carter zu sprechen begann.

Er hob sofort zu einer langen Erklärung seiner Abwesenheit an. Er habe den Kontakt zum Kabinett vorübergehend abgebrochen, sagte er, um den Zustand der Administration zu prüfen und über die nötigen Veränderungen nachzudenken. Er sei zu dem Schluss gelangt, dass ein Neuanfang erforderlich sei und dass dies auch Veränderungen im Kabinett und im Stab des Weißen Hauses bedeute. Ohne jemanden anzusehen und mit offensichtlichem Unbehagen sprach er allgemein von einer Illoyalität des Kabinetts, dessen Mitglieder teilweise nicht dem Kurs der Administration folgen würden. Auch im Stab sei ein strafferes Regiment nötig, fügte er rasch hinzu. Dabei werde er keinerlei Rücksicht nehmen: Er habe vor, mindestens acht oder zehn Stabsmitarbeiter zu entlassen, »ob sie nun aus Georgia stammen oder nicht«.

Es folgten ein überschwängliches Lob von Ham Jordan und die Mitteilung, dass er ihn zum Stabschef ernenne, um die Effizienz des Exekutivbüros zu verbessern. Am Ende seines 25-minütigen Monologs ließ er schließlich die Bombe platzen: Er erwarte von jedem von uns, dass er seinen Rücktritt einreiche – in schriftlicher Form. Er werde uns zu gegebener Zeit mitteilen, welche Gesuche er annehme.

Danach trat Stille ein. Rund um den Tisch war man offenbar peinlich berührt – weniger von Carters Entschluss als von der Art, wie er ihn gerechtfertigt hatte und wie er weiter vorgehen wollte. Die Berufung eines Stabschefs war lange überfällig gewesen. Dass Jordan ernannt wurde, war allerdings überraschend und eher riskant, wenn es darum ging, Ordnung ins Chaos des Exekutivbüros zu bringen. Jordan war klug und genoss Carters vollstes Vertrauen, doch jeder wusste – und Jordan hatte es häufig selbst gesagt –, dass sein Talent auf dem Gebiet der politischen Strategie lag und nicht auf dem einer geordneten Verwaltung. Ihm die Aufgabe zu übertragen, Ordnung in den Prozess der Politikgestaltung im Weißen Haus zu bringen, schien wenig erfolgversprechend zu sein.

Verwirrend war auch, dass Carter die Kabinettsumbildung mit angeblicher Illoyalität begründet hatte. Abgesehen von einem kurzen scharfen Wortwechsel über einige Äußerungen von UN-Botschafter Andy Young, den Carter rasch beendet hatte, war es ein unerklärlicher Vorwurf, der ohne weitere Begründung wie ein drückender Schatten in der Luft hing. Mir gegenüber hatte er jedenfalls nie auch nur mit einem Wort etwas dergleichen angedeutet, und ich hatte keine Ahnung, auf welche konkreten Vorfälle oder Situationen er sich bezog.

Der merkwürdigste Teil seiner Ausführungen war jedoch die Forderung nach einem förmlichen Rücktritt des gesamten Kabinetts. Wenn die Öffentlichkeit davon erführe, würde sie es sicherlich missverstehen. Besonders schädlich dürfte aber die Wirkung im Ausland sein. Warum wollte Carter einen Rücktritt *en bloc*, wenn er doch nur einige wenige von uns austauschen wollte? Tatsächlich wäre nicht ein einziges Rücktrittsgesuch nötig gewesen, ob nun schriftlich oder mündlich. Wusste er nicht, dass unser aller Amtszeit von seinem Belieben abhing und er uns jederzeit zum Rücktritt auffordern konnte?

Cyrus Vance fand zuerst die Sprache wieder. Er versicherte Carter der Treue des gesamten Kabinetts und beteuerte, dass er unsere volle Unterstützung habe. Ein Rücktritt *en bloc*, fuhr er fort, sei indes nicht nötig und auch keine gute Idee; mehr als der Rücktritte derjenigen, die er dazu auffordern wolle, bedürfe es nicht. Danach machten unser Schweigen und unsere Bestürzung nach und nach einem Stimmengewirr Platz, das darauf hinauslief, dass jeder von uns mit seinen eigenen Worten seine Ergebenheit gegenüber dem Präsidenten bekundete. Einige Unerschrockene bemerkten darüber hinaus, dass es kein Zeichen von Illoyalität, sondern völlig in Ordnung sei, wenn bei internen Überlegungen unterschiedliche Ansichten geäußert würden.

An diesem Punkt zog sich der Präsident zurück, und Jordan verteilte einen Fragebogen, auf dem jeder von uns die Leistung seiner eigenen Mitarbeiter beurteilen sollte. »Und in dieser glücklichen Stimmung«, vermerkte ich in meinem Tagebuch, »brachen wir alle auf.«

Zwei Tage später, am Donnerstag, dem 19. Juli, betrat ich um 13.30 Uhr das Oval Office zu meiner letzten Begegnung mit Jimmy Carter. Später fiel mir auf, dass diese formelle Verabschiedung in einer Hinsicht dem Treffen ähnelte, bei dem er mir 1976 den Posten des Finanzministers angeboten hatte. Bei beiden Gelegenheiten führten wir ein angenehmes Gespräch, dem jedoch die dem Anlass angemessene inhaltliche Tiefe fehlte. Beim ersten hatten wir nicht darüber gesprochen, was er von mir erwartete und wie er sich unser Verhältnis vorstellte, und jetzt wurde so gut wie nichts über die Gründe gesagt, warum ich aus der Regierung ausschied und wir beide der Meinung waren, dass der Zeitpunkt der Trennung gekommen sei.

Nachdem er mich, mit einem verlegenen Lächeln, freundlich begrüßt hatte, lud mich Carter mit einer Geste in seinen Rückzugsbereich ein und platzte, kaum dass wir auf der Couch saßen, ohne weitere Vorrede – als wollte er es so schnell wie möglich loswerden – damit heraus, dass er mein Rücktrittsgesuch annehme. In seinen Memoiren gesteht er ein, dass er sich vor der Kabinettsumbildung gefürchtet habe,[27] und ich kannte ihn gut genug, um aus seiner Körpersprache und dem gezwungenen Lächeln ablesen zu können, dass dem so war. Er fühlte sich offensichtlich unbehaglich, doch nachdem ich erwidert hatte, dass ich seiner Meinung sei und dass ich meinen Rücktritt nicht nur pro forma eingereicht, sondern von mir aus den Entschluss gefasst hätte, aus der Regierung auszuscheiden, war er sichtlich erleichtert, und der Rest der 25-minütigen Begegnung verlief bemerkenswert harmonisch und entspannt. Es fiel kein einziges scharfes Wort, und von Illoyalität und anderen unangenehmen Dingen war keine Rede.

Selbst heute noch, über dreißig Jahre später, ist mein Tagebucheintrag über dieses letzte Treffen mit Carter, angesichts der damaligen Umstände, eine erstaunliche Lektüre. Es wurden ausschließlich Nettigkeiten ausgetauscht, und jeder Lauscher, der die Komplimente mit angehört hätte, die wir uns machten, hätte denken müssen, es ginge um meine Beförderung und nicht um meinen Abschied. Carter holte zu einer zehnminütigen Lobrede aus, in der er meine Leistung als Minister pries, seine Bewunderung für meinen Charakter und die Stärke meiner Überzeugungen ausdrückte und die politischen Einschätzungen und Ratschläge, die er von mir erhalten hatte, als im Allgemeinen sachdienlich und zutreffend würdigte. Zur Begründung seiner Entscheidung, mich ziehen zu lassen, verwies er verblüffenderweise nicht auf politische Differenzen zwischen uns, sondern auf gewisse (nicht näher erläuterte) »Reibungen mit manchen Mitarbeitern seines Stabes«. Mit manchen, nur mit manchen, wie er hastig hinzufügte. Andere, einschließlich derjenigen, die in Wirtschaftsfragen mit mir zusammengearbeitet hätten, hätten ihm dringend davon abgeraten, mich gehen zu lassen. Deshalb habe er lange gezögert und seine Entscheidung »trotz ihres Rats« getroffen. »Wenn [Notenbankchef] Bill Miller mir eine Absage erteilt hätte«, schloss Carter, »hätte ich Sie gebeten, zu bleiben.« Das war, vorsichtig ausgedrückt, eine merkwürdige Äußerung.

Ich jedoch war erleichtert. Meine Hauptsorge war gewesen, einen Posten zu verlassen, den auszufüllen mir immer schwerer gefallen war, ohne gegen meine Verpflichtung, die volle Amtszeit von vier

Jahren auf ihm auszuharren, zu verstoßen und ohne auf den ohnehin schon nervösen Devisenmärkten zusätzliche Turbulenzen auszulösen. Deshalb kam mir ein harmonischer Abgang sehr gelegen.

Wir plauderten noch einige Minuten. Carter sagte, wie er es schon häufig getan hatte, dass er »stolz« auf mich sei, und wünschte mir viel Glück für die Zukunft. Ich dankte ihm für die Ehre, die Gelegenheit erhalten zu haben, dem Land zu dienen; wir streiften kurz die schweren wirtschaftspolitischen Fragen, mit denen er konfrontiert war; ich forderte ihn auf, meinem Nachfolger Vertrauen zu schenken und ihn voll und ganz zu unterstützen, und dann bat ich darum, mich zu entschuldigen. »Darf ich auch künftig mit Ihrem Rat rechnen?«, fragte Carter beim Abschied. »Werden Sie bestimmt herkommen und mich besuchen, wenn Sie in der Stadt sind?« – »Gerne, Herr Präsident«, antwortete ich, während wir uns zum letzten Mal die Hand schüttelten. Mir war bewusst, dass es sich um leere Worte handelte. »Ich werde kommen, wann immer Sie mich rufen.«

Carter hasste persönliche Auseinandersetzungen und vermied solche unangenehmen Situationen. Dadurch blieb allerdings vieles ungesagt. Unser letztes Treffen bildete in dieser Hinsicht, wie viele zuvor, keine Ausnahme. Uns war beiden klar, dass wir mit unseren Abschiedsworten, auch wenn dieses letzte Treffen bloß höflicher Art gewesen war, das eigentliche Problem ausgeklammert hatten. So war es mir – und anderen – häufig genug ergangen. Aber jetzt war es vorbei. Meine Amtszeit als 64. Finanzminister der Vereinigten Staaten war zu Ende.

Die präsidiale Persönlichkeit

Carter hatte als Präsident von Anfang an kein Glück gehabt. Er musste die bitteren Folgen früherer innenpolitischer Fehler ausbaden und mit negativen internationalen Entwicklungen fertig werden, auf die er kaum Einfluss hatte. Dies galt auch für sein letztes

Amtsjahr. 1980 verdoppelte sich der Erdölpreis, und die Wirtschaftslage verschlechterte sich weiter. Im Januar stieg der Verbraucherpreisindex gegenüber dem Vorjahr um 18,2 Prozent, und die Großhandelspreise erhöhten sich sogar noch stärker. Im April kletterte die Arbeitslosenquote auf über sieben Prozent, das heißt, sieben Millionen Amerikaner waren ohne Arbeit, und bis zum Frühsommer verlor eine weitere Million Menschen ihren Job. Die Aktienkurse waren im Keller, während der Goldpreis auf atemberaubende 850 Dollar pro Unze gestiegen war.

International vergrößerte die iranische Geiselaffäre die Probleme des Präsidenten noch weiter. In einer solchen Zeit hätte man erwarten können, dass die Öffentlichkeit sich hinter den Präsidenten stellte, doch als sein dramatischer Rettungsversuch im Sand der iranischen Wüste stecken blieb, verstärkte es nur den Unmut über seine vermeintliche Hilflosigkeit. Noch schlimmer war, dass Cyrus Vance, der die Befreiungsaktion strikt abgelehnt hatte, zurücktrat und dadurch die gesamte Außenpolitik der Administration in Frage stellte.

Als Carter im Frühjahr 1980 seine Wahlkampfmaschine für die Wahl im Herbst auf Touren brachte, erlitt er weitere Rückschläge, denn Ted Kennedy machte ihm die erneute Nominierung zum Kandidaten der Demokraten streitig und trug in den Vorwahlen in New York und Connecticut sowie in fünf von acht Vorwahlen am »Superdienstag« den Sieg davon. Glaubte man den Meinungsumfragen, so lag Ronald Reagan, der wahrscheinliche republikanische Wahlgegner, 28 Prozentpunkte vor Carter.

Im Frühherbst sah die Situation für Carter dann wieder etwas besser aus. Im August hatte Ted Kennedy das Handtuch geworfen, der Parteitag der Demokraten hatte Carter erneut zum Präsidentschaftskandidaten gewählt, und in seinem Lager war die Hoffnung gestiegen, dass er der Wahlniederlage noch entgehen könnte. Doch es war bereits zu spät. Ihm blieb das Pech bis zum Schluss treu, da die in letzter Minute aufgenommenen Verhandlungen zur Befreiung der Geiseln zunächst scheiterten. Wäre dies nicht vor, sondern erst nach der Wahl geschehen, hätte er möglicherweise einige Stimmen mehr erhalten. Schließlich übertrumpfte Reagan ihn in ihrer letzten Fernsehdebatte wenige Tage vor der Wahl, indem er den Wählern eine ebenso einfache wie wirkungsvolle Frage stellte: »Geht es Ihnen heute besser als vor vier Jahren?«

Damit war Carters Schicksal besiegelt. Am 4. November 1980 verlor der amtierende Präsident, der vier Jahr zuvor mit so viel Hoffnung und Zuversicht ins Weiße Haus eingezogen war, mit einem demütigenden Rückstand von zehn Millionen Wählerstimmen und einem deutlichen Votum der Wahlmänner die Wahl und wurde zu einem von nur zwei Nachkriegspräsidenten, denen keine zweite Amtszeit vergönnt war.

Das Amt des Präsidenten der Vereinigten Staaten ist einzigartig, und nichts kann einen wirklich auf die komplexeste Führungsaufgabe der Welt vorbereiten. Der amerikanische Präsident ist zugleich Staatsoberhaupt, Regierungschef und Oberbefehlshaber der Streitkräfte, und dies im mächtigsten Land der Erde. Den US-Präsidenten als Führer der freien Welt zu bezeichnen mag vielleicht etwas übertrieben sein, aber er ist auf jeden Fall ihre bedeutendste und einflussreichste Stimme.

Trotz seiner ungeheuren Verantwortlichkeiten ist die tatsächliche Macht des US-Präsidenten jedoch begrenzt. Er ist kein Diktator. Vielmehr steht er an der Spitze einer riesigen Bürokratie, der Veränderungen instinktiv widerstreben und die unterschiedlichste Interessen widerspiegelt und zudem nur eine von drei gleichberechtigten Säulen des Staates bildet. Neue Bewohner des Weißen Hauses stellen rasch fest, dass sie zwar über unbestrittene Autorität verfügen, ihre Anweisungen aber nicht immer automatisch ausgeführt werden. Es bedarf beachtlicher Fähigkeiten, Geduld, Hartnäckigkeit und Kompromissfähigkeit, um in der Exekutive etwas in Gang zu bringen, die Zustimmung des Kongresses zu gewinnen und mit ausländischen Regierungen in komplizierten Fragen, die vitale politische und wirtschaftliche Interessen ihrer Länder berühren, eine Einigung zu erzielen.

Glück und das richtige Timing sind für den Erfolg eines Präsidenten stets wichtig, aber selten ausschlaggebend. Im Gegensatz zur Überzeugung der breiten Öffentlichkeit und vieler Kandidaten bildet auch die politische Erfahrung – ob nun als Gouverneur, Abgeordneter, Bürgermeister oder Beamter in Washington oder anderswo – nicht den Schlüssel zum Erfolg, ebenso wenig wie Managementfähigkeiten. Nur wenige Politiker sind geborene Manager, und viele der erfolgreichsten Präsidenten waren kaum für ihr überragendes Managementtalent bekannt. Der Bewohner des Oval Office ist nicht damit beschäftigt, etwas im herkömmlichen Sinn zu managen oder zu leiten. Nach meiner Beobachtung kommt es vor allem auf die präsidiale Persönlichkeit an, womit ich den Charakter meine, die Summe der persönlichen Eigenschaften, die ein Präsident in sein Amt mitbringt und von denen die wichtigsten angeboren sind und nicht erlernt werden können. Zudem lassen sie sich bei Kandidaten nur schwer erkennen. Wenn die Wähler ihnen ihre Stimme geben, können sie nicht wissen, ob sie vorhanden sind, und selbst der siegreiche Kandidat, wie selbstbewusst er auch sein mag, kann nicht in vollem Umfang einschätzen, was ihn im Weißen Haus erwartet.

Wie erfolgreich ein Präsident der Vereinigten Staaten ist, entscheidet sich im Amt. Das beste Beispiel dafür aus der jüngeren Vergangenheit ist Harry Truman. Als er unerwartet das Oval Office übernehmen musste, trauten die meisten ihm nicht viel zu. Während seiner kurzen Amtszeit als Vizepräsident hatte sich niemand die Mühe gemacht, ihn über die entscheidenden Tagesfragen auf dem Laufenden zu halten, und die Bilanz seiner zehnjährigen Mitgliedschaft im Senat war auch nicht besonders bemerkenswert. Doch einmal im Amt, zeigte sich Truman seiner Aufgabe besser gewachsen, als irgendjemand vermutet hätte. Heute gilt er als einer der stärksten und effektivsten Präsidenten – weil er eine Führungspersönlichkeit war.

Er war hartnäckig, mutig und vor allem realistisch hinsichtlich der Möglichkeiten und Grenzen präsidialer Macht. Obwohl er über keine großen rhetorischen Fähigkeiten verfügte, war er doch ein volkstümlicher Redner, der eine Mischung aus Einfachheit und

Stärke zum Ausdruck brachte, die seine Zuhörer beeindruckte und keinen Zweifel an seinen Absichten ließ. Außenpolitisch hatte er einen klaren Blick für die Notwendigkeiten der militärischen und wirtschaftlichen Aspekte des Wiederaufbaus von Europa und der Organisation des westlichen Bündnisses im Kalten Krieg, und vor allem war er so klug, bewährte Berater wie Eisenhower, Marshall und Acheson auszuwählen. Kurz, Truman erwies sich zu jedermanns Überraschung als starke präsidiale Führungspersönlichkeit, weil er die richtigen angeborenen Eigenschaften und den richtigen Charakter besaß.

Wirkungsvolle Führungskraft erlernt man nicht aus Lehrbüchern. Macht besitzt der Präsident nur, wenn er fähig ist, andere zu überzeugen und einen Konsens zu erzielen. Er muss wissen, wie man Dinge vorschlägt und vertritt, ohne zu überziehen, und die Grenzen derjenigen kennen, die er überzeugen muss. Er braucht ein Gespür dafür, wann er weitergehen kann und wie weit, wann stille Verhandlungen hinter verschlossenen Türen erforderlich sind und wann er an die Öffentlichkeit gehen und die Bühne, die ihm das Weiße Haus bietet, nutzen soll, wofür rhetorische Fähigkeiten und ein gewisses Showtalent nötig sind.

Um dies erfolgreich tun zu können, muss eine präsidiale Persönlichkeit viele Eigenschaften und Fähigkeiten besitzen. Im Wesentliche jedoch beruht sie nach meiner Ansicht auf einem starken intuitiven Machtgefühl – womit ich ein Gespür dafür meine, wie die Dinge funktionieren, wer und was wichtig ist, wie man seine Prioritäten wahrt und sich durch das Dickicht aus gegensätzlichen Positionen, Interessen, persönlichen Ambitionen und Egos manövriert und wie man die Hand ausstreckt und wenigstens einige seiner Gegner auf seine Seite zieht, um das gewünschte Resultat zu erzielen.

Der Präsident lebt im Weißen Haus in einer Art Kokon, und es bedarf eines besonderen Charakters, um dort nicht zum Gefangenen zu werden. In dieser abgeschotteten Welt den Realitätssinn und das Gleichgewicht zu bewahren, ist nicht einfach. Es erfordert die Fähigkeit, Tatsachen von Schmeicheleien zu unterscheiden, Brücken nach außen und zur Presse zu schlagen, die Stimmung der

Bevölkerung wahrzunehmen und divergierende Ratschläge zu verarbeiten. Dafür ist es eine enorme Hilfe, wenn man ein geselliger Typ ist, ein instinktives Verständnis für die Menschen, mit denen man zu tun hat, besitzt und mit ihnen umzugehen weiß, ob nun als Einzelne oder in Gruppen. Entscheidend ist die Fähigkeit, mit einem Blick sowohl für den Charakter als auch für die Kompetenz die Richtigen auszuwählen, denen man vertrauen und auf die man sich verlassen kann.

Den Finger am Puls der Öffentlichkeit zu haben, ein intuitives Gespür für den richtigen Zeitpunkt für wichtige Initiativen und ein Talent dafür, die großen Anliegen und grundlegenden Konzepte seiner Politik auf verständliche Weise zu formulieren und zu vertreten, sind weitere wichtige Fähigkeiten, denn als Präsident braucht man neben Substanz auch Stil. Präsidenten waren in der Regel dann besonders erfolgreich, wenn es ihnen gelang, dem Ansehen des Amtes etwas hinzuzufügen, indem sie ihm ihre individuelle Art von Respekt und Charisma verliehen. Die Fähigkeit, ein von Kompetenz, Autorität und persönlicher Stärke geprägtes Image zu etablieren, zu beeindrucken und zu inspirieren, ist eine wesentliche Voraussetzung erfolgreicher präsidialer Führungskraft.

Nicht jeder von den Historikern als erfolgreich eingestufte Präsident besaß alle diese Eigenschaften und Fähigkeiten in gleichem Maß. Theodore Roosevelt brachte seine Vorhaben voran, indem er das Image furchtlosen Wagemuts erzeugte, sich im Innern für den Naturschutz einsetzte und dem Ausland ein Bild amerikanischer Macht und Tatkraft vermittelte. Woodrow Wilson faszinierte Amerika und die Welt mit seiner Vision einer unter amerikanischer Führung errichteten Herrschaft des Völkerrechts. Franklin D. Roosevelt besaß ein nahezu magisches Charisma, hatte den politischen Alltag im Griff wie kein Zweiter und war ein herausragender Kommunikator. Dwight D. Eisenhower verströmte die Aura eines vertrauenswürdigen Helden und vermittelte der Öffentlichkeit mit seiner beim Militär erworbenen Vorliebe für geordnete Abläufe ein beruhigendes Gefühl.

John F. Kennedys Administration war alles andere als ein Vorbild an Geordnetheit. Aber in seiner kurzen Zeit im Weißen Haus vermochte er mit seiner rednerischen Eleganz und seinem Verstand eine ganze Generation – und die Welt – zu begeistern. Ronald Reagan dagegen war weder intellektuell derart mitreißend noch ein besonders zupackender Präsident, aber er wusste, wie man Aufgaben delegiert, hatte einige einfache Prioritäten, die er hartnäckig verfolgte, und konnte sich bei öffentlichen Reden auf sein Schauspieltalent verlassen. Bill Clinton rief zwar kein persönliches Vertrauen hervor wie etwa Eisenhower, aber mit seiner Fähigkeit, Mitgefühl für unterschiedliche Wählergruppen auszustrahlen, seinem Verständnis für wesentliche Schlüsselfragen und seinem unleugbar großartigen politischen Gespür konnte er nahezu jedem Publikum und jeder Herausforderung gerecht werden.

Barack Obama schließlich besitzt zwar keine langjährige politische Erfahrung, scheint aber mehr der für eine erfolgreiche Präsidentschaft erforderlichen Fähigkeiten zu besitzen als die meisten seiner Vorgänger. Er ist ein außerordentlich begabter Kommunikator, strahlt Vertrauen aus und besitzt Charisma. Mehr als die meisten seiner Vorgänger scheint er zudem über einen Sinn für den organisatorischen Aspekt seines Amts zu verfügen, wie die Auswahl seines Kabinetts und eines erfahrenen Stabes belegt. Als ehemaliger Abgeordneter hat er demonstriert, dass er weiß, wie wichtig es ist, ein gutes Verhältnis zum Kongress zu pflegen und eine breite Vielfalt widerstreitender Interessen und Wählergruppen unter einen Hut zu bringen. Vielleicht genauso wichtig ist, dass er offenbar selbstbewusst genug ist, um sich mit starken Persönlichkeiten zu umgeben, und dass er im Umgang mit ihnen eine abgeklärte Zielstrebigkeit an den Tag legt.

Jimmy Carter besaß einen überlegenen Verstand, verfügte über ein großes Wissen und war unendlich fleißig. Seine Aufrichtigkeit und moralische Stärke und sein Wille, der Öffentlichkeit zu dienen, standen außer Frage. Unter dem Strich reichte dies jedoch nicht aus. Er scheiterte als Staatsführer, weil ihm einige der entscheidenden Charakterzüge fehlten, die man braucht, um Unterstützung für seine politischen Ziele zu gewinnen und sie in die Realität umzusetzen. Zuerst und vor allem mangelte es ihm an einem realistischen Machtgefühl, insbesondere am Bewusstsein seiner Abhängigkeit von anderen und der Fähigkeit und Bereitschaft, ihre Hilfe in Anspruch zu nehmen. Zu sehr war er von seiner eigenen Rechtschaffenheit überzeugt, und zu wenig war er sich seiner Grenzen bewusst. Sein tiefverwurzeltes Selbstwertgefühl machte es ihm schwer, anderen zu vertrauen, und veranlasste ihn, allzu vieles selbst erledigen zu wollen. Er kam nicht gut mit Menschen zurecht und hatte keine glückliche Hand bei ihrer Auswahl. Von Natur aus war er autoritär und fühlte sich mit Menschen, denen er Befehle erteilen konnte, wohler als mit solchen, die entgegengesetzte Ansichten vertraten, die er beachten musste, und seine Fähigkeit, gute Beziehungen nach außen und zu den Medien herzustellen, war begrenzt. So überraschend es bei jemandem, der das höchste Amt im Staat erreicht hatte, klingen mag: Er war nicht besonders gut in der Politik und eher Manager als Politiker. Doch auch als Manager hatte er gravierende Schwächen.

Im ersten Jahr von Carters Amtszeit kam in vielen Entscheidungen sein mangelndes Machtgefühl zum Ausdruck – das fehlende Gespür dafür, wie die Dinge wirklich laufen. Seine starken Überzeugungen und der autoritäre Zug in seinem Charakter erschwerten es ihm, nachzugeben und ihm widerstrebende Ratschläge anzunehmen. Nach meiner Ansicht war dies auch der Grund dafür, warum er selbst dann noch an einem fügsamen, aber schwachen Mitarbeiterstab für die Beziehungen zum Kongress und für Rechtsfragen festhielt, als dessen Defizite bereits überdeutlich zutage getreten waren. Wäre er in dieser Hinsicht klüger gewesen, hätte die katastrophale Lance-Affäre möglicherweise vermieden werden können und sein persönlicher Stab weit besser funktioniert.

Leider fehlte Carter auch das Charisma einiger seiner Vorgänger, und er war kein begabter Kommunikator. Er mochte die Medien nicht und traute ihnen nicht. Nüchtern, ernsthaft und detailversessen, wie er war, fehlte es ihm an Leichtigkeit und am stets hilfreichen Humor. Als Redner neigte er dazu, das Tempo falsch anzusetzen, der Vortrag war flach, und manchmal pausierte und lächelte er an den falschen Stellen. Sein Redenschreiber Jim Fellows bezeichnete seine Sprechweise als »leidenschaftslos«; nach Ansicht des einflussreichen politischen Kommentators I. F. Stone war »keine Musik darin«. Den Vorschlag seiner Berater, einen Sprechlehrer hinzuzuziehen, soll Carter beharrlich zurückgewiesen haben.

Carter glaubte an zu viele Dinge auf einmal und vermochte die Öffentlichkeit nie davon zu überzeugen, dass er den tief verinnerlichten Konflikt zwischen seinem liberalen Wunsch, den arbeitenden Menschen und den Benachteiligten in der amerikanischen Gesellschaft zu helfen, einerseits und seinem ebenso tief verwurzelten konservativen Streben nach Sparsamkeit und ausgeglichenen Haushalten andererseits gelöst hatte. Es gehörte zu seinem Wesen, dass er alles erreichen zu können hoffte, zu viel versprach und unerfüllbare Erwartungen weckte. Die Widersprüche und das Durcheinander, die entstanden, waren eine direkte Folge daraus, und am Ende prägen sie das Bild, das sich die Geschichte von Carters Mängeln als Präsident macht.

Wenn sich Freunde nach meiner Zeit in Carters Kabinett erkundigen, fragen sie häufig, ob ich sie genossen habe. Das sei nicht die richtige Frage, pflege ich dann zu erwidern. Relevanter sei die Frage, ob ich glaubte, dass sie sich gelohnt habe, worauf die Antwort eindeutig positiv ausfalle.

Der Historiker Fritz Stern hat geschrieben, dass die Teilnahme an gegenwärtigen Ereignissen eine nützliche Perspektive für das Verständnis der Geschichte bieten könne.[28] Mein lebenslanges Interesse an öffentlichen Angelegenheiten war von einem ähnlichen Gedanken inspiriert, und die Erfahrungen meiner beiden Ausflüge in die Washingtoner Politik haben ihn bestätigt. Insbesondere in den Jahren als Finanzminister eröffnete sich mir eine einzigartige Insidersicht auf Menschen und Ereignisse an der Staatsspitze, und sie bildeten eine ebenso intensive wie wertvolle Zeit des Lernens, vermutlich auch deshalb, weil Rückschläge in schwierigen Augenblicken mindestens so lehrreich sind wie Erfolge in guten Zeiten.

Aus der Insiderperspektive auf den Entscheidungsprozess im Machtzentrum in Washington und anderen bedeutenden Hauptstädten der Welt sah ich vor allem, wie wenig in der Geschichte vorherbestimmt ist. Manches mag sich generell jeder Steuerung entziehen, aber weit mehr ist vom Menschen gemacht. Während ich den Präsidenten der Vereinigten Staaten bei der Arbeit beobachtete, wurde ich Zeuge davon, dass im Zusammenspiel der vielen Faktoren, die das Ergebnis bestimmen, die Persönlichkeit und das Temperament der Regierenden die wichtigste Rolle spielen.

Aus den Jahren in Carters Kabinett nahm ich außerdem die Lehre mit, dass tiefgreifende Veränderungen in einer Regierung schwer durchzusetzen und äußerst selten sind. Trotz der gegenteiligen Versprechungen der meisten Kandidaten für hohe Ämter sind, von wenigen Ausnahmen abgesehen, in bedeutenden politischen Fragen in der Regel nur einzelne kleine Fortschritte möglich. Dies sollten die Wähler stets im Gedächtnis behalten.

Und noch etwas: An den meisten Donnerstagen traf sich der Präsident zum Mittagessen mit den Spitzen seines Wirtschaftsteams. Bei diesen Treffen gewann ich eine weitere wichtige Erkenntnis – nämlich dass die dem Präsidenten für seine Entscheidungen verfügbaren Informationen nicht immer zuverlässig sind und seine Macht, den Gang der Ereignisse zu beeinflussen, häufig geringer ist, als man glaubt.

Der erste Tagesordnungspunkt bei diesen Arbeitsessen war für gewöhnlich ein Bericht von Charles Schultze über die neuesten Statistiken, Prognosen und Computerberechnungen – eine voraussichtliche Änderung von einem Zehntelprozent hier und zwei Zehntelprozent dort –, die damals zumeist in die falsche Richtung wiesen. Wenn ich aufgefordert wurde, mich dazu zu äußern, erinnerte ich den Präsidenten häufig daran, dass solche Prognosen künftiger Trends nur so gut sind wie die Modelle der Vergangenheit, auf denen sie beruhen, und unter den spezifischen aktuellen Umständen ebenso gut zutreffend wie unzutreffend sein konnten. Wir müssten uns davor hüten, der Illusion vermeintlicher Genauigkeit zu erliegen, die uns in die Irre führen könne. Anschließend führte ich gelegentlich einige »anekdotische Beweise« aus den Quellen des Finanzministeriums in der Wall Street und auf den internationalen Märkten an, die ein anderes – und gewöhnlich düstereres – Bild der Zukunft zeichneten als Schultzes Statistiken. Carter hörte stets aufmerksam zu, doch da ich seine Vorliebe für Statistiken gegenüber intuitiven Einschätzungen kannte, war ich mir ziemlich sicher, dass die »präzisen« Zahlen für ihn schwerer wogen als meine zur Skepsis mahnenden »Frontgeschichten«.

Das soll nicht bedeuten, dass ich klüger war, sondern, dass die Fakten und Zahlen, auf deren Grundlage Präsidentenberater ihre Empfehlungen für wirtschaftspolitische Entscheidungen abgeben, nicht immer so klar und bestimmt sind, wie sie erscheinen, und dass die ausgesprochenen Empfehlungen fast immer als begründete Vermutungen und Ahnungen, die nicht zuletzt auch von persönlichen Vorurteilen geprägt sind, verstanden werden müssen. Für außergewöhnliche Zeiten trifft dies ganz besonders zu, und Carter hatte das Pech, dass seine Amtszeit in solch eine Periode fiel.

DIE ACHTZIGER JAHRE

Eine technologische Revolution. Der Aufstieg der Globalisierung

Technische Entwicklungen

Will man die Geschichte verstehen, muss man den Einfluss von zufälligen Ereignissen erkennen und würdigen. Oftmals bestimmt der historische Zufall, wer in kritischen Augenblicken die politische Macht besitzt und Schlüsselentscheidungen trifft. Wie fähig diese Staatsmänner sind, wie gut sie mit ihresgleichen auskommen und wie klug sie ihre Berater auswählen, hängt von ihrer Intelligenz, ihrem Charakter, ihrem Temperament, ihrer Führungskraft und ihren Lebenserfahrungen ab. Deshalb sind selbst grundlegende historische Entwicklungen selten vorherbestimmt und schwer vorauszusagen. Der Historiker Arthur Schlesinger jr. hat dies die »Unergründlichkeit der Geschichte« genannt.

Es gibt allerdings bedeutende Ausnahmen – wenn diejenigen, die an den Hebeln der Macht sitzen, keinen bestimmenden Einfluss auf den Gang der Ereignisse haben. Das passiert in Zeiten, in denen äußere Faktoren, die nichts mit politischen Entscheidungsträgern zu tun haben und sich ihrer Kontrolle entziehen, nachhaltig auf unser Leben einwirken. Das beste Beispiel einer solchen Entwicklung mit anhaltenden historischen Folgen ist der revolutionäre technische Wandel, der mit seinen Entdeckungen und Innovationen einem ganz eigenen Rhythmus folgt. Große Durchbrüche geschehen unverhofft, und wenn sie gelingen, können sie die Geschichte ebenso tiefgreifend verändern wie Entscheidungen der einflussreichsten Staatsmänner. Die achtziger Jahre waren eine solche Zeit.

Am Ende des 18. Jahrhunderts hatten James Watts Erfindung der Dampfmaschine und die daraus folgenden Fortschritte in den Fabrikationsmethoden die Industrielle Revolution eingeläutet, die die traditionellen Gesellschaften mit ihren von Landwirtschaft und Handwerk geprägten Wirtschaften obsolet werden ließ, ein neues Kapitel der Menschheitsgeschichte aufschlug und Veränderungen mit weitreichenden politischen und sozialen Folgen für die westlichen Gesellschaften mit sich brachte. Neuer Reichtum wurde geschaffen, der Lebensstandard stieg, und für viele verbesserten sich die Lebensbedingungen. Allerdings entstanden dadurch auch neue Probleme, so dass eine Übergangsperiode voller Unsicherheit und Instabilität begann. Die internationalen Machtverhältnisse veränderten sich, und Großbritannien stieg zum mächtigsten Land der Welt auf.

Ein solches exogenes Ereignis, das sich der Steuerung durch die Politik entzog, war auch die rund zweihundert Jahre später einsetzende elektronische Revolution. Man kann durchaus sagen, dass sie mit ihren tiefen und dauerhaften Auswirkungen auf die Geschichte des 20. Jahrhunderts sogar die beiden Weltkriege und Hitlers kurze Herrschaft in den Schatten stellte. Auch sie eröffnete eine Periode, in der einerseits bahnbrechende technologische Entwicklungen neuen Reichtum und neue Chancen mit sich brachten und enorme Fortschritte ermöglichten, andererseits aber auch Aufruhr und Instabilität herbeiführten.

Die Globalisierung menschlichen Lebens ist eine direkte Folge der revolutionären Entwicklungen in der Mikroelektronik, die die Art, wie wir denken, produzieren und handeln und wie wir Wissen hervorbringen, verbreiten und nutzen, grundlegend veränderte. Die Mikroelektronik hat praktisch das Industriezeitalter beendet und die Welt ins heutige Informationszeitalter katapultiert, indem sie ganze Industriezweige auf Dauer veralten und buchstäblich über Nacht völlig neue entstehen ließ. Die von ihr ausgelöste Revolution, die keinen Winkel der Erde unberührt ließ, die gesamte Weltwirtschaft durcheinanderwirbelte und die weltpolitische Ordnung neu gestaltete, kann man mit Fug und Recht als Musterbeispiel eines geschichtsumwälzenden exogenen Ereignisses bezeichnen.

Ihre Ursachen reichen in die Zeit unmittelbar nach dem Zweiten

Weltkrieg zurück, in der eine Reihe von miteinander zusammenhängenden Erfindungen und neuen Technologien – Transistoren, gedruckte Schaltkreise, Modems und Siliziumwafer – zur Entwicklung des modernen elektronischen Computers führte. Aber der eigentliche Quantensprung in der technischen Entwicklung geschah Ende der siebziger und in den achtziger Jahren durch die Entstehung der Mikroelektronik und die Einführung des Mikroprozessors – des »Computers auf einem Chip«, der pro Sekunde Milliarden von Rechenoperationen ausführen und Informationen mit Lichtgeschwindigkeit an jeden Ort der Welt übermitteln kann. Diese »Oblate« (englisch *wafer*) bildet heute den Kern unserer vernetzten Welt und allen unseren Tuns.

Da ich in den achtziger Jahren einen der weltweit führenden Hersteller von Informationssystemen leitete, der zu den Wegbereitern dieser Entwicklung gehörte, war ich an vielen der dramatischen Ereignisse dieser Zeit der fortschreitenden Globalisierung unmittelbar beteiligt und konnte sie aus nächster Nähe beobachten. Bei meinen Reisen als CEO der Burroughs Corporation (später Unisys) kam ich in den wichtigsten europäischen Ländern, in der Sowjetunion, im Nahen Osten und in Asien mit Führungspersönlichkeiten aus Politik und Wirtschaft in Kontakt und erlebte mit, auf welch unterschiedliche Weise sie mit der atemberaubenden Entwicklung Schritt zu halten versuchten.

Die Globalisierungsfolgen dieser vielleicht größten technologischen Revolution der Geschichte wurden nicht sofort wahrgenommen, aber am Ende der achtziger Jahre hatten die meisten Menschen ihr Ausmaß in vollem Umfang erkannt. Mir selbst wurden im Innern Chinas die Augen geöffnet.

1982 hatte ich auf einer Geschäftsreise nach China einen Abstecher nach Hefei gemacht, der Hauptstadt der Provinz Anhui. Mit rund 65 Millionen Einwohnern ist Anhui zwar recht groß – ungefähr so groß wie Frankreich –, aber es gehört zu den ärmeren Inlandsprovinzen, in die sich nur selten Touristen verirren. Ich war auf Einladung des ehemaligen Finanzministers Jiang Jing Fu dort, der seinerzeit mein Hauptgesprächspartner in Peking gewesen war. In der Folgezeit zum Provinzparteisekretär ernannt, war er jetzt der unumstrittene Boss von Anhui.

Seine Einladung nach Hefei war eine freundschaftliche Geste gewesen, und ich hatte sie mit Freude angenommen. Nach einem üppigen Begrüßungsbankett hatte mich Jiang als guter Gastgeber nach meinen Wünschen gefragt. Ob ich am nächsten Vormittag eine Stadtrundfahrt unternehmen und eine berühmte Pagode besichtigen oder lieber einige neue Fabriken sehen wolle? Als ich dagegen einen Ausflug in die Umgebung vorschlug, willigte er sofort ein, und so bestiegen wir am nächsten Morgen seine Limousine und fuhren in Begleitung einer kleinen Karawane von Beamten und Leibwächtern, die Jiangs Stellung demonstrierte, aus der Stadt hinaus. Drei Jahre waren seit dem Beginn von Dengs Reformen vergangen, und in Peking und an der Küste hatte ich die ersten Anzeichen für große Veränderungen gesehen. Jetzt war ich gespannt, ob sie sich auch auf dem Lande, wo die große Mehrheit der Chinesen lebte – und heute noch lebt –, bemerkbar machten.

Auf den ersten Blick schien sich nicht viel verändert zu haben. Alles sah genauso aus, wie ich es von früher in Erinnerung hatte: Reisfelder, so weit das Auge blickte, mit schlammigen Pfaden dazwischen, und gebückte Männer, Frauen und Kinder mit Strohhüten auf dem Kopf, die, knietief im Wasser stehend, ihrer Knochenarbeit nachgingen. Außer den hin und wieder zu sehenden Wasserbüffeln, die, an ein Wasserrad gekettet, im Kreis trotteten – eine altehrwürdige Bewässerungstechnik –, war nirgendwo eine die Arbeit erleichternde Maschine zu entdecken. In der Landschaft verstreut standen traditionelle einfache Bauernhäuser aus Stroh und Schlamm, neben denen in kleinen Gehegen ein Schwein im Schmutz wühlte oder einige Hühner und Enten nach Nahrung pickten. Für einen »Chinaveteranen« wie mich wirkte das alles sehr vertraut und von der Modernität so weit entfernt, wie es die riesigen ländlichen Gebiete Chinas immer gewesen waren.

Vor einem der von der Straße aus zu sehenden Häuser hockte ein alter Mann, der an einer langen Pfeife sog. Als ich vorschlug, zu ihm hinüberzugehen und uns mit ihm zu unterhalten, willigte Jiang ein, wenn auch ohne große Begeisterung. Die Chinesen planen den Aufenthalt wichtiger Besucher gern bis ins Kleinste, um peinliche Überraschungen zu vermeiden, und das Gespräch mit dem Bauern gehörte eindeutig nicht zum Programm. Doch es gab keine höfliche Möglichkeit, es mir abzuschlagen, und so ging Jiang mir voran zum Haus des alten Mannes.

Nach einer bewundernden Bemerkung über den kleinen Jungen, auf den er gerade aufpasste, einen Enkel des Alten, und einigen weiteren freundlichen Worten erkundigte ich mich, wie das Leben heute für ihn sei. »Gut«, antwortete der Bauer, »besser als vor einigen Jahren.« Jiang lächelte erfreut. Im China meiner Jugendzeit waren die meisten Landbewohner Analphabeten und führten ein ziemlich beschränktes Leben. Ihr Horizont und ihr Wissen über die Außenwelt reichten zumeist nur bis zum nächsten Dorf oder Marktflecken, den sie zu Fuß oder mit dem Fahrrad erreichen konnten. Jetzt gab es, zumindest in diesem Dorf, Strom, was auf einen gewissen Fortschritt hindeutete. Um ein genaueres Bild zu erhalten, fragte ich den Alten, ob er ein Radio besitze – als Zeichen eines steigenden Wohlstands. Die Miene des Alten hellte sich sichtlich auf, und er lud mich ein, in sein Haus zu kommen und selbst nachzusehen.

Das einzige Zimmer des Hauses sah ungefähr so aus, wie ich es erwartet hatte: wenige einfache Möbel – ein Tisch, mehrere Stühle und zwei schlichte Holzpodeste mit Decken zum Schlafen –, dazu ein Kohleofen; an den Wänden hingen ein Kalender, einige kalligraphische Plakate und ein Maoporträt. Das war auch schon alles – bis auf einen reich bestickten Vorhang vor einer Wand. »Kein Radio!«, verkündete der Hausherr dramatisch, während er den Vorhang beiseitezog und – ein Fernsehgerät enthüllte.

Er hatte mich offenbar überraschen wollen, und das war ihm eindeutig gelungen. Mit einem Fernsehgerät hatte ich an diesem Ort gewiss nicht gerechnet. »Funktioniert es gut?«, fragte ich und erlebte die eigentliche Überraschung, denn nachdem der Alte den Apparat mit einer schwungvollen Bewegung angeschaltet hatte, erschien auf dem Bildschirm für etwa eine Minute das vertraute Gesicht von Sam Donaldson, dem ABC-Korrespondenten beim Weißen Haus, der gerade in diesem Moment den US-Präsidenten beim Besteigen seines Hubschraubers mit Fragen bombardierte – mit eingesprochener chinesischer Übersetzung!

In einem kleinen Einzimmerhaus in einem Tausende Kilometer von Washington entfernten Dorf zu stehen und zu sehen, wie sich der Hausherr im Fernsehen amerikanische Nachrichten anschaut, war ein Erlebnis, das mich wachrüttelte und das ich nie vergessen sollte. Denn wir schrieben das Jahr 1982. In den USA kamen gerade die ersten Heimcomputer auf den Markt. Nur drei Jahre zuvor war China noch von der Außenwelt abgeschnitten gewesen, und die des Lesens und Schreibens unkundigen Bauern von Anhui dürften nicht einmal auf Fotos etwas von der Welt außerhalb Chinas oder auch nur außerhalb ihres unmittelbaren Lebenskreises gesehen haben. Die Welt, erkannte ich, war dabei, sich rasant zu verändern, und würde nie wieder dieselbe sein.

Dies war der Augenblick, in dem ich begriff, dass der Mikrochip, der damals seinen weltweiten Siegeszug antrat, eine wahrhafte Revolution ausgelöst hatte – sogar in abgeschiedenen Winkeln des Reichs der Mitte. Mir wurde klar, dass die technologische Entwicklung die Menschheit in ein neues Zeitalter führte – selbst die Bauern im ländlichen China – und dass dies enorme politische und soziale Folgen haben würde.

So waren die achtziger Jahre aufgrund der geschwinden Entwicklung der Mikroelektronik das vielleicht wichtigste Jahrzehnt des Jahrhunderts. Die neue Technologie erwies sich als wichtiger Faktor beim Untergang des schwankenden Sowjetreichs, bei der Beendigung des Kalten Krieges und der Neugestaltung der geopolitischen Weltkarte. In den achtziger Jahren wurde sie zur Grundlage von Chinas erstaunlich raschem Aufstieg zu einer globalen Wirtschaftsmacht und dafür, dass Indien wenig später in seine Fußstapfen treten konnte. Auch die schnelle weltweite Ausbreitung von AIDS und die anschließenden Durchbrüche bei der Eindämmung und Behandlung dieser Krankheit wären ohne die Auswirkungen der neuen Technologie auf Tourismus und Kommunikation einerseits und die durch ihre Anwendung in der Medizin erreichten revolutionären Fortschritte andererseits kaum möglich gewesen.

In den achtziger Jahren trat zutage, welch große Triumphe Erfindungskraft und Einfallsreichtum des Menschen im 20. Jahrhundert erzielt hatten. Aber es war auch ein unruhiges und blutiges Jahrzehnt, in dem der Frieden durch neue Gewalt bedroht wurde und der Übergang ins Informationszeitalter überall auf der Welt Unsicherheit und Aufruhr auslöste. Die Sowjetunion verstrickte sich in einen blutigen, nicht zu gewinnenden Krieg in Afghanistan, und der islamische Fundamentalismus und Terrorismus verursachte erste Erschütterungen, die bis in die Gegenwart nachwirken.

Die Mikrochip-Revolution

Die Basis der Mikrochiprevolution der achtziger Jahre war am Beginn des Computerzeitalters ein halbes Jahrhundert zuvor geschaffen worden. Das Bestreben, mechanische Rechenmaschinen herzustellen, reicht mindestens 300 Jahre zurück, doch ein elektronischer Rechner wurde erst im Zweiten Weltkrieg entwickelt. Er war das Ergebnis streng geheimer anderthalbjähriger Forschungen an der Universität von Pennsylvania mit dem Ziel, die Elektrotechnik für die Berechnung von Flugbahntabellen für Artilleriegeschosse zu nutzen. Entstanden war eine Riesenmaschine mit der Bezeichnung ENIAC (Electronic Numerical Integrator and Calculator), ein 27 Tonnen schwerer Koloss, der die Grundfläche eines mittelgroßen Hauses einnahm und von sechs Mann bedient wurde. Für die Schaltung elektronischer Signale, die heute ein Chip von der Größe eines kleinen Fingernagels erledigt, brauchte der ENIAC 18 000 Vakuumröhren, die so viel Wärme erzeugten, dass ein ungeheures Lüftungssystem nötig war, um sie zu kühlen. Obwohl die Geschichte wahrscheinlich erfunden ist, wird häufig erzählt, dass jedes Mal, wenn ENIAC mit seinem Stromverbrauch von 100 000 Watt eingeschaltet wurde, in ganz Philadelphia die Lichter flackerten.

Anfangs war man allgemein der Ansicht, diese ausgefallene Erfindung würde weiterhin überwiegend für wissenschaftliche Zwecke eingesetzt werden. Niemand kam auch nur ansatzweise auf den Gedanken, dass ENIAC oder seine verbesserte Nachkriegsversion UNIVAC den Beginn einer neuen Ära markierte und dass Computer binnen wenig mehr als einer einzigen Generation in Fabriken und Büros auf der ganzen Welt ein allgegenwärtiges und unverzichtbares Arbeitsgerät werden würden, dass sie in den fortgeschrittensten Apparaten in Laboratorien und Krankenhäusern sowie in den alltäglichsten Haushaltsgeräten ihre Arbeit verrichten, unsere Autos überwachen und uns zum Mond bringen würden und dass man gerade einmal sechs Jahre alten Schulkindern beibringen würde, mit ihnen zu lernen und zu spielen.

Deshalb kann man erst die frühen sechziger Jahre als Beginn des eigentlichen Computerzeitalters bezeichnen, als IBM die elektromechanische Tabelliertechnik aufgab und seinen ersten Halbleitercomputer auf den Markt brachte. Diesem ersten großen Durchbruch, der Ersetzung der schwerfälligen Vakuumröhren durch Transistoren, folgten mehrere parallele technische Verbesserungen, wie die Erfindung gedruckter Schaltkreisborde und die Entwicklung des Modems durch die Bell Laboratories, also eines Geräts für die Übertragung digitaler Daten durch Telefonleitungen, das die Computerkommunikation revolutionierte und es ermöglichte, an jedem beliebigen Ort Terminals aufzustellen. Der wohl wichtigste Fortschritt war indes die Entwicklung des Wafers – eines Siliziumchips, auf dem mittels Fotolithographie eine Vielzahl von Transistoren kombiniert wird –, der unter anderem die unhandliche Verkabelung der früheren Geräte überflüssig machte.

Der nächste Sprung nach vorn erfolgte, als Anfang der siebziger Jahre der Mikroprozessor eingeführt wurde, der »Computer auf einem Chip«, der bis heute das Herz aller modernen Computer bildet. Auf den Fortschritten der vorangegangenen Jahre aufbauend, konnten die Hersteller anschließend im Abstand von jeweils anderthalb Jahren die Zahl der Transistoren auf den Chips verdoppeln und dadurch die Fähigkeiten und die Geschwindigkeit der auf ihnen untergebrachten Schaltkreise enorm steigern sowie genügend Speicher- und Rechenkapazität einbauen, dass die winzigen Chips die Datenverarbeitung eines ganzen Computers erledigen konnten.

Die Schnelligkeit, mit der die Verbesserung der Chipleistung seit den siebziger Jahren vonstattenging, war atemberaubend. Intels 1971 eingeführter erster Mikroprozessor, der aus 2300 Transistoren bestand und 45 Befehle pro Sekunde ausführen konnte, wurde beinah als Sensation betrachtet. Nur knapp zehn Jahre später arbeiteten auf einem einzigen Chip bereits 134 000 Transistoren, und bis Ende der achtziger Jahre stieg ihre Zahl auf weit über eine Million, so dass in rasender Geschwindigkeit eine Unmenge von Befehlen ausgeführt werden konnte. Wenige Jahre später brachte Intel den Pentium-Mikroprozessor heraus, der über sage und schreibe 5,5 Millionen Transistoren verfügte. Seither ist die Leistungsfähigkeit der Chips weiter gesteigert worden, und ein Ende ist nicht abzusehen. Heute können Chips gewaltige Datenmengen speichern, in Sekundenbruchteilen Milliarden von Befehlen ausführen und sie mit Lichtgeschwindigkeit an jeden Ort der Welt übermitteln.

Diese ständigen bahnbrechenden technologischen Neuerungen bildeten die Voraussetzung für die rasante Expansion der Computerindustrie seit den siebziger Jahren. Gerade in der Zeit, als ich mich bei Burroughs ins Computergeschäft einarbeitete, führte die gleichzeitige Entwicklung von immer leistungsstärkeren Mikroprozessoren und immer besserer Software zur Einführung des Personal Computer (PC), mit der das Tor zur »vernetzten« Welt, wie wir sie heute kennen, aufgestoßen wurde. PCs, welche die Leistung früherer Großrechner erreichten oder übertrafen, wurden für jede Firma, jeden Haushalt und jede Schule erschwinglich, und durch die gleichzeitige Einführung eines leicht zu bedienenden Standardbetriebssystems wurden ihre Nutzbarkeit und Attraktivität für die große Masse der Konsumenten enorm gesteigert. Dieses von Bill Gates und seinem Partner Paul Allen »erfundene« Betriebssystem regte die Entwicklung einer wahren Flut neuer Programme für jeden nur denkbaren Zweck an, und es machte alle PCs miteinander kompatibel und ermöglichte so ihre Verbindung. Außerdem machte es Gates' Firma – Microsoft – zu einem der am schnellsten wachsenden Unternehmen und ihn selbst zu einem der reichsten Männer der Welt.

Der PC veränderte alles, und Mikrochips wurden zu einem allgegenwärtigen technischen Element, das auf Speicherkarten, im Einzelhandel, im elektronischen Geschäftsverkehr oder bei Videospielen verwendet wird, den alltäglichen Gebrauch von Handys überall auf der Welt ermöglicht sowie die Navigationstechnologie, die medizinische Diagnostik und unzählige andere Dinge revolutioniert hat. Vor allem aber ermöglichten der PC und die Mikroprozessoren die Entwicklung des Internets und den Aufbau des World Wide Web, des weltweiten Netzes, das heute die Erde umspannt.

Wie andere große Computerfirmen auch hatte sich mein neuer Arbeitgeber jahrelang erfolgreich darauf konzentriert, schnellere und vielseitigere Großrechner zu entwickeln. Damit waren die größten Gewinne zu erzielen, und es war das, woran unsere bisherigen Kunden gewöhnt waren und was sie daher erwarteten. Durch die Markteinführung preiswerter PCs, die ebenso leistungsfähig waren wie Großrechner, und das Angebot einer Flut von speziellen Programmen für alle möglichen Aufgaben veränderte sich die Landschaft in den achtziger Jahren jedoch so rasch, dass es sowohl den Herstellern als auch ihren Abnehmern schwerfiel, die Vorgänge zu begreifen und sich ihnen anzupassen.

Zurück in die Wirtschaft

Der Anruf aus Detroit mit der Einladung zu einem Vorstellungsgespräch bei Burroughs war eine große Überraschung für mich. Ich befand mich nach dem Rücktritt als Finanzminister zur Erholung in Hawaii und war mir noch nicht im Klaren darüber, was ich weiter tun sollte. Durch Zufall hatte sich mein Berufsleben in ungefähr gleich lange Zehnjahresabschnitte in den drei sehr unterschiedlichen Bereichen von Universität, Wirtschaft und Politik aufgeteilt. Irdische Reichtümer anzuhäufen war nie mein Hauptziel gewesen; zweimal hatte ich freiwillig ein großzügiges Einkommen in der Wirtschaft und die mit ihm zusammenhängenden Vergünstigungen aufgegeben und gegen das bescheidene Salär eines Staatsdieners eingetauscht. Mein Antrieb war hauptsächlich die Erinnerung an die Ängste und Frustrationen der Flüchtlingsjahre, an das ohnmächtige Gefühl, das eigene Leben nicht selbst bestimmen und gestalten zu können und nicht die Chance zu haben, sich zu beweisen und dafür anerkannt zu werden. Wie andere ehemalige Flüchtlinge auch, von denen manche sehr hoch aufstiegen, war ich von diesen frühen Erlebnissen geprägt und hatte eine »Flüchtlingsmentalität« entwickelt, die meinem Ehrgeiz zugrunde lag. Vor allem wollte ich mein Schicksal selbst bestimmen, und am meisten schätzte ich den Status und das Prestige, die eine führende Stellung mit sich bringt. Die befriedigendsten Momente erlebte ich stets, wenn ich die Macht hatte, etwas aufzubauen, Ziele zu setzen und eine große Gruppe von Menschen zu führen. Als ich über meine Optionen für die Zukunft nachdachte, wurde mir klar, dass mir dies immer noch wichtig war.

Es fehlte nicht an Offerten. Headhunter von Unternehmen waren an mich herangetreten, der führende Impresario für Vortragsreisen von Berühmtheiten lockte mich mit einem ansehnlichen Honorar, mehrere Verlage hatten mir einen Vorschuss für ein Buch über die Carter-Administration angeboten und Unternehmensvorstände und Aufsichtsräte sowie Universitäten hatten ihre Fühler ausgestreckt. All dies hatte ich zu den Akten gelegt, doch jetzt drängte Burroughs auf eine rasche Antwort, und bevor ich sie geben konnte, musste ich einige Entscheidungen fällen.

Vorträge zu halten wäre bestenfalls eine vorübergehende Ablenkung gewesen, und ein »Enthüllungsbuch« über Carter zu schreiben lehnte ich als unehrenhaft ab. Zu managen und zu leiten war das, was ich am besten konnte, und in dieser Hinsicht hatte ein leitender Posten an einer Universität einiges für sich, aber auch seine Nachteile. In Princeton hatte ich erlebt, dass die kleinlichen Eifersüchteleien der Campuspolitik hässlicher sein können als die Manöver von Wirtschaftsbossen und die spöttische Erklärung, dies liege an den »geringen Einsätzen«, mehr als nur ein Körnchen Wahrheit enthält. Außerdem war damals die Bezahlung nicht sehr üppig, was, ehrlich gesagt, ein nicht ganz unwichtiger Aspekt war.

Das bescheidene finanzielle Polster, das ich bei Bendix angelegt hatte, war in den drei Jahren als Minister deutlich dünner geworden. Während meiner Regierungszugehörigkeit hatten wir Haushalte in Washington und Ann Arbor unterhalten und unsere drei Töchter durchs College gebracht, aber zwei von ihnen arbeiteten noch an ihrem Diplom, und Jane, unsere Jüngste, wollte Medizin studieren, was für mindestens weitere sechs Jahre beträchtliche Ausgaben bedeutete. Außerdem war es Zeit, an die Finanzierung unseres Ruhstands zu denken, da ich während meiner abwechslungsreichen Berufslaufbahn nie lange genug in einer Stellung geblieben war, um größere Pensionsansprüche anzusammeln.

Die wichtigste Entscheidung betraf jedoch nicht meine künftige Arbeit, sondern meine Ehe, in der es seit einiger Zeit kriselte. Eileen und ich waren seit 28 Jahren zusammen, also eine ziemlich lange Zeit. Wir hatten uns als Studenten, kaum dem Teenageralter entwachsen, ineinander verliebt, drei wunderbare Töchter großgezogen und die meiste Zeit über zufrieden in einer Beziehung gelebt, die ohne gravierende Auseinandersetzungen auskam. Eileen hatte mich stets loyal unterstützt, und ich hatte es erwidert, indem ich ihr auf ihrem eigenen Berufsweg, der schließlich zu einem Doktortitel in pädagogischer Psychologie führte, Rückhalt bot.

In mancher Hinsicht war es die übliche Geschichte. Mit fünfzig waren wir nicht mehr dieselben wie mit zwanzig, und im Lauf der Zeit sprachen wir immer weniger miteinander. Vielleicht war es ja eine typische Midlifecrisis, und die Schuld lag wahrscheinlich zum größeren Teil bei mir, aber ich fühlte die Leere immer stärker, und ich glaube, ihr erging es genauso. In Washington hatten wir abwechselnd zusammen und getrennt gelebt, doch das hatte nichts geändert. Unsere erwachsenen Töchter waren aus dem Haus, aber zwischen uns gab es immer noch ein starkes Band, und der Gedanke, dass unsere Ehe endgültig gescheitert sein könnte, bedrückte mich.

Einige Wochen und mehrere Besuche in Detroit später trafen wir zwei wichtige Entscheidungen. Zum einen würde ich das Angebot von Burroughs annehmen, und zum anderen würden wir gemeinsam nach Ann Arbor zurückkehren und noch einmal versuchen, unsere Ehe zu kitten. Dies schlug leider fehl. Angesichts vieler gemeinsamer Jahre und Erinnerungen kann eine Trennung gar nicht ohne Schmerz, Schuldgefühle und Bedauern vonstattengehen. Der Gedanke einer »gütlichen Scheidung« ist unter solchen Umständen ein Widerspruch in sich. Unsere verlief wenigstens ohne Bösartigkeit und Bitterkeit, und dafür werde ich immer dankbar sein.

Im Lauf der Zeit, während jeder seinen eigenen Weg ging, verheilten die Wunden, und unser Verhältnis verbesserte sich. Eileen führte nach der Scheidung ein außergewöhnliches Leben. In den achtziger Jahren leistete sie als Freiwillige des Friedenskorps in Nepal und Rumänien hervorragende Arbeit, die ihr mit Recht landesweite Anerkennung einbrachte. In jüngerer Zeit war sie als Entwicklungshelferin in Asien und Lateinamerika tätig. Daneben ist sie eine ebenso liebevolle Großmutter, wie sie eine liebevolle Mutter war. Wir mögen uns immer noch und sind Freunde geblieben.

Mein Leben verlief nicht weniger positiv, wenn auch in einer anderen Richtung. 1983 verliebte ich mich in eine bemerkenswerte junge Kalifornierin. Wir heirateten noch im selben Jahr, und drei Jahre später wurde unser Sohn Michael Edward geboren. Barbara und ich sind jetzt über ein Vierteljahrhundert verheiratet, und obwohl eine Generation zwischen uns liegt, sind wir von Anfang an Seelenverwandte gewesen, und einen Sohn aufzuziehen hat unserem Leben eine besondere Dimension hinzugefügt. Die Entscheidung, eine neue Familie zu gründen, war mir nicht leichtgefallen, weshalb ich die Freuden unseres Lebens zu dritt in all diesen Jahren umso inniger empfunden habe.

Barbara ist nicht nur klug, ausgeglichen und schön, sondern auch gelernte Computerwissenschaftlerin mit einem Doktortitel. Während sie mir eine wundervolle Partnerin und unserem Sohn eine großartige Mutter war, verfolgte sie ihre eigene Karriere als Universitätslehrerin und Unternehmensberaterin. Im Lauf meines Lebens habe ich meine Portion an Rückschlägen erlebt, aber unter dem Strich überwogen die glücklichen und unerwartet guten Momente. Die größten Geschenke waren Barbara und Michael und seine drei Halbschwestern Ann, Jill und Jane.

Eileen und ich kehrten Ende 1979 nach Michigan zurück, wo mein Posten bei Burroughs auf mich wartete. Später fiel mir auf, dass die beiden in Michigan ansässigen Unternehmen, für die ich tätig war – für das eine, Bendix, in den sechziger und für das andere, Burroughs, in den achtziger Jahren –, für die technologischen Umbrüche dieser Jahrzehnte besonders repräsentativ waren.

In mancher Hinsicht glichen sie sich. Sie waren ungefähr gleich groß, hatten beide ihren Sitz in Detroit und waren tief in der Stadt verwurzelt. Manager beider Unternehmen gehörten zum örtlichen Wirtschaftsestablishment und saßen nebeneinander in wichtigen städtischen Gremien und Ausschüssen. Ihre Firmensitze waren kaum acht Kilometer voneinander entfernt, und es war vielleicht ein Zeichen für die Enge und Abgeschlossenheit von Detroit, dass vier Bendix-Direktoren auch dem Board von Burroughs angehörten.

Größer als die Gemeinsamkeiten waren jedoch die Unterschiede. Bendix war ein typisches Industrieunternehmen, das die Vorherrschaft amerikanischer multinationaler Konzerne von den fünfziger Jahren bis in die Siebziger verkörperte. »Motown« bildete damals das Zentrum des Industriegürtels im Mittelwesten, der sich von Wisconsin bis Ohio erstreckt, und die Spitzenmanager der wichtigsten Kunden von Bendix – Ford, General Motors und Chrysler – gehörten zu den bekanntesten und angesehensten Wirtschaftsbossen des Landes. Es war kein Zufall, dass Henry Ford II derjenige war, der 1976 die führenden Vorstandsvorsitzenden des Landes zusammengerufen und jene Zusammenkunft im 21 Club in New York veranstaltet hatte, bei der ich Jimmy Carter persönlich kennenlernte.

Als ich über ein Jahrzehnt später meinen Posten bei Burroughs antrat, hatte sich die Situation grundlegend verändert. Industrieunternehmen wie Bendix blieben bei ihren traditionellen Geschäftsfeldern, die nur langsam wuchsen und auf denen sie nach und nach ihre weltweite Vorrangstellung verloren; Produktionen wurden ins Ausland verlagert; die Gewinnmargen waren gering, und ausländische Konkurrenten stießen auf ihre Märkte vor. Detroit bekam die Folgen zu spüren, und die Anzeichen waren kaum zu übersehen. Die Infrastruktur der Stadt zerfiel, verlassene Fabrikgebäude blieben leer stehen, Industriearbeitsplätze waren knapp, und die Arbeitslosigkeit war hoch. Wer es sich leisten konnte, floh aus der Stadt in die Vorstädte oder ging ganz aus Michigan fort, so dass die Bevölkerung der Stadt schrumpfte.

Die Realität sah 1980 so aus, dass die Hightechelektronik das produzierende Gewerbe und das »Metallverbiegen« als dynamischsten und profitabelsten Wirtschaftssektor abgelöst hatte. Das Silicon Valley in Kalifornien und ähnliche Hightechenklaven in Arizona und Texas boomten, und das Schwergewicht der Wirtschaft verlagerte sich vom »Rust Belt« zum »Sun Belt«. Während Autohersteller und Unternehmen wie Bendix sich verkleinerten und Personal entließen, wurden Firmen wie Burroughs, ein Hersteller von Computern und Informationssystemen, zu den neuen Stars. Am Ende der achtziger Jahre hatten viele der Industriegiganten, die in den sechziger Jahren die *Fortune*-500-Liste angeführt hatten – Stahlkonzerne, Gummihersteller und metallverarbeitende Unternehmen –, ihre Spitzenplätze an Elektronikriesen wie Xerox, Hewlett-Packard und andere abgegeben. IBM, das weltgrößte Computerunternehmen, hatte sich auf Dauer unter dem halben Dutzend der größten und profitabelsten amerikanischen Unternehmen etabliert, und sein Boss Thomas Watson hatte zusammen mit Andrew Grove, dem Spiritus Rector und langjährigen Chef von Intel, deren immer leistungsfähigere Halbleiter die elektronische Revolution vorantrieben, Henry Ford als am meisten bewunderten Unternehmer abgelöst.

Die Wachstumskurve von IBM war atemberaubend. Nachdem das Unternehmen 1959 seinen ersten volltransistorisierten Computer vorgestellt hatte, stiegen seine Jahreseinnahmen im folgenden Jahrzehnt auf annähernd sieben Milliarden Dollar. In den 15 Jahren nach 1965 versiebenfachte sich der Umsatz, um sich in den achtziger Jahren noch einmal zu verdoppeln. Die Gewinne wuchsen sogar noch schneller, so dass IBM zu einem der profitabelsten Unternehmen des Landes wurde. Hatte General Motors 1965 noch einen sechsmal so großen Gewinn erzielt wie IBM, so verdiente IBM 1980 bereits mehr als General Motors, und fünf Jahre später übertraf sein Gewinn denjenigen des Autoherstellers um fünfzig Prozent, und das bei einem halb so großen Umsatz.

Während sich der weltweite Absatz von Computern in den siebziger Jahren mehr als verdreifachte oder vervierfachte, hatte auch Burroughs rasch expandiert. Die Unternehmensgeschichte reichte in die ersten Jahre des Jahrhunderts zurück. Anfangs hatte Burroughs elektromechanische Rechen- und Buchungsmaschinen hergestellt, sich dann aber erfolgreich auf die Elektronik umgestellt und sich schrittweise in einen Computerhersteller verwandelt, der seine Großrechner weltweit vermarktete. Viele andere Unternehmen, unter ihnen Riesen wie General Electric und RCA, hatten dies ebenfalls versucht, waren aber vor dem Wettbewerbsvorteil von IBM zurückgeschreckt und hatten das Feld wieder geräumt. Dass Burroughs mehr Erfolg hatte, war vor allem dem langjährigen Vorstandsvorsitzenden Ray McDonald zu verdanken, einem Mann mit dem richtigen Instinkt und Charakter, um die riskanten technologischen Entscheidungen zu treffen, die aus einer mittelgroßen Firma ein milliardenschweres internationales Unternehmen werden ließen. Unter McDonald wuchs es in den meisten Jahren, bei kräftigen Gewinnen, um zwanzig Prozent oder mehr, und 1980 gehörte es zu den bedeutendsten Computerfirmen der USA und den 75 größten Unternehmen des Landes.

Ich kannte Ray aus meiner Zeit bei Bendix und hatte seine Arbeit stets bewundert. Allerdings machte auch er die bekannte Entwicklung durch: Als er älter wurde und sein Unternehmen immer weiter expandierte, wuchs es ihm über den Kopf, und er wurde zum Opfer seines eigenen Erfolgs. Ein milliardenschweres, weitgespanntes Unternehmen zu leiten erfordert andere Fähigkeiten, als eine vergleichsweise kleine Firma aufzubauen. Spitzenmanager neigen dazu, sich zu wiederholen, doch was einst gut funktionierte, genügt den Erfordernissen eines sich verändernden Marktes häufig nicht mehr. Vor diesem Problem stand auch Ray. Als vor Selbstbewusstsein strotzender Potentat, der keinen Widerspruch duldete und am liebsten alle Entscheidungen selbst traf, hatte er schließlich die Kontrolle über die immer komplexer werdenden Geschäftsvorgänge des Unternehmens verloren und beging auf dem sich rasch wandelnden Computermarkt kostspielige Fehler.

Vor allem aber stand nach seinem Rücktritt kein Nachfolger bereit, da er ein relativ schwaches Management hinterließ, das mehr daran gewöhnt war, Anordnungen zu folgen, als zu führen. Die Probleme häuften sich, und das Wachstum drohte einzubrechen, weshalb sich der besorgte Board, gerade in der Zeit, als ich aus dem Finanzministerium ausschied, außerhalb des Firmenmanagements nach jemandem umsah, der das Steuer übernehmen konnte. Als er von meinem Rücktritt erfuhr, gelangte er zu dem Schluss, dass ich der Richtige sei, das ins Schlingern geratene Schiff wieder auf Kurs zu bringen, und bot mir Rays Posten an.

So begann mit dem Eintritt in die Computerwelt an einem Wendepunkt der Technikgeschichte ein neues aufregendes Kapitel in meinem Leben. Vor allem konnte ich wieder tun, was mir am meisten lag – eine große Organisation managen, die einer Veränderung bedurfte, und dies, unerwartet bald nach dem Ausscheiden aus dem engeren Washingtoner Führungskreis, in einer leitenden Wirtschaftsposition, die mir viele Möglichkeiten eröffnete, an den aktuellen innen- und außenpolitischen Vorgängen teilzuhaben.

Dass ich innerhalb der Regierung einen aussichtslosen wirtschaftspolitischen Kampf geführt und von einem unbeliebten Präsidenten entlassen worden war, hatte mir nicht im Geringsten geschadet, sondern im Gegenteil mein Ansehen in der Wirtschafts- und Finanzwelt erhöht. Ein Anzeichen dafür war die überraschend große Zahl von Industrieunternehmen und Finanzinstituten, die mir Posten in ihren Boards anboten. Ich entschied mich schließlich für die Equitable Insurance Co., die Chemical Bank sowie Pillsbury und Tenneco. Der Business Council und der Roundtable, die beiden bedeutendsten Organisationen von Unternehmensführern, nahmen mich in ihre Reihen auf, Princeton erneuerte meine Mitgliedschaft im Kuratorium, und der New Yorker Council of Foreign Relations wählte mich in den Vorstand, so dass ich weiterhin in der Lage war, meinem Interesse an der Weltpolitik nachzugehen. Außerdem gehörte ich im Lauf des Jahrzehnts verschiedenen bilateralen Wirtschaftsräten an, wie dem amerikanisch-japanischen und dem amerikanisch-brasilianischen, und als Vorsitzender einer Gruppe privater amerikanischer Verteidigungsexperten, Sowjetologen und Manager leitete ich mehrere Delegationen, die in Moskau mit Sowjetvertretern über Fragen des Kalten Krieges diskutierten. Kurz gesagt, während ich zum Insider der rasant expandierenden Welt der Elektronik wurde, konnte ich zugleich hautnah miterleben, wie sich die andauernde technologische Revolution auf die Weltlage auswirkte.

Meine wichtigste Aufgabe war jedoch die Tätigkeit bei Burroughs. Das Unternehmen brauchte neue Ideen und einen schärferen Fokus und musste schneller auf den sich rasch wandelnden Markt für seine Produkte reagieren. Schlüsselentscheidungen mussten gefällt werden – über das Forschungs- und Entwicklungsbudget, Marketing- und Marktunterstützungsprogramme sowie Neuzugänge zum Management. Innerhalb des ersten Jahres stellten wir mehrere Spitzenmanager ein, billigten Entscheidungen über neue Produkte, richteten die Forschungs- und Entwicklungsausgaben neu aus, brachten den Außendienst auf Vordermann und setzten Einsparungsprogramme in Gang. Ergänzt wurden diese Maßnahmen durch strategische Neuerwerbungen, die unsere Produktpalette und unsere operativen Fähigkeiten stärkten. Der bedeutendste Schritt war jedoch die 1986 vorgenommene Fusion mit der Sperry Corporation, einem unserer Konkurrenten auf dem Markt für Großrechner. Durch die Schaffung des neuen, Unisys genannten Unternehmens waren wir nahezu doppelt so groß geworden und hatten auf einem hartumkämpften Markt zusätzliche kritische Masse gewonnen, während die Kostenbasis sich erheblich reduziert hatte.

Rein finanziell waren die Ergebnisse in den achtziger Jahren überwiegend positiv. Bis zur Mitte des Jahrzehnts verdoppelten sich die Einnahmen, und am Ende hatten sie sich noch einmal auf beachtliche zehn Milliarden Dollar verdoppelt. Der Gewinn, der 1980 bei mageren 134 Millionen gelegen hatte, erreichte am Ende des Jahrzehnts einen Höchststand von annähernd einer Milliarde Dollar; im erfolgreichsten Jahr des Unternehmens war der Gewinn pro Aktie dreimal so groß wie 1980. Doch die Zahlen geben nicht die ganze Geschichte wieder. Angesichts der raschen technischen Entwicklung konzentrierten sich die großen Computerhersteller wie IBM zu lange darauf, immer leistungsfähigere Großrechner zu entwickeln, ohne das Potential einer mittels Personal Computer vernetzten Welt zu erkennen. Unisys tappte ebenfalls in diese Falle und durchlief wie alle anderen Hersteller einen schwierigen Anpassungsprozess, um sich auf die PC-Welt einzustellen. Vielen Unternehmen gelang dies nicht, und sie verschwanden vom Markt. Unisys überlebte die Auslese, wenn auch in verwandelter und wesentlich verkleinerter Gestalt. Das deutet zumindest darauf hin, dass wir mehr richtige als falsche Entscheidungen getroffen hatten, was nicht alle in den achtziger Jahren erfolgreichen Computerhersteller von sich behaupten können.

Düstere Aussichten

Die rasche Verbreitung der Mikrochiptechnologie in den achtziger Jahren bildete die Grundlage für eine Entwicklung, die Millionen von Menschen einen wesentlich höheren Lebensstandard und bedeutend mehr politische Freiheit brachte. Der Anfang war indes ungewöhnlich turbulent. Zunächst schien nichts gutzugehen, und das Jahrzehnt begann unter ausgesprochen düsteren Auspizien.

Es begann mit Anschlägen auf drei herausragende Akteure auf der Bühne der Weltpolitik, von denen einer tödlich verlief. Präsident Reagan erlitt in Washington schwere Verletzungen, ebenso Papst Johannes Paul II. in Rom, während Anwar as-Sadat in Kairo bei einer Militärparade im Kugelhagel der Attentäter starb. Außerdem tobten 1982 vier Kriege: Die Sowjetunion war in Afghanistan einmarschiert, Israel besetzte Teile von Beirut, Iran und Irak waren in einen blutigen Krieg verstrickt, der acht Jahre dauern sollte, und um das Maß vollzumachen, entsandte Großbritannien ein Expeditionskorps zu den Falklandinseln, um die Argentinier von dort zu vertreiben.

In England war 1979, ein Jahr bevor Jimmy Carter nach einem schmachvollen Wahlergebnis aus dem Amt schied, die Labourregierung unter James Callaghan abgewählt worden. In Frankreich verlor im folgenden Jahr Giscard d'Estaings Mitte-rechts-Regierung die Macht, und bald darauf mussten in Deutschland die Sozialdemokraten unter Helmut Schmidt die Regierungsbank räumen. Es schien, als hätte sich die Malaise, in der sich laut Carters Diagnose die Vereinigten Staaten befanden, weltweit ausgebreitet.

Auch die Lage im Nahen Osten war höchst kompliziert geworden. Die Revolution im Iran, die Ermordung Sadats, die sowjetische Besetzung Afghanistans und der irakisch-iranische Krieg, in dem sich Sunniten und Schiiten gegenüberstanden, fachten den islamischen Fundamentalismus an und drohten die gesamte Region zu destabilisieren. Der arabisch-israelische Friedenprozess steckte in einer Sackgasse, und im Westen litten buchstäblich alle Wirtschaften unter den negativen Auswirkungen der Preispolitik der OPEC.

In Amerika hatte die Wirtschaft auch nach dem Einzug von Carters Nachfolger Ronald Reagan ins Weiße Haus mit dem hohen Erdölpreis und der Stagflation zu kämpfen. 1981 lag die Arbeitslosenquote bei 7,8 Prozent, und die Zinsen waren zweistellig; ein Jahr darauf befanden sich die (inflationsbereinigten) Realzinsen immer noch auf einem historischen Höchststand. Die Stimmung in der Öffentlichkeit war gedrückt, und die Experten erklärten, Amerika, dessen Produktivität niedrig sei und dessen Unternehmen im Wettbewerb mit der japanischen Konkurrenz das Nachsehen hatten, scheine die wirtschaftliche Führungsposition, die es seit dem Weltkrieg innehabe, zu verlieren. Während Detroit taumelte, war der Import japanischer und anderer ausländischer Autos um zwanzig Prozent gestiegen. Auch um die allgemeine innenpolitische Situation stand es nicht zum Besten. Miami verfiel inmitten von Rassenunruhen, und die Gefängnisse waren überfüllt. Die Mordrate war so hoch wie noch nie, und die Ermordung von Ex-Beatle John Lennon vor seinem Wohnhaus in New York erschütterte das ganze Land. Eine traurige Statistik besagte, dass in den vorangegangenen zehn Jahren fast fünfmal so viele Menschen ermordet worden waren, wie amerikanische Soldaten in Vietnam gefallen waren.[1]

Auch Europa erlebte einen wirtschaftlichen Abschwung. Da die OPEC, von einem kriegerisch gestimmten Iran in ihrem Tun bestärkt, den Erdölpreis in die Höhe trieb, gerieten die europäischen Exporte und das internationale System wegen der daraus folgenden Währungsschwankungen und des fallenden Dollarkurses unter zunehmenden Druck. Dennoch kam, unter vielen gegenseitigen Vorwürfen, keine Einigung über koordinierte Gegenmaßnahmen zustande. Auf beiden Seiten des Atlantiks nahm die Neigung zum Protektionismus zu; Amerikaner und Europäer stritten sich über Stahlimporte, und Japan wurde bedrängt, seine wachsenden Autoexporte zu beschränken.

Im Vergleich mit den Problemen der Sowjetunion und ihrer Satelliten verblassten diejenigen des Westens allerdings. In Osteuropa hatte sich das Wirtschaftswachstum noch drastischer verlangsamt als im Westen. Die Produktivität war gering, die Umweltverschmutzung gewaltig, und der Lebensstandard stagnierte oder verschlechterte sich. Da keine angemessene Kapitalbildung im Innern stattfand, schnellte die Devisenverschuldung beim Westen in die Höhe.

Die Sowjetunion trug schwer an den Kosten des Afghanistankrieges, einem aufgeblähten Verteidigungshaushalt und massiven Subventionen für ineffiziente Industrien. Das Hauptproblem bestand darin, dass die zentralisierte Kommandowirtschaft des Ostens immer weiter zurückfiel, während sich die freien Marktwirtschaften im Westen, wenn auch unter Schwierigkeiten, auf höhere Energiekosten einzustellen und die Vorteile neuer Technologien zu nutzen begannen. Der Grund für das Zurückbleiben des Ostens war einfach: Dem Kommunismus fehlten die entscheidenden Entwicklungsvoraussetzungen – Flexibilität und Zugang zum freien Informationsfluss. Dies entging auch den Menschen hinter dem Eisernen Vorhang nicht, und es mehrten sich die Anzeichen dafür, dass es in der Sowjetunion und ihren Satellitenstaaten rumorte.

Auch unter außenpolitischen Experten in Amerika machte sich Unmut breit, wie man einem im Frühjahr 1981 in der Zeitschrift *Foreign Affairs* erschienenen Leitartikel entnehmen kann, in dem George Ball im Rahmen eines Überblicks über die internationale politische Landschaft deren Zustand beklagte. Nach vier Jahren halbherziger Politik unter Carter bemerkte George empört, dass Amerikas Freunde seine Führungskraft und darüber hinaus auch seine Fähigkeit, die eigenen Probleme zu bewältigen, in Frage stellten. »In einer Zeit, in der die Sowjetunion systematisch ihren militärischen Aktionsradius erweitert hat«, schrieb er, seien die Vereinigten Staaten »in Apathie und Inkompetenz verfallen ... Wir demonstrieren nicht mehr jene Beherrschung der Ereignisse, die einst Vertrauen in unsere wirtschaftliche und politische Führung geschaffen hatte.« Auch Carters Nachfolger traute Ball nicht viel zu. Die »bemerkenswerteste gegenwärtige Entwicklung« sei der »Ansehensverlust, den Amerika bei seinen Freunden und Verbündeten – und auch bei anderen nichtkommunistischen Ländern – erlitten hat«.[2] Für den normalerweise positiv denkenden und ausgeglichenen Ball waren dies ungewöhnlich bittere Worte, die so gar nicht zu jemandem passten, dessen Motto, wie erwähnt, stets lautete, dass der Optimismus die »einzige zweckdienliche Hypothese des praktischen Menschen bei der Verfolgung großer Ziele« sei.

George gehörte einer Generation an, die in einer Zeit erwachsen geworden war, in der die Alliierten das Dritte Reich und das kaiserliche Japan niederwarfen und Amerika als stärkstes und reichstes Land der Welt aus dem Krieg hervorging. Wie seine Altersgenossen, von denen viele eine große Rolle bei der Schaffung des atlantischen

Bündnisses gespielt hatten, glaubte er fest an den Rahmen der nach dem Krieg gegründeten internationalen Organisationen. Als Freund und Verbündeter Jean Monnets, des »Vaters von Europa«, war George stets – und häufig gegen eine lautstarke heimische Opposition – dafür eingetreten, dass Amerika die wirtschaftliche Integration Europas unterstützen sollte. Mit einem klaren Gespür für die Rangfolge der amerikanischen Interessen hatte er schließlich die Oberhand gewonnen, indem er den größeren langfristigen Nutzen für den Wohlstand Amerikas, die Sicherheit und das westliche Handelssystem, das mit den integrierten und verlässlicheren Wirtschaften der EWG aufgebaut werden konnte, hervorgehoben hatte. Insofern war die Verringerung der Handelsschranken durch die Kennedyrunde in den sechziger Jahren, bei der die USA eine führende Rolle gespielt hatten, das Ergebnis einer letztlich höchst erfolgreichen politischen Initiative Amerikas, an der George erheblichen Anteil hatte und auf die er mit Recht stolz war.

Für Angehörige seiner Generation stand im Krieg wie im Frieden Europa stets im Mittelpunkt. Zudem bildete seit 1945 die Eindämmung der Sowjetunion das Hauptziel der amerikanischen Außenpolitik. »Wenn wir nicht führen, wird es niemand tun«, diese Ansicht hatte ich in Washington immer wieder gehört. Offenbar schmerzte und verwirrte es George, dass es unter den Verbündeten plötzlich Streit gab und dass die Führungsrolle der Vereinigten Staaten geschwächt und in Frage gestellt wurde – was Washington nach seiner Ansicht durch Missgriffe und Unterlassungssünden in den vorangegangenen Jahren zum großen Teil selbst verschuldet hatte. Damit hatte er nicht ganz unrecht; doch im Nachhinein betrachtet, war selbst der sonst so weitsichtige Ball allzu sehr in den Erfahrungen der Vergangenheit befangen. Wie buchstäblich alle anderen erkannte auch er nicht, dass das Problem nicht allein in der Schwächung der US-Politik oder mangelndem Führungswillen lag, sondern vor allem darin, dass neue Kräfte auftauchten, die den Übergang in eine neue Welt gestalteten.

Einige Jahre später, 1987, sprach ich in einem Vortrag im Council of Foreign Relations über die von der Mikrochip-Revolution ausgehende Stoßkraft und stellte einige Prognosen über ihre Globalisierungseffekte und ihre ökonomischen und politischen Folgen an.[3] Zu diesem Zeitpunkt, nur fünf Jahre nachdem mir mein Besuch in der Provinz Anhui die Augen geöffnet hatte, war China aufgrund seines Wirtschaftswachstums dabei, zu einem bedeutenden Faktor des Welthandels und der Weltwirtschaft zu werden, und die politischen Implikationen dieser Entwicklung traten mittlerweile deutlich zutage. Im Publikum saß auch George Ball, der mir aufmerksam zuhörte. Am Anfang der achtziger Jahre hatte man dies von ihm und vielen anderen noch nicht sagen können.

Begegnungen im Iran und in Israel

Wie es der Zufall wollte, führten mich meine geschäftlichen oder im Regierungsauftrag unternommenen Reisen in dieser Zeit auch regelmäßig in den Nahen Osten, der sich zu einem neuen Schwerpunkt der außenpolitischen Anstrengungen der Vereinigten Staaten entwickelte. Zweimal geriet ich dabei mitten hinein in große regionale Krisen und hatte direkten Kontakt mit einigen der Hauptbeteiligten, wie dem Schah von Persien und dem israelischen Ministerpräsidenten Menachem Begin.

Meine erste Nahostreise im Jahr 1956, als ich mich für ein Princetoner Forschungsprojekt zwei Monate im Irak aufhielt, habe ich schon erwähnt. Damals hatte ich auch Abstecher nach Syrien und in den Libanon sowie eine beeindruckende Entdeckungsfahrt nach Israel unternommen. Der arabisch-israelische Konflikt erhitzte bereits die Gemüter in der Region, obwohl die Situation ansonsten relativ stabil und keineswegs so turbulent war wie in späteren Jahren. Im Libanon war eine komplizierte Machtteilungsvereinbarung zwischen Moslems, Christen und Drusen in Kraft, die recht gut funktionierte, und Beirut rühmte sich selbst als tolerantes, säkulares Paris der Levante. Der Iran war unter dem Schah fest mit dem

Westen verbündet, und das aufblühende Israel war ein kleines Land, das noch in seinen ursprünglichen Grenzen von 1948 lebte.

Ich bin nie Zionist gewesen und Amerika viel zu stark verbunden, um den Gedanken, Israel zu meiner Heimat zu machen, ernsthaft in Erwägung zu ziehen. Gleichwohl hatte ich den jüdischen Unabhängigkeitskampf mit Sympathie verfolgt und Präsident Trumans Entscheidung begrüßt, als Erster den neuen jüdischen Staat anzuerkennen. Mein erster Israelbesuch in den fünfziger Jahren hatte einen tiefen Eindruck hinterlassen. Der Reichtum der biblischen Geschichte, die archäologischen Schätze und vor allem die harte Arbeit, der Idealismus und der Pioniergeist der Israelis hatten mich fasziniert.

Als ich im Sommer 1956 für Princeton in den Irak reiste, wurde dieses ehemals britische Mandatsgebiet von dem prowestlichen haschemitischen König Faisal II. regiert. Das Land war relativ ruhig, wenn auch arm, unterentwickelt und der Vergangenheit verhaftet. Bagdad, wo ich mich viel aufhielt, war verwahrlost, staubig und deprimierend, ebenso wie Basra im Süden. Ein einziges Bagdader Hotel (dessen Preise das Budget eines jungen Akademikers bei weitem überstiegen) besaß in einigen Zimmern eine unregelmäßig funktionierende Klimaanlage. Im preisgünstigeren »Semiramis«, in dem ich reglos auf dem Bett lag, um der höllischen Nachmittagshitze zu entkommen, in der niemand arbeitete und sich draußen nichts rührte, erzeugte ein träger Deckenventilator einen schwachen Lufthauch, der die Hitze kaum zu lindern vermochte, während die Eidechsen, die sich auf der Jagd nach den allgegenwärtigen Fliegen und Moskitos auf mein Bett fallen ließen, mich wach hielten und beschäftigten.

Es herrschte eine Atmosphäre ewigen Stillstands, und kaum jemand, am wenigsten die ausländischen Angestellten von Erdölfirmen, erkannte, welch große Veränderungen sich vorbereiteten. Als Besucher verspürte man gelegentlich einen Luftzug, der sie ankündigte, aber diejenigen, die ihn als Erste hätten bemerken müssen, nahmen ihn nicht wahr. Da ich die Veränderungen in der Arbeiterschaft der Erdölindustrie untersuchte, musste ich mich in Kirkuk,

Mosul, Suleimaniyya und entlang der Pipeline zum Mittelmeer in Unternehmensakten vertiefen. Die Firmenniederlassungen befanden sich zumeist in Kirkuk im überwiegend kurdischen Norden des Landes, wo die britischen Manager isoliert in Ausländersiedlungen lebten und zum Trinken in ihre eigenen Klubs gingen, wo man samstagabends im Smoking erschien. Dies alles erinnerte mich auf unheimliche Weise an das Leben der kolonialen Oberschicht in Schanghai, und genauso, wie deren Angehörige meinten, für die Verwaltung der Stadt unerlässlich zu sein, versicherten mir die Ausländer im Irak, die Einheimischen seien aufgrund ihres Temperaments nicht geeignet, Erdölfelder zu managen, und daran würde sich so bald nichts ändern. Dass die Söhne ihrer irakischen Untergebenen Ingenieursstudien absolvierten und sich genau darauf bereits vorbereiteten, war ihnen offenbar entgangen.

Als die Wende dann plötzlich und ohne Vorwarnung eintrat, war es ein böses Erwachen. 1959 wurde die Monarchie gestürzt, und der König sowie der Kronprinz und der Premierminister wurden ermordet, »um das Land von einer vom Imperialismus eingesetzten korrupten Gruppe zu befreien«. Die britische Botschaft wurde geplündert, und mehrere Ausländer kamen ums Leben. Im benachbarten Libanon mussten 3500 US-Marinesoldaten eingreifen, um einen parallel begonnenen Aufstand moslemischer Rebellen niederzuschlagen. Bald darauf kündigte der Irak die ausländischen Erdölkonzessionen und verstaatlichte die Industrie. Wie sich herausstellte, bereitete es Irakis keinerlei Schwierigkeiten, ihre Erdölfelder selbst zu managen.

Als ich 25 Jahre später als Finanzminister wieder in den Nahen Osten reiste, kam ich in eine völlig andere, wesentlich instabilere Region, die von einer nicht abreißen wollenden Kette von Unruhen und gefährlichen Konfrontationen erschüttert wurde. Die amerikanische Abhängigkeit vom nahöstlichen Erdöl hatte ein besorgniserregendes Ausmaß erreicht, doch die Kontrolle über diesen wertvollen Rohstoff lag jetzt fest in den Händen der Förderländer und ihres OPEC-Kartells. Die Beziehungen der USA zu den Förderländern wurden immer schwieriger und komplizierter, während ihre Interessen in der Region größer waren als jemals zuvor. Nach mehreren bewaffneten Konflikten und da beide Seiten unnachgiebig auf ihrer Haltung beharrten, hatte die Besetzung arabischer Gebiete durch Israel eine ständige Verschlechterung der arabisch-israelischen Beziehungen zur Folge gehabt. Im Libanon war die Machtteilung weitgehend zusammengebrochen, während der Schah von Persien, ein alter Freund der Vereinigten Staaten und eine wichtige Figur in der Region, innenpolitisch in Bedrängnis geraten war.

Mein Auftrag bei zwei vielbeachteten Reisen in den Nahen Osten bestand darin, mich bei Staatschefs und Ministern für eine gemäßigte Ölpreispolitik, eine Reinvestition der im Überfluss vorhandenen Petrodollars in amerikanische Wertpapiere und den arabisch-israelischen Friedensprozess einzusetzen. Die Begegnungen mit Vertretern des saudischen Königshauses und mehreren Emiren auf der arabischen Halbinsel gehören zu den Erlebnissen aus meiner Zeit im Staatsdienst, die sich mir besonders tief eingeprägt haben. Am schicksalhaftesten waren jedoch die Treffen mit dem Schah.

Ich traf ihn zweimal, im Oktober 1977 und im November des folgenden Jahres, als sich der sporadische Aufruhr auf den Straßen zu einer regelrechten Revolution auswuchs, die wenig später zur überstürzten Flucht des Schahs führen sollte. Der Zufall wollte es, dass ich als letzter Abgesandter des US-Kabinetts in Teheran ein persönliches Gespräch mit dem in Bedrängnis geratenen Schah führte und eine Nebenrolle bei den vergeblichen amerikanischen Bemühungen, ihn an der Macht zu halten, spielte – und zum Zeugen eines katastrophalen Washingtoner Entscheidungsprozesses wurde.

Spätestens seit Nixons Amtszeit war es ein Dogma der amerikanischen Politik, sich auf Israel und den Iran als wichtigste Verbündete im Nahen und Mittleren Osten zu stützen. Enge amerikanisch-iranische Beziehungen wurden als entscheidend für die amerikanische Position in der Region angesehen, und um sie aufrechtzuerhalten, galt die unbeirrbare Unterstützung des Schahs als unerlässlich. Im Rückblick betrachtet, erwies sich diese Politik der bedingungslosen Rückendeckung für den immer unbeliebter werdenden persischen Monarchen als unklug. Selbst einer geschickteren Diplomatie wäre es auf dieser Grundlage schwergefallen, eine halbwegs vernünftige Beziehung zum Iran in die nachrevolutionäre Ära hinüberzuretten. Die Wurzeln der politischen Fehler der USA reichten also viele Jahre zurück, doch die Konfusion und Unentschlossenheit Washingtons in den entscheidenden letzten Monaten der Herrschaft des Schahs machten jede Hoffnung auf ein besseres Ergebnis zunichte.

Die Beziehungen zwischen dem amerikanischen und dem iranischen Militär waren stets besonders eng gewesen, und seit Nixons Amtszeit war es ein fester Bestandteil der US-Politik, dem Schah zu gestatten, große Mengen von amerikanischen Waffen zu kaufen. Tatsächlich war der Iran zu einem profitträchtigen Markt für eine Vielzahl amerikanischer Produkte geworden, und viele einflussreiche amerikanische Unternehmensbosse, die dort Geschäfte machten, gehörten zu den eifrigsten Anhängern des Schahs. In ihren Augen war er ein aufgeklärter Herrscher, der sein Land modernisieren wollte, und persönlich ein liebenswürdiger Gastgeber, dessen außerordentliche Gastfreundschaft sie schätzten.

Selbstverständlich wusste ich, dass viele in den Vereinigten Staaten und im Iran den Schah in einem anderen Licht sahen. Für die amerikanischen Kritiker war er ein dünkelhafter, größenwahnsinniger Tyrann, der die Unterstützung Amerikas nicht verdiente, während seine inneren Gegner, zu denen auch viele Intellektuelle und Angehörige der wachsenden gebildeten Mittelschicht gehörten, ihm vor allem die fehlende Bereitschaft vorwarfen, abweichende politische Meinungen zuzulassen. Sie kritisierten seine schmale politische Basis und bemängelten, dass er sich auf die brutale Geheimpolizei SAVAK stützte und mit ihrer Hilfe seinen Willen durchsetzte. Außerdem verübelten sie ihm seine Duldsamkeit gegenüber der Korruption in dem kleinen Kreis aus Familienangehörigen und privilegierten Nutznießern seiner Herrschaft und hielten ihm seine nahezu vollständige Isolation von entscheidenden Teilen der Öffentlichkeit außerhalb der herrschenden Schicht vor.

Als ich 1977 zu seinem prächtigen Palast im Zentrum von Teheran gefahren wurde, war ich gespannt auf diesen Monarchen Mohammed Reza Schah Pahlevi, der sich selbst als überlebensgroße Figur präsentierte, als Schah der Schahs. Die Medien waren seit Jahren fasziniert von ihm, berichteten aber auch kontrovers, und ich fragte mich, welches der entgegengesetzten Medienbilder ich zutreffender finden würde. Als man mich in Begleitung von US-Botschafter Bill Sullivan und einer kleinen Kongressdelegation unter Leitung von Senator Dick Lugar aus Indiana und des Abgeordneten Henry Hyde aus Illinois in den Empfangssaal geleitete, lernte ich einen Mann kennen, der in keiner Weise Besorgnis über die innere Lage in seinem Land andeutete. Mein erster Eindruck war eine angenehme Überraschung. Sein Englisch war ausgezeichnet, sein Lächeln herzlich und seine Stimme sanft und gemäßigt. Abgesehen von der Pracht des Saals deutete nichts auf die Aufgeblasenheit und Arroganz hin, die ich fast schon erwartet hatte. Eröffnungshöflichkeiten wurden ausgetauscht, er erkundigte sich liebenswürdig nach unserer Unterkunft, und dann hörte er höflich zu, als ich Präsident Carters Botschaft überbrachte und mich zu den anstehenden Fragen äußerte.

Seine Haltung änderte sich jedoch abrupt, als er zu seiner Erwiderung anhob. Er setzte sich mit einem Ruck kerzengerade auf und holte zu einem langen Monolog aus, dessen herrscherlicher Tonfall keine Unterbrechung und keinen Widerspruch duldete. Im Wesentlichen kritisierte er die gefährliche Freizügigkeit in den westlichen Gesellschaften, insbesondere der amerikanischen, die nach seiner Ansicht ihren Zerfall herbeiführen würde. Am hohen Erdölpreis waren nach seiner Ansicht der übermäßige Verbrauch und die Verschwendung in Amerika schuld. In Carters Schwierigkeiten, dem durch ein Energiegesetz entgegenzuwirken, sah er einen Beweis für mangelnde Willenskraft und moralische Trägheit, und den Einsatz des US-Präsidenten für die Menschenrechte hielt er für kontraproduktiv. Diese Ausführungen hatten zum großen Teil nichts mit den von mir angesprochenen Fragen zu tun, waren aber im Tonfall der absoluten Selbstgewissheit eines tiefschürfenden globalen Staatsmannes vorgebracht worden. Auf die demonstrierenden Oppositionellen auf den iranischen Straßen war er nur flüchtig eingegangen. Er bezeichnete sie als unvernünftige Störenfriede, die man im Übrigen unter Kontrolle habe.

Es war eine erstaunliche Vorstellung, zumal er nach dem letzten Wort seiner Rede wieder in seinen Stuhl zurücksank und ebenso abrupt zu dem ruhigen und höflichen Verhalten wechselte, das er am Anfang an den Tag gelegt hatte. Er versprach, wie von mir verlangt, seinen Einfluss auf die Preispolitik der OPEC geltend zu machen und, wo immer möglich, zur Stützung des Dollars auf den Weltmärkten beizutragen. Danach wurden noch ein paar Freundlichkeiten ausgetauscht, und dann verabschiedete er uns auf ebenso herzliche Weise, wie er uns begrüßt hatte.

Dick Lugar, Henry Hyde und ich waren verblüfft. Wir wussten nicht, was wir von all dem halten sollten. Bill Sullivan war weniger überrascht. Das gehöre zum Spiel, erklärte er uns. Der Schah sei eben der Schah. Er könne in einem Augenblick freundlich sein und im nächsten herrisch, je nachdem, was er in der jeweiligen Situation angemessen fand.

Ein Jahr darauf, im November 1978, während meiner zweiten Nahostreise suchte ich den Schah, wiederum in Begleitung von Dick Lugar und einigen Kongressmitgliedern, erneut auf. Im Lauf des vergangenen Jahres hatte sich seine Lage nicht verbessert. Bei einem Besuch in Washington Ende 1977 hatten mehrere Hundert iranische Studenten während der Begrüßungszeremonie derart ungebärdig vor dem Weißen Haus demonstriert, dass die Polizei Tränengas einsetzen musste, um sie zu zerstreuen. Der Wind hatte das Gas jedoch, zur großen Verlegenheit des vornehmen Gastes, in den Garten des Weißen Hauses geweht und den Präsidenten der Vereinigten Staaten buchstäblich in Tränen ausbrechen lassen. Das hielt den Schah aber offenbar nicht davon ab, im Privatgespräch mit dem Präsidenten seinen üblichen Vortrag über die moralische Schwäche des Westens zu halten und Carters Einwände gegen seine repressive Politik und die Warnung vor der allgemein instabilen Lage in seinem Land höflich zurückzuweisen.[4]

Im Lauf des Jahres 1978 hatte sich die innenpolitische Situation weiter verschlechtert, und zum Zeitpunkt unseres Besuchs im November befand sich das Land an der Schwelle zur offenen Revolte. Es stand unter Kriegsrecht, Unruhen hatten Hunderte von Toten und Verwundeten gekostet, Streiks hatten die Erdölindustrie lahmgelegt, und konkurrierende Oppositionsgruppen versuchten sich für die Zeit nach dem Schah in Stellung zu bringen. Aus Paris rief der Anführer der religiösen Rechten, Ajatollah Khomeini, zum Sturz des Monarchen auf.

All dies war in Washington wohlbekannt, dennoch hatte ich den Auftrag, den Schah erneut der Unterstützung des amerikanischen Präsidenten zu versichern, als der »Schlüsselperson, die in der Lage sei, den Iran durch die Übergangsphase zu einer breiter fundierten und stabileren Regierungsform zu führen«. Wir fragten uns, was er uns wohl zu sagen haben würde, doch mit dem, was wir dann erlebten, hätte keiner von uns gerechnet. Denn es war von Anfang an klar, dass der Schah ein gebrochener Mann war und dass die Botschaft des Präsidenten für ihn kaum noch eine Bedeutung hatte. Wie er dort zusammengesunken auf seinem Stuhl saß, verwirrt und hilflos, war er nur noch ein Schatten seiner selbst. Immer wieder trat ein peinliches Schweigen ein, wenn er still vor sich hinstarrte. »Was kann ich tun?«, fragte er wiederholt. »Niemand hört auf mich. Was raten Sie mir? Was soll ich nach Ansicht des Präsidenten tun?« Der Gegensatz zu der bestimmten, selbstsicheren Haltung des vorangegangenen Jahres war erstaunlich. Dieser Mann war offensichtlich von Furcht und Unentschlossenheit gelähmt, unfähig zu führen und nicht mehr Herr der Lage. Unter diesen Umständen war die rituelle Bestätigung der rückhaltlosen amerikanischen Unterstützung, die wir überbrachten, eine hohle Floskel.

Hatte Washington den Ernst der Lage begriffen und war es sich im Klaren darüber, dass der Schah erledigt war? Ob es einen Notfallplan für eine Iranpolitik nach dem Schah gebe, fragten wir Sullivan. Seine Antwort war verstörend und kaum zu glauben. Er habe seit Monaten über die Vorgänge Bericht erstattet, erklärte er, aber aus Washington keinerlei konstruktive Antwort erhalten, sondern lediglich widersprüchliche Mitteilungen, die auf Verwirrung und Meinungsverschiedenheiten in der Bürokratie hindeuten würden, aber praktische Ideen für das weitere Vorgehen vermissen ließen.

Im Weißen Haus und im State Department lief offenbar nicht viel zusammen. Der Präsident hatte den Iran als Hauptverbündeten in der Region bezeichnet, und unsere Position in dem Land stand jetzt auf dem Spiel. Dass man die verzweifelte Lage in Teheran nicht erkannte und keine realistische Antwort auf sie hatte, war kaum nachzuvollziehen. Verwundert und entsetzt schickte ich nicht nur den üblichen Bericht nach Washington, sondern auch einen Brief an den Präsidenten, in dem ich kein Blatt vor den Mund nahm:

> »Die Veränderung der Haltung und des Benehmens des Schahs im Vergleich zum Vorjahr war erstaunlich … er vermittelt den Eindruck eines Mannes, der nicht weiß, was er tun soll … Wir können bestenfalls mit einer langen Periode der Instabilität und Unsicherheit auf der iranischen Bühne rechnen. Tatsächlich ist selbst unter den günstigsten Umständen kaum zu erkennen, dass der Schah über die persönlichen, wirksamen Mittel verfügt, seine Autorität wiederherzustellen … Im schlimmsten Fall liegen ein Zusammenbruch und langanhaltende Unordnung oder Schlimmeres im Bereich des Möglichen … Wir sollten versuchen, die Kontakte mit den gemäßigten Elementen unter den Gegnern des Schahs in religiösen, wirtschaftlichen und intellektuellen Kreisen aktiver als bisher zu pflegen, … und wir sollten sicherlich und dringend unsere Notfallpläne überprüfen …«[5]

Nach meiner Rückkehr suchte ich umgehend »Zbig« Brzeziński im Weißen Haus auf. Mein Bericht darüber, dass der Schah wahrscheinlich nicht mehr zu retten sei, hatte ihn offensichtlich schockiert. Aber er traute Sullivans Empfehlung, uns auf die Seite der gemäßigten Elemente in der Opposition gegen den Schah zu stellen, nicht und behauptete, das State Department neige schnell zu einer beschwichtigenden Haltung und sei nicht hart genug. Was sei mit den Generälen, erkundigte er sich. Könne das Militär nicht einschreiten, um die Opposition in die Schranken zu weisen und den Schah auf dem Thron zu halten? Der Präsident, beklagte er sich, stehe vor allem vor dem Problem, dass es in Washington niemanden gebe, der den Iran wirklich verstehe und von dem man eine nüchterne Analyse sowie Vorschläge für realistische politische Alternativen bekommen könne. Nach einem Vierteljahrhundert enger amerikanisch-iranischer Beziehungen schien mir dies eine recht bizarre Aussage. Doch »Zbig« war offensichtlich in der Klemme, und so schlug ich ihm vor, George Ball als Ratgeber hinzuzuziehen. George, erinnerte ich ihn, besitze ein profundes Wissen über den Iran, kenne den Schah gut und sei ein nüchterner strategischer Denker, wie er jetzt gebraucht werde.

Der Rest ist Geschichte – verhängnisvolle Geschichte. Ball nahm den Auftrag an und kam zu dem, wie sich herausstellen sollte, zutreffenden Schluss, dass das Spiel schon seit langem verloren sei. Der Schah sei nicht mehr zu retten, und jeder weitere Versuch, ihn durch eine Erweiterung seiner politischen Basis mit oder ohne die Streitkräfte an der Macht zu halten, käme zu spät und würde wahrscheinlich fehlschlagen. Insbesondere eine Militärregierung sei ein Wunschtraum. Die Generäle seien schwach, und Offiziere und Mannschaften würden ihnen nicht folgen, da sie überwiegend vom Land stammten, wo Khomeinis Mullahs das Sagen hätten. Obwohl es wahrscheinlich schon zu spät sei, sei es höchste Zeit, so Balls Empfehlung, die Fühler in andere Richtungen auszustrecken. Es bestehe vielleicht noch die Möglichkeit, dass ein Ältestenrat für eine gewisse Zeit die Macht übernehmen könnte, aber er sei in dieser Hinsicht skeptisch.

Im Weißen Haus war Balls Ratschlag nicht willkommen. Er widersprach dem herrschenden Dogma der Treue zum Schah, und Brzeziński konnte Carter rasch davon überzeugen, ihn nicht zu beachten. So wurde sein Bericht ad acta gelegt. In späteren Jahren äußerte Brzeziński Bedauern darüber, Ball überhaupt hinzugezogen zu haben, denn, so sein merkwürdiges Kriterium für die Anforderung von Expertenrat, »man sollte niemals die Dienste eines unparteiischen Außenstehenden in Anspruch nehmen …, ohne sich vorher zu vergewissern, dass man den wahrscheinlichen Inhalt seines Ratschlags kennt«.[6]

Washington zauderte noch wochenlang und übermittelte Sullivan in Teheran irrelevante Fragen und unrealistische Anweisungen. Brzeziński und das State Department lähmten sich durch einen bürokratischen Grabenkampf um widersprüchliche Ansichten über den richtigen Kurs, und der Präsident knüpfte seine Hoffnungen noch am 18. Dezember an den Schah.[7] Ein General, der auf Brzezińskis Betreiben nach Teheran geschickt wurde, um mit seinen iranischen Gegenüber die Situation zu erörtern, erreichte, wie Ball es vorausgesagt hatte, nicht das Geringste und musste zurückgezogen werden. Die verspätete Unterstützung für den letzten Premierminister des Schahs erwies sich ebenfalls als fruchtlos. Im Januar ging der Schah schließlich außer Landes, und damit zerstob auch die letzte Hoffnung auf den Aufbau funktionierender Beziehungen zu einem Iran ohne ihn.

Für die Vereinigten Staaten war das iranische Debakel ein schwerer strategischer Rückschlag mit langfristigen Folgen, und für Jimmy Carter war es eine politische Katastrophe.

Das Ende der Herrschaft des Schahs war vielleicht unvermeidlich. Carter hatte ein dysfunktionales amerikanisch-iranisches Verhältnis vorgefunden, das sich lange vor seiner Amtszeit herausgebildet hatte. Die besondere Betonung der militärischen Beziehungen und die gewohnte Praxis, dem Schah praktisch freie Hand für den Ankauf großer Mengen von Rüstungsgütern zu geben, das daraus resultierende Ungleichgewicht der Wirtschaft, das Versäumnis, Brücken zu verschiedenen iranischen Machtzentren zu bauen, und die ausschließliche Unterstützung eines Autokraten, der sich mit Hilfe eines brutalen Polizeiapparats an der Macht hielt, waren Elemente einer Politik, die mindestens bis in Nixons Amtszeit zurückreichte.[8] Doch während ich entsetzt verfolgte, wie Washington in den entscheidenden letzten Monaten zauderte, war es auch offensichtlich, dass der Schaden für amerikanische Interessen zum Teil selbstverschuldet war. Das Ganze war ein geradezu klassisches Beispiel dafür, wie das zufällige Zusammenspiel von Persönlichkeiten und die Qualität der politischen Führung an der Spitze den Lauf der Geschichte beeinflussen können.

Es hätte allen klar sein müssen, dass der Schah kein herausragender politischer Führer war. Im Grunde schwach und unsicher und stets im Schatten eines übermächtigen Vaters stehend, den er nachzuahmen versuchte, hatte er in jungen Jahren eine Aufgabe übernehmen müssen, auf die er schlecht vorbereitet und für die er nicht geeignet war. Die Rolle des großen Staatsmannes und hochmütigen Monarchen zu spielen war vermutlich seine Methode, seine innere Unsicherheit zu verbergen. Auf jeden Fall fehlten ihm die Fähigkeiten und Instinkte, um den komplizierten Prozess der Modernisierung seines Landes leiten zu können; seine Ambitionen überstiegen regelmäßig seine Möglichkeiten, und seine Neigung, sich mit einem kleinen Kreis von Familienangehörigen und ergebenen Freunden zu umgeben, schadete ihm sehr. Als er sich mit unerbittlichen, fanatischen Gegnern konfrontiert sah, besaß er keine politische Basis, auf die er sich hätte stützen können, und war schlicht überfordert.

Die Mängel des Entscheidungsprozesses in Washington hatten ihre Ursachen gleichermaßen in der Persönlichkeit der Beteiligten und ihrem fehlerhaften Führungsverhalten. Ein typisches Beispiel ist das Problem von Kompetenz und Erfahrung. Carters Botschafter in Teheran, Bill Sullivan, sprach kein Persisch und war vorher noch nie im Nahen Osten stationiert gewesen. Zudem war der Kenntnisstand über den Iran in Washington überraschend gering und ein nuanciertes Verständnis der dortigen Vorgänge kaum vorhanden, und wenn es vorhanden war, wie etwa im State Department oder in Balls Analyse, wurde es beiseitegewischt und ignoriert. Weder Cyrus Vance noch Brzeziński noch Carter – also die letzten Entscheidungsträger – wusste viel über das Land.

Noch wichtiger war die Tatsache, dass die Iranpolitik zum Gegenstand einer erbitterten bürokratischen Auseinandersetzung zwischen State Department und Weißem Haus wurde. Das ist zwar nicht ungewöhnlich, hatte in diesem Fall aber besonders verheerende Folgen. Das Problem bestand darin, dass Carter auf außenpolitischem Gebiet – unabsichtlich, und nicht aus machiavellistischem Kalkül – zwei Männer auf führende Posten berufen hatte, die persönlich nicht zusammenpassten und sehr unterschiedliche Anschauungen und Managementstile vertraten. Vance war ein höflicher patrizischer Diplomat, der vorsichtiges Vorgehen und Verhandlungen Konfrontationen vorzog, während Brzeziński ein starker, aggressiver politischer Macher war, der an die Macht glaubte und sie mit Vergnügen einsetzte. In seinen Memoiren sah er den Unterschied zwischen ihm und Vance vor allem in dessen übertriebenen »sukzessivem und vertraglichem« Herangehen an die Außenpolitik. »Cy«, stellte er kritisch fest, »scheute vor dem unvermeidlichen Mittel des Machteinsatzes im Umgang mit gegenwärtigen politischen Realitäten zurück und vertraute allzu sehr darauf, dass alle Fragen mit Kompromissen gelöst werden können.«[9] Das war nicht Brzezińskis Stil, und dieser Gegensatz sorgte für endlose Spannungen und Konflikte.

Die Beziehung zwischen ihnen hätte nur bei umsichtiger Führung funktionieren können, doch diese Fähigkeit fehlte dem Präsidenten in dieser Hinsicht ebenso wie auf wirtschaftspolitischem Gebiet. Carter nahm die gegensätzlichen Grundhaltungen seiner beiden außenpolitischen Berater nicht zur Kenntnis, setzte ihren unvermeidlichen Konflikten kein Ende und wies ihnen keine eindeutig bestimmten Rollen zu. War Brzeziński nun der Koordinator außenpolitischer Fragen im Weißen Haus, der die Politikformulierung erleichterte und den Präsidenten beriet, oder war er jemand, der die Politik operativ ausführte, also eine Rolle ausfüllte, die normalerweise dem Außenminister vorbehalten ist? Die Unterscheidung zwischen beiden Funktionen wurde nie klar getroffen.

In der Irankrise führte die fehlende Rollentrennung zu endlosen Problemen, da Brzeziński entschlossen war, die Kontrolle über die Iranpolitik an sich zu ziehen, obwohl ihm dafür das Wissen fehlte. Das Ergebnis waren ein anhaltender interner Konflikt und zum Scheitern verurteilte widersprüchliche Initiativen. Hätte der Präsident dieses Problem deutlicher gesehen, wären viel Verwirrung und viele Missgriffe vermieden worden.

Menachem Begin, den israelischen Ministerpräsidenten der Jahre 1977 bis 1984, hatte ich Ende der siebziger Jahre bei seinen Aufenthalten in Washington und bei Höflichkeitsbesuchen in seinem Amtssitz in Jerusalem kennengelernt. Internationale Finanz- und Wirtschaftsfragen, die bei meinen Israelreisen und in den Gesprächen mit Außenminister Mosche Dajan und Finanzminister Simcha Ehrlich für gewöhnlich auf der Tagesordnung standen, interessierten Begin nur am Rande, so dass unsere Gespräche nie besonders in die Tiefe gingen und den arabisch-israelischen Konflikt und die Palästinenserfrage – die beiden Themen, die ihn am meisten interessierten – in der Regel nur flüchtig berührten.

Obwohl ich einiges über Begins Werdegang wusste und sein enormes Ansehen kannte, war es bei diesen überwiegend formellen Anlässen nicht leicht, ihn wirklich kennenzulernen. Er war eher kleingewachsen und keine besonders beeindruckende Erscheinung, mit eulenhaft anmutenden Augen, die den Besucher durch eine dicke Hornbrille hindurch musterten. Im Gegensatz zu den meisten anderen israelischen Politikern empfing er mich stets förmlich gekleidet in Anzug und Krawatte, und sein Verhalten war zuvorkommend, aber gemessen und reserviert. Er wirkte eher wie ein höflicher, korrekter Buchhalter und weniger wie ein ehemaliger Freiheitskämpfer und Revolutionsführer, der im Kampf um den jüdischen Staat zum Gewalteinsatz bereit gewesen war und im Ruf stand, ein unermüdlicher, charismatischer Politiker zu sein, der mitreißende Reden zu halten verstand. Doch auf ungreifbare Weise war zu spüren, dass sich hinter der glatten, förmlichen Haltung, mit der er seine Besucher empfing, etwas Größeres und Komplexeres verbarg: ein beachtlicher Intellekt, starke Überzeugungen und die geballte Kraft eines kämpferischen Mannes.

In einem bescheidenen Hotel in Naharija, einer Stadt unweit der israelischen Grenze zum Libanon, konnte ich im August 1982 unter denkwürdigen Umständen beobachten, wie diese Eigenschaften zum Ausdruck kamen. Begin hatte mich in einer angespannten, sorgenvollen Zeit zu einem Treffen dorthin eingeladen. Am 6. Juni hatte er Truppen in den Libanon entsandt, mit dem konkreten Auftrag, eine vierzig Kilometer breite Pufferzone zu schaffen, um das Gebiet nördlich der Grenze von palästinensischen Angreifern zu säubern, die Raketen nach Israel hineinschossen. Die Israelis nannten diesen Feldzug »Frieden für Galiläa«, doch Verteidigungsminister Ariel Scharon, der den Oberbefehl ausübte, hatte ihn weit über das ursprüngliche Ziel hinaus ausgedehnt, indem er wiederholt Beirut bombardieren und die israelischen Verteidigungstruppen über den Südlibanon hinaus bis in die Vororte der libanesischen Hauptstadt vorrücken ließ. Diese Eskalation war weltweit auf Ablehnung gestoßen, doch Begin, der von den USA und anderen massiv gedrängt wurde, den Angriff zu beenden und seine Truppen zurückzuziehen, fiel es schwer, Scharon zum Einlenken zu bewegen. Mittlerweile nannten manche den Feldzug bereits »Scharons Krieg«.

Die Dinge waren offensichtlich aus dem Ruder gelaufen, und als Begin mich in Naharija empfing, war er in düsterer Stimmung. Es war, wenn ich mich recht entsinne, der Beginn des Sabbats. Ich war zu einem Privatbesuch nach Israel gereist, um, wenn möglich, mehr über die aktuellen Ereignisse zu erfahren und Begin um die Erlaubnis zu bitten, in den Libanon zu fahren, um mir selbst ein Bild zu machen.*

Wir unterhielten uns eine Weile ruhig miteinander. Ich erklärte, warum ich den Ausflug unternehmen wollte, und Begin betonte, nachdem er meiner Bitte stattgegeben hatte, die begrenzten Ziele, die Israel im Libanon verfolgte, und rechtfertigte die Aktion als notwendiges Mittel zum Schutz der Grenze. Als er zu einer Darstellung der langen, qualvollen Geschichte des Palästinenserproblems an-

---

* Am nächsten Tag brachte mich eine Militäreskorte bis zu den Zedern des Libanon, von wo man einen Blick auf das Mittelmeer und das israelisch besetzte Westbeirut hatte. Dann ging es an den zerstörten Flüchtlingslagern Sabra und Schatila vorbei auf der Küstenstraße nach Israel zurück.

setzte, machte ich jedoch eine Bemerkung, die dem Gespräch eine dramatische Wende gab.

»Herr Premierminister«, warf ich ein, »Israel ist ein kleines Land in einem Meer von Arabern. Früher oder später muss es in Ihrem Interesse liegen, Frieden zu schließen. Je länger man das Problem sich verhärten lässt, desto schwerer wird es sein. Die Zeit ist nicht notwendigerweise auf Ihrer Seite. Ist die einzige machbare Lösung nicht in der Formel ›Land für Frieden‹ beschlossen, das heißt in der Aufgabe der Siedlungen auf der Westbank und der Rückgabe des Landes an die Palästinenser im Austausch für eine realisierbare Friedensregelung?«

Ich wusste, dass ich gefährliches Gebiet betrat. Drei Jahre zuvor hatte Begin in Camp David einem Friedensvertrag mit Ägypten zugestimmt – für den er und Sadat 1978 den Friedensnobelpreis erhielten – und unter erheblichem Druck von Seiten Carters eine Vereinbarung über ein sogenanntes Rahmenwerk zur Beilegung des Palästinenserproblems unterzeichnet, das im großen Ganzen dem entsprach, was ich jetzt angedeutet hatte. Nach Carters Auffassung waren die Abmachungen und Formulierungen, auf die man sich geeinigt hatte, recht klar, doch Begin interpretierte sie völlig anders. Die Tinte der Unterschriften unter der Vereinbarung war kaum getrocknet, als er behauptete, er habe weder einem Abbau der Siedlungen auf der Westbank oder auch nur einem Baustopp zugestimmt, noch sich auf eine vollständige Autonomie der Palästinenser festgelegt. Außerdem wusste ich um das gespannte Verhältnis zwischen ihm und Carter, der sich wegen seiner hartnäckigen Weigerung, die aus amerikanischer Sicht bindenden Verpflichtungen zu erfüllen, getäuscht fühlte. Der Siedlungsbau war ausgeweitet worden, und von Verhandlungen mit den Palästinensern konnte keine Rede sein. Stattdessen hatte sich die Situation weiter verschlechtert. Der sogenannte Friedensprozess steckte immer noch in einer Sackgasse. Israel hatte die Golanhöhen annektiert, Sadat war ermordet worden, und Carter war nicht mehr im Weißen Haus. Mit meiner Frage wollte ich ausloten, ob Begin in den vergangenen drei Jahren eine konziliantere Haltung eingenommen hatte.

Wahrscheinlich hätte ich es besser wissen müssen. Ich war auf Widerspruch gefasst gewesen, aber nicht auf die Vehemenz, mit der er ihn vorbrachte. Einen gut 15-minütigen leidenschaftlichen Vortrag über biblische Geschichte hatte ich nicht erwartet. Mit leiser und ruhiger, aber emotionsgeladener Stimme fragte er mich, wie ich von der »Westbank« sprechen könne. Ob mir nicht bekannt sei, dass dies die biblischen Länder Samaria und Judäa seien, zwei alte jüdische Gebiete und integrale Bestandteile von Eretz Israel, dem Boden des jüdischen Volkes seit biblischen Zeiten? »Niemals werden wir sie aufgeben«, betonte er. »Sie gehören dem jüdischen Volk. Nichts von dem, wozu wir in Camp David unsere Zustimmung gegeben haben, war jemals so gemeint, dass wir sie aufgeben würden.« Im Camp-David-Abkommen sei von »legitimen Rechten« der Palästinenser die Rede, doch seine Rechtsanwälte und Berater hätten ihm versichert, dass dies eine Tautologie sei, die ihn zu nichts verpflichte, und so habe er es unterschrieben. Auch was die »vollständige Autonomie« für Palästinenser bedeuten solle, sei nie bestimmt worden und könne verschieden interpretiert werden.

Gehe es für Israel wirklich darum, biblische Claims abzustecken, hakte ich nach, und nicht vielmehr darum, Frieden im 21. Jahrhundert zu erreichen? Doch er wollte nichts davon hören. Er sei ein Mann des Friedens, betonte er, aber der Holocaust habe ihn gelehrt, dass die Ehre des jüdischen Volkes um jeden Preis bewahrt werden müsse, dass man dafür, wenn nötig, kämpfen müsse und dass man sich nie wieder dem Druck oder der überlegenen Macht anderer beugen dürfe.

Die Begegnung, die ich mit einer halben Stunde veranschlagt hatte, dauerte dreimal so lang. Begin bestritt den größten Teil des Gesprächs – mit Nachdruck, offensichtlich tiefer Überzeugung und beachtlicher Eloquenz. Es war unverkennbar, dass er mir nichts vorspielte, sondern ein wahrer Gläubiger war, nicht bloß ein israelischer Jude, sondern ein fanatischer Zionist, ein Produkt der polnischen Schtetlkultur, vom Holocaust gezeichnet, in dem – wie er mich erinnerte – seine Familie ums Leben gekommen war und den er selbst nur knapp überlebt hatte. Ich kannte Menschen mit einer solchen

Geschichte und ihre Empfindungen. Ich hatte sie im Ghetto von Schanghai, in Israel und gelegentlich auch in Amerika kennengelernt. Deshalb verstand ich Begin, auch wenn ich nicht seiner Meinung war. Für ihn hatte Eretz Israel eine tiefe symbolische Bedeutung. Es bildete das gedankliche Zentrum, von dem er niemals abrücken würde, wo Ideologie und Gefühl mehr zählten als Pragmatismus und Kompromiss. Jemanden wie Begin von einem anderen Standpunkt zu überzeugen war unmöglich. Bei diesem Gesprächsstand trennten wir uns.

Ich habe oft über dieses bemerkenswerte Gespräch nachgedacht. Jimmy Carter war ein erhebliches Risiko eingegangen und verdient wegen seiner mutigen Anstrengungen in Camp David, Frieden zwischen Ägypten und Israel zu stiften und einen Durchbruch beim israelisch-palästinensischen Problem zu erzielen, große Anerkennung. Dass ihm Letzteres nicht gelungen war, schmälert den Wert seiner Bemühungen nicht. Im Nachhinein war das Scheitern der Verhandlungen über die Palästinenserfrage jedoch vorhersehbar, und in Naharija hatte Begin mir die Gründe dafür dargelegt.

Carter und Begin waren hinsichtlich Herkunft, Weltsicht und Überzeugungen, in ihrer Denkweise, in dem, woran sie glaubten, und in ihren grundlegenden Zielen himmelweit voneinander entfernt. Es hätte an ein Wunder gegrenzt, wenn sie bei einem derart vertrackten und emotionalen Problem wie der Palästinafrage einen gemeinsamen Nenner gefunden hätten. Wenn man Carter etwas vorwerfen kann, dann, dass er geglaubt hatte, Begin könnte angesichts der Aussicht auf Frieden durch geduldiges Zureden dazu bewegt werden, seine tiefsten Ziele und Glaubenssätze über den Haufen zu werfen.[10]

Eines hatten beide gemeinsam: Sie waren beide Eiferer, wenn auch sehr unterschiedlicher Art. Carter war ein Produkt des ländlichen Südens der Vereinigten Staaten, ein wiedergeborener Christ, der sich als Friedensstifter verstand und sich völlig sicher war, Begin mit rationalen Argumenten davon überzeugen zu können, dass es klug sei, bei der Verfolgung eines edlen Ziels pragmatisch zu handeln und Kompromisse einzugehen. Er hatte sich intensiv auf ihr Treffen vorbereitet, offenbar jedoch übersehen, wie festgefügt und unendlich kompliziert Charakter und Psyche des israelischen Ministerpräsidenten waren. Seit Kindesbeinen radikaler Zionist, war Begin zuinnerst von der frühen Erfahrung des Antisemitismus in Polen, dem Verlust der Familie und seinem eigenen knappen Entkommen sowie dem Kampf gegen die Briten für einen jüdischen Staat geprägt. Zum Schutz seiner radikalen Vision äußerem Druck zu widerstehen war ihm zur zweiten Natur geworden. In dieser Hinsicht wären Pragmatismus und Kompromisse in seinen Augen Verrat gewesen, und die Aufgabe biblischen Landes wäre einer Kapitulation gleichgekommen.

Es überrascht daher nicht, dass die Beziehung zwischen Carter und Begin von Anfang an schwierig war. Weder verstanden sie einander, noch begriffen sie in vollem Umfang, dass selbst die Worte, die sie benutzten, für sie unterschiedliche Bedeutungen hatten. Carter beklagte sich bald, dass Begin stur, unerträglich phantasielos, halsstarrig und legalistisch sei, allzu gern lange leidenschaftliche Volksreden halte, nicht bereit sei, eine breitere Perspektive anzulegen, an Worten klebe und dazu neige, sich über nach Carters Ansicht bedeutungslose semantische Feinheiten zu streiten. Seiner Frau Rosalynn vertraute er an, dass er den Mann für einen »Psychopathen« halte, der zu rationalem Denken unfähig sei.[11]

Im Beisein Brzezińskis hatte Begin einmal in einem privaten Moment ausgerufen: »Eher wird mir mein rechtes Auge herausfallen und die rechte Hand abfallen, als dass ich dem Abbau auch nur einer einzigen jüdischen Siedlung zustimme.«[12] Als Begin dennoch nach harten Verhandlungen ein Dokument unterzeichnete, das genau dies vorsah, frohlockte Brzeziński, dass man den israelischen Ministerpräsidenten trotz all seiner leidenschaftlichen Bekundungen »unter Druck setzen und überreden« könne. Er irrte sich. Nach Begins Ansicht hatte er in den Schlüsselfragen der Siedlungen auf der Westbank, des Gazastreifens, der Golanhöhen und Jerusalems keinerlei Zugeständnis gemacht. Im Streit über Worte und »bedeutungslose« semantische Nuancierungen, um die Begin so hart gekämpft hatte, hatte er in Wirklichkeit Ausnahmeklauseln durchgesetzt. Um den Eindruck des Scheiterns zu vermeiden, hatten ihm seine Hauptberater in Camp David, Mosche Dajan, Ezer Weizmann und Justizminister Aaron Barack – die im Gegensatz zu ihm geborene Israelis und weniger unbeugsam als ihr tiefemotionaler Ministerpräsident waren – die Rettungsleine zugeworfen, indem sie für Carter akzeptable Worte fanden, obwohl ihnen klar war, dass sie die Meinungsverschiedenheiten in Schlüsselfragen lediglich überdeckten. Als sich Henry Kissinger, der die israelischen Positionen genau kannte, einen Tag nach Camp David im Gespräch mit Begin überrascht über das Ausmaß der Zugeständnisse äußerte, die dieser gemacht habe, korrigierte ihn der israelische Ministerpräsident hastig. In den Schlüsselfragen habe er überhaupt nichts zugestanden.[13] Als er nach der Rückkehr nach Israel das Camp-David-Abkommen in der Knesset verteidigte, betonte er dies auch öffentlich.

Begin trat 1984 zurück und starb 1992. Es bedurfte einer neuen Generation von Politikern und dauerte fast zwei Jahrzehnte, bis sich die israelische Position in dem für Begin entscheidenden Punkt des Landes auf der Westbank lockerte und veränderte. Für Carter war es eine enorme Enttäuschung, die ihn bis heute belastet, dass sich Begin nicht an die Vereinbarungen von Camp David hielt. Im Grunde hatten der Amerikaner und der Israeli aneinander vorbeigeredet. Sie hatten keine gemeinsame Sprache, und die Kluft zwischen ihnen war unüberbrückbar.

Historische Konsequenzen

Während meiner Zeit bei Crown Cork in den fünfziger Jahren steckte die zivile Luftfahrt noch in den Kinderschuhen. Ein Teil der Geschäftsleute war zwar schon aufs Flugzeug umgestiegen, aber es war noch kein alltägliches Beförderungsmittel für jedermann. Die damaligen Propellerflugzeuge waren langsam, laut und auf langen Reisen ungemütlich. Ein Flug von New York nach Europa dauerte zwölf Stunden oder länger – nach Rio waren es mindestens 18 Stunden –, und die Risiken des Fliegens ängstigten die Menschen. Viele ältere Manager zogen es immer noch vor, Überseereisen auf herkömmliche Weise auf einem der vielen Ozeanliner zu unternehmen, die weiterhin die Atlantikroute befuhren.

Mein Boss bestand, wenn einer von uns im Ausland weilte, auf täglichen Berichten. Das Mittel dafür war in jenen Tagen vor dem Computerzeitalter entweder das Telefon oder die Post, mit der man Diktaphonplatten verschickte. Wollte man telefonieren, musste man ein Überseegespräch anmelden, was einige Zeit in Anspruch nahm; von oder nach Europa bekam man mit etwas Glück nach fünf oder zehn Minuten eine Verbindung, nach Mexico City, Rio oder Buenos Aires konnte es bis zu einer Stunde dauern. Ob und wann man zu den abgelegenen Orten, an denen wir Geschäfte machten – etwa in Peru oder Marokko –, eine Verbindung bekam, stand in den Sternen, und war sie zustande gekommen, musste man für gewöhnlich gut bei Stimme sein. Was die Diktaphonberichte anging, so waren sie mindestens drei, vier Tage unterwegs, bevor sie im heimischen Büro von einer Sekretärin auf der Schreibmaschine transkribiert wurden und eine Heerschar von Sachbearbeitern der auf diese Weise produzierten Papierberge Herr zu werden suchte.

Mein 24-jähriger Sohn findet die Geschichten darüber, wie man in einer immerhin nicht allzu lange vergangenen Zeit Geschäfte machte, höchst amüsant. Er ist ein Kind des Informationszeitalters, und für ihn ist es selbstverständlich, dass er in wenigen Stunden, anstatt Tagen, überall hinfliegen und in Sekundenbruchteilen eine unbegrenzte Informationsfülle von jedem Ort der Erde abrufen, bearbeiten und ebenso schnell wieder verschicken kann. Er lebt in einer Welt des Internets, der Notebooks und iPhones, des Kabelfernsehens und einer Vielzahl anderer elektronischer Geräte, die zu beherrschen er seit seiner Kindheit gelernt hat. Obwohl er weiß, dass es diese Welt vor seiner Geburt noch nicht gab, kann er sie sich nicht wirklich vorstellen, und dies unterscheidet unsere Anschauungen und unser Alltagsverhalten in vieler Hinsicht.

Wir sind beide Produkte des 20. Jahrhunderts, wurden aber in Zeiten hineingeboren, die sich stärker voneinander unterschieden, als es bei meinem Vater im Vergleich mit seinen Eltern der Fall war. Ich beneide meinen Sohn und seine Freunde um das Geschick und die Leichtigkeit, mit denen sie ihre Notebooks bedienen, und um die Selbstverständlichkeit, mit der sie den ständigen Zustrom neuer Softwareinstrumente in ihren Alltag integrieren. Für mich ist selbst das Navigationssystem in unserem Auto immer noch eine Herausforderung, während es für ihn geradezu natürlich ist, es im Handumdrehen bedienen zu können. Da ich in den fünfziger Jahren als Student und Universitätslehrer viele Stunden mit der Recherche in Bibliotheken verbrachte, beobachte ich heute verwundert, mit welcher Technologie mein Sohn studiert. Gute Vorlesungsnotizen anzufertigen war eine der ersten Fertigkeiten, die mir als Student antrainiert wurden; er dagegen stellt einfach sein Notebook an und nimmt Wort für Wort auf, was sein Professor sagt. Für Recherchen, wie ich es früher getan habe, die Bibliotheksbestände zu durchsuchen hält er für weitgehend überholt. Er sucht sich die Bücher, die er braucht, am Computer heraus, »googelt« nach weiteren Informationen, tauscht sich von seinem Schreibtisch aus mit seinen Kommilitonen aus, prüft die Rechtschreibung seines Texts elektronisch und schickt die fertige Arbeit seinem Professor einfach per E-Mail zu.

Was uns unterscheidet, ist, dass wir auf verschiedenen Seiten der großen Bruchlinie des Elektronikzeitalters geboren wurden, die einen umwälzenden Moment in der Geschichte markiert, in dem die unaufhörlich steigende Leistungskraft und Verbesserung von Mikrochips, Software, Glasfaseroptik und Bilderzeugung die alten Grenzen von Zeit und Raum zu durchlöchern begann. Die unaufhaltsame Verbreitung dieser neuen Technologien ermöglichte es, Informationen, Wissen, Kapital und Dienstleistungen augenblicklich rund um den Erdball verfügbar zu machen, was sowohl die bisherige Art des Handels mit Gütern und Finanzen als auch den Alltag und die Arbeit der Menschen überall auf der Welt grundlegend veränderte. Neben Waren konnte man jetzt auch mit Informationen und Dienstleistungen handeln, und damit wurde jenes einheitliche System der weltweiten Verbundenheit geschaffen, das wir heute »Globalismus« nennen und das völlig neue politische und ökonomische Realitäten für die Menschheit entstehen ließ.

Die Anzeichen dafür, dass sich eine Informationsrevolution mit historischen Konsequenzen abspielte, vervielfachten sich im Lauf der achtziger Jahre, wie ich auf meinen Reisen rund um die Welt beobachten konnte. Als Unternehmenschef und aufgrund meiner Teilnahme am öffentlichen Leben befand ich mich in einer strategischen Position im Zentrum des Geschehens. In der akademischen Welt sowie in der Politik und in der breiten Öffentlichkeit begriff man dagegen anfangs nur langsam, dass etwas Einzigartiges und Beispielloses vor sich ging. Noch 1987, als ich auf Einladung des Council of Foreign Relations in einer Reihe von Vorträgen über diese Entwicklung sprach, war das Thema den außenpolitischen Experten, geopolitischen Denkern und Akademikern im Publikum noch weitgehend fremd und löste eine angeregte Diskussion aus, die mich veranlasste, in der Zeitschrift *Foreign Affairs* einen ausführlichen Aufsatz darüber zu veröffentlichen.[14] Meine Schlussfolgerung lautete, dass durch die Existenz eines »einzigen Weltmarkts für Information, Produktion, Handel und Finanzen … die Grundidee nationaler Souveränität obsolet werden und die einzigartige wirtschaftliche Dominanz der USA auf der Weltbühne in Frage gestellt werden« könnte. Zwei Jahrzehnte später liest sich diese Voraussage wie eine unmittelbar einleuchtende Beschreibung der »globalisierten« Welt, die wir mittlerweile als selbstverständlich betrachten.

Insbesondere auf meinen Reisen hinter den Eisernen Vorhang hatte ich Anzeichen dafür bemerkt, dass sich etwas Weltbewegendes vorbereitete. In der Sowjetunion waren mir die Starrheit des zentralisierten Entscheidungsprozesses, die Defizite bei den modernen Technologien, die Rückständigkeit der Fabriken, der Mangel an Konsumgütern und die Unzufriedenheit der Bevölkerung mit dem stagnierenden Lebensstandard aufgefallen. Hinter der üblichen Großsprecherei der Sowjetvertreter, die ich kennenlernte, waren ihre Erkenntnis, dass sie immer weiter hinter den Westen zurückfielen, und die Frustration über ihre Unfähigkeit, die erforderlichen Veränderungen vorzunehmen, um das Wachstum anzuregen und den Lebensstandard zu steigern, immer deutlicher wahrzunehmen. Der Gedanke, dass das ganze System unter dem Druck der technologischen Entwicklung binnen weniger Jahre mit umwälzenden geopolitischen Folgen zusammenbrechen könnte, kam mir jedoch, ehrlich gesagt, ebenso wenig in den Sinn wie der Heerschar von Sowjetologen, die sich auf das Studium der UdSSR spezialisiert hatten.

Bei den privaten sowjetisch-amerikanischen Begegnungen in Moskau, die ich eine Zeitlang leitete, verlangten unsere Gesprächspartner immer nachdrücklicher eine Ausweitung des Ost-West-Handels und des Technologieaustauschs. Aufgrund der ständigen technologischen Fortschritte hatten westliche Unternehmen wie Burroughs/Unisys begonnen, die Produkt- und Designentwicklung über Ländergrenzen hinweg aufzuteilen. Nahtlos funktionierende Kommunikationsnetze, die Tag und Nacht in Echtzeit Informationen übermittelten, versetzten uns in die Lage, die Produktentwicklung in einzelne Teile zu zerlegen. Die Ingenieure in den USA »sprachen« auf elektronischem Wege regelmäßig mit ihren Kollegen in so weit entfernten Ländern wie Neuseeland oder mit Partnerunternehmen in Großbritannien, Brasilien oder anderswo, was enorme Kosteneinsparungen und Produktivitätssteigerungen mit sich brachte. Das Wissen wurde geteilt, verbreitet und auf völlig neue Weise genutzt, so wie ich es in meinen Vorträgen in New York beschrieben hatte. Die Sowjets waren von alldem ausgeschlossen, und sie wussten es.

Auch anderswo hinter dem Eisernen Vorhang nahmen Frustration und Unzufriedenheit zu. Einen Eindruck davon erhielt ich in Ostdeutschland, das allgemein als der fortgeschrittenste und effizienteste unter den Satellitenstaaten angesehen wurde. Dort hatte ich einen unmittelbaren persönlichen Gradmesser für die Stimmung der Bevölkerung, einen Jugendfreund, der sich in Ostdeutschland niedergelassen hatte und dem zuliebe ich hin und wieder die abweisenden Blicke der Grenzpolizisten am Checkpoint

Charlie in Berlin über mich ergehen ließ. Ich kannte Peter Hess aus Schanghai, wir waren beide ungefähr gleich alt und hatten merkwürdigerweise in unserem jeweiligen Land eine ähnliche Laufbahn in Wirtschaft und Staatsdienst eingeschlagen. Peter war intelligent und ein anregender Gesprächspartner, auch wenn unsere Weltsicht kaum unterschiedlicher hätte sein können. Als Teenager in Schanghai hatte er sich zum Marxismus bekehrt, weshalb er sich später, voller idealistischer Begeisterung über die Möglichkeit, sich am Aufbau einer nach seiner Ansicht gerechteren Gesellschaft als derjenigen des kapitalistischen Westens beteiligen zu können, für Ostberlin als Wohnort entschieden hatte. Er war ein in der kommunistischen Dialektik geschulter Intellektueller, der sein Leben lang der Partei angehörte und an deren Hochschule Wirtschaft lehrte. Gelegentlich trafen wir uns und unternahmen lange Spaziergänge durch die tristen Straßen Ostberlins, auf denen wir über ökonomische und außenpolitische Fragen diskutierten und stritten.

In den frühen Jahren war Peter ein unerschütterlicher Verteidiger des Systems, auch wenn er – widerstrebend und wenn niemand anders es hören konnte – Führungsfehler in dieser oder jenen Detailfrage einräumte, die er aber als Übergangserscheinungen ansah. In den achtziger Jahren bemerkte ich bei ihm jedoch einen langsamen Stimmungswandel. Er nahm außerhalb Ostdeutschlands an Konferenzen über Ost-West-Beziehungen teil, zeigte sich deutlich besser über die Welt informiert und sprach offener über die Mängel der Lebensverhältnisse in Ostdeutschland sowie die Notwendigkeit einer tiefgreifenden Umgestaltung und Reform. Insbesondere der Aufstieg der Grünen in der Bundesrepublik – die 1987 42 der 497 Sitze im Bundestag eroberten – beeindruckte ihn, und nach der Katastrophe von Tschernobyl war er besorgt darüber, dass das Problem der Umweltverschmutzung im Ostblock nicht genügend Beachtung fand und zu wenige Mittel für ihre Bekämpfung bereitgestellt wurden.

Eine Begegnung ist mir besonders im Gedächtnis haften geblieben. Peter ging mit mir in ein Café, wo ich verblüfft feststellte, wie sehr sich die Stimmung der Bevölkerung bereits verändert hatte.

Für die überwiegend jungen Gäste, die ich dort sah, schien die weltweite Angleichung der Alltagskultur, die als Nebenprodukt des technischen Wandels vor sich ging, bereits Wirklichkeit zu sein, wie ihre Kleidung und die Musik, die dort gespielt wurde, belegten. Selbst in diesem am strengsten kontrollierten Ostblockstaat, in dem die Menschen jahrzehntelang von der Außenwelt abgeschnitten waren, ging offenbar etwas vor sich. Dass es nur wenige Jahre später zu solch dramatischen Veränderungen führen sollte, ahnte ich damals freilich nicht.

Peter starb, gerade als die Mauer fiel. Ich glaube, er hätte die Wiedervereinigung Deutschlands und im großen Ganzen auch ihre Liberalisierungseffekte auf seinen Teil des Landes gutgeheißen.

Am Ende der achtziger Jahre wurde die Welt mittels der neuen Technologien auf zuvor unvorstellbare Weise »vernetzt«. Die Globalisierung der menschlichen Existenz schritt mit Riesenschritten voran, und an der Jahrhundertwende war kein Ort der Erde mehr davon unberührt. Auf der anderen Seite des Eisernen Vorhangs, in Asien, in der westlichen Hemisphäre und in Afrika wurde der Menschheit ein historischer neuer Weg gewiesen, der ungeahnte neue Chancen eröffnete, aber auch völlig neue Probleme und Herausforderungen bereithielt. Der Kommunismus wurde als globale Kraft beiseitegefegt; China, Indien und Brasilien wurden bedeutende neue Akteure auf der Weltbühne und schufen neue, von niemandem vorausgesehene geopolitische Realitäten. Das nächste Jahrhundert, so viel war klar, würde völlig anders werden als das aufgewühlte zu Ende gehende.

DIE NEUNZIGER JAHRE

Ein anderes Deutschland. Zurück in Berlin

Am Ende eines langen Weges

Mein Leben begann im Deutschland der ersten Hälfte des 20. Jahrhunderts, und als ich dieses unglückselige Land verließ, rechnete ich nicht damit, jemals wieder zurückzukehren. Dennoch lernte ich es in den neunziger Jahren neu kennen, tiefer, als ich es jemals erwartet hätte, und unter Umständen, die ich nicht hätte voraussehen können.

Die heutige Bundesrepublik hat kaum Ähnlichkeiten mit dem ersten Deutschland, an das ich mich erinnere, dem Land, in dem ich aufwuchs. Es war ein überwiegend unangenehmes Land, und ich habe nur wenige gute Erinnerungen an damals. Dass es für Juden kein guter Ort war, wusste ich schon früh, aber seine vielen anderen Mängel erkannte ich erst, als ich nicht mehr dort lebte. Kinder neigen dazu, die Dinge zu akzeptieren, wie sie sind. Deutschland war das einzige Land, das ich kannte, Deutsch war meine Muttersprache, und deutsche Werte waren die einzigen, die mir beigebracht wurden.

Menschen, die es nicht selbst erlebt haben – einschließlich der heutigen Deutschen –, ein umfassendes Bild des nationalsozialistischen Deutschland zu vermitteln ist mir buchstäblich unmöglich. Wenn ich heute vor jungen Deutschen spreche, sage ich ihnen häufig, dass sie Nazideutschland niemals ganz verstehen könnten, so viel sie darüber auch in Geschichtsbüchern lesen und in der Schule lernen würden und obwohl die Medien sich ständig damit beschäftigten. Zu sehr würde ihr eigenes Land sich von ihm unterscheiden.

Meine lebendigsten Kindheitserinnerungen betreffen überwiegend die äußeren Zeichen von fremdenfeindlichem Nationalismus und grobschlächtigem Stolz auf das Deutschtum. Dazu gehörte die Allgegenwart von Fahnen – zuerst noch der schwarzrotgoldenen neben den roten der Nationalsozialisten, bevor später überall nur noch ein Meer von Hakenkreuzfahnen zu sehen war: Sie hingen aus Fenstern, waren über Balkongeländer drapiert und wurden auf Massenaufmärschen und bei Feierlichkeiten zu Tausenden sorgfältig choreographiert. Auch die martialische Musik, die im Radio die schrillen Reden des »Führers« umrahmte, und die gewaltverherrlichenden Lieder der SA-Männer waren schwer zu vergessende Bestandteile des öffentlichen Lebens. Schließlich waren da noch die unvermeidlichen NS-Uniformen mit ihren jeweils eigenen Hakenkreuzarmbinden und Insignien, angefangen mit denjenigen der Hitlerjugend, der alle Jungen und Mädchen (außer Juden) beitreten mussten. Ich muss gestehen, dass mich als Kind ihre Uniformen und im Wind knatternden Wimpel faszinierten und dass ich es ungerecht fand, von allem, was Spaß machte, ausgeschlossen zu sein.

Die militaristische Atmosphäre und der lärmende Nationalismus, der Hitlergruß, die Fahnen, Paraden und die aufgeladene Stimmung der Menschenmassen, die dem »Führer« zujubelten, gehören zu meinen deutlichsten Kindheitserinnerungen. Dass all dies nur die äußeren Manifestationen eines vergifteten soziopolitischen Klimas waren, wurde mir erst später klar. Die deutsche Geschichte zeigt, dass die Nationalsozialisten zwar ihrerseits die deutsche Gesellschaft untergruben und entstellten, ihre Anziehungskraft auf die Deutschen aber auch auf tiefverwurzelten Einstellungen beruhte, die es schon lange vor ihnen gegeben hatte. Dies erscheint heutigen Deutschen ziemlich fremd, doch es bedurfte der eskalierenden Brutalität der NS-Herrschaft, eines katastrophalen Krieges, der Zerstörung eines großen Teils des Landes und des Kalten Krieges, um dem deutschen Volk diese Geisteshaltung ein für alle Mal auszutreiben.

Den Vorkriegsdeutschen waren demokratische Werte zumeist wenig vertraut, und die kurze Erfahrung mit der Demokratie in den chaotischen Jahren der Weimarer Republik hatte sie ihnen kaum nähergebracht. Andererseits waren der ausgeprägte Respekt – und sogar die Verehrung – für die Autorität und die verbreitete Akzeptanz des Einflusses und der Macht des Staates stets tief im Volkscharakter verwurzelt gewesen und ein Grundzug der Deutschen geblieben. Die Deutschen des späten 19. und frühen 20. Jahrhunderts waren weit mehr als ihre heutigen Nachkommen daran gewöhnt, Gefolgsleute zu sein. Ob nun widerstrebend oder begeistert, letztlich folgten die meisten diszipliniert einer vermeintlich höheren Autorität. Gehorsam gegenüber Höhergestellten und die Einhaltung der Vorschriften bildeten einen traditionellen Wert, der von vielen (wenn auch nicht allen) mindestens so hoch geachtet wurde wie das eigene Denken und das Recht auf eine andere politische Meinung. Ein Ausdruck dessen waren die Bedeutung, die man Titeln und Uniformen als Hauptsymbolen bürokratischer und militärischer Macht beimaß, und die verbreitete Hochachtung vor ihnen.

Der Durchschnittsbürger lebte in den zwanziger und dreißiger Jahren, so wie ich sie in Erinnerung habe, immer noch recht abgeschnitten von der Welt (in den Großstädten und insbesondere im kosmopolitischen Berlin sah es freilich etwas anders aus). Von den Wohlhabenden abgesehen, waren Auslandsreisen eher unüblich. Viele Deutsche waren kaum über die übrige Welt informiert, und das Selbstbild großer Teile der Bevölkerung war von einem völkisch-romantischen Gefühl der Überlegenheit des Deutschtums geprägt, das weniger durch Staatsbürgerschaft und Kultur als vielmehr durch die »Blutsgemeinschaft« definiert wurde, und zwar sowohl gegenüber ihren jüdischen Mitbürgern als auch gegenüber allen anderen Volksgruppen.

Das Deutschland jener Jahre steckte voller tiefer Widersprüche. Die überspannte, von den Nationalsozialisten ins Extrem getriebene Ansicht von überlegenen deutschen Tugenden wurde ergänzt durch eine aggressive Klage über vermeintliche Ungerechtigkeiten der Vergangenheit und vorenthaltene Rechte auf einen angemessenen Platz in der Welt. Modernität wurde mit Reaktionärem vermengt: Prahlerischem Stolz auf nationale Leistungen in Wissenschaft und Technik, Sport und Kunst sowie dem Glauben an eine überlegene deutsche Kultur einerseits stand andererseits ein grundlegendes Minderwertigkeitsgefühl gegenüber. Sogar die traditionelle Disziplin und der Respekt vor Autoritäten waren nach dem Krieg von linken und rechten radikalen Bewegungen, denen jeder Kompromiss ein Gräuel war, und im Berlin der zwanziger Jahre durch eine besonders wilde und wirre Auflehnung gegen traditionelle Werte missachtet worden.

In der Zeit vor Hitlers Machtantritt hatte es jedoch stets auch andere, für kulturelle Verfeinerung, Toleranz und Gerechtigkeit eintretende Kräfte gegeben. Ihretwegen fühlte sich meine Familie in Deutschland heimisch, und sie gaben ihr die Zuversicht, dass sich mit der Zeit eine weniger autokratische und liberalere soziale und politische Kultur entwickeln würde. Unmittelbar nach dem Ersten Weltkrieg, in den turbulenten Weimarer Jahren und schließlich in Hitlers Diktatur zerstoben alle diese Hoffnungen. Deutschland wurde für jeden, der sich für Toleranz und Bürgerrechte einsetzte, zu einem bedrückenden, lärmenden und unattraktiven Land.

Als junger Erwachsener wurde mir, fern von Deutschland, manches davon klarer. Ich wandte mich von meiner deutschen Vergangenheit ab, und die deutschen Verhältnisse wurden mir fremd. Hinzu kam, dass mir die Lebensweise in den Vereinigten Staaten unendlich mehr zusagte. Infolgedessen entwickelte ich eine Einstellung, die von Antipathie und mangelndem Interesse geprägt war. Ich wollte nichts mehr mit Deutschland zu tun haben, und lange Zeit dachte ich, dass ich nie mehr dorthin zurückkehren würde. Doch es kam anders.

Bevor ich ein Dissertationsthema wählte, das für die Zeit nach dem Krieg eine Rückkehr nach Deutschland erforderlich machte, hatte ich selbst, freundlich ausgedrückt, nur recht oberflächliche Kenntnisse über Deutschland und ein ungefähres Bild der Nachkriegssituation. Daher war ich umso überraschter, als ich die zurechtgestutzte, kleinere und andersgeartete Bundesrepublik der frühen fünfziger Jahre kennenlernte, und so änderte sich nach und nach mein eindimensionales negatives Bild von Deutschland und den Deutschen, das von Kindheitserinnerungen aus der Hitlerzeit,

Kriegsgräueln und den an Juden begangenen Verbrechen geprägt war.

Es gab damals zwei Deutschland, je eines auf beiden Seiten des Eisernen Vorhangs. Dem kommunistischen im Osten stattete ich nur wenige kurze Besuche ab; sein scheinbar nahtloser Übergang vom nationalsozialistischen zum kommunistischen Autoritarismus erschreckte mich und stieß mich ab – auch wenn natürlich die Sowjetunion dahinterstand. Ostberlin war mit einfältigen politischen Schlagworten gepflastert, die Menschen machten einen freudlosen und bedrückten Eindruck, und die Grundatmosphäre der Gleichförmigkeit war mir zutiefst fremd und meinen Vorstellungen diametral entgegengesetzt. Dagegen bot Westdeutschland ein völlig anderes Bild. Die junge Bundesrepublik unterschied sich weitgehend von dem Deutschland, an das ich mich erinnerte. Nur vier Jahre nach seiner offiziellen Gründung war sie eine funktionierende Demokratie, die von der Mehrheit der Wähler getragen wurde, über ein demokratisches Grundgesetz verfügte und eine große parlamentarische Mehrheit von Parteien besaß, die für Bürgerrechte und Rechtsstaatlichkeit einstanden.

Unter den Nationalsozialisten war zwölf lange Jahre jede abweichende Meinung rücksichtslos unterdrückt worden, und die meisten Oppositionspolitiker waren entweder inhaftiert oder getötet worden. Dass nach dem Krieg dennoch eine Gruppe begabter, fähiger Männer aufgetreten war und zu einem heiklen, schwierigen Zeitpunkt die politische Führung übernommen hatte, grenzte in meinen Augen an ein Wunder. Theodor Heuss, der erste Präsident der neuen Bundesrepublik, war ein ehemaliger Geschichtsprofessor mit lupenreiner Vergangenheit als liberales Mitglied des alten Reichstags, der mir als erwiesener Nichtnationalsozialist mit seiner ruhigen, gelassenen Art genau das richtige Bild einer neuen deutschen Geisteshaltung zu verkörpern und im In- und Ausland darzustellen schien.

Die aus der Kriegskatastrophe und der alliierten Besatzung hervorgegangene Bundesrepublik stand vor enormen inneren und internationalen Herausforderungen, die einen klaren Blick und eine starke Hand an der Spitze erforderten. Wie ich zugeben musste, besaß der christdemokratische Bundeskanzler Konrad Adenauer beides. Je länger ich ihn beobachten konnte, desto mehr war ich überzeugt, dass die Deutschen extremes Glück hatten, in einer schwierigen Zeit diesen beeindruckenden Mann als Regierungschef zu haben. Viele meiner sozialdemokratischen Freunde mochten ihn nicht, und das Ausmaß, in dem er frühere Nationalsozialisten in hohen Positionen beließ, beunruhigte auch mich. Gleichwohl hatte ich den Eindruck, dass er letztlich wohl genau das war, was die Deutschen brauchten: ein gewiefter Politiker und formidabler Staatsmann, der auf der internationalen Bühne geachtet wurde und einen klaren Kurs verfolgte, mit dem Ziel, die Bundesrepublik in der vom Kalten Krieg geprägten Welt an die Seite der westlichen Demokratien zu führen. Sein Einsatz für ein friedliches, freundschaftliches Verhältnis zu Frankreich, Deutschlands Gegner in drei Kriegen, und eine deutsch-französische Partnerschaft als Grundlage der ökonomischen Integration Europas erfreute sich breiter Unterstützung. Die Absicht, die Bundesrepublik fest im westlichen Bündnis zu verankern, stieß in jenen ersten Jahren der Bundesrepublik, als das Trauma der Teilung Deutschlands noch frisch war und die Furcht vor der Sowjetunion tief saß, verständlicherweise auf weniger Zustimmung. Insbesondere die Opposition, die einen neutralen Kurs mit stärkerer Betonung des Ziels der deutschen Einheit vorgezogen hätte, lehnte die Westbindung ab. Adenauer und die CDU hatten in der nationalen Debatte die besseren Argumente – und die Geschichte sollte ihnen recht geben –, aber der SPD-Vorsitzende Kurt Schumacher und sein Nachfolger Erich Ollenhauer, beide altgediente SPD-Kämpen, die Hitler überlebt hatten, waren gleichwohl ernstzunehmende Oppositionsführer.

In den zwanziger Jahren, als in einer anderen schwierigen Nachkriegsperiode große Herausforderungen zu meistern waren, hatten die Deutschen das Pech gehabt, dass es ihnen an tatkräftigen Führungspersönlichkeiten fehlte. Dieser Mangel trug zum Scheitern ihres ersten Experiments mit der Demokratie bei und ebnete Hitler den Weg an die Macht. Während ich die politischen Debatten in den nicht minder schwierigen fünfziger Jahren verfolgte, stand mir klar vor Augen, dass Fortuna den Deutschen diesmal lachte, denn sie hatte zum richtigen Zeitpunkt die richtigen Führungspersönlichkeiten auf die Bühne treten lassen. Dazu gehörten auch der künftige Bundeskanzler Ludwig Erhard, der das Wirtschaftsministerium übernahm, und der künftige Präsident der Europäischen Kommission Walter Hallstein, der als Staatssekretär im Bundeskanzleramt diente (in den sechziger Jahren sollte ich beide näher kennenlernen), und auch starke Lokalpolitiker wie der Hamburger Bürgermeister Max Bauer und sein Westberliner Pendant Ernst Reuter.

Darüber hinaus konnte ich beobachten, dass nicht nur die Politiker, sondern auch ihre Wähler – zumindest eine Mehrheit von ihnen – nicht mehr meinen Vorurteilen entsprachen. An die Stelle von Militarismus, Nationalismus und Stolz auf deutsche Tugenden waren Pazifismus und die Sehnsucht nach Sicherheit und Frieden getreten. Der Erfolg bei der Beseitigung der materiellen Kriegsschäden und der wirtschaftliche Aufschwung waren erstaunlich, und ich lernte anständige, aufgeschlossene Menschen mit politischen Ansichten kennen, die sich nicht allzu sehr von meinen unterschieden. Einige von ihnen wurden gute Freunde. Obwohl der Antisemitismus noch nicht ganz verschwunden war – manches sprach dafür, dass er unter der Oberfläche weiterhin existierte –, erlebte ich nur selten einen direkten Beweis dafür. Wurde das Thema der Juden angeschnitten, bekam man neben der Versicherung, dass man von den Verbrechen des Holocausts nichts gewusst habe und schon gar nicht an ihnen beteiligt gewesen sei, vor allem Bekundungen des Mitgefühls zu hören, in denen Verlegenheit und Scham mitschwangen. Häufig trat jedoch nur ein gequältes Schweigen ein.

Nicht alle meine Erlebnisse waren positiv, aber viele. Dennoch fühlte ich mich während unseres einjährigen Aufenthalts in Deutschland nie ganz wohl, da immer wieder etwas auftauchte, das an die schreckliche Vergangenheit erinnerte und dafür sorgte, dass ich mich ständig in nervöser Anspannung befand. Wohin ich mich auch wandte, überall bemerkte ich Hinweise auf diese Vergangenheit – materielle, wie die Kriegsruinen, und psychische, wie die Verletzungen der nationalen Seele. Was mich abstieß, waren der Unterton von Selbstmitleid und Verbitterung, mit dem sich viele über ihr grausames Schicksal beklagten, und die hartnäckige Leugnung jeden Wissens über das Ausmaß der Schikanen, denen ihre jüdischen Nachbarn ausgesetzt waren, lange bevor man sie in den Tod schickte – obwohl es, wie ich wusste, zumeist vorhanden war. Die verbreitete Rehabilitierung ehemaliger Nationalsozialisten und ihre Wiedereinsetzung in ihre früheren Posten erzeugten in mir ein Gefühl des Unbehagens, und dass es immer noch Randgruppen unverbesserlicher Hitleranhänger gab, die unverfroren die Vergangenheit verteidigten, machte mir geradezu Angst.

Außerdem missfiel es mir, dass zu viele Deutsche nur mit sich selbst beschäftigt waren und sich selbst bemitleideten. Vielleicht war es zu früh, um sich offen und ehrlich der Vergangenheit zu stellen. Möglicherweise waren das Gefühl von Verlust und Schuld sowie die Scham über das Geschehene noch zu frisch. Doch eben dies – das, was Fritz Stern treffend die kollektive Amnesie der Deutschen genannt hat[1] –, die Weigerung oder Unfähigkeit, irgendeine moralische Verantwortung für die schlimmsten Verbrechen des 20. Jahrhunderts zu übernehmen, störte mich am meisten.

Als ich die Bundesrepublik verließ, nahm ich den Eindruck mit, dass sie sich auf dem richtigen Weg befand, aber auch das Wissen, dass viele Fragen über die Vergangenheit noch ungeklärt waren. Bei meiner Rückkehr nach Princeton nach fast einem Jahr hatte sich meine Haltung gegenüber meinem Geburtsland geändert, zumeist zum Besseren, aber sie blieb gemischt. 1954 war ich noch überzeugt, dass ich nie wieder wirklich herzliche Gefühle für Deutschland und Deutsche empfinden würde.

Sechsunddreißig Jahre waren seitdem vergangen, als ich am späten Abend des 2. Oktober 1990 in der obersten Etage des Hotels Intercontinental in der Budapester Straße in Berlin stand. Edzard Reuter, der Vorstandsvorsitzende von Daimler-Benz, hatte seinen North American Advisory Board – eine Gruppe von führenden amerikanischen Wirtschaftsvertretern und Bankern, zu der neben mir unter anderen der künftige Weltbankpräsident Jim Wolfensohn, der Harvard-Ökonom und frühere Reagan-Berater Martin Feldstein sowie der schwarze Bürgerrechtler und Freund mehrerer Präsidenten Vernon Jordan gehörten – eingeladen, den historischen Augenblick der Wiedervereinigung der beiden Teile Deutschlands vor Ort mitzuerleben. Wir hatten gerade ein ausgezeichnetes Festessen beendet, und Edzard und seine Vorstandskollegen hatten uns in das verglaste Dachgeschoss geführt, von dem aus wir die offizielle Zeremonie verfolgen konnten, die gleich vor dem nahegelegenen Reichstagsgebäude beginnen würde.

Berlin platzte aus allen Nähten, so viele Besucher waren aus diesem Anlass aus ganz Deutschland und aller Welt angereist. Es herrschte eine unglaubliche Erregung, und Trauben von Menschen spazierten in festlicher Stimmung durch die Straßen. Im Intercontinental standen die deutschen Gäste von Daimler dichtgedrängt zusammen und schauten gespannt auf das in helles Licht getauchte Reichstagsgebäude, vor dem sich Hunderttausende von Menschen versammelt hatten, um an diesem folgenschweren Ereignis teilzuhaben, das vor noch nicht allzu langer Zeit nicht mehr als ein unmöglicher Traum gewesen war. Der Champagner war eingegossen, und um Schlag Mitternacht hallten die Jubelrufe von der Straße zu uns herauf, und ein Feuerwerk erhellte den Himmel. Am Reichstag wurde eine riesige, achtzig Quadratmeter große deutsche Fahne gehisst, die »Friedensglocke« im Schöneberger Rathaus begann zu läuten, und Kirchenglocken in der ganzen Stadt fielen in das Geläut ein. Als Bundespräsident Richard von Weizsäcker und Bundeskanzler Helmut Kohl, der »Kanzler der Einheit«, ans Mikrofon traten und die Vereinigung Deutschlands verkündeten, endete der Kalte Krieg, und die Berliner Mauer gehörte der Geschichte an.

Die Deutschen um uns herum lagen sich in den Armen und prosteten sich zu. Viele hatten Tränen in den Augen, und manche weinten sogar. Am Reichstag wurde die Nationalhymne gesungen, und einige im Raum stimmten ein. Für einen Moment uns selbst überlassen, standen wir Amerikaner als kleine Gruppe daneben und beobachteten diese unglaubliche Szene, als Vernon Jordan – zu gleichen Teilen Charmeur, Zyniker, Realist und Provokateur – neben mich trat, mir einen Arm um die Schultern legte und mit einer Geste auf die Menschen um uns herum sagte: »Nun, Mike, du kennst diese Deutschen besser als jeder andere von uns. Zweimal haben sie es schon vermasselt. Wird das jetzt, da sie wieder eine einzige Nation sind, noch einmal passieren?« Die Frage verwirrte mich. Ich weiß nicht mehr, was ich geantwortet habe, aber ich glaube, es war eine Plattitüde wie »Ich glaube nicht, aber warten wir es ab«.

Meine Gedanken waren bei einem anderen Deutschland. Das Intercontinental steht in einem Teil der Stadt, den ich gut kannte. Gleich nebenan befindet sich der Zoo, in dem ich als Kind oft war, und auch andere vertraute Wahrzeichen meiner Kindheit hatten sich in der Nähe befunden: das Automatenrestaurant Quick in der Joachimsthaler Straße, das mich fasziniert hatte, und das Café am Nollendorfplatz, in dem Onkel Helmut in einer mexikanisch kostümierten Kapelle Schlagzeug gespielt hatte, bevor die Nationalsozialisten ihn nach Theresienstadt verschleppten, wo er nur knapp überlebte. Auch die schwelende Ruine der ausgebrannten Synagoge in der Fasanenstraße, die ich am Vormittag nach der Kristallnacht gesehen hatte, war nicht weit entfernt, ebenso wie der Ku'damm, an dem in jener furchtbaren Nacht die Schaufensterscheiben jüdischer Geschäfte eingeschlagen worden waren, und das Haus in der Duisburger Straße, aus dem die Levys, mein Onkel und meine Tante, abgeholt worden waren, um in den Tod geschickt zu werden.

Ich war froh, dass es die monströse Berliner Mauer nicht mehr gab, und freute mich für meine deutschen Freunde, denen ich alles Gute wünschte. Dennoch traf mich Vernons Frage, während in meinem Kopf die Erinnerungen an jenes frühere Deutschland herumwirbelten, bis ins Mark. Jetzt würde Deutschland erneut die größte und wirtschaftlich stärkste Nation in Europa sein. Welche Rolle würde dieses Deutschland in der Welt nach dem Ende des Kalten Krieges spielen? Wie würde es seine inneren Angelegenheiten regeln und die enormen Probleme, vor denen es stand, meistern? Was würde geschehen, wenn es in eine schwierige Lage geriet? In der

Bundesrepublik war seit Jahren jede Form nationalistischer Gefühle und Ambitionen verpönt gewesen, und selbst der Patriotismus hatte bei einem großen Teil der Bevölkerung als politisch inkorrekt gegolten. Würde sich dies nun ändern, nachdem 16 Millionen in demokratischen Ideen nicht geübte Ostdeutsche hinzugekommen waren? Die größte deutsche Boulevardzeitung, *Bild*, hatte mit der Balkenschlagzeile »Deutschland! Mein Gott, ist das schön« aufgemacht. War das bloß ein Ausdruck des verständlichen Überschwangs des Augenblicks – oder ein Vorzeichen dessen, was kommen würde?

Dies war der Kern von Vernons Frage, und er war nicht der Einzige, der sie stellte. Staats- und Regierungschefs aus aller Welt hatten Glückwünsche geschickt, doch manche, die über ein besonderes historisches Gedächtnis verfügten, hatten auch mahnende Worte gefunden. Die britische Premierministerin Margaret Thatcher hatte vor einer neuerlichen deutschen Dominanz gewarnt. Der französische Präsident François Mitterrand hatte die Verantwortung Deutschlands in Europa hervorgehoben, und der israelische Ministerpräsident Jitzchak Schamir hatte offen von »gemischten Gefühlen« der Juden gesprochen. Wie gerechtfertigt, fragte ich mich, waren diese besorgten Äußerungen?

Dass die Bundesrepublik seit meinem ersten Besuch in den fünfziger Jahren einen langen Weg hinter sich gebracht hatte, stand außer Frage. Sie war eine erprobte westliche Demokratie geworden, ein Schlüsselmitglied der EU, ein verlässlicher Verbündeter der Vereinigten Staaten und Israels bester Freund und stärkster Unterstützer in Europa. Die Generation der Nationalsozialisten war zum großen Teil verschwunden, und ihre Kinder hatten schon vor langer Zeit begonnen, sich mit jenen Fragen über die moralische Verantwortung für die Vergangenheit und die aus ihr zu ziehenden Lehren zu beschäftigen, denen sich in den fünfziger Jahren niemand hatte stellen wollen. Tatsächlich war die Bundesrepublik der einzige der ehemaligen Kriegsaggressoren, der den Mut besaß, solche schmerzlichen Themen offen anzusprechen und, soweit möglich, Wiedergutmachung zu leisten. In Deutschland lebten zwar nur rund 30 000 Juden, aber der Staat hatte bemerkenswertes Feingefühl für ihre besonderen Bedürfnisse und Sorgen bewiesen, und in den Großstädten gab es wieder kleine Gemeinden und funktionierende Synagogen. Der Holocaust war kein Tabu mehr, sondern zum Gegenstand scheinbar unablässiger öffentlicher Diskussionen in den Medien geworden und gehörte zum Lehrplan der Schulen. Sogar der Antisemitismus schien ein geringeres Problem zu sein als in den meisten anderen Ländern Europas. Im Gegenteil, in der jüngeren Generation gab es ein lebhaftes Interesse für Judaika und jüdische Angelegenheiten, und obwohl die Beziehungen immer noch durch die Vergangenheit belastet waren, hatten mir Juden gesagt, dass Deutschland, so paradox es klingen mag, für Juden zu einem der besten Länder in Europa geworden sei.

Während diese begrüßenswerten und beruhigenden Entwicklungen stattfanden, waren mein Interesse und mein Verständnis für deutsche Angelegenheiten gewachsen, und ich empfand im Lauf der Zeit eine Sympathie und einen Respekt für das Land, die ich in den fünfziger Jahren niemals für möglich gehalten hätte. Bei meinem Forschungsaufenthalt hatte ich die Ereignisse nur aus gewisser Distanz beobachtet, ohne direkten Kontakt mit den führenden Kreisen von Politik und Wirtschaft. In den nächsten vier Jahrzehnten hatten mich meine Aufgaben als Manager und Politiker häufig nach Deutschland geführt, wo ich viele Deutsche auf allen Ebenen kennenlernte. Unter anderen entstanden freundschaftliche Arbeitsbeziehungen zu führenden Politikern und Regierungsvertretern wie Walter Hallstein in den sechziger Jahren und Helmut Schmidt, Hans Matthöfer, Manfred Lahnstein und Otto Graf Lambsdorff – meinen deutschen Gesprächspartnern in meiner Zeit als Finanzminister – in den siebziger Jahren.

Der Kreis meiner Geschäftskollegen hatte sich stetig erweitert. Ich hatte mehreren deutschen Aufsichtsräten angehört und im Lauf der Jahre gute Beziehungen zu vielen deutschen Spitzenmanagern entwickelt. Edzard Reuter hatte mich als Berater angeworben; für Hans Merkle von Bosch, mit dem ich geschäftlich viel zu tun hatte, empfand ich tiefen menschlichen Respekt; Alfred Herrhausen, den ich auf internationalen Konferenzen kennengelernt hatte, bewunderte ich für seine Intelligenz und Aufgeschlossenheit; und Michael Otto, dessen Unternehmen zu unseren vier wichtigsten Kunden in Deutschland gehörte, schätzte ich wegen seines Geschäftssinns und Unternehmertums im internationalen Rahmen. Da ich immer mehr Deutsche kennengelernt hatte, die zu jung waren, um die NS-Jahre miterlebt zu haben, war die belastende unausgesprochene Frage »Warst du ein Nazi? Und was hast du damals getan?«, die mir in den fünfziger Jahren häufig durch den Kopf gegangen war, nach und nach verstummt.

An jenem Abend im Intercontinental, inmitten der euphorischen deutschen Kollegen und Freunde, verstand ich ihre Freude wahrscheinlich besser und fühlte stärker mit ihnen als die anderen amerikanischen Gäste, weil ich als Einziger von ihnen in Deutschland geboren und einst selbst Deutscher gewesen war. Dennoch war auch ich besorgt. Wie viele andere Länder stand die Bundesrepublik vor der großen Herausforderung der neunziger Jahre, der Anpassung an die Auswirkungen der Globalisierung auf die heimische Wirtschaft, eine Aufgabe, die durch die Kosten der Wiedervereinigung sicherlich erschwert werden würde. Um in den neuen Bundesländern die heruntergewirtschaftete Infrastruktur zu erneuern und die verheerende Umweltverschmutzung zu beseitigen, waren enorme Ausgaben nötig, die den Staatshaushalt stark belasten würden. Allein für 1990 waren bereits zusätzliche 100 Milliarden D-Mark bewilligt worden, und die Rechnung versprach rasch größer zu werden. Eine halbe Million Ostdeutsche hatten bereits ihre Arbeit verloren, und annähernd zwei Millionen arbeiteten kurz. Arbeitslosigkeit würde also wahrscheinlich zu einem erheblichen Problem werden. Nach Millionen zählende, zum großen Teil unterqualifizierte Arbeitnehmer in das kostspielige soziale Netz der alten Bundesrepublik einzubeziehen würde Milliarden verschlingen. Die Integration von 16 Millionen Einwohnern der neuen Bundesländer und die zu erwartende Abwanderung vieler »Ossis« in den Westen würden die Situation zusätzlich komplizieren, Spannungen in

Schulen, im Sozialbereich und im Kulturleben auslösen und die öffentliche Ordnung in Gefahr bringen. Würden die Ostdeutschen es hinnehmen, dass der Unterschied im Lebensstandard zwischen West und Ost noch auf Jahre hinaus bestehen bleiben würde, und würde man die unvermeidliche Forderung nach Aufarbeitung der Stasi-Vergangenheit ohne große Eruptionen erfüllen können?

In den Straßen riefen die Menschen glücklich: »Ein Volk, ein Land!« Aber die Wirklichkeit würde die gute Stimmung bestimmt bald vertreiben. Grundsätzlich war ich hoffnungsvoll, aber mir war auch klar, dass den Deutschen wahrscheinlich eine ungeheuer schwierige Zeit bevorstand. Ich fragte mich automatisch, ob der Ruf »Ein Volk« den alten deutschen Nationalismus wiedererwecken würde und ob man, wenn es hart auf hart käme, erneut nach Sündenböcken suchen würde. Wie würde es der kleinen jüdischen Gemeinde, die sich wieder in Deutschland niedergelassen hatte, dann ergehen? Bestand die Gefahr, dass der Antisemitismus sich zu gegebener Zeit wieder regen würde? Darauf wollte ich – von außen, wie ich annahm – aufmerksam achten.

Doch wie so oft an entscheidenden Punkten meines Lebens, an denen umwälzende politische Ereignisse die Geschichte des 20. Jahrhunderts veränderten, drehte sich das Rad in ungeahnter Weise, und ich gelangte erneut auf einen bevorzugten Beobachterposten – diesmal mitten im Prozess der deutschen Wiedervereinigung und ihrer Folgen. So schloss sich im letzten Jahrzehnt des Jahrhunderts der Kreis nicht nur für die beiden Teile Deutschlands, die nach fünfzig Jahren der Teilung und Entfremdung wieder zusammenkamen, sondern auf merkwürdige Weise auch für mich. Als ich Berlin 1939 verließ, erwartete ich, es nie wiederzusehen. Doch in den neunziger Jahren führten verschiedene Ereignisse dazu, dass ich zumindest zeitweise erneut dort lebe und zwischen zwei Wohnorten hin und her pendle – Princeton und Berlin.

Ein Jahr zuvor war ich von meinem Posten bei Unisys zurückgetreten und Partner der Investmentbank Lazard Frères geworden. Dort hatte ich neben anderen Aufgaben den Vorsitz der deutschen Lazard-Filiale in Frankfurt am Main übernommen, und dies wiederum hatte mich in engen Kontakt zu dem westdeutschen Spitzenmanager Detlev Karsten Rohwedder gebracht, der an die Spitze der Treuhandanstalt berufen worden war, die die ostdeutsche Wirtschaft privatisieren sollte. Das Ziel war, so schnell wie möglich von der Plan- zur Marktwirtschaft überzugehen. Mit dem Geld, das die Treuhand durch den Verkauf ostdeutscher Staatsbetriebe und anderer Vermögenswerte einnahm, sollte ein Teil der Kosten der Wiedervereinigung beglichen werden, für deren Zukunft Bundeskanzler Kohl das optimistische Bild von »blühenden Landschaften« gemalt hatte, die binnen vier Jahren in Ostdeutschland entstehen sollten. Bei meinen Gesprächen mit Rohwedder gewann ich eine recht gute Vorstellung von der Kluft, die zwischen dem rosigen Zukunftsbild des Kanzlers und den nüchternen Realitäten, mit denen es der Treuhandchef zu tun hatte, klaffte.

In Wahrheit war Ostdeutschland bankrott und seine Wirtschaft in einem weit schlechteren Zustand als allgemein erwartet. Fabriken und Ausrüstungen waren beträchtlich überaltert, Straßen, Versorgungseinrichtungen und Transportnetze befanden sich in einem jämmerlichen Zustand, und die Umweltschäden waren erschreckend. Die DDR hatte ein Nationaleinkommen von 1 bis 1,6 Billionen Mark veranschlagt, doch nach der ersten Schätzung der Treuhand belief es sich auf weniger als die Hälfte – zwei Jahre später wurde es auf 260 Milliarden Mark reduziert, bei doppelt so hohen Verbindlichkeiten.[2] Die Devisenschulden betrugen 14,8 Milliarden Dollar.

Die mit veralteten Ausrüstungen hergestellten und vom internationalen Know-how abgeschnittenen ostdeutschen Produkte waren auf den westlichen Märkten nicht konkurrenzfähig, und eine künstlich überbewertete Währung hatte die Lage noch verschlimmert und massive Subventionen erfordert, um die für den Export bestimmten vierzig Prozent der ostdeutschen Produktion verkaufen zu können. Nach dem Wegbrechen der östlichen Märkte und der westlichen Konkurrenz ausgesetzt, hätten die DDR-Betriebe ohne eine massive, schmerzliche und kostspielige Restrukturierung selbst unter den besten Umständen kaum überleben können. Deshalb war es unwahrscheinlich, dass sie mit mehr als einem Niedrigpreis bewertet würden, und die Vorstellung, durch ihren Verkauf beträchtliche Mittel aufbringen zu können, war reines Wunschdenken. Doch die Regierung Kohl hatte im Februar entschieden, die D-Mark im Osten sofort einzuführen und Geld (bis zu gewissen Obergrenzen) sowie Löhne, Renten und andere laufende Leistungen im Verhältnis eins zu eins umzurechnen, was die ostdeutsche Wirtschaft und viele ihrer Unternehmen endgültig ruinierte, denn damit hatten sich, bei einer im Durchschnitt halb so hohen Produktivität wie im Westen, Kosten und Exportpreise buchstäblich über Nacht verdoppelt und verdreifacht. Die Zahl der Insolvenzen schoss in die Höhe, und am Ende der neunziger Jahre waren bereits eine halbe Million Menschen arbeitslos, und viele mehr hatten nur noch Kurzarbeit.

Bei der Entscheidung über die sofortige Wiedervereinigung und den Umtauschsatz hatte die Regierung Kohl zweifellos vor einem Dilemma gestanden, einer Hobson'schen Wahl zwischen politischem Erfordernis und ökonomischer Realität. Angesichts des enormen innenpolitischen Drucks und außenpolitischer Erwägungen war die Entscheidung, politisch zu handeln und sich mit den wirtschaftlichen Folgen später zu beschäftigen, wahrscheinlich unvermeidlich. So hatte, um nur dies anzuführen, kaum dass die Mauer gefallen war, ein Massenexodus von Ost nach West eingesetzt. Jeden Tag gingen rund 2000 Ostdeutsche in den Westen, und es war zu erwarten, dass diese Zahl weiter ansteigen würde. Die Ostdeutschen forderten die sofortige Wiedervereinigung und erwarteten eine rasche Verbesserung ihrer Situation.

Darüber hinaus war die Regierung Kohl, ob nun zu Recht oder

zu Unrecht, der Ansicht gewesen, dass der historische Moment für die Wiedervereinigung einmalig günstig sei und dass internationale politische Erwägungen – etwa in Bezug auf einen möglichen Rückzieher des Kremls – die ökonomischen Risiken überwögen. Präsident Bush hatte die volle Unterstützung der Vereinigten Staaten zugesagt, doch Frankreich und England besaßen ein langes historisches Gedächtnis. Indem man rasch handelte, schuf man ein Fait accompli; bei einer langsameren Gangart hätten neue Ungewissheiten auftauchen können. Deutschland, so wurde argumentiert, müsse sich entschlossen zeigen, den Augenblick zu nutzen, und seine Bereitschaft demonstrieren, die Kosten zu tragen. Und natürlich hatten auch parteipolitische Überlegungen eine Rolle gespielt. Die Wünsche der Wähler in den neuen Bundesländern zu erfüllen würde bei den bevorstehenden Wahlen sicherlich der CDU nutzen.

So hatte die Politik die Ökonomie ausgestochen. Die Folgen, vermutete ich, würden gravierend sein, doch ihr volles Ausmaß war nur schwer vorauszusagen.

Auf viele dieser Dinge bin ich durch den Kontakt zu Treuhandchef Rohwedder aufmerksam geworden. Ich hatte ihn einmal kurz getroffen, als er Staatssekretär im Wirtschaftsministerium war, und kannte seinen Ruf als effizienter Manager, der mit harten Bandagen kämpfte. Später war er wegen der erfolgreichen Sanierung des in Schwierigkeiten geratenen Dortmunder Stahlproduzenten Hoesch zum Manager des Jahres gewählt worden. Daher war ich erfreut, als ich von seiner Ernennung zum Chef der Treuhandanstalt hörte. Die Aufgabe, die er dort übernahm – die Privatisierung einer ganzen Wirtschaft –, war beispiellos. Mit der Treuhand war quasi über Nacht eine der größten Holdinggesellschaften der Welt entstanden, und die Aufgabe, über 8500 Firmen aus allen Bereichen einer Nationalwirtschaft mit zusammen rund sechs Millionen Beschäftigten zu verkaufen oder zu sanieren, war atemberaubend.

Wie Dutzende andere deutsche und internationale Investmentbanken umkreiste auch Lazard die Treuhand in der Hoffnung auf gute Geschäfte für ihre Kunden. Das Ganze war überaus kompliziert, und sich seinen Weg durch die Bürokratie zu bahnen war ein häufig frustrierendes Unterfangen. Um meinen Partnern zu helfen, die Dinge voranzubringen, schrieb ich im Frühjahr an Rohwedder, der mir freundlich antwortete und mich nach Berlin einlud.

Die Treuhandanstalt war am Alexanderplatz 6 in einem eintönigen, mehrgeschossigen Gebäude im sozialistischen Stil untergebracht, das sich vor allem durch seine freudlose Atmosphäre auszeichnete. Rohwedder empfing mich in Hemdsärmeln in seinem schlichten Büro im achten Stock. Er wirkte abgespannt, und wir erledigten die ins Auge gefassten Lazard-Geschäfte – von denen später keines zustande kommen sollte – relativ rasch. Rohwedder sprach ohne Pose und Verstellung und machte keinen Hehl aus dem schlechten Zustand der ostdeutschen Wirtschaft und der Unmenge finanzieller und bürokratischer Probleme, mit denen er konfrontiert war. Eigentlich wollte er mit mir darüber reden, dass er dringend kompetente Hilfe benötigte. Viele seiner Unternehmen befanden sich in Nöten, und westdeutsche Manager zu finden, die bereit waren, bei ihrer Sanierung zu helfen und sie zu leiten, erwies sich als schwierig. Sein vordringliches Problem, sagte er mir, sei der Mangel an erfahrenen Investmentbankern, welche die Verhandlungen mit Bietern führen könnten. Deshalb würden keine Abschlüsse erreicht. Ob Lazard sich vorstellen könne, ihm zu helfen? Ich versprach ihm, darüber nachzudenken. Insgesamt war mir durch das Gespräch noch klarer geworden, wie hart und kostspielig die ökonomische Vereinigung der beiden deutschen Staaten werden würde. Am Ende schickte ich Rohwedder einige Namen, und in den nächsten Monaten suchte ich ihn noch ein-, zweimal in seinem Büro am Alexanderplatz auf.

Im Januar waren Barbara und ich nach Paris umgezogen. Ein großer Teil meiner Arbeit betraf Europa, und ich hatte zu viel Zeit damit verbracht, den Atlantik zu überqueren. Meinen Arbeitsplatz in Lazards französische Niederlassung zu verlegen war eine ebenso naheliegende wie attraktive Lösung, da wir beide fanden, dass ein Aufenthalt in Paris eine willkommene Veränderung und ein nettes Abenteuer wären. Unseren fünfjährigen Sohn meldeten wir in einer kleinen Schule auf der linken Seineseite an, nur einen Steinwurf von der Ile St. Louis entfernt, auf der wir in einem Haus aus dem 18. Jahrhundert eine wunderschöne Wohnung mit atemberaubendem Blick auf Notre Dame und die Bateaux-Mouches, die unter unseren Fenstern vorbeifuhren, gefunden hatten.

Anfang März 1991 erhielt ich in meinem Pariser Büro einen Anruf von Rohwedder, der mir ein überraschendes Angebot machte. Er brauche dringend einen erfahrenen Stellvertreter, erklärte er, möglichst jemanden mit Verbindungen zur internationalen Bruderschaft der Investmentbanker. Aber in Deutschland sei niemand zu finden, der diese Anforderungen erfülle, deshalb wolle er mir den Posten anbieten. Ob dies mein Interesse wecke, fragte er mich. Zuerst war ich nur erschrocken. »Aber ich bin nicht einmal Deutscher«, wandte ich ein. »Das spielt keine Rolle«, erwiderte er knapp. »Außerdem sprechen Sie wie einer.« Ich hatte, milde ausgedrückt, meine Zweifel, fühlte mich, ehrlich gesagt, aber auch verlockt und geschmeichelt. Könnte dies eine weitere unerwartete Wende in meinem Leben sein, die Chance für eine neue Herausforderung und ein neues Abenteuer? Rohwedder schlug mir ein Treffen am nächsten Wochenende in seinem Haus in Oberkassel bei Düsseldorf vor, und bevor ich auflegte, hörte ich mich die Einladung annehmen.

So flog ich am frühen Morgen des 17. März nach Düsseldorf, wo mich überraschenderweise Rohwedder selbst am Gate erwartete und persönlich in seinem erstaunlich kleinen und unprätentiösen Auto zu seinem Haus auf der dem Zentrum von Düsseldorf gegenüberliegenden Rheinseite fuhr. Angesichts der Welle von Terroranschlägen auf prominente deutsche Manager, die in den vorangegangenen Jahren die Öffentlichkeit erschüttert hatten, war ich über den informellen Empfang erstaunt, und ich sagte während der Fahrt zu Rohwedder, ich sei überrascht, dass er ohne jeden Schutz gekommen sei und kein sichereres Auto fahre. Aufgrund der nachfolgenden Ereignisse werde ich die leichtfertige Erwiderung, mit der er meine Bedenken abtat, nie vergessen. »Ich weigere mich, mir am Wochenende in meinem eigenen Haus meine Ruhe stören zu lassen«, sagte er knapp. »Ich will mein Privatleben haben!«

In seinem hübschen großen Haus begrüßte uns seine Frau Hergard, die uns beim Frühstück Gesellschaft leistete, bevor wir uns in sein Arbeitszimmer zurückzogen, von dem man durch ein großes Panoramafenster über einige Bäume auf der anderen Straßenseite hinweg auf den Rhein blickte. Rohwedder, der in seinem Haus weit entspannter wirkte, als ich ihn in Berlin erlebt hatte, erläuterte mir seine Vorstellungen, und ich stellte meine Fragen. Zwei Stunden später, nachdem ich eine rasche Antwort versprochen hatte, fuhr er mich zum Flughafen zurück.

Nach Paris zurückgekehrt, brauchte ich nicht lange, um zu dem Schluss zu gelangen, dass Rohwedders Idee nicht realitätstauglich war. Die Berufung eines Ausländers auf einen politisch derart heiklen Posten wäre mit Sicherheit höchst umstritten, umso mehr, wenn es sich um einen ehemaligen amerikanischen Finanzminister handelte. Zudem hatte sich Rohwedder bereits wegen der harten Entscheidungen, die er zu treffen hatte, Vorwürfen von allen Seiten zu erwehren – von unglücklichen Ostdeutschen, unterlegenen Bietern und Parteipolitikern –, und ich war mir sicher, dass ich eine noch bessere Zielscheibe abgäbe. Es konnte nur schiefgehen, und ich war einfach nicht der Richtige für den Posten. Sosehr es mir auch widerstrebte, Rohwedder zu enttäuschen, ich musste sein Angebot ablehnen. Aber ich fühlte mich verpflichtet, ihm meine Gründe persönlich darzulegen.

Der 31. März war der Ostersonntag. Rohwedder wurde am Dienstag nach dem Osterurlaub wieder in Berlin erwartet, und mein Termin in seinem Büro am Alexanderplatz war um zehn Uhr vormittags. Auf der Fahrt vom Flugplatz Tegel breitete der Taxifahrer seine Kümmernisse vor mir aus und schimpfte über das schlechte Geschäft – zu viele neue Ostberliner Taxis, nicht genügend Fahrten und viel Durcheinander. Nach seiner Ansicht war die Wiedervereinigung völlig falsch gelaufen, und dann sagte er fast nebenbei: »Und jetzt haben sie den Typen von der Treuhand erschossen, der das ganze Ding leitet.« – »Rohwedder?«, fragte ich. »Ja, das ist er«, bestätigte er.

Ich war wie vor den Kopf geschlagen. Wir hatten schon die Hälfte des Weges zum Alexanderplatz zurückgelegt, und ich ließ den Taxifahrer anhalten, um eine Zeitung zu kaufen. Ein Blick auf die Schlagzeile genügte – es stimmte. Rohwedder war am Tag zuvor durch einen Gewehrschuss durch dasselbe Panoramafenster getötet worden, an dem ich nur wenige Tage vorher die Aussicht auf den Rhein bewundert hatte. Noch immer benommen, wies ich den Taxifahrer an, kehrtzumachen, damit ich nach Paris zurückfliegen konnte.

Rohwedder hatte auf einem unglaublich schwierigen Posten sein Bestes getan, um seinem Land zu dienen, und durch seine sinnlose Ermordung hatte nicht nur seine Familie, sondern auch Deutschland einen herben Verlust erlitten. Wie sich die Treuhandanstalt unter seiner Leitung entwickelt hätte, lässt sich nicht sagen. Seine Nachfolgerin Birgit Breuel wurde jedenfalls bald noch schärfer kritisiert als er, während sie mit hektischer Betriebsamkeit auf rasche Geschäftsabschlüsse drängte. Es handelte sich um wenig mehr als einen Ausverkauf auf einem klassischen Käufermarkt. Obgleich einige große Stahl- und Chemieunternehmen sowie Werften auf immensen politischen Druck hin schließlich unter großen Kosten saniert und vor der sofortigen Liquidation gerettet wurden, wurde der generelle Kurs schneller Verkäufe und Betriebsschließungen beibehalten.

Als Breuel Ende 1994 die Tore der Treuhandanstalt schloss, waren mehr als ein Viertel ihrer 8500 Unternehmen liquidiert, einige an die alten Eigentümer zurückgegeben und die restlichen, häufig für wenig bis nichts, verkauft worden. Siebzig Prozent der Arbeitsstellen waren weggefallen.

Das von Rohwedder für realistisch gehaltene Ziel eines Nettoerlöses von 300 Milliarden Euro hatte sich als geradezu utopisch erwiesen. Eingenommen wurden lediglich 34 Millionen, bei Kosten von 160 Millionen, so dass die Treuhand mit einem Nettoverlust von 126 Millionen abschloss.

Die Zahl der Beschäftigten in den neuen Bundesländern war bis Ende 1994 von ehemals 9,7 auf 5,3 Millionen gesunken, und die Arbeitslosenquote liegt bis heute im Durchschnitt bei rund 15 Prozent, in manchen Gebieten sogar höher. Siebzig Prozent der ostdeutschen Wirtschaft verschwanden, und von drei Arbeitsplätzen im produzierenden Gewerbe sind zwei abgebaut worden.

Das Berliner Angebot

Als sich die beiden deutschen Staaten 1990 vereinten, nahm auch mein Leben eine plötzliche Wende. Im Herbst des vorangegangenen Jahres war ich bei Unisys ausgeschieden und hatte mit meiner Frau Barbara und unserem vierjährigen Sohn Michael Edward ein angenehmes Leben in unserem Haus in der Ridgeview Road in Princeton aufgenommen, dieser wundervollen Universitätsstadt auf halbem Weg zwischen New York und Philadelphia, die ich in den fünfziger Jahren als Student kennengelernt und vor langer Zeit zu meinem Wohnort gemacht hatte. Mit 64 Jahren, als Vater dreier erwachsener Töchter und mehrfacher Großvater, erlebte ich zusammen mit Barbara noch einmal Elternfreuden, und zu meiner Überraschung genoss ich sie enorm.

Vom alltäglichen Arbeitsstress befreit, dachte ich gerade darüber nach, wie ich meine nächste Lebensphase gestalten sollte, als Felix Rohatyn, ein Seniorpartner von Lazard Frères und mein langjähriger Investmentberater bei Bendix und Unisys, mir das Angebot unterbreitete, als Partner in seine Bank einzutreten. Felix war einer der bekanntesten Investmentbanker des Landes, und ich bewunderte seine Intelligenz, seine Integrität und sein berufliches Geschick. Die Herausforderung, die ein Wechsel auf die andere Seite bedeutete – von derjenigen der Ratsuchenden auf diejenige der Berater –, reizte mich, und so nahm ich wenig später, nachdem ich mit Barbara die Optionen und Alternativen durchgesprochen hatte, das Angebot an. Die Tätigkeit bei Lazard als Insider der überhitzten M&A-Welt (*mergers and aquisitions*, Fusionen und Übernahmen) der neunziger Jahre hatte ihre dramatischen und aufregenden Momente. Den

Unternehmenschefs der Welt dabei zu helfen, Firmen zu kaufen und zu verkaufen, besaß seinen Reiz und konnte überaus profitabel sein, doch unter dem Strich befriedigte es mich nicht sonderlich. Als Mittelsmann zu agieren machte nicht annähernd so viel Spaß, wie selbst verantwortlich zu sein und die Hebel in der Hand zu haben. Zudem fand ich die rabiaten Methoden und die offene Gier vieler Beteiligter langweilig und häufig auch abstoßend. Als ich einige Jahre später beschloss, den Posten bei Lazard aufzugeben, tat ich es, ehrlich gesagt, ohne großes Bedauern.

Mein Eintritt bei Lazard fiel zufälligerweise in die Zeit, als mein Vater im Alter von 101 Jahren in San Francisco starb. Weltliche Güter hinterließ er mir kaum, dafür aber einen Besitz, auf den er besonders stolz war: einen bis ins Brandenburg des 17. Jahrhunderts zurückreichenden Stammbaum. »Es sind viele berühmte Leute darunter«, hatte er mehr als einmal zu mir gesagt. »Den darfst du nicht verlieren.«

Damals maß ich dem wenig Bedeutung bei, doch dieses schlichte Erbe, das die deutschen Wurzeln meiner Familie belegte, sollte wenig später für einige Jahre mein Leben bestimmen und mich tiefer in deutsche Angelegenheiten verwickeln, als ich mir jemals hätte vorstellen können.

Bald nach dem Tod meines Vaters zogen wir nach Paris, und dort begann ich, von der ausführlichen Behandlung jüdischer Angelegenheiten in den deutschen Medien angeregt, mir den von ihm so in Ehren gehaltenen Stammbaum meiner Familie genauer anzusehen. Zuerst war es bloße Neugier auf die »berühmten Leute«, auf die er so stolz gewesen war: Jost Liebmann, der sich im 17. Jahrhundert aus der Armut befreit hatte und als Juwelier des Brandenburger Adels zu einem der reichsten Bürger Berlins geworden war; Rahel Varnhagen, die zum Christentum konvertiert war und am Anfang des 19. Jahrhunderts einen Salon führte, in dem sich die intellektuelle Elite Berlins traf; den Komponisten Giacomo Meyerbeer, der als einer der Musikheroen seiner Zeit gefeiert wurde und ein spezielles Ziel von Richard Wagners antisemitischem Hass und

Neid war; Arthur Eloesser, einen bedeutenden Berliner Literaten, der in den zwanziger Jahren Vorsitzender des Schutzverbandes Deutscher Schriftsteller war; und den Bankier Louis Blumenthal, meinen Urgroßvater, einen der führenden Bürger Oranienburgs, der dort dem Stadtrat angehörte.

Während ich mich mit dem Leben dieser Menschen befasste, entwickelte sich aus der müßigen Neugier ein tieferes Interesse an der Geschichte der deutschen Juden. Schließlich erkannte ich, dass jeder von ihnen auf seine Weise ein nahezu perfektes Beispiel für die Höhen und Tiefen des deutsch-jüdischen Verhältnisses der vergangenen 300 Jahre war. Bis zu diesem Zeitpunkt wusste ich nur wenig über Geschichte, doch während ich das Feld meiner Lektüre ausweitete, wurde die intellektuelle Herausforderung, über diese Menschen und ihre Zeit zu schreiben, unwiderstehlich. So kam es, dass für mehrere Jahre die Arbeit an einem Buch über dieses Thema zu meiner Hauptbeschäftigung und zum Mittelpunkt meines Lebens wurde, und die Nachforschungen führten mich regelmäßig in deutsche Bibliotheken und Archive sowie in die Firestone Library in Princeton, die Kongressbibliothek in Washington und das Leo-Baeck-Institut für jüdische Studien in New York, die allesamt über ausgezeichnete Sammlungen auf dem mich interessierenden Gebiet verfügten. Das Projekt wurde zu einer wahrhaftigen Entdeckungsreise, und das Ergebnis war das 1998 bei Counterpoint Press erschienene Buch *The Invisible Wall;* die deutsche Übersetzung erschien im folgenden Jahr im Hanser Verlag unter dem Titel *Die unsichtbare Mauer*.

Mich auf ein so wenig vertrautes Gebiet zu wagen, das weit von allem entfernt war, was ich zuvor getan hatte, war eine große Herausforderung, die umfangreiche Lektüre und Recherchen sowie viele Reisen nach Deutschland nötig machte. Einer der vielen Wissenschaftler, die ich dabei kennenlernte, war Wolfgang Benz, der Direktor des Zentrums für Antisemitismusforschung an der Berliner Technischen Universität. Er war mir eine besondere Hilfe, und wir diskutierten in seinem Büro hoch oben in einem Bürohochhaus am Ernst-Reuter-Platz oft über den Antisemitismus und aktuelle deutsch-jüdische Fragen.

Dennoch war es eine Überraschung, als er mich im Oktober 1997 unerwartet in Princeton anrief und mich, kurz gesagt, mitten in eine große Krise im deutsch-jüdischen Verhältnis hineinzog. Ohne lange Vorreden fragte er mich, ob ich mir vorstellen könnte, bei den Planungen für ein jüdisches Museum in Berlin zu »helfen«, einem Projekt, das offenbar unter keinem günstigen Stern stand und in beträchtliche politische Turbulenzen geraten war, die ich in den Berliner Zeitungen nur beiläufig verfolgt hatte.

Laut Benz war der in Israel geborene Direktor des Museums, Amnon Barzel, entlassen worden. Öffentlichkeit und jüdische Gemeinde stünden sich feindlich gegenüber, im Verhältnis zwischen Juden und Nichtjuden sei eine große Krise ausgebrochen, und die Stadt brauche dringend Hilfe, um das Projekt wieder auf Kurs zu bringen. Als logischen Kandidaten dafür habe er mich vorgeschlagen. Ob ich mir das vorstellen könne, wollte er wissen. »Hilfe von welcher Art?«, erkundigte ich mich. »Nun«, setzte er zu einer Antwort an, »indem Sie für eine Übergangszeit Barzels Posten übernehmen, als Teilzeitbeschäftigung, die einen dauerhaften Umzug nach Berlin nicht erforderlich machen würde.« Meinen Einwand, dass ich von Museen keine Ahnung hätte und für den Posten nicht qualifiziert sei, ließ er nicht gelten. Die Aufgabe, erwiderte er, sei weit mehr politischer als museologischer Art, und als ehemaliges amerikanisches Kabinettsmitglied und ex-deutscher Jude besäße ich genau die Statur und das Prestige, die nötig seien, um das Museumsprojekt und alles, wofür es stehe, zu retten. Da er wisse, dass ich früher bereits für öffentliche Aufgaben zur Verfügung gestanden hätte, habe er mich Lutz von Pufendorf, dem jüngst ernannten Berliner Kulturstaatssekretär, wärmstens empfohlen. Er hoffe, dass ich mir seine Argumente wenigstens anhören würde.

Hätte ich gewusst, wie tief der Karren des Berliner Jüdischen Museums im Dreck steckte, hätte ich das Angebot sehr wahrscheinlich auf der Stelle abgelehnt, spätestens aber nach zwei langen Telefongesprächen mit von Pufendorf. Doch ich tat das Gegenteil, was im Nachhinein wie der typische Fall eines Narren erscheinen mag, der munter betritt, wovor Engel zurückscheuen; ich sagte zu, es auf einen Versuch ankommen zu lassen. Von heute aus gesehen, war es die richtige Entscheidung, allerdings aus den falschen Gründen.

Als ich einige Wochen darauf nach Berlin reiste, wusste ich schon wesentlich genauer, was mich erwartete. Nachdem ich das Berliner Angebot grundsätzlich angenommen hatte, hatte ich genug erfahren, um auf drei Bedingungen zu bestehen: Erstens wollte ich freie Hand bei der Beurteilung der Situation haben, zweitens die bedingungslose Befugnis, eigene Vorschläge für die in meinen Augen sinnvolle Art von Museum zu machen, und drittens wollte ich, um unabhängig zu bleiben, den Posten *pro bono* übernehmen, ohne Gehalt. Sollte dies für Berlin nicht akzeptabel sein, erklärte ich von Pufendorf, wäre ich nicht böse, sähe mich aber nicht mehr an meine Zusage gebunden. So begann meine Tätigkeit für das Jüdische Museum.

An der Spitze des Jüdischen Museums

Anfangs war der Kampf um das Jüdische Museum (JMB) eine rein Berliner Affäre, bei der es, wenn man einmal von der übertriebenen Rhetorik absieht, wie bei vielen politischen Auseinandersetzungen im Grunde um Geld und Macht ging. Anders und besonders schwierig war diese Kontroverse deshalb, weil sie bald als Krise im Verhältnis zwischen deutschen Juden und Nichtjuden betrachtet wurde und damit einen der heikelsten Punkte des nationalen Lebens im Nachkriegsdeutschland berührte, was stets rasch Misstrauen (bei Juden) und Schuldgefühle (bei Nichtjuden) hervorruft. Hinzu kamen unvereinbare Persönlichkeiten, bürokratische Fallstricke, unaufmerksame und ungeschickte politische Entscheidungsträger an der Spitze, Fehleinschätzungen sowie ungewollte Konsequenzen. Die Mischung all dieser Ingredienzien hatte den Streit um das JMB stark aufgeheizt und machte ihn höchst komplex.

Die Idee, in Berlin ein Jüdisches Museum zu gründen, das die Nachfolge des 1938 von den Nationalsozialisten geschlossenen antreten sollte, war schon seit langem im Gespräch gewesen. In den siebziger Jahren hatte die kleine, 5000 bis 6000 Mitglieder zählende jüdische Gemeinde von Westberlin die Einrichtung eines solchen Museums angeregt, der Regierende Bürgermeister, der stets ein offenes Ohr für ihre Wünsche hatte, hatte das Projekt unterstützt, und 1975 hatte sich unter dem Namen »Gesellschaft für ein Jüdisches Museum« ein Förderkreis aus jüdischen und nichtjüdischen Berlinern zusammengefunden, um für die Idee zu werben.

Niemand hatte indes eine klare Vorstellung davon, wie ein solches Museum aussehen sollte, und einige Jahre tat sich nicht viel. Ein großes Budget und ein eigenes Gebäude für eine so winzige Gruppe von Berlinern bereitzustellen schien unangemessen, und so kam man auf die Idee, ein paar Räume im existierenden Berlin Museum, dem späteren Stadtmuseum, wären die richtige Lösung. Anfang der achtziger Jahre griff die städtische Museumsverwaltung das Konzept auf und setzte sich aus ihren eigenen Gründen aktiv für seine Verwirklichung ein: Das Berlin Museum hatte seit langem ein neues Gebäude verlangt, doch das Abgeordnetenhaus war nicht dazu zu bewegen gewesen, die nötigen Mittel zu bewilligen, und da jüdischen Bürgern im Nachkriegsdeutschland stets Gehör geschenkt wurde, nahm die Museumsverwaltung nicht ohne Grund an, dass die Haushaltswächter weniger streng sein würden, wenn das neue Gebäude eine jüdische Abteilung beherbergen sollte. Um ihrem Anliegen zusätzlich Nachdruck zu verleihen, setzten die Kulturbeamten auf eine zweigleisige PR-Strategie: Zum einen vertraten sie, um den jüdischen Aspekt ihres Bauvorhabens hervorzukehren, das auf den ersten Blick bestechende Argument, dass die Geschichte von Berlin und diejenige der Juden zwei Seiten einer Medaille seien und selbstverständlich in einem einzigen Gebäude dargestellt werden müssten, und es gelang ihnen tatsächlich, die Berliner Politiker von diesem »integrativen Modell«, wie sie es nannten, zu überzeugen. Zum anderen bezeichneten sie das gesamte Gebäude in der Öffentlichkeit als »Jüdisches Museum«, obwohl sie in Wirklichkeit vorhatten, lediglich in einem Teil von ihm eine kleine jüdische Abteilung unterzubringen.

Hin und wieder manövrieren sich jedoch sogar erfahrene Bürokraten selbst aus. 1988 wurde das Projekt schließlich gebilligt, ein Architekturwettbewerb unter der vagen Überschrift »Erweiterung des Berlin Museums mit Abteilung Jüdisches Museum« wurde veranstaltet, und eine öffentliche Jury entschied sich schließlich für den erstaunlichen und höchst ungewöhnlichen Entwurf von Daniel Libeskind. Der damals noch relativ unbekannte jüdisch-amerikanische Architekt, Sohn eines polnischen Holocaustüberlebenden, hatte als Konzept einen explodierten, verdrehten Davidstern mit »Leerräumen«, welche die tragischen Brüche der deutsch-jüdischen Geschichte repräsentieren, sowie einen Holocaustturm und einen steinernen Gedächtnisgarten vorgeschlagen – mit anderen Worten einen Entwurf von tiefer jüdischer Symbolik.

Was war passiert? Die Juroren hatten das Etikett des Jüdischen Museums ernst genommen und mit durchaus vertretbarer Logik einen sehr »jüdischen« Entwurf für ein Museum ausgewählt, das eigentlich nur am Rande jüdischen Themen gewidmet sein sollte. Der Fall der Berliner Mauer hatte eine weitere Verzögerung zur Folge, bis 1992 endlich grünes Licht für die Errichtung des Libeskind-Baus gegeben wurde. Bis zu seiner Fertigstellung sollten sieben Jahre vergehen. Währenddessen wurde 1994 Amnon Barzel, ein in Israel geborener Kunsthistoriker, angestellt, um zu leiten, was in der Öffentlichkeit weiterhin als Jüdisches Museum bezeichnet wurde, in Wirklichkeit aber nur eine im Libeskind-Bau untergebrachte kleine Abteilung des jetzigen Stadtmuseums sein sollte.

Mit Barzel lief von Anfang an fast alles schief. Was man ihm über seinen neuen Posten gesagt hatte, ist nicht klar, doch offenbar hatte man sämtliche relevanten Aspekte absichtlich unbestimmt gelassen. Die städtische Bürokratie sah in ihm den Direktor einer kleinen jüdischen Abteilung, die sich auf die Geschichte der Berliner Juden beschränken sollte, während er selbst erwartete, ein eigenständiges Jüdisches Museum zu leiten, und mehr an moderner Kunst im Allgemeinen sowie jungen jüdischen Künstlern und Kunstthemen im Besonderen interessiert war – immerhin hatte er zuvor Kunstausstellungen in Italien gemanagt. Da er sich als vollgültiger Museumsdirektor verstand, verlangte er nicht zu Unrecht Eigenständigkeit, einschließlich eines eigenen Budgets. Doch ein solcher Etat war erst ansatzweise in Arbeit, und Barzel musste buchstäblich ohne Mitarbeiter und mit minimalen Mitteln auskommen. Als er schließlich einen Blick auf den gesamten Libeskind-Bau werfen konnte, stellte er wütend fest, dass »sein« Museum auf einige Kellerräume beschränkt sein sollte.

Barzels Tätigkeit war also in jeder Hinsicht durch unterschiedliche Auffassungen belastet, zum einen aufgrund von Nachlässigkeit und Inkompetenz auf beiden Seiten und zum anderen aufgrund der Pläne der Berliner Bürokratie, die, wie es später ausgedrückt wurde, »die jüdische Karte ausgespielt« und die Politiker mit ihrem höchst fragwürdigen »integrativen Modell« hinters Licht geführt hatte. Der daraus folgende Streit war vorhersehbar, und er wurde rasch an die Öffentlichkeit getragen und zusehends bösartiger. Um die gegensätzlichen Interessen und Ziele auf einen gemeinsamen Nenner zu bringen, hätte es eines ungewöhnlich geschickten Unterhändlers bedurft, der sich in deutsch-jüdischen Fragen auskannte, ein Gespür für die Empfindlichkeiten der Berliner Bürokratie hatte, sich in Deutsche einfühlen konnte – und die Geduld Hiobs besaß. Für diese Aufgabe war Barzel kaum geeignet. Er wusste wenig über die deutsche Geschichte, sprach so gut wie kein Deutsch und hegte keine besondere Neigung zu den Deutschen im Allgemeinen. Zudem fehlte es ihm, so freundlich er im persönlichen Umgang war, fast völlig am nötigen Takt und diplomatischen Feingefühl. Er versuchte nicht, hinter geschlossen Türen zu verhandeln oder etwas im privaten Gespräch zu klären. Wenn er anderer Meinung war – und das war er in Bezug auf praktisch alles: seinen Posten, dessen fehlende Eigenständigkeit, das Gebäude, das Budget, die Absichten seiner Arbeitgeber, die deutsche Einstellung zu Juden und sogar Berlin im Allgemeinen –, dann zog er den Kampf in der Öffentlichkeit und über die Medien vor.

Auch Barzels Affinität für die internationale Presse war wenig hilfreich. Wenn er sich gegenüber der *Washington Post* darüber beklagte, dass in ganz Berlin keine anständige Flasche Wein zu bekommen sei (was nicht zutraf) und dass das Wetter viel zu wünschen übriglasse (was im Vergleich zu Italien sicherlich zutraf), dann machte er sich bei seinen stolzen Berliner Arbeitgebern nicht gerade beliebt, umso weniger, wenn er etwa einer Berliner Zeitung gegenüber erklärte, er habe noch nie in einer so »ärmlichen« Stadt gelebt, der es derart an »Enthusiasmus für Kultur« fehle (auch dies traf nicht zu).[3] Manche seiner substantielleren Klagen waren zwar berechtigt, doch die verletzende Art, in der er sich in den Medien über die lokalen Entscheidungsträger äußerte, machte diese bloß wütend und löste nichts. Die Bürokratie verschanzte sich und schoss zurück, wenn auch nicht immer sehr geschickt. Die Medien schlachteten die Kontroverse weidlich aus, und die Öffentlichkeit bezog für die eine oder andere Seite Stellung. So konnte ein lokaler Streit über Geld und Autorität so weit eskalieren, dass er sogar im Ausland als Testfall dafür betrachtet wurde, wie die deutsche Hauptstadt Juden behandelte. »Jüdische Wunden wegen Jüdischem Museum wieder aufgerissen«, betitelte der englische *Observer* einen Bericht,[4] worüber die lokale politische Führung natürlich nicht sehr erfreut war.

Berlin seinerseits hätte sich in der Angelegenheit kaum ungeschickter verhalten können. Der Direktor des Stadtmuseums, Reiner Güntzer, und seine Verbündeten verteidigten halsstarrig ihre Domäne, verwiesen unablässig auf das integrative Modell, als wäre es ein Naturgesetz, und behaupteten – im Ernst, glaube ich –, ihr Anspruch auf den größten Teil des Libeskind-Baus habe nichts mit Antisemitismus zu tun, machten aber nie deutlich, was genau ein Jüdisches Museum nach ihrer Ansicht präsentieren sollte. Auch der Regierende Bürgermeister Eberhard Diepgen war nicht ganz schuldlos an der verfahrenen Situation, denn er hatte die Argumente seiner Untergebenen anstandslos akzeptiert und den Streit zu lange mit wohlwollender Nachlässigkeit beiseitegeschoben. Da ihm nicht klar war, dass er mit einem gravierenden politischen PR-Problem konfrontiert war, das eines der heikelsten Themen in Deutschland betraf und unwillkommene Geister der Vergangenheit wachrief, hielt er sich zurück, während Presse und Öffentlichkeit Stellung bezogen und sich immer mehr ihrer Vertreter für die jüdische Seite stark machten.

Schließlich hatten Diepgen und sein Senat genug. Im Juni 1997 wurde Barzel seines Postens enthoben. Die fristlose Kündigung des Chefs einer lokalen Kulturinstitution schlägt in der örtlichen Öffentlichkeit stets hohe Wellen, doch den jüdischen Direktor, noch dazu einen Israeli, von der Spitze einer allgemein als jüdisch angesehenen Einrichtung abzuberufen war beispiellos und machte nicht nur in Berlin, sonder landesweit Schlagzeilen. Anstatt das Problem zu lösen, erhitzte die Entlassung die Gemüter weiter, und die Kritik am Verhalten des Berliner Senats wurde noch lauter.

Diepgen hatte auf eine gemäßigte Reaktion der jüdischen Gemeinde gehofft, doch der schlecht gewählte Zeitpunkt der Bekanntgabe von Barzels Entlassung erboste deren Führung, da der Senat ohne vorherige Absprache mit Andreas Nachama, dem frisch gewählten Vorsitzenden der Berliner jüdischen Gemeinde, gehandelt hatte. Die Berliner Juden fühlten sich verpflichtet, sich hinter Barzel zu stellen, und Nachama erklärte, die jüdische Gemeinde wolle nichts mehr mit dieser Angelegenheit zu tun haben. Barzel kündigte Gegenwehr an und drohte mit juristischen Schritten, und gerüchteweise war zu hören, die Bundesregierung habe hinter den Kulissen eingegriffen und Diepgen gedrängt, die Krise rasch zu entschärfen.

Der Schwarze Peter lag jetzt bei Berlins Kultursenator Peter Radunski und seinem Stellvertreter, Staatssekretär von Pufendorf. Letzterer, Nachfahre einer alten preußischen Familie, war ein nachdrücklicher Verfechter des vom Berlin Museum erhobenen Anspruchs auf den Libeskind-Bau. Radunski, ein CDU-Politiker, der weniger aufgrund eines tiefen Kulturverständnisses denn als Wahlkampfleiter Helmut Kohls bekannt geworden war, hatte das Problem lange seinem Stellvertreter überlassen. Doch jetzt blieb ihm keine andere Wahl, als in den sauren Apfel zu beißen und rasch einen geeigneten, für alle Seiten akzeptablen Nachfolger für Barzel zu finden.

Als ich Anfang Dezember zu meinem ersten Besuch als designierter neuer Direktor des Jüdischen Museums nach Berlin flog, glaubte ich recht genau zu wissen, was mich erwartete. Doch die Wirklichkeit übertraf meine Vorstellung bei weitem.

Radunski selbst war zusammen mit von Pufendorf nach Tegel gekommen, um mich persönlich zu empfangen. Mit nervösem Lächeln sah er zu, wie eine Assistentin mir einen riesigen Blumenstrauß überreichte. Ein kurzer Besuch beim Regierenden Bürgermeister verstärkte meinen Verdacht, dass man mit meiner Berufung vor allem gut Wetter machen wollte und dass die Bekanntgabe meiner Ernennung kaum mehr als ein PR-Coup und meine Rolle als Museumsdirektor mehr zeremonieller denn substantieller Art sein sollte. Man glaubte anscheinend, das bloße Erscheinen eines früheren US-Ministers und ehemaligen deutschen Juden würde die Wogen glätten und eine für die Stadt peinliche Kontroverse beenden, und anschließend würden die Museumsprofis, da ich mich nur sporadisch in der Stadt aufhalten würde, weiter ihre eigenen Pläne verfolgen können. Die Lösung, erklärten mir Diepgen und Radunski, sei gefunden – sie nannten das berühmte »integrative Modell« –, und ein handverlesenes Beraterteam stehe bereit, um das Konzept zu erläutern und mich bei seiner Verwirklichung zu unterstützen. Meine höfliche Erwiderung, dass ich vorhätte, mir das Ganze unvoreingenommen anzusehen und dann einen eigenen Plan vorzulegen, wurde mit freundlichem Nicken abgetan. Man rechnete offenbar nicht damit, dass dabei viel herauskommen würde.

Die Illusion, dass meine Berufung zum Direktor des Jüdischen Museums allein schon die öffentliche Erregung lindern und das Interesse der Medien an der Berliner »Museumsaffäre« verringern würde, zerplatzte bereits in der Pressekonferenz im Roten Rathaus, in der ich der Berliner Öffentlichkeit vorgestellt wurde. In Washington waren mir große Säle voller Journalisten, zumal in Krisenzeiten, nicht fremd gewesen. Doch die Phalanx von Fernsehkameras und das Aufgebot von Reportern, die mich in Berlin erwarteten, übertrafen alles, was ich zuvor erlebt hatte, bei weitem. Eine Zeitung schrieb, das Gedränge sei so groß gewesen, dass man hätte meinen können, ein neuer Bundeskanzler würde sich der Presse stellen.[5]

Um zu unterstreichen, dass ich erwartete, das Blatt wenden und die Atmosphäre entspannen zu können, betonte ich die Notwendigkeit eines neuen Geistes der Zusammenarbeit beim Aufbau eines Jüdischen Museums, auf das Berlin stolz sein könne. Den Fragen, mit denen ich bombardiert wurde, war jedoch zu entnehmen, dass es auch nicht annähernd so leicht sein würde, das herrschende Misstrauen zu zerstreuen, wie die Politiker annahmen. Genauso wenig befreite sie meine Ankunft aus ihren Schwierigkeiten. Radunski bemühte sich, einen konzilianten Ton anzuschlagen, und versicherte den Medien, dass ich als Leiter einer »unselbständigen« Stiftung im Rahmen von Güntzers Museum ein beträchtliches Maß an Unabhängigkeit genießen würde. Das hörte sich in meinen Ohren zwar widersprüchlich an – entweder ich war »unselbständig« oder unabhängig –, aber ich beschloss, es für den Augenblick zu ignorieren, und kam stattdessen auf die Bedingungen zu sprechen, unter denen ich die Berufung angenommen hatte. Sie waren den Journalisten offenbar neu, und sie schienen zu spüren, dass sich möglicherweise ein neues Fiasko anbahnte. Als einer von ihnen fragte, was ich tun würde, wenn meine Empfehlungen nicht angenommen werden, antwortete ich in leichtem Tonfall, dass ich dann, ohne deshalb böse zu sein, meinen Hut nehmen würde. Vermutlich zu Radunskis und von Pufendorfs Missvergnügen wurde in den Abendnachrichten insbesondere diese Bemerkung hervorgehoben.

Es dauerte ein Jahr, um eine Vereinbarung über die Aufgabe des neuen Jüdischen Museums, seinen Ort sowie darüber, wie es geleitet und finanziert werden sollte, zu erreichen. Wie versprochen, hatte ich binnen drei Monaten meine Empfehlungen vorgelegt, doch die anschließenden Verhandlungen und Rangeleien mit der Stadt hatten sich volle neun Monate hingezogen. Öffentlichkeit und Medien stellten sich rasch hinter meine Vorschläge, doch Beamte und Politiker hielten hartnäckig an ihren einmal gefassten Vorstellungen fest. Obwohl ihnen eine öffentliche Auseinandersetzung über ein heikles »jüdisches« Thema peinlich war, kam es für sie einfach nicht in Frage, eine Niederlage hinzunehmen. Immerhin lief mein Vorschlag auf die Abkehr von allem hinaus, was sie jahrelang propagiert hatten, und so kämpfte von Pufendorf mit plumpen Manövern und unerträglichem Starrsinn ein Rückzugsgefecht, das er auch dann noch fortsetzte, als das Ende bereits absehbar war.

Kurz gesagt, war ich in meinen Empfehlungen zu dem Schluss gelangt, dass weder ein Museum, das der jüdischen Kunst oder jüdischen Künstlern gewidmet wäre, noch eines, das sich auf die Geschichte der Berliner Juden beschränken würde, sinnvoll wäre. Die meisten meiner privaten Berater hatten mich darauf hingewiesen, dass der bloße Begriff einer »jüdischen Kunst« und die Vorstellung, eine von anderen unterscheidbare Gruppe jüdischer Künstler definieren zu können, höchst problematisch seien. Und Historiker hatten hervorgehoben, dass die Berliner Juden stets integraler Bestandteil eines zusammengehörigen mitteleuropäischen, deutschsprachigen Judentums waren, dessen Siedlungsgebiet sich von Berlin und ganz Deutschland über Wien, Prag und Budapest bis in solch abgelegene Orte im einstigen Habsburger Reich wie Czernowitz in der heutigen Ukraine erstreckte. Daher war die besondere Rolle, welche die gesamte Gruppe deutschsprachiger Juden bei der Herausbildung Deutschlands als einer modernen Nation gespielt hatte – ihr Einfluss auf sämtliche Aspekte der deutschen Gesellschaft, auf Wissenschaft und Kunst ebenso wie auf Medien, Wirtschaft und Finanzwelt –, der für das Verständnis ihres Platzes in der deutschen Geschichte eigentlich bedeutsame Faktor und angemessene Gegenstand eines Museums für jüdische Geschichte in der Hauptstadt des wiedervereinigten Deutschland.

In der Vorstellung vieler junger Deutscher, von denen nur wenige jemals einen Juden kennengelernt hatten, waren Juden Opfer der nationalsozialistischen Verbrechen. Daran erinnerten sie sich aus dem Schulunterricht über den Holocaust. Ihnen ein umfassenderes Bild der historischen Wirklichkeit zu vermitteln schien mir eine sinnvolle Aufgabe zu sein. Insbesondere würde es ihr Verständnis der Geschichte ihres eigenen Landes erweitern, wenn man ihnen zeigte, dass Juden über viele Generationen hinweg als Minderheit, die ihren Beitrag zum Gedeihen des Landes leistete, in Deutschland gelebt hatten, dass in guten Zeiten alle von ihrer Teilhabe am gesellschaftlichen Leben profitiert hatten und dass ihre Diskriminierung in Perioden der Verfolgung allen geschadet hatte. Ich hielt es für eine besonders aktuelle Aufgabe, auf diese Weise herauszustreichen, wie wichtig Toleranz gegenüber Minderheiten in einer grenzenlosen, globalisierten Welt ist.

Deshalb hatte ich als Konzept ein deutsches historisches Museum vorgeschlagen, das in spannender Weise, unter anderem durch Verwendung der für Studenten und andere junge Leute besonders attraktiven elektronischen Medien, die zweitausendjährige Geschichte des deutschsprachigen Judentums von den ersten Anfängen in römischer Zeit bis in die Gegenwart präsentieren sollte. Dafür würde man eine Gruppe von Historikern und Museumsfachleuten anstellen und unabhängig leiten müssen. Außerdem wäre wesentlich mehr Platz als ein paar Räume in einem anderen Zwecken gewidmeten Gebäude erforderlich. Das hieß, dass der Libeskind-Bau, wie schon mein Vorgänger, wenn auch erfolglos, gefordert hatte, als Ganzer dem Jüdischen Museum zur Verfügung gestellt und es mit einem angemessenen Etat von mindestens 18 bis 24 Millionen D-Mark jährlich ausgestattet werden müsste.

Dies war, wie kaum anders zu erwarten, der größte Streitpunkt und wurde von allen meinen Empfehlungen am hartnäckigsten abgelehnt. Doch nichts anderes ergab Sinn. Libeskinds Bau besaß eine tiefe, auf die jüdische Geschichte bezogene Symbolik, weshalb seine Nutzung für historische Ausstellungen, die nichts mit ihr zu tun hatten, völlig unrealistisch gewesen wäre. »Friedrich der Große und seine preußischen Soldaten gehören dort nicht hinein«, hielt ich dem widerstrebenden Regierenden Bürgermeister Diepgen vor, und dieses Argument verfing endlich.

Nachdem eine Einigung erzielt war, dauerte es noch einmal drei Jahre, bis das Innere des Museums umgebaut, die Ausstellung gestaltet, ein Mitarbeiterstab angestellt und alles für die Eröffnungsfeier vorbereitet war. Dabei erhielt ich durch die Erfahrungen während der Arbeit einen Crashkurs darin, was es bedeutet, ein modernes Museum zu betreiben und zu leiten. Ich hatte viel zu lernen, und ohne die Unterstützung einer großen Zahl von engagierten Helfern wäre ich vermutlich gescheitert. Zwei Vertreter der Berliner Kulturszene, die meine engsten Berater wurden, haben sich ganz besondere Verdienste um das Jüdische Museum erworben. Der eine war Peter Raue, Berlins »Mr. Kultur«. Als mein Rechtsberater war er derjenige, der mich sicher durch das Dickicht aus Gesetzen und Verordnungen führte und mir im »Who's Who« der Berliner Entscheidungsträger, die man für sich gewinnen musste, den Weg wies. Sein Einfluss auf das Berliner Kulturleben war überall zu spüren, so auch bei der Verwirklichung des JMB-Projekts. Er ist bis heute mein Berater geblieben – und ein guter Freund.

Der Zweite, der sich um das JMB besonders verdient gemacht hat, ist Michael Naumann, mit dessen Berufung zum ersten Kulturstaatsminister Deutschlands Gerhard Schröder eine glückliche Hand bewies, und es war mein Glück, dass er genau zu dem Zeitpunkt sein Amt antrat, als ich ihn am meisten brauchte. Er begriff rasch das Potential des JMB als über die Grenzen Berlins hinaus wirkendes Symbol der Aussöhnung und bewegte den Bundeskanzler dazu, es unter die Schirmherrschaft des Bundes zu nehmen und ihm für die Erfüllung seiner nationalen Aufgabe Mittel aus dem Bundeshaushalt zuzusichern. Unsere berufliche Beziehung entwickelte sich bald zu einer persönlichen Freundschaft; heute sind er und seine Frau Marie die engsten deutschen Freunde, die Barbara und ich haben.

Das Festbankett am 9. September 2001, mit dem die offizielle Eröffnung des Jüdischen Museums begangen wurde, war ein beispielloses nationales Ereignis, und die großen Berliner Zeitungen jubelten, einen »solchen Aufmarsch von Prominenten dieser Republik« habe es »bislang nicht gegeben, nicht in Bonn, aber auch nicht in Berlin. Der Bundespräsident als Redner, der Bundeskanzler an der Spitze des Kabinetts, der Berliner Senat, dazu Ministerpräsidenten und Abgeordnete und Wirtschaftsführer und der kulturelle Tross der Museumsdirektoren und Beamten.«[6] Daniel Barenboim hatte das gesamte Chicago Symphony Orchestra einfliegen lassen, das die Feierlichkeiten mit einer Aufführung von Mahlers siebter Symphonie in der Philharmonie eröffnete. Für das Galadinner waren mehr als doppelt so viele Anfragen eingegangen, wie Plätze vorhanden waren, und den Museumsmitarbeitern hatte die schwierige Frage von Vorrang und Protokoll – wer sollte berücksichtigt werden und wer nicht – wochenlang schlaflose Nächte bereitet. Auf der Gästeliste von Prominenten aus aller Welt standen unter anderen Henry Kissinger, US-Senator Bill Bradley aus New Jersey, eine große Zahl führender jüdischer Persönlichkeiten aus den USA und Israel, ein Kardinal der katholischen Kirche, der evangelische Bischof von Berlin sowie über ein Dutzend Botschafter. Sogar der Bürgermeister von Schanghai war aus diesem Anlass nach Berlin gekommen.

Der Gegensatz zu der gespannten Atmosphäre, die drei Jahre zuvor geherrscht hatte, war erstaunlich. Alle waren in gehobener, feierlicher Stimmung, und das politische Establishment Deutschlands badete im warmen Glanz des internationalen Lobs für die Förderung des größten und umfangreichsten jüdischen Museums in ganz Europa. Juden waren zufrieden, und die ausländischen Gäste waren beeindruckt. Alle lächelten, Befürworter wie frühere erbitterte Gegner des jetzt gefeierten Museumskonzepts, und niemand schien sich mehr an die endlosen Streitigkeiten der Vergangenheit zu erinnern. Tatsächlich warfen sich selbst die einst hartnäckigsten Grabenkämpfer aus der Berliner Museumsbürokratie in die Brust und beanspruchten das Verdienst an diesem glücklichen Ausgang für sich. Sogar Amnon Barzel, den man zu diesem Anlass ebenfalls wieder nach Berlin eingeladen hatte, war bester Laune, klopfte jedem auf die Schulter und ließ alle wissen, dass dies genau das sei, was er immer gewollt habe, und dass dieser Tag nur aufgrund seiner bahnbrechenden Arbeit möglich geworden sei.

Ein Jahrzehnt nachdem das JMB seine Tore geöffnet hat, ist es weiterhin eine der großen Attraktionen der Hauptstadt, die jährlich mehr als eine Dreiviertelmillion Besucher anzieht. Ganze Busladungen von Deutschen, insbesondere Studenten und anderen jungen Leuten, sowie Touristen aus aller Welt kommen zum JMB, um seine Architektur zu bewundern und sich die Ausstellungen anzusehen. Tausende besuchen die vom Museum veranstalteten Vorträge, Konzerte und anderen Kulturereignisse. Seine Archive gehören zu den umfangreichsten Deutschlands, und den vom JMB jährlich an herausragende deutsche und internationale Persönlichkeiten verliehenen Preis für Toleranz und Verständigung zu erhalten wird als nationale Ehre empfunden. An seiner Verleihung nehmen regelmäßig der Bundeskanzler sowie weitere führende Vertreter von Politik, Wirtschaft und Kultur teil. Neben dem Holocaust-Mahnmal am Brandenburger Tor ist das JMB zum führenden Bestandteil eines landesweiten Netzes von Institutionen und Gedenkstätten geworden, die sowohl an die reiche Geschichte des deutschen Judentums als auch an sein tragisches Schicksals erinnern.

Als ich die Leitung des JMB übernahm, erwartete niemand, einschließlich meiner selbst, dass das JMB auf eine derartige öffentliche Resonanz stoßen und zu einem der beliebtesten Museen Deutschlands werden würde. Tatsächlich hatten die Medien die Einigung auf den von mir vorgelegten Plan als eine Art Wunder bezeichnet. Mit einem kollektiven Seufzer der Erleichterung feierten sie meine Berufung als »Glücksgriff«, schrieben mir nahezu magische Kräfte zu und stritten darüber, wem das Verdienst gebührte, mich für den Posten gewonnen zu haben. Nie zuvor hatte ich von der Presse eine derart einmütige Zustimmung erfahren. Fast über Nacht wurde ich als bedeutende neue Stimme im Konzert der Kulturszene der Hauptstadt gefeiert. »Einer, der das Spiel bestimmt«, bemerkte der *Tagesspiegel.* »[S]elbst [einst] erbitterte Gegner im unwürdigen Museumsstreit reichten sich im Lichte der eingeflogenen Autorität die Hand.«[7] Und ein angesehener Kolumnist der *Zeit* befand, dass ich einen ausgezeichneten Regierenden Bürgermeister abgeben würde.[8] In einem Buch wurde ich unter die einflussreichsten Personen in Berlin gezählt, und bis heute wollen die Medien meine Meinung zu einem breiten Spektrum von Themen wissen.

Was sind die Gründe für diese bemerkenswerte Wende in der Geschichte des JMB-Projekts und für das überschwängliche Lob und das hohe Ansehen meiner Person in Berlin, der Hauptstadt eines Landes, in dem nur ein Viertelprozent der Bevölkerung Juden sind? Eine gute Presse ist um vieles besser als eine schlechte, aber ihre Äußerungen sind gewiss übertrieben, und ich mache mir keine Illusionen darüber, dass dies alles viel mit mir zu tun hätte. Vielmehr liegt der Hauptgrund nach meiner Auffassung in der besonderen Stellung der Juden im heutigen Deutschland und in dem überraschend großen Interesse der Deutschen am Judentum und an jüdischen Angelegenheiten. Die Geschichte des JMB ist daher von Anfang an ein herausragendes Zeichen für die einzigartige Situation der Juden in der zeitgenössischen bundesrepublikanischen Gesellschaft.

Deutsch-jüdische Verhältnisse

Die Nationalsozialisten fachten den Judenhass fanatisch an und versuchten mit allen Mitteln, die Köpfe der Deutschen durch ein Sperrfeuer von antisemitischer Lügenpropaganda zu vergiften. Sie wollten alle Juden vernichten und jede Spur jüdischen Lebens auf deutschem Boden auslöschen, und nach dem Krieg schien es fast, als sei es ihnen gelungen. Von den wenigen Juden, die überlebt hatten, entschlossen sich höchstens 12 000 bis 15 000, wieder in Deutschland zu leben, und die meisten außenstehenden Beobachter pflichteten Leo Baeck, dem einstigen obersten Rabbiner Deutschlands, darin bei, dass »die Epoche der Juden in Deutschland … ein für alle Mal vorbei« sei.

Doch die Geschichte und neue Umstände bringen mitunter Ergebnisse hervor, die sich von den beabsichtigten Zielen der Mächtigen unterscheiden. Heute springen zwei Tatsachen ins Auge: Die erste ist, dass das jüdische Leben in Deutschland nie ganz aufgehört hat und heute wieder in einer wachsenden jüdischen Gemeinde pulsiert. Genaue Zahlen lassen sich nicht angeben, aber mit mehr als 200 000 Juden hat Deutschland die am schnellsten wachsende jüdische Bevölkerungsgruppe der Welt, die heute bereits die neuntgrößte und achtmal größer ist als in den fünfziger Jahren, als ich zum ersten Mal wieder in Deutschland war. Damals trat die Handvoll Juden, die noch dort lebten, öffentlich kaum in Erscheinung, und von einem Dialog zwischen ihnen und der übrigen Bevölkerung konnte kaum die Rede sein. Die meisten Deutschen waren voller Schuldgefühle und Verlegenheit und zu Meistern des »feinen Schweigens« geworden, wie Wolf Lepenies in Anlehnung an Friedrich Nietzsche feststellt.[9] Auch zwei Jahrzehnte später hatte sich noch nicht viel geändert. In einigen Großstädten gab es kleine jüdische Gemeinden, aber in den meisten mittelgroßen und kleinen Städten suchte man sie vergebens. So lebten beispielsweise in Schleswig-Holstein nur 67 Juden, und mit 45 Synagogen und 15 Rabbinern in ganz Deutschland war die Aussicht auf eine Wiederbelebung des jüdischen Lebens immer noch trübe, umso mehr, als die verbliebene jüdische Bevölkerungsgruppe überaltert war.[10] Die Zahl der Todesfälle überstieg diejenige der Geburten um das Achtfache. Nur 700 der 6000 Berliner Juden waren jünger als dreißig Jahre; in ganz Deutschland war die Zahl der über fünfzigjährigen Juden doppelt so groß wie diejenige der unter dreißigjährigen, und drei Viertel der in Ostdeutschland lebenden Juden waren über sechzig Jahre alt.[11]

Heute gibt es nicht nur in allen Großstädten aktive jüdische Gemeinden, sondern auch in vielen kleineren Städten. Nach einer Unterbrechung von einem knappen Vierteljahrhundert besitzt heute auch mein Geburtsort Oranienburg eine kleine Gemeinde eingewanderter russischer Juden und eine aktive Synagoge. Seit dem Fall der Mauer sind in Deutschland nicht weniger als hundert neue Synagogen gebaut worden. Allein in Nordrhein-Westfalen gibt es jetzt zwanzig Synagogen; im Jahr 2008 wurden in einer einzigen Woche zwei neue Gotteshäuser für seine 32 000 jüdischen Bürger eröffnet. Neben Berlin und Frankfurt am Main wurden auch in Dresden und München bedeutende neue jüdische Museen eröffnet, ein weiteres befindet sich in Essen im Bau, und Dutzende kleinerer Städte, in denen einst Juden lebten, tun es diesen Vorbildern nach. In Berlin und anderen Städten gibt es jüdische Schulen, und in Potsdam existiert sogar ein Seminar, an dem jüngst der erste in Deutschland ausgebildete Rabbiner seinen Abschluss gemacht hat.

Die zweite Tatsache besteht darin, dass das Land der Täter gegen Juden gerichteter beispielloser Gräueltaten heute außerhalb Israels zu den ihnen am freundlichsten gesinnten Ländern gehört, in denen das jüdische Leben in besonderer Weise gefördert und geschützt wird. Ebenso bemerkenswert ist, dass die Haltung der Mehrheit der Deutschen zu Juden und ihr Interesse am Judentum eine grundlegende Wandlung durchgemacht haben. Es gibt sicherlich noch Antisemiten in Deutschland; neuesten Studien und den Angaben des Zentralrats der Juden in Deutschland zufolge hegen rund 15 bis 20 Prozent der Bevölkerung in unterschiedlichem Ausmaß mehr oder weniger subtile antijüdische Ansichten. Doch offener Antisemitismus ist – außer am neonazistischen Rand – selten und gilt als Höchstmaß politischer Unkorrektheit. Wenn etwas verbreitet ist – und Besucher in Erstaunen versetzt –, dann ist es ein gewisser Philosemitismus. Darüber hinaus haben viele Deutsche ein Faible für alle Facetten des jüdischen Lebens entwickelt. Juden gelten als Verkörperung von Intelligenz und Rechtschaffenheit, werden ehrerbietig behandelt, selten kritisiert und für gewöhnlich in einem günstigen Licht dargestellt. Eine ganze Reihe der großen deutschen Universitäten bietet jüdische Studien beziehungsweise Judaistik als Studienfach an, das trotz der geringen Berufsaussichten viel Zulauf von Studenten hat. Das JMB erhält selbst bei der Ausschreibung von untergeordneten Stellen regelmäßig mindestens hundert Bewerbungen von nichtjüdischen Judaistikabsolventen, für die eine Anstellung beim JMB ein Glückstreffer wäre.

Salopp gesagt, sind Juden und Jüdischsein in Deutschland heute »in«. In Berlin und anderen Großstädten gibt es auf »jüdisches« Essen spezialisierte Restaurants, Klezmer ist erstaunlich populär, junge Deutsche reisen gern nach Israel, und manche geben ihren Kindern jüdische Namen. Ich habe in Deutschland mehr zum Judentum konvertierte Menschen getroffen als jemals in den Vereinigten Staaten, und ich habe aufgehört, die Deutschen zu zählen, die voller Stolz auf jüdische Vorfahren verweisen. Als ich jung war, hätte man dies sorgfältig verheimlicht; heute scheint es eine Art Ehrenmedaille zu sein.

In den Medien spiegelt sich dieses Interesse an Juden wider. Nach dem Krieg mieden die meisten Deutschen dieses Thema, doch heute veröffentlichen Presse und Verlage fast zwanghaft Erinnerungen von Holocaustüberlebenden oder Gedanken über das tragische Erbe, das der Verlust seiner Juden für Deutschland darstellt. Alle zwei Wochen schickt mir mein Berliner Büro solche Artikel zu, und der Stapel der Zeitungs- und Zeitschriftenausschnitte ist selten dünner als zwei oder drei Zentimeter.

Soweit es darum geht, ein stabileres deutsch-jüdisches Verhältnis zu schaffen, das auf Realismus und gegenseitigem Vertrauen beruht, halte ich den gegenwärtigen Ausnahmestatus, den Juden in Deutschland genießen, und die Neigung großer Teile der Bevölkerung, das Judentum zu idealisieren, jedoch nicht unbedingt für dienlich. Ein Problem bleibt, dass viele Deutsche immer noch relativ wenig über ihre jüdischen Mitbürger wissen. Damit verbunden ist dasjenige der schwierigen Identität der deutschen Juden – die Frage, wie andere sie sehen und wie sie selbst sich sehen. Aufgrund ihrer besonderen Stellung werden Juden in der Regel als »anders« und nicht ganz deutsch betrachtet, als Menschen, die zuerst jüdisch und erst in zweiter Linie deutsch sind, und die Juden zögern umgekehrt oftmals immer noch, sich ganz zu Deutschland zu bekennen. Ich fürchte, wenn diese gegenseitige Wahrnehmung des »Andersseins« bestehen bleibt, könnten daraus in künftigen Belastungssituationen Probleme erwachsen. Ironischerweise ist es gerade die gegenwärtige einzigartig geschützte und bevorzugte Stellung der Juden, die ihre Absonderung festzuschreiben droht, und dieser Zustand ist für sie in Deutschland stets eine Falle gewesen.

Am wichtigsten ist vielleicht, dass auf beiden Seiten immer noch etwas fehlt, nämlich die Bereitschaft, sich offen und ehrlich miteinander zu befassen, und der Mut, bei heiklen Themen miteinander ins Reine zu kommen. Vor dem Hintergrund der schmerzlichen Vergangenheit ist die Reserviertheit auf beiden Seiten verständlich, und sie aufzugeben wird nicht einfach sein. Doch ich sehe darin die entscheidende Voraussetzung für die Schaffung eines völlig normalen Verhältnisses der Juden zu der von ihnen gewählten deutschen Heimat.

Überraschenderweise wissen viele Deutsche, trotz der ständigen Berichte über jüdische Themen in den Medien, weiterhin nur wenig über sie. Ihr Interesse am Judentum und ihren jüdischen Mitbürgern ist eher abstrakt als auf konkretes Wissen gestützt. Nach unseren Erfahrungen im JMB haben die wenigsten unserer Besucher jemals einen Juden kennengelernt, insbesondere die jüngeren nicht; sie kennen zumeist nur einige oberflächliche Fakten über Juden, und ihr Bild von ihnen ist weitgehend auf das beschränkt, was sie in der Schule über ihr Schicksal als Opfer von Auschwitz gelernt haben.

Natürlich gibt es auch besser Informierte und solche, die einen kleinen Kreis von jüdischen Freunden und Bekannten haben, aber auch sie wissen relativ wenig über gegenwärtige jüdische Angelegenheiten in Deutschland. Viele hegen – und idealisieren – das Bild einer deutsch-jüdischen Vergangenheit, die lange vorbei ist, und sprechen mit wehmütiger Melancholie über die Juden, die zu Zeiten ihrer Eltern und Großeltern lebten. »Menschen wie Sie sind Deutschlands größter Verlust«, höre ich oft. Dabei denken die Sprecher an die Zeit vor Hitler, als die Mehrheit der halben Million deutscher Juden gut assimiliert und in die deutsche Gesellschaft integriert war und viele jüdische Familien seit Generationen in Deutschland verwurzelt waren.

Die heute in Deutschland lebenden Juden haben jedoch keine Beziehung zu dieser Vergangenheit und sind außerordentlich heterogen. Sie sind weit weniger assimiliert, gehören verschiedenen ethnischen, kulturellen, religiösen und sprachlichen Gruppen an und unterscheiden sich in Bezug auf das Verständnis ihrer jüdischen Identität und ihre Haltung zu Deutschland erheblich. Deshalb lassen sich nur schwer allgemeine Aussagen über sie machen, was Außenstehenden die Einschätzung des gegenwärtigen jüdischen Lebens in Deutschland zusätzlich erschwert. Frühere deutsche Juden und deren Nachkommen stellen nur einen winzigen Teil der jüdischen Gemeinde. Einen weit größeren Teil bilden Holocaustüberlebende aus Osteuropa, die 1945 in Deutschland geblieben sind, und deren Kinder. In der Nachkriegszeit waren sie es, die das jüdische Leben in Deutschland dominierten und sich für die Interessen der Juden einsetzten. Ignatz Bubis, von 1992 bis zu seinem Tod im Jahr 1999 engagierter und wortmächtiger Vorsitzender des Zentralrats der Juden in Deutschland, gehörte zu dieser Gruppe, ebenso wie die gegenwärtige Vorsitzende Charlotte Knobloch und ihr Stellvertreter Salomon Korn. Weitere bekannte Namen sind unter anderen der *Zeit*-Herausgeber Josef Joffe, der Journalist Henryk M. Broder, meine Stellvertreterin im JMB Cilly Kugelmann, die angesehene Buchhändlerin Rachel Salamander und der Münchener Professor für jüdische Geschichte und Kultur Michael Brenner.

Den bei weitem größten Anteil an der heutigen jüdischen Gemeinde in Deutschland stellen indes – mit nicht weniger als 75 Prozent – nach dem Ende des Kalten Krieges zugezogene Emigranten aus der früheren Sowjetunion. Sie sind zwar überwiegend aus ökonomischen Gründen nach Deutschland gekommen, wurden aber, weil sie angaben, Juden zu sein, mit offenen Armen empfangen. Obwohl in der UdSSR als solche klassifiziert, waren einige von ihnen tatsächlich nur teilweise jüdischer Herkunft, und viele von ihnen besaßen kaum eine echte Beziehung zum Judentum. Als ehemalige Sowjetbürger interessierten sie sich anfangs auch nur wenig für deutsche Kultur, und ihre Erinnerung an die deutschen Verbrechen in der Sowjetunion ist häufig stärker als diejenige an den Holocaust. Mir hat sich eine Begegnung mit einem aus Russland stammenden jüdischen Taxifahrer in Berlin eingeprägt, der auf meine Frage, warum er ausgerechnet nach Deutschland gegangen sei, antwortete: »Ganz einfach, das Leben hier ist viel einfacher als in Russland.« Als ich den Holocaust erwähnte, zuckte er nur mit den Schultern.

Die Tatsache, dass nur wenige Umgang mit Juden haben, und die verbreiteten falschen Annahmen über sie könnten auf lange Sicht problematische Folgen haben. Gewiss sind einige Irrtümer bloß kurios, aber andere haben ernstere Implikationen. Eher amüsant ist die Annahme vieler Deutscher, dass Juden ausschließlich koscher essen. So war meine zutiefst säkulare jüdische Stellvertreterin Cilly Kugelmann erstaunt, als sie kürzlich auf einem Überseeflug feststellte, dass der für die Reiseplanung verantwortliche Museumsmitarbeiter, der kein Jude ist, sich die Mühe gemacht hatte, die Fluggesellschaft darauf hinzuweisen, dass ihr eine koschere Mahlzeit zu servieren sei. Problematischer sind die damit zusammenhängende Frage der Identität und die Neigung vieler Deutscher, Israel und das Judentum in eins zu setzen. Ignatz Bubis erzählt in seinen Memoiren eine vielsagende Episode, die die Verwirrung in den Köpfen vieler Deutscher illustriert:

> »Kein Geringerer als der Präsident der Bundeszentrale für politische Bildung meinte mir bei einem Staatsbankett, das Bundespräsident Roman Herzog für den israelischen Staatspräsidenten Ezer Weizmann gab, versichern zu müssen, dass der Staatspräsident wirklich eine hervorragende Tischrede gehalten habe. Ich erlaubte mir die Bemerkung, dass Bundespräsident Herzog immer hervorragende Reden halte, worauf er mir antwortete: ›Ich meine *Ihren* Staatspräsidenten!‹«[12]

Bubis war deutscher Staatsbürger und nicht nur Vorsitzender des Zentralrats der Juden in Deutschland, sondern auch Mitglied der FDP und eine bekannte öffentliche Figur. In den Medien wurde sogar spekuliert, dass er einen ausgezeichneten Bundespräsidenten abgeben würde. Dennoch ist die Vermutung, dass sich jemand als Jude zuerst Israel und erst in zweiter Linie Deutschland verbunden fühle, keineswegs selten, sondern eine unausgesprochene Annahme, die ich bei vielen Deutschen gefunden habe. Ich erinnere mich an die entsetzte Reaktion eines deutschen Bekannten auf eine kritische Bemerkung, die ich über einen Aspekt der israelischen Politik machte.

Obwohl er vermutlich meiner Meinung war, hätte er es nie gewagt, es zu sagen, und wahrscheinlich betrachtete er meine Kritik nahezu als Verrat an »meinem Land«. Man braucht nicht viel Vorstellungskraft, um zu begreifen, dass dies Juden in den Augen der Deutschen absondert – mit potentiell gefährlichen Folgen.

Tatsächlich ist die Frage der Identität – das Widerstreben, Minderheiten als vollgültige Mitbürger anzuerkennen – ein allgemeineres deutsches Problem. Die Vereinigten Staaten zum Beispiel sind stets ein Einwanderungsland mit einer rassisch und religiös vielfältigen multiethnischen Bevölkerung gewesen. Zwar waren zuzeiten die Diskriminierung von Afroamerikanern, Antisemitismus und in verschiedenen Phasen der amerikanischen Geschichte Vorurteile gegen bestimmte Einwanderergruppen – Iren, Italiener, Asiaten, Latinos – sowie zwischen ihnen durchaus üblich. Aber sobald jemandem die Staatsbürgerschaft verliehen worden ist, wurde und wird seine Identität als Amerikaner nie in Frage gestellt. In Deutschland ist dies nicht so, und das ist etwa für die zweieinhalb Millionen ehemaligen türkischen Gastarbeiter und ihre Familien, die ihr ganzes Leben oder den größten Teil davon in Deutschland verbracht haben, ein großes Problem. Viele von ihnen sind heute deutsche Staatsbürger und sprechen Deutsch, ihre Kinder sind in Deutschland geboren, und nur wenige werden es jemals wieder verlassen. In den Augen vieler Deutscher bleiben sie jedoch Ausländer oder, wie es heute euphemistisch heißt, Bürger mit »Migrationshintergrund«. Als solche werden sie in erster Linie als Türken und erst danach als Deutsche angesehen, was zum einen die Entfremdung und Absonderung der türkischen Bevölkerungsgruppe von Teilen der deutschen Gesellschaft verstärkt und zum anderen ihr eigenes Selbstverständnis des Andersseins verfestigt und ihre volle Integration in die Gesellschaft erschwert. Dies stellt eine tragische Vergeudung einer wertvollen Bevölkerungsressource dar.

Deutsche Juden befinden sich zwar in einer weit besseren Situation. Aber was ihre Identität als Deutsche angeht, gibt es gewisse Ähnlichkeiten. Für die meisten Deutschen ist ein Jude zuerst und vor allem Jude, und sie geben es einem, häufig mit den besten Absichten, mehr oder weniger subtil zu verstehen. »Ich treffe als Amerikaner in Berlin ein«, erkläre ich gelegentlich vor deutschen Zuhörern, »und verlasse es für gewöhnlich als Jude.« Damit will ich sagen, dass Deutsche rasch zu erkennen geben, dass sie sich meines Judentums bewusst sind und dass mich dies in ihren Augen weit stärker definiert als mein Amerikanertum. Wenn ich ihnen erkläre, dass das Jüdischsein – außer bei offen praktizierenden orthodoxen Juden – keinen besonders wichtigen Aspekt der amerikanischen Identität bildet, bin ich nie ganz sicher, dass sie es wirklich verstehen; und wenn ich hinzufüge, gelegentlich würde ich nur durch Zufall erfahren, dass ein Kollege Jude ist, nachdem ich bereits längere Zeit eng mit ihm zusammengearbeitet habe, können es viele einfach nicht glauben.

Kurz, meine Sorge ist, dass die Normalisierung des Verhältnisses zwischen Juden und Nichtjuden – die nach meiner Ansicht eine Conditio sine qua non für eine sichere Zukunft des jüdischen Lebens in Deutschland darstellt – dadurch erschwert wird, dass Juden als irgendwie anders und nicht ganz deutsch angesehen werden.

Auch dass man nicht offen und ehrlich miteinander spricht, behindert Fortschritte auf dem Weg zu Normalität und besserem gegenseitigen Verständnis erheblich. In der frühen Nachkriegszeit bildeten tiefe Hemmungen gegen eine offene Aussprache (auf beiden Seiten) eine unvermeidliche Lebenstatsache. Viele Deutsche verspürten Schuld und Schande und drückten sie dadurch aus, dass sie jedwede Kränkung der Handvoll von Juden, die noch unter ihnen lebten, tunlichst vermieden. Juden mit großem Feingefühl zu behandeln und so vielleicht andere zur Rückkehr zu bewegen war zudem ein Mittel, mit dem sich die junge Bundesrepublik der Welt als Land empfehlen konnte, das es wert war, wieder in die Völkergemeinschaft aufgenommen zu werden, das aus der Vergangenheit gelernt hatte und entschlossen war, ein neues Kapitel zu beginnen. Auf der anderen Seite waren die Hemmungen genauso groß. Die meisten der noch in Deutschland lebenden Juden waren Holocaustüberlebende, denen es enorm schwerfiel, Deutschen zu vertrauen. Viele waren tief traumatisiert, reagierten sehr empfindlich auf jede Brüskierung und waren schnell mit dem Verdacht bei der Hand, dass hinter einer tatsächlichen oder eingebildeten Verunglimpfung antisemitische Motive steckten.

Mir scheint, dass dieses Erbe bis heute das Verhältnis zwischen Juden und Nichtjuden beeinflusst und erschwert. Die ihm zugrunde liegenden Umstände haben sich zwar erheblich gewandelt. Aber alte Gewohnheiten sind nicht leicht abzulegen, insbesondere in der Führung der jüdischen Gemeinde, die weiterhin von der geringer werdenden Zahl von Holocaustüberlebenden und deren Kindern dominiert wird. Die nationalsozialistischen Verbrechen können und sollen weder von der einen noch von der anderen Seite vergessen werden, aber ich glaube, dass es dem Zusammenleben nur zuträglich wäre, wenn sich ein ehrlicherer und weniger zurückhaltender Dialog zwischen Juden und Nichtjuden entwickelte, und zwar je eher, desto besser.

Zur Illustration möchte ich den nicht enden wollenden Streit über die Umbenennung der Treitschkestraße im Berliner Bezirk Steglitz anführen, den ich schon seit langem verwundert verfolge. In meinen Augen ist er ein ausgezeichnetes Beispiel für die Situation der Juden in Deutschland. Einem Außenstehenden erscheint diese immer wieder aufflackernde, von Bürgern, Politikern und Medien mit großer Leidenschaft geführte Debatte über eine so unspektakuläre Frage wie einen Straßennamen merkwürdig übertrieben. Im heutigen Deutschland stellt sie jedoch eine heiße Kartoffel dar, die die gesamte Melange von Empfindlichkeiten und häufig nur unterschwellig ausgedrückten vagen Einstellungen und Ansichten in sich birgt, die bei jeder öffentlichen Frage mit einem vermeintlichen jüdischen Aspekt aufgewühlt wird. Der Steglitzer »Straßenkampf« illustriert auf erhellende Weise, warum sich das Verhältnis zwischen Juden und Nichtjuden bisher nicht normalisiert hat.

Seit hundert Jahren trägt diese Nebenstraße in einem gutbürgerlichen Wohnviertel den Namen Heinrich von Treitschkes (1834 bis 1896), einem der bekanntesten deutschen Historiker der Wilhelminischen Ära, der als Antipode des ebenso berühmten Leopold von

Ranke (1795 bis 1886) dessen Nachfolge als führender Historiker Preußens antrat. Während Ranke auf dem Objektivismus beharrte, betrieb Treitschke die Geschichtsschreibung mit der erklärten Absicht, mit allen ihm zur Verfügung stehenden polemischen und literarischen Mitteln bestimmte politische Ideen zu befördern. Neben seiner Professur an der Berliner Universität gehörte er dem Reichstag an, wo er zu den strikten Nationalisten und Militaristen zählte, die an Machtpolitik glaubten – daran, dass Macht das Wesen des Staates sei – und Bismarcks Politik der Reichseinigung unter protestantischer Führung vehement unterstützt hatten. Seine wissenschaftlichen Arbeiten spiegelten seine politischen Überzeugungen wider (und umgekehrt): Er hegte eine starke Abneigung gegenüber Katholiken und Liberalen, verabscheute Sozialisten – und hasste Juden. Obwohl er seine antijüdischen Anschauungen nuancierter ausdrückte als später die Nationalsozialisten, kann kaum bezweifelt werden, dass er ein überzeugter Antisemit war.* Berühmt geworden ist er unter anderem mit der infamen Behauptung »Die Juden sind unser Unglück«, die der berüchtigte NSDAP-Gauleiter von Mittelfranken, Julius Streicher, später zum Titelmotto seines widerwärtigen antijüdischen Hetzblatts *Der Stürmer* machte.

Vor dem Hintergrund der NS-Zeit und Treitschkes antijüdischen Äußerungen vom Ende des 19. Jahrhunderts will die eine Seite im Steglitzer »Straßenkampf« dessen Namen unter keinen Umständen weiterhin auf den Straßenschildern sehen. Nach ihrer mit Verve vertretenen Auffassung widersprechen Persönlichkeit und Ansichten des Historikers der heutigen öffentlichen Moral, und die Beibehaltung des Straßennamens wäre für Juden beleidigend. Auch die an-

---

* Mein Großonkel Arthur Eloesser erzählt in seinen Memoiren, dass er als Student an der Berliner Universität Treitschkes antisemitische Geschichtsvorlesungen derart abstoßend fand, dass er umgehend zum Studium der Literatur wechselte (»Erinnerungen eines Berliner Juden« [6. Fortsetzung], in: *Jüdische Rundschau*, 9. November 1934, S. 12; vgl. auch Blumenthal, *Die unsichtbare Mauer. Die dreihundertjährige Geschichte einer deutsch-jüdischen Familie*, München/Wien 1999, S. 300 ff.).

dere Seite bekundet Mitgefühl mit den Juden, verweist aber darauf, dass Treitschke ein Patriot gewesen sei, dessen Nationalismus lediglich den Zeitgeist widerspiegele; die Vorwürfe gegen ihn würden auf eine Neuschreibung der Geschichte hinauslaufen. Gleichzeitig weicht der Senat dem Thema aus, da es eine reine Bezirksangelegenheit sei, während sich die Bezirkspolitiker je nach der gerade aktuellen politischen Konstellation in verschiedenen Koalitionen auf die eine oder andere Seite schlagen. Dabei werden die Gegner der Namensänderung ständig von der Furcht verfolgt, als Antisemiten gebrandmarkt zu werden, auch wenn dieser Vorwurf kaum einmal explizit erhoben wird. Das eigentliche Thema – die Ablehnung der Namensänderung und der Unmut über eine übereifrige politische Korrektheit in Bezug auf eine Frage mit einem jüdischen Aspekt – wird selten direkt angesprochen, und wenn, dann in hochemotionaler und verschlungener Weise. (Gegenwärtig besteht ein wenig überzeugender Kompromisszustand: Der Straßenname ist geblieben, aber auf einem Zusatzschild unter den Straßenschildern wird auf die gegensätzlichen Ansichten der Historiker über Treitschke hingewiesen.)

Einen Straßennamen ändern zu wollen, mit dem sich die Anwohner seit Menschengedenken identifizieren, musste Unmut hervorrufen. Aber im heutigen Deutschland sind besorgte Bürger stets schnell zur Stelle, wenn es darum geht, etwas zu unterstützen, was sie als jüdisches Interesse wahrnehmen, wie trivial oder umstritten es auch sein mag, und ganz gleich, ob sie von jüdischen Mitbürgern darum gebeten wurden, oder nicht. Das geschieht ständig, so auch in der Frage der Treitschkestraße, obwohl dort, wenn überhaupt, nur wenige Juden wohnen und von jüdischer Seite, soweit ich weiß, nie offiziell Protest gegen den Straßennamen eingelegt worden ist. Doch der Einsatz, mit dem projüdische Initiativen vorangetrieben werden, grenzt mitunter an Übereifer und verärgert jenen größeren Teil der Bevölkerung, der ihnen zwar nicht grundsätzlich ablehnend gegenübersteht, aber sich weniger für diese Themen engagiert. Darüber hinaus ist der Streit über die Treitschkestraße ein gutes Beispiel dafür, dass bei Themen mit einem vermeintlichen jüdischen Aspekt die wahren Ansichten und Gefühle selten ganz ausgesprochen werden.

Die Gefahr, des Antisemitismus beschuldigt zu werden, macht jüdische Themen generell zu heißen Eisen, weshalb nur wenige Deutsche bereit sind, sie anzupacken. Dies ist der Hauptgrund für das Widerstreben, seine wahren Ansichten zu äußern, und dafür, dass in den Debatten Codeworte benutzt werden, um heikle Themen und gegensätzliche Interessen zu verschleiern. Außerdem erklärt es, warum solche Debatten so schnell mit Emotionen aufgeladen werden, sobald das Thema des Antisemitismus angeschnitten wird.

Die Steglitzer Kontroverse illustriert mehrere Besonderheiten der gegenwärtigen Situation der Juden in Deutschland. Das Widerstreben, offen zu sprechen, um ja nicht als Kritiker jüdischer Angelegenheiten zu erscheinen, ist eine von ihnen. Zum Beispiel war die Führung der Berliner Jüdischen Gemeinde bis 2007 in einen hässlichen internen Streit über Geld und Macht verstrickt, in dem bösartige Verschwendungs- und Betrugsvorwürfe erhoben wurden. Da es auch um öffentliche Mittel ging, wäre es nicht überraschend gewesen, wenn die Medien Stellung bezogen hätten. Doch obwohl die Anschuldigungen allgemein bekannt und eine Reihe dubioser Personen beteiligt waren, hielt sich die Presse erstaunlicherweise mit kritischen Berichten zurück. Wenn ich im Gespräch mit deutschen Freunden mein Missfallen über die Vorgänge äußerte, die offensichtlich nicht nur eine unappetitliche jüdische Familienangelegenheit, sondern ein Berliner Skandal waren, reagierten sie unweigerlich verlegen und erwiderten mit einer Feststellung, die ich zur Genüge kannte: »Sie können das sagen – wir nicht!«

Am direktesten habe ich diese Aussage im Zusammenhang mit meiner Beteiligung an der dramatischen »Degussa«-Debatte im Kuratorium des Holocaust-Mahnmals gehört, jenem unweit des Brandenburger Tors angelegten riesigen Steingarten zum Gedächtnis an die ermordeten Juden. Auch dieses bemerkenswerte Denkmal, das heute jeden Tag Tausende von Besuchern anzieht, verdankt seine Existenz der jahrelangen entschlossenen Überzeugungsarbeit einer privaten Gruppe von zumeist nichtjüdischen Bürgern. Da es mit öffentlichen Mitteln errichtet wurde, war ein großes, über dreißig Mitglieder zählendes Kuratorium unter Vorsitz des damaligen Bundestagspräsidenten Wolfgang Thierse berufen worden, um die Bauarbeiten zu beaufsichtigen. Nur wenige der Mitglieder waren Juden; die Mehrheit waren nichtjüdische Bürger und Politiker. Ergänzt wurde die Runde durch einige nicht gebundene »Außenstehende«, einschließlich meiner selbst als einzigem Nichtdeutschen.

Über das Mahnmal war jahrelang gestritten worden, und der wohlmeinende Thierse hatte alle Hände voll zu tun gehabt, um für Ordnung zu sorgen. Zu einem recht späten Zeitpunkt brach plötzlich eine Krise aus, die das ganze Projekt zu kippen drohte. Alexander Brenner, der damalige Vorsitzende der Berliner Jüdischen Gemeinde, hatte entdeckt, dass die 2711 Stelen des Mahnmals mit einem Überzug versehen werden sollten, der bei einem Unternehmen gekauft worden war, dessen Name bei Juden dunkle Erinnerungen auslöst – Degussa. In der NS-Zeit hatte Degussa das aus den Zähnen der jüdischen Opfer herausgebrochene Gold eingeschmolzen. Noch schlimmer war, dass die Firma auch das Mittel geliefert hatte, mit dem in Auschwitz Juden ermordet wurden, und jetzt bestand Brenner darauf, den Vertrag mit Degussa augenblicklich zu kündigen und die große Zahl bereits behandelter Stelen wegzuwerfen. Allerdings wären die Kosten für den Austausch oder die Neubearbeitung der Stelen astronomisch gewesen, und dafür war kein Geld da; außerdem stand kein anderer Anbieter bereit.

Es folgte eine leidenschaftlich geführte Diskussion. Mindestens ein halbes Dutzend deutsche Kuratoren überschlugen sich förmlich, um Brenner zu unterstützen, während andere auf die Komplikationen hinwiesen, ohne zu wagen, sich ihm direkt entgegenzustellen. Doch der Großteil der Kuratoren saß in betretenem Schweigen daneben. Niemand wusste eine Lösung, und als Thierse die Sitzung unterbrach, herrschte heillose Verwirrung. Das Kuratorium stand vor einem Dilemma, freilich keinem ungewöhnlichen. Niemand bestritt, dass die Degussa von heute, abgesehen von ihrem besonders unheilvollen Namen, nichts mit der Vorgängerfirma aus den vierziger Jahren gemein hatte und dass sie sich insoweit in keiner Weise von mehreren anderen Vertragsunternehmen und allen anderen deutschen Großunternehmen, deren Wurzeln ins Dritte Reich zurückreichen, unterschied. Kaum jemand, der damals tätig war, ist heute noch am Leben, die Nachfolgemanagements sind durch Generationen von den NS-Verstrickungen getrennt, und in buchstäblich allen Fällen, einschließlich Degussa, zeichnen sie sich seit langem durch Wohlwollen und Unterstützung für jüdische Belange aus. Brenners Forderung nachzugeben hätte logischerweise auch die Kündigung mehrerer anderer Auftragnehmer bedeutet und damit das ganze Projekt gefährdet.

Nach einigem Zögern meldete ich mich schließlich zu Wort. Als Jude, erklärte ich, habe der Name Degussa auch in meinen Ohren einen furchtbaren Klang, aber deshalb das heutige Management zu bestrafen, das seit vielen Jahren unzweifelhaft einen anderen Kurs verfolge, erscheine mir als unklug. Immerhin seien es die Deutschen, die das Mahnmal zu Ehren der Opfer der NS-Verbrechen wollten, und genau diese deutschen Unternehmen hätten die Initiative massiv unterstützt. Das müsse man anerkennen. Als wohlgesinnter außenstehender Beobachter und Jude, schloss ich, sähe ich die Zukunftsaufgabe für nichtjüdische Deutsche und die jüdische Minderheit darin, eine neue, normalere Beziehung zueinander aufzubauen, und dies sei ein kleiner Schritt dahin.

Ich hatte eine Viertelstunde geredet, und als ich verstummte, trat zunächst für einen Augenblick ein unsicheres Schweigen ein, doch dann war das Eis gebrochen, und die Erleichterung war deutlich zu spüren. Mir wurden viele dankbare Blicke zuteil, und einige Kuratoren, die bisher geschwiegen hatten, nahmen ihren Mut zusammen und unterstützten mich. Als Thierse abstimmen ließ, entschied sich eine große Mehrheit dafür, weiterzumachen wie geplant. Vor dem Sitzungsraum hörte ich von vielen Seiten das bekannte Lied: »Wir waren immer dieser Meinung, aber nur Sie konnten es sagen – wir nicht!«

Heute wird das Holocaust-Mahnmal als großer Erfolg betrachtet, und der Degussa-Streit ist längst vergessen.

Zusammengefasst bedeutet dies alles aus meiner Sicht, dass Deutschland, als ich in den dreißiger Jahren dort aufwuchs, für Juden einer der schlechtesten Orte der Welt war, während er heute für sie einer der besten ist.

Zu meinen lebendigeren Kindheitserinnerungen gehört diejenige an die Atmosphäre von Vorsicht, Unsicherheit und Angst, von der die Generation meiner Eltern bedrückt wurde. Wir Kinder waren in regulären deutschen Schulen nicht willkommen, doch gleichzeitig protestierten einige Nachbarn der jüdischen Schule, die ich besuchte, lautstark gegen die »Judenschule« in ihrer Straße. In unserem Wohnhaus am Kurfürstendamm in Berlin schüchterten uns unsere Nachbarn mit ihren Uniformen, Hakenkreuzabzeichen und kalten Blicken ein, während diejenigen, die uns weiterhin freundlich gesinnt waren – von denen es stets einige gab –, ihre Sympathie nur privat ausdrückten, *sotto voce* und außerhalb der Hörweite anderer. Die Zivilcourage, seine positive Einstellung in gewissem Maß offen zu zeigen, war selten. Viele Nachbarn sahen einfach weg und schwiegen.

Der Unterschied zur Situation der heutigen jüdischen Berliner könnte kaum größer sein. Heute gibt es wieder zwei jüdische Schulen, doch die Kinder, die sie besuchen, tun es absolut freiwillig; zudem sind rund ein Drittel der Schüler keine Juden, und deren Eltern haben sich ebenfalls aus freiem Willen entschieden, ihre Kinder auf diese Schulen zu schicken. Um von mir selbst zu reden, so habe ich dieser Tage im Zentrum von Berlin eine Wohnung gemietet, und die herzliche Begrüßung durch meine Nachbarn ist einer der Gründe, warum ich mich alle zwei Monate darauf freue, dorthin zurückzukehren.

Im nationalsozialistischen Deutschland nahm die jüdische Bevölkerung ständig ab, und ihre Aussichten waren düster. Heute sieht die Zukunft heller aus, und der Willkommensteppich ist ausgerollt für einen steten Zustrom neuer jüdischer Mitbürger. Noch immer gibt es weit mehr Gräber auf dem weitläufigen jüdischen Friedhof in Weißensee als lebendige jüdische Berliner, aber deren Zahl steigt wieder. Neben den Juden aus Osteuropa, die in den neunziger Jahren kamen, zieht es ständig junge Juden aus aller Welt in die Stadt, einschließlich – erstaunlicherweise – einer überraschend großen Zahl von Israelis, die in zweiter oder dritter Generation Nachkommen früherer deutscher Juden sind. Auf die Frage, warum er sich für das Land entschieden habe, in dem einst mörderische Verbrechen an seinen Vorfahren verübt wurden, führte der 26-jährige Gilad Hochman, in Israel geborener Enkel einer Holocaustüberlebenden, das deutsche Erbe der klassischen Musik und die freundliche Aufnahme durch die Menschen an. »Meine Oma hatte am Arm eine Nummer eintätowiert«, fügte er hinzu, »sie hat ein Konzentrationslager überlebt. Aber es ist nicht meine Aufgabe, über die deutsche Geschichte zu richten.«[13] Er ist nicht der Einzige, der so denkt: 2006 beantragten erstaunliche 4313 Israelis die deutsche Staatsbürgerschaft.

Dennoch ist das Verhältnis zwischen den Juden und den nichtjüdischen Deutschen, unter denen zu leben sie sich entschieden hatten, in dem halben Jahrhundert nach dem Krieg zumeist ambivalent und nie ganz frei gewesen vom Bezug auf die Vergangenheit. Dies trifft sowohl auf die Führung der jüdischen Gemeinde als auch auf diejenigen Juden zu, die sich regelmäßig in der deutschen Presse zu Wort melden, wie Henryk M. Broder, Rafael Seligmann, Micha Brumlik und Michael Wolffsohn, um nur einige zu nennen, und jeweils auf eigene Weise über diese Last nachdenken. Wie könnte es anders sein? Unter dem Strich haben sie, glaube ich, in den Nachkriegsjahren als jüdische Stimmen gegenüber der übrigen Bevölkerung eine ebenso wichtige wie notwendige Rolle ausgefüllt, und ihre Warnungen vor der Schlussstrichmentalität mancher nichtjüdischer Deutscher – dem Wunsch, mit der unangenehmen Vergangenheit abzuschließen und sich nicht mehr an sie erinnern zu müssen – waren von großem Wert.

Doch die Zeit vergeht, und mittlerweile sind die gemeinsamen Erinnerungen eher historischer als persönlicher Art, weshalb sich auch das Verhältnis der deutschen Juden zu ihren Mitbürgern verändern muss. Künftige Generationen von nichtjüdischen und jüdischen Deutschen werden lernen müssen, in einer weniger gezwungenen, normaleren Atmosphäre zusammenzuleben, die auf der vollen Anerkennung als deutsche Mitbürger beruht. Dies ist heute noch nicht der Fall.

Den Juden in Deutschland wird nicht in alle Zukunft eine Sonderstellung eingeräumt werden. Das ist auch nicht wünschenswert, denn auf lange Sicht bringt es ebenso viele mögliche Probleme wie Vorteile mit sich. Der Übergang zu größerer Normalität wird nur schrittweise vor sich gehen und für jene Juden nicht einfach zu akzeptieren sein, die die Einzigartigkeit ihrer Sonderstellung sowie den materiellen und psychologischen Nutzen, den sie aus ihr ziehen, gewohnt sind – und, ja, auch genießen. »Der ›jüdische Bonus‹, den wir genossen und aus dem wir Nutzen gezogen haben, wird verschwinden«, sagte jüngst ein führendes Mitglied der jüdischen Gemeinde zu mir. »Aber es wird einen Ausgleich geben, und ich werde nicht gerade unglücklich sein, wenn es geschieht.«

Für die breitere deutsche Bevölkerung wird es ein Lernprozess sein, wenn auch letztlich ein heilsamer. Für sie besteht die Aufgabe darin, sich daran zu gewöhnen, alle Minderheiten in ihrer Mitte, einschließlich der Juden, als Deutsche anzuerkennen, nicht auf der Grundlage von »Blut«, Religion oder Volkszugehörigkeit, sondern auf der Grundlage einer gemeinsamen Staatsbürgerschaft. Dies widerspricht immer noch tiefverwurzelten deutschen Instinkten, doch ihre Überwindung ist in einer globalisierten Welt ohne Grenzen unerlässlich. Darüber hinaus machen es die demographischen Gegebenheiten in Deutschland erforderlich.

Die Einwanderungsfrage

Deutschland hat ein großes Bevölkerungsproblem, das sich in den kommenden Jahren sicherlich auf das nationale Leben auswirken wird. Wie viele westeuropäische Länder, allerdings in noch stärkerem Maß als die meisten anderen, erlebt Deutschland eine Art demographisches Abschmelzen der Bevölkerung, das heißt eine Schrumpfung und Alterung. Wird dem nicht Einhalt geboten, wird es unweigerlich die internationale Wettbewerbsfähigkeit und den Lebensstandard des Landes beeinträchtigen.

Die grundlegenden Fakten werden von kaum jemandem bestritten. Während die Bevölkerung in den meisten westeuropäischen Ländern schrumpft und altert, ist die Entwicklung in Deutschland besonders ernst, weil die Geburtenrate zu den niedrigsten gehört (diejenige Italiens ist geringfügig niedriger) und schneller gesunken ist als überall sonst. Lag laut Bevölkerungsstatistik der UNO die durchschnittliche Zahl der Geburten pro Frau in gebärfähigem Alter (die Fruchtbarkeitsrate) in den siebziger Jahren noch bei 1,58, so sank sie in den Jahren 2000 bis 2005 auf 1,32. In den Vereinigten Staaten dagegen stieg die Fruchtbarkeitsrate im selben Zeitraum an.

Projiziert man diesen Trend, ohne einen ausgleichenden Zustrom von Arbeitskräften, in die Zukunft, dann sind die Folgen für Deutschland gravierend. Man schätzt, dass die Bevölkerung in den nächsten vierzig Jahren um ein Drittel schrumpfen und am Ende des Jahrhunderts nur noch halb so groß sein würde. Nimmt man auch nur eine bescheidene Erhöhung der Lebenserwartung an, würde das Durchschnittsalter bis zur Jahrhundertmitte von vierzig auf fünfzig Jahre steigen (in den USA liegt es bei gut dreißig Jahren), und das Verhältnis der über 65-Jährigen zur arbeitenden Bevölkerung zwischen 20 und 64 Jahren würde sich verdoppeln.[14] Eine derart große Schrumpfung der arbeitenden Bevölkerung im Verhältnis zu den Rentnern würde das Umlagesystem des deutschen Sozialstaats sprengen, das der ehemalige Bundeskanzler Helmut Schmidt kürzlich »die größte kulturelle Leistung, die wir im Laufe des schrecklichen 20. Jahrhunderts zustande gebracht haben«, genannt hat.[15]

Entscheidende Voraussetzungen des deutschen Sozialstaats der Nachkriegszeit, die Deutschland zu einer der größten Exportnationen der Welt gemacht haben, waren die hohe Produktivität einer effizienten Arbeitnehmerschaft und ein relativer Arbeitsfrieden. Menschen waren und sind die wertvollste Ressource Deutschlands, und wenn keine Maßnahmen ergriffen werden, den Trend zur

Schrumpfung und Alterung der Bevölkerung umzukehren, wird all dies in Gefahr geraten. Insbesondere, darin sind sich die meisten Experten einig, ist ein auf Dauer angelegtes staatliches Programm vonnöten, um jedes Jahr rund 300 000 Einwanderer anzuwerben, die erforderlich sind, um die Bevölkerung annähernd auf dem heutigen Stand zu halten. Über viele Jahre hinweg eine solch große Zahl von Einwanderern zu integrieren, wäre überall eine große Herausforderung, besonders aber in Deutschland, wo Vergleichbares noch nie geschehen ist und wo die Vorstellung einer ethnisch homogenen Gesellschaft noch tief in der nationalen Psyche verwurzelt ist. Deshalb scheint es mir erforderlich zu sein, neben einer offensiven Einwanderungspolitik auch ein Programm auf den Weg zu bringen, um die Integration der Einwanderer zu fördern und den Weg zu ihrer Aufnahme als voll anerkannte, gleichberechtigte Staatsbürger zu ebnen.

Dass bisher lediglich relativ bescheidene Schritte in diese Richtung unternommen worden sind, ist für mich überraschend, denn es ist sicherlich eine vorrangige Aufgabe, und je länger man sie hinausschiebt, desto schwerer wird sie.

Wie komplex die Einwanderungsfrage ist, mit der Deutschland konfrontiert ist, zeigt der unklare Status der Deutschtürken. Die anfängliche Annahme, die türkischen Gastarbeiter, die in der Boomphase der sechziger und siebziger Jahre angeworben wurden, um den Arbeitskräftemangel der Nachkriegszeit auszugleichen, würden eine Weile bleiben und dann wieder in ihre Heimat zurückkehren, gilt schon lange nicht mehr. Die meisten sind nicht wieder zurückgegangen, sondern haben im Gegenteil Verwandte und Ehepartner für ihre Kinder nachgeholt. Darüber hinaus sind in der türkischen Kultur große Familien üblich, während Deutsche spät (oder überhaupt nicht) heiraten und nur wenige Kinder haben. Heute bilden die zweieinhalb bis drei Millionen Türken die größte – und am schnellsten wachsende – Minderheit des Landes. Ihre Kinder und Enkel sind in Deutschland geboren, und eine wachsende Zahl von ihnen besitzt einen deutschen Pass.

Im Lauf der Jahre habe ich eine ganze Reihe von ihnen näher kennengelernt. Sie betreiben Geschäfte und Restaurants, die das deutsche Leben in vieler Hinsicht bereichern; ihre Kinder studieren, einige sind erfolgreiche Akademiker und Freiberufler, und manche sind in der Politik aktiv. Das JMB hat mehrere deutschtürkische Mitarbeiter, und Bülent Durmus, einer meiner Stellvertreter, ist ein enger Kollege und Freund.

Dies sind allerdings immer noch Ausnahmen. Nach einem halben Jahrhundert gehören noch zu viele Deutschtürken der schlecht in die deutsche Gesellschaft integrierten Unterschicht an, die in unterdurchschnittlich ausgestatteten Wohnungen in ghettoähnlichen Enklaven in den ärmeren Stadtvierteln der Großstädte wohnt. Überproportional viele ihrer Kinder beenden die Schule nicht, finden nur schwer Ausbildung und Arbeit, tendieren zum Schwänzen und Unruhestiften und bleiben auf Dauer Außenseiter. Dass dies ein unglückseliger Zustand ist, wissen alle. Sich selbst überlassen und von der deutschen Gesellschaft abgeschnitten, doch in vieler Hinsicht bereits eher deutsch als türkisch, sind sie Fremde in ihrer »Wahlheimat«. Da die übrige Bevölkerung sie nicht als echte Deutsche akzeptiert, klammern sie sich aus Wut über diese Identität des »Andersseins« umso verbissener an Sprache und Kultur ihres Herkunftslandes. Gleichzeitig beklagt sich die Öffentlichkeit darüber, dass sie sich weigern, Deutsch zu lernen, und an fremden Werten, Sitten und Kleidervorschriften festhalten, und fürchtet sich vor ihrer Religion, über die sie wenig weiß und die sie nicht versteht. Und besonders in wirtschaftlichen Krisenzeiten gibt es immer Politiker, von rechten und linken Extremisten ganz zu schweigen, die solche verbreiteten Ängste und Vorurteile für ihre Zwecke ausnutzen.

Für viele Deutschtürken, selbst die stärker assimilierten, ist Deutschland daher kein besonders freundlicher Ort. Jüngsten Meinungsumfragen zufolge fühlt sich jeder zweite von ihnen in Deutschland unerwünscht und nicht zugehörig. In einer Art Teufelskreis wird von ihnen erwartet, ihre Kultur aufzugeben, während sie wütend auf das Gefühl des Unerwünschtseins reagieren, den Zwang zur Konformität zurückweisen und die Assimilation genau aus diesem Grund ablehnen. Obwohl vor allem sie selbst die Last der Folgen zu tragen haben, wäre sie in ihren Augen ein zu hoher Preis, und so bleiben die gegenseitige Distanz, Ablehnung und Verbitterung bestehen. Türken werden »zu dem ewigen ›Ausländer‹ gemacht«, wie ein türkischer Beobachter anmerkte.[16] Selbst diejenigen, die in Deutschland geboren sind und den sozialen Aufstieg geschafft haben, verspüren eine geteilte Loyalität. Nach ihrer Ansicht kann man gleichzeitig Moslem sein, sein türkisches Erbe bewahren und ein guter Deutscher sein. Dies werde von den Deutschen jedoch extrem erschwert. »Um in Deutschland wirklich Deutscher zu sein, reicht ein deutscher Pass nicht«, erklärt ein deutschtürkischer Rechtsanwalt und prominentes FDP-Mitglied. »Auch gut deutsch zu sprechen ist nicht genug. Solange ich heiße, wie ich heiße, und aussehe, wie ich aussehe, werde ich für viele Deutsche nie einer von ihnen sein. Ganz zu schweigen davon, dass ich nicht Christ bin und auch nicht die Absicht habe, einer zu werden.«[17]

Wenn ich mit deutschen Freunden darüber spreche, bekomme ich regelmäßig eine allzu leichte Ausflucht zu hören, die ebenso verbreitet wie falsch ist. »Im Gegensatz zu euch Amerikanern«, wird mir dann entgegnet, »sind wir kein Einwanderungsland. Das ist nicht unsere Tradition, und deshalb empfinden wir anders.« Tatsächlich wird diese Behauptung weder durch die deutsche Geschichte noch durch die gegenwärtige Realität gestützt. Hitlers Vorstellung von einer blonden, blauäugigen deutschen Rasse war stets ein Hirngespinst, denn Deutschland hat jahrhundertelang Einwanderer aus allen Ecken Europas angezogen – französische Hugenotten im 18. Jahrhundert, Slawen aus Polen und Russland, Böhmen aus dem Südosten und Juden aus dem Osten und dem Mittelmeerraum. Sie vermischten sich über lange Zeit mit den Einheimischen und wurden, von manchen Juden abgesehen, erfolgreich absorbiert. Darüber hinaus strömten in den Nachkriegsjahren nicht nur Türken, sondern auch Serben, Kroaten und Kosovaren aus dem damaligen Jugoslawien, Kurden, Iraner und Israelis aus dem Nahen und Mittleren Osten, Italiener, Polen, russische Juden und andere ins

Land – Menschen aus insgesamt 33 Einwanderergruppen, bis hin zu Afrikanern und Chinesen.[18]

Vielen Deutschen scheint nicht klar zu sein, dass heute 12 bis 13 Prozent der deutschen Bevölkerung im Ausland geboren sind, also ungefähr der gleiche Anteil wie im Mustereinwanderungsland USA. In Berlin ist jeder vierte Einwohner ein Einwanderer, bei 6- bis 15-Jährigen liegt der Anteil bei über 40 Prozent.[19] Mit einer Nettozuwanderung von 2,6 Millionen Menschen zwischen 1991 und 2006 ist Deutschland, laut dem *Wall Street Journal*, in jüngster Vergangenheit das bei weitem größte Einwanderungsland in der EU. Um dies zu illustrieren, könnte man darauf verweisen, dass fast die gesamte Sturmreihe der deutschen Fußballnationalmannschaft – allesamt deutsche Staatsbürger – ausländisch klingende Namen trägt.

Obwohl solche Vergleiche nie vollkommen sind, ist mir doch aufgefallen, dass die Deutschtürken heute in einer Art angesehen und kritisiert werden, die mich auf unheimliche Weise an die historische Erfahrung des deutschen Judentums erinnert. Manche Einstellungen, die gegenüber beiden Minderheiten zutage treten, haben sich offenbar bis heute gehalten. So ist im öffentlichen Bewusstsein verankert, dass die Hauptidentität der Deutschtürken türkisch sei, so wie Juden angeblich zuerst und vor allem Juden sind. Beiden Gruppen wird eine vollständige oder teilweise Bindung an ein anderes Land unterstellt, ob nun die Türkei oder Israel. Die türkische Kultur und der Islam werden kaum verstanden und vage als undeutsch und fremdartig gefürchtet, und den Türken wird, so wie einst den Juden, vorgeworfen, sie sonderten sich ab, verweigerten die Assimilation und stellten eine Gefahr für den Kernbestand deutscher Werte dar.

Auch die zugrunde liegenden ökonomischen Ängste und finanziellen Erwägungen sind sich nicht unähnlich. So wie den Juden einst unterstellt wurde, sie würden mit allen geschäftlichen Tricks arbeiten und wollten ehrliche Deutsche über den Tisch ziehen, so werden die ärmeren Deutschtürken von heute mit Kriminalität und Betrug am Sozialstaat in Verbindung gebracht. Als der ehemalige hessische Ministerpräsident in der Hitze eines Wahlkampfs von »kriminellen Ausländern« sprach, wurde dies allgemein verurteilt, doch die Methode, auf Vorurteile einzugehen, unterschied sich nicht sehr von derjenigen antisemitischer Politiker, die antisemitische Vorurteile förderten, indem sie die »jüdische Karte« ausspielten. In meinen Ohren klingt das alles nur allzu vertraut, und wenn ich die gelegentlich geäußerte Warnung vor einer von den Türken ausgehenden Gefahr einer »Islamisierung« Deutschlands höre, muss ich automatisch an dieses belastete Wort von der »Verjudung« denken, das im nationalsozialistischen Deutschland so häufig benutzt wurde.

Deutschland ist bereits weit fortgeschritten auf dem Weg zu einer multiethnischen Gesellschaft. Diese Tatsache ist auf den Straßen, in den Schulen und in allen Bereichen des täglichen Lebens zu bemerken, auch wenn die Konsequenzen noch nicht ganz ins öffentliche Bewusstsein des durchschnittlichen Deutschen vorgedrungen sind. Darüber hinaus führt angesichts der demographischen Entwicklung und in einer Welt der offenen Grenzen kein Weg daran vorbei, dass noch weit mehr multiethnische Einwanderer aufgenommen werde müssen. Nach meiner Ansicht stehen die Deutschen in den nächsten Jahren vor der Aufgabe, einerseits eine offensivere, mit den nationalen Erfordernissen übereinstimmende Einwanderungspolitik zu betreiben und andererseits mit höchster Priorität Programme zur Förderung der Integration der neuen Einwanderer in die nationale Gesellschaft zu verwirklichen. Einige Fortschritte sind bereits erzielt worden, aber noch nicht annähernd genug. Es sind noch viele staatliche und private Initiativen vonnöten. Die Erfahrung zeigt, dass die Assimilation von ethnisch vielfältigen Einwanderergruppen Geduld erfordert und Zeit braucht. Seine eigene Sprache und Kultur zu behalten muss einen nicht daran hindern, sich für eine neue nationale Identität zu entscheiden. Tatsächlich stellt die Vielfalt eine Kraftquelle multiethnischer Gesellschaften dar. In den Vereinigten Staaten, dem klassischen Einwanderungsland, hat sie der Anerkennung von Einwanderern als Amerikaner nie im Weg gestanden.

Sicherlich handelt es sich um eine Generationenfrage, die Situation wird sich im Lauf der Zeit verändern. Bei Deutschtürken ist dieser Prozess bereits im Gang, doch er erfordert Toleranz und Offenheit auf allen Seiten. Um ihn voranzubringen, sind vor allem nachhaltige Bildungsprogramme nötig – staatliche wie private –, die die gegenseitige Toleranz und das Verständnis füreinander stärken. Ein Anfang ist gemacht, aber er reicht nicht aus. Die Bundeskanzlerin wirft bei gelegentlichen »Migrationsgipfeln« das Gewicht ihres Amts in die Waagschale, und bei Bund, Ländern und Kommunen kümmern sich Integrationsbeauftragte (oder Beauftragte für Migration und Integration) um das Problem. Das Einbürgerungsrecht ist kürzlich vereinfacht und die seit langem überfällige Änderung der Definition des Deutschtums vorgenommen worden, indem neben dem »Blut« (dem traditionellen *ius sanguinis*) der Geburtsort *(ius soli)* als Anspruchsbegründung eingeführt wurde. Nach der Gesetzesänderung muss nun ein ähnlicher Wandel im öffentlichen Bewusstsein folgen.

Leben in Berlin

Für diejenigen von uns, die mit den Qualen der deutschen Geschichte des 20. Jahrhunderts in nähere Berührung gekommen sind, ist das Deutschland von heute nichts weniger als ein Wunder. Dass am Ende des Jahrhunderts plötzlich ein friedliches wiedervereinigtes Deutschland entstand – demokratisch, stabil, prosperierend und ökonomisch an erster Stelle in der sich herausbildenden Europäischen Union –, sollte auch den letzten Zweifel daran beseitigt haben, dass Geschichte unvorhersehbar ist. Das Gleiche gilt für Berlin. Für mich ist die Neubelebung dieser aufregenden Stadt nach dem Fall der Mauer das Kernstück und Symbol der wundersamen Wiedergeburt Deutschlands nach dem Ende des Kalten Krieges.

Meine frühen Erinnerungen an das Berlin unter den abscheulichen Nationalsozialisten konnte man getrost vergessen, und der verstümmelte Nachkriegsnachfolger hat mich stets traurig gemacht und wehmütig an für immer vergangene bessere Zeiten zurückdenken lassen. Daher war es umso faszinierender, die erstaunliche Wiederbelebung der Stadt in den vergangenen zwei Jahrzehnten mitzuerleben. Aufgrund der Berliner, die ich kennengelernt, der Freunde, die ich gewonnen habe, und meiner Kollegen am JMB sowie der vielfältigen Angebote und Attraktionen, die Berlin zu bieten hat, ist es zu einer meiner Lieblingsstädte auf der Welt geworden. Niemand ist darüber mehr überrascht als ich selbst.

Vor einiger Zeit fragte ich Lala Süsskind, die Vorsitzende der Jüdischen Gemeinde zu Berlin, ob sie sich als Deutsche verstehe. Da viele nichtjüdische Deutsche von deutschen Juden meinen, sie seien vorrangig Juden, bin ich immer neugierig darauf, wie sie selbst sich sehen. Süsskind fiel die Antwort offensichtlich nicht leicht. Sie sah mich nachdenklich an und gab mir dann eine zweideutige Antwort. Die Frage sei nicht so einfach zu beantworten, erklärte sie, fügte aber rasch hinzu, auf jeden Fall sei sie eine rückhaltlose hundertprozentige Berlinerin. »Meine Treue gilt Berlin«, erläuterte sie. »Es ist meine Stadt und meine Heimat, und ich fühle mich als ein Teil von ihr.«

Süsskind gehört jener Generation von Juden an, die noch gewissermaßen im Schatten des Holocausts aufgewachsen sind, was ihre Schwierigkeiten mit der deutschen Identität erklärt. Doch ihre Begeisterung für Berlin ist ohne Vorbehalt, und sie überrascht mich nicht. Denn ich teile sie. Nachdem ich den größten Teil meines Lebens Amerikaner gewesen bin und es bleibe, muss ich klar feststellen: Auch ich bin – wieder – ein Berliner!

Als die Mauer fiel, hätte der Gegensatz zwischen den beiden Teilen der Stadt kaum größer sein können. Die Westhälfte mit ihren wohlgefüllten Geschäften und gutgekleideten Menschen, die Restaurants und Cafés bevölkerten, gehörte einer völlig anderen Welt an als die Osthälfte mit ihrer Sowjetblockschäbigkeit und den freudlosen Gesichtern. In den fast drei Jahrzehnten ihrer Existenz schien die Mauer nicht nur eine physische Barriere gewesen zu sein, sondern auch eine tiefe emotionale und psychische Kluft zwischen den beiden Teilen Berlins geschaffen zu haben. Als sie fiel, glaubte ich, dass es Generationen dauern würde, diese Kluft zu überbrücken. Die große Überraschung ist, dass es weniger als eine brauchte.

Wie konnten zwei derart unterschiedliche Welten in so kurzer Zeit zu einer der aufregendsten Hauptstädte Europas und einem globalen Besuchermagneten verschmelzen? Diese Frage stelle ich mir oft. Einer der Gründe ist, denke ich, der nach dem Mauerfall rasch um sich greifende besondere Geist der Veränderung, der entfesselten Freiheit und der neuen Möglichkeiten – die Deutschen nennen ihn Aufbruchsstimmung –, an dem viele junge Leute, einschließlich vieler, die aus dem Ausland hinzukamen, teilhaben wollten. Sie strömten in die heruntergekommenen Ostberliner Stadtviertel, insbesondere in die Innenstadtbezirke, wo die Mieten niedrig waren, und verjüngten sie – nicht nur durch ihr Alter, sondern auch durch ihre Energie und ihren Elan. Heute erinnern manche dieser Viertel mit ihren Galerien und Musikklubs, Cafés und Kneipen, die bis spät in die Nacht mit Einheimischen und Touristen gefüllt sind, an Soho und Greenwich Village. Ein Beispiel dafür ist der erstaunliche Wandel im »In«-Bezirk Prenzlauer Berg.

Ein weiterer Grund sind nach meiner Ansicht die Berliner, deren Lebenseinstellung und Temperament ich sehr sympathisch finde. Selbst ein halbes Jahrhundert kommunistischer Herrschaft konnte ihnen nichts anhaben. Berliner sind anders. Sie sind bei den übrigen Deutschen nicht immer besonders beliebt, besitzen aber einen unabhängigeren Geist und verhalten sich pragmatischer und direkter als viele ihrer Landsleute. Sie haben einen besonderen Humor – etwas, wofür die Deutschen nicht gerade bekannt sind –, sagen frei heraus, was sie denken, und sind nie um eine schlagfertige Erwiderung verlegen; zusammen macht dies die berühmte Berliner Schnauze aus. So unterbrach vor kurzem die Kellnerin in einem Restaurant – ihrem Dialekt nach eine waschechte Berlinerin – unsere Bestellung, weil sie uns vorher unbedingt die »Spezialitäten« des Abends vorstellen wollte. »Machen Sie nur«, sagte ich flachsend. »Ich werde so lange den Atem anhalten.« Darauf gab sie wie aus der Pistole geschossen zurück: »Ach, von mir aus könn'se ruhig ausatmen!«

Zwanzig Jahre nach der Wiedervereinigung ist Berlin zu einer Weltstadt geworden, die eine stetig wachsende Zahl ausländischer Besucher anzieht, und ein mehr als »lebenswerter« Ort mit vielen Attraktionen. Im Lauf der Jahre habe ich in mehreren Großstädten in Europa und den Vereinigten Staaten gelebt, und jede von ihnen hatte ihren besonderen Charme. Washington ist mit seinen berühmten Gebäuden und Denkmälern einzigartig in Amerika; San Francisco rühmt sich zu Recht einer der spektakulärsten Lagen der Welt, und die Dynamik und Vielfalt New Yorks suchen ihresgleichen. Die Intimität Genfs am Lac Léman habe ich geliebt, und wer könnte den mannigfaltigen Attraktionen von Paris widerstehen, seinen Kirchen und anderen Architekturschätzen, der Harmonie seiner Plätze, den kulinarischen Tempeln und dem gallischen *savoir-vivre*? Trotzdem wäre Berlin heute für ein Leben fern meiner Heimatstadt Princeton die erste Wahl.

Die Berliner besitzen eine gesunde Skepsis gegenüber ihren Politikern, und sie meckern gern, weshalb ich ihnen oft rate, die guten Seiten nicht zu vergessen. Denn sie genießen, ob sie es nun zugeben oder nicht, einen generell hohen Lebensstandard, gute öffentliche Dienstleistungen und ein reiches Kulturangebot. Berlin mag wie alle Großstädte Probleme haben, aber wer das überfüllte und überlastete Nahverkehrsnetz von Manhattan kennengelernt hat, dem erscheint das von Berlin im Vergleich geradezu glanzvoll. Mir gefällt besonders die U-Bahn, die sauber, modern, selten überfüllt und zudem pünktlich ist. Die elektronische Anzeige, die den Fahrgästen genau anzeigt, wann der nächste Zug eintreffen wird, ist großartig. Wieso New York seinen Nahverkehr nicht ähnlich nutzerfreundlich gestalten kann, ist mir ein Rätsel.

Lebensqualität und Menschenfreundlichkeit sind für mich die beeindruckendsten Züge des Berliner Lebens. Die Stadt befindet sich ständig in Geldnöten und ächzt unter einer der größten Schuldenlasten aller deutschen Großstädte, dennoch ist, Bankrott hin oder her, stets genug Geld da, um durch Investitionen in die Infrastruktur und die entsprechenden Dienstleistungen diese besondere Sorge um die Annehmlichkeiten des täglichen Lebens zu gewährleisten. Die Straßen sind gefegt, Schlaglöcher verfüllt, und Parks und Grünanlagen werden gewissenhaft gepflegt. Während die meisten Großstädte mit einem oder mehreren heruntergekommenen, slumähnlichen Vierteln zu kämpfen haben, kenne ich in Berlin nicht ein einziges solches Viertel. An den Wochenenden, wenn die Sonntagsspaziergänger in großer Zahl unterwegs sind, finden überall in der Stadt Inlineskate- oder Fahrradrennen statt – manchmal zu viele, finde ich –, doch die Fußgänger und Autofahrer nehmen die Sperrung von Durchgangswegen und -straßen gleichmütig hin. Und die wegen ihres konservativen Geschmacks und gelegentlich diktatorischen Verhaltens heftig kritisierte Bauverwaltung leistet bei der Stadtplanung und der Entwicklung einzelner Viertel bessere Arbeit, als es in den meisten anderen Städten, die ich kenne, gelingt.

Schließlich hält Berlin für jeden, der kulturelle Anregung sucht, ein riesiges Spektrum von Angeboten bereit, eine *embarras de richesse,* wenn es darum geht, wie man seine Freizeit verbringt. Die Berliner Philharmoniker mit ihrem Chefdirigenten Simon Rattle gehören zu den besten Orchestern der Welt, und in der Staatsoper dirigiert der unglaubliche Daniel Barenboim vielleicht gerade Wagner oder Mahler oder tritt als Pianist und Dirigent gleichzeitig auf. Natürlich könnte man auch ins Konzerthaus am Gendarmenmarkt gehen, der Spielstätte eines weiteren großartigen Orchesters. Was kann ein Musikliebhaber mehr wollen? Ich habe immer noch nicht alle Museen der Stadt besucht, aber zu meinen Lieblingshäusern gehören das wunderbare Pergamonmuseum, das zu den besten der Welt zählt, und die Neue Nationalgalerie mit ihren wechselnden Ausstellungen. Ein besonderes Juwel der Berliner Kunstlandschaft ist das Museum Berggruen mit seiner Sammlung von Werken der klassischen Moderne.

Was die Theater der Stadt angeht, gefallen mir persönlich einige Inszenierungen des Berliner Ensembles besonders gut; die *Dreigroschenoper* habe ich dort mindestens dreimal gesehen. Und gelegentlich macht es mir Spaß, an einem freien Nachmittag einen Bummel durch die Kunstgalerien rund um die Auguststraße in der alten Berliner Mitte, in der Nähe des JMB oder in einigen Nebenstraßen des

Ku'damms zu unternehmen. Viele sind für meinen Geschmack zu schräg und avantgardistisch, aber ich muss gestehen, dass diese Ausflüge – ebenso wie die Auktionen in der Villa Grisebach – mich gelegentlich mehr kosten als vorher geplant.

Berlin ist wirklich eine Kulturstadt, und wenn ich in den letzten Jahren etwas gelernt habe, dann ist es die Erkenntnis, dass Führungskraft nötig ist, um all dies möglich zu machen, und dass nichts davon funktionieren würde, wenn den Berlinern ihre Kultur nicht wichtiger wäre als den Menschen in den meisten anderen Großstädten. Dass unter den 750 000 jährlichen Besuchern des JMB so viele Berliner sind und dass sie unsere treuesten Besucher sind, die immer wieder kommen, um etwas zu lernen und sich unsere Sonderausstellungen anzusehen, erstaunt mich stets aufs Neue. Wahrhaft beeindruckend und einzigartig ist auch, dass in der Langen Nacht der Museen regelmäßig mehr als 5000 Menschen unser Haus besuchen, als eines von vielen Museen, die sie bis spät in die Nacht hinein besichtigen.

Dies sind die Facetten des heutigen Berlin, die mir am besten gefallen. Ihre besondere Atmosphäre verleihen der Stadt natürlich die Berliner und die Freunde in der Kulturelite – es sind zu viele, um sie hier alle zu nennen –, die zu ihr beitragen. Peter Raue und Andrea Gräfin von Bernstorff zum Beispiel. Was wäre Berlin ohne Peters langjährige Tätigkeit als Vorsitzender des Vereins der Freunde der Nationalgalerie, während der er die Schätze des New Yorker Museum of Modern Art und des Louvre in die Stadt geholt hat? Oder Michael Naumann und seine Gattin Marie Warburg, die der deutschen Hauptstadt nach dem Mauerfall dringend benötigte Bundesmittel sicherten und mithalfen, das JMB zu einer Institution in Berlin zu machen? Oder Bernd Neumann, den derzeitigen Kulturstaatsminister, der ebenso weitsichtig wie sein Vorgänger agiert und dessen Arbeit fortsetzt? Oder die Bundestagsabgeordnete Monika Grütters und die frühere Bundestagsvizepräsidentin Antje Vollmer, die zu meinen liebsten Berlinern gehören und eine wichtige Rolle im kulturellen und geistigen Leben der Stadt spielen?

Gewiss hat Berlin seine Probleme, und nicht alles ist perfekt. Aber das gilt für jede Großstadt der Welt. Der Regierende Bürgermeister Klaus Wowereit und sein Kulturstaatssekretär André Schmitz haben noch viel Arbeit vor sich. Die Verbesserung der prekären Finanzlage der Stadt und die Finanzierung von Kultur und Bildung bleiben große Herausforderungen. Ich wünschte beispielsweise, die Universitäten würden stärker unterstützt. Einst waren sie weltberühmt; heute sind sie es nicht mehr, und ihr Potential wird man erst ausschöpfen können, wenn sie mehr Mittel erhalten. In die höhere Bildung zu investieren ist eine kluge Anlage, von der die Zukunft der Stadt abhängt.

Ein zu kleiner Anteil der Berliner, die es sich leisten könnten, greift tief genug in die eigene Tasche, um die Kulturinstitutionen, deren Arbeit sie genießen, zu unterstützen. Man verlässt sich zu sehr auf die öffentlichen Finanzen, was nach meiner Ansicht gleichfalls eine Schwäche darstellt.

Gleichwohl ist Berlin alles in allem noch nie ein so angenehmer Ort gewesen wie heute. Das ist eines der Wunder des 20. Jahrhunderts, die ich nicht erwartet habe.

Der 8. Juli 2006, der Tag vor dem Finale der Fußballweltmeisterschaft, in dem Frankreich und Italien im Berliner Olympiastadion gegeneinander antraten, war ein schöner Sommertag und der Gastgeber Deutschland feierte ausgelassen, was für viele Deutsche ein Erlebnis war, das in einer Generation nur einmal möglich ist. Berlin war voller Besucher aus aller Herren Länder, und es wurden mehr deutsche Fahnen aufgezogen oder fröhlich geschwenkt als bei irgendeinem vorherigen Anlass seit dem Ende des Zweiten Weltkriegs. Das letzte Mal hatte ich so viele Nationalfahnen in Berlin gesehen, als die Nationalsozialisten an der Macht waren und die Hakenkreuzfahne zu hissen als staatsbürgerliche Pflicht angesehen wurde. Im befangenen Nachkriegsdeutschland hatte man solche patriotischen Zurschaustellungen aus eben diesem Grund geflissentlich vermieden. Doch plötzlich – und zu aller Erstaunen – schien die Hemmung davor, seinen Stolz auf das eigene Land zu zeigen, weggefallen zu sein. Unter den Fahnen, die die Massen von Besuchern hochhielten – Ghanaer in ihrer Landestracht, Mexikaner mit Sombreros auf dem Kopf, Japaner mit der aufgehenden Sonne auf den Hutbändern und schussbereiten Fotoapparaten in der Hand und Amerikaner mit den Stars and Stripes –, waren die deutschen Farben in der Überzahl, zumal sie nicht nur von Deutschen geschwenkt wurden.

Es war nicht zu verkennen, dass sich die nationale Stimmung – und zwar über den Fußball hinaus – gewandelt hatte, und viele Beobachter äußerten sich darüber. Die Frage, die mir durch den Kopf ging, war, ob es sich lediglich um eine Augenblickserscheinung handelte oder Ausdruck eines dauerhafteren Wandels des deutschen Selbstbildes war.

Ich war nicht der Einzige, der sich an jenem Tag diese Frage stellte. Henry und Nancy Kissinger waren zu dem Anlass nach Berlin gekommen, und wir hatten ihnen zu Ehren gemeinsame deutsche Freunde zu einem Essen eingeladen, bei dem dieses Thema ausführlich besprochen wurde. Unter den Gästen waren der langjährige sächsische Ministerpräsident Kurt Biedenkopf, der damalige Staatssekretär im Auswärtigen Amt Reinhard Silberberg, Daimler-Vorstand Klaus Mangold und der an der Humboldt-Universität lehrende Historiker Heinrich August Winkler, jeweils mit ihren Frauen. Kissinger ist ein leidenschaftlicher Fußballfan, und Barbara hatte unser Esszimmer mit Fußballmotiven geschmückt, einschließlich der Fahnen der teilnehmenden Länder.

Wie von einer solchen deutsch-amerikanischen Gruppe zu erwarten, widmeten wir den ersten Teil des Nachmittags der »Lösung« der großen politischen Tagesfragen, die sich damals um die Türkei und die EU, die neue polnische Regierung, Wladimir Putin, den wirtschaftlichen Aufstieg Chinas, die Optionen der Iranpolitik und den wahrscheinlichen Kurs der amerikanischen Politik in den beiden letzten, unergiebigen Jahren von George W. Bushs Amtszeit drehten. Bald versammelten allerdings auch wir uns vor dem Fernsehgerät, um uns das Spiel um den dritten Platz anzusehen, in dem Deutschland Portugal besiegte. Als es vorbei war, ertönten Autohupen auf den Straßen, und im Fernsehen waren ausgelassene Szenen von nicht enden wollendem Jubel zu sehen, in denen begeistert deutsche Fahnen geschwenkt wurden.

Bei ihrem Anblick beugte sich der scharfsinnige Kurt Biedenkopf zu mir herüber und machte eine Bemerkung, die mich beeindruckte. »So viel Nationalstolz wäre bis vor kurzem undenkbar gewesen«, stellte er ebenso verwundert wie befriedigt fest. »Die Jungen hätten sich darüber lustig gemacht, und die Erwachsenen wären peinlich berührt gewesen. Aber jetzt, da sich eine neue Generation im Aufbruch befindet, haben wir Deutsche einen Sprung gemacht, und niemand scheut mehr davor zurück. Fahnen und Patriotismus sind wieder ›in‹; aber wir fangen auf bestmögliche Weise an, nicht aggressiv, sondern im Sport und mit Deutschland als Teil von Europa und einer globalen Welt.«

Biedenkopf hatte recht. Gewiss war das deutsche Fußballfieber vorübergehend, aber es förderte etwas Grundlegenderes zutage, das sich seit langem vorbereitet hatte. Wir hatten den Umschlagspunkt eines Veränderungsprozesses miterlebt, der sich über mehrere Nachkriegsgenerationen hingezogen hatte. Das wiedervereinigte Deutschland der neunziger Jahre unterscheidet sich von Grund auf von der hässlichen NS-Nation meiner Jugend, aber auch von dem traumatisierten, sich selbst hassenden, verwirrten und geteilten Land der fünfziger Jahre, dem bemühten, aber immer noch ängstlichen Wirtschaftswunderland im Kalten Krieg der sechziger Jahre und dem wütenden, rebellischen, von innerer Unruhe erschütterten Land der siebziger Jahre. An der Wende von den achtziger zu den neunziger Jahren war die Mauer gefallen, und das vereinigte Deutschland war entstanden, die größte und stärkste Wirtschaftsnation Europas. Was wir während der Fußballweltmeisterschaft miterlebt hatten und Biedenkopf in Worte zu fassen versucht hatte, war, wie Roger Cohen von der *New York Times* es ausdrückt, der Abschluss der »psychologischen Reise [der Deutschen] von der Leugnung zum Bekenntnis, von der Benommenheit zum Erwachen, von der Bevormundung zur Emanzipation und sogar Konfrontation, vom Selbstzweifel zur Selbstsicherheit«.[20]

Später sollten manche sagen, Deutschland sei wieder ein »normales« Land geworden. Doch das geht an der Sache vorbei. Denn nie zuvor in seiner Geschichte ist Deutschland in dieser Weise »normal« gewesen, als Land mit einer ethnisch immer vielfältiger werdenden Bevölkerung und einem eigenständigen Selbstwertgefühl, aber mit einer starken Bindung an liberale Grundsätze und das Rechtsstaatsprinzip. Mit der technologischen Revolution der siebziger und achtziger Jahre war das globale Zeitalter eingeläutet worden. Davon waren alle Länder betroffen, aber Deutschland nach dem Fall der Berliner Mauer und aufgrund der bis heute andauernden Veränderungen in der Bevölkerungszusammensetzung vermutlich tiefgreifender als die meisten anderen.

Durch eine Laune des Schicksals konnte ich diesen Prozess in den neunziger Jahren aus nächster Nähe beobachten und war am Rande an der Transformation Berlins von einer Inselstadt zur nationalen Hauptstadt beteiligt. Damit hat sich auf einer tief persönlichen Ebene ein Kreis geschlossen. Dafür bin ich dankbar. Es gibt mir Hoffnung für die Zukunft, und ich fühle mich privilegiert, an dieser Entwicklung teilzuhaben.

ANHANG

ANMERKUNGEN

VORWORT

1 Winston Churchill, zum Beispiel, hatte erkannt, dass der Einzelne in der Geschichte zählt und die Beziehungen zwischen politischen Führern ihren Lauf verändern können. In der für Großbritannien düstersten Phase des Zweiten Weltkriegs, als das Schicksal des Landes auf der Kippe stand und alles von Lieferungen gemäß dem Leih- und Pachtgesetz aus den immer noch neutralen Vereinigten Staaten abhing, machte er sich vor der ersten persönlichen Begegnung mit US-Präsident Roosevelt vor allem über eines Sorgen: »Ich frage mich, ob ich ihm sympathisch bin« (W. Averell Harriman und Elie Abel, *In geheimer Mission. Als Sonderbeauftragter Roosevelts bei Churchill und Stalin, 1941–1946,* Stuttgart 1979, S. 70).

2 Zwischen 1960 und 1990 hätte ich Bürger von West- und Ostdeutschland sowie von Israel und den Vereinigten Staaten werden können.

3 Gemäß der amerikanischen Verfassung sind der Reihenfolge nach folgende Amtsträger als Nachfolger des Präsidenten vorgesehen: der Vizepräsident, der Sprecher des Repräsentantenhauses, der Senatspräsident, der Außenminister und der Finanzminister. Für mich galt dies nur pro forma, weil ich als im Ausland Geborener übergangen worden wäre.

4 Eric J. Hobsbawm, *Das imperiale Zeitalter, 1875–1914,* Frankfurt am Main/New York 1989, S. 11.

DIE DREISSIGER JAHRE

1 *Die Chronik Berlins,* hg. von Bodo Harenberg, Dortmund 1986, S. 341.

2 Vgl. das Kapitel über Arthur Eloesser in meinem Buch *Die unsichtbare Mauer. Die dreihundertjährige Geschichte einer deutsch-jüdischen Familie,* München/Wien 1999, S. 284–342.

3 Zu einer detaillierten Darstellung der Kaliski-Schule und der Rolle, die sie in der kurzen Zeitspanne ihrer Existenz im nationalsozialistischen Berlin spielte, siehe Hertha Luise Busemann, Michael Daxner und Werner Fölling, *Insel der Geborgenheit. Die Private Waldschule Kaliski, Berlin 1932 bis 1939*, Stuttgart/Weimar 1992.

4 Adolf Hitler, *Mein Kampf*. Zwei Bände in einem Band, München 1943, S. 135, 212.

5 Hugh Trevor-Roper, »Einleitung«, in: *Hitlers Politisches Testament. Die Bormann-Diktate vom Februar und April 1945*, Hamburg 1981, S. 17. Die Echtheit dieses »politischen Testaments«, das Hitler angeblich seinem Sekretär Martin Bormann diktierte, ist unter Historikern umstritten. Es handelt sich sehr wahrscheinlich nicht um eine wörtliche Mitschrift, obwohl Inhalt und Stil anderen Äußerungen Hitlers entsprechen.

6 Ian Kershaw, *Hitler, 1889–1936*, Stuttgart/München 1998, S. 15.

7 Die »dunkle« Herkunft Hitlers und seiner Familie ist gut zusammengefasst in Ron Rosenbaum, *Die Hitler-Debatte. Auf der Suche nach dem Ursprung des Bösen*, München/Wien 1999, S. 16–24, 161–173.

8 Kershaw, *Hitler, 1889–1936*, S. 18.

9 Adolf Hitler an Adolf Gemlich, 16. September 1919, in: *Hitler. Sämtliche Aufzeichnungen 1905–1924*, hg. von Eberhard Jäckel, Stuttgart 1980, S. 88 ff.

10 Max Domarus, *Hitler. Reden und Proklamationen 1932–1945. Kommentiert von einem deutschen Zeitgenossen*, Bd. 2.2, Wiesbaden 1973, S. 2239.

11 *Hitlers Politisches Testament*, S. 64.

12 Adolf Hitler, *Monologe im Führerhauptquartier, 1941–1944. Die Aufzeichnungen Heinrich Heims*, hg. von Werner Jochmann, Hamburg 1980, S. 99.

13 *Hitlers Politisches Testament*, S. 60–116, Zitat auf S. 110.

14 Siehe Henry Picker, *Hitlers Tischgespräche im Führerhauptquartier*, München 2003; Traudl Junge, *Bis zur letzten Stunde. Hitlers Sekretärin erzählt ihr Leben*, München 2002.

15 Leopold Pammer, *Hitler und seine Vorbilder*, Hamburg 2009, S. 46.

16 Picker, *Hitlers Tischgespräche im Führerhauptquartier*, S. 703, 707.

17 Zit. in Ian Kershaw, *Hitler, 1936–1945*, Stuttgart 2000, S. 322.

18 Zit. in Michael Stürmer, *Das Jahrhundert der Deutschen*, München 1999, S. 148.

19 Anthony Eden, *Angesichts der Diktatoren. Memoiren, 1923–1938*, Köln/Berlin 1964, S. 88.

20 Zit. in Stürmer, *Das Jahrhundert der Deutschen*, S. 148.

21 Siehe Henriette von Schirach, *Anekdoten um Hitler. Geschichten aus einem halben Jahrhundert*, Berg/Starnberger See 1981, S. 109 f.

22 Siehe beispielsweise Joachim Fest, *Hitler. Eine Biographie*, Berlin 2002, S. 496–510; William Shirer, *Aufstieg und Fall des Dritten Reiches*, Köln/Berlin 1961, S. 144–184; Kershaw, *Hitler, 1889–1936*, S. 473–527.

23 *The New York Times*, 26. Februar 1933 und 23. März 1933

24 So zitiert sich Lion Feuchtwanger selbst in: »Offener Brief an den Bewohner meines Hauses«, in: *Pariser Tageblatt*, 20. März 1935, S. 4, abgedruckt in ders., *Ein Buch nur für meine Freunde*, Frankfurt am Main 1984, S. 492.

25 *The New York Times*, 31. Januar 1933, S. 3, 16.

26 Siehe Karl Hardach, *Wirtschaftsgeschichte Deutschlands im 20. Jahrhundert*, Göttingen [2]1979; Gustav Stolper, Karl Häuser und Knut Borchardt, *Deutsche Wirtschaft seit 1870*, Tübingen 1964.

27 George A. Gordon aus München ans State Department, 13. Mai 1933, S. 20.

28 Leon Dominian aus Stuttgart ans State Department, 31. März 1933.

29 US-Botschaft in Berlin an Cordell Hull, »The Jews in Nazi Germany«, 30. Mai 1933, S. 33.

30 George S. Messersmith an William Phillips, Staatssekretär im State Department, 29. September 1933.

31 William E. Dodd an Franklin D. Roosevelt, 27. November 1933.

32 *The New York Times*, 31. Januar 1933; *Time*, 6. Februar 1933; *Chicago Tribune*, 4. Februar 1933, S. 2.

33 *Chicago Tribune*, 2. April 1933; *New York Times*, 2. April 1933.

34 *The New York Times*, 26. März 1933, S. 28.

35 *The New York Times*, 11. Juni 1933, S. E1.

36 Winston S. Churchill, *Der Zweite Weltkrieg*, 6 Bde., Frankfurt am Main/Berlin 1985, Bd. 1: *Der Sturm zieht auf*, Buch 1, S. 113.

37 Ebd., S. 121 ff., 132 f., 144, 147–155.

38 Eden, *Angesichts der Diktatoren*, S. 167–178.

39 Siehe Paul Schmidt, *Statist auf diplomatischer Bühne, 1923–45. Erlebnisse des Chefdolmetschers im Auswärtigen Amt mit den Staatsmännern Europas*, Bonn [2]1950, S. 318–326.

40 Martin Gilbert, *Geschichte des 20. Jahrhunderts*, Bd. 3, München 1999, S. 32 f., 36 f.

41 Eugen Weber, *The Hollow Years. France in the 1930s*, New York/London 1994, S. 5.

42 Winston S. Churchill, *Die Weltkrise 1911–1918.* Gekürzte und neu durchgesehene Ausgabe, 2 Bde., Zürich 1947, Bd. 1, S. 432.

43 Hans Heinrich Dieckhoff an das Auswärtige Amt, 7. Dezember 1937, in: *Akten zur deutschen auswärtigen Politik 1918–1945,* Serie D (1937–1945), Bd. 1, Baden-Baden 1950, S. 534.

44 Siehe Wolfgang Benz (Hg.), *Die Juden in Deutschland 1933–1945. Leben unter nationalsozialistischer Herrschaft,* München 1988, S. 740–754.

45 Wolf-Arno Kropat, *»Reichskristallnacht«. Der Judenpogrom vom 7. bis 10. November 1938. Urheber, Täter, Hintergründe,* Wiesbaden 1997, S. 192.

46 Später hat man die Zahl der Opfer und der zerstörten Synagogen höher geschätzt. Die Literatur über den Kristallnachtspogrom und seinen Hintergrund ist umfangreich. Siehe beispielsweise Peter Loewenberg, »The Kristallnacht as a Public Degradation Ritual«, in: *Leo Baeck Institute Yearbook,* Bd. 32, 1987, S. 309–323; Anthony Read und David Fisher, *Kristallnacht. Unleashing the Holocaust,* London 1989; Lionel Kochan, *Pogrom 10 November 1938,* London 1957; Robert Graml, *Der 9. November 1938. Reichskristallnacht,* Bonn 1953; Rita Thalmann, *Die Kristallnacht,* Frankfurt am Main 1987.

47 David Buffum, »Anti-Semitic Onslaught in Germany as seen from Leipzig«, vertraulicher Bericht, 21. November 1938, in: National Archives, Washington, D. C.

48 Arthur D. Morse, *Die Wasser teilten sich nicht,* Bern / München / Wien 1968, S. 202.

49 Zit. in Anthony Read und David Fisher, *Kristallnacht. The Nazi Night of Terror,* New York 1989, S. 68.

50 *The New York Times,* 12. November 1938, S. 1.

51 Ebd., S. 4; vgl. Blumenthal, *Die unsichtbare Mauer,* S. 436 f.

52 Avraham Barkai, *Vom Boykott zur »Entjudung«. Der wirtschaftliche Existenzkampf der Juden im Dritten Reich 1933–1943,* Frankfurt am Main 1988, S. 166.

53 *Newsweek,* 28. November 1938, S. 13.

54 Morse, *Die Wasser teilten sich nicht,* S. 210.

55 Saul S. Friedman, *No Heaven for the Oppressed,* Detroit 1973, S. 56–70, Zitat auf S. 56.

56 Ebd., S. 119.

57 Siehe Rose-Valerie Markt Norton, Entschädigungsantrag von Opfern des Nationalsozialismus, 20. Februar 1952.

DIE VIERZIGER JAHRE

1 *Die Chronik Berlins,* hg. von Bodo Harenberg, Dortmund 1986, S. 251.

2 Vgl. Hartwig Beseler und Nils Gutschow, *Kriegsschicksale deutscher Architektur. Verluste – Schäden – Wiederaufbau. Eine Dokumentation für das Gebiet der Bundesrepublik Deutschland,* 2 Bde., Neumünster 1988.

3 William L. Shirer, *Das Jahrzehnt des Unheils. Meine Erlebnisse und Erfahrungen in Deutschland und Europa 1930–1940,* Bern 1986, S. 284.

4 Martin Gilbert, *Geschichte des 20. Jahrhunderts,* Bd. 3, München 1999, S. 294.

5 Herbert von Dirksen ans Auswärtige Amt, 18. März 1939, in: *Akten zur deutschen auswärtigen Politik 1918–1945,* Serie D (1937–1945), Bd. 6, Dokument 35, S. 33.

6 Joachim Fest, *Hitler. Eine Biographie,* Berlin/München 2002, S. 788.

7 Heinrich Böll, »Das Jahrhundert der Flüchtlinge. Vorwort zu ›Wie helfen wir Asien? oder Ein Schiff für Vietnam‹ (1979)«, in ders., *Werke. Kölner Ausgabe,* hg. von Árpad Bernáth u. a., Bd. 20, hg. von Ralf Schnell und Jochen Schubert, Köln 2009, S. 268 f.

8 United States Committee for Refugees and Immigrants, *World Refugee Survey 2002,* Washington, D. C., 2002, S. 1–5.

9 UNHCR, Population Statistics, Population Data Unit, S. 1/1, 7. Juni 2002; United States Committee for Refugees and Immigrants, *World Refugee Survey 2002,* S. 3.

10 F. L. Hawks Pott, *A Short History of Shanghai,* Shanghai 1928, S. 11.

11 Ebd.

12 Zit. in Marcia R. Ristaino, *Port of Last Resort. The Diaspora Communities of Shangai,* Stanford, Kalifornien, 2001, S. 7.

13 Bernard Wasserstein, *The Secret Lives of Trebitsch Lincoln,* New Haven, Connceticut/London 1988, S. 273.

14 Xia Yen, zit. in Frederic Wakeman, *The Shanghai Badlands,* Cambridge 1996, S. 140, Anm. 3.

15 Reinhard Heydrich an Josef Meisinger, 26. Mai 1941, zit. in Astrid Freyeisen, *Shanghai und die Politik des Dritten Reiches,* Würzburg 2000, S. 468; vgl. auch Wasserstein, *The Secret Lives of Trebitsch Lincoln,* S. 242–280.

16 Carl Crow, *Vierhundert Millionen Kunden,* Berlin/Wien/Leipzig 1937.

17 Ernest G. Heppner, *Fluchtort Shanghai. Erinnerungen 1938–1948,* Berlin 2001, S. 68.

18 Vicki Baum, *Hotel Shanghai,* Köln 1997, S. 280.

19 Edgar Snow, zit. in Stella Dong, *Shanghai, 1842–1949. The Rise an Fall of a Decadent City,* New York 2000, S. 113; eine ausführlichere Darstellung von Schanghais sanfter Gangsterkultur findet sich in ebd., S. 109–130.

20 Josef von Sternberg, *Ich – Josef von Sternberg. Erinnerungen,* Velber bei Hannover 1967, S. 95 f.

21 Paul Schmidt, *Statist auf diplomatischer Bühne, 1923–45. Erlebnisse des Chefdolmetschers im Auswärtigen Amt mit den Staatsmännern Europas,* Bonn [2]1950, S. 464.

22 Protokoll des Komitees zur Unterstützung europäischer jüdischer Flüchtlinge, 3. März 1942, Jerome Agel Collection, Box 1, Folder 3, YIVO, New York.

23 Die erste Darstellung war David H. Kranzler, »The History of the Jewish Refugee Community of Shanghai, 1938–1945«, Dissertation, Yeshiva University, New York, 1971; vgl. auch Heppner, *Fluchtort Shanghai;* James R. Ross, *Juden in Shanghai. Schicksal und Ende einer jüdischen Gemeinde in China,* Klagenfurt 2009.

24 *Facts on File Yearbook 1945,* New York, S. 240, 243.

25 Vgl. insbesondere die Aussagen des früheren deutschen Konsuls in Tianju, Fritz Wiedemann; siehe auch David Kranzler, *Japanese, Nazis and Jews. The Jewish Refugee Community of Shanghai, 1938–1945,* Hoboken, New Jersey, 1988, S. 477–504; Freyeisen, *Shanghai und die Politik des Dritten Reiches,* S. 441–475; Heppner, *Fluchtort Shanghai,* S. 163–169; sowie die Erinnerungen führender Persönlichkeiten der jüdischen Gemeinde in den Akten des American Jewish Joint Distribution Committee und der HIAS, der jüdischen Auswanderungshilfsorganisation.

26 Zit. in Freyeisen, *Shanghai und die Politik des Dritten Reiches,* S. 443.

27 Vor seiner Entsendung in den Fernen Osten war Meisinger als besonders brutaler Polizeichef von Warschau bekannt geworden, wo er für die Ermordung Tausender von jüdischen und nichtjüdischen Polen verantwortlich war. Deshalb ist er als »Schlächter von Warschau« in Erinnerung geblieben und nach dem Krieg in Polen gehängt worden.

28 Freyeisen, *Shanghai und die Politik des Dritten Reiches,* S. 470. Mehrere Vertreter der Führung der Schanghaier jüdischen Gemeinde haben diese Darstellung unabhängig voneinander bestätigt.

29 Zit. in Kranzler, »The History of the Jewish Refugee Community of Shanghai, 1938–1945«, S. 481.

1 Ben J. Wattenberg, *A World at Arms*, Serie D, New York 1976, S. 164.
2 HR 0660, von Präsident Eisenhower am 29. Juni 1956 unterzeichnet.
3 Eric Goldman, *The Crucial Decade. America 1945–55*, New York 1956, S. 13.
4 Winston Churchill, Rede in Fulton, Missouri, 5. März 1946, in: *Archiv der Gegenwart, 1931–2003*, CD-ROM, St. Augustin o. J., S. 669.
5 Michael Streit, »Harry Truman on His Own Now«, in Robert B. Luce (Hg.), *The Faces of the Five Decades. Selections from 50 Years of The New Republic, 1914–1964*, New York 1964, S. 314.
6 Zit. in Goldman, *The Crucial Decade*, S. 291.
7 »The Cabinet: The Flavor of the New«, in: *Time*, 24. Januar 1969.
8 John Brooks, *The Great Leap*, New York 1966, S. 300 ff.
9 Zit. in Robert Gambee, *Princeton*, New York 1987, S. 15 ff.
10 Peter Fuchs (Hg.), *Chronik zur Geschichte der Stadt Köln*, Bd. 2, Köln 1991, S. 290.
11 Franz-Josef Jakobi (Hg.), *Geschichte der Stadt Münster*, Bd. 3, Münster 1993, S. 1 ff., 22, 103, 109, 115.
12 *Bevölkerung und Wirtschaft 1872–1972*, hg. vom Statistischen Bundesamt Wiesbaden, Stuttgart/Mainz 1972, S. 95.
13 Karl Hardach, *Wirtschaftsgeschichte Deutschlands im 20. Jahrhundert*, Göttingen [2]1979, S. 251.
14 Ebd., S. 259.
15 »Hohlspiegel«, in: *Der Spiegel*, 29/1953, S. 2.
16 *Die Chronik Berlins*, hg. von Bodo Harenberg, Dortmund 1986, S. 478.
17 *Jahrbuch der öffentlichen Meinung, 1947–1955*, hg. von Elisabeth Noelle und Erich Peter Neumann, Allensbach 1956, S. 132, 135, 173; vgl. auch: »Die Ehre Preußens«, in: *Der Spiegel*, 10/1954, S. 6–10.
18 *Jahrbuch der öffentlichen Meinung, 1947–1955*, S. 138.
19 Maldwyn A. Jones, *The Limits of Liberty. American History 1607–1980*, New York 1983, S. 536.
20 Stanley I. Kutler, »Eisenhower, the Judiciary, and Desegregation. Some Reflections«, in Stephen E. Ambrose und Günter Bischof (Hg.), *Eisenhower. A Centenary Assessment*, Baton Rouge, Louisiana/London 1995, S. 87, 89.
21 Godfrey Hodgson, *America in Our Time*, New York 1976, S. 43.

DIE SECHZIGER JAHRE

1 Theodore Sorensen, *The Kennedy Legacy,* New York 1965, S. 254.
2 George Ball, *The Past Has Another Pattern. Memoirs,* New York 1982, S. 170.
3 Ebd., S. 366.
4 Ebd., S. 164.
5 Zitiert nach dem Redemanuskript.
6 *The New Republic,* 27. März 1961.
7 Henry Fairlie, *The Kennedy Promise. The Politics of Expectation,* Garden City, New York, 1973, S. 13.
8 Martin Weil, *A Pretty Good Club. The Founding Fathers of the US Foreign Service,* New York 1978, S. 3.
9 George Kennan in Joseph E. McLean (Hg.), *The Public Service and University Education,* Princeton, New Jersey, 1949, S. 97.
10 Frederick Van Dyne, *Our Foreign Service. The »ABC« of American Diplomacy,* Rochester, New York, 1909, S. 77.
11 James L. McCamry, *The Administration of America Foreign Affairs,* New York 1950, S. 187.
12 Lamar Cecil, *The German Diplomatic Service, 1871–1914,* Princeton, New Jersey, 1976, S. 97–103.
13 Siehe Ball, *The Past Has Another Pattern,* S. 208–222.
14 »Hallstein warnt vor Blockbildung in der Europäischen Gemeinschaft«, in: *Frankfurter Allgemeine Zeitung,* 28. März 1963, S. 1.
15 John F. Kennedy im Weißen Haus, 13. März 1961, in: *Department of State Bulletin,* Bd. 44, Nr. 1136, 3. April 1961, S. 471–478.
16 »A New Coffee Pact?«, in: *The New York Times,* 21. Dezember 1961, S. 39.
17 Kathleen McLaughlin, »Air of Uncertainty U. N. Coffee Stabilization Talks«, in: Beilage zur *New York Times,* 15. August 1962, S. 39.
18 *The Wall Street Journal,* Leitartikel, 1. Mai 1962.
19 *The New York Times,* 3. Mai 1964, S. 3.
20 Richard B. Bilder, »The International Coffee Agreement. A Case History in Negotiation«, in: *Law and Contemporary Problems* 28 (Frühjahr 1963), S. 328–391.
21 *The New York Times,* 29. September 1962, S. 30.
22 »Commodity Agreements«, in: *The New York Times,* 5. März 1963, S. 6.
23 *Department of State Bulletin.*
24 *The New York Times,* 3. Mai 1964, S. 3.

25 *The Washington Post,* 23. März 1963, S. A23; *The New York Times,* 26. Mai 1963, S. 60.
26 *The New York Times,* 17. Mai 1963.
27 Ebd., 9. November 1964; Charles de Gaulle, *Die Schneide des Schwertes,* Schnellroda 2004, S. 9.
28 Ball, *The Past Has Another Pattern,* S. 199 f.
29 The *New York Times,* 21. Mai 1963, 11. Mai 1966.

DIE SIEBZIGER JAHRE I

1 US Department of Commerce, *Statistical Abstract of the United States,* Washington, D. C., 2001, S. 10.
2 Ebd., S. 45.
3 Lyndon B. Johnson, Rede vor dem Nationalkonvent der United States Jaycees (Junior Chamber International, JCI), Baltimore, 27. Juni 1967.
4 *Business Week,* 3. Februar 1968, S. 22 ff.
5 Siehe Nicholas R. Lady, »China. The Great New Economic Challenge«, in C. F. Bergsten (Hg.), *The United States and the World Economy,* Washington, D. C., 2005, S. 124.
6 James R. Schlesinger, »A Testing Time for America«, in: *Fortune,* Februar 1976.
7 *Fortune,* Juni 1975, S. 153.
8 *Detroit Free Press,* 15. Dezember 1975, S. 11 A.
9 *The New York Times,* 13. Dezember 1976, S. D1.
10 *Detroit Free Press,* 15. Dezember 1975, S. 11 A.
11 *The Manager,* September/Oktober 1974, S. 8.
12 »Profit-Minded Chief at Bendix Tried to Set a Businessmen's Code«, in: *The Wall Street Journal,* 18. November 1975, S. 1.
13 Eine gute Darstellung der zugrunde liegenden Logik und des Annäherungsprozesses am Anfang der siebziger Jahre findet sich in Henry Kissinger, *Memoiren. 1968–1973,* Kap. 18, 19.
14 Ebd., S. 1125.
15 Ebd., S. 798.
16 Die Darstellung der Begegnung mit Zhou Enlai stützt sich, neben meinen eigenen Erinnerungen und Notizen, vor allem auf die unveröffentlichten Reisenotizen von Jan Berris.

17 Dieses Zitat wird Walter Robinson zugeschrieben, einem Fernostexperten des US-Außenmiminsteriums.

18 Richard J. Levine, »Blumenthal Opens Discussions in Peking«, in: *The Wall Street Journal,* 26. Februar 1979.

19 William J. Eaton, »Blumenthal Labels China Aggressor in Vietnam«, in: *The Los Angeles Times,* 26. Februar 1979, S. 1.

DIE SIEBZIGER JAHRE II

1 *Newsweek,* 31. Januar 1977, S. 23.

2 Jimmy Carter, *Keeping Faith. Memoirs of a President,* Toronto / New York 1982, S. 65.

3 Quinnipiac University Poll, 22.–30. Mai 2006.

4 C-SPAN Survey of Presidential Leadership, März-Dezmeber 1999.

5 Eine ausführlichere Darstellung der Veranstaltung im 21 Club findet sich in der *New York Times,* 23. Juli 1976.

6 *Time,* 13. Dezember 1976, S. 14, und 20. Dezember, S. 12; *U. S. News & World Report,* 13. Dezember 1976, S. 13 ff.

7 *U. S. News & World Report,* 13. Dezember 1976, S. 13.

8 Ebd., 9. Mai 1977, S. 26.

9 *Fortune,* Juni 1977, S. 98 ff.

10 Zit. in Emmet John Hughes, »The Presidency vs. Jimmy Carter«, in: *Fortune,* 4. Dezember 1978, S. 59.

11 Joe Kraft in: *The Washington Post,* 7. September 1977, S. A27.

12 *The New York Times,* 7. September 1977, S. 36.

13 *Time,* 3. Oktober 1977, S. 15–22.

14 *Time,* 29. August 1977, S. 9.

15 *The Wall Street Journal,* 21. August 1977, S. A12.

16 *Time,* 12. September 1977.

17 W. Michael Blumenthal, Memorandum an den Präsidenten, 21. März 1978.

18 Richard J. Levine, »The Outlook«, in: *The Wall Street Journal,* 6. November 1977, S. 7.

19 W. M. Blumenthal an den Präsidenten, 8. Mai 1979.

20 Jimmy Carter, vertrauliche Mitteilung, »To Mike, et al«, 15. Mai 1979.

21 The White House, »The Economic Policy Group and the Coordination of Economic Policy Making«, 1. Juni 1979.

22 Siehe Carter, *Keeping Faith,* S. 536 f.

23 *The New York Times,* 5. Juli 1979, S. 1 A, 6. Juli 1979, S. 1 A, 8. Juli 1979, S. E1.

24 Carter, *Keeping Faith,* S. 115 f.

25 *The New York Times,* 8. Juli 1979, S. A15, 9. Juli 1979, S. A17; *The Boston Globe,* Leitartikel, 8. Juli 1979.

26 Jimmy Carter, »The Crisis of Confidence. Speech to the Nation«, 15. Juli 1979.

27 Carter, *Keeping Faith,* S. 121.

28 Fritz Stern, *Fünf Deutschland und ein Leben. Erinnerungen,* München 2007, S. 10 f.

DIE ACHTZIGER JAHRE

1 Martin Gilbert, *A Story of the Twentieth Century,* Bd. 3 New York 1999, S. 556.

2 George W. Ball, »The Conduct of American Foreign Policy. Reflections on a Heavy Year«, in: *Foreign Affairs,* 59 (1981), Nr. 3, S. 474–499.

3 W. Michael Blumenthal, »The World Economy and Technological Change«, in: *Foreign Affairs,* 66 (1988), Nr. 3, S. 529–550. In diesem Aufsatz ist mein Vortrag im Council of Foreign Relations zusammengefasst.

4 Carter, *Keeping Faith,* S. 433 ff.

5 W. Michael Blumenthal, Memorandum an den Präsidenten, 24. November 1978.

6 Zbigniew Brzeziński, *Power and Principle,* New York 1983, S. 370 f.

7 Carter, *Keeping Faith,* S. 472.

8 Die Literatur über die Geschichte der amerikanischen Iranpolitik in der Nixon-Ära und danach sowie über die Ursachen und den Verlauf des Sturzes des Schahregimes ist umfangreich und durch beträchtlichen Streit gekennzeichnet. Siehe beispielsweise Amin Saikael, *The Rise and Fall of the Shah,* Princeton, New Jersey, 1980; William H. Sullivan, *Mission to Iran,* New York/London 1981; Gary Sick, *All Fall Down,* New York 1985; James A. Bill, *George Ball,* New Haven, Connecticut/London 1997, S. 90 ff.; »Kissinger's Critique«, in: *The Economist,* 3. und 10. Februar 1979; »Who Lost Iran«, in: *The Washington Post,* 26. Februar 1979, S. A21, (ein Streitgespräch zwischen Ball und Kissinger).

9 Brzeziński, *Power and Principle,* S. 42.

10 Über die Verhandlungen in Camp David ist von Beteiligten und an-

deren viel geschrieben worden. Siehe beispielsweise Carter, *Keeping Faith,* S. 317–407; Brzeziński, *Power and Principle,* S. 234–288; Ned Tembo, *To Win or to Die,* New York 1987, S. 224–232; Amos Perlmutter, *The Life and Times of Menachem Begin,* New York 1987, S. 333–360.

11 Brzeziński, *Power and Principle,* S. 262.

12 Ebd., S. 263.

13 Gespräch mit dem Autor, 3. Dezember 2007.

14 W. Michael Blumenthal, »A Pluralistic World Economy and Technology Change«, Root Lecture Series, Council of Foreign Relations, New York, 30. November–3. Dezember 1987; ders., »The World Economy and Technology Change«.

DIE NEUNZIGER JAHRE

1 Fritz Stern, *Fünf Deutschland und ein Leben. Erinnerungen*, München 2007, S. 251.

2 Birgit Breuel (Hg.), *Treuhand intern. Tagebuch,* Frankfurt am Main / Berlin 1993, S. 102 ff.

3 »The Berlin Squall. For the Jewish Museum a Stormy Evolution«, in: *The Washington Post,* 11. November 1994; »Zu wenig Enthusiasmus für die Kultur«, in: *die tageszeitung,* 18. August 1995.

4 Dennis Stanton, »Jewish Scars Reopened over Berlin Museum«, in: *The Observer,* 14. Mai 1995. Ähnliche Artikel erschienen auch in mehreren Schweizer und amerikanischen Zeitungen.

5 Ute Frings, »›Zuhören, lernen und offen sein …‹«, in: *Frankfurter Rundschau,* 9. Dezember 1997, S. 4.

6 Hermann Rudolph, »Inszenierung mit feinen Rissen«, in: *Der Tagesspiegel,* 11. September 2001, S. 3.

7 Moritz Müller-Wirth, »Einer, der das Spiel bestimmt« und »Es gilt«, in: *Der Tagesspiegel,* 9. Dezember 1997, S. 25.

8 Klaus Harpprecht in: *Die Zeit.*

9 Wolf Lepenies, *The Seduction of Culture in German History,* Princeton, New Jersey, 2006, S. 207; vgl. Friedrich Nietzsche, *Jenseits von Gut und Böse,* § 244; Fritz Stern, »Das feine Schweigen und seine Folgen«, in ders., *Das feine Schweigen. Historische Essays,* München 1999, S. 158–174.

10 Zur Situation der deutschen Juden in den ersten beiden Nachkriegsjahrzehnten siehe Leo Katcher, *The Jews in Germany Today,* New York 1968.

11 Ebd., S. 2 f.

12 Ignatz Bubis, *Damit bin ich noch längst nicht fertig. Die Autobiographie,* Frankfurt am Main/New York 1996, S. 224.

13 Nicole Dolif, »Rückkehr der Enkel«, in: *Die Welt,* 7. September 2008, S. B3.

14 Siehe Horst Siebert, *Jenseits des sozialen Marktes. Eine notwendige Neuorientierung der deutschen Politik,* München 2005, S. 219–235.

15 Helmut Schmidt, Rede vor der SPD-Bundestagsfraktion, 3. April 2006.

16 Interview mit Kerem Caliskan, in: *Spiegel online,* 8. Februar 2008.

17 Mehmet Daimagüler, »Wie offen ist Deutschland für andere«, in: *Die Zeit,* 13. März 2008, S. 6.

18 *Statistisches Jahrbuch 2007 für die Bundesrepublik,* Wiesbaden 2007, S. 48 ff.

19 Werner von Bebber, »Jeder vierte Berliner ist ein Zuwanderer«, in: *Der Tagesspiegel,* 2. Juli 2008.

20 Roger Cohen, »German Normality Is Not Quite Normal Enough. On the Pain and Difficulties of Being German«, in: *The Atlantic Times,* August 2006, S. 3.

DANKSAGUNG

Wann mir die Idee für das vorliegende Buch kam, weiß ich nicht mehr genau. Von den erinnerungswürdigen Höhen und Tiefen meines bewegten Lebens im Kontext der turbulenten Ereignisse des 20. Jahrhunderts zu erzählen schien einfach zu sein. Nachdem ich damit begonnen hatte, erwies es sich jedoch als größere Herausforderung und verlangte, tiefer in Erinnerungen, Tagebüchern, Notizen und historischen Dokumenten zu graben, als ich gedacht hatte.

Für mich war es eine Entdeckungsfahrt. Erst der Gang der Zeit und der Aussichtspunkt des fortgeschrittenen Alters gestatteten es mir, darüber nachzudenken, was mir und der Welt im Lauf der Jahre widerfahren ist.

Ohne eine Reihe von Menschen, die mich ermutigt und unterstützt haben, wäre diese Fahrt jedoch nicht möglich gewesen. Besonders hervorheben möchte ich die fleißige und engagierte Hilfe von Daniel Bussenius, einem jungen Historiker und Doktoranden an der Berliner Humboldt-Universität, der mir mit sorgfältigen Nachforschungen zu vielen Themen behilflich war. Mit seinem Eifer bei der Beschaffung relevanter Fakten und Zahlen und seiner Genauigkeit und Detailversessenheit hat er schnell mein Vertrauen und meine Bewunderung gewonnen.

Christian Seeger, der Programmleiter des Propyläen Verlages, hat auf beispielhafte Weise die Aufgabe gemeistert, das recht umfängliche englische Manuskript für die Übersetzung ins Deutsche und die spätere Publikation vorzubereiten. Seine gelassene Sachkompetenz und die zuvorkommende Art, mit der er mir stets begegnet ist, haben den gesamten Entstehungsprozess des Buches leichter erscheinen lassen, als er vermutlich war. Dafür gebührt ihm mein

Dank. Erstklassige Übersetzer sind schwer zu finden, doch ich hatte Glück, dass Klaus-Dieter Schmidt diese Aufgabe übernahm. Erfreulicherweise hatten wir buchstäblich keine Meinungsverschiedenheiten darüber, wie mein englischer Text unter Erhalt der Atmosphäre und des Geistes des Originals in ein korrektes und lesenswertes Deutsch zu übertragen sei. Das ist gewiss nicht immer der Fall, zumal wenn der Autor selbst beide Sprachen gut beherrscht. Doch welche kritischen Nachfragen Herr Schmidt auch immer erdulden musste, er ging mit gleichbleibender Freundlichkeit auf sie ein, und das Verhältnis zwischen Autor und Übersetzer hätte nicht harmonischer sein können. Ich bin ihm zu großem Dank verpflichtet.

Rainer Wieland, der die Übersetzung als Lektor betreut hat, war ein angenehmer und kompetenter Partner beim letzten Schliff des Textes vor dem Druck. Dafür bin ich ihm dankbar.

Margarete Sabeck, meine langjährige persönliche Referentin und Kollegin am Jüdischen Museum Berlin, spielte eine sehr wichtige Rolle, denn sie sorgte dafür, dass nichts unter den Tisch fiel und die Kommunikation zwischen Berlin und meinem Büro in Princeton reibungslos funktionierte. Das war nicht immer leicht, doch sie erledigte alles zuverlässig und mit dem Sachverstand und der guten Laune, die ich stets an ihr besonders geschätzt habe. Nach ihrer Pensionierung knüpfte ihre Nachfolgerin Ute Kiehn nahtlos daran an und kam ihren Aufgaben mit der gleichen Kompetenz nach wie ihre Vorgängerin.

Niemand hat mich jedoch über die Jahre hinweg – tagein, tagaus – mehr unterstützt als Marie Santos, meine Assistentin in Princeton. Sie sorgte dafür, dass die zahlreichen Entwürfe umgehend transkribiert wurden, half bei Bibliotheksrecherchen, erschloss mir die Geheimnisse des Internets und erleichterte mir die Arbeit, indem sie mir viele Lasten abnahm und zahlreiche große und kleine Probleme und Krisen bewältigte. Selbst der Umgang mit den unvermeidlichen deutschen Worten und Wendungen schreckte sie nicht, obwohl ihr als Italoamerikanerin die deutsche Sprache fremd ist. Sie war mir bei der Entstehung dieses Buchs von Anfang an eine verlässliche Wegbegleiterin; ohne sie wäre es nie zustande gekommen.

Last but not least möchte ich meiner Frau Barbara für ihre liebevolle Unterstützung danken. Ihr Interesse, ihre Ermutigung und ihre Geduld bildeten das unverzichtbare Fundament, das es mir ermöglichte, dieses Buch zu schreiben. Ihr Beitrag dazu steht außer Frage.

Princeton, New Jersey, August 2010 *W. Michael Blumenthal*

PERSONENREGISTER

BILDNACHWEIS

ddp images/AP Photo (Fritz Reiss) 14

Hans Biereigel 3

Bildschön GmbH 29

Eventfotografen.com, Berlin–Basel 30

Jüdisches Museum Berlin 31

Privatarchiv des Autors 1, 2, 4, 13, 15, 17–19, 21–23, 28

Time 20

ullstein bild 16, 24–27

Walter Laqueur
Mein 20. Jahrhundert

STATIONEN EINES POLITISCHEN LEBENS

352 Seiten
Aus dem Englischen von Norbert Juraschitz
Gebunden mit Schutzumschlag
ISBN 978-3-549-07363-6

»Ein Fest für den Leser! Was für ein Mann! Was für ein Buch! Diese Lebensbilanz des heute 88-jährigen Historikers Walter Laqueur ist nicht nur lehrreich und aufregend; sie darf wohl auch singulär genannt werden. Da hat nämlich einer beides geleistet: das eigene Leben durchdacht, und sein Denken gelebt. Entstanden ist ein gutes Stück objektiver Betrachtung der Geschichte des 20. Jahrhunderts wie die sehr subjektive, erlebnisgesättigte Durchdringung historischer Abläufe.«

FRITZ J. RADDATZ, DIE WELT

»Ein imposantes Epochenbild. Laqueurs heutiger Blick ist abgeklärt, skeptisch – wer ihm durch das 20. Jahrhundert folgt, begibt sich auf einen Marsch durch Desillusionen.«

SÜDDEUTSCHE ZEITUNG